SV

Hermann Hesse
Blick nach dem Fernen Osten

Erzählungen, Legenden, Gedichte und Betrachtungen

Herausgegeben von
Volker Michels

Suhrkamp Verlag

Erste Auflage 2002

Satz: Jung Crossmedia (GmbH)
Druck: Graphische Betriebe
Wilhelm Röck, Weinsberg
Printed in Germany

1 2 3 4 5 6 – 07 06 05 04 03 02

Inhalt

Siddhartha 7
1. Teil Der Sohn des Brahmanen (11),
Bei den Samanas (18), Gotama (26), Erwachen (34)
2. Teil Kamala (41), Bei den Kindermenschen (52),
Sansara (59), Am Flusse (67), Der Fährmann (77),
Der Sohn (87), Om (95), Govinda (101)

Biographische Texte aus dem Umkreis des *Siddhartha*
Einkehr 113
Aus Martins Tagebuch 117
Tagebuch 1920/21 122
Besuch aus Indien 149

Erzählungen, Legenden, Gedichte
Legende vom indischen König 155
Freunde 159
Robert Aghion 223
Der Dichter 256
Der Waldmensch 263
Innen und Außen 270
König Yu 282
Indischer Lebenslauf 288
Chinesische Legende 325
Glück 326
Weg nach innen 327
Spruch 328
Neues Erleben 329
Bhagavad Gita 330
Alle Tode 331
Besinnung 332
Stufen 333
Uralte Buddhafigur, in einer
japanischen Waldschlucht verwitternd 334
Der erhobene Finger 335
Junger Novize im Zen-Kloster 336

Aufsätze und Betrachtungen
Aus Indien: Architektur (339), Spaziergang in Kandy (341), In Kandy (345), Tagebuchblatt aus Kandy (351), Pedrotallagalla (354)
Chinesisches ... 357
Confucius deutsch ... 365
Lao Tse ... 367
Chinesische Volksmärchen ... 369
Chinesisch-deutsche Jahres- und Tageszeiten ... 371
»I Ging«. Das Buch der Wandlungen ... 373
Lü Bu We: »Frühling und Herbst« ... 375
Erinnerung an Asien ... 377
Bhagavadgita ... 381
Somadewa: »Indische Märchen« ... 383
Über Hermann Graf Keyserlings »Reisetagebuch eines Philosophen« ... 385
Aus Brahmanas und Upanishaden ... 389
Die Reden Buddhas ... 390
Über mein Verhältnis zum geistigen Indien und China ... 394
Indisches ... 396
Hinduismus ... 398
Aus Indien und über Indien ... 400
Sehnsucht nach Indien ... 405
Die Sehnsucht unserer Zeit nach einer Weltanschauung ... 410
Geist der Romantik ... 416
Mein Glaube ... 423
Ein Stückchen Theologie ... 427
Ein Mittler zwischen China und Europa ... 439
Blick nach dem Fernen Osten ... 443
Das chinesische Zen ... 446

Nachwort ... 455

Quellennachweise ... 482

Siddhartha

Eine indische Dichtung

Entstanden von 1920 bis 1922. Erste Buchausgabe: Berlin 1922

Erster Teil

[Lieber, verehrter Romain Rolland!

Seit dem Herbst des Jahres 1914, da die seit kurzem
eingebrochene Atemnot der Geistigkeit auch mir plötzlich
spürbar wurde, und wir einander von fremden Ufern
her die Hand gaben, im Glauben an dieselben übernationalen
Notwendigkeiten, seither habe ich den Wunsch gehabt,
Ihnen einmal ein Zeichen meiner Liebe
und zugleich eine Probe meines Tuns und einen Blick
in meine Gedankenwelt zu geben.
Nehmen Sie die Widmung des ersten Teiles
meiner noch unvollendeten indischen Dichtung
freundlichst entgegen von Ihrem

Hermann Hesse]*

---

* Widmung im Vorabdruck des ersten Teiles, der im Juni 1921 in der Zeitschrift »Die neue Rundschau« erschien.

Romain Rolland,
dem verehrten Freunde
gewidmet

Der Sohn des Brahmanen

Im Schatten des Hauses, in der Sonne des Flußufers bei den Booten, im Schatten des Salwaldes, im Schatten des Feigenbaumes wuchs Siddhartha auf, der schöne Sohn des Brahmanen, der junge Falke, zusammen mit Govinda, seinem Freunde, dem Brahmanensohn. Sonne bräunte seine lichten Schultern am Flußufer, beim Bade, bei den heiligen Waschungen, bei den heiligen Opfern. Schatten floß in seine schwarzen Augen im Mangohain, bei den Knabenspielen, beim Gesang der Mutter, bei den heiligen Opfern, bei den Lehren seines Vaters, des Gelehrten, beim Gespräch der Weisen. Lange schon nahm Siddhartha am Gespräch der Weisen teil, übte sich mit Govinda im Redekampf, übte sich mit Govinda in der Kunst der Betrachtung, im Dienst der Versenkung. Schon verstand er, lautlos das Om zu sprechen, das Wort der Worte, es lautlos in sich hinein zu sprechen mit dem Einhauch, es lautlos aus sich heraus zu sprechen mit dem Aushauch, mit gesammelter Seele, die Stirn umgeben vom Glanz des klardenkenden Geistes. Schon verstand er, im Innern seines Wesens Atman zu wissen, unzerstörbar, eins mit dem Weltall.
Freude sprang in seines Vaters Herz über den Sohn, den Gelehrigen, den Wissensdurstigen, einen großen Weisen und Priester sah er in ihm heranwachsen, einen Fürsten unter den Brahmanen.
Wonne sprang in seiner Mutter Brust, wenn sie ihn sah, wenn sie ihn schreiten, wenn sie ihn niedersitzen und aufstehen sah, Siddhartha, den Starken, den Schönen, den auf schlanken Beinen Schreitenden, den mit vollkommenem Anstand sie Begrüßenden.
Liebe rührte sich in den Herzen der jungen Brahmanentöchter, wenn Siddhartha durch die Gassen der Stadt ging, mit der leuchtenden Stirn, mit dem Königsauge, mit den schmalen Hüften.
Mehr als sie alle aber liebte ihn Govinda, sein Freund, der Brahmanensohn. Er liebte Siddharthas Auge und holde Stimme, er liebte seinen Gang und den vollkommenen Anstand seiner Bewegungen, er liebte alles, was Siddhartha tat und sagte, und am meisten liebte er seinen Geist, seine hohen, feurigen Gedanken, seinen glühenden Willen, seine hohe Berufung. Govinda wußte: dieser wird kein gemeiner Brahmane werden, kein fauler Op-

ferbeamter, kein habgieriger Händler mit Zaubersprüchen, kein eitler, leerer Redner, kein böser, hinterlistiger Priester, und auch kein gutes, dummes Schaf in der Herde der Vielen. Nein, und auch er, Govinda, wollte kein solcher werden, kein Brahmane, wie es zehntausend gibt. Er wollte Siddhartha folgen, dem Geliebten, dem Herrlichen. Und wenn Siddhartha einstmals ein Gott würde, wenn er einstmals eingehen würde zu den Strahlenden, dann wollte Govinda ihm folgen, als sein Freund, als sein Begleiter, als sein Diener, als sein Speerträger, sein Schatten. So liebten den Siddhartha alle. Allen schuf er Freude, allen war er zur Lust.

Er aber, Siddhartha, schuf sich nicht Freude, er war sich nicht zur Lust. Wandelnd auf den rosigen Wegen des Feigengartens, sitzend im bläulichen Schatten des Hains der Betrachtung, waschend seine Glieder im täglichen Sühnebad, opfernd im tiefschattigen Mangowald, von vollkommenem Anstand der Gebärden, von allen geliebt, aller Freude, trug er doch keine Freude im Herzen. Träume kamen ihm und rastlose Gedanken aus dem Wasser des Flusses geflossen, aus den Sternen der Nacht gefunkelt, aus den Strahlen der Sonne geschmolzen, Träume kamen ihm und Ruhelosigkeit der Seele, aus den Opfern geraucht, aus den Versen der Rig-Veda gehaucht, aus den Lehren der alten Brahmanen geträufelt.

Siddhartha hatte begonnen, Unzufriedenheit in sich zu nähren. Er hatte begonnen zu fühlen, daß die Liebe seines Vaters, und die Liebe seiner Mutter, und auch die Liebe seines Freundes, Govindas, nicht immer und für alle Zeit ihn beglücken, ihn stillen, ihn sättigen, ihm genügen werde. Er hatte begonnen zu ahnen, daß sein ehrwürdiger Vater und seine anderen Lehrer, daß die weisen Brahmanen ihm von ihrer Weisheit das meiste und beste schon mitgeteilt, daß sie ihre Fülle schon in sein wartendes Gefäß gegossen hätten, und das Gefäß war nicht voll, der Geist war nicht begnügt, die Seele war nicht ruhig, das Herz nicht gestillt. Die Waschungen waren gut, aber sie waren Wasser, sie wuschen nicht Sünde ab, sie heilten nicht Geistesdurst, sie lösten nicht Herzensangst. Vortrefflich waren die Opfer und die Anrufung der Götter – aber war dies alles? Gaben die Opfer Glück? Und wie war das mit den Göttern? War es wirklich Prajapati, der die Welt erschaffen hat? War es nicht der Atman, Er, der Einzige, der

All-Eine? Waren nicht die Götter Gestaltungen, erschaffen wie ich und du, der Zeit untertan, vergänglich? War es also gut, war es richtig, war es ein sinnvolles und höchstes Tun, den Göttern zu opfern? Wem anders war zu opfern, wem anders war Verehrung darzubringen als Ihm, dem Einzigen, dem Atman? Und wo war Atman zu finden, wo wohnte Er, wo schlug Sein ewiges Herz, wo anders als im eigenen Ich, im Innersten, im Unzerstörbaren, das ein jeder in sich trug? Aber wo, wo war dies Ich, dies Innerste, dies Letzte? Es war nicht Fleisch und Bein, es war nicht Denken noch Bewußtsein, so lehrten die Weisesten. Wo, wo also war es? Dorthin zu dringen, zum Ich, zu mir, zum Atman, – gab es einen andern Weg, den zu suchen sich lohnte? Ach, und niemand zeigte diesen Weg, niemand wußte ihn, nicht der Vater, nicht die Lehrer und Weisen, nicht die heiligen Opfergesänge! Alles wußten sie, die Brahmanen und ihre heiligen Bücher, alles wußten sie, um alles hatten sie sich gekümmert und um mehr als alles, die Erschaffung der Welt, das Entstehen der Rede, der Speise, des Einatmens, des Ausatmens, die Ordnungen der Sinne, die Taten der Götter – unendlich vieles wußten sie – aber war es wertvoll, dies alles zu wissen, wenn man das Eine und Einzige nicht wußte, das Wichtigste, das allein Wichtige?
Gewiß, viele Verse der heiligen Bücher, zumal in den Upanishaden des Samaveda, sprachen von diesem Innersten und Letzten, herrliche Verse. »Deine Seele ist die ganze Welt«, stand da geschrieben, und geschrieben stand, daß der Mensch im Schlafe, im Tiefschlaf, zu seinem Innersten eingehe und im Atman wohne. Wunderbare Weisheit stand in diesen Versen, alles Wissen der Weisesten stand hier in magischen Worten gesammelt, rein wie von Bienen gesammelter Honig. Nein, nicht gering zu achten war das Ungeheure an Erkenntnis, das hier von unzählbaren Geschlechterfolgen weiser Brahmanen gesammelt und bewahrt lag. – Aber wo waren die Brahmanen, wo die Priester, wo die Weisen oder Büßer, denen es gelungen war, dieses tiefste Wissen nicht bloß zu wissen, sondern zu leben? Wo war der Kundige, der das Daheimsein im Atman aus dem Schlafe herüberzauberte ins Wachsein, in das Leben, in Schritt und Tritt, in Wort und Tat? Viele ehrwürdige Brahmanen kannte Siddhartha, seinen Vater vor allen, den Reinen, den Gelehrten, den höchst Ehrwürdigen. Zu bewundern war sein Vater, still und

edel war sein Gehaben, rein sein Leben, weise sein Wort, feine und adlige Gedanken wohnten in seiner Stirn – aber auch er, der so viel Wissende, lebte er denn in Seligkeit, hatte er Frieden, war er nicht auch nur ein Suchender, ein Dürstender? Mußte er nicht immer und immer wieder an heiligen Quellen, ein Durstender, trinken, am Opfer, an den Büchern, an der Wechselrede der Brahmanen? Warum mußte er, der Untadelige, jeden Tag Sünde abwaschen, jeden Tag sich um Reinigung mühen, jeden Tag von neuem? War denn nicht Atman in ihm, floß denn nicht in seinem eigenen Herzen der Urquell? Ihn mußte man finden, den Urquell im eigenen Ich, ihn mußte man zu eigen haben! Alles andre war Suchen, war Umweg, war Verirrung.
So waren Siddharthas Gedanken, dies war sein Durst, dies sein Leiden.
Oft sprach er aus einem Chandogya-Upanishad sich die Worte vor: »Fürwahr, der Name des Brahman ist Satyam – wahrlich, wer solches weiß, der geht täglich ein in die himmlische Welt.« Oft schien sie nahe, die himmlische Welt, aber niemals hatte er sie ganz erreicht, nie den letzten Durst gelöscht. Und von allen Weisen und Weisesten, die er kannte und deren Belehrung er genoß, von ihnen allen war keiner, der sie ganz erreicht hatte, die himmlische Welt, der ihn ganz gelöscht hatte, den ewigen Durst.
»Govinda«, sprach Siddhartha zu seinem Freunde, »Govinda, Lieber, komm mit mir unter den Banyanenbaum, wir wollen der Versenkung pflegen.«
Sie gingen zum Banyanenbaum, sie setzten sich nieder, hier Siddhartha, zwanzig Schritte weiter Govinda. Indem er sich niedersetzte, bereit, das Om zu sprechen, wiederholte Siddhartha murmelnd den Vers:

»Om ist Bogen, der Pfeil ist Seele,
Das Brahman ist des Pfeiles Ziel,
Das soll man unentwegt treffen.«

Als die gewohnte Zeit der Versenkungsübung hingegangen war, erhob sich Govinda. Der Abend war gekommen, Zeit war es, die Waschung der Abendstunde vorzunehmen. Er rief Siddharthas Namen. Siddhartha gab nicht Antwort. Siddhartha saß versunken, seine Augen standen starr auf ein sehr fernes Ziel gerichtet, seine Zungenspitze stand ein wenig zwischen den Zähnen hervor, er schien nicht zu atmen. So saß er, in Versenkung gehüllt, Om denkend, seine Seele als Pfeil nach dem Brahman ausgesandt.

Einst waren Samanas durch Siddharthas Stadt gezogen, pilgernde Asketen, drei dürre, erloschene Männer, nicht alt noch jung, mit staubigen und blutigen Schultern, nahezu nackt, von der Sonne versengt, von Einsamkeit umgeben, fremd und feind der Welt, Fremdlinge und hagere Schakale im Reich der Menschen. Hinter ihnen her wehte heiß ein Duft von stiller Leidenschaft, von zerstörendem Dienst, von mitleidloser Entselbstung.

Am Abend, nach der Stunde der Betrachtung, sprach Siddhartha zu Govinda: »Morgen in der Frühe, mein Freund, wird Siddhartha zu den Samanas gehen. Er wird ein Samana werden.«

Govinda erbleichte, da er die Worte hörte und im unbewegten Gesicht seines Freundes den Entschluß las, unablenkbar wie der vom Bogen losgeschnellte Pfeil. Alsbald und beim ersten Blick erkannte Govinda: nun beginnt es, nun geht Siddhartha seinen Weg, nun beginnt sein Schicksal zu sprossen, und mit seinem das meine. Und er wurde bleich wie eine trockene Bananenschale.

»O Siddhartha«, rief er, »wird das dein Vater dir erlauben?«

Siddhartha blickte herüber wie ein Erwachender. Pfeilschnell las er in Govindas Seele, las die Angst, las die Ergebung.

»O Govinda«, sprach er leise, »wir wollen nicht Worte verschwenden. Morgen mit Tagesanbruch werde ich das Leben der Samanas beginnen. Rede nicht mehr davon.«

Siddhartha trat in die Kammer, wo sein Vater auf einer Matte aus Bast saß, und trat hinter seinen Vater und blieb da stehen, bis sein Vater fühlte, daß einer hinter ihm stehe. Sprach der Brahmane: »Bist du es, Siddhartha? So sage, was zu sagen du gekommen bist.«

Sprach Siddhartha: »Mit deiner Erlaubnis, mein Vater. Ich bin gekommen, dir zu sagen, daß mich verlangt, morgen dein Haus zu verlassen und zu den Asketen zu gehen. Ein Samana zu werden, ist mein Verlangen. Möge mein Vater dem nicht entgegen sein.«

Der Brahmane schwieg, und schwieg so lange, daß im kleinen Fenster die Sterne wanderten und ihre Figur veränderten, ehe das Schweigen in der Kammer ein Ende fand. Stumm und regungslos stand mit gekreuzten Armen der Sohn, stumm und regungslos saß auf der Matte der Vater, und die Sterne zogen am Himmel. Da sprach der Vater: »Nicht ziemt es dem Brahmanen, heftige und zornige Worte zu reden. Aber Unwille bewegt sein Herz. Nicht möchte ich diese Bitte zum zweiten Male aus deinem Munde hören.«

Langsam erhob sich der Brahmane, Siddhartha stand stumm mit gekreuzten Armen.

»Worauf wartest du?« fragte der Vater.

Sprach Siddhartha: »Du weißt es.«

Unwillig ging der Vater aus der Kammer, unwillig suchte er sein Lager auf und legte sich nieder.

Nach einer Stunde, da kein Schlaf in seine Augen kam, stand der Brahmane auf, tat Schritte hin und her, trat aus dem Hause. Durch das kleine Fenster der Kammer blickte er hinein, da sah er Siddhartha stehen, mit gekreuzten Armen, unverrückt. Bleich schimmerte sein helles Obergewand. Unruhe im Herzen, kehrte der Vater zu seinem Lager zurück.

Nach einer Stunde, da kein Schlaf in seine Augen kam, stand der Brahmane von neuem auf, tat Schritte hin und her, trat vor das Haus, sah den Mond aufgegangen. Durch das Fenster der Kammer blickte er hinein, da stand Siddhartha, unverrückt, mit gekreuzten Armen, an seinen bloßen Schienbeinen spiegelte das Mondlicht. Besorgnis im Herzen, suchte der Vater sein Lager auf.

Und er kam wieder nach einer Stunde, und kam wieder nach zweien Stunden, blickte durchs kleine Fenster, sah Siddhartha stehen, im Mond, im Sternenschein, in der Finsternis. Und kam wieder von Stunde zu Stunde, schweigend, blickte in die Kammer, sah den unverrückt Stehenden, füllte sein Herz mit Zorn, füllte sein Herz mit Unruhe, füllte sein Herz mit Zagen, füllte es mit Leid.

Und in der letzten Nachtstunde, ehe der Tag begann, kehrte er wieder, trat in die Kammer, sah den Jüngling stehen, der ihm groß und wie fremd erschien.

»Siddhartha«, sprach er, »worauf wartest du?«

»Du weißt es.«
»Wirst du immer so stehen und warten, bis es Tag wird, Mittag wird, Abend wird?«
»Ich werde stehen und warten.«
»Du wirst müde werden, Siddhartha.«
»Ich werde müde werden.«
»Du wirst einschlafen, Siddhartha.«
»Ich werde nicht einschlafen.«
»Du wirst sterben, Siddhartha.«
»Ich werde sterben.«
»Und willst lieber sterben, als deinem Vater gehorchen?«
»Siddhartha hat immer seinem Vater gehorcht.«
»So willst du dein Vorhaben aufgeben?«
»Siddhartha wird tun, was sein Vater ihm sagen wird.«
Der erste Schein des Tages fiel in die Kammer. Der Brahmane sah, daß Siddhartha in den Knien leise zitterte. In Siddharthas Gesicht sah er kein Zittern, fernhin blickten die Augen. Da erkannte der Vater, daß Siddhartha schon jetzt nicht mehr bei ihm und in der Heimat weile, daß er ihn schon jetzt verlassen habe. Der Vater berührte Siddharthas Schulter.
»Du wirst«, sprach er, »in den Wald gehen und ein Samana sein. Hast du Seligkeit gefunden im Walde, so komm und lehre mich Seligkeit. Findest du Enttäuschung, dann kehre wieder und laß uns wieder gemeinsam den Göttern opfern. Nun gehe und küsse deine Mutter, sage ihr, wohin du gehst. Für mich aber ist es Zeit, an den Fluß zu gehen und die erste Waschung vorzunehmen.«
Er nahm die Hand von der Schulter seines Sohnes und ging hinaus. Siddhartha schwankte zur Seite, als er zu gehen versuchte. Er bezwang seine Glieder, verneigte sich vor seinem Vater und ging zur Mutter, um zu tun, wie der Vater gesagt hatte.
Als er im ersten Tageslicht langsam auf erstarrten Beinen die noch stille Stadt verließ, erhob sich bei der letzten Hütte ein Schatten, der dort gekauert war, und schloß sich dem Pilgernden an – Govinda.
»Du bist gekommen«, sagte Siddhartha und lächelte.
»Ich bin gekommen«, sagte Govinda.

Am Abend dieses Tages holten sie die Asketen ein, die dürren Samanas, und boten ihnen Begleitschaft und Gehorsam an. Sie wurden angenommen.

Siddhartha schenkte sein Gewand einem armen Brahmanen auf der Straße. Er trug nur noch die Schambinde und den erdfarbenen ungenähten Überwurf. Er aß nur einmal am Tage, und niemals Gekochtes. Er fastete fünfzehn Tage. Er fastete achtundzwanzig Tage. Das Fleisch schwand ihm von Schenkeln und Wangen. Heiße Träume flackerten aus seinen vergrößerten Augen, an seinen dorrenden Fingern wuchsen lang die Nägel und am Kinn der trockne, struppige Bart. Eisig wurde sein Blick, wenn er Weibern begegnete; sein Mund zuckte Verachtung, wenn er durch eine Stadt mit schön gekleideten Menschen ging. Er sah Händler handeln, Fürsten zur Jagd gehen, Leidtragende ihre Toten beweinen, Huren sich anbieten, Ärzte sich um Kranke bemühen, Priester den Tag für die Aussaat bestimmen, Liebende lieben, Mütter ihre Kinder stillen – und alles war nicht den Blick seines Auges wert, alles log, alles stank, alles stank nach Lüge, alles täuschte Sinn und Glück und Schönheit vor, und alles war uneingestandene Verwesung. Bitter schmeckte die Welt. Qual war das Leben.

Ein Ziel stand vor Siddhartha, ein einziges: leer werden, leer von Durst, leer von Wunsch, leer von Traum, leer von Freude und Leid. Von sich selbst wegsterben, nicht mehr Ich sein, entleerten Herzens Ruhe zu finden, im entselbsteten Denken dem Wunder offen zu stehen, das war sein Ziel. Wenn alles Ich überwunden und gestorben war, wenn jede Sucht und jeder Trieb im Herzen schwieg, dann mußte das Letzte erwachen, das Innerste im Wesen, das nicht mehr Ich ist, das große Geheimnis.

Schweigend stand Siddhartha im senkrechten Sonnenbrand, glühend vor Schmerz, glühend vor Durst, und stand, bis er nicht Schmerz noch Durst mehr fühlte. Schweigend stand er in der Regenzeit, aus seinem Haar troff das Wasser über frierende Schultern, über frierende Hüften und Beine, und der Büßer stand, bis Schultern und Beine nicht mehr froren, bis sie schwiegen, bis sie still waren. Schweigend kauerte er im Dorngerank, aus der brennenden Haut tropfte das Blut, aus Schwä-

ren der Eiter, und Siddhartha verweilte starr, verweilte regungslos, bis kein Blut mehr floß, bis nichts mehr stach, bis nichts mehr brannte.
Siddhartha saß aufrecht und lernte den Atem sparen, lernte mit wenig Atem auskommen, lernte den Atem abzustellen. Er lernte, mit dem Atem beginnend, seinen Herzschlag beruhigen, lernte die Schläge seines Herzens vermindern, bis es wenige und fast keine mehr waren.
Vom Ältesten der Samanas belehrt, übte Siddhartha Entselbstung, übte Versenkung, nach neuen Samanaregeln. Ein Reiher flog überm Bambuswald – und Siddhartha nahm den Reiher in seine Seele auf, flog über Wald und Gebirg, war Reiher, fraß Fische, hungerte Reiherhunger, sprach Reihergekrächz, starb Reihertod. Ein toter Schakal lag am Sandufer, und Siddharthas Seele schlüpfte in den Leichnam hinein, war toter Schakal, lag am Strande, blähte sich, stank, verweste, ward von Hyänen zerstückt, ward von Geiern enthäutet, ward Gerippe, ward Staub, wehte ins Gefild. Und Siddharthas Seele kehrte zurück, war gestorben, war verwest, war zerstäubt, hatte den trüben Rausch des Kreislaufs geschmeckt, harrte in neuem Durst wie ein Jäger auf die Lücke, wo dem Kreislauf zu entrinnen wäre, wo das Ende der Ursachen, wo leidlose Ewigkeit begänne. Er tötete seine Sinne, er tötete seine Erinnerung, er schlüpfte aus seinem Ich in tausend fremde Gestaltungen, war Tier, war Aas, war Stein, war Holz, war Wasser, und fand sich jedesmal erwachend wieder, Sonne schien oder Mond, war wieder Ich, schwang im Kreislauf, fühlte Durst, überwand den Durst, fühlte neuen Durst.
Vieles lernte Siddhartha bei den Samanas, viele Wege vom Ich hinweg lernte er gehen. Er ging den Weg der Entselbstung durch den Schmerz, durch das freiwillige Erleiden und Überwinden des Schmerzes, des Hungers, des Durstes, der Müdigkeit. Er ging den Weg der Entselbstung durch Meditation, durch das Leerdenken des Sinnes von allen Vorstellungen. Diese und andere Wege lernte er gehen, tausendmal verließ er sein Ich, stundenlang und tagelang verharrte er im Nicht-Ich. Aber ob auch die Wege vom Ich hinwegführten, ihr Ende führte doch immer zum Ich zurück. Ob Siddhartha tausendmal dem Ich entfloh, im Nichts verweilte, im Tier, im Stein verweilte, unvermeidlich

war die Rückkehr, unentrinnbar die Stunde, da er sich wiederfand, im Sonnenschein oder im Mondschein, im Schatten oder im Regen, und wieder Ich und Siddhartha war, und wieder die Qual des auferlegten Kreislaufes empfand.
Neben ihm lebte Govinda, sein Schatten, ging dieselben Wege, unterzog sich denselben Bemühungen. Selten sprachen sie anderes miteinander, als der Dienst und die Übungen erforderten. Zuweilen gingen sie zu zweien durch die Dörfer, um Nahrung für sich und ihre Lehrer zu betteln.
»Wie denkst du, Govinda«, sprach einst auf diesem Bettelgang Siddhartha, »wie denkst du, sind wir weiter gekommen? Haben wir Ziele erreicht?«
Antwortete Govinda: »Wir haben gelernt, und wir lernen weiter. Du wirst ein großer Samana sein, Siddhartha. Schnell hast du jede Übung gelernt, oft haben die alten Samanas dich bewundert. Du wirst einst ein Heiliger sein, o Siddhartha.«
Sprach Siddhartha: »Mir will es nicht so erscheinen, mein Freund. Was ich bis zu diesem Tage bei den Samanas gelernt habe, das, o Govinda, hätte ich schneller und einfacher lernen können. In jeder Kneipe eines Hurenviertels, mein Freund, unter den Fuhrleuten und Würfelspielern hätte ich es lernen können.«
Sprach Govinda: »Siddhartha macht sich einen Scherz mit mir. Wie hättest du Versenkung, wie hättest du Anhalten des Atems, wie hättest du Unempfindsamkeit gegen Hunger und Schmerz dort bei jenen Elenden lernen sollen?«
Und Siddhartha sagte leise, als spräche er zu sich selber: »Was ist Versenkung? Was ist Verlassen des Körpers? Was ist Fasten? Was ist Anhalten des Atems? Es ist Flucht vor dem Ich, es ist ein kurzes Entrinnen aus der Qual des Ichseins, es ist eine kurze Betäubung gegen den Schmerz und die Unsinnigkeit des Lebens. Dieselbe Flucht, dieselbe kurze Betäubung findet der Ochsentreiber in der Herberge, wenn er einige Schalen Reiswein trinkt oder gegorene Kokosmilch. Dann fühlt er sein Selbst nicht mehr, dann fühlt er die Schmerzen des Lebens nicht mehr, dann findet er kurze Betäubung. Er findet, über seiner Schale mit Reiswein eingeschlummert, dasselbe, was Siddhartha und Govinda finden, wenn sie in langen Übungen aus ihrem Körper entweichen, im Nicht-Ich verweilen. So ist es, o Govinda.«

Sprach Govinda: »So sagst du, o Freund, und weißt doch, daß Siddhartha kein Ochsentreiber ist und ein Samana kein Trunkenbold. Wohl findet der Trinker Betäubung, wohl findet er kurze Flucht und Rast, aber er kehrt zurück aus dem Wahn und findet alles beim alten, ist nicht weiser geworden, hat nicht Erkenntnis gesammelt, ist nicht um Stufen höher gestiegen.«
Und Siddhartha sprach mit Lächeln: »Ich weiß es nicht, ich bin nie ein Trinker gewesen. Aber daß ich, Siddhartha, in meinen Übungen und Versenkungen nur kurze Betäubung finde und ebenso weit von der Weisheit, von der Erlösung entfernt bin wie als Kind im Mutterleibe, das weiß ich, o Govinda, das weiß ich.«
Und wieder ein anderes Mal, da Siddhartha mit Govinda den Wald verließ, um im Dorf um etwas Nahrung für ihre Brüder und Lehrer zu betteln, begann Siddhartha zu sprechen und sagte: »Wie nun, o Govinda, sind wir wohl auf dem rechten Weg? Nähern wir uns wohl der Erkenntnis? Nähern wir uns wohl der Erlösung? Oder gehen wir nicht vielleicht im Kreis – wir, die wir doch dem Kreislauf zu entrinnen dachten?«
Sprach Govinda: »Viel haben wir gelernt, Siddhartha, viel bleibt noch zu lernen. Wir gehen nicht im Kreis, wir gehen nach oben, der Kreis ist eine Spirale, manche Stufe sind wir schon gestiegen.«
Antwortete Siddhartha: »Wie alt wohl, meinst du, ist unser ältester Samana, unserer ehrwürdiger Lehrer?«
Sprach Govinda: »Vielleicht sechzig Jahre mag unser Ältester zählen.«
Und Siddhartha: »Sechzig Jahre ist er alt geworden und hat Nirwana nicht erreicht. Er wird siebzig werden und achtzig, und du und ich, wir werden ebenso alt werden und werden uns üben, und werden fasten und werden meditieren. Aber Nirwana werden wir nicht erreichen, er nicht, wir nicht. O Govinda, ich glaube, von allen Samanas, die es gibt, wird vielleicht nicht einer, nicht einer Nirwana erreichen. Wir finden Tröstungen, wir finden Betäubungen, wir lernen Kunstfertigkeiten, mit denen wir uns täuschen. Das Wesentliche aber, den Weg der Wege, finden wir nicht.«
»Mögest du doch«, sprach Govinda, »nicht so erschreckende Worte aussprechen, Siddhartha! Wie sollte denn unter so vielen

gelehrten Männern, unter so viel Brahmanen, unter so vielen strengen und ehrwürdigen Samanas, unter so viel suchenden, so viel innig beflissenen, so viel heiligen Männern keiner den Weg der Wege finden?«
Siddhartha aber sagte mit einer Stimme, welche soviel Trauer wie Spott enthielt, mit einer leisen, einer etwas traurigen, einer etwas spöttischen Stimme: »Bald, Govinda, wird dein Freund diesen Pfad der Samanas verlassen, den er so lang mit dir gegangen ist. Ich leide Durst, o Govinda, und auf diesem langen Samanawege ist mein Durst um nichts kleiner geworden. Immer habe ich nach Erkenntnis gedürstet, immer bin ich voll von Fragen gewesen. Ich habe die Brahmanen befragt, Jahr um Jahr, und habe die heiligen Vedas befragt, Jahr um Jahr. Vielleicht, o Govinda, wäre es ebenso gut, wäre es ebenso klug und ebenso heilsam gewesen, wenn ich den Nashornvogel oder den Schimpansen befragt hätte. Lange Zeit habe ich gebraucht und bin noch nicht damit zu Ende, um dies zu lernen, o Govinda: daß man nichts lernen kann! Es gibt, so glaube ich, in der Tat jenes Ding nicht, das wir ›Lernen‹ nennen. Es gibt, o mein Freund, nur ein Wissen, das ist überall, das ist Atman, das ist in mir und in dir und in jedem Wesen. Und so beginne ich zu glauben: dies Wissen hat keinen ärgeren Feind als das Wissenwollen, als das Lernen.«
Da blieb Govinda auf dem Wege stehen, erhob die Hände und sprach: »Mögest du, Siddhartha, deinen Freund doch nicht mit solchen Reden beängstigen! Wahrlich, Angst erwecken deine Worte in meinem Herzen. Und denke doch nur: wo bliebe die Heiligkeit der Gebete, wo bliebe die Ehrwürdigkeit des Brahmanenstandes, wo die Heiligkeit der Samanas, wenn es so wäre, wie du sagst, wenn es kein Lernen gäbe?! Was, o Siddhartha, was würde dann aus alledem werden, was auf Erden heilig, was wertvoll, was ehrwürdig ist?!«
Und Govinda murmelte einen Vers vor sich hin, einen Vers aus einer Upanishad:

»Wer nachsinnend, geläuterten Geistes, in Atman sich versenkt,
Unaussprechlich durch Worte ist seines Herzens Seligkeit.«

Siddhartha aber schwieg. Er dachte der Worte, welche Govinda zu ihm gesagt hatte, und dachte die Worte bis an ihr Ende.

Ja, dachte er, gesenkten Hauptes stehend, was bliebe noch übrig von allem, was uns heilig schien? Was bleibt? Was bewährt sich? Und er schüttelte den Kopf.

Einstmals, als die beiden Jünglinge gegen drei Jahre bei den Samanas gelebt und ihre Übungen geteilt hatten, da erreichte sie auf mancherlei Wegen und Umwegen eine Kunde, ein Gerücht, eine Sage: einer sei erschienen, Gotama genannt, der Erhabene, der Buddha, der habe in sich das Leid der Welt überwunden und das Rad der Wiedergeburten zum Stehen gebracht. Lehrend ziehe er, von Jüngern umgeben, durch das Land, besitzlos, heimatlos, weiblos, im gelben Mantel eines Asketen, aber mit heiterer Stirn, ein Seliger, und Brahmanen und Fürsten beugten sich vor ihm und würden seine Schüler.
Diese Sage, dies Gerücht, dies Märchen klang auf, duftete empor, hier und dort, in den Städten sprachen die Brahmanen davon, im Wald die Samanas, immer wieder drang der Name Gotamas, des Buddha, zu den Ohren der Jünglinge, im Guten und im Bösen, in Lobpreisung und in Schmähung.
Wie wenn in einem Lande die Pest herrscht, und es erhebt sich die Kunde, da und dort sei ein Mann, ein Weiser, ein Kundiger, dessen Wort und Anhauch genüge, um jeden von der Seuche Befallenen zu heilen, und wie dann diese Kunde das Land durchläuft und jedermann davon spricht, viele glauben, viele zweifeln, viele aber sich alsbald auf den Weg machen, um den Weisen, den Helfer aufzusuchen, so durchlief das Land jene Sage, jene duftende Sage von Gotama, dem Buddha, dem Weisen aus dem Geschlecht der Sakya. Ihm war, so sprachen die Gläubigen, höchste Erkenntnis zu eigen, er erinnerte sich seiner vormaligen Leben, er hatte Nirwana erreicht und kehrte nie mehr in den Kreislauf zurück, tauchte nie mehr in den trüben Strom der Gestaltungen unter. Vieles Herrliche und Unglaubliche wurde von ihm berichtet, er hatte Wunder getan, hatte den Teufel überwunden, hatte mit den Göttern gesprochen. Seine Feinde und Ungläubige aber sagten, dieser Gotama sei ein eitler Verführer, er bringe seine Tage in Wohlleben hin, verachte die Opfer, sei ohne Gelehrsamkeit und kenne weder Übung noch Kasteiung.
Süß klang die Sage von Buddha, Zauber duftete aus diesen Berichten. Krank war ja die Welt, schwer zu ertragen war das Le-

ben – und siehe, hier schien eine Quelle zu springen, hier schien ein Botenruf zu tönen, trostvoll, mild, edler Versprechungen voll. Überall, wohin das Gerücht vom Buddha erscholl, überall in den Ländern Indiens horchten die Jünglinge auf, fühlten Sehnsucht, fühlten Hoffnung, und unter den Brahmanensöhnen der Städte und Dörfer war jeder Pilger und Fremdling willkommen, wenn er Kunde von ihm, dem Erhabenen, dem Sakyamuni, brachte.
Auch zu den Samanas im Walde, auch zu Siddhartha, auch zu Govinda war die Sage gedrungen, langsam, in Tropfen, jeder Tropfen schwer von Hoffnung, jeder Tropfen schwer von Zweifel. Sie sprachen wenig davon, denn der Älteste der Samanas war kein Freund dieser Sage. Er hatte vernommen, daß jener angebliche Buddha vormals Asket gewesen und im Walde gelebt, sich dann aber zu Wohlleben und Weltlust zurückgewendet habe, und er hielt nichts von diesem Gotama.
»O Siddhartha«, sprach einst Govinda zu seinem Freunde. »Heute war ich im Dorf, und ein Brahmane lud mich ein, in sein Haus zu treten, und in seinem Hause war ein Brahmanensohn aus Magadha, dieser hat mit seinen eigenen Augen den Buddha gesehen und hat ihn lehren hören. Wahrlich, da schmerzte mich der Atem in der Brust, und ich dachte bei mir: möchte doch auch ich, möchten doch auch wir beide, Siddhartha und ich, die Stunde erleben, da wir die Lehre aus dem Munde jenes Vollendeten vernehmen! Sprich, Freund, wollen wir nicht auch dorthin gehen und die Lehre aus dem Munde des Buddha anhören?«
Sprach Siddhartha: »Immer, o Govinda, hatte ich gedacht, Govinda würde bei den Samanas bleiben, immer hatte ich geglaubt, es wäre sein Ziel, sechzig und siebzig Jahre alt zu werden und immer weiter die Künste und Übungen zu treiben, welche den Samana zieren. Aber sieh, ich hatte Govinda zu wenig gekannt, wenig wußte ich von seinem Herzen. Nun also willst du, Teuerster, einen Pfad einschlagen und dorthin gehen, wo der Buddha seine Lehre verkündet.«
Sprach Govinda: »Dir beliebt es zu spotten. Mögest du immerhin spotten, Siddhartha! Ist aber nicht auch in dir ein Verlangen, eine Lust erwacht, diese Lehre zu hören? Und hast du nicht einst zu mir gesagt, nicht lange mehr werdest du den Weg der Samanas gehen?«

Da lachte Siddhartha, auf seine Weise, wobei der Ton seiner Stimme einen Schatten von Trauer und einen Schatten von Spott annahm, und sagte: »Wohl, Govinda, wohl hast du gesprochen, richtig hast du dich erinnert. Mögest du doch auch des andern dich erinnern, das du von mir gehört hast, daß ich nämlich mißtrauisch und müde gegen Lehre und Lernen geworden bin, und daß mein Glaube klein ist an Worte, die von Lehrern zu uns kommen. Aber wohlan, Lieber, ich bin bereit, jene Lehre zu hören – obschon ich im Herzen glaube, daß wir die beste Frucht jener Lehre schon gekostet haben.«
Sprach Govinda: »Deine Bereitschaft erfreut mein Herz. Aber sage, wie sollte das möglich sein? Wie sollte die Lehre des Gotama, noch ehe wir sie vernommen, uns schon ihre beste Frucht erschlossen haben?«
Sprach Siddhartha: »Laß diese Frucht uns genießen und das weitere abwarten, o Govinda! Diese Frucht aber, die wir schon jetzt dem Gotama verdanken, besteht darin, daß er uns von den Samanas hinwegruft! Ob er uns noch anderes und Besseres zu geben hat, o Freund, darauf laß uns ruhigen Herzens warten.«
An diesem selben Tage gab Siddhartha dem Ältesten der Samanas seinen Entschluß zu wissen, daß er ihn verlassen wollte. Er gab ihn dem Ältesten zu wissen mit der Höflichkeit und Bescheidenheit, welche dem Jüngeren und Schüler ziemt. Der Samana aber geriet in Zorn, daß die beiden Jünglinge ihn verlassen wollten, und redete laut und brauchte grobe Schimpfworte. Govinda erschrak und kam in Verlegenheit. Siddhartha aber neigte den Mund zu Govindas Ohr und flüsterte ihm zu: »Nun will ich dem Alten zeigen, daß ich etwas bei ihm gelernt habe.«
Indem er sich nahe vor dem Samana aufstellte, mit gesammelter Seele, fing er den Blick des Alten mit seinen Blicken ein, bannte ihn, machte ihn stumm, machte ihn willenlos, unterwarf ihn seinem Willen, befahl ihm, lautlos zu tun, was er von ihm verlangte. Der alte Mann wurde stumm, sein Auge wurde starr, sein Wille gelähmt, seine Arme hingen herab, machtlos war er Siddharthas Bezauberung erlegen. Siddharthas Gedanken aber bemächtigten sich des Samana, er mußte vollführen, was sie befahlen. Und so verneigte sich der Alte mehrmals, vollzog segnende Gebärden, sprach stammelnd einen frommen Reisewunsch.

Und die Jünglinge erwiderten dankend die Verneigungen, erwiderten den Wunsch, zogen grüßend von dannen.
Unterwegs sagte Govinda: »O Siddhartha, du hast bei den Samanas mehr gelernt, als ich wußte. Es ist schwer, es ist sehr schwer, einen alten Samana zu bezaubern. Wahrlich, wärest du dort geblieben, du hättest bald gelernt, auf dem Wasser zu gehen!«
»Ich begehre nicht, auf dem Wasser zu gehen«, sagte Siddhartha. »Mögen alte Samanas mit solchen Künsten sich zufriedengeben.«

Gotama

In der Stadt Savathi kannte jedes Kind den Namen des Erhabenen Buddha, und jedes Haus war gerüstet, den Jüngern Gotamas, den schweigend Bittenden, die Almosenschale zu füllen. Nahe bei der Stadt lag Gotamas liebster Aufenthalt, der Hain Jetavana, welchen der reiche Kaufherr Anathapindika, ein ergebener Verehrer des Erhabenen, ihm und den Seinen zum Geschenk gemacht hatte.
Nach dieser Gegend hatten die Erzählungen und Antworten hingewiesen, welche den beiden jungen Asketen auf der Suche nach Gotamas Aufenthalt zuteil wurden. Und da sie in Savathi ankamen, ward ihnen gleich im ersten Hause, vor dessen Tür sie bittend stehenblieben, Speise angeboten, und sie nahmen Speise an, und Siddhartha fragte die Frau, welche ihnen die Speise reichte:
»Gerne, du Mildtätige, gerne möchten wir erfahren, wo der Buddha weilt, der Ehrwürdigste, denn wir sind zwei Samanas aus dem Walde und sind gekommen, um ihn, den Vollendeten, zu sehen und die Lehre aus seinem Munde zu vernehmen.«
Sprach die Frau: »Am richtigen Orte wahrlich seid ihr hier abgestiegen, ihr Samanas aus dem Walde. Wisset, in Jetavana, im Garten Anathapindikas, weilt der Erhabene. Dort möget ihr, Pilger, die Nacht verbringen, denn genug Raum ist daselbst für die Unzähligen, die herbeiströmen, um aus seinem Munde die Lehre zu hören.«
Da freute sich Govinda, und voll Freude rief er: »Wohl denn, so

ist unser Ziel erreicht und unser Weg zu Ende! Aber sage uns, du Mutter der Pilgernden, kennst du ihn, den Buddha, hast du ihn mit deinen Augen gesehen?«

Sprach die Frau: »Viele Male habe ich ihn gesehen, den Erhabenen. An vielen Tagen habe ich ihn gesehen, wie er durch die Gassen geht, schweigend, im gelben Mantel, wie er schweigend an den Haustüren seine Almosenschale darreicht, wie er die gefüllte Schale von dannen trägt.«

Entzückt lauschte Govinda und wollte noch vieles fragen und hören. Aber Siddhartha mahnte zum Weitergehen. Sie sagten Dank und gingen und brauchten kaum nach dem Wege zu fragen, denn nicht wenige Pilger und Mönche aus Gotamas Gemeinschaft waren nach dem Jetavana unterwegs. Und da sie in der Nacht dort anlangten, war daselbst ein beständiges Ankommen, Rufen und Reden von solchen, welche Herberge heischten und bekamen. Die beiden Samanas, des Lebens im Walde gewohnt, fanden schnell und geräuschlos einen Unterschlupf und ruhten da bis zum Morgen.

Beim Aufgang der Sonne sahen sie mit Erstaunen, welch große Schar, Gläubige und Neugierige, hier genächtigt hatte. In allen Wegen des herrlichen Haines wandelten Mönche im gelben Gewand, unter den Bäumen saßen sie hier und dort, in Betrachtung versenkt oder im geistlichen Gespräch, wie eine Stadt waren die schattigen Gärten zu sehen, voll von Menschen wimmelnd wie Bienen. Die Mehrzahl der Mönche zog mit der Almosenschale aus, um in der Stadt Nahrung für diese Mittagsmahlzeit, die einzige des Tages, zu sammeln. Auch der Buddha selbst, der Erleuchtete, pflegte am Morgen den Bettelgang zu tun.

Siddhartha sah ihn, und er erkannte ihn alsbald, als hätte ihm ein Gott ihn gezeigt. Er sah ihn, einen schlichten Mann in gelber Kutte, die Almosenschale in der Hand tragend, still dahin gehen.

»Sieh hier!« sagte Siddhartha leise zu Govinda. »Dieser hier ist der Buddha.«

Aufmerksam blickte Govinda den Mönch in der gelben Kutte an, der sich in nichts von den Hunderten der Mönche zu unterscheiden schien. Und bald erkannte auch Govinda: dieser ist es. Und sie folgten ihm nach und betrachteten ihn.

Der Buddha ging seines Weges bescheiden und in Gedanken

versunken, sein stilles Gesicht war weder fröhlich noch traurig, es schien leise nach innen zu lächeln. Mit einem verborgenen Lächeln, still, ruhig, einem gesunden Kinde nicht unähnlich, wandelte der Buddha, trug das Gewand und setzte den Fuß gleich wie alle seine Mönche, nach genauer Vorschrift. Aber sein Gesicht und sein Schritt, sein still gesenkter Blick, seine still herabhängende Hand, und noch jeder Finger an seiner still herabhängenden Hand sprach Friede, sprach Vollkommenheit, suchte nicht, ahmte nicht nach, atmete sanft in einer unverwelklichen Ruhe, in einem unverwelklichen Licht, einem unantastbaren Frieden.

So wandelte Gotama der Stadt entgegen, um Almosen zu sammeln, und die beiden Samanas erkannten ihn einzig an der Vollkommenheit seiner Ruhe, an der Stille seiner Gestalt, in welcher kein Suchen, kein Wollen, kein Nachahmen, kein Bemühen zu erkennen war, nur Licht und Frieden.

»Heute werden wir die Lehre aus seinem Munde vernehmen«, sagte Govinda.

Siddhartha gab nicht Antwort. Er war wenig neugierig auf die Lehre, er glaubte nicht, daß sie ihn Neues lehren werde, hatte er doch, ebenso wie Govinda, wieder und wieder den Inhalt dieser Buddhalehre vernommen, wenn schon aus Berichten von zweiter und dritter Hand. Aber er blickte aufmerksam auf Gotamas Haupt, auf seine Schultern, auf seine Füße, auf seine still herabhängende Hand, und ihm schien, jedes Glied an jedem Finger dieser Hand war Lehre, sprach, atmete, duftete, glänzte Wahrheit. Dieser Mann, dieser Buddha, war wahrhaftig bis in die Gebärde seines letzten Fingers. Dieser Mann war heilig. Nie hatte Siddhartha einen Menschen so verehrt, nie hatte er einen Menschen so geliebt wie diesen.

Die beiden folgten dem Buddha bis zur Stadt und kehrten schweigend zurück, denn sie selbst gedachten diesen Tag sich der Speise zu enthalten. Sie sahen Gotama wiederkehren, sahen ihn im Kreise seiner Jünger die Mahlzeit einnehmen – was er aß, hätte keinen Vogel satt gemacht – und sahen ihn sich zurückziehen in den Schatten der Mangobäume.

Am Abend aber, als die Hitze sich legte und alles im Lager lebendig ward und sich versammelte, hörten sie den Buddha lehren. Sie hörten seine Stimme, und auch sie war vollkommen, war von vollkommener Ruhe, war voll von Frieden. Gotama lehrte die Lehre vom Leiden, von der Herkunft des Leidens, vom Weg zur Aufhebung des Leidens. Ruhig floß und klar seine stille Rede. Leiden war das Leben, voll Leid war die Welt, aber Erlösung vom Leid war gefunden: Erlösung fand, wer den Weg des Buddha ging.

Mit sanfter, doch fester Stimme sprach der Erhabene, lehrte die vier Hauptsätze, lehrte den achtfachen Pfad, geduldig ging er den gewohnten Weg der Lehre, der Beispiele, der Wiederholungen, hell und still schwebte seine Stimme über den Hörenden, wie ein Licht, wie ein Sternhimmel.

Als der Buddha – es war schon Nacht geworden – seine Rede schloß, traten manche Pilger hervor und baten um Aufnahme in die Gemeinschaft, nahmen ihre Zuflucht zur Lehre. Und Gotama nahm sie auf, indem er sprach: »Wohl habt ihr die Lehre vernommen, wohl ist sie verkündigt. Tretet denn herzu und wandelt in Heiligkeit, allem Leid ein Ende zu bereiten.«

Siehe, da trat auch Govinda hervor, der Schüchterne, und sprach: »Auch ich nehme meine Zuflucht zum Erhabenen und zu seiner Lehre«, und bat um Aufnahme in die Jüngerschaft, und ward aufgenommen.

Gleich darauf, da sich der Buddha zur Nachtruhe zurückgezogen hatte, wendete sich Govinda zu Siddhartha und sprach eifrig: »Siddhartha, nicht steht es mir zu, dir einen Vorwurf zu machen. Beide haben wir den Erhabenen gehört, beide haben wir die Lehre vernommen. Govinda hat die Lehre gehört, er hat seine Zuflucht zu ihr genommen. Du aber, Verehrter, willst denn nicht auch du den Pfad der Erlösung gehen? Willst du zögern, willst du noch warten?«

Siddhartha erwachte wie aus einem Schlafe, als er Govindas Worte vernahm. Lange blickte er in Govindas Gesicht. Dann sprach er leise, mit einer Stimme ohne Spott: »Govinda, mein Freund, nun hast du den Schritt getan, nun hast du den Weg erwählt. Immer, o Govinda, bist du mein Freund gewesen, immer bist du einen Schritt hinter mir gegangen. Oft habe ich gedacht: Wird Govinda nicht auch einmal einen Schritt allein tun, ohne mich, aus der eigenen Seele? Siehe, nun bist du ein Mann geworden und wählst selber deinen Weg. Mögest du ihn zu Ende gehen, o mein Freund! Mögest du Erlösung finden!«

Govinda, welcher noch nicht völlig verstand, wiederholte mit einem Ton von Ungeduld seine Frage: »Sprich doch, ich bitte dich, mein Lieber! Sage mir, wie es ja nicht anders sein kann, daß auch du, mein gelehrter Freund, deine Zuflucht zum erhabenen Buddha nehmen wirst!«

Siddhartha legte seine Hand auf die Schulter Govindas: »Du hast meinen Segenswunsch überhört, o Govinda. Ich wiederhole ihn: Mögest du diesen Weg zu Ende gehen! Mögest du Erlösung finden!«

In diesem Augenblick erkannte Govinda, daß sein Freund ihn verlassen habe, und er begann zu weinen.

»Siddhartha!« rief er klagend.

Siddhartha sprach freundlich zu ihm: »Vergiß nicht, Govinda, daß du nun zu den Samanas des Buddha gehörst! Abgesagt hast du Heimat und Eltern, abgesagt Herkunft und Eigentum, abgesagt deinem eigenen Willen, abgesagt der Freundschaft. So will es die Lehre, so will es der Erhabene. So hast du selbst es gewollt. Morgen, o Govinda, werde ich dich verlassen.«

Lange noch wandelten die Freunde im Gehölz, lange lagen sie und fanden nicht den Schlaf. Und immer von neuem drang Govinda in seinen Freund, er möge ihm sagen, warum er nicht seine Zuflucht zu Gotamas Lehre nehmen wolle, welchen Fehler denn er in dieser Lehre finde. Siddhartha aber wies ihn jedesmal zurück und sagte: »Gib dich zufrieden, Govinda! Sehr gut ist des Erhabenen Lehre, wie sollte ich einen Fehler an ihr finden.«

Am frühesten Morgen ging ein Nachfolger Buddhas, einer seiner ältesten Mönche, durch den Garten und rief alle jene zu sich, welche als Neulinge ihre Zuflucht zur Lehre genommen hatten, um ihnen das gelbe Gewand anzulegen und sie in den ersten Lehren und Pflichten ihres Standes zu unterweisen. Da riß Govinda sich los, umarmte noch einmal den Freund seiner Jugend und schloß sich dem Zuge der Novizen an.

Siddhartha aber wandelte in Gedanken durch den Hain.

Da begegnete ihm Gotama, der Erhabene, und als er ihn mit Ehrfurcht begrüßte und der Blick des Buddha so voll Güte und Stille war, faßte der Jüngling Mut und bat den Ehrwürdigen um Erlaubnis, zu ihm zu sprechen. Schweigend nickte der Erhabene Gewährung.

Sprach Siddhartha: »Gestern, o Erhabener, war es mir vergönnt, deine wundersame Lehre zu hören. Zusammen mit meinem Freund kam ich aus der Ferne her, um die Lehre zu hören. Und nun wird mein Freund bei den Deinen bleiben, zu dir hat er seine Zuflucht genommen. Ich aber trete meine Pilgerschaft aufs neue an.«
»Wie es dir beliebt«, sprach der Ehrwürdige höflich.
»Allzu kühn ist meine Rede«, fuhr Siddhartha fort, »aber ich möchte den Erhabenen nicht verlassen, ohne ihm meine Gedanken in Aufrichtigkeit mitgeteilt zu haben. Will mir der Ehrwürdige noch einen Augenblick Gehör schenken?«
Schweigend nickte der Buddha Gewährung.
Sprach Siddhartha: »Eines, o Ehrwürdigster, habe ich an deiner Lehre vor allem bewundert. Alles in deiner Lehre ist vollkommen klar, ist bewiesen; als eine vollkommene, als eine nie und nirgends unterbrochene Kette zeigst du die Welt, als eine ewige Kette, gefügt aus Ursachen und Wirkungen. Niemals ist dies so klar gesehen, nie so unwiderleglich dargestellt worden; höher wahrlich muß jedem Brahmanen das Herz im Leibe schlagen, wenn er, durch deine Lehre hindurch, die Welt erblickt als vollkommenen Zusammenhang, lückenlos, klar wie ein Kristall, nicht vom Zufall abhängig, nicht von Göttern abhängig. Ob sie gut oder böse, ob das Leben in ihr Leid oder Freude sei, möge dahingestellt bleiben, es mag vielleicht sein, daß dies nicht wesentlich ist – aber die Einheit der Welt, der Zusammenhang alles Geschehens, das Umschlossensein alles Großen und Kleinen vom selben Strome, vom selben Gesetz der Ursachen, des Werdens und des Sterbens, dies leuchtet hell aus deiner erhabenen Lehre, o Vollendeter. Nun aber ist, deiner selben Lehre nach, diese Einheit und Folgerichtigkeit aller Dinge dennoch an einer Stelle unterbrochen, durch eine kleine Lücke strömt in diese Welt der Einheit etwas Fremdes, etwas Neues, etwas, das vorher nicht war, und das nicht gezeigt und nicht bewiesen werden kann: das ist deine Lehre von der Überwindung der Welt, von der Erlösung. Mit dieser kleinen Lücke, mit dieser kleinen Durchbrechung aber ist das ganze ewige und einheitliche Weltgesetz wieder zerbrochen und aufgehoben. Mögest du mir verzeihen, wenn ich diesen Einwand ausspreche.«
Still hatte Gotama ihm zugehört, unbewegt. Mit seiner gütigen,

mit seiner höflichen und klaren Stimme sprach er nun, der Vollendete: »Du hast die Lehre gehört, o Brahmanensohn, und wohl dir, daß du über sie so tief nachgedacht hast. Du hast eine Lücke in ihr gefunden, einen Fehler. Mögest du weiter darüber nachdenken. Laß dich aber warnen, du Wißbegieriger, vor dem Dickicht der Meinungen und vor dem Streit um Worte. Es ist an Meinungen nichts gelegen, sie mögen schön oder häßlich, klug oder töricht sein, jeder kann ihnen anhängen oder sie verwerfen. Die Lehre aber, die du von mir gehört hast, ist nicht meine Meinung, und ihr Ziel ist nicht, die Welt für Wißbegierige zu erklären. Ihr Ziel ist ein anderes; ihr Ziel ist Erlösung vom Leiden. Diese ist es, welche Gotama lehrt, nichts anderes.«

»Mögest du mir, o Erhabener, nicht zürnen«, sagte der Jüngling. »Nicht um Streit mit dir zu suchen, Streit um Worte, habe ich so zu dir gesprochen. Du hast wahrlich recht, wenig ist an Meinungen gelegen. Aber laß mich dies eine noch sagen: Nicht einen Augenblick habe ich an dir gezweifelt. Ich habe nicht einen Augenblick gezweifelt, daß du Buddha bist, daß du das Ziel erreicht hast, das höchste, nach welchem so viel tausend Brahmanen und Brahmanensöhne unterwegs sind. Du hast die Erlösung vom Tode gefunden. Sie ist dir geworden aus deinem eigenen Suchen, auf deinem eigenen Wege, durch Gedanken, durch Versenkung, durch Erkenntnis, durch Erleuchtung. Nicht ist sie dir geworden durch Lehre! Und – so ist mein Gedanke, o Erhabener – keinem wird Erlösung zuteil durch Lehre! Keinem, o Ehrwürdiger, wirst du in Worten und durch Lehre mitteilen und sagen können, was dir geschehen ist in der Stunde deiner Erleuchtung! Vieles enthält die Lehre des erleuchteten Buddha, viele lehrt sie, rechtschaffen zu leben, Böses zu meiden. Eines aber enthält die so klare, die so ehrwürdige Lehre nicht: sie enthält nicht das Geheimnis dessen, was der Erhabene selbst erlebt hat, er allein unter den Hunderttausenden. Dies ist es, was ich gedacht und erkannt habe, als ich die Lehre hörte. Dies ist es, weswegen ich meine Wanderschaft fortsetze – nicht um eine andere, eine bessere Lehre zu suchen, denn ich weiß, es gibt keine, sondern um alle Lehren und alle Lehrer zu verlassen und allein mein Ziel zu erreichen oder zu sterben. Oftmals aber werde ich dieses Tages gedenken, o Erhabener, und dieser Stunde, da meine Augen einen Heiligen sahen.«

Die Augen des Buddha blickten still zu Boden, still in vollkommenem Gleichmut strahlte sein unerforschliches Gesicht.

»Mögen deine Gedanken«, sprach der Ehrwürdige langsam, »keine Irrtümer sein! Mögest du ans Ziel kommen! Aber sage mir: Hast du die Schar meiner Samanas gesehen, meiner vielen Brüder, welche ihre Zuflucht zur Lehre genommen haben? Und glaubst du, fremder Samana, glaubst du, daß es diesen allen besser wäre, die Lehre zu verlassen und in das Leben der Welt und der Lüste zurückzukehren?«

»Fern ist ein solcher Gedanke von mir«, rief Siddhartha. »Mögen sie alle bei der Lehre bleiben, mögen sie ihr Ziel erreichen! Nicht steht mir zu, über eines andern Leben zu urteilen! Einzig für mich, für mich allein muß ich urteilen, muß ich wählen, muß ich ablehnen. Erlösung vom Ich suchen wir Samanas, o Erhabener. Wäre ich nun einer deiner Jünger, o Ehrwürdiger, so fürchte ich, es möchte mir geschehen, daß nur scheinbar, nur trügerisch mein Ich zur Ruhe käme und erlöst würde, daß es aber in Wahrheit weiterlebte und groß würde, denn ich hätte dann die Lehre, hätte meine Nachfolge, hätte meine Liebe zu dir, hätte die Gemeinschaft der Mönche zu meinem Ich gemacht!«

Mit halbem Lächeln, mit einer unerschütterten Helle und Freundlichkeit sah Gotama dem Fremdling ins Auge und verabschiedete ihn mit einer kaum sichtbaren Gebärde.

»Klug bist du, o Samana«, sprach der Ehrwürdige. »Klug weißt du zu reden, mein Freund. Hüte dich vor allzu großer Klugheit!«

Hinweg wandelte der Buddha, und sein Blick und halbes Lächeln blieb für immer in Siddharthas Gedächtnis eingegraben.

So habe ich noch keinen Menschen blicken und lächeln, sitzen und schreiten sehen, dachte er, so, wahrlich, wünsche auch ich blicken und lächeln, sitzen und schreiten zu können, so frei, so ehrwürdig, so verborgen, so offen, so kindlich und geheimnisvoll. So, wahrlich, blickt und schreitet nur der Mensch, der ins Innerste seines Selbst gedrungen ist. Wohl, auch ich werde ins Innerste meines Selbst zu dringen suchen.

Einen Menschen sah ich, dachte Siddhartha, einen einzigen, vor dem ich meine Augen niederschlagen mußte. Vor keinem andern mehr will ich meine Augen niederschlagen, vor keinem

mehr. Keine Lehre mehr wird mich verlocken, da dieses Menschen Lehre mich nicht verlockt hat.
Beraubt hat mich der Buddha, dachte Siddhartha, beraubt hat er mich, und mehr noch hat er mich beschenkt. Beraubt hat er mich meines Freundes, dessen, der an mich glaubte und der nun an ihn glaubt, der mein Schatten war und nun Gotamas Schatten ist. Geschenkt aber hat er mir Siddhartha, mich selbst.

Erwachen

Als Siddhartha den Hain verließ, in welchem der Buddha, der Vollendete, zurückblieb, in welchem Govinda zurückblieb, da fühlte er, daß in diesem Hain auch sein bisheriges Leben hinter ihm zurückblieb und sich von ihm trennte. Dieser Empfindung, die ihn ganz erfüllte, sann er im langsamen Dahingehen nach. Tief sann er nach, wie durch ein tiefes Wasser ließ er sich bis auf den Boden dieser Empfindung hinab, bis dahin, wo die Ursachen ruhen, denn Ursachen erkennen, so schien ihm, das eben ist Denken, und dadurch allein werden Empfindungen zu Erkenntnissen und gehen nicht verloren, sondern werden wesenhaft und beginnen auszustrahlen, was in ihnen ist.
Im langsamen Dahingehen dachte Siddhartha nach. Er stellte fest, daß er kein Jüngling mehr, sondern ein Mann geworden sei. Er stellte fest, daß eines ihn verlassen hatte, wie die Schlange von ihrer alten Haut verlassen wird, daß eines nicht mehr in ihm vorhanden war, das durch seine ganze Jugend ihn begleitet und zu ihm gehört hatte: der Wunsch, Lehrer zu haben und Lehren zu hören. Den letzten Lehrer, der an seinem Wege ihm erschienen war, auch ihn, den höchsten und weisesten Lehrer, den Heiligsten, Buddha, hatte er verlassen, hatte sich von ihm trennen müssen, hatte seine Lehre nicht annehmen können.
Langsamer ging der Denkende dahin und fragte sich selbst: »Was nun ist es aber, das du aus Lehren und von Lehrern hattest lernen wollen, und was sie, die dich viel gelehrt haben, dich doch nicht lehren konnten?« Und er fand: »Das Ich war es, dessen Sinn und Wesen ich lernen wollte. Das Ich war es, von dem ich loskommen, das ich überwinden wollte. Ich konnte es aber nicht überwinden, konnte es nur täuschen, konnte nur vor ihm

fliehen, mich nur vor ihm verstecken. Wahrlich, kein Ding in der Welt hat so viel meine Gedanken beschäftigt wie dieses mein Ich, dies Rätsel, daß ich lebe, daß ich einer und von allen andern getrennt und abgesondert bin, daß ich Siddhartha bin! Und über kein Ding in der Welt weiß ich weniger als über mich, über Siddhartha!«
Der im langsamen Dahingehen Denkende blieb stehen, von diesem Gedanken erfaßt, und alsbald sprang aus diesem Gedanken ein anderer hervor, ein neuer Gedanke, der lautete: »Daß ich nichts von mir weiß, daß Siddhartha mir so fremd und unbekannt geblieben ist, das kommt aus einer Ursache, einer einzigen: ich hatte Angst vor mir, ich war auf der Flucht vor mir! Atman suchte ich, Brahman suchte ich, ich war gewillt, mein Ich zu zerstücken und auseinanderzuschälen, um in seinem unbekannten Innersten den Kern aller Schalen zu finden, den Atman, das Leben, das Göttliche, das Letzte. Ich selbst aber ging mir dabei verloren.«
Siddhartha schlug die Augen auf und sah um sich, ein Lächeln erfüllte sein Gesicht, und ein tiefes Gefühl von Erwachen aus langen Träumen durchströmte ihn bis in die Zehen. Und alsbald lief er wieder, lief rasch, wie ein Mann, welcher weiß, was er zu tun hat.
»O«, dachte er aufatmend mit tiefem Atemzug, »nun will ich mir den Siddhartha nicht mehr entschlüpfen lassen! Nicht mehr will ich mein Denken und mein Leben beginnen mit Atman und mit dem Leid der Welt. Ich will mich nicht mehr töten und zerstücken, um hinter den Trümmern ein Geheimnis zu finden. Nicht Yoga-Veda mehr soll mich lehren, noch Atharva-Veda, noch die Asketen, noch irgendwelche Lehre. Bei mir selbst will ich lernen, will ich Schüler sein, will ich mich kennenlernen, das Geheimnis Siddhartha.«
Er blickte um sich, als sähe er zum ersten Male die Welt. Schön war die Welt, bunt war die Welt, seltsam und rätselhaft war die Welt! Hier war Blau, hier war Gelb, hier war Grün, Himmel floß und Fluß, Wald starrte und Gebirg, alles schön, alles rätselvoll und magisch, und inmitten er, Siddhartha, der Erwachende, auf dem Wege zu sich selbst. All dieses, all dies Gelb und Blau, Fluß und Wald, ging zum erstenmal durchs Auge in Siddhartha ein, war nicht mehr Zauber Maras, war nicht mehr der Schleier der

Maja, war nicht mehr sinnlose und zufällige Vielfalt der Erscheinungswelt, verächtlich dem tiefdenkenden Brahmanen, der die Vielfalt verschmäht, der die Einheit sucht. Blau war Blau, Fluß war Fluß, und wenn auch im Blau und Fluß in Siddhartha das Eine und Göttliche verborgen lebte, so war es doch eben des Göttlichen Art und Sinn, hier Gelb, hier Blau, dort Himmel, dort Wald und hier Siddhartha zu sein. Sinn und Wesen waren nicht irgendwo hinter den Dingen, sie waren in ihnen, in allem.

»Wie bin ich taub und stumpf gewesen!« dachte der rasch dahin Wandelnde. »Wenn einer eine Schrift liest, deren Sinn er suchen will, so verachtet er nicht die Zeichen und Buchstaben und nennt sie Täuschung, Zufall und wertlose Schale, sondern er liest sie, er studiert und liebt sie, Buchstabe um Buchstabe. Ich aber, der ich das Buch der Welt und das Buch meines eigenen Wesens lesen wollte, ich habe, einem im voraus vermuteten Sinn zuliebe, die Zeichen und Buchstaben verachtet, ich nannte die Welt der Erscheinungen Täuschung, nannte mein Auge und meine Zunge zufällige und wertlose Erscheinungen. Nein, dies ist vorüber, ich bin erwacht, ich bin in der Tat erwacht und heute erst geboren.«

Indem Siddhartha diesen Gedanken dachte, blieb er abermals stehen, plötzlich, als läge eine Schlange vor ihm auf dem Weg.

Denn plötzlich war auch dies ihm klargeworden: er, der in der Tat wie ein Erwachter oder Neugeborener war, er mußte sein Leben neu und völlig von vorn beginnen. Als er an diesem selben Morgen den Hain Jetavana, den Hain jenes Erhabenen, verlassen hatte, schon erwachend, schon auf dem Wege zu sich selbst, da war es seine Absicht gewesen und war ihm natürlich und selbstverständlich erschienen, daß er, nach den Jahren seines Asketentums, in seine Heimat und zu seinem Vater zurückkehre. Jetzt aber, erst in diesem Augenblick, da er stehenblieb, als läge eine Schlange auf seinem Wege, erwachte er auch zu dieser Einsicht: »Ich bin ja nicht mehr, der ich war, ich bin nicht mehr Asket, ich bin nicht mehr Priester, ich bin nicht mehr Brahmane. Was denn soll ich zu Hause und bei meinem Vater tun? Studieren? Opfern? Die Versenkung pflegen? Dies alles ist ja vorüber, dies alles liegt nicht mehr an meinem Wege.«

Regungslos blieb Siddhartha stehen, und einen Augenblick und Atemzug lang fror sein Herz, er fühlte es in der Brust innen frieren wie ein kleines Tier, einen Vogel oder einen Hasen, als er sah, wie allein er sei. Jahrelang war er heimatlos gewesen und hatte es nicht gefühlt. Nun fühlte er es. Immer noch, auch in der fernsten Versenkung, war er seines Vaters Sohn gewesen, war Brahmane gewesen, hohen Standes, ein Geistiger. Jetzt war er nur noch Siddhartha, der Erwachte, sonst nichts mehr. Tief sog er den Atem ein, und einen Augenblick fror er und schauderte. Niemand war so allein wie er. Kein Adliger, der nicht zu den Adligen, kein Handwerker, der nicht zu den Handwerkern gehörte und Zuflucht bei ihnen fand, ihr Leben teilte, ihre Sprache sprach. Kein Brahmane, der nicht zu den Brahmanen zählte und mit ihnen lebte, kein Asket, der nicht im Stande der Samanas seine Zuflucht fand, und auch der verlorenste Einsiedler im Walde war nicht einer und allein, auch ihn umgab Zugehörigkeit, auch er gehörte einem Stande an, der ihm Heimat war. Govinda war Mönch geworden, und tausend Mönche waren seine Brüder, trugen sein Kleid, glaubten seinen Glauben, sprachen seine Sprache. Er aber, Siddhartha, wo war er zugehörig? Wessen Leben würde er teilen? Wessen Sprache würde er sprechen? Aus diesem Augenblick, wo die Welt rings von ihm wegschmolz, wo er allein stand wie ein Stern am Himmel, aus diesem Augenblick einer Kälte und Verzagtheit tauchte Siddhartha empor, mehr Ich als zuvor, fester geballt. Er fühlte: dies war der letzte Schauder des Erwachens gewesen, der letzte Krampf der Geburt. Und alsbald schritt er wieder aus, begann rasch und ungeduldig zu gehen, nicht mehr nach Hause, nicht mehr zum Vater, nicht mehr zurück.

Zweiter Teil

Wilhelm Gundert
meinem Vetter in Japan
gewidmet

Siddhartha lernte Neues auf jedem Schritt seines Weges, denn die Welt war verwandelt, und sein Herz war bezaubert. Er sah die Sonne überm Waldgebirge aufgehen und überm fernen Palmenstrande untergehen. Er sah nachts am Himmel die Sterne geordnet, und den Sichelmond wie ein Boot im Blauen schwimmend. Er sah Bäume, Sterne, Tiere, Wolken, Regenbogen, Felsen, Kräuter, Blumen, Bach und Fluß, Taublitz im morgendlichen Gesträuch, ferne hohe Berge blau und bleich, Vögel sangen und Bienen, Wind wehte silbern im Reisfeld. Dies alles, tausendfalt und bunt, war immer dagewesen, immer hatten Sonne und Mond geschienen, immer Flüsse gerauscht und Bienen gesummt, aber es war in den früheren Zeiten für Siddhartha dies alles nichts gewesen als ein flüchtiger und trügerischer Schleier vor seinem Auge, mit Mißtrauen betrachtet, dazu bestimmt, vom Gedanken durchdrungen und vernichtet zu werden, da es nicht Wesen war, da das Wesen jenseits der Sichtbarkeit lag. Nun aber weilte sein befreites Auge diesseits, es sah und erkannte die Sichtbarkeit, suchte Heimat in dieser Welt, suchte nicht das Wesen, zielte in kein Jenseits. Schön war die Welt, wenn man sie so betrachtete, so ohne Suchen, so einfach, so kinderhaft. Schön war Mond und Gestirn, schön war Bach und Ufer, Wald und Fels, Ziege und Goldkäfer, Blume und Schmetterling. Schön und lieblich war es, so durch die Welt zu gehen, so kindlich, so erwacht, so dem Nahen aufgetan, so ohne Mißtrauen. Anders brannte die Sonne aufs Haupt, anders kühlte der Waldschatten, anders schmeckte Bach und Zisterne, anders Kürbis und Banane. Kurz waren die Tage, kurz die Nächte, jede Stunde floh schnell hinweg wie ein Segel auf dem Meere, unterm Segel ein Schiff voll von Schätzen, voll von Freuden. Siddhartha sah ein Affenvolk im hohen Waldgewölbe wandern, hoch im Geäst, und hörte einen wilden, gierigen Gesang. Siddhartha sah einen Schafbock ein Schaf verfolgen und begatten. Er sah in einem Schilfsee den Hecht im Abendhunger jagen, vor ihm her schnellten angstvoll, flatternd und blitzend die jungen Fische in Scharen aus dem Wasser, Kraft und Leidenschaft duftete dringlich aus den hastigen Wasserwirbeln, die der ungestüm Jagende zog.

All dieses war immer gewesen, und er hatte es nicht gesehen; er war nicht dabeigewesen. Jetzt war er dabei, er gehörte dazu. Durch sein Auge lief Licht und Schatten, durch sein Herz lief Stern und Mond.

Siddhartha erinnerte sich unterwegs auch alles dessen, was er im Garten Jetavana erlebt hatte, der Lehre, die er dort gehört, des göttlichen Buddha, des Abschiedes von Govinda, des Gespräches mit dem Erhabenen. Seiner eigenen Worte, die er zum Erhabenen gesprochen hatte, erinnerte er sich wieder, jedes Wortes, und mit Erstaunen wurde er dessen inne, daß er da Dinge gesagt hatte, die er damals noch gar nicht eigentlich wußte. Was er zu Gotama gesagt hatte: sein, des Buddha, Schatz und Geheimnis sei nicht die Lehre, sondern das Unaussprechliche und nicht Lehrbare, das er einst zur Stunde seiner Erleuchtung erlebt habe – dies war es ja eben, was zu erleben er jetzt auszog, was zu erleben er jetzt begann. Sich selbst mußte er jetzt erleben. Wohl hatte er schon lange gewußt, daß sein Selbst Atman sei, vom selben ewigen Wesen wie Brahman. Aber nie hatte er dies Selbst wirklich gefunden, weil er es mit dem Netz des Gedankens hatte fangen wollen. War auch gewiß der Körper nicht das Selbst, und nicht das Spiel im Sinne, so war es doch auch das Denken nicht, nicht der Verstand, nicht die erlernte Weisheit, nicht die erlernte Kunst, Schlüsse zu ziehen und aus schon Gedachtem neue Gedanken zu spinnen. Nein, auch diese Gedankenwelt war noch diesseits, und es führte zu keinem Ziel, wenn man das zufällige Ich der Sinne tötete, dafür aber das zufällige Ich der Gedanken und Gelehrsamkeiten mästete. Beide, die Gedanken wie die Sinne, waren hübsche Dinge, hinter beiden lag der letzte Sinn verborgen, beide galt es zu hören, mit beiden zu spielen, beide weder zu verachten noch zu überschätzen, aus beiden die geheimen Stimmen des Innersten zu erlauschen. Nach nichts wollte er trachten, als wonach die Stimme ihm zu trachten beföhle, bei nichts verweilen, als wo die Stimme es riete. Warum war Gotama einst, in der Stunde der Stunden, unter dem Bo-Baume niedergesessen, wo die Erleuchtung ihn traf? Er hatte eine Stimme gehört, eine Stimme im eigenen Herzen, die ihm befahl, unter diesem Baum Rast zu suchen, und er hatte nicht Kasteiung, Opfer, Bad oder Gebet, nicht Essen noch Trinken, nicht Schlaf noch Traum vorgezogen, er hatte der Stimme gehorcht. So zu gehorchen, nicht äußerm Befehl, nur der Stimme, so bereit zu sein, das war gut, das war notwendig, nichts anderes war notwendig.

In der Nacht, da er in der strohenen Hütte eines Fährmannes am Flusse schlief, hatte Siddhartha einen Traum: Govinda stand vor ihm, in einem gelben Asketengewand. Traurig sah Govinda aus, traurig fragte er: Warum hast du mich verlassen? Da umarmte er Govinda, schlang seine Arme um ihn, und indem er ihn an seine Brust zog und küßte, war es nicht Govinda mehr, sondern ein Weib, und aus des Weibes Gewand quoll eine volle Brust, an der lag Siddhartha und trank, süß und stark schmeckte die Milch dieser Brust. Sie schmeckte nach Weib und Mann, nach Sonne und Wald, nach Tier und Blume, nach jeder Frucht, nach jeder Lust. Sie machte trunken und bewußtlos. – Als Siddhartha erwachte, schimmerte der bleiche Fluß durch die Tür der Hütte, und im Walde klang tief und wohllaut ein dunkler Eulenruf.

Als der Tag begann, bat Siddhartha seinen Gastgeber, den Fährmann, ihn über den Fluß zu setzen. Der Fährmann setzte ihn auf seinem Bambusfloß über den Fluß, rötlich schimmerte im Morgenschein das breite Wasser.

»Das ist ein schöner Fluß«, sagte er zu seinem Begleiter.

»Ja«, sagte der Fährmann, »ein sehr schöner Fluß, ich liebe ihn über alles. Oft habe ich ihm zugehört, oft in seine Augen gesehen, und immer habe ich von ihm gelernt. Man kann viel von einem Flusse lernen.«

»Ich danke dir, mein Wohltäter«, sprach Siddhartha, da er ans andere Ufer stieg. »Kein Gastgeschenk habe ich dir zu geben, Lieber, und keinen Lohn zu geben. Ein Heimatloser bin ich, ein Brahmanensohn und Samana.«

»Ich sah es wohl«, sprach der Fährmann, »und ich habe keinen Lohn von dir erwartet, und kein Gastgeschenk. Du wirst mir das Geschenk ein anderes Mal geben.«

»Glaubst du?« sagte Siddhartha lustig.

»Gewiß. Auch das habe ich vom Flusse gelernt: alles kommt wieder! Auch du, Samana, wirst wiederkommen. Nun lebe wohl! Möge deine Freundschaft mein Lohn sein. Mögest du meiner gedenken, wenn du den Göttern opferst.«

Lächelnd schieden sie voneinander. Lächelnd freute sich Siddhartha über die Freundschaft und Freundlichkeit des Fährmanns. »Wie Govinda ist er«, dachte er lächelnd, »alle, die ich auf meinem Wege antreffe, sind wie Govinda. Alle sind dankbar, obwohl sie selbst Anspruch auf Dank hätten. Alle sind unterwürfig, alle mögen gern Freund sein, gern gehorchen, wenig denken. Kinder sind die Menschen.«

Um die Mittagszeit kam er durch ein Dorf. Vor den Lehmhütten wälzten sich Kinder auf der Gasse, spielten mit Kürbiskernen und Muscheln, schrien und balgten sich, flohen aber alle scheu vor dem fremden Samana. Am Ende des Dorfes führte der Weg durch einen Bach, und am Rande des Baches kniete ein junges Weib und wusch Kleider. Als Siddhartha sie grüßte, hob sie den Kopf und blickte mit Lächeln zu ihm auf, daß er das Weiße in ihrem Auge blitzen sah. Er rief einen Segensspruch hinüber, wie er unter Reisenden üblich ist, und fragte, wie weit der Weg bis zur großen Stadt noch sei. Da stand sie auf und trat zu ihm her, schön schimmerte ihr feuchter Mund im jungen Gesicht. Sie tauschte Scherzreden mit ihm, fragte, ob er schon gegessen habe, und ob es wahr sei, daß die Samanas nachts allein im Walde schliefen und keine Frauen bei sich haben dürften. Dabei setzte sie ihren linken Fuß auf seinen rechten und machte eine Bewegung, wie die Frau sie macht, wenn sie den Mann zu jener Art des Liebesgenusses auffordert, welchen die Lehrbücher »das Baumbesteigen« nennen. Siddhartha fühlte sein Blut erwarmen, und da sein Traum ihm in diesem Augenblick wieder einfiel, bückte er sich ein wenig zu dem Weibe herab und küßte mit den Lippen die braune Spitze ihrer Brust. Aufschauend sah er ihr Gesicht voll Verlangen lächeln und die verkleinerten Augen in Sehnsucht flehen.

Auch Siddhartha fühlte Sehnsucht und den Quell des Geschlechts sich bewegen; da er aber noch nie ein Weib berührt hatte, zögerte er einen Augenblick, während seine Hände schon bereit waren, nach ihr zu greifen. Und in diesem Augenblick hörte er, erschauernd, die Stimme seines Innern, und die Stimme sagte nein. Da wich vom lächelnden Gesicht der jungen Frau aller Zauber, er sah nichts mehr als den feuchten Blick eines brünstigen Tierweibchens. Freundlich streichelte er ihre Wange, wandte sich von ihr und verschwand vor der Enttäuschten leichtfüßig in das Bambusgehölz.

An diesem Tage erreichte er vor Abend eine große Stadt, und freute sich, denn er begehrte nach Menschen. Lange hatte er in den Wäldern gelebt, und die stroherne Hütte des Fährmanns, in welcher er diese Nacht geschlafen hatte, war seit langer Zeit das erste Dach, das er über sich gehabt hatte.

Vor der Stadt, bei einem schönen umzäunten Haine, begegnete dem Wandernden ein kleiner Troß von Dienern und Dienerinnen, mit Körben beladen. Inmitten in einer geschmückten Sänfte, von Vieren getragen, saß auf roten Kissen unter einem bunten Sonnendach eine Frau, die Herrin. Siddhartha blieb beim Eingang des Lusthaines stehen und sah dem Aufzuge zu, sah die Diener, die Mägde, die Körbe, sah die Sänfte, und sah in der Sänfte die Dame. Unter hochgetürmten schwarzen Haaren sah er ein sehr helles, sehr zartes, sehr kluges Gesicht, hellroten Mund wie eine frisch aufgebrochene Feige, Augenbrauen gepflegt und gemalt in hohen Bogen, dunkle Augen klug und wachsam, lichten hohen Hals aus grün und goldenem Oberkleide steigend, ruhende helle Hände lang und schmal mit breiten Goldreifen über den Gelenken.

Siddhartha sah, wie schön sie war, und sein Herz lachte. Tief verneigte er sich, als die Sänfte nahe kam, und sich wieder aufrichtend, blickte er in das helle holde Gesicht, las einen Augenblick in den klugen hochüberwölbten Augen, atmete einen Hauch von Duft, den er nicht kannte. Lächelnd nickte die schöne Frau, einen Augenblick, und verschwand im Hain, und hinter ihr die Diener.

So betrete ich diese Stadt, dachte Siddhartha, unter einem holden Zeichen. Es zog ihn, sogleich in den Hain zu treten, doch bedachte er sich, und nun erst ward ihm bewußt, wie ihn die Diener und Mägde am Eingang betrachtet hatten, wie verächtlich, wie mißtrauisch, wie abweisend.

Noch bin ich ein Samana, dachte er, noch immer, ein Asket und Bettler. Nicht so werde ich bleiben dürfen, nicht so in den Hain treten. Und er lachte.

Den nächsten Menschen, der des Weges kam, fragte er nach dem Hain und nach dem Namen dieser Frau, und erfuhr, daß dies der Hain der Kamala war, der berühmten Kurtisane, und daß sie außer dem Haine ein Haus in der Stadt besaß.

Dann betrat er die Stadt. Er hatte nun ein Ziel.

Sein Ziel verfolgend, ließ er sich von der Stadt einschlürfen, trieb im Strom der Gassen, stand auf Plätzen still, ruhte auf den Steintreppen am Flusse aus. Gegen den Abend befreundete er sich mit einem Barbiergehilfen, den er im Schatten eines Gewölbes hatte arbeiten sehen, den er betend in einem Tempel Vishnus wiederfand, dem er von den Geschichten Vishnus und der Lakschmi erzählte. Bei den Booten am Flusse schlief er die Nacht, und früh am Morgen, ehe die ersten Kunden in seinen Laden kamen, ließ er sich von dem Barbiergehilfen den Bart rasieren und das Haar beschneiden, das Haar kämmen und mit feinem Öle salben. Dann ging er im Flusse baden.

Als am Spätnachmittag die schöne Kamala in der Sänfte sich ihrem Haine näherte, stand am Eingang Siddhartha, verbeugte sich und empfing den Gruß der Kurtisane. Demjenigen Diener aber, der zuletzt im Zuge ging, winkte er und bat ihn, der Herrin zu melden, daß ein junger Brahmane mit ihr zu sprechen begehre. Nach einer Weile kam der Diener zurück, forderte den Wartenden auf, ihm zu folgen, führte den ihm Folgenden schweigend in einen Pavillon, wo Kamala auf einem Ruhebett lag, und ließ ihn bei ihr allein.

»Bist du nicht gestern schon da draußen gestanden und hast mich begrüßt?« fragte Kamala.

»Wohl habe ich gestern schon dich gesehen und begrüßt.«

»Aber trugst du nicht gestern einen Bart, und lange Haare, und Staub in den Haaren?«

»Wohl hast du beobachtet, alles hast du gesehen. Du hast Siddhartha gesehen, den Brahmanensohn, welcher seine Heimat verlassen hat, um ein Samana zu werden, und drei Jahre lang ein Samana gewesen ist. Nun aber habe ich jenen Pfad verlassen, und kam in diese Stadt, und die erste, die mir noch vor dem Betreten der Stadt begegnete, warst du. Dies zu sagen, bin ich zu dir gekommen, o Kamala! Du bist die erste Frau, zu welcher Siddhartha anders als mit niedergeschlagenen Augen redet. Nie mehr will ich meine Augen niederschlagen, wenn eine schöne Frau mir begegnet.«

Kamala lächelte und spielte mit ihrem Fächer aus Pfauenfedern. Und fragte: »Und nur um mir dies zu sagen, ist Siddhartha zu mir gekommen?«

»Um dir dies zu sagen, und um dir zu danken, daß du so schön bist. Und wenn es dir nicht mißfällt, Kamala, möchte ich dich bitten, meine Freundin und Lehrerin zu sein, denn ich weiß noch nichts von der Kunst, in welcher du Meisterin bist.«

Da lachte Kamala laut.

»Nie ist mir das geschehen, Freund, daß ein Samana aus dem Wald zu mir kam und von mir lernen wollte! Nie ist mir das geschehen, daß ein Samana mit langen Haaren und in einem alten zerrissenen Schamtuch zu mir kam! Viele Jünglinge kommen zu mir, und auch Brahmanensöhne sind darunter, aber sie kommen in schönen Kleidern, sie kommen in feinen Schuhen, sie haben Wohlgeruch im Haar und Geld in den Beuteln. So, du Samana, sind die Jünglinge beschaffen, welche zu mir kommen.«

Sprach Siddhartha: »Schon fange ich an, von dir zu lernen. Auch gestern schon habe ich gelernt. Schon habe ich den Bart abgelegt, habe das Haar gekämmt, habe Öl im Haar. Weniges ist, das mir noch fehlt, du Vortreffliche: feine Kleider, feine Schuhe, Geld im Beutel. Wisse, Schwereres hat Siddhartha sich vorgenommen, als solche Kleinigkeiten sind, und hat es erreicht. Wie sollte ich nicht erreichen, was ich gestern mir vorgenommen habe: dein Freund zu sein und die Freuden der Liebe von dir zu lernen! Du wirst mich gelehrig sehen, Kamala, Schwereres habe ich gelernt, als was du mich lehren sollst. Und nun also: Siddhartha genügt dir nicht, so wie er ist, mit Öl im Haar, aber ohne Kleider, ohne Schuhe, ohne Geld?«

Lachend rief Kamala: »Nein, Werter, er genügt noch nicht. Kleider muß er haben, hübsche Kleider, und Schuhe, hübsche Schuhe, und viel Geld im Beutel, und Geschenke für Kamala. Weißt du es nun, Samana aus dem Walde? Hast du es dir gemerkt?«

»Wohl habe ich es mir gemerkt«, rief Siddhartha. »Wie sollte ich mir nicht merken, was aus einem solchen Munde kommt! Dein Mund ist wie eine frisch aufgebrochene Feige, Kamala. Auch mein Mund ist rot und frisch, er wird zu deinem passen, du wirst sehen. – Aber sage, schöne Kamala, hast du gar keine Furcht vor dem Samana aus dem Walde, der gekommen ist, um Liebe zu lernen?«

»Warum sollte ich denn Furcht vor einem Samana haben, einem dummen Samana aus dem Walde, der von den Schakalen kommt und noch gar nicht weiß, was Frauen sind?«

»O, er ist stark, der Samana, und er fürchtet nichts. Er könnte dich zwingen, schönes Mädchen. Er könnte dich rauben. Er könnte dir weh tun.«
»Nein, Samana, das fürchte ich nicht. Hat je ein Samana oder ein Brahmane gefürchtet, einer könnte kommen und ihn pakken und ihm seine Gelehrsamkeit, und seine Frömmigkeit, und seinen Tiefsinn rauben? Nein, denn die gehören ihm zu eigen, und er gibt davon nur, was er geben will und wem er geben will. So ist es, genau ebenso ist es auch mit Kamala, und mit den Freuden der Liebe. Schön und rot ist Kamalas Mund, aber versuche, ihn gegen Kamalas Willen zu küssen, und nicht einen Tropfen Süßigkeit wirst du von ihm haben, der so viel Süßes zu geben versteht! Du bist gelehrig, Siddhartha, so lerne auch dies: Liebe kann man erbetteln, erkaufen, geschenkt bekommen, auf der Gasse finden, aber rauben kann man sie nicht. Da hast du dir einen falschen Weg ausgedacht. Nein, schade wäre es, wenn ein hübscher Jüngling wie du es so falsch angreifen wollte.«
Siddhartha verneigte sich lächelnd. »Schade wäre es, Kamala, wie sehr hast du recht! Überaus schade wäre es. Nein, von deinem Munde soll mir kein Tropfen Süßigkeit verlorengehen, noch dir von dem meinen! Es bleibt also dabei: Siddhartha wird wiederkommen, wenn er hat, was ihm noch fehlt: Kleider, Schuhe, Geld. Aber sprich, holde Kamala, kannst du mir nicht noch einen kleinen Rat geben?«
»Einen Rat? Warum nicht? Wer wollte nicht gerne einem armen, unwissenden Samana, der von den Schakalen aus dem Walde kommt, einen Rat geben?«
»Liebe Kamala, so rate mir: wohin soll ich gehen, daß ich am raschesten jene drei Dinge finde?«
»Freund, das möchten viele wissen. Du mußt tun, was du gelernt hast, und dir dafür Geld geben lassen und Kleider und Schuhe. Anders kommt ein Armer nicht zu Geld. Was kannst du denn?«
»Ich kann denken. Ich kann warten. Ich kann fasten.«
»Nichts sonst?«
»Nichts. Doch, ich kann auch dichten. Willst du mir für ein Gedicht einen Kuß geben?«
»Das will ich tun, wenn dein Gedicht mir gefällt. Wie heißt es denn?«

Siddhartha sprach, nachdem er sich einen Augenblick besonnen hatte, diese Verse:

»In ihren schattigen Hain trat die schöne Kamala,
An Haines Eingang stand der braune Samana.
Tief, da er die Lotusblüte erblickte,
Beugte sich jener, lächelnd dankte Kamala.
Lieblicher, dachte der Jüngling, als Göttern zu opfern,
Lieblicher ist es, zu opfern der schönen Kamala.«

Laut klatschte Kamala in die Hände, daß die goldenen Armringe klangen.
»Schön sind deine Verse, brauner Samana, und wahrlich, ich verliere nichts, wenn ich dir einen Kuß für sie gebe.«
Sie zog ihn mit den Augen zu sich, er beugte sein Gesicht auf ihres, und legte seinen Mund auf den Mund, der wie eine frisch aufgebrochene Feige war. Lange küßte ihn Kamala, und mit tiefem Erstaunen fühlte Siddhartha, wie sie ihn lehrte, wie sie weise war, wie sie ihn beherrschte, ihn zurückwies, ihn lockte, und wie hinter diesem ersten eine lange, eine wohlgeordnete, wohlerprobte Reihe von Küssen stand, jeder vom andern verschieden, die ihn noch erwarteten. Tief atmend blieb er stehen, und war in diesem Augenblick wie ein Kind erstaunt über die Fülle des Wissens und Lernenswerten, die sich vor seinen Augen erschloß.
»Sehr schön sind deine Verse«, rief Kamala, »wenn ich reich wäre, gäbe ich dir Goldstücke dafür. Aber schwer wird es dir werden, mit Versen so viel Geld zu erwerben, wie du brauchst. Denn du brauchst viel Geld, wenn du Kamalas Freund sein willst.«
»Wie kannst du küssen, Kamala!« stammelte Siddhartha.
»Ja, das kann ich schon, darum fehlt es mir auch nicht an Kleidern, Schuhen, Armbändern und allen schönen Dingen. Aber was wird aus dir werden? Kannst du nichts als denken, fasten, dichten?«
»Ich kann auch die Opferlieder«, sagte Siddhartha, »aber ich will sie nicht mehr singen. Ich kann auch Zaubersprüche, aber ich will sie nicht mehr sprechen. Ich habe die Schriften gelesen –«

»Halt«, unterbrach ihn Kamala. »Du kannst lesen? Und schreiben?«
»Gewiß kann ich das. Manche können das.«
»Die meisten können es nicht. Auch ich kann es nicht. Es ist sehr gut, daß du lesen und schreiben kannst, sehr gut. Auch die Zaubersprüche wirst du noch brauchen können.«
In diesem Augenblick kam eine Dienerin gelaufen und flüsterte der Herrin eine Nachricht ins Ohr.
»Ich bekomme Besuch«, rief Kamala. »Eile und verschwinde, Siddhartha, niemand darf dich hier sehen, das merke dir! Morgen sehe ich dich wieder.«
Der Magd aber befahl sie, dem frommen Brahmanen ein weißes Obergewand zu geben. Ohne zu wissen, wie ihm geschah, sah sich Siddhartha von der Magd hinweggezogen, auf Umwegen in ein Gartenhaus gebracht, mit einem Oberkleid beschenkt, ins Gebüsch geführt und dringlich ermahnt, sich alsbald ungesehen aus dem Hain zu verlieren.
Zufrieden tat er, wie ihm geheißen war. Des Waldes gewohnt, brachte er sich lautlos aus dem Hain und über die Hecke. Zufrieden kehrte er in die Stadt zurück, das zusammengerollte Kleid unterm Arm tragend. In einer Herberge, wo Reisende einkehrten, stellte er sich an die Tür, bat schweigend um Essen, nahm schweigend ein Stück Reiskuchen an. Vielleicht schon morgen, dachte er, werde ich niemand mehr um Essen bitten.
Stolz flammte plötzlich in ihm auf. Er war kein Samana mehr, nicht mehr stand es ihm an zu betteln. Er gab den Reiskuchen einem Hund und blieb ohne Speise.
»Einfach ist das Leben, das man in der Welt hier führt«, dachte Siddhartha. »Es hat keine Schwierigkeiten. Schwer war alles, mühsam und am Ende hoffnungslos, als ich noch Samana war. Nun ist alles leicht, leicht wie der Unterricht im Küssen, den mir Kamala gibt. Ich brauche Kleider und Geld, sonst nichts, das sind kleine nahe Ziele, sie stören einem nicht den Schlaf.«
Längst hatte er das Stadthaus Kamalas erkundet, dort fand er sich am andern Tage ein.
»Es geht gut«, rief sie ihm entgegen. »Du wirst bei Kamaswami erwartet, er ist der reichste Kaufmann dieser Stadt. Wenn du ihm gefällst, wird er dich in Dienst nehmen. Sei klug, brauner Samana. Ich habe ihm durch andre von dir erzählen lassen. Sei

freundlich gegen ihn, er ist sehr mächtig. Aber sei nicht zu bescheiden! Ich will nicht, daß du sein Diener wirst, du sollst seinesgleichen werden, sonst bin ich nicht mit dir zufrieden. Kamaswami fängt an, alt und bequem zu werden. Gefällst du ihm, so wird er dir viel anvertrauen.«

Siddhartha dankte ihr und lachte, und da sie erfuhr, er habe gestern und heute nichts gegessen, ließ sie Brot und Früchte bringen und bewirtete ihn.

»Du hast Glück gehabt«, sagte sie beim Abschied, »eine Tür um die andre tut sich dir auf. Wie kommt das wohl? Hast du einen Zauber?«

Siddhartha sagte: »Gestern erzählte ich dir, ich verstünde zu denken, zu warten und zu fasten, du aber fandest, das sei zu nichts nütze. Es ist aber zu vielem nütze, Kamala, du wirst es sehen. Du wirst sehen, daß die dummen Samanas im Walde viel Hübsches lernen und können, das ihr nicht könnt. Vorgestern war ich noch ein struppiger Bettler, gestern habe ich schon Kamala geküßt, und bald werde ich ein Kaufmann sein und Geld haben und all diese Dinge, auf die du Wert legst.«

»Nun ja«, gab sie zu. »Aber wie stünde es mit dir ohne mich? Was wärest du, wenn Kamala dir nicht hülfe?«

»Liebe Kamala«, sagte Siddhartha und richtete sich hoch auf, »als ich zu dir in deinen Hain kam, tat ich den ersten Schritt. Es war mein Vorsatz, bei dieser schönsten Frau die Liebe zu lernen. Von jenem Augenblick an, da ich den Vorsatz faßte, wußte ich auch, daß ich ihn ausführen werde. Ich wußte, daß du mir helfen würdest, bei deinem ersten Blick am Eingang des Haines wußte ich es schon.«

»Wenn ich aber nicht gewollt hätte?«

»Du *hast* gewollt. Sieh, Kamala: wenn du einen Stein ins Wasser wirfst, so eilt er auf dem schnellsten Wege zum Grunde des Wassers. So ist es, wenn Siddhartha ein Ziel, einen Vorsatz hat. Siddhartha tut nichts, er wartet, er denkt, er fastet, aber er geht durch die Dinge der Welt hindurch wie der Stein durchs Wasser, ohne etwas zu tun, ohne sich zu rühren; er wird gezogen, er läßt sich fallen. Sein Ziel zieht ihn an sich, denn er läßt nichts in seine Seele ein, was dem Ziel widerstreben könnte. Das ist es, was Siddhartha bei den Samanas gelernt hat. Es ist das, was die Toren Zauber nennen und wovon sie meinen, es werde durch die Dämonen bewirkt. Nichts wird von Dämonen bewirkt, es gibt keine Dämonen. Jeder kann zaubern, jeder kann seine Ziele erreichen, wenn er denken kann, wenn er warten kann, wenn er fasten kann.« Kamala hörte ihm zu. Sie liebte seine Stimme, sie liebte den Blick seiner Augen.

»Vielleicht ist es so«, sagte sie leise, »wie du sprichst, Freund. Vielleicht ist es aber auch so, daß Siddhartha ein hübscher Mann ist, daß sein Blick den Frauen gefällt, daß darum das Glück ihm entgegenkommt.«

Mit einem Kuß nahm Siddhartha Abschied. »Möge es so sein, meine Lehrerin. Möge immer mein Blick dir gefallen, möge immer von dir mir Glück entgegenkommen!«

Bei den Kindermenschen

Siddhartha ging zum Kaufmann Kamaswami, in ein reiches Haus ward er gewiesen, Diener führten ihn zwischen kostbaren Teppichen in ein Gemach, wo er den Hausherrn erwartete. Kamaswami trat ein, ein rascher, geschmeidiger Mann mit stark ergrauendem Haar, mit sehr klugen, vorsichtigen Augen, mit einem begehrlichen Mund. Freundlich begrüßten sich Herr und Gast.

»Man hat mir gesagt«, begann der Kaufmann, »daß du ein Brahmane bist, ein Gelehrter, daß du aber Dienste bei einem Kaufmann suchst. Bist du denn in Not geraten, Brahmane, daß du Dienste suchst?«

»Nein«, sagte Siddhartha, »ich bin nicht in Not geraten und bin nie in Not gewesen. Wisse, daß ich von den Samanas komme, bei welchen ich lange Zeit gelebt habe.«

»Wenn du von den Samanas kommst, wie solltest du da nicht in Not sein? Sind nicht die Samanas völlig besitzlos?«

»Besitzlos bin ich«, sagte Siddhartha, »wenn es das ist, was du meinst. Gewiß bin ich besitzlos. Doch bin ich es freiwillig, bin also nicht in Not.«

»Wovon aber willst du leben, wenn du besitzlos bist?«

»Ich habe daran noch nie gedacht, Herr. Ich bin mehr als drei Jahre besitzlos gewesen, und habe niemals daran gedacht, wovon ich leben solle.«

»So hast du vom Besitz anderer gelebt.«
»Vermutlich ist es so. Auch der Kaufmann lebt ja von der Habe anderer.«
»Wohl gesprochen. Doch nimmt er von den andern das Ihre nicht umsonst; er gibt ihnen seine Waren dafür.«
»So scheint es sich in der Tat zu verhalten. Jeder nimmt, jeder gibt, so ist das Leben.«
»Aber erlaube: wenn du besitzlos bist, was willst du geben?«
»Jeder gibt, was er hat. Der Krieger gibt Kraft, der Kaufmann gibt Ware, der Lehrer Lehre, der Bauer Reis, der Fischer Fische.«
»Sehr wohl. Und was ist es nun, was du zu geben hast? Was ist es, das du gelernt hast, das du kannst?«
»Ich kann denken. Ich kann warten. Ich kann fasten.«
»Das ist alles?«
»Ich glaube, es ist alles!«
»Und wozu nützt es? Zum Beispiel das Fasten – wozu ist es gut?«
»Es ist sehr gut, Herr. Wenn ein Mensch nichts zu essen hat, so ist Fasten das Allerklügste, was er tun kann. Wenn, zum Beispiel, Siddhartha nicht fasten gelernt hätte, so müßte er heute noch irgendeinen Dienst annehmen, sei es bei dir oder wo immer, denn der Hunger würde ihn dazu zwingen. So aber kann Siddhartha ruhig warten, er kennt keine Ungeduld, er kennt keine Notlage, lange kann er sich vom Hunger belagern lassen und kann dazu lachen. Dazu, Herr, ist Fasten gut.«
»Du hast recht, Samana. Warte einen Augenblick.«
Kamaswami ging hinaus und kehrte mit einer Rolle wieder, die er seinem Gast hinreichte, indem er fragte: »Kannst du dies lesen?«
Siddhartha betrachtete die Rolle, in welcher ein Kaufvertrag niedergeschrieben war, und begann ihren Inhalt vorzulesen.
»Vortrefflich«, sagte Kamaswami. »Und willst du mir etwas auf dieses Blatt schreiben?«
Er gab ihm ein Blatt und einen Griffel, und Siddhartha schrieb und gab das Blatt zurück. Kamaswami las: »Schreiben ist gut, Denken ist besser. Klugheit ist gut, Geduld ist besser.«
»Vorzüglich verstehst du zu schreiben«, lobte der Kaufmann. »Manches werden wir noch miteinander zu sprechen haben.

Für heute bitte ich dich, sei mein Gast und nimm in diesem Hause Wohnung.«

Siddhartha dankte und nahm an, und wohnte nun im Hause des Händlers. Kleider wurden ihm gebracht, und Schuhe, und ein Diener bereitete ihm täglich das Bad. Zweimal am Tage wurde eine reichliche Mahlzeit aufgetragen, Siddhartha aber aß nur einmal am Tage, und aß weder Fleisch noch trank er Wein. Kamaswami erzählte ihm von seinem Handel, zeigte ihm Waren und Magazine, zeigte ihm Berechnungen. Vieles Neue lernte Siddhartha kennen, er hörte viel und sprach wenig. Und der Worte Kamalas eingedenk, ordnete er sich niemals dem Kaufmann unter, zwang ihn, daß er ihn als seinesgleichen, ja als mehr denn seinesgleichen behandle. Kamaswami betrieb seine Geschäfte mit Sorglichkeit und oft mit Leidenschaft, Siddhartha aber betrachtete dies alles wie ein Spiel, dessen Regeln genau zu lernen er bemüht war, dessen Inhalt aber sein Herz nicht berührte.

Nicht lange war er in Kamaswamis Hause, da nahm er schon an seines Hausherrn Handel teil. Täglich aber zu der Stunde, die sie ihm nannte, besuchte er die schöne Kamala, in hübschen Kleidern, in feinen Schuhen, und bald brachte er ihr auch Geschenke mit. Vieles lehrte ihn ihr roter, kluger Mund. Vieles lehrte ihn ihre zarte, geschmeidige Hand. Ihn, der in der Liebe noch ein Knabe war und dazu neigte, sich blindlings und unersättlich in die Lust zu stürzen wie ins Bodenlose, lehrte sie von Grund auf die Lehre, daß man Lust nicht nehmen kann, ohne Lust zu geben, und daß jede Gebärde, jedes Streicheln, jede Berührung, jeder Anblick, jede kleinste Stelle des Körpers ihr Geheimnis hat, das zu wecken dem Wissenden Glück bereitet. Sie lehrte ihn, daß Liebende nach einer Liebesfeier nicht voneinander gehen dürfen, ohne eins das andere zu bewundern, ohne ebenso besiegt zu sein, wie gesiegt zu haben, so daß bei keinem von beiden Übersättigung und Öde entstehe und das böse Gefühl, mißbraucht zu haben oder mißbraucht worden zu sein. Wunderbare Stunden brachte er bei der schönen und klugen Künstlerin zu, wurde ihr Schüler, ihr Liebhaber, ihr Freund. Hier bei Kamala lag der Wert und Sinn seines jetzigen Lebens, nicht im Handel des Kamaswami.

Der Kaufmann übertrug ihm das Schreiben wichtiger Briefe

und Verträge und gewöhnte sich daran, alle wichtigen Angelegenheiten mit ihm zu beraten. Er sah bald, daß Siddhartha von Reis und Wolle, von Schiffahrt und Handel wenig verstand, daß aber seine Hand eine glückliche war, und daß Siddhartha ihn, den Kaufmann, übertraf an Ruhe und Gleichmut, und in der Kunst des Zuhörenkönnens und Eindringens in fremde Menschen. »Dieser Brahmane«, sagte er zu einem Freunde, »ist kein richtiger Kaufmann und wird nie einer werden, nie ist seine Seele mit Leidenschaft bei den Geschäften. Aber er hat das Geheimnis jener Menschen, zu welchen der Erfolg von selber kommt, sei das nun ein angeborener guter Stern, sei es Zauber, sei es etwas, das er bei den Samanas gelernt hat. Immer scheint er mit den Geschäften nur zu spielen, nie gehen sie ganz in ihn ein, nie beherrschen sie ihn, nie fürchtet er Mißerfolg, nie bekümmert ihn ein Verlust.«

Der Freund riet dem Händler: »Gib ihm von den Geschäften, die er für dich treibt, ein Drittel vom Gewinn, laß ihn aber auch denselben Anteil des Verlustes treffen, wenn Verlust entsteht. So wird er eifriger werden.«

Kamaswami folgte dem Rat. Siddhartha aber kümmerte sich wenig darum. Traf ihn Gewinn, so nahm er ihn gleichmütig hin; traf ihn Verlust, so lachte er und sagte: »Ei sieh, dies ist also schlecht gegangen!«

Es schien in der Tat, als seien die Geschäfte ihm gleichgültig. Einmal reiste er in ein Dorf, um dort eine große Reisernte aufzukaufen. Als er ankam, war aber der Reis schon an einen andern Händler verkauft. Dennoch blieb Siddhartha manche Tage in jenem Dorf, bewirtete die Bauern, schenkte ihren Kindern Kupfermünzen, feierte eine Hochzeit mit und kam überaus zufrieden von der Reise zurück. Kamaswami machte ihm Vorwürfe, daß er nicht sogleich umgekehrt sei, daß er Zeit und Geld vergeudet habe. Siddhartha antwortete: »Laß das Schelten, lieber Freund! Noch nie ist mit Schelten etwas erreicht worden. Ist Verlust entstanden, so laß mich den Verlust tragen. Ich bin sehr zufrieden mit dieser Reise. Ich habe vielerlei Menschen kennengelernt, ein Brahmane ist mein Freund geworden, Kinder sind auf meinen Knien geritten, Bauern haben mir ihre Felder gezeigt, niemand hat mich für einen Händler gehalten.«

»Sehr hübsch ist dies alles«, rief Kamaswami unwillig, »aber

tatsächlich bist du doch ein Händler, sollte ich meinen! Oder bist du denn nur zu deinem Vergnügen gereist?«
»Gewiß«, lachte Siddhartha, »gewiß bin ich zu meinem Vergnügen gereist. Wozu denn sonst? Ich habe Menschen und Gegenden kennengelernt, ich habe Freundlichkeit und Vertrauen genossen, ich habe Freundschaft gefunden. Sieh, Lieber, wenn ich Kamaswami gewesen wäre, so wäre ich sofort, als ich meinen Kauf vereitelt sah, voll Ärger und in Eile wieder zurückgereist, und Zeit und Geld wäre in der Tat verloren gewesen. So aber habe ich gute Tage gehabt, habe gelernt, habe Freude genossen, habe weder mich noch andere durch Ärger und durch Eilfertigkeit geschädigt. Und wenn ich jemals wieder dorthin komme, vielleicht um eine spätere Ernte zu kaufen, oder zu welchem Zweck es sei, so werden freundliche Menschen mich freundlich und heiter empfangen, und ich werde mich dafür loben, daß ich damals nicht Eile und Unmut gezeigt habe. Also laß gut sein, Freund, und schade dir nicht durch Schelten! Wenn der Tag kommt, an dem du sehen wirst: Schaden bringt mir dieser Siddhartha, dann sprich ein Wort, und Siddhartha wird seiner Wege gehen. Bis dahin aber laß uns einer mit dem andern zufrieden sein.«
Vergeblich waren auch die Versuche des Kaufmanns, Siddhartha zu überzeugen, daß er sein, Kamaswamis, Brot esse. Siddhartha aß sein eignes Brot, vielmehr sie beide aßen das Brot anderer, das Brot aller. Niemals hatte Siddhartha ein Ohr für Kamaswamis Sorgen, und Kamaswami machte sich viele Sorgen. War ein Geschäft im Gange, welchem Mißerfolg drohte, schien eine Warensendung verloren, schien ein Schuldner nicht zahlen zu können, nie konnte Kamaswami seinen Mitarbeiter überzeugen, daß es nützlich sei, Worte des Kummers oder des Zornes zu verlieren, Falten auf der Stirn zu haben, schlecht zu schlafen. Als ihm Kamaswami einstmals vorhielt, er habe alles, was er verstehe, von ihm gelernt, gab er zur Antwort: »Wolle mich doch nicht mit solchen Späßen zum besten haben! Von dir habe ich gelernt, wieviel ein Korb voll Fische kostet, und wieviel Zins man für geliehenes Geld fordern kann. Das sind deine Wissenschaften. Denken habe ich nicht bei dir gelernt, teurer Kamaswami, suche lieber du, es von mir zu lernen.«
In der Tat war seine Seele nicht beim Handel. Die Geschäfte

waren gut, um ihm Geld für Kamala einzubringen, und sie brachten weit mehr ein, als er brauchte. Im übrigen war Siddharthas Teilnahme und Neugierde nur bei den Menschen, deren Geschäfte, Handwerke, Sorgen, Lustbarkeiten und Torheiten ihm früher fremd und fern gewesen waren wie der Mond. So leicht es ihm gelang, mit allen zu sprechen, mit allen zu leben, von allen zu lernen, so sehr ward ihm dennoch bewußt, daß etwas sei, was ihn von ihnen trennte, und dies Trennende war sein Samanatum. Er sah die Menschen auf eine kindliche oder tierhafte Art dahinleben, welche er zugleich liebte und auch verachtete. Er sah sie sich mühen, sah sie leiden und grau werden um Dinge, die ihm dieses Preises ganz unwert schienen, um Geld, um kleine Lust, um kleine Ehren, er sah sie einander schelten und beleidigen, er sah sie um Schmerzen wehklagen, über die der Samana lächelt, und unter Entbehrungen leiden, die ein Samana nicht fühlt.

Allem stand er offen, was diese Menschen ihm zubrachten. Willkommen war ihm der Händler, der ihm Leinwand zum Kauf anbot, willkommen der Verschuldete, der ein Darlehen suchte, willkommen der Bettler, der ihm eine Stunde lang die Geschichte seiner Armut erzählte, und welcher nicht halb so arm war als ein jeder Samana. Den reichen ausländischen Händler behandelte er nicht anders als den Diener, der ihn rasierte, und den Straßenverkäufer, von dem er sich beim Bananenkauf um kleine Münze betrügen ließ. Wenn Kamaswami zu ihm kam, um über seine Sorgen zu klagen oder ihm wegen eines Geschäftes Vorwürfe zu machen, so hörte er neugierig und heiter zu, wunderte sich über ihn, suchte ihn zu verstehen, ließ ihn ein wenig recht haben, ebensoviel als ihm unentbehrlich schien, und wandte sich von ihm ab, dem Nächsten zu, der ihn begehrte. Und es kamen viele zu ihm, viele, um mit ihm zu handeln, viele, um ihn zu betrügen, viele, um ihn auszuhorchen, viele, um sein Mitleid anzurufen, viele, um seinen Rat zu hören. Er gab Rat, er bemitleidete, er schenkte, er ließ sich ein wenig betrügen, und dieses ganze Spiel und die Leidenschaft, mit welcher alle Menschen dies Spiel betrieben, beschäftigte seine Gedanken ebensosehr, wie einst die Götter und das Brahman sie beschäftigt hatten.

Zuzeiten spürte er, tief in der Brust, eine sterbende, leise

Stimme, die mahnte leise, klagte leise, kaum daß er sie vernahm. Alsdann kam ihm für eine Stunde zum Bewußtsein, daß er ein seltsames Leben führe, daß er da lauter Dinge tue, die bloß ein Spiel waren, daß er wohl heiter sei und zuweilen Freude fühle, daß aber das eigentliche Leben dennoch an ihm vorbeifließe und ihn nicht berühre. Wie ein Ballspieler mit seinen Bällen spielt, so spielte er mit seinen Geschäften, mit den Menschen seiner Umgebung, sah ihnen zu, fand seinen Spaß an ihnen; mit dem Herzen, mit der Quelle seines Wesens war er nicht dabei. Die Quelle lief irgendwo, wie fern von ihm, lief und lief unsichtbar, hatte nichts mehr mit seinem Leben zu tun. Und einigemal erschrak er ob solchen Gedanken und wünschte sich, es möge doch auch ihm gegeben sein, bei all dem kindlichen Tun des Tages mit Leidenschaft und mit dem Herzen beteiligt zu sein, wirklich zu leben, wirklich zu tun, wirklich zu genießen und zu leben, statt nur so als ein Zuschauer daneben zu stehen. Immer aber kam er wieder zur schönen Kamala, lernte Liebeskunst, übte den Kult der Lust, bei welchem mehr als irgendwo Geben und Nehmen zu einem wird, plauderte mit ihr, lernte von ihr, gab ihr Rat, empfing Rat. Sie verstand ihn besser, als Govinda ihn einst verstanden hatte, sie war ihm ähnlicher.

Einmal sagte er zu ihr: »Du bist wie ich, du bist anders als die meisten Menschen. Du bist Kamala, nichts andres, und in dir innen ist eine Stille und Zuflucht, in welche du zu jeder Stunde eingehen und bei dir daheim sein kannst, so wie auch ich es kann. Wenige Menschen haben das, und doch könnten alle es haben.«

»Nicht alle Menschen sind klug«, sagte Kamala.

»Nein«, sagte Siddhartha, »nicht daran liegt es. Kamaswami ist ebenso klug wie ich, und hat doch keine Zuflucht in sich. Andre haben sie, die an Verstand kleine Kinder sind. Die meisten Menschen, Kamala, sind wie ein fallendes Blatt, das weht und dreht sich durch die Luft, und schwankt, und taumelt zu Boden. Andre aber, wenige, sind wie Sterne, die gehen eine feste Bahn, kein Wind erreicht sie, in sich selber haben sie ihr Gesetz und ihre Bahn. Unter allen Gelehrten und Samanas, deren ich viele kannte, war einer von dieser Art, ein Vollkommener, nie kann ich ihn vergessen. Es ist jener Gotama, der Erhabene, der Verkünder jener Lehre. Tausend Jünger hören jeden Tag seine

Lehre, folgen jede Stunde seiner Vorschrift, aber sie alle sind fallendes Laub, nicht in sich selbst haben sie Lehre und Gesetz.«
Kamala betrachtete ihn mit Lächeln. »Wieder redest du von ihm«, sagte sie, »wieder hast du Samanagedanken.«
Siddhartha schwieg, und sie spielten das Spiel der Liebe, eines von den dreißig oder vierzig verschiedenen Spielen, welche Kamala wußte. Ihr Leib war biegsam wie der eines Jaguars und wie der Bogen eines Jägers; wer von ihr die Liebe gelernt hatte, war vieler Lüste, vieler Geheimnisse kundig. Lange spielte sie mit Siddhartha, lockte ihn, wies ihn zurück, zwang ihn, umspannte ihn, freute sich seiner Meisterschaft, bis er besiegt war und erschöpft an ihrer Seite ruhte.
Die Hetäre beugte sich über ihn, sah lang in sein Gesicht, in seine müdgewordenen Augen.
»Du bist der beste Liebende«, sagte sie nachdenklich, »den ich gesehen habe. Du bist stärker als andre, biegsamer, williger. Gut hast du meine Kunst gelernt, Siddhartha. Einst, wenn ich älter bin, will ich von dir ein Kind haben. Und dennoch, Lieber, bist du ein Samana geblieben, dennoch liebst du mich nicht, du liebst keinen Menschen. Ist es nicht so?«
»Es mag wohl so sein«, sagte Siddhartha müde. »Ich bin wie du. Auch du liebst nicht – wie könntest du sonst die Liebe als eine Kunst betreiben? Die Menschen von unserer Art können vielleicht nicht lieben. Die Kindermenschen können es; das ist ihr Geheimnis.«

Sansara

Lange Zeit hatte Siddhartha das Leben der Welt und der Lüste gelebt, ohne ihm doch anzugehören. Seine Sinne, die er in heißen Samana-Jahren ertötet hatte, waren wieder erwacht, er hatte Reichtum gekostet, hatte Wollust gekostet, hatte Macht gekostet; dennoch war er lange Zeit im Herzen noch ein Samana geblieben, dies hatte Kamala, die Kluge, richtig erkannt. Immer war es die Kunst des Denkens, des Wartens, des Fastens, von welcher sein Leben gelenkt wurde, immer noch waren die Menschen der Welt, die Kindermenschen, ihm fremd geblieben, wie er ihnen fremd war.

Die Jahre liefen dahin, in Wohlergehen eingehüllt, fühlte Siddhartha ihr Schwinden kaum. Er war reich geworden, er besaß längst ein eigenes Haus und eigene Dienerschaft, und einen Garten vor der Stadt am Flusse. Die Menschen hatten ihn gerne, sie kamen zu ihm, wenn sie Geld oder Rat brauchten, niemand aber stand ihm nahe, außer Kamala.

Jenes hohe, helle Wachsein, welches er einst, auf der Höhe seiner Jugend, erlebt hatte, in den Tagen nach Gotamas Predigt, nach der Trennung von Govinda, jene gespannte Erwartung, jenes stolze Alleinstehen ohne Lehren und ohne Lehrer, jene geschmeidige Bereitschaft, die göttliche Stimme im eigenen Herzen zu hören, war allmählich Erinnerung geworden, war vergänglich gewesen; fern und leise rauschte die heilige Quelle, die einst nahe gewesen war, die einst in ihm selber gerauscht hatte. Vieles zwar, das er von den Samanas gelernt, das er von Gotama gelernt, das er von seinem Vater, dem Brahmanen, gelernt hatte, war noch lange Zeit in ihm geblieben: mäßiges Leben, Freude am Denken, Stunden der Versenkung, heimliches Wissen vom Selbst, vom ewigen Ich, das nicht Körper noch Bewußtsein ist. Manches davon war in ihm geblieben, eines ums andere aber war untergesunken und hatte sich mit Staub bedeckt. Wie die Scheibe des Töpfers, einmal angetrieben, sich noch lange dreht und nur langsam ermüdet und ausschwingt, so hatte in Siddharthas Seele das Rad der Askese, das Rad des Denkens, das Rad der Unterscheidung lange weiter geschwungen, schwang immer noch, aber es schwang langsam und zögernd und war dem Stillstand nahe. Langsam, wie Feuchtigkeit in den absterbenden Baumstrunk dringt, ihn langsam füllt und faulen macht, war Welt und Trägheit in Siddharthas Seele gedrungen, langsam füllte sie seine Seele, machte sie schwer, machte sie müde, schläferte sie ein. Dafür waren seine Sinne lebendig geworden, viel hatten sie gelernt, viel erfahren.

Siddhartha hatte gelernt, Handel zu treiben, Macht über Menschen auszuüben, sich mit dem Weibe zu vergnügen, er hatte gelernt, schöne Kleider zu tragen, Dienern zu befehlen, sich in wohlriechenden Wassern zu baden. Er hatte gelernt, zart und sorgfältig bereitete Speisen zu essen, auch den Fisch, auch Fleisch und Vogel, Gewürze und Süßigkeiten, und den Wein zu trinken, der träge und vergessen macht. Er hatte gelernt, mit

Würfeln und auf dem Schachbrett zu spielen, Tänzerinnen zuzusehen, sich in der Sänfte tragen zu lassen, auf einem weichen Bett zu schlafen. Aber immer noch hatte er sich von den andern verschieden und ihnen überlegen gefühlt, immer hatte er ihnen mit ein wenig Spott zugesehen, mit ein wenig spöttischer Verachtung, mit eben jener Verachtung, wie sie ein Samana stets für Weltleute fühlt. Wenn Kamaswami kränklich war, wenn er ärgerlich war, wenn er sich beleidigt fühlte, wenn er von seinen Kaufmannssorgen geplagt wurde, immer hatte Siddhartha es mit Spott angesehen. Langsam und unmerklich nur, mit den dahingehenden Erntezeiten und Regenzeiten, war sein Spott müder geworden, war seine Überlegenheit stiller geworden. Langsam nur, zwischen seinen wachsenden Reichtümern, hatte Siddhartha selbst etwas von der Art der Kindermenschen angenommen, etwas von ihrer Kindlichkeit und von ihrer Ängstlichkeit. Und doch beneidete er sie, beneidete sie desto mehr, je ähnlicher er ihnen wurde. Er beneidete sie um das Eine, was ihm fehlte und was sie hatten, um die Wichtigkeit, welche sie ihrem Leben beizulegen vermochten, um die Leidenschaftlichkeit ihrer Freuden und Ängste, um das bange, aber süße Glück ihrer ewigen Verliebtheit. In sich selbst, in Frauen, in ihre Kinder, in Ehre oder Geld, in Pläne oder Hoffnungen verliebt waren diese Menschen immerzu. Er aber lernte dies nicht von ihnen, gerade dies nicht, diese Kinderfreude und Kindertorheit; er lernte von ihnen gerade das Unangenehme, was er selbst verachtete. Es geschah immer öfter, daß er am Morgen nach einem geselligen Abend lange liegenblieb und sich dumm und müde fühlte. Es geschah, daß er ärgerlich und ungeduldig wurde, wenn Kamaswami ihn mit seinen Sorgen langweilte. Es geschah, daß er allzu laut lachte, wenn er im Würfelspiel verlor. Sein Gesicht war noch immer klüger und geistiger als andre, aber es lachte selten, und nahm einen um den andern jene Züge an, die man im Gesicht reicher Leute so häufig findet, jene Züge der Unzufriedenheit, der Kränklichkeit, des Mißmutes, der Trägheit, der Lieblosigkeit. Langsam ergriff ihn die Seelenkrankheit der Reichen.

Wie ein Schleier, wie ein dünner Nebel senkte sich Müdigkeit über Siddhartha, langsam, jeden Tag ein wenig dichter, jeden Monat ein wenig trüber, jedes Jahr ein wenig schwerer. Wie ein neues Kleid mit der Zeit alt wird, mit der Zeit seine schöne

Farbe verliert, Flecken bekommt, Falten bekommt, an den Säumen abgestoßen wird und hier und dort blöde, fädige Stellen zu zeigen beginnt, so war Siddharthas neues Leben, das er nach seiner Trennung von Govinda begonnen hatte, alt geworden, so verlor es mit den hinrinnenden Jahren Farbe und Glanz, so sammelten sich Falten und Flecken auf ihm, und im Grunde verborgen, hier und dort schon häßlich hervorblickend, wartete Enttäuschung und Ekel. Siddhartha merkte es nicht. Er merkte nur, daß jene helle und sichere Stimme seines Innern, die einst in ihm erwacht war und ihn in seinen glänzenden Zeiten je und je geleitet hatte, schweigsam geworden war.
Die Welt hatte ihn eingefangen, die Lust, die Begehrlichkeit, die Trägheit, und zuletzt auch noch jenes Laster, das er als das törichteste stets am meisten verachtet und gehöhnt hatte: die Habgier. Auch das Eigentum, der Besitz und Reichtum hatte ihn schließlich eingefangen, war ihm kein Spiel und Tand mehr, war Kette und Last geworden. Auf einem seltsamen und listigen Wege war Siddhartha in diese letzte und schnödeste Abhängigkeit geraten, durch das Würfelspiel. Seit der Zeit nämlich, da er im Herzen aufgehört hatte, ein Samana zu sein, begann Siddhartha das Spiel um Geld und Kostbarkeiten, das er sonst lächelnd und lässig als eine Sitte der Kindermenschen mitgemacht hatte, mit einer zunehmenden Wut und Leidenschaft zu treiben. Er war ein gefürchteter Spieler, wenige wagten es mit ihm, so hoch und frech waren seine Einsätze. Er trieb das Spiel aus der Not seines Herzens, das Verspielen und Verschleudern des elenden Geldes schuf ihm eine zornige Freude, auf keine andere Weise konnte er seine Verachtung des Reichtums, des Götzen der Kaufleute, deutlicher und höhnischer zeigen. So spielte er hoch und schonungslos, sich selbst hassend, sich selbst verhöhnend, strich Tausende ein, warf Tausende weg, verspielte Geld, verspielte Schmuck, verspielte ein Landhaus, gewann wieder, verspielte wieder. Jene Angst, jene furchtbare und beklemmende Angst, welche er während des Würfelns, während des Bangens um hohe Einsätze empfand, jene Angst liebte er und suchte sie immer zu erneuern, immer zu steigern, immer höher zu kitzeln, denn in diesem Gefühl allein noch fühlte er etwas wie Glück, etwas wie Rausch, etwas wie erhöhtes Leben inmitten seines gesättigten, lauen, faden Lebens. Und nach jedem großen Verluste

sann er auf neuen Reichtum, ging eifriger dem Handel nach, zwang strenger seine Schuldner zum Zahlen, denn er wollte weiter spielen, er wollte weiter vergeuden, weiter dem Reichtum seine Verachtung zeigen. Siddhartha verlor die Gelassenheit bei Verlusten, er verlor die Geduld gegen säumige Zahler, verlor die Gutmütigkeit gegen Bettler, verlor die Lust am Verschenken und Wegleihen des Geldes an Bittende. Er, der zehntausend auf einen Wurf verspielte und dazu lachte, wurde im Handel strenger und kleinlicher, träumte nachts zuweilen von Geld! Und so oft er aus dieser häßlichen Bezauberung erwachte, so oft er sein Gesicht im Spiegel an der Schlafzimmerwand gealtert und häßlicher geworden sah, so oft Scham und Ekel ihn überfielen, floh er weiter, floh in neues Glücksspiel, floh in Betäubungen der Wollust, des Weines, und von da zurück in den Trieb des Häufens und Erwerbens. In diesem sinnlosen Kreislauf lief er sich müde, lief er sich alt, lief sich krank.

Da mahnte ihn einst ein Traum. Er war die Abendstunden bei Kamala gewesen, in ihrem schönen Lustgarten. Sie waren unter den Bäumen gesessen, im Gespräch, und Kamala hatte nachdenkliche Worte gesagt, Worte, hinter welchen sich eine Trauer und Müdigkeit verbarg. Von Gotama hatte sie ihn gebeten zu erzählen, und konnte nicht genug von ihm hören, wie rein sein Auge, wie still und schön sein Mund, wie gütig sein Lächeln, wie friedevoll sein Gang gewesen. Lange hatte er ihr vom erhabenen Buddha erzählen müssen, und Kamala hatte geseufzt, und hatte gesagt: »Einst, vielleicht bald, werde auch ich diesem Buddha folgen. Ich werde ihm meinen Lustgarten schenken, und werde meine Zuflucht zu seiner Lehre nehmen.« Darauf aber hatte sie ihn gereizt und ihn im Liebesspiel mit schmerzlicher Inbrunst an sich gefesselt, unter Bissen und unter Tränen, als wolle sie noch einmal aus dieser eiteln, vergänglichen Lust den letzten süßen Tropfen pressen. Nie war es Siddhartha so seltsam klargeworden, wie nahe die Wollust dem Tode verwandt ist. Dann war er an ihrer Seite gelegen, und Kamalas Antlitz war ihm nahe gewesen, und unter ihren Augen und neben ihren Mundwinkeln hatte er deutlich wie noch niemals eine bange Schrift gelesen, eine Schrift von feinen Linien, von leisen Furchen, eine Schrift, die an den Herbst und an das Alter erinnerte, wie denn auch Siddhartha selbst, der erst in den Vierzigern stand, schon hier und dort ergraute Haare zwischen seinen schwarzen bemerkt hatte. Müdigkeit stand auf Kamalas schönem Gesicht geschrieben, Müdigkeit vom Gehen eines langen Weges, der kein frohes Ziel hat, Müdigkeit und beginnende Welke, und verheimlichte, noch nicht gesagte, vielleicht noch nicht einmal gewußte Bangigkeit: Furcht vor dem Alter, Furcht vor dem Herbste, Furcht vor dem Sterbenmüssen. Seufzend hatte er von ihr Abschied genommen, die Seele voll Unlust und voll verheimlichter Bangigkeit.

Dann hatte Siddhartha die Nacht in seinem Hause mit Tänzerinnen beim Weine zugebracht, hatte gegen seine Standesgenossen den Überlegenen gespielt, welcher er nicht mehr war, hatte viel Wein getrunken und spät nach Mitternacht sein Lager aufgesucht, müde und dennoch erregt, dem Weinen und der Verzweiflung nahe, und hatte lang vergeblich den Schlaf gesucht, das Herz voll eines Elendes, das er nicht mehr ertragen zu können meinte, voll eines Ekels, von dem er sich durchdrungen fühlte wie vom lauen, widerlichen Geschmack des Weines, der allzu süßen, öden Musik, dem allzu weichen Lächeln der Tänzerinnen, dem allzu süßen Duft ihrer Haare und Brüste. Mehr aber als vor allem anderen ekelte ihm vor sich selbst, vor seinen duftenden Haaren, vor dem Weingeruch seines Mundes, vor der schlaffen Müdigkeit und Unlust seiner Haut. Wie wenn einer, der allzuviel gegessen oder getrunken hat, es unter Qualen wieder erbricht und doch der Erleichterung froh ist, so wünschte sich der Schlaflose, in einem ungeheuren Schwall von Ekel sich dieser Genüsse, dieser Gewohnheiten, dieses ganzen sinnlosen Lebens und seiner selbst zu entledigen. Erst beim Schein des Morgens und dem Erwachen der ersten Geschäftigkeit auf der Straße vor seinem Stadthause war er eingeschlummert, hatte für wenige Augenblicke eine halbe Betäubung, eine Ahnung von Schlaf gefunden. In diesen Augenblicken hatte er einen Traum: Kamala besaß in einem goldenen Käfig einen kleinen seltenen Singvogel. Von diesem Vogel träumte er. Er träumte: dieser Vogel war stumm geworden, der sonst stets in der Morgenstunde sang, und da dies ihm auffiel, trat er vor den Käfig und blickte hinein, da war der kleine Vogel tot und lag steif am Boden. Er nahm ihn heraus, wog ihn einen Augenblick in der Hand und warf ihn dann weg, auf die Gasse hinaus, und im gleichen Au-

genblick erschrak er furchtbar, und das Herz tat ihm weh, so, als habe er mit diesem toten Vogel allen Wert und alles Gute von sich geworfen.
Aus diesem Traum auffahrend, fühlte er sich von tiefer Traurigkeit umfangen. Wertlos, so schien ihm, wertlos und sinnlos hatte er sein Leben dahingeführt; nichts Lebendiges, nichts irgendwie Köstliches oder Behaltenswertes war ihm in Händen geblieben. Allein stand er und leer, wie ein Schiffbrüchiger am Ufer.
Finster begab sich Siddhartha in einen Lustgarten, der ihm gehörte, verschloß die Pforte, setzte sich unter einem Mangobaum nieder, fühlte den Tod im Herzen und das Grauen in der Brust, saß und spürte, wie es in ihm starb, in ihm welkte, in ihm zu Ende ging. Allmählich sammelte er seine Gedanken und ging im Geiste nochmals den ganzen Weg seines Lebens, von den ersten Tagen an, auf welche er sich besinnen konnte. Wann denn hatte er ein Glück erlebt, eine wahre Wonne gefühlt? O ja, mehrere Male hatte er solches erlebt. In den Knabenjahren hatte er es gekostet, wenn er von den Brahmanen Lob errungen hatte, wenn er, den Altersgenossen weit voraus, sich mit dem Hersagen der heiligen Verse, im Disput mit den Gelehrten, als Gehilfe beim Opfer ausgezeichnet hatte. Da hatte er es in seinem Herzen gefühlt: »Ein Weg liegt vor dir, zu dem du berufen bist, auf dich warten die Götter.« Und wieder als Jüngling, da ihn das immer höher emporfliehende Ziel alles Nachdenkens aus der Schar Gleichstrebender heraus- und hinangerissen hatte, da er in Schmerzen um den Sinn des Brahman rang, da jedes erreichte Wissen nur neuen Durst in ihm entfachte, da wieder hatte er, mitten im Durst, mitten im Schmerz dieses selbe gefühlt: »Weiter! Weiter! Du bist berufen!« Diese Stimme hatte er vernommen, als er seine Heimat verlassen und das Leben des Samana gewählt hatte, und wieder, als er von den Samanas hinweg zu jenem Vollendeten, und auch von ihm hinweg ins Ungewisse gegangen war. Wie lange hatte er diese Stimme nicht gehört, wie lange keine Höhe mehr erreicht, wie eben und öde war sein Weg dahin gegangen, viel lange Jahre, ohne hohes Ziel, ohne Durst, ohne Erhebung, mit kleinen Lüsten zufrieden und dennoch nie begnügt! Alle diese Jahre hatte er, ohne es selbst zu wissen, sich bemüht und danach gesehnt, ein Mensch wie diese vielen zu werden, wie diese Kinder, und dabei war sein Leben

viel elender und ärmer gewesen als das ihre, denn ihre Ziele waren nicht die seinen, noch ihre Sorgen, diese ganze Welt der Kamaswami-Menschen war ihm ja nur ein Spiel gewesen, ein Tanz, dem man zusieht, eine Komödie. Einzig Kamala war ihm lieb, war ihm wertvoll gewesen – aber war sie es noch? Brauchte er sie noch, oder sie ihn? Spielten sie nicht ein Spiel ohne Ende? War es notwendig, *dafür* zu leben? Nein, es war nicht notwendig! Dieses Spiel hieß Sansara, ein Spiel für Kinder, ein Spiel, vielleicht hold zu spielen, einmal, zweimal, zehnmal – aber immer und immer wieder?

Da wußte Siddhartha, daß das Spiel zu Ende war, daß er es nicht mehr spielen könne. Ein Schauder lief ihm über den Leib, in seinem Innern, so fühlte er, war etwas gestorben.

Jenen ganzen Tag saß er unter dem Mangobaume, seines Vaters gedenkend, Govindas gedenkend, Gotamas gedenkend. Hatte er diese verlassen müssen, um ein Kamaswami zu werden? Er saß noch, als die Nacht angebrochen war. Als er aufschauend die Sterne erblickte, dachte er: »Hier sitze ich unter meinem Mangobaum, in meinem Lustgarten.« Er lächelte ein wenig – war es denn notwendig, war es richtig, war es nicht ein törichtes Spiel, daß er einen Mangobaum, daß er einen Garten besaß?

Auch damit schloß er ab, auch das starb in ihm. Er erhob sich, nahm Abschied vom Mangobaum, Abschied vom Lustgarten. Da er den Tag ohne Speise geblieben war, fühlte er heftigen Hunger, und gedachte an sein Haus in der Stadt, an sein Gemach und Bett, an den Tisch mit den Speisen. Er lächelte müde, schüttelte sich und nahm Abschied von diesen Dingen.

In derselben Nachtstunde verließ Siddhartha seinen Garten, verließ die Stadt und kam niemals wieder. Lange ließ Kamaswami nach ihm suchen, der ihn in Räuberhand gefallen glaubte. Kamala ließ nicht nach ihm suchen. Als sie erfuhr, daß Siddhartha verschwunden sei, wunderte sie sich nicht. Hatte sie es nicht immer erwartet? War er nicht ein Samana, ein Heimloser, ein Pilger? Und am meisten hatte sie dies beim letzten Zusammensein gefühlt, und sie freute sich mitten im Schmerz des Verlustes, daß sie ihn dieses letzte Mal noch so innig an ihr Herz gezogen, sich noch einmal so ganz von ihm besessen und durchdrungen gefühlt hatte.

Als sie die erste Nachricht von Siddharthas Verschwinden bekam, trat sie ans Fenster, wo sie in einem goldenen Käfig einen seltenen Singvogel gefangen hielt. Sie öffnete die Tür des Käfigs, nahm den Vogel heraus und ließ ihn fliegen. Lange sah sie ihm nach, dem fliegenden Vogel. Sie empfing von diesem Tage an keine Besucher mehr und hielt ihr Haus verschlossen. Nach einiger Zeit aber ward sie inne, daß sie von dem letzten Zusammensein mit Siddhartha schwanger sei.

Am Flusse

Siddhartha wanderte im Walde, schon fern von der Stadt, und wußte nichts als das eine, daß er nicht mehr zurück konnte, daß dies Leben, wie er es nun viele Jahre lang geführt, vorüber und dahin und bis zum Ekel ausgekostet und ausgesogen war. Tot war der Singvogel, von dem er geträumt. Tot war der Vogel in seinem Herzen. Tief war er in Sansara verstrickt, Ekel und Tod hatte er von allen Seiten in sich eingesogen, wie ein Schwamm Wasser einsaugt, bis er voll ist. Voll war er von Überdruß, voll von Elend, voll von Tod, nichts mehr gab es in der Welt, das ihn locken, das ihn freuen, das ihn trösten konnte.

Sehnlich wünschte er, nichts mehr von sich zu wissen, Ruhe zu haben, tot zu sein. Käme doch ein Blitz und erschlüge ihn! Käme doch ein Tiger und fräße ihn! Gäbe es doch einen Wein, ein Gift, das ihm Betäubung brächte, Vergessen und Schlaf, und kein Erwachen mehr! Gab es denn noch irgendeinen Schmutz, mit dem er sich nicht beschmutzt hatte, eine Sünde und Torheit, die er nicht begangen, eine Seelenöde, die er nicht auf sich geladen hatte? War es denn noch möglich zu leben? War es möglich, nochmals und nochmals wieder Atem zu ziehen, Atem auszustoßen, Hunger zu fühlen, wieder zu essen, wieder zu schlafen, wieder beim Weibe zu liegen? War dieser Kreislauf nicht für ihn erschöpft und abgeschlossen?

Siddhartha gelangte an den großen Fluß im Walde, an denselben Fluß, über welchen ihn einst, als er noch ein junger Mann war und von der Stadt des Gotama kam, ein Fährmann geführt hatte. An diesem Flusse machte er halt, blieb zögernd beim Ufer stehen. Müdigkeit und Hunger hatten ihn geschwächt, und wozu auch sollte er weitergehen, wohin denn, zu welchem Ziel? Nein,

es gab keine Ziele mehr, es gab nichts mehr als die tiefe, leidvolle Sehnsucht, diesen ganzen wüsten Traum von sich zu schütteln, diesen schalen Wein von sich zu speien, diesem jämmerlichen und schmachvollen Leben ein Ende zu machen.
Über das Flußufer hing ein Baum gebeugt, ein Kokosbaum, an dessen Stamm lehnte sich Siddhartha mit der Schulter, legte den Arm um den Stamm und blickte in das grüne Wasser hinab, das unter ihm zog und zog, blickte hinab und fand sich ganz und gar von dem Wunsch erfüllt, sich loszulassen und in diesem Wasser unterzugehen. Eine schauerliche Leere spiegelte ihm aus dem Wasser entgegen, welcher die furchtbare Leere in seiner Seele Antwort gab. Ja, er war am Ende. Nichts mehr gab es für ihn, als sich auszulöschen, als das mißlungene Gebilde seines Lebens zu zerschlagen, es wegzuwerfen, hohnlachenden Göttern vor die Füße. Dies war das große Erbrechen, nach dem er sich gesehnt hatte: der Tod, das Zerschlagen der Form, die er haßte! Mochten ihn die Fische fressen, diesen Hund von Siddhartha, diesen Irrsinnigen, diesen verdorbenen und verfaulten Leib, diese erschlaffte und mißbrauchte Seele! Mochten die Fische und Krokodile ihn fressen, mochten die Dämonen ihn zerstücken!
Mit verzerrtem Gesicht starrte er ins Wasser, sah sein Gesicht gespiegelt und spie danach. In tiefer Müdigkeit löste er den Arm vom Baumstamm und drehte sich ein wenig, um sich senkrecht hinabfallen zu lassen, um endlich unterzugehen. Er sank, mit geschlossenen Augen, dem Tod entgegen.
Da zuckte aus entlegenen Bezirken seiner Seele, aus Vergangenheiten seines ermüdeten Lebens her ein Klang. Es war ein Wort, eine Silbe, die er ohne Gedanken mit lallender Stimme vor sich hinsprach, das alte Anfangswort und Schlußwort aller brahmanischen Gebete, das heilige »Om«, das so viel bedeutet wie »das Vollkommene« oder »die Vollendung«. Und im Augenblick, da der Klang »Om« Siddharthas Ohr berührte, erwachte sein entschlummerter Geist plötzlich, und erkannte die Torheit seines Tuns.
Siddhartha erschrak tief. So also stand es um ihn, so verloren war er, so verirrt und von allem Wissen verlassen, daß er den Tod hatte suchen können, daß dieser Wunsch, dieser Kinderwunsch in ihm hatte groß werden können: Ruhe zu finden, indem er seinen Leib auslöschte! Was alle Qual dieser letzten Zeiten, alle Er-

nüchterung, alle Verzweiflung nicht bewirkt hatte, das bewirkte dieser Augenblick, da das Om in sein Bewußtsein drang: daß er sich in seinem Elend und in seinem Irrsal erkannte.
»Om!« sprach er vor sich hin: »Om!« Und wußte um Brahman, wußte um die Unzerstörbarkeit des Lebens, wußte um alles Göttliche wieder, das er vergessen hatte.
Doch war dies nur ein Augenblick, ein Blitz. Am Fuß des Kokosbaumes sank Siddhartha nieder, legte sein Haupt auf die Wurzel des Baumes und sank in tiefen Schlaf.
Tief war sein Schlaf und frei von Träumen, seit langer Zeit hatte er einen solchen Schlaf nicht mehr gekannt. Als er nach manchen Stunden erwachte, war ihm, als seien zehn Jahre vergangen, er hörte das leise Strömen des Wassers, wußte nicht, wo er sei und wer ihn hierher gebracht habe, schlug die Augen auf, sah mit Verwunderung Bäume und Himmel über sich, und erinnerte sich, wo er wäre und wie er hierher gekommen sei. Doch bedurfte er hierzu einer langen Weile, und das Vergangene erschien ihm wie von einem Schleier überzogen, unendlich fern, unendlich weit weg gelegen, unendlich gleichgültig. Er wußte nur, daß er sein früheres Leben (im ersten Augenblick der Besinnung erschien ihm dies frühere Leben wie eine weit zurückliegende, einstige Verkörperung, wie eine frühe Vorgeburt seines jetzigen Ich) –, daß er sein früheres Leben verlassen habe, daß er voll Ekel und Elend sogar sein Leben habe wegwerfen wollen, daß er aber an einem Flusse, unter einem Kokosbaum, zu sich gekommen sei, das heilige Wort Om auf den Lippen, dann entschlummert sei, und nun erwacht als ein neuer Mensch in die Welt blicke. Leise sprach er das Wort Om vor sich hin, über welchem er eingeschlafen war, und ihm schien, sein ganzer langer Schlaf sei nichts als ein langes, versunkenes Om-Sprechen gewesen, ein Om-Denken, ein Untertauchen und völliges Eingehen in Om, in das Namenlose, Vollendete.
Was für ein wunderbarer Schlaf war dies doch gewesen! Niemals hatte ein Schlaf ihn so erfrischt, so erneut, so verjüngt! Vielleicht war er wirklich gestorben, war untergegangen und in einer neuen Gestalt wiedergeboren? Aber nein, er kannte sich, er kannte seine Hand und seine Füße, kannte den Ort, an dem er lag, kannte dies Ich in seiner Brust, diesen Siddhartha, den Eigenwilligen, den Seltsamen, aber dieser Siddhartha war den-

noch verwandelt, war erneut, war merkwürdig ausgeschlafen, merkwürdig wach, freudig und neugierig.
Siddhartha richtete sich empor, da sah er sich gegenüber einen Menschen sitzen, einen fremden Mann, einen Mönch in gelbem Gewande mit rasiertem Kopfe, in der Stellung des Nachdenkens. Er betrachtete den Mann, der weder Haupthaar noch Bart an sich hatte, und nicht lange hatte er ihn betrachtet, da erkannte er in diesem Mönche Govinda, den Freund seiner Jugend, Govinda, der seine Zuflucht zum erhabenen Buddha genommen hatte. Govinda war gealtert, auch er, aber noch immer trug sein Gesicht die früheren Züge, sprach von Eifer, von Treue, von Suchen, von Ängstlichkeit. Als nun aber Govinda, seinen Blick fühlend, das Auge aufschlug und ihn anschaute, sah Siddhartha, daß Govinda ihn nicht erkenne. Govinda freute sich, ihn wach zu finden, offenbar hatte er lange hier gesessen und auf sein Erwachen gewartet, obwohl er ihn nicht kannte.
»Ich habe geschlafen«, sagte Siddhartha. »Wie bist du denn hierher gekommen?«
»Du hast geschlafen«, antwortete Govinda. »Es ist nicht gut, an solchen Orten zu schlafen, wo häufig Schlangen sind und die Tiere des Waldes ihre Wege haben. Ich, o Herr, bin ein Jünger des erhabenen Gotama, des Buddha, des Sakyamuni, und bin mit einer Zahl der Unsrigen diesen Weg gepilgert, da sah ich dich liegen und schlafen an einem Ort, wo es gefährlich ist zu schlafen. Darum suchte ich dich zu wecken, o Herr, und da ich sah, daß dein Schlaf sehr tief war, blieb ich hinter den Meinigen zurück und saß bei dir. Und dann, so scheint es, bin ich selbst eingeschlafen, der ich deinen Schlaf bewachen wollte. Schlecht habe ich meinen Dienst versehen, Müdigkeit hat mich übermannt. Aber nun, da du ja wach bist, laß mich gehen, damit ich meine Brüder einhole.«
»Ich danke dir, Samana, daß du meinen Schlaf behütet hast«, sprach Siddhartha. »Freundlich seid ihr Jünger des Erhabenen. Nun magst du denn gehen.«
»Ich gehe, Herr. Möge der Herr sich immer wohl befinden.«
»Ich danke dir, Samana.«
Govinda machte das Zeichen des Grußes und sagte: »Lebe wohl.«
»Lebe wohl, Govinda«, sagte Siddhartha.

Der Mönch blieb stehen.
»Erlaube, Herr, woher kennst du meinen Namen?«
Da lächelte Siddhartha.
»Ich kenne dich, o Govinda, aus der Hütte deines Vaters, und aus der Brahmanenschule, und von den Opfern, und von unsrem Gang zu den Samanas, und von jener Stunde, da du im Hain Jetavana deine Zuflucht zum Erhabenen nahmst.«
»Du bist Siddhartha!« rief Govinda laut. »Jetzt erkenne ich dich, und begreife nicht mehr, wie ich dich nicht sogleich erkennen konnte. Sei willkommen, Siddhartha, groß ist meine Freude, dich wiederzusehen.«
»Auch mich erfreut es, dich wiederzusehen. Du bist der Wächter meines Schlafes gewesen, nochmals danke ich dir dafür, obwohl ich keines Wächters bedurft hätte. Wohin gehst du, o Freund?«
»Nirgendhin gehe ich. Immer sind wir Mönche unterwegs, solange nicht Regenzeit ist, immer ziehen wir von Ort zu Ort, leben nach der Regel, verkündigen die Lehre, nehmen Almosen, ziehen weiter. Immer ist es so. Du aber, Siddhartha, wo gehst du hin?«
Sprach Siddhartha: »Auch mit mir steht es so, Freund, wie mit dir. Ich gehe nirgendhin. Ich bin nur unterwegs. Ich pilgere.«
Govinda sprach: »Du sagst, du pilgerst, und ich glaube dir. Doch verzeih, o Siddhartha, nicht wie ein Pilger siehst du aus. Du trägst das Kleid eines Reichen, du trägst die Schuhe eines Vornehmen, und dein Haar, das nach wohlriechendem Wasser duftet, ist nicht das Haar eines Pilgers, nicht das Haar eines Samanas.«
»Wohl, Lieber, gut hast du beobachtet, alles sieht dein scharfes Auge. Doch habe ich nicht zu dir gesagt, daß ich ein Samana sei. Ich sagte: ich pilgere. Und so ist es: ich pilgere.«
»Du pilgerst«, sagte Govinda. »Aber wenige pilgern in solchem Kleid, wenige in solchen Schuhen, wenige mit solchen Haaren. Nie habe ich, der ich schon viele Jahre pilgere, solch einen Pilger angetroffen.«
»Ich glaube es dir, mein Govinda. Aber nun, heute, hast du eben einen solchen Pilger angetroffen, in solchen Schuhen, mit solchem Gewand. Erinnere dich, Lieber: vergänglich ist die Welt der Gestaltungen, vergänglich, höchst vergänglich sind unsere Gewänder, und die Tracht unserer Haare, und unsere Haare

und Körper selbst. Ich trage die Kleider eines Reichen, da hast du recht gesehen. Ich trage sie, denn ich bin ein Reicher gewesen, und trage das Haar wie die Weltleute und Lüstlinge, denn einer von ihnen bin ich gewesen.«

»Und jetzt, Siddhartha, was bist du jetzt?«

»Ich weiß es nicht, ich weiß es so wenig wie du. Ich bin unterwegs. Ich war ein Reicher, und bin es nicht mehr; und was ich morgen sein werde, weiß ich nicht.«

»Du hast deinen Reichtum verloren?«

»Ich habe ihn verloren, oder er mich. Er ist mir abhanden gekommen. Schnell dreht sich das Rad der Gestaltungen, Govinda. Wo ist der Brahmane Siddhartha? Wo ist der Samana Siddhartha? Wo ist der Reiche Siddhartha? Schnell wechselt das Vergängliche, Govinda, du weißt es.«

Govinda blickte den Freund seiner Jugend lange an, Zweifel im Auge. Darauf grüßte er ihn, wie man Vornehme grüßt, und ging seines Weges.

Mit lächelndem Gesicht schaute Siddhartha ihm nach, er liebte ihn noch immer, diesen Treuen, diesen Ängstlichen. Und wie hätte er, in diesem Augenblick, in dieser herrlichen Stunde nach seinem wunderbaren Schlafe, durchdrungen von Om, irgend jemand und irgend etwas nicht lieben sollen! Eben darin bestand die Verzauberung, welche im Schlaf und durch das Om in ihm geschehen war, daß er alles liebte, daß er voll froher Liebe war zu allem, was er sah. Und eben daran, so schien es ihm jetzt, war er vorher so sehr krank gewesen, daß er nichts und niemand hatte lieben können.

Mit lächelndem Gesicht schaute Siddhartha dem hinweggehenden Mönche nach. Der Schlaf hatte ihn sehr gestärkt, sehr aber quälte ihn der Hunger, denn er hatte nun zwei Tage nichts gegessen, und lange war die Zeit vorüber, da er hart gegen den Hunger gewesen war. Mit Kummer, und doch auch mit Lachen, gedachte er jener Zeit. Damals, so erinnerte er sich, hatte er sich vor Kamala dreier Dinge gerühmt, hatte drei edle und unüberwindliche Künste gekonnt: Fasten – Warten – Denken. Dies war sein Besitz gewesen, seine Macht und Kraft, sein fester Stab, in den fleißigen, mühseligen Jahren seiner Jugend hatte er diese drei Künste gelernt, nichts anderes. Und nun hatten sie ihn verlassen, keine von ihnen war mehr sein, nicht Fasten, nicht Warten, nicht

Denken. Um das Elendeste hatte er sie hingegeben, um das Vergänglichste, um Sinnenlust, um Wohlleben, um Reichtum! Seltsam war es ihm in der Tat ergangen. Und jetzt, so schien es, jetzt war er wirklich ein Kindermensch geworden.
Siddhartha dachte über seine Lage nach. Schwer fiel ihm das Denken, er hatte im Grunde keine Lust dazu, doch zwang er sich.
Nun, dachte er, da alle diese vergänglichsten Dinge mir wieder entglitten sind, nun stehe ich wieder unter der Sonne, wie ich einst als kleines Kind gestanden bin, nichts ist mein, nichts kann ich, nichts vermag ich, nichts habe ich gelernt. Wie ist dies wunderlich! Jetzt, wo ich nicht mehr jung bin, wo meine Haare schon halb grau sind, wo die Kräfte nachlassen, jetzt fange ich wieder von vorn und beim Kinde an! Wieder mußte er lächeln. Ja, seltsam war sein Geschick! Es ging abwärts mit ihm, und nun stand er wieder leer und nackt und dumm in der Welt. Aber Kummer darüber konnte er nicht empfinden, nein, er fühlte sogar großen Anreiz zum Lachen, zum Lachen über sich, zum Lachen über diese seltsame törichte Welt.
»Abwärts geht es mit dir!« sagte er zu sich selber und lachte dazu, und wie er es sagte, fiel sein Blick auf den Fluß, und auch den Fluß sah er abwärts gehen, immer abwärts wandern, und dabei singen und fröhlich sein. Das gefiel ihm wohl, freundlich lächelte er dem Flusse zu. War dies nicht der Fluß, in welchem er sich hatte ertränken wollen, einst, vor hundert Jahren, oder hatte er das geträumt?
Wunderlich in der Tat war mein Leben, so dachte er, wunderliche Umwege hat es genommen. Als Knabe habe ich nur mit Göttern und Opfern zu tun gehabt. Als Jüngling habe ich nur mit Askese, mit Denken und Versenkung zu tun gehabt, war auf der Suche nach Brahman, verehrte das Ewige im Atman. Als junger Mann aber zog ich den Büßern nach, lebte im Walde, litt Hitze und Frost, lernte hungern, lehrte meinen Leib absterben. Wunderbar kam mir alsdann in der Lehre des großen Buddha Erkenntnis entgegen, ich fühlte Wissen um die Einheit der Welt in mir kreisen wie mein eigenes Blut. Aber auch von Buddha und von dem großen Wissen mußte ich wieder fort. Ich ging und lernte bei Kamala die Liebeslust, lernte bei Kamaswami den Handel, häufte Geld, vertat Geld, lernte meinen Magen lieben,

lernte meinen Sinnen schmeicheln. Viele Jahre mußte ich damit hinbringen, den Geist zu verlieren, das Denken wieder zu verlernen, die Einheit zu vergessen. Ist es nicht so, als sei ich langsam und auf großen Umwegen aus einem Mann ein Kind geworden, aus einem Denker ein Kindermensch? Und doch ist dieser Weg sehr gut gewesen, und doch ist der Vogel in meiner Brust nicht gestorben. Aber welch ein Weg war das! Ich habe durch so viel Dummheit, durch so viel Laster, durch so viel Irrtum, durch so viel Ekel und Enttäuschung und Jammer hindurchgehen müssen, bloß um wieder ein Kind zu werden und neu anfangen zu können. Aber es war richtig so, mein Herz sagt ja dazu, meine Augen lachen dazu. Ich habe Verzweiflung erleben müssen, ich habe hinabsinken müssen bis zum törichtesten aller Gedanken, zum Gedanken des Selbstmordes, um Gnade erleben zu können, um wieder Om zu vernehmen, um wieder richtig schlafen und richtig erwachen zu können. Ich habe ein Tor werden müssen, um Atman wieder in mir zu finden. Ich habe sündigen müssen, um wieder leben zu können. Wohin noch mag mein Weg mich führen? Närrisch ist er, dieser Weg, er geht in Schleifen, er geht vielleicht im Kreise. Mag er gehen, wie er will, ich will ihn gehen.

Wunderbar fühlte er in seiner Brust die Freude wallen.

Woher denn, fragte er sein Herz, woher hast du diese Fröhlichkeit? Kommt sie wohl aus diesem langen, guten Schlafe her, der mir so sehr wohlgetan hat? Oder von dem Wort Om, das ich aussprach? Oder davon, daß ich entronnen bin, daß meine Flucht vollzogen ist, daß ich endlich wieder frei bin und wie ein Kind unter dem Himmel stehe? O wie gut ist dies Geflohensein, dies Freigewordensein! Wie rein und schön ist hier die Luft, wie gut zu atmen! Dort, von wo ich entlief, dort roch alles nach Salbe, nach Gewürzen, nach Wein, nach Überfluß, nach Trägheit. Wie haßte ich diese Welt der Reichen, der Schlemmer, der Spieler! Wie habe ich mich selbst gehaßt, daß ich so lang in dieser schrecklichen Welt geblieben bin! Wie habe ich mich gehaßt, habe mich beraubt, vergiftet, gepeinigt, habe mich alt und böse gemacht! Nein, nie mehr werde ich, wie ich es einst so gerne tat, mir einbilden, daß Siddhartha weise sei! Dies aber habe ich gut gemacht, dies gefällt mir, dies muß ich loben, daß es nun ein Ende hat mit jenem Haß gegen mich selber, mit jenem törichten und öden Leben! Ich lobe dich, Siddhartha, nach so viel Jahren der Torheit hast du wieder einmal einen Einfall gehabt, hast etwas getan, hast den Vogel in deiner Brust singen hören und bist ihm gefolgt!

So lobte er sich, hatte Freude an sich, hörte neugierig seinem Magen zu, der vor Hunger knurrte. Ein Stück Leid, ein Stück Elend hatte er nun, so fühlte er, in diesen letzten Zeiten und Tagen ganz und gar durchgekostet und ausgespien, bis zur Verzweiflung und bis zum Tode ausgefressen. So war es gut. Lange noch hätte er bei Kamaswami bleiben können, Geld erwerben, Geld vergeuden, seinen Bauch mästen und seine Seele verdursten lassen, lange noch hätte er in dieser sanften, wohlgepolsterten Hölle wohnen können, wäre dies nicht gekommen: der Augenblick der vollkommenen Trostlosigkeit und Verzweiflung, jener äußerste Augenblick, da er über dem strömenden Wasser hing und bereit war, sich zu vernichten. Daß er diese Verzweiflung, diesen tiefsten Ekel gefühlt hatte, und daß er ihm nicht erlegen war, daß der Vogel, die frohe Quelle und Stimme in ihm doch noch lebendig war, darüber fühlte er diese Freude, darüber lachte er, darüber strahlte sein Gesicht unter den ergrauten Haaren.

»Es ist gut«, dachte er, »alles selber zu kosten, was man zu wissen nötig hat. Daß Weltlust und Reichtum nicht vom Guten sind, habe ich schon als Kind gelernt. Gewußt habe ich es lange, erlebt habe ich es erst jetzt. Und nun weiß ich es, weiß es nicht nur mit dem Gedächtnis, sondern mit meinen Augen, mit meinem Herzen, mit meinem Magen. Wohl mir, daß ich es weiß!«

Lange sann er nach über seine Verwandlung, lauschte dem Vogel, wie er vor Freude sang. War nicht dieser Vogel in ihm gestorben, hatte er nicht seinen Tod gefühlt? Nein, etwas anderes in ihm war gestorben, etwas, das schon lange sich nach Sterben gesehnt hatte. War es nicht das, was er einst in seinen glühenden Büßerjahren hatte abtöten wollen? War es nicht sein Ich, sein kleines, banges und stolzes Ich, mit dem er so viele Jahre gekämpft hatte, das ihn immer wieder besiegt hatte, das nach jeder Abtötung wieder da war, Freude verbot, Furcht empfand? War es nicht dies, was heute endlich seinen Tod gefunden hatte, hier im Wald an diesem lieblichen Fluß? War es nicht dieses Todes wegen, daß er jetzt wie ein Kind war, so voll Vertrauen, so ohne Furcht, so voll Freude?

Nun auch ahnte Siddhartha, warum er als Brahmane, als Büßer vergeblich mit diesem Ich gekämpft hatte. Zu viel Wissen hatte ihn gehindert, zu viel heilige Verse, zu viel Opferregeln, zu viel Kasteiung, zu viel Tun und Streben! Voll Hochmut war er gewesen, immer der Klügste, immer der Eifrigste, immer allen um einen Schritt voran, immer der Wissende und Geistige, immer der Priester oder Weise. In dies Priestertum, in diesen Hochmut, in diese Geistigkeit hinein hatte sein Ich sich verkrochen, dort saß es fest und wuchs, während er es mit Fasten und Buße zu töten meinte. Nun sah er es, und sah, daß die heimliche Stimme recht gehabt hatte, daß kein Lehrer ihn je hätte erlösen können. Darum hatte er in die Welt gehen müssen, sich an Lust und Macht, an Weib und Geld verlieren müssen, hatte ein Händler, ein Würfelspieler, Trinker und Habgieriger werden müssen, bis der Priester und Samana in ihm tot war. Darum hatte er weiter diese häßlichen Jahre ertragen müssen, den Ekel ertragen, die Leere, die Sinnlosigkeit eines öden und verlorenen Lebens, bis zum Ende, bis zur bittern Verzweiflung, bis auch der Lüstling Siddhartha, der Habgierige Siddhartha sterben konnte. Er war gestorben, ein neuer Siddhartha war aus dem Schlaf erwacht. Auch er würde alt werden, auch er würde einst sterben müssen, vergänglich war Siddhartha, vergänglich war jede Gestaltung. Heute aber war er jung, war ein Kind, der neue Siddhartha, und war voll Freude.

Diese Gedanken dachte er, lauschte lächelnd auf seinen Magen, hörte dankbar einer summenden Biene zu. Heiter blickte er in den strömenden Fluß, nie hatte ihm ein Wasser so wohl gefallen wie dieses, nie hatte er Stimme und Gleichnis des ziehenden Wassers so stark und schön vernommen. Ihm schien, es habe der Fluß ihm etwas Besonderes zu sagen, etwas, das er noch nicht wisse, das noch auf ihn warte. In diesem Fluß hatte sich Siddhartha ertränken wollen, in ihm war der alte, müde, verzweifelte Siddhartha heute ertrunken. Der neue Siddhartha aber fühlte eine tiefe Liebe zu diesem strömenden Wasser und beschloß bei sich, es nicht so bald wieder zu verlassen.

An diesem Fluß will ich bleiben, dachte Siddhartha, es ist derselbe, über den ich einstmals auf dem Wege zu den Kindermenschen gekommen bin, ein freundlicher Fährmann hat mich damals geführt, zu ihm will ich gehen, von seiner Hütte aus führte mich einst mein Weg in ein neues Leben, das nun alt geworden und tot ist – möge auch mein jetziger Weg, mein jetziges neues Leben dort seinen Ausgang nehmen!

Zärtlich blickte er in das strömende Wasser, in das durchsichtige Grün, in die kristallenen Linien seiner geheimnisreichen Zeichnung. Lichte Perlen sah er aus der Tiefe steigen, stille Luftblasen auf dem Spiegel schwimmen, Himmelsbläue darin abgebildet. Mit tausend Augen blickte der Fluß ihn an, mit grünen, mit weißen, mit kristallnen, mit himmelblauen. Wie liebte er dies Wasser, wie entzückte es ihn, wie war er ihm dankbar! Im Herzen hörte er die Stimme sprechen, die neu erwachte, und sie sagte ihm: Liebe dies Wasser! Bleibe bei ihm! Lerne von ihm! O ja, er wollte von ihm lernen, er wollte ihm zuhören. Wer dies Wasser und seine Geheimnisse verstünde, so schien ihm, der würde auch viel anderes verstehen, viele Geheimnisse, alle Geheimnisse.

Von den Geheimnissen des Flusses aber sah er heute nur eines, das ergriff seine Seele. Er sah: dies Wasser lief und lief, immerzu lief es, und war doch immer da, war immer und allezeit dasselbe und doch jeden Augenblick neu! O, wer dies faßte, dies verstünde! Er verstand und faßte es nicht, fühlte nur Ahnung sich regen, ferne Erinnerung, göttliche Stimmen.

Siddhartha erhob sich, unerträglich wurde das Treiben des Hungers in seinem Leibe. Hingenommen wanderte er weiter, den Uferpfad hinan, dem Strom entgegen, lauschte auf die Strömung, lauschte auf den knurrenden Hunger in seinem Leibe.

Als er die Fähre erreichte, lag eben das Boot bereit, und derselbe Fährmann, welcher einst den jungen Samana über den Fluß gesetzt hatte, stand im Boot, Siddhartha erkannte ihn wieder, auch er war stark gealtert.

»Willst du mich übersetzen?« fragte er.

Der Fährmann, erstaunt, einen so vornehmen Mann allein und zu Fuße wandern zu sehen, nahm ihn ins Boot und stieß ab.

»Ein schönes Leben hast du dir erwählt«, sprach der Gast. »Schön muß es sein, jeden Tag an diesem Wasser zu leben und auf ihm zu fahren.«
Lächelnd wiegte sich der Ruderer: »Es ist schön, Herr, es ist, wie du sagst. Aber ist nicht jedes Leben, ist nicht jede Arbeit schön?«
»Es mag wohl sein. Dich aber beneide ich um die deine.«
»Ach, du möchtest bald die Lust an ihr verlieren. Das ist nichts für Leute in feinen Kleidern.«
Siddhartha lachte. »Schon einmal bin ich heute um meiner Kleider willen betrachtet worden, mit Mißtrauen betrachtet. Willst du nicht, Fährmann, diese Kleider, die mir lästig sind, von mir annehmen? Denn du mußt wissen, ich habe kein Geld, dir einen Fährlohn zu zahlen.«
»Der Herr scherzt«, lachte der Fährmann.
»Ich scherze nicht, Freund. Sieh, schon einmal hast du mich in deinem Boot über dies Wasser gefahren, um Gotteslohn. So tue es auch heute, und nimm meine Kleider dafür an.«
»Und will der Herr ohne Kleider weiterreisen?«
»Ach, am liebsten wollte ich gar nicht weiterreisen. Am liebsten wäre es mir, Fährmann, wenn du mir eine alte Schürze gäbest und behieltest mich als deinen Gehilfen bei dir, vielmehr als deinen Lehrling, denn erst muß ich lernen, mit dem Boot umzugehen.«
Lange blickte der Fährmann den Fremden an, suchend.
»Jetzt erkenne ich dich«, sagte er endlich. »Einst hast du in meiner Hütte geschlafen, lange ist es her, wohl mehr als zwanzig Jahre mag das her sein, und bist von mir über den Fluß gebracht worden, und wir nahmen Abschied voneinander wie gute Freunde. Warst du nicht ein Samana? Deines Namens kann ich mich nicht mehr entsinnen.«
»Ich heiße Siddhartha, und ich war ein Samana, als du mich zuletzt gesehen hast.«
»So sei willkommen, Siddhartha. Ich heiße Vasudeva. Du wirst, so hoffe ich, auch heute mein Gast sein und in meiner Hütte schlafen, und mir erzählen, woher du kommst, und warum deine schönen Kleider dir so lästig sind.«
Sie waren in die Mitte des Flusses gelangt, und Vasudeva legte sich stärker ins Ruder, um gegen die Strömung anzukommen.

Ruhig arbeitete er, den Blick auf der Bootspitze, mit kräftigen Armen. Siddhartha saß und sah ihm zu, und erinnerte sich, wie schon einstmals, an jenem letzten Tage seiner Samana-Zeit, Liebe zu diesem Manne sich in seinem Herzen geregt hatte. Dankbar nahm er Vasudevas Einladung an. Als sie am Ufer anlegten, half er ihm das Boot an den Pflöcken festbinden, darauf bat ihn der Fährmann, in die Hütte zu treten, bot ihm Brot und Wasser, und Siddhartha aß mit Lust, und aß mit Lust auch von den Mangofrüchten, die ihm Vasudeva anbot.
Danach setzten sie sich, es ging gegen Sonnenuntergang, auf einem Baumstamm am Ufer, und Siddhartha erzählte dem Fährmann seine Herkunft und sein Leben, wie er es heute, in jener Stunde der Verzweiflung, vor seinen Augen gesehen hatte. Bis tief in die Nacht währte sein Erzählen.
Vasudeva hörte mit großer Aufmerksamkeit zu. Alles nahm er lauschend in sich auf, Herkunft und Kindheit, all das Lernen, all das Suchen, alle Freude, alle Not. Dies war unter des Fährmanns Tugenden eine der größten: er verstand wie wenige das Zuhören. Ohne daß er ein Wort gesprochen hätte, empfand der Sprechende, wie Vasudeva seine Worte in sich einließ, still, offen, wartend, wie er keines verlor, keines mit Ungeduld erwartete, nicht Lob noch Tadel daneben stellte, nur zuhörte. Siddhartha empfand, welches Glück es ist, einem solchen Zuhörer sich zu bekennen, in sein Herz das eigene Leben zu versenken, das eigene Suchen, das eigene Leiden.
Gegen das Ende von Siddharthas Erzählung aber, als er von dem Baum am Flusse sprach und von seinem tiefen Fall, vom heiligen Om, und wie er nach seinem Schlummer eine solche Liebe zu dem Flusse gefühlt hatte, da lauschte der Fährmann mit verdoppelter Aufmerksamkeit, ganz und völlig hingegeben, mit geschlossnem Auge.
Als aber Siddhartha schwieg und eine lange Stille gewesen war, da sagte Vasudeva: »Es ist so, wie ich dachte. Der Fluß hat zu dir gesprochen. Auch dir ist er Freund, auch zu dir spricht er. Das ist gut, das ist sehr gut. Bleibe bei mir, Siddhartha, mein Freund. Ich hatte einst eine Frau, ihr Lager war neben dem meinen, doch ist sie schon lange gestorben, lange habe ich allein gelebt. Lebe nun du mit mir, es ist Raum und Essen für beide vorhanden.«
»Ich danke dir«, sagte Siddhartha, »ich danke dir und nehme

an. Und auch dafür danke ich dir, Vasudeva, daß du mir so gut zugehört hast! Selten sind die Menschen, welche das Zuhören verstehen, und keinen traf ich, der es verstand wie du. Auch hierin werde ich von dir lernen.«
»Du wirst es lernen«, sprach Vasudeva, »aber nicht von mir. Das Zuhören hat mich der Fluß gelehrt, von ihm wirst auch du es lernen. Er weiß alles, der Fluß, alles kann man von ihm lernen. Sieh, auch das hast du schon vom Wasser gelernt, daß es gut ist, nach unten zu streben, zu sinken, die Tiefe zu suchen. Der reiche und vornehme Siddhartha wird ein Ruderknecht, der gelehrte Brahmane Siddhartha wird ein Fährmann: auch dies ist dir vom Fluß gesagt worden. Du wirst auch das andere von ihm lernen.«
Sprach Siddhartha, nach einer langen Pause: »Welches andere, Vasudeva?«
Vasudeva erhob sich. »Spät ist es geworden«, sagte er, »laß uns schlafen gehen. Ich kann dir das ›andere‹ nicht sagen, o Freund. Du wirst es lernen, vielleicht auch weißt du es schon. Sieh, ich bin kein Gelehrter, ich verstehe nicht zu sprechen, ich verstehe auch nicht zu denken. Ich verstehe nur zuzuhören und fromm zu sein, sonst habe ich nichts gelernt. Könnte ich es sagen und lehren, so wäre ich vielleicht ein Weiser, so aber bin ich nur ein Fährmann, und meine Aufgabe ist es, Menschen über diesen Fluß zu setzen. Viele habe ich übergesetzt, Tausende, und ihnen allen ist mein Fluß nichts anderes gewesen als ein Hindernis auf ihren Reisen. Sie reisten nach Geld und Geschäften, und zu Hochzeiten, und zu Wallfahrten, und der Fluß war ihnen im Wege, und der Fährmann war dazu da, sie schnell über das Hindernis hinwegzubringen. Einige unter den Tausenden aber, einige wenige, vier oder fünf, denen hat der Fluß aufgehört, ein Hindernis zu sein, sie haben seine Stimme gehört, sie haben ihm zugehört, und der Fluß ist ihnen heilig geworden, wie er es mir geworden ist. Laß uns nun zur Ruhe gehen, Siddhartha.«
Siddhartha blieb bei dem Fährmann und lernte das Boot bedienen, und wenn nichts an der Fähre zu tun war, arbeitete er mit Vasudeva im Reisfeld, sammelte Holz, pflückte die Früchte der Pisangbäume. Er lernte ein Ruder zimmern, und lernte das Boot ausbessern, und Körbe flechten, und war fröhlich über alles, was er lernte, und die Tage und Monate liefen schnell hin-

weg. Mehr aber, als Vasudeva ihn lehren konnte, lehrte ihn der Fluß. Von ihm lernte er unaufhörlich. Vor allem lernte er von ihm das Zuhören, das Lauschen mit stillem Herzen, mit wartender, geöffneter Seele, ohne Leidenschaft, ohne Wunsch, ohne Urteil, ohne Meinung.

Freundlich lebte er neben Vasudeva, und zuweilen tauschten sie Worte miteinander, wenige und lang bedachte Worte. Vasudeva war kein Freund der Worte, selten gelang es Siddhartha, ihn zum Sprechen zu bewegen.

»Hast du«, so fragte er ihn einst, »hast auch du vom Flusse jenes Geheime gelernt: daß es keine Zeit gibt?«

Vasudevas Gesicht überzog sich mit hellem Lächeln.

»Ja, Siddhartha«, sprach er. »Es ist doch dieses, was du meinst: daß der Fluß überall zugleich ist, am Ursprung und an der Mündung, am Wasserfall, an der Fähre, an der Stromschnelle, im Meer, im Gebirge, überall, zugleich, und daß es für ihn nur Gegenwart gibt, nicht den Schatten Zukunft?«

»Dies ist es«, sagte Siddhartha. »Und als ich es gelernt hatte, da sah ich mein Leben an, und es war auch ein Fluß, und es war der Knabe Siddhartha vom Manne Siddhartha und vom Greis Siddhartha nur durch Schatten getrennt, nicht durch Wirkliches. Es waren auch Siddharthas frühere Geburten keine Vergangenheit, und sein Tod und seine Rückkehr zu Brahma keine Zukunft. Nichts war, nichts wird sein; alles ist, alles hat Wesen und Gegenwart.«

Siddhartha sprach mit Entzücken, tief hatte diese Erleuchtung ihn beglückt. O, war denn nicht alles Leiden Zeit, war nicht alles Sichquälen und Sichfürchten Zeit, war nicht alles Schwere, alles Feindliche in der Welt weg und überwunden, sobald man die Zeit überwunden hatte, sobald man die Zeit wegdenken konnte? Entzückt hatte er gesprochen. Vasudeva aber lächelte ihn strahlend an und nickte Bestätigung, schweigend nickte er, strich mit der Hand über Siddharthas Schulter, wandte sich zu seiner Arbeit zurück.

Und wieder einmal, als eben der Fluß in der Regenzeit geschwollen war und mächtig rauschte, da sagte Siddhartha: »Nicht wahr, o Freund, der Fluß hat viele Stimmen, sehr viele Stimmen? Hat er nicht die Stimme eines Königs, und eines Kriegers, und eines Stieres, und eines Nachtvogels, und einer

Gebärenden, und eines Seufzenden, und noch tausend andere Stimmen?«
»Es ist so«, nickte Vasudeva, »alle Stimmen der Geschöpfe sind in seiner Stimme.«
»Und weißt du«, fuhr Siddhartha fort, »welches Wort er spricht, wenn es dir gelingt, alle seine zehntausend Stimmen zugleich zu hören?«
Glücklich lachte Vasudevas Gesicht, er neigte sich gegen Siddhartha und sprach ihm das heilige Om ins Ohr. Und eben dies war es, was auch Siddhartha gehört hatte.
Und von Mal zu Mal ward sein Lächeln dem des Fährmanns ähnlicher, ward beinahe ebenso strahlend, beinahe ebenso von Glück durchglänzt, ebenso aus tausend kleinen Falten leuchtend, ebenso kindlich, ebenso greisenhaft. Viele Reisende, wenn sie die beiden Fährmänner sahen, hielten sie für Brüder. Oft saßen sie am Abend gemeinsam beim Ufer auf dem Baumstamm, schwiegen und hörten beide dem Wasser zu, welches für sie kein Wasser war, sondern die Stimme des Lebens, die Stimme des Seienden, des ewig Werdenden. Und es geschah zuweilen, daß beide beim Anhören des Flusses an dieselben Dinge dachten, an ein Gespräch von vorgestern, an einen ihrer Reisenden, dessen Gesicht und Schicksal sie beschäftigte, an den Tod, an ihre Kindheit, und daß sie beide im selben Augenblick, wenn der Fluß ihnen etwas Gutes gesagt hatte, einander anblickten, beide genau dasselbe denkend, beide beglückt über dieselbe Antwort auf dieselbe Frage.
Es ging von der Fähre und von den beiden Fährleuten etwas aus, das manche von den Reisenden spürten. Es geschah zuweilen, daß ein Reisender, nachdem er in das Gesicht eines der Fährmänner geblickt hatte, sein Leben zu erzählen begann, Leid erzählte, Böses bekannte, Trost und Rat erbat. Es geschah zu- weilen, daß einer um Erlaubnis bat, einen Abend bei ihnen zu verweilen, um dem Flusse zuzuhören. Es geschah auch, daß Neugierige kamen, welchen erzählt worden war, an dieser Fähre lebten zwei Weise oder Zauberer oder Heilige. Die Neugierigen stellten viele Fragen, aber sie bekamen keine Antworten, und sie fanden weder Zauberer noch Weise, sie fanden nur zwei alte freundliche Männlein, welche stumm zu sein und etwas sonderbar und verblödet schienen. Und die Neugierigen

lachten und unterhielten sich darüber, wie töricht und leichtgläubig doch das Volk solch leere Gerüchte verbreite.

Die Jahre gingen hin, und keiner zählte sie. Da kamen einst Mönche gepilgert, Anhänger des Gotama, des Buddha, welche baten, sie über den Fluß zu setzen, und von ihnen erfuhren die Fährmänner, daß sie eiligst zu ihrem großen Lehrer zurückwanderten, denn es habe sich die Nachricht verbreitet, der Erhabene sei todkrank und werde bald seinen letzten Menschentod sterben, um zur Erlösung einzugehen. Nicht lange, so kam eine neue Schar Mönche gepilgert, und wieder eine, und sowohl die Mönche wie die meisten der übrigen Reisenden und Wanderer sprachen von nichts anderem als von Gotama und seinem nahen Tode. Und wie zu einem Kriegszug oder zur Krönung eines Königs von überall und allen Seiten her die Menschen strömen und sich gleich Ameisen in Scharen sammeln, so strömten sie, wie von einem Zauber gezogen, dahin, wo der große Buddha seinen Tod erwartete, wo das Ungeheure geschehen und der große Vollendete eines Weltalters zur Herrlichkeit eingehen sollte.

Viel gedachte Siddhartha in dieser Zeit des sterbenden Weisen, des großen Lehrers, dessen Stimme Völker ermahnt und Hunderttausende erweckt hatte, dessen Stimme auch er einst vernommen, dessen heiliges Antlitz auch er einst mit Ehrfurcht geschaut hatte. Freundlich gedachte er seiner, sah seinen Weg der Vollendung vor Augen und erinnerte sich mit Lächeln der Worte, welche er einst als junger Mann an ihn, den Erhabenen, gerichtet hatte. Es waren, so schien ihm, stolze und altkluge Worte gewesen, lächelnd erinnerte er sich ihrer. Längst wußte er sich nicht mehr von Gotama getrennt, dessen Lehre er doch nicht hatte annehmen können. Nein, keine Lehre konnte ein wahrhaft Suchender annehmen, einer, der wahrhaft finden wollte. Der aber, der gefunden hat, der konnte jede, jede Lehre gutheißen, jeden Weg, jedes Ziel, ihn trennte nichts mehr von all den tausend anderen, welche im Ewigen lebten, welche das Göttliche atmeten.

An einem dieser Tage, da so viele zum sterbenden Buddha pilgerten, pilgerte zu ihm auch Kamala, einst die schönste der Kurtisanen. Längst hatte sie sich aus ihrem vorigen Leben zurückgezogen, hatte ihren Garten den Mönchen Gotamas geschenkt, hatte ihre Zuflucht zur Lehre genommen, gehörte zu den Freundinnen und Wohltäterinnen der Pilgernden. Zusammen mit dem Knaben Siddhartha, ihrem Sohne, hatte sie auf die Nachricht vom nahen Tode Gotamas hin sich auf den Weg gemacht, in einfachem Kleide, zu Fuß. Mit ihrem Söhnlein war sie am Flusse unterwegs; der Knabe aber war bald ermüdet, begehrte nach Hause zurück, begehrte zu rasten, begehrte zu essen, wurde trotzig und weinerlich. Kamala mußte häufig mit ihm rasten, er war gewohnt, seinen Willen gegen sie zu behaupten, sie mußte ihn füttern, mußte ihn trösten, mußte ihn schelten. Er begriff nicht, warum er mit seiner Mutter diese mühsame und traurige Pilgerschaft habe antreten müssen, an einen unbekannten Ort, zu einem fremden Manne, welcher heilig war und welcher im Sterben lag. Mochte er sterben, was ging dies den Knaben an?

Die Pilgernden waren nicht mehr ferne von Vasudevas Fähre, als der kleine Siddhartha abermals seine Mutter zu einer Rast nötigte. Auch sie selbst, Kamala, war ermüdet, und während der Knabe an einer Banane kaute, kauerte sie sich am Boden nieder, schloß ein wenig die Augen und ruhte. Plötzlich aber stieß sie einen klagenden Schrei aus, der Knabe sah sie erschrocken an und sah ihr Gesicht von Entsetzen gebleicht, denn unter ihrem Kleid hervor entwich eine kleine schwarze Schlange, von welcher Kamala gebissen war.

Eilig liefen sie nun beide des Weges, um zu Menschen zu kommen, und kamen bis in die Nähe der Fähre, dort sank Kamala zusammen, und vermochte nicht weiterzugehen. Der Knabe aber erhob ein klägliches Geschrei, dazwischen küßte und umhalste er seine Mutter, und auch sie stimmte in seine lauten Hilferufe ein, bis die Töne Vasudevas Ohr erreichten, der bei der Fähre stand. Schnell kam er gegangen, nahm die Frau auf die Arme, trug sie ins Boot, der Knabe lief mit, und bald kamen sie alle in der Hütte an, wo Siddhartha am Herde stand und eben Feuer machte. Er blickte auf und sah zuerst das Gesicht des Knaben, das ihn wunderlich erinnerte, an Vergessenes mahnte. Dann sah er Kamala, die er alsbald erkannte, obwohl sie besinnungslos im Arm des Fährmanns lag, und nun wußte er, daß es sein eigener Sohn sei, dessen Gesicht ihn so sehr gemahnt hatte, und das Herz bewegte sich in seiner Brust.

Kamalas Wunde wurde gewaschen, war aber schon schwarz

und ihr Leib angeschwollen, ein Heiltrank wurde ihr eingeflößt. Ihr Bewußtsein kehrte zurück, sie lag auf Siddharthas Lager in der Hütte, und über sie gebeugt stand Siddhartha, der sie einst so sehr geliebt hatte. Es schien ihr ein Traum zu sein, lächelnd blickte sie in ihres Freundes Gesicht, nur langsam erkannte sie ihre Lage, erinnerte sich des Bisses, rief ängstlich nach dem Knaben.

»Er ist bei dir, sei ohne Sorge«, sagte Siddhartha.

Kamala blickte in seine Augen. Sie sprach mit schwerer Zunge, vom Gift gelähmt. »Du bist alt geworden, Lieber«, sagte sie, »grau bist du geworden. Aber du gleichst dem jungen Samana, der einst ohne Kleider mit staubigen Füßen zu mir in den Garten kam. Du gleichst ihm viel mehr, als du ihm damals glichest, da du mich und Kamaswami verlassen hast. In den Augen gleichst du ihm, Siddhartha. Ach, auch ich bin alt geworden, alt – kanntest du mich denn noch?«

Siddhartha lächelte: »Sogleich kannte ich dich, Kamala, Liebe.«

Kamala deutete auf ihren Knaben und sagte: »Kanntest du auch ihn? Er ist dein Sohn.«

Ihre Augen wurden irr und fielen zu. Der Knabe weinte, Siddhartha nahm ihn auf seine Knie, ließ ihn weinen, streichelte sein Haar, und beim Anblick des Kindergesichtes fiel ein brahmanisches Gebet ihm ein, das er einst gelernt hatte, als er selbst ein kleiner Knabe war. Langsam, mit singender Stimme, begann er es zu sprechen, aus der Vergangenheit und Kindheit her kamen ihm die Worte geflossen. Und unter seinem Singsang wurde der Knabe ruhig, schluchzte noch hin und wieder auf und schlief ein. Siddhartha legte ihn auf Vasudevas Lager. Vasudeva stand am Herd und kochte Reis. Siddhartha warf ihm einen Blick zu, den er lächelnd erwiderte.

»Sie wird sterben«, sagte Siddhartha leise.

Vasudeva nickte, über sein freundliches Gesicht lief der Feuerschein vom Herd.

Nochmals erwachte Kamala zum Bewußtsein. Schmerz verzog ihr Gesicht, Siddharthas Auge las das Leiden auf ihrem Munde, auf ihren erblaßten Wangen. Stille las er es, aufmerksam, wartend, in ihr Leiden versenkt. Kamala fühlte es, ihr Blick suchte sein Auge. Ihn anblickend, sagte sie: »Nun sehe ich, daß auch

deine Augen sich verändert haben. Ganz anders sind sie geworden. Woran doch erkenne ich noch, daß du Siddhartha bist? Du bist es, und bist es nicht.«
Siddhartha sprach nicht, still blickten seine Augen in die ihren.
»Du hast es erreicht?« fragte sie. »Du hast Friede gefunden?«
Er lächelte und legte seine Hand auf ihre.
»Ich sehe es«, sagte sie, »ich sehe es. Auch ich werde Friede finden.«
»Du hast ihn gefunden«, sprach Siddhartha flüsternd.
Kamala blickte ihm unverwandt in die Augen. Sie dachte daran, daß sie zu Gotama hatte pilgern wollen, um das Gesicht eines Vollendeten zu sehen, um seinen Frieden zu atmen, und daß sie statt seiner nun ihn gefunden, und daß es gut war, ebenso gut, als wenn sie jenen gesehen hätte. Sie wollte es ihm sagen, aber die Zunge gehorchte ihrem Willen nicht mehr. Schweigend sah sie ihn an, und er sah in ihren Augen das Leben erlöschen. Als der letzte Schmerz ihr Auge erfüllte und brach, als der letzte Schauder über ihre Glieder lief, schloß sein Finger ihre Lider.
Lange saß er und blickte auf ihr entschlafenes Gesicht. Lange betrachtete er ihren Mund, ihren alten, müden Mund mit den schmal gewordenen Lippen, und erinnerte sich, daß er einst, im Frühling seiner Jahre, diesen Mund einer frisch aufgebrochenen Feige verglichen hatte. Lange saß er, las in dem bleichen Gesicht, in den müden Falten, füllte sich mit dem Anblick, sah sein eigenes Gesicht ebenso liegen, ebenso weiß, ebenso erloschen, und sah zugleich sein Gesicht und das ihre jung, mit den roten Lippen, mit dem brennenden Auge, und das Gefühl der Gegenwart und Gleichzeitigkeit durchdrang ihn völlig, das Gefühl der Ewigkeit. Tief empfand er, tiefer als jemals, in dieser Stunde die Unzerstörbarkeit jedes Lebens, die Ewigkeit jedes Augenblicks.
Da er sich erhob, hatte Vasudeva Reis für ihn bereitet. Doch aß Siddhartha nicht. Im Stall, wo ihre Ziege stand, machten sich die beiden Alten eine Streu zurecht, und Vasudeva legte sich schlafen. Siddhartha aber ging hinaus und saß die Nacht vor der Hütte, dem Flusse lauschend, von Vergangenheit umspült, von allen Zeiten seines Lebens zugleich berührt und umfangen. Zuweilen aber erhob er sich, trat an die Hüttentür und lauschte, ob der Knabe schlafe.

Früh am Morgen, noch ehe die Sonne sichtbar ward, kam Vasudeva aus dem Stall und trat zu seinem Freunde.
»Du hast nicht geschlafen«, sagte er.
»Nein, Vasudeva. Ich saß hier, ich hörte dem Flusse zu. Viel hat er mir gesagt, tief hat er mich mit dem heilsamen Gedanken erfüllt, mit dem Gedanken der Einheit.«
»Du hast Leid erfahren, Siddhartha, doch ich sehe, es ist keine Traurigkeit in dein Herz gekommen.«
»Nein, Lieber, wie sollte ich denn traurig sein? Ich, der ich reich und glücklich war, bin jetzt noch reicher und glücklicher geworden. Mein Sohn ist mir geschenkt worden.«
»Willkommen sei dein Sohn auch mir. Nun aber, Siddhartha, laß uns an die Arbeit gehen, viel ist zu tun. Auf demselben Lager ist Kamala gestorben, auf welchem einst mein Weib gestorben ist. Auf demselben Hügel auch wollen wir Kamalas Scheiterhaufen bauen, auf welchem ich einst meines Weibes Scheiterhaufen gebaut habe.«
Während der Knabe noch schlief, bauten sie den Scheiterhaufen.

Der Sohn

Scheu und weinend hatte der Knabe der Bestattung seiner Mutter beigewohnt, finster und scheu hatte er Siddhartha angehört, der ihn als seinen Sohn begrüßte und ihn bei sich in Vasudevas Hütte willkommen hieß. Bleich saß er tagelang am Hügel der Toten, mochte nicht essen, verschloß seinen Blick, verschloß sein Herz, wehrte und sträubte sich gegen das Schicksal.
Siddhartha schonte ihn und ließ ihn gewähren, er ehrte seine Trauer. Siddhartha verstand, daß sein Sohn ihn nicht kenne, daß er ihn nicht lieben könne wie einen Vater. Langsam sah und verstand er auch, daß der Elfjährige ein verwöhnter Knabe war, ein Mutterkind, und in den Gewohnheiten des Reichtums aufgewachsen, gewöhnt an feinere Speisen, an ein weiches Bett, gewohnt, Dienern zu befehlen. Siddhartha verstand, daß der Trauernde und Verwöhnte nicht plötzlich und gutwillig in der Fremde und Armut sich zufrieden geben könne. Er zwang ihn nicht, er tat manche Arbeit für ihn, suchte stets den besten Bis-

sen für ihn aus. Langsam hoffte er, ihn zu gewinnen, durch freundliche Geduld.
Reich und glücklich hatte er sich genannt, als der Knabe zu ihm gekommen war. Da indessen die Zeit hinfloß, und der Knabe fremd und finster blieb, da er ein stolzes und trotziges Herz zeigte, keine Arbeit tun wollte, den Alten keine Ehrfurcht erwies, Vasudevas Fruchtbäume beraubte, da begann Siddhartha zu verstehen, daß mit seinem Sohne nicht Glück und Friede zu ihm gekommen war, sondern Leid und Sorge. Aber er liebte ihn, und lieber war ihm Leid und Sorge der Liebe, als ihm Glück und Freude ohne den Knaben gewesen war.
Seit der junge Siddhartha in der Hütte war, hatten die Alten sich die Arbeit geteilt. Vasudeva hatte das Amt des Fährmanns wieder allein übernommen, und Siddhartha, um bei seinem Sohne zu sein, die Arbeit in Hütte und Feld.
Lange Zeit, lange Monate wartete Siddhartha darauf, daß sein Sohn ihn verstehe, daß er seine Liebe annehme, daß er sie vielleicht erwidere. Lange Monate wartete Vasudeva, zusehend, wartete und schwieg. Eines Tages, als Siddhartha der Junge seinen Vater wieder sehr mit Trotz und Launen gequält und ihm beide Reisschüsseln zerbrochen hatte, nahm Vasudeva seinen Freund am Abend beiseite und sprach mit ihm.
»Entschuldige mich«, sagte er, »aus freundlichem Herzen rede ich zu dir. Ich sehe, daß du dich quälst, ich sehe, daß du Kummer hast. Dein Sohn, Lieber, macht dir Sorge, und auch mir macht er Sorge. An ein anderes Leben, an ein anderes Nest ist der junge Vogel gewöhnt. Nicht wie du ist er dem Reichtum und der Stadt entlaufen aus Ekel und Überdruß, er hat wider seinen Willen dies alles dahinten lassen müssen. Ich fragte den Fluß, o Freund, viele Male habe ich ihn gefragt. Der Fluß aber lacht, er lacht mich aus, mich und dich lacht er aus, und schüttelt sich über unsre Torheit. Wasser will zu Wasser, Jugend will zu Jugend, dein Sohn ist nicht an dem Ort, wo er gedeihen kann. Frage auch du den Fluß, höre auch du auf ihn!«
Bekümmert blickte Siddhartha ihm in das freundliche Gesicht, in dessen vielen Runzeln beständige Heiterkeit wohnte.
»Kann ich mich denn von ihm trennen?« fragte er leise, beschämt. »Laß mir noch Zeit, Lieber! Sieh, ich kämpfe um ihn, ich werbe um sein Herz, mit Liebe und mit freundlicher Ge-

duld will ich es fangen. Auch zu ihm soll einst der Fluß reden, auch er ist berufen.«

Vasudevas Lächeln blühte wärmer. »O ja, auch er ist berufen, auch er ist vom ewigen Leben. Aber wissen wir denn, du und ich, wozu er berufen ist, zu welchem Wege, zu welchen Taten, zu welchen Leiden? Nicht klein wird sein Leiden sein, stolz und hart ist ja sein Herz, viel müssen solche leiden, viel irren, viel Unrecht tun, sich viel Sünde aufladen. Sage mir, mein Lieber: du erziehst deinen Sohn nicht? Du zwingst ihn nicht? Schlägst ihn nicht? Strafst ihn nicht?«

»Nein, Vasudeva, das tue ich alles nicht.«

»Ich wußte es. Du zwingst ihn nicht, schlägst ihn nicht, befiehlst ihm nicht, weil du weißt, daß Weich stärker ist als Hart, Wasser stärker als Fels, Liebe stärker als Gewalt. Sehr gut, ich lobe dich. Aber ist es nicht ein Irrtum von dir, zu meinen, daß du ihn nicht zwingst, nicht strafst? Bindest du ihn nicht in Bande mit deiner Liebe? Beschämst du ihn nicht täglich, und machst es ihm noch schwerer, mit deiner Güte und Geduld? Zwingst du ihn nicht, den hochmütigen und verwöhnten Knaben, in einer Hütte bei zwei alten Bananenessern zu leben, welchen schon Reis ein Leckerbissen ist, deren Gedanken nicht seine sein können, deren Herz alt und still ist und anderen Gang hat als das seine? Ist er mit alledem nicht gezwungen, nicht gestraft?«

Betroffen blickte Siddhartha zur Erde. Leise fragte er: »Was meinst du, soll ich tun?«

Sprach Vasudeva: »Bring ihn zur Stadt, bringe ihn in seiner Mutter Haus, es werden noch Diener dort sein, denen gib ihn. Und wenn keine mehr da sind, so bringe ihn einem Lehrer, nicht der Lehre wegen, aber daß er zu anderen Knaben komme, und zu Mädchen, und in die Welt, welche die seine ist. Hast du daran nie gedacht?«

»Du siehst in mein Herz«, sprach Siddhartha traurig. »Oft habe ich daran gedacht. Aber sieh, wie soll ich ihn, der ohnehin kein sanftes Herz hat, in diese Welt geben? Wird er nicht üppig werden, wird er nicht sich an Lust und Macht verlieren, wird er nicht alle Irrtümer seines Vaters wiederholen, wird er nicht vielleicht ganz und gar in Sansara verlorengehen?«

Hell strahlte des Fährmanns Lächeln auf; er berührte zart Siddharthas Arm und sagte: »Frage den Fluß darüber, Freund!

Höre ihn darüber lachen! Glaubst du denn wirklich, daß du deine Torheiten begangen habest, um sie dem Sohn zu ersparen? Und kannst du denn deinen Sohn vor Sansara schützen? Wie denn? Durch Lehre, durch Gebet, durch Ermahnung? Lieber, hast du jene Geschichte denn ganz vergessen, jene lehrreiche Geschichte vom Brahmanensohn Siddhartha, die du mir einst hier an dieser Stelle erzählt hast? Wer hat den Samana Siddhartha vor Sansara bewahrt, vor Sünde, vor Habsucht, vor Torheit? Hat seines Vaters Frömmigkeit, seiner Lehrer Ermahnung, hat sein eigenes Wissen, sein eigenes Suchen ihn bewahren können? Welcher Vater, welcher Lehrer hat ihn davor schützen können, selbst das Leben zu leben, selbst sich mit dem Leben zu beschmutzen, selbst Schuld auf sich zu laden, selbst den bitteren Trank zu trinken, selber seinen Weg zu finden? Glaubst du denn, Lieber, dieser Weg bleibe irgend jemandem vielleicht erspart? Vielleicht deinem Söhnchen, weil du es liebst, weil du ihm gern Leid und Schmerz und Enttäuschung ersparen möchtest? Aber auch wenn du zehnmal für ihn stürbest, würdest du ihm nicht den kleinsten Teil seines Schicksals damit abnehmen können.«

Noch niemals hatte Vasudeva so viele Worte gesprochen. Freundlich dankte ihm Siddhartha, ging bekümmert in die Hütte, fand lange keinen Schlaf. Vasudeva hatte ihm nichts gesagt, das er nicht selbst schon gedacht und gewußt hätte. Aber es war ein Wissen, das er nicht tun konnte, stärker als das Wissen war seine Liebe zu dem Knaben, stärker seine Zärtlichkeit, seine Angst, ihn zu verlieren. Hatte er denn jemals an irgend etwas so sehr sein Herz verloren, hatte er je irgendeinen Menschen so geliebt, so blind, so leidend, so erfolglos und doch so glücklich?

Siddhartha konnte seines Freundes Rat nicht befolgen, er konnte den Sohn nicht hergeben. Er ließ sich von dem Knaben befehlen, er ließ sich von ihm mißachten. Er schwieg und wartete, begann täglich den stummen Kampf der Freundlichkeit, den lautlosen Krieg der Geduld. Auch Vasudeva schwieg und wartete, freundlich, wissend, langmütig. In der Geduld waren sie beide Meister.

Einst, als des Knaben Gesicht ihn sehr an Kamala erinnerte, mußte Siddhartha plötzlich eines Wortes gedenken, das Kamala vor Zeiten, in den Tagen der Jugend, einmal zu ihm gesagt hatte.

»Du kannst nicht lieben«, hatte sie ihm gesagt, und er hatte ihr recht gegeben und hatte sich mit einem Stern, die Kindermenschen aber mit fallendem Laub verglichen, und dennoch hatte er in jenem Wort auch einen Vorwurf gespürt. In der Tat hatte er niemals sich an einen anderen Menschen ganz verlieren und hingeben können, sich selbst vergessen, Torheiten der Liebe eines anderen wegen begehen; nie hatte er das gekonnt, und dies war, wie ihm damals schien, der große Unterschied gewesen, der ihn von den Kindermenschen trennte. Nun aber, seit sein Sohn da war, nun war auch er, Siddhartha, vollends ein Kindermensch geworden, eines Menschen wegen leidend, einen Menschen liebend, an eine Liebe verloren, einer Liebe wegen ein Tor geworden. Nun fühlte auch er, spät, einmal im Leben diese stärkste und seltsamste Leidenschaft, litt an ihr, litt kläglich, und war doch beseligt, war doch um etwas erneuert, um etwas reicher.
Wohl spürte er, daß diese Liebe, diese blinde Liebe zu seinem Sohn eine Leidenschaft, etwas sehr Menschliches, daß sie Sansara sei, eine trübe Quelle, ein dunkles Wasser. Dennoch, so fühlte er gleichzeitig, war sie nicht wertlos, war sie notwendig, kam aus seinem eigenen Wesen. Auch diese Lust wollte gebüßt, auch diese Schmerzen wollten gekostet sein, auch diese Torheiten begangen.
Der Sohn indessen ließ ihn seine Torheiten begehen, ließ ihn werben, ließ ihn täglich sich vor seinen Launen demütigen. Dieser Vater hatte nichts, was ihn entzückt, und nichts, was er gefürchtet hätte. Er war ein guter Mann, dieser Vater, ein guter, gütiger, sanfter Mann, vielleicht ein sehr frommer Mann, vielleicht ein Heiliger – dies alles waren nicht Eigenschaften, welche den Knaben gewinnen konnten. Langweilig war ihm dieser Vater, der ihn da in seiner elenden Hütte gefangen hielt, langweilig war er ihm, und daß er jede Unart mit Lächeln, jeden Schimpf mit Freundlichkeit, jede Bosheit mit Güte beantwortete, das eben war die verhaßteste List dieses alten Schleichers. Viel lieber wäre der Knabe von ihm bedroht, von ihm mißhandelt worden.
Es kam ein Tag, an welchem des jungen Siddhartha Sinn zum Ausbruch kam und sich offen gegen seinen Vater wandte. Der hatte ihm einen Auftrag erteilt, er hatte ihn Reisig sammeln geheißen. Der Knabe ging aber nicht aus der Hütte, er blieb trot-

zig und wütend stehen, stampfte den Boden, ballte die Fäuste, und schrie in gewaltigem Ausbruch seinem Vater Haß und Verachtung ins Gesicht.

»Hole du selber dein Reisig!« rief er schäumend, »ich bin nicht dein Knecht. Ich weiß ja, daß du mich nicht schlägst, du wagst es ja nicht; ich weiß ja, daß du mich mit deiner Frömmigkeit und deiner Nachsicht beständig strafen und klein machen willst. Du willst, daß ich werden soll wie du, auch so fromm, auch so sanft, auch so weise! Ich aber, höre, ich will, dir zu Leide, lieber ein Straßenräuber und Mörder werden und zur Hölle fahren, als so werden wie du! Ich hasse dich, du bist nicht mein Vater, und wenn du zehnmal meiner Mutter Buhler gewesen bist!«

Zorn und Gram liefen in ihm über, schäumten in hundert wüsten und bösen Worten dem Vater entgegen. Dann lief der Knabe davon und kam erst spät am Abend wieder.

Am andern Morgen aber war er verschwunden. Verschwunden war auch ein kleiner, aus zweifarbigem Bast geflochtener Korb, in welchem die Fährleute jene Kupfer- und Silbermünzen aufbewahrten, welche sie als Fährlohn erhielten. Verschwunden war auch das Boot, Siddhartha sah es am jenseitigen Ufer liegen. Der Knabe war entlaufen.

»Ich muß ihm folgen«, sagte Siddhartha, der seit jenen gestrigen Schimpfreden des Knaben vor Jammer zitterte. »Ein Kind kann nicht allein durch den Wald gehen. Er wird umkommen. Wir müssen ein Floß bauen, Vasudeva, um übers Wasser zu kommen.«

»Wir werden ein Floß bauen«, sagte Vasudeva, »um unser Boot wieder zu holen, das der Junge entführt hat. Ihn aber solltest du laufen lassen, Freund, er ist kein Kind mehr, er weiß sich zu helfen. Er sucht den Weg nach der Stadt, und er hat recht, vergiß das nicht. Er tut das, was du selbst zu tun versäumt hast. Er sorgt für sich, er geht seine Bahn. Ach, Siddhartha, ich sehe dich leiden, aber du leidest Schmerzen, über die man lachen möchte, über die du selbst bald lachen wirst.«

Siddhartha antwortete nicht. Er hielt schon das Beil in Händen, und begann ein Floß aus Bambus zu machen, und Vasudeva half ihm, die Stämme mit Grasseilen zusammenzubinden. Dann fuhren sie hinüber, wurden weit abgetrieben, zogen das Floß am jenseitigen Ufer flußauf.

»Warum hast du das Beil mitgenommen?« fragte Siddhartha.
Vasudeva sagte: »Es könnte sein, daß das Ruder unsres Bootes verlorengegangen wäre.«
Siddhartha aber wußte, was sein Freund dachte. Er dachte, der Knabe werde das Ruder weggeworfen oder zerbrochen haben, um sich zu rächen und um sie an der Verfolgung zu hindern. Und wirklich war kein Ruder mehr im Boote. Vasudeva wies auf den Boden des Bootes und sah den Freund mit Lächeln an, als wollte er sagen: »Siehst du nicht, was dein Sohn dir sagen will? Siehst du nicht, daß er nicht verfolgt sein will?« Doch sagte er dies nicht mit Worten. Er machte sich daran, ein neues Ruder zu zimmern. Siddhartha aber nahm Abschied, um nach dem Entflohenen zu suchen. Vasudeva hinderte ihn nicht.
Als Siddhartha schon lange im Walde unterwegs war, kam ihm der Gedanke, daß sein Suchen nutzlos sei. Entweder, so dachte er, war der Knabe längst voraus und schon in der Stadt angelangt, oder, wenn er noch unterwegs sein sollte, würde er vor ihm, dem Verfolgenden, sich verborgen halten. Da er weiter dachte, fand er auch, daß er selbst nicht in Sorge um seinen Sohn war, daß er im Innersten wußte, er sei weder umgekommen, noch drohe ihm im Walde Gefahr. Dennoch lief er ohne Rast, nicht mehr, um ihn zu retten, nur aus Verlangen, nur um ihn vielleicht nochmals zu sehen. Und er lief bis vor die Stadt.
Als er nahe bei der Stadt auf die breite Straße gelangte, blieb er stehen, am Eingang des schönen Lustgartens, der einst Kamala gehört hatte, wo er sie einst, in der Sänfte, zum erstenmal gesehen hatte. Das Damalige stand in seiner Seele auf, wieder sah er sich dort stehen, jung, ein bärtiger nackter Samana, das Haar voll Staub. Lange stand Siddhartha und blickte durch das offene Tor in den Garten, Mönche in gelben Kutten sah er unter den schönen Bäumen gehen.
Lange stand er, nachdenkend, Bilder sehend, der Geschichte seines Lebens lauschend. Lange stand er, blickte nach den Mönchen, sah statt ihrer den jungen Siddhartha, sah die junge Kamala unter den hohen Bäumen gehen. Deutlich sah er sich, wie er von Kamala bewirtet ward, wie er ihren ersten Kuß empfing, wie er stolz und verächtlich auf sein Brahmanentum zurückblickte, stolz und verlangend sein Weltleben begann. Er sah Kamaswami, sah die Diener, die Gelage, die Würfelspieler,

die Musikanten, sah Kamalas Singvogel im Käfig, lebte dies alles nochmals, atmete Sansara, war nochmals alt und müde, fühlte nochmals den Ekel, fühlte nochmals den Wunsch, sich auszulöschen, genas nochmals am heiligen Om.

Nachdem er lange beim Tor des Gartens gestanden war, sah Siddhartha ein, daß das Verlangen töricht war, das ihn bis zu dieser Stätte getrieben hatte, daß er seinem Sohne nicht helfen konnte, daß er sich nicht an ihn hängen durfte. Tief fühlte er die Liebe zu dem Entflohenen im Herzen, wie eine Wunde, und fühlte zugleich, daß ihm die Wunde nicht gegeben war, um in ihr zu wühlen, daß sie zur Blüte werden und strahlen müsse.

Daß die Wunde zu dieser Stunde noch nicht blühte, noch nicht strahlte, machte ihn traurig. An der Stelle des Wunschzieles, das ihn hierher und dem entflohenen Sohne nachgezogen hatte, stand nun Leere. Traurig setzte er sich nieder, fühlte etwas in seinem Herzen sterben, empfand Leere, sah keine Freude mehr, kein Ziel. Er saß versunken und wartete. Dies hatte er am Flusse gelernt, dies eine: warten, Geduld haben, lauschen. Und er saß und lauschte, im Staub der Straße, lauschte seinem Herzen, wie es müd und traurig ging, wartete auf eine Stimme. Manche Stunde kauerte er lauschend, sah keine Bilder mehr, sank in die Leere, ließ sich sinken, ohne einen Weg zu sehen. Und wenn er die Wunde brennen fühlte, sprach er lautlos das Om, füllte sich mit Om. Die Mönche im Garten sahen ihn, und da er viele Stunden kauerte und auf seinen grauen Haaren der Staub sich sammelte, kam einer gegangen und legte zwei Pisangfrüchte vor ihm nieder. Der Alte sah ihn nicht.

Aus dieser Erstarrung weckte ihn eine Hand, welche seine Schulter berührte. Alsbald erkannte er diese Berührung, die zarte, schamhafte, und kam zu sich. Er erhob sich und begrüßte Vasudeva, welcher ihm nachgegangen war. Und da er in Vasudevas freundliches Gesicht schaute, in die kleinen, wie mit lauter Lächeln ausgefüllten Falten, in die heiteren Augen, da lächelte auch er. Er sah nun die Pisangfrüchte vor sich liegen, hob sie auf, gab eine dem Fährmann, aß selbst die andere. Darauf ging er schweigend mit Vasudeva in den Wald zurück, kehrte zur Fähre heim. Keiner sprach von dem, was heute geschehen war, keiner nannte den Namen des Knaben, keiner sprach von seiner Flucht, keiner sprach von der Wunde. In der Hütte legte sich Siddhartha auf sein Lager, und da nach einer Weile Vasudeva zu ihm trat, um ihm eine Schale Kokosmilch anzubieten, fand er ihn schon schlafend.

Om

Lange noch brannte die Wunde. Manchen Reisenden mußte Siddhartha über den Fluß setzen, der einen Sohn oder eine Tochter bei sich hatte, und keinen von ihnen sah er, ohne daß er ihn beneidete, ohne daß er dachte: »So viele, so viel Tausende besitzen dies holdeste Glück – warum ich nicht? Auch böse Menschen, auch Diebe und Räuber haben Kinder, und lieben sie, und werden von ihnen geliebt, nur ich nicht.« So einfach, so ohne Verstand dachte er nun, so ähnlich war er den Kindermenschen geworden.

Anders sah er jetzt die Menschen an als früher, weniger klug, weniger stolz, dafür wärmer, dafür neugieriger, beteiligter. Wenn er Reisende der gewöhnlichen Art übersetzte, Kindermenschen, Geschäftsleute, Krieger, Weibervolk, so erschienen diese Leute ihm nicht fremd wie einst: er verstand sie, er verstand und teilte ihr nicht von Gedanken und Einsichten, sondern einzig von Trieben und Wünschen geleitetes Leben, er fühlte sich wie sie. Obwohl er nahe der Vollendung war, und an seiner letzten Wunde trug, schien ihm doch, diese Kindermenschen seien seine Brüder, ihre Eitelkeiten, Begehrlichkeiten und Lächerlichkeiten verloren das Lächerliche für ihn, wurden begreiflich, wurden liebenswert, wurden ihm sogar verehrungswürdig. Die blinde Liebe einer Mutter zu ihrem Kind, den dummen, blinden Stolz eines eingebildeten Vaters auf sein einziges Söhnlein, das blinde, wilde Streben nach Schmuck und nach bewundernden Männeraugen bei einem jungen, eitlen Weibe, alle diese Triebe, alle diese Kindereien, alle diese einfachen, törichten, aber ungeheuer starken, stark lebenden, stark sich durchsetzenden Triebe und Begehrlichkeiten waren für Siddhartha jetzt keine Kindereien mehr, er sah um ihretwillen die Menschen leben, sah sie um ihretwillen Unendliches leisten, Reisen tun, Kriege führen, Unendliches leiden, Unendliches ertragen, und er konnte sie dafür lieben, er sah das Leben, das

Lebendige, das Unzerstörbare, das Brahman in jeder ihrer Leidenschaften, jeder ihrer Taten. Liebenswert und bewundernswert waren diese Menschen in ihrer blinden Treue, ihrer blinden Stärke und Zähigkeit. Nichts fehlte ihnen, nichts hatte der Wissende und Denker vor ihnen voraus als eine einzige Kleinigkeit, eine einzige winzige kleine Sache: das Bewußtsein, den bewußten Gedanken der Einheit alles Lebens. Und Siddhartha zweifelte sogar zu mancher Stunde, ob dies Wissen, dieser Gedanke so sehr hoch zu werten, ob nicht auch er vielleicht eine Kinderei der Denkmenschen, der Denk-Kindermenschen sein möchte. In allem andern waren die Weltmenschen dem Weisen ebenbürtig, waren ihm oft weit überlegen, wie ja auch Tiere in ihrem zähen, unbeirrten Tun des Notwendigen in manchen Augenblicken den Menschen überlegen scheinen können.

Langsam blühte, langsam reifte in Siddhartha die Erkenntnis, das Wissen darum, was eigentlich Weisheit sei, was seines langen Suchens Ziel sei. Es war nichts als eine Bereitschaft der Seele, eine Fähigkeit, eine geheime Kunst, jeden Augenblick, mitten im Leben, den Gedanken der Einheit denken, die Einheit fühlen und einatmen zu können. Langsam blühte dies in ihm auf, strahlte ihm aus Vasudevas altem Kindergesicht wider: Harmonie, Wissen um die ewige Vollkommenheit der Welt, Lächeln, Einheit.

Die Wunde aber brannte noch, sehnlich und bitter gedachte Siddhartha seines Sohnes, pflegte seine Liebe und Zärtlichkeit im Herzen, ließ den Schmerz an sich fressen, beging alle Torheiten der Liebe. Nicht von selbst erlosch diese Flamme.

Und eines Tages, als die Wunde heftig brannte, fuhr Siddhartha über den Fluß, gejagt von Sehnsucht, stieg aus und war willens, nach der Stadt zu gehen und seinen Sohn zu suchen. Der Fluß floß sanft und leise, es war in der trockenen Jahreszeit, aber seine Stimme klang sonderbar: sie lachte! Sie lachte deutlich. Der Fluß lachte, er lachte hell und klar den alten Fährmann aus. Siddhartha blieb stehen, er beugte sich übers Wasser, um noch besser zu hören, und im still ziehenden Wasser sah er sein Gesicht gespiegelt, und in diesem gespiegelten Gesicht war etwas, das ihn erinnerte, etwas Vergessenes, und da er sich besann, fand er es: dies Gesicht glich einem andern, das er einst gekannt und geliebt und auch gefürchtet hatte. Es glich dem Gesicht seines

Vaters, des Brahmanen. Und er erinnerte sich, wie er vor Zeiten, ein Jüngling, seinen Vater gezwungen hatte, ihn zu den Büßern gehen zu lassen, wie er Abschied von ihm genommen hatte, wie er gegangen und nie mehr wiedergekommen war. Hatte nicht auch sein Vater um ihn dasselbe Leid gelitten, wie er es nun um seinen Sohn litt? War nicht sein Vater längst gestorben, allein, ohne seinen Sohn wiedergesehen zu haben? Mußte er selbst nicht dies selbe Schicksal erwarten? War es nicht eine Komödie, eine seltsame und dumme Sache, diese Wiederholung, dieses Laufen in einem verhängnisvollen Kreise?
Der Fluß lachte. Ja, es war so, es kam alles wieder, was nicht bis zu Ende gelitten und gelöst ward, es wurden immer wieder dieselben Leiden gelitten. Siddhartha aber stieg wieder in das Boot und fuhr zu der Hütte zurück, seines Vaters gedenkend, seines Sohnes gedenkend, vom Flusse verlacht, mit sich selbst im Streit, geneigt zur Verzweiflung, und nicht minder geneigt, über sich und die ganze Welt laut mitzulachen. Ach, noch blühte die Wunde nicht, noch wehrte sein Herz sich wider das Schicksal, noch strahlte nicht Heiterkeit und Sieg aus seinem Leide. Doch fühlte er Hoffnung, und da er zur Hütte zurückgekehrt war, spürte er ein unbesiegbares Verlangen, sich vor Vasudeva zu öffnen, ihm alles zu zeigen, ihm, dem Meister des Zuhörens, alles zu sagen.
Vasudeva saß in der Hütte und flocht an einem Korbe. Er fuhr nicht mehr mit dem Fährboot, seine Augen begannen schwach zu werden, und nicht nur seine Augen, auch seine Arme und Hände. Unverändert und blühend war nur die Freude und das heitere Wohlwollen seines Gesichtes.
Siddhartha setzte sich zu dem Greise, langsam begann er zu sprechen. Worüber sie niemals gesprochen hatten, davon erzählte er jetzt, von seinem Gang zur Stadt, damals, von der brennenden Wunde, von seinem Neid beim Anblick glücklicher Väter, von seinem Wissen um die Torheit solcher Wünsche, von seinem vergeblichen Kampf wider sie. Alles berichtete er, alles konnte er sagen, auch das Peinlichste, alles ließ sich sagen, alles sich zeigen, alles konnte er erzählen. Er zeigte seine Wunde dar, erzählte auch seine heutige Flucht, wie er übers Wasser gefahren sei, kindischer Flüchtling, willens, nach der Stadt zu wandern und wie der Fluß gelacht habe.

Während er sprach, lange sprach, während Vasudeva mit stillem Gesicht lauschte, empfand Siddhartha dies Zuhören Vasudevas stärker, als er es jemals gefühlt hatte, er spürte, wie seine Schmerzen, seine Beängstigungen hinüberflossen, wie seine heimliche Hoffnung hinüberfloß, ihm von drüben wieder entgegenkam. Diesem Zuhörer seine Wunde zu zeigen, war dasselbe wie sie im Flusse baden, bis sie kühl und mit dem Flusse eins wurde. Während er immer noch sprach, immer noch bekannte und beichtete, fühlte Siddhartha mehr und mehr, daß dies nicht mehr Vasudeva, nicht mehr ein Mensch war, der ihm zuhörte, daß dieser regungslos Lauschende seine Beichte in sich einsog wie ein Baum den Regen, daß dieser Regungslose der Fluß selbst, daß er Gott selbst, daß er das Ewige selbst war. Und während Siddhartha aufhörte, an sich und an seine Wunde zu denken, nahm diese Erkenntnis vom veränderten Wesen des Vasudeva von ihm Besitz, und je mehr er es empfand und darein eindrang, desto weniger wunderlich wurde es, desto mehr sah er ein, daß alles in Ordnung und natürlich war, daß Vasudeva schon lange, beinahe schon immer so gewesen sei, daß nur er selbst es nicht ganz erkannt hatte, ja daß er selbst von jenem kaum noch verschieden sei. Er empfand, daß er den alten Vasudeva nun so sehe, wie das Volk die Götter sieht, und daß dies nicht von Dauer sein könne; er begann im Herzen von Vasudeva Abschied zu nehmen. Dabei sprach er immer fort.
Als er zu Ende gesprochen hatte, richtete Vasudeva seinen freundlichen, etwas schwach gewordenen Blick auf ihn, sprach nicht, strahlte ihm schweigend Liebe und Heiterkeit entgegen, Verständnis und Wissen. Er nahm Siddharthas Hand, führte ihn zum Sitz am Ufer, setzte sich mit ihm nieder, lächelte dem Flusse zu.
»Du hast ihn lachen hören«, sagte er. »Aber du hast nicht alles gehört. Laß uns lauschen, du wirst mehr hören.«
Sie lauschten. Sanft klang der vielstimmige Gesang des Flusses. Siddhartha schaute ins Wasser, und im ziehenden Wasser erschienen ihm Bilder: sein Vater erschien, einsam, um den Sohn trauernd, er selbst erschien, einsam, auch er mit den Banden der Sehnsucht an den fernen Sohn gebunden; es erschien sein Sohn, einsam auch er, der Knabe, begehrlich auf der brennenden Bahn seiner jungen Wünsche stürmend, jeder auf sein Ziel gerichtet,

jeder vom Ziel besessen, jeder leidend. Der Fluß sang mit einer Stimme des Leidens, sehnlich sang er, sehnlich floß er seinem Ziele zu, klagend klang seine Stimme.

»Hörst du?« fragte Vasudevas stummer Blick. Siddhartha nickte.

»Höre besser!« flüsterte Vasudeva.

Siddhartha bemühte sich, besser zu hören. Das Bild des Vaters, sein eigenes Bild, das Bild des Sohnes flossen ineinander, auch Kamalas Bild erschien und zerfloß, und das Bild Govindas, und andere Bilder, und flossen ineinander über, wurden alle zum Fluß, strebten alle als Fluß dem Ziel zu, sehnlich, begehrend, leidend, und des Flusses Stimme klang voll Sehnsucht, voll von brennendem Weh, voll von unstillbarem Verlangen. Zum Ziele strebte der Fluß, Siddhartha sah ihn eilen, den Fluß, der aus ihm und den Seinen und aus allen Menschen bestand, die er je gesehen hatte, alle die Wellen und Wasser eilten, leidend, Zielen zu, vielen Zielen, dem Wasserfall, dem See, der Stromschnelle, dem Meer, und alle Ziele wurden erreicht, und jedem folgte ein neues, und aus dem Wasser ward Dampf und stieg in den Himmel, ward Regen und stürzte aus dem Himmel herab, ward Quelle, ward Bach, ward Fluß, strebte aufs neue, floß aufs neue. Aber die sehnliche Stimme hatte sich verändert. Noch tönte sie, leidvoll, suchend, aber andre Stimmen gesellten sich zu ihr, Stimmen der Freude und des Leides, gute und böse Stimmen, lachende und trauernde, hundert Stimmen, tausend Stimmen.

Siddhartha lauschte. Er war nun ganz Lauscher, ganz ins Zuhören vertieft, ganz leer, ganz einsaugend, er fühlte, daß er nun das Lauschen zu Ende gelernt habe. Oft schon hatte er all dies gehört, diese vielen Stimmen im Fluß, heute klang es neu. Schon konnte er die vielen Stimmen nicht mehr unterscheiden, nicht frohe von weinenden, nicht kindliche von männlichen, sie gehörten alle zusammen, Klage der Sehnsucht und Lachen des Wissenden, Schrei des Zorns und Stöhnen der Sterbenden, alles war eins, alles war ineinander verwoben und verknüpft, tausendfach verschlungen. Und alles zusammen, alle Stimmen, alle Ziele, alles Sehnen, alle Leiden, alle Lust, alles Gute und Böse, alles zusammen war die Welt. Alles zusammen war der Fluß des Geschehens, war die Musik des Lebens. Und wenn Siddhartha aufmerksam diesem Fluß, diesem tausendstimmigen Liede lauschte, wenn er nicht auf das Leid noch auf das Lachen hörte, wenn er seine Seele nicht an irgendeine Stimme band und mit seinem Ich in sie einging, sondern alle hörte, das Ganze, die Einheit vernahm, dann bestand das große Lied der tausend Stimmen aus einem einzigen Worte, das hieß OM: die Vollendung.

»Hörst du?« fragte wieder Vasudevas Blick.

Hell glänzte Vasudevas Lächeln, über all den Runzeln seines alten Antlitzes schwebte es leuchtend, wie über all den Stimmen des Flusses das Om schwebte. Hell glänzte sein Lächeln, als er den Freund anblickte, und hell glänzte nun auch auf Siddharthas Gesicht dasselbe Lächeln auf. Seine Wunde blühte, sein Leid strahlte, sein Ich war in die Einheit geflossen.

In dieser Stunde hörte Siddhartha auf, mit dem Schicksal zu kämpfen, hörte auf zu leiden. Auf seinem Gesicht blühte die Heiterkeit des Wissens, dem kein Wille mehr entgegensteht, das die Vollendung kennt, das einverstanden ist mit dem Fluß des Geschehens, mit dem Strom des Lebens, voll Mitleid, voll Mitlust, dem Strömen hingegeben, der Einheit zugehörig.

Als Vasudeva sich von dem Sitz am Ufer erhob, als er in Siddharthas Augen blickte und die Heiterkeit des Wissens darin strahlen sah, berührte er dessen Schulter leise mit der Hand, in seiner behutsamen und zarten Weise, und sagte: »Ich habe auf diese Stunde gewartet, Lieber. Nun sie gekommen ist, laß mich gehen. Lange habe ich auf diese Stunde gewartet, lange bin ich der Fährmann Vasudeva gewesen. Nun ist es genug. Lebe wohl, Hütte, lebe wohl, Fluß, lebe wohl, Siddhartha!«

Siddhartha verneigte sich tief vor dem Abschiednehmenden.

»Ich habe es gewußt«, sagte er leise. »Du wirst in die Wälder gehen?«

»Ich gehe in die Wälder, ich gehe in die Einheit«, sprach Vasudeva strahlend.

Strahlend ging er hinweg; Siddhartha blickte ihm nach. Mit tiefer Freude, mit tiefem Ernst blickte er ihm nach, sah seine Schritte voll Frieden, sah sein Haupt voll Glanz, sah seine Gestalt voll Licht.

Govinda

Mit anderen Mönchen weilte Govinda einst während einer Rastzeit in dem Lusthain, welchen die Kurtisane Kamala den Jüngern des Gotama geschenkt hatte. Er hörte von einem alten Fährmann sprechen, welcher eine Tagereise entfernt am Flusse wohne, und der von vielen für einen Weisen gehalten werde. Als Govinda des Weges weiterzog, wählte er den Weg zur Fähre, begierig, diesen Fährmann zu sehen. Denn ob er wohl sein Leben lang nach der Regel gelebt hatte, auch von den jüngeren Mönchen seines Alters und seiner Bescheidenheit wegen mit Ehrfurcht angesehen wurde, war doch in seinem Herzen die Unruhe und das Suchen nicht erloschen.

Er kam zum Flusse, er bat den Alten um Überfahrt, und da sie drüben aus dem Boot stiegen, sagte er zum Alten: »Viel Gutes erweisest du uns Mönchen und Pilgern, viele von uns hast du schon übergesetzt. Bist nicht auch du, Fährmann, ein Sucher nach dem rechten Pfade?«

Sprach Siddhartha, aus den alten Augen lächelnd: »Nennst du dich einen Sucher, o Ehrwürdiger, und bist doch schon hoch in den Jahren und trägst das Gewand der Mönche Gotamas?«

»Wohl bin ich alt«, sprach Govinda, »zu suchen aber habe ich nicht aufgehört. Nie werde ich aufhören zu suchen, dies scheint meine Bestimmung. Auch du, so scheint es mir, hast gesucht. Willst du mir ein Wort sagen, Verehrter?«

Sprach Siddhartha: »Was sollte ich dir, Ehrwürdiger, wohl zu sagen haben? Vielleicht das, daß du allzuviel suchst? Daß du vor Suchen nicht zum Finden kommst?«

»Wie denn?« fragte Govinda.

»Wenn jemand sucht«, sagte Siddhartha, »dann geschieht es leicht, daß sein Auge nur noch das Ding sieht, das er sucht, daß er nichts zu finden, nichts in sich einzulassen vermag, weil er nur immer an das Gesuchte denkt, weil er ein Ziel hat, weil er vom Ziel besessen ist. Suchen heißt: ein Ziel haben. Finden aber heißt: frei sein, offen stehen, kein Ziel haben. Du, Ehrwürdiger, bist vielleicht in der Tat ein Sucher, denn, deinem Ziel nachstrebend, siehst du manches nicht, was nah vor deinen Augen steht.«

»Noch verstehe ich nicht ganz«, bat Govinda, »wie meinst du das?«
Sprach Siddhartha: »Einst, o Ehrwürdiger, vor manchen Jahren, bist du schon einmal an diesem Flusse gewesen und hast am Fluß einen Schlafenden gefunden, und hast dich zu ihm gesetzt, um seinen Schlaf zu behüten. Erkannt aber, o Govinda, hast du den Schlafenden nicht.«
Staunend, wie ein Bezauberter, blickte der Mönch in des Fährmanns Augen.
»Bist du Siddhartha?« fragte er mit scheuer Stimme. »Ich hätte dich auch dieses Mal nicht erkannt! Herzlich grüße ich dich, Siddhartha, herzlich freue ich mich, dich nochmals zu sehen! Du hast dich sehr verändert, Freund. – Und nun bist du also ein Fährmann geworden?«
Freundlich lachte Siddhartha. »Ein Fährmann, ja. Manche, Govinda, müssen sich viel verändern, müssen allerlei Gewand tragen, ihrer einer bin ich, Lieber. Sei willkommen, Govinda, und bleibe die Nacht in meiner Hütte.«
Govinda blieb die Nacht in der Hütte und schlief auf dem Lager, das einst Vasudevas Lager gewesen war. Viele Fragen richtete er an den Freund seiner Jugend, vieles mußte ihm Siddhartha aus seinem Leben erzählen.
Als es am andern Morgen Zeit war, die Tageswanderung anzutreten, da sagte Govinda, nicht ohne Zögern, die Worte: »Ehe ich meinen Weg fortsetze, Siddhartha, erlaube mir noch eine Frage. Hast du eine Lehre? Hast du einen Glauben oder ein Wissen, dem du folgst, das dir leben und rechttun hilft?«
Sprach Siddhartha: »Du weißt, Lieber, daß ich schon als junger Mann, damals, als wir bei den Büßern im Walde lebten, dazu kam, den Lehren und Lehrern zu mißtrauen und ihnen den Rücken zu wenden. Ich bin dabei geblieben. Dennoch habe ich seither viele Lehrer gehabt. Eine schöne Kurtisane ist lange Zeit meine Lehrerin gewesen, und ein reicher Kaufmann war mein Lehrer, und einige Würfelspieler. Einmal ist auch ein wandernder Jünger Buddhas mein Lehrer gewesen; er saß bei mir, als ich im Wald eingeschlafen war, auf der Pilgerschaft. Auch von ihm habe ich gelernt, auch ihm bin ich dankbar, sehr dankbar. Am meisten aber habe ich hier von diesem Flusse gelernt, und von meinem Vorgänger, dem Fährmann Vasudeva. Er war ein sehr

einfacher Mensch, Vasudeva, er war kein Denker, aber er wußte das Notwendige, so gut wie Gotama, er war ein Vollkommener, ein Heiliger.«

Govinda sagte: »Noch immer, o Siddhartha, liebst du ein wenig den Spott, wie mir scheint. Ich glaube dir und weiß es, daß du nicht einem Lehrer gefolgt bist. Aber hast nicht du selbst, wenn auch nicht eine Lehre, so doch gewisse Gedanken, gewisse Erkenntnisse gefunden, welche dein eigen sind und die dir leben helfen? Wenn du mir von diesen etwas sagen möchtest, würdest du mir das Herz erfreuen.«

Sprach Siddhartha: »Ich habe Gedanken gehabt, ja, und Erkenntnisse, je und je. Ich habe manchmal, für eine Stunde oder für einen Tag, Wissen in mir gefühlt, so wie man Leben in seinem Herzen fühlt. Manche Gedanken waren es, aber schwer wäre es für mich, sie dir mitzuteilen. Sieh, mein Govinda, dies ist einer meiner Gedanken, die ich gefunden habe: Weisheit ist nicht mitteilbar. Weisheit, welche ein Weiser mitzuteilen versucht, klingt immer wie Narrheit.«

»Scherzt du?« fragte Govinda.

»Ich scherze nicht. Ich sage, was ich gefunden habe. Wissen kann man mitteilen, Weisheit aber nicht. Man kann sie finden, man kann sie leben, man kann von ihr getragen werden, man kann mit ihr Wunder tun, aber sagen und lehren kann man sie nicht. Dies war es, was ich schon als Jüngling manchmal ahnte, was mich von den Lehrern fortgetrieben hat. Ich habe einen Gedanken gefunden, Govinda, den du wieder für Scherz oder für Narrheit halten wirst, der aber mein bester Gedanke ist. Er heißt: von jeder Wahrheit ist das Gegenteil ebenso wahr! Nämlich so: eine Wahrheit läßt sich immer nur aussprechen und in Worte hüllen, wenn sie einseitig ist. Einseitig ist alles, was mit Gedanken gedacht und mit Worten gesagt werden kann, alles einseitig, alles halb, alles entbehrt der Ganzheit, des Runden, der Einheit. Wenn der erhabene Gotama lehrend von der Welt sprach, so mußte er sie teilen in Sansara und Nirwana, in Täuschung und Wahrheit, in Leid und Erlösung. Man kann nicht anders, es gibt keinen andern Weg für den, der lehren will. Die Welt selbst aber, das Seiende um uns her und in uns innen, ist nie einseitig. Nie ist ein Mensch, oder eine Tat, ganz Sansara oder ganz Nirwana, nie ist ein Mensch ganz heilig oder ganz sündig. Es scheint ja so, weil wir der Täuschung unterworfen sind, daß Zeit etwas Wirkliches sei. Zeit ist nicht wirklich, Govinda, ich habe dies oft und oft erfahren. Und wenn Zeit nicht wirklich ist, so ist die Spanne, die zwischen Welt und Ewigkeit, zwischen Leid und Seligkeit, zwischen Böse und Gut zu liegen scheint, auch eine Täuschung.«

»Wie das?« fragte Govinda ängstlich.

»Höre gut, Lieber, höre gut! Der Sünder, der ich bin und der du bist, der ist Sünder, aber er wird einst wieder Brahma sein, er wird einst Nirwana erreichen, wird Buddha sein – und nun siehe: dies ›Einst‹ ist Täuschung, ist nur Gleichnis! Der Sünder ist nicht auf dem Weg zur Buddhaschaft unterwegs, er ist nicht in einer Entwicklung begriffen, obwohl unser Denken sich die Dinge nicht anders vorzustellen weiß. Nein, in dem Sünder ist jetzt und heute schon der künftige Buddha, seine Zukunft ist alle schon da, du hast in ihm, in dir, in jedem den werdenden, den möglichen, den verborgenen Buddha zu verehren. Die Welt, Freund Govinda, ist nicht unvollkommen, oder auf einem langsamen Wege zur Vollkommenheit begriffen: nein, sie ist in jedem Augenblick vollkommen, alle Sünde trägt schon die Gnade in sich, alle kleinen Kinder haben schon den Greis in sich, alle Säuglinge den Tod, alle Sterbenden das ewige Leben. Es ist keinem Menschen möglich, vom anderen zu sehen, wie weit er auf seinem Wege sei, im Räuber und Würfelspieler wartet Buddha, im Brahmanen wartet der Räuber. Es gibt in der tiefen Meditation die Möglichkeit, die Zeit aufzuheben, alles gewesene, seiende und sein werdende Leben als gleichzeitig zu sehen, und da ist alles gut, alles vollkommen, alles ist Brahman. Darum scheint mir das, was ist, gut, es scheint mir Tod wie Leben, Sünde wie Heiligkeit, Klugheit wie Torheit, alles muß so sein, alles bedarf nur meiner Zustimmung, nur meiner Willigkeit, meines liebenden Einverständnisses, so ist es für mich gut, kann mir nie schaden. Ich habe an meinem Leibe und an meiner Seele erfahren, daß ich der Sünde sehr bedurfte, ich bedurfte der Wollust, des Strebens nach Gütern, der Eitelkeit und bedurfte der schmählichsten Verzweiflung, um das Widerstreben aufgeben zu lernen, um die Welt lieben zu lernen, um sie nicht mehr mit irgendeiner von mir gewünschten, von mir eingebildeten Welt zu vergleichen, einer von mir ausgedachten Art der

Vollkommenheit, sondern sie zu lassen, wie sie ist, und sie zu lieben, und ihr gerne anzugehören. – Dies, o Govinda, sind einige von den Gedanken, die mir in den Sinn gekommen sind.«
Siddhartha bückte sich, hob einen Stein vom Erdboden auf und wog ihn in der Hand.
»Dies hier«, sagte er spielend, »ist ein Stein, und er wird in einer bestimmten Zeit vielleicht Erde sein, und wird aus Erde Pflanze werden, oder Tier oder Mensch. Früher nun hätte ich gesagt: ›Dieser Stein ist bloß ein Stein, er ist wertlos, er gehört der Welt der Maja an: aber weil er vielleicht im Kreislauf der Verwandlungen auch Mensch und Geist werden kann, darum schenke ich auch ihm Geltung.‹ So hätte ich früher vielleicht gedacht. Heute aber denke ich: dieser Stein ist Stein, er ist auch Tier, er ist auch Gott, er ist auch Buddha, ich verehre und liebe ihn nicht, weil er einstmals dies oder jenes werden könnte, sondern weil er alles längst und immer ist – und gerade dies, daß er Stein ist, daß er mir jetzt und heute als Stein erscheint, gerade darum liebe ich ihn, und sehe Wert und Sinn in jeder von seinen Adern und Höhlungen, in dem Gelb, in dem Grau, in der Härte, im Klang, den er von sich gibt, wenn ich ihn beklopfe, in der Trokkenheit oder Feuchtigkeit seiner Oberfläche. Es gibt Steine, die fühlen sich wie Öl oder wie Seife an, und andre wie Blätter, andre wie Sand, und jeder ist besonders und betet das Om auf seine Weise, jeder ist Brahman, zugleich aber und ebensosehr ist er Stein, ist ölig oder seifig, und gerade das gefällt mir und scheint mir wunderbar und der Anbetung würdig. – Aber mehr laß mich davon nicht sagen. Die Worte tun dem geheimen Sinn nicht gut, es wird immer alles gleich ein wenig anders, wenn man es ausspricht, ein wenig verfälscht, ein wenig närrisch – ja, und auch das ist sehr gut und gefällt mir sehr, auch damit bin ich sehr einverstanden, daß das, was eines Menschen Schatz und Weisheit ist, dem andern immer wie Narrheit klingt.«
Schweigend lauschte Govinda.
»Warum hast du mir das von dem Steine gesagt?« fragte er nach einer Pause zögernd.
»Es geschah ohne Absicht. Oder vielleicht war es so gemeint, daß ich eben den Stein, und den Fluß, und alle diese Dinge, die wir betrachten und von denen wir lernen können, liebe. Einen Stein kann ich lieben, Govinda, und auch einen Baum oder ein

Stück Rinde. Das sind Dinge, und Dinge kann man lieben. Worte aber kann ich nicht lieben. Darum sind Lehren nichts für mich, sie haben keine Härte, keine Weiche, keine Farben, keine Kanten, keinen Geruch, keinen Geschmack, sie haben nichts als Worte. Vielleicht ist es dies, was dich hindert, den Frieden zu finden, vielleicht sind es die vielen Worte. Denn auch Erlösung und Tugend, auch Sansara und Nirwana sind bloße Worte, Govinda. Es gibt kein Ding, das Nirwana wäre; es gibt nur das Wort Nirwana.«

Sprach Govinda: »Nicht nur ein Wort, Freund, ist Nirwana. Es ist ein Gedanke.«

Siddhartha fuhr fort: »Ein Gedanke, es mag so sein. Ich muß dir gestehen, Lieber: ich unterscheide zwischen Gedanken und Worten nicht sehr. Offen gesagt, halte ich auch von Gedanken nicht viel. Ich halte von Dingen mehr. Hier auf diesem Fährboot zum Beispiel war ein Mann mein Vorgänger und Lehrer, ein heiliger Mann, der hat manche Jahre lang einfach an den Fluß geglaubt, sonst an nichts. Er hat gemerkt, daß des Flusses Stimme zu ihm sprach, von ihr lernte er, sie erzog und lehrte ihn, der Fluß schien ihm ein Gott, viele Jahre lang wußte er nicht, daß jeder Wind, jede Wolke, jeder Vogel, jeder Käfer genau so göttlich ist und ebensoviel weiß und lehren kann wie der verehrte Fluß. Als dieser Heilige aber in die Wälder ging, da wußte er alles, wußte mehr als du und ich, ohne Lehrer, ohne Bücher, nur weil er an den Fluß geglaubt hatte.«

Govinda sagte: »Aber ist das, was du ›Dinge‹ nennst, denn etwas Wirkliches, etwas Wesenhaftes? Ist das nicht nur Trug der Maja, nur Bild und Schein? Dein Stein, dein Baum, dein Fluß – sind sie denn Wirklichkeiten?«

»Auch dies«, sprach Siddhartha, »bekümmert mich nicht sehr. Mögen die Dinge Schein sein oder nicht, auch ich bin alsdann ja Schein, und so sind sie stets meinesgleichen. Das ist es, was sie mir so lieb und verehrenswert macht: sie sind meinesgleichen. Darum kann ich sie lieben. Und dies ist nun eine Lehre, über welche du lachen wirst: die Liebe, o Govinda, scheint mir von allem die Hauptsache zu sein. Die Welt zu durchschauen, sie zu erklären, sie zu verachten, mag großer Denker Sache sein. Mir aber liegt einzig daran, die Welt lieben zu können, sie nicht zu verachten, sie und mich nicht zu hassen, sie und mich und alle Wesen mit Liebe und Bewunderung und Ehrfurcht betrachten zu können.«

»Dies verstehe ich«, sprach Govinda. »Aber eben dies hat er, der Erhabene, als Trug erkannt. Er gebietet Wohlwollen, Schonung, Mitleid, Duldung, nicht aber Liebe; er verbot uns, unser Herz in Liebe an Irdisches zu fesseln.«

»Ich weiß es«, sagte Siddhartha; sein Lächeln strahlte golden. »Ich weiß es, Govinda. Und siehe, da sind wir mitten im Dickicht der Meinungen drin, im Streit um Worte. Denn ich kann nicht leugnen, meine Worte von der Liebe stehen im Widerspruch, im scheinbaren Widerspruch zu Gotamas Worten. Eben darum mißtraue ich den Worten so sehr, denn ich weiß, dieser Widerspruch ist Täuschung. Ich weiß, daß ich mit Gotama einig bin. Wie sollte denn auch Er die Liebe nicht kennen. Er, der alles Menschensein in seiner Vergänglichkeit, in seiner Nichtigkeit erkannt hat, und dennoch die Menschen so sehr liebte, daß er ein langes, mühevolles Leben einzig darauf verwendet hat, ihnen zu helfen, sie zu lehren! Auch bei ihm, auch bei deinem großen Lehrer, ist mir das Ding lieber als die Worte, sein Tun und Leben wichtiger als sein Reden, die Gebärde seiner Hand wichtiger als seine Meinungen. Nicht im Reden, nicht im Denken sehe ich seine Größe, nur im Tun, im Leben.«

Lange schwiegen die beiden alten Männer. Dann sprach Govinda, indem er sich zum Abschied verneigte: »Ich danke dir, Siddhartha, daß du mir etwas von deinen Gedanken gesagt hast. Es sind zum Teil seltsame Gedanken, nicht alle sind mir sofort verständlich geworden. Dies möge sein, wie es wolle, ich danke dir, und ich wünsche dir ruhige Tage.«

(Heimlich bei sich aber dachte er: Dieser Siddhartha ist ein wunderlicher Mensch, wunderliche Gedanken spricht er aus, närrisch klingt seine Lehre. Anders klingt des Erhabenen reine Lehre, klarer, reiner, verständlicher, nichts Seltsames, Närrisches oder Lächerliches ist in ihr enthalten. Aber anders als seine Gedanken scheinen mir Siddharthas Hände und Füße, seine Augen, seine Stirn, sein Atmen, sein Lächeln, sein Gruß, sein Gang. Nie mehr, seit unser erhabener Gotama in Nirwana einging, nie mehr habe ich einen Menschen angetroffen, von dem ich fühlte: dies ist ein Heiliger! Einzig ihn, diesen Siddhartha, habe ich so gefunden. Mag seine Lehre seltsam sein, mögen seine Worte närrisch klingen, sein Blick und seine Hand, seine Haut und sein Haar, alles an ihm strahlt eine Reinheit, strahlt eine Ruhe, strahlt eine Heiterkeit und Milde und Heiligkeit aus, welche ich an keinem anderen Menschen seit dem letzten Tode unseres erhabenen Lehrers gesehen habe.)

Indem Govinda also dachte, und ein Widerstreit in seinem Herzen war, neigte er sich nochmals zu Siddhartha, von Liebe gezogen. Tief verneigte er sich vor dem ruhig Sitzenden.

»Siddhartha«, sprach er, »wir sind alte Männer geworden. Schwerlich wird einer von uns den andern in dieser Gestalt wiedersehen. Ich sehe, Geliebter, daß du den Frieden gefunden hast. Ich bekenne, ihn nicht gefunden zu haben. Sage mir, Verehrter, noch ein Wort, gib mir etwas mit, das ich fassen, das ich verstehen kann! Gib mir etwas mit auf meinen Weg. Er ist oft beschwerlich, mein Weg, oft finster, Siddhartha.«

Siddhartha schwieg und blickte ihn mit dem immer gleichen, stillen Lächeln an. Starr blickte ihm Govinda ins Gesicht, mit Angst, mit Sehnsucht. Leid und ewiges Suchen stand in seinem Blick geschrieben, ewiges Nichtfinden.

Siddhartha sah es und lächelte.

»Neige dich zu mir!« flüsterte er leise in Govindas Ohr. »Neige dich zu mir her! So, noch näher! Ganz nahe! Küsse mich auf die Stirn, Govinda!«

Während aber Govinda verwundert, und dennoch von großer Liebe und Ahnung gezogen, seinen Worten gehorchte, sich nahe zu ihm neigte und seine Stirn mit den Lippen berührte, geschah ihm etwas Wunderbares. Während seine Gedanken noch bei Siddharthas wunderlichen Worten verweilten, während er sich noch vergeblich und mit Widerstreben bemühte, sich die Zeit hinwegzudenken, sich Nirwana und Sansara als Eines vorzustellen, während sogar eine gewisse Verachtung für die Worte des Freundes in ihm mit einer ungeheuren Liebe und Ehrfurcht stritt, geschah ihm dieses:

Er sah seines Freundes Siddhartha Gesicht nicht mehr, er sah statt dessen andre Gesichter, viele, eine lange Reihe, einen strömenden Fluß von Gesichtern, von Hunderten, von Tausenden, welche alle kamen und vergingen, und doch alle zugleich dazusein schienen, welche alle sich beständig veränderten und erneuerten, und welche doch alle Siddhartha waren. Er sah das

Gesicht eines Fisches, eines Karpfens, mit unendlich schmerzvoll geöffnetem Maule, eines sterbenden Fisches, mit brechenden Augen – er sah das Gesicht eines neugeborenen Kindes, rot und voll Falten, zum Weinen verzogen – er sah das Gesicht eines Mörders, sah ihn ein Messer in den Leib eines Menschen stechen – er sah, zur selben Sekunde, diesen Verbrecher gefesselt knien und sein Haupt vom Henker mit einem Schwertschlag abgeschlagen werden – er sah die Körper von Männern und Frauen nackt in Stellungen und Kämpfen rasender Liebe – er sah Leichen ausgestreckt, still, kalt, leer – er sah Tierköpfe, von Ebern, von Krokodilen, von Elefanten, von Stieren, von Vögeln – er sah Götter, sah Krischna, sah Agni – er sah alle diese Gestalten und Gesichter in tausend Beziehungen zueinander, jede der andern helfend, sie liebend, sie hassend, sie vernichtend, sie neu gebärend, jede war ein Sterbenwollen, ein leidenschaftlich schmerzliches Bekenntnis der Vergänglichkeit, und keine starb doch, jede verwandelte sich nur, wurde stets neu geboren, bekam stets ein neues Gesicht, ohne daß doch zwischen einem und dem anderen Gesicht Zeit gelegen wäre – und alle diese Gestalten und Gesichter ruhten, flossen, erzeugten sich, schwammen dahin und strömten ineinander, und über alle war beständig etwas Dünnes, Wesenloses, dennoch Seiendes, wie ein dünnes Glas oder Eis gezogen, wie eine durchsichtige Haut, eine Schale oder Form oder Maske von Wasser, und diese Maske lächelte, und diese Maske war Siddharthas lächelndes Gesicht, das er, Govinda, in eben diesem selben Augenblick mit den Lippen berührte. Und, so sah Govinda, dies Lächeln der Maske, dies Lächeln der Einheit über den strömenden Gestaltungen, dies Lächeln der Gleichzeitigkeit über den tausend Geburten und Toden, dies Lächeln Siddharthas war genau dasselbe, war genau das gleiche, stille, feine, undurchdringliche, vielleicht gütige, vielleicht spöttische, weise, tausendfältige Lächeln Gotamas, des Buddha, wie er selbst es hundertmal mit Ehrfurcht gesehen hatte. So, das wußte Govinda, lächelten die Vollendeten.

Nicht mehr wissend, ob es Zeit gebe, ob diese Schauung eine Sekunde oder hundert Jahre gewährt habe, nicht mehr wissend, ob es einen Siddhartha, ob es einen Gotama, ob es Ich und Du gebe, im Innersten wie von einem göttlichen Pfeile verwundet, dessen Verwundung süß schmeckt, im Innersten verzaubert und aufgelöst, stand Govinda noch eine kleine Weile, über Siddharthas stilles Gesicht gebeugt, das er soeben geküßt hatte, das soeben Schauplatz aller Gestaltungen, alles Werdens, alles Seins gewesen war. Das Antlitz war unverändert, nachdem unter seiner Oberfläche die Tiefe der Tausendfältigkeit sich wieder geschlossen hatte, er lächelte still, lächelte leise und sanft, vielleicht sehr gütig, vielleicht sehr spöttisch, genau, wie Er gelächelt hatte, der Erhabene.

Tief verneigte sich Govinda, Tränen liefen, von welchen er nichts wußte, über sein altes Gesicht, wie ein Feuer brannte das Gefühl der innigsten Liebe, der demütigsten Verehrung in seinem Herzen. Tief verneigte er sich, bis zur Erde, vor dem regungslos Sitzenden, dessen Lächeln ihn an alles erinnerte, was er in seinem Leben jemals geliebt hatte, was jemals in seinem Leben ihm wert und heilig gewesen war.

Biographische Texte
aus dem Umkreis des *Siddhartha*

Einkehr

In meinem Leben ist es jetzt Mittag, ich bin an Vierzig vorbei und ich spüre, wie sich, seit Jahren vorbereitet, neue Einstellungen, neue Gedanken, neue Auffassungen melden, wie sich das Ganze meines Lebens neu und anders kristallisieren will.
Das hat nie einen Anfang gehabt. Das klang schon voraus und war schon Ahnung und Möglichkeit, als ich noch Kind war, als ich noch nicht Kind war. Spürbar ist es mir auch schon früh geworden. Überhaupt, wenn ich heute an meine früheren Jahre denke, so sehen sie anders aus, als ich sie zu sehen gewohnt war. Anders duftet die Zeit der Kindheit, anders klingt die Zeit des Jünglings mir jetzt, als sie mir noch vor zwei, drei Jahren klang. Und so sehe ich jetzt Ahnungen und Vordeutungen des Heutigen schon in Ereignissen und Gefühlen sehr früher Jahre. Man wird sagen, ich deute nun eben den neuen Sinn, den ich jetzt meinem Leben zuschreibe, rückwärts in alles Gewesene hinein, konstruiere Geschichte, wende neue Dogmen nach rückwärts an, belüge mich mit einer neuen Theologie.
Aber was liegt denn daran, wenn ich mich belüge, wenn ich Theologie oder Geschichtskonstruktion treibe? Das Neue bei mir ist ja nicht, daß einer bisherigen Täuschung eine nunmehrige Wahrheit gefolgt wäre. Ich bin weiter von jeder Wahrheit entfernt als jemals. Ich bin ungläubiger gegen jede Wahrheit und gläubiger gegen jede Illusion als jemals.
Aber ich spüre mich wieder leben, ich bin jünger, fühle Zukunft, fühle Kräfte und Wirkungsmöglichkeiten, und das alles war jahrelang fortgewesen. Es ist eine Häutung im Gang, ein ausgewachsenes Kleid will abfallen, und was ich jahrelang für den Schmerz des Sterbenmüssens angesehen habe, will nun Schmerz der Neugeburt bedeuten.
Furchtbar sind die Schmerzen des Sterbenmüssens, ich sehe sie hinter mir wie eine lange, schwarze Schlucht des Grauens, durch die ich gegangen bin, Jahre und Jahre gegangen, allein und hoffnungslos. Noch friert mich tief im Gedanken an sie. Es war eine Hölle, eine kalte und stille Hölle. Es war ein Weg ohne Hoffnung, an dessen Ende nichts stand als Dunkel und Tod – vielleicht ein Ende, hoffentlich ein Ende.

Aber wie es scheint, gibt es für jedes Leid eine Grenze, bis wohin es Leid ist. Dann hat es entweder sein Ende, oder es verwandelt sich, nimmt Lebensfarben an, tut vielleicht noch weh, aber Schmerz ist dann Hoffnung und Leben. So ging es mir mit der Einsamkeit. Ich bin jetzt nicht weniger einsam als in meiner schlechtesten Zeit. Aber Einsamkeit ist ein Trank, der mich weder betäuben noch schmerzen mehr kann, aus diesem Becher habe ich genug getrunken, um gegen sein Gift hart geworden zu sein. Aber es ist ja nicht Gift – das war es nur, das hat sich gewandelt. Alles ist Gift, was wir nicht annehmen, nicht lieben, nicht dankbar schlürfen können. Und alles ist Leben und Wert, was wir lieben, woraus wir Leben saugen können. Wenn ich versuche, über ein Stück meines Lebens Rechenschaft zu geben, so tue ich es nicht in der Meinung, ich könne damit lehren, ich könne Formeln finden und eine Weisheit destillieren. Obwohl ich mein Leben lang, seit den Jünglingsjahren, den Zug zur Philosophie empfand, und eine Bibliothek von Denkern gelesen habe, ist mir doch der Glaube an meine Fähigkeit vergangen, mein Weltbild mitteilbar zu formulieren. Ich bin kein Denker und will auch keiner sein. Ich habe das Denken viele Jahre lang überschätzt, ich habe ihm viel Blut geopfert, ich habe dabei verloren und dabei gewonnen, je nachdem. Aber ich hätte ebensowohl dies alles nicht tun können, und wäre heute bei demselben Ergebnis. Nicht aus dem Denken habe ich gelernt, am wenigsten aus dem Denken der vielen andern, deren Werke ich studiert habe.

Noch erinnere ich mich wohl der überaus holden Täuschung, die ich erlebte, als ich den ersten Philosophen gelesen und nach manchem Kopfschütteln verstanden hatte. Es war Spinoza, und bei Kant wiederholte sich die schöne Täuschung nochmals. Ich empfand über mein Verstandenhaben, über der Feststellung meiner Fähigkeit, diesen Gedankenbau zu begreifen und die Lebensgesetze seiner Konstruktion mitfühlen zu können – darüber empfand ich eine Befriedigung und ein Wohlsein, das an sich eine schöne Sache war, das ich aber so deutete, als habe ich nun ›die‹ Wahrheit gefunden. Ich meinte die Welt ein für allemal verstanden zu haben, während ich nichts erlebt hatte als einen der schönen Augenblicke, in denen man im unendlichen Wirbel der Bilder eine Kristallisation, einen Halt, eine Fixierung in sich fertigbekommt. Die Welt verstehen, hieße ein Leben führen, das ununterbrochen aus lauter solchen seltenen Augenblicken bestünde. Daß die Philosophie nur einer von tausend Wegen war, um solche Augenblicke zu erleben, empfand ich wohl, glaubte es aber lange nicht. In Wirklichkeit war mein Erlebnis bei Kant, bei Schopenhauer, bei Schelling kein anderes als das ich auch bei der Matthäuspassion, bei Mantegna, beim Faust gehabt hatte. Heute sehe ich das etwa so: eine Philosophie von überwiegendem Wert gibt es nur für den schöpferischen Philosophen, nicht für seinen Schüler, nicht für seinen Leser, nicht für seinen Kritiker. In seiner Weltschöpfung erlebt der Philosoph das, was jedes Wesen in seinen Augenblikken der Reife und Erfüllung empfindet, die Frau beim Gebären, der Künstler beim Schaffen, der Baum bei den Stationen der Jahreszeit und Lebensalter. Daß der Denker dies Erlebnis *bewußt* erlebe, die andern Wesen ›nur‹ unbewußt, ist ein alter Glaubenssatz, an dem ich schweigend zweifle. Mag er selbst richtig sein (er ist es nicht, denn der Denker erliegt im Erleben seines Werkes hundert Illusionen, und wie oft hängt sich seine Liebe und Eitelkeit gerade an die zweifelhaftesten seiner Funde!) – so bestreitet doch meine Erfahrung diesen überragenden Wert des Bewußtseins. Daß ich den mir wichtigen Kreis der Dinge dauernd im Blickfeld meines Bewußtseins habe, ist nicht entscheidend für den Wert und die Steigerung meines Ichs, sondern nur das, daß ich zwischen dem Bezirk des Bewußtseins und dem Unbewußten gute, leichte, flüssige Beziehungen habe. Wir sind nicht Denkmaschinen, sondern Organismen, und in unsrem Organismus nimmt das Unbewußte eine ähnliche Stelle ein wie der Magen im berühmten Gleichnis des römischen Redners. Für den, der nicht gewillt ist, sich um Worte zu streiten, ist es nicht leicht, das auszudrücken, was ich meine. Aber als Gleichnis scheint mir das Wort ›bewußt‹ und ›unbewußt‹ so wertvoll, daß ich den Versuch doch mache.

Also: stelle dir dein Wesen als einen tiefen See mit kleiner Oberfläche vor. Die Oberfläche ist das Bewußtsein. Dort ist es hell, dort geht das vor sich, was wir denken heißen. Der Teil des Sees aber, der diese Oberfläche bildet, ist ein unendlich kleiner. Er mag der schönste, der interessanteste Teil sein, denn in der Berührung mit Luft und Licht erneuert, verändert, bereichert sich das Wasser. Aber die Wasserteile selbst, die an der Oberfläche sind, wechseln unaufhörlich. Immer steigt es von unten, sinkt von oben, immer geschehen Strömungen, Ausgleichungen, Verschiebungen, jeder Teil Wassers will auch einmal oben sein. – Wie nun der See aus Wasser, so besteht unser Ich, oder unsre Seele (es ist nichts an den Worten gelegen) aus tausend und Millionen Teilen, aus einem stets wachsenden, stets wechselnden Gut von Besitz, von Erinnerungen, von Eindrücken. Was unser Bewußtsein davon sieht, ist die kleine Oberfläche. Den unendlich größeren Teil ihres Inhalts sieht die Seele nicht: reich und gesund nun und zum Glück fähig scheint mir die Seele, in der aus dem großen Dunkel nach dem kleinen Lichtfelde hin ein beständiger, frischer Zuzug und Austausch vor sich geht. Die allermeisten Menschen hegen tausend und tausend Dinge in sich, welche niemals an die helle Oberfläche kommen, welche unten faulen und sich quälen. Darum, weil sie faulen und Qual machen, werden diese Dinge vom Bewußtsein immer und immer wieder zurückgewiesen, sie stehen unter Verdacht und werden gefürchtet. Dies ist der Sinn jeder Moral – was als schädlich erkannt ist, darf nicht nach oben kommen! Es ist aber nichts schädlich und nichts nützlich, alles ist gut, oder alles ist indifferent. Jeder einzelne trägt Dinge in sich, die ihm angehören, die ihm gut und zu eigen sind, die aber nicht nach oben kommen dürfen. Kämen sie nach oben, sagt die Moral, so gäbe es ein Unglück. Es gäbe aber vielleicht gerade ein Glück! Darum soll alles nach oben kommen, und der Mensch, der sich einer Moral unterwirft, verarmt.

Das, was ich in den letzten Jahren erlebt habe, erscheint mir im Bild dieses Gleichnisses so, als sei ich ein See gewesen, dessen Tiefenschicht abgeschlossen lag, woraus Qual und Todesnähe entstand. Nun aber fließt wieder Oben und Unten reger ineinander, vielleicht noch mangelhaft, vielleicht noch lange nicht rege genug – aber immerhin, es fließt.

(1918/19)

Aus Martins Tagebuch

Vorgestern war der wichtigste Tag meines Lebens. Da habe ich zum ersten Male etwas erlebt und zu spüren bekommen, was ich vorher gar nicht kannte und wovon mir doch jetzt scheint, ich habe es immer und immer gesucht und geahnt mein Leben lang.

Es hängt mit den Träumen zusammen. Diese hatten mich ja schon immer beschäftigt, und oft war ich erstaunt und traurig darüber, wie flüchtig Träume sind, wie schnell sie am Morgen vergehen, wie schüchtern sie vor der leisesten Berührung mit der Vernunft davonlaufen. Wie oft, wie unendlich oft in meinem Leben bin ich in meinem Bett erwacht und hatte ein neues Gefühl in mir, etwas Schönes, Anderes, unbeschreiblich Neues, Zartes, Liebes, Seltsames, Witziges! Zwischen mir und der ganzen Welt schien eine neue Beziehung aufgegangen zu sein, ein neuer Sinn schien mir geworden, der die Wahrnehmungen meiner alten, gewöhnlichen Sinne ganz neu verband, bestätigte und auch veränderte. Ein Blinder, der an einer Rose riecht und sie betastet, und dem nun plötzlich die Augen aufgehen und zum erstenmal zum Getasteten und Gerochenen auch noch das sichtbare Bild der Blume zu eigen wird, der müßte Ähnliches empfinden. Ich hatte zum Gesicht, zum Tastsinn, zum Gehör, Geruch und Geschmack noch einen weiteren Sinn, ein weiteres Fühl- und Wahrnehmungsvermögen empfunden, oder erfunden. Wenn ich mich dann besann, so fiel mir oft ein Traum oder der Rest eines Traumes ein, den ich in der Nacht gehabt. Ich hatte fliegen können. Ich hatte eine Geliebte gehabt, die ich zu mir her ziehen und rufen konnte ohne einen Ton oder Wink, die zart und gefühlig einfach jeder Regung meiner Seele folgte. Ich hatte Luft trinken können wie Wein, oder in Wasser atmen wie in Luft.

Mit dem Gedächtnis an den Traum leuchtete dann immer die neue Empfindung nochmals innig und verlockend auf, schon mit dem wehmütigen Glanz des Abschiednehmenden und Unwiederbringlichen. Dann kamen die Gedanken hinterher, das völlige Erwachen und Bewußtwerden, und der Traum und sein Glück wurde ferner und unwirklicher, und wenn ich aus dem

Bette stieg, war fast alles schon wieder weg und verloren, und nichts blieb mir zurück als ein leises und banges Gefühl von Verlust und Bestohlensein, gemischt mit einem Gefühl, das ähnlich schmeckte wie schlechtes Gewissen – so, als hätte ich etwas Dummes getan, als hätte ich mich geschädigt und selber betrogen.

Manchmal dachte ich dann, eben das Träumen sei es, das man als Selbstbetrug anklagen und abtun müsse. Es war aber umgekehrt: das Träumen war das Wertvolle, und das Abtun, Richten und Verwerfen des Traumes war der Unsinn, war die Schädigung. Einige Male war ich schon ganz, ganz nahe bei dieser Erkenntnis, fühlte sie schon wie einen gefangenen Vogel mir in der Hand flattern, und verlor sie wieder, und blieb traurig und verarmt zurück. – Jetzt habe ich sie in Händen, meine neue Erkenntnis, oder Erfahrung, oder wie man es nennen will.

Was ich alsdann für mich allein dachte und spann, ist wohl nicht des Erzählens wert. Aber je älter ich wurde und je schaler die kleinen Befriedigungen mir schmeckten, die ich in meinem Leben fand, desto mehr wurde mir klar, wo ich die Quelle der Freuden und des Lebens suchen müsse. Ich erfuhr, daß Geliebtwerden nichts ist, Lieben aber alles, und mehr und mehr meinte ich zu sehen, daß das, was unser Dasein wertvoll und lustvoll macht, nichts anderes ist als unser Fühlen und Empfinden. Wo irgend ich etwas auf Erden sah, das man ›Glück‹ nennen konnte, da bestand es aus Empfindungen. Geld war nichts, Macht war nichts. Man sah viele, die beides hatten und elend waren. Schönheit war nichts, man sah schöne Männer und Weiber, die bei aller Schönheit elend waren. Auch die Gesundheit wog nicht schwer; jeder war so gesund, wie er sich fühlte, mancher Kranke blühte bis kurz vor dem Ende vor Lebenslust, und mancher Gesunde welkte angstvoll in Furcht vor Leiden hin. Glück aber war überall da, wo ein Mensch starke Gefühle hatte und ihnen lebte, sie nicht vertrieb und vergewaltigte, sondern pflegte und genoß. Schönheit beglückte nicht den, der sie besaß, sondern den, der sie lieben und anbeten konnte.

Es gab vielerlei Gefühle, scheinbar, aber im Grunde waren sie eins. Man kann alles Gefühl Willen nennen, oder wie immer. Ich nenne es Liebe. Glück ist Liebe, nichts anderes. Wer lieben

kann, ist glücklich. Jede Bewegung unsrer Seele, in der sie sich selber empfindet und ihr Leben spürt, ist Liebe. Glücklich ist also der, der viel zu lieben vermag. Lieben aber und Begehren ist nicht ganz dasselbe. Liebe ist weise gewordene Begierde; Liebe will nicht haben; sie will nur lieben. Darum war auch der Philosoph glücklich, der seine Liebe zur Welt in einem Netz von Gedanken wiegte, der immer und immer neu die Welt mit seinem Liebesnetz umspann. Aber ich war kein Philosoph.
Auf den Wegen der Moral und Tugend aber war für mich auch kein Glück zu holen. Da ich wußte, glücklich machen kann nur die Tugend, die ich in mir selbst empfinde, in mir selbst erfinde und hege – wie konnte ich da irgendeine fremde Tugend mir aneignen wollen! Aber das sah ich: das Gebot der Liebe, einerlei ob es von Jesus oder von Goethe gelehrt wurde, dies Gebot wurde von der Welt völlig mißverstanden! Es war überhaupt kein Gebot. Es gibt überhaupt keine Gebote.
Gebote sind Wahrheiten, wie der Erkennende sie dem Nichterkennenden mitteilt, wie der Nichterkennende sie auffaßt und empfindet. Gebote sind irrtümlich aufgefaßte Wahrheiten. Der Grund aller Weisheit ist: Glück kommt nur durch Liebe. Sage ich nun ›Liebe deinen Nächsten!‹, so ist das schon eine verfälschte Lehre. Es wäre vielleicht viel richtiger zu sagen: ›Liebe dich selbst so wie deinen Nächsten!‹ Und es war vielleicht der Urfehler, daß man immer beim Nächsten anfangen wollte …
Jedenfalls: das Innerste in uns begehrt Glück, begehrt einen wohltuenden Zusammenklang mit dem, was außer uns ist. Dieser Klang wird gestört, sobald unser Verhältnis zu irgendeinem Ding ein andres ist als Liebe. Es gibt keine Pflicht des Liebens, es gibt nur eine Pflicht des Glücklichseins. Dazu allein sind wir auf der Welt. Und mit aller Pflicht und aller Moral und allen Geboten macht man einander selten glücklich, weil man sich selbst damit nicht glücklich macht. Wenn der Mensch ›gut‹ sein kann, so kann er es nur, wenn er glücklich ist, wenn er Harmonie in sich hat. Also wenn er liebt.
Und das Unglück in der Welt, und das Unglück bei mir selber kam also daher, daß das Lieben gestört war. Von hier aus wurden mir die Sprüche im Neuen Testament plötzlich wahr und tief. ›So ihr nicht werdet wie die Kinder‹ – oder ›das Himmelreich ist inwendig in euch.‹

Dies war die Lehre, die einzige Lehre in der Welt. Dies sagte Jesus, dies sagte Buddha, dies sagte Hegel, jeder in seiner Theologie. Für jeden ist das einzig Wichtige auf der Welt sein eigenes Innerstes – seine Seele – seine Liebesfähigkeit. Ist die in Ordnung, so mag man Hirse oder Kuchen essen, Lumpen oder Juwelen tragen, dann klang die Welt mit der Seele rein zusammen, war gut, war in Ordnung.

... Nichts vermag der Mensch so zu lieben wie sich selbst. Nichts vermag der Mensch so zu fürchten wie sich selbst. So entstand zugleich mit den andern Mythologien, Geboten und Religionen des primitiven Menschen auch jenes seltsame Übertragungs- und Scheinsystem, nach welchem die Liebe des Einzelnen zu sich selber, auf welcher das Leben ruht, dem Menschen für verboten galt und verheimlicht, verborgen, maskiert werden mußte. Einen andern zu lieben, galt für besser, für sittlicher, für edler, als sich selbst zu lieben. Und da die Eigenliebe nun doch einmal der Urtrieb war und die Nächstenliebe neben ihr niemals recht gedeihen konnte, erfand man sich eine maskierte, erhöhte, stilisierte Selbstliebe, in Form einer Art von Nächstenliebe auf Gegenseitigkeit ... So wurde die Familie, der Stamm, das Dorf, die Religionsgemeinschaft, das Volk, die Nation zum Heiligtum... Der Mensch, der sich selber zuliebe nicht das kleinste Sittengebot übertreten darf – für die Gemeinschaft, für Volk und Vaterland darf er alles tun, auch das Furchtbarste, und jeder sonst verpönte Trieb wird hier zu Pflicht und Heldentum. So weit war die Menschheit bis jetzt. Vielleicht würden auch die Götzenbilder der Nationen mit der Zeit noch fallen, und in der neu entdeckten Liebe zur ganzen Menschheit käme vielleicht die alte Urlehre wieder neu zum Durchbruch.

Solche Erkenntnisse kommen langsam, man windet sich zu ihnen in Spiralen hinan. Und wenn sie da sind, so ist es, als habe man sie im Sprung, im Nu erreicht.

Aber Erkenntnisse sind noch nicht Leben. Sie sind der Weg dazu, und mancher bleibt ewig auf dem Wege. Auch ich ahnte den Weg, glaubte ihn bestimmt zu wissen, und kam doch nie so recht vorwärts auf ihm. Es gab Fortschritte und Rückschritte, Eifer und Mißmut, Glauben und Enttäuschung. Und vermutlich wird es die immer geben.

Jetzt bin ich einen Schritt weiter, seit vorgestern. Da ist es mir zum erstenmal geglückt, etwas festzuhalten, was sonst immer auf der Flucht war, etwas eine Weile zu eigen zu haben, was ich sonst nur wie einen fernen Goldvogel fliegen sah.

Mein Erlebnis ist dieses: ich habe vorgestern zum erstenmal den Sinn und das Glück, das Wesen und die Lehre eines nächtlichen Traumes mit in den Tag hineingenommen. Ich hatte stundenlang Beziehung zur Welt, die man sonst nur im Traume hat. Ich hatte stundenlang Fähigkeiten, die man sonst am Tage nicht hat.

Ich werde mich hüten, das zu erzählen. Dies erste Erlebnis ist mir viel zu lieb, viel zu zart, viel zu heilig, viel zu schimmernd und geheimnisvoll golden, als daß ich versuchen möchte, es in die Finger zu nehmen, es mit Gedanken, Worten und Tinte zu beschmutzen.

Aber das Erlebnis hat sich wiederholt, gestern und heute. Ich wünsche, daß es sich an hundert und tausend, an allen Tagen wiederhole, es soll aufhören, ein Geheimnis und Wunder zu sein, es soll Tag und Natur werden, soll mir gehören und zur Selbstverständlichkeit werden.

(1918)

[Tagebuch 1920/1921]

(Nach einer Krankheit)

[ca. November 1920]

Seit Wochen und Monaten liege ich nun immer im Bett, weil es doch so kalt ist, und weil sonst das Holz nicht für den Winter reichen würde, und weil man im Bett mehr Träume hat, und auch weil man sich doch schonen und Sorge tragen muß, um nicht allzu früh am Ende und verzweifelt und mit allem fertig zu sein, und überhaupt. Da steht heute der Fensterladen offen und ich sehe, daß es Sommer ist, und mein Bettliegen keinen Sinn mehr hat. Gerade heute, wo ich mir das Leben nehmen will, ist es Sommer, auf dem Fensterladen sitzt Polly, der Papagei, und singt, in den Bäumen unterm Fenster glänzen blank und schwarz die reifen Kirschen. Noch vor Stunden, vor meinem letzten Einschlafen, habe ich den Entschluß gefaßt, heute unter allen Umständen und bei jedem Wetter das Bett zu verlassen, mich zu rasieren, Stiefel anzuziehn und in die Stadt zu gehen, in den dreckigen Laden in der Via triombo, wo der antiquarische Revolver für 40 lire zu haben ist. Nun, da Pollys Stimme mich geweckt hat, da die Sonne hoch und heiß am weiten Himmel steht, da kein Schnee liegt, da der durchsonnte Fliesenboden mir wohlig die Füße erwärmt, nun vergesse ich den Entschluß, ich lasse ihn fallen, und sehe ihm zu, wie er fällt, wie er in ein Wasser untersinkt zu vielen anderen Dingen, anderen Entschlüssen, anderen Vergessenheiten, die ich zu andrer Stunde wieder rufen und aus der grünen Glastiefe hervorziehen werde.

Also nochmals drehen sich Erde und Sonne für mich, noch heut und noch lange spiegeln sich Blau und Wolke, See und Wald in meinem lebendigen Blick, nochmals gehört mir die Welt, nochmals spielt sie auf meinem Herzen ihre vielstimmige Zaubermusik. Über diesen Tag, über diese Seite meiner bunten Lebensblätter möchte ich ein Wort schreiben, ein Wort wie »Welt« oder »Sonne«, ein Wort voll Magie, voll Klang, voll Fülle, voller als voll, reicher als reich, ein Wort mit der Bedeutung vollkommener Erfüllung, vollkommenen Wissens.

Da fällt das Wort mir ein, das magische Wort für diesen Tag, ich schreibe es groß über dies Blatt: MOZART. Das bedeutet: die Welt hat einen Sinn, und er ist uns erspürbar im Gleichnis der Musik.

O wie gern möchte ich arbeiten! Ich arbeite zwar den ganzen Tag: ich studiere, ich führe Tagebücher, ich lese und schreibe Mengen von Briefen, lese neue Bücher, male, zeichne – aber das alles ist ja bloß Sammeln, Vorbereiten, Sichstimmen, es ist noch nicht Arbeit, noch nicht konzentriert, noch nicht Werk. Schwer sind die Zeiten ohne Werk zu ertragen, ohne die Spannung und Konzentration künstlerischer oder philosophischer Arbeit.
Seit vielen Monaten[1] liegt mein indischer Roman, mein Falke, meine Sonnenblume, der Held Siddhartha da, bei einem mißglückten Kapitel abgebrochen – ich kann mich des Tages noch so wohl entsinnen, wo ich sah, daß es nicht weiterging, daß ich warten, daß etwas Neues dazu kommen müsse! Er begann so schön, er gedieh so geradlinig, und plötzlich war es aus! Die Kritiker und Literarhistoriker sprechen in diesen Fällen vom Nachlassen der Kräfte, vom Versiegen der Stimmung, vom Verlieren der Konzentration – man lese irgend eine Goethe-Biographie mit ihren trottelhaften Anmerkungen nach!
Nun, in meinem Fall ist die Sache einfach. In meiner indischen Dichtung war es glänzend gegangen, solange ich dichtete, was ich erlebt hatte: Die Stimmung des jungen Brahmanen, der die Weisheit sucht, der sich plagt und kasteit. Als ich mit Siddhartha dem Dulder und Asketen zu Ende war und Siddhartha den Sieger, den Jasager, den Bezwinger dichten wollte, da ging es nicht mehr. – Ich werde ihn dennoch weiter dichten, einmal, am Tag der Tage, und er wird doch ein Sieger werden.

[ca. Januar 1921]

Inzwischen schreiben mir unentwegt reichsdeutsche Couleurstudenten ihre mannhaften Haßbriefe, voll Mark und edler Entrüstung, und ich brauche nur einen dieser Briefe zu lesen, einen dieser zwanghaften, krampfigen, bösen Briefe von Hampelmännern, so sehe ich, wie gesund ich trotz allem bin, wie ich ih-

1 Seit August 1920.

nen auf die Nerven gehe, wie ich sie aufrege und in Not bringe, wie viel Verführung zu Gefahr, zu Denken, zu Geist, zu Einsicht, zu Spott, zu Phantasie doch aus meinen Worten spürbar sein muß. Aber wie traurig ist doch der Geist, vielmehr die Geistlosigkeit, aus der jene Gesinnungen und Briefe kommen! Ein Student aus Halle schrieb mir kürzlich, und nachdem er mir seine und seiner Kommilitonen tiefe und tödliche Verachtung ausgesprochen, legt er ein Bekenntnis ab – er nennt diejenigen deutschen Namen, zu denen er sich bekennt, die er als Fahnen und Vorbilder über sich weiß. Es sind: Kant, Fichte, Hegel, Wagner und noch einige! Also kein Goethe, kein Hölderlin, kein Nietzsche, auch kein Grimm, auch kein Eichendorff, und von den Musikern weder Mozart noch Bach noch Schubert, sondern einzig Wagner! Was ist das für eine vereinfachte, verarmte, mäßige dünne Geisteswelt! – Nur Geduld, Siddhartha!
Aber Geduld ist schwer. Geduld ist für den Geist das Schwerste. Es ist das Schwerste und ist das Einzige, was zu lernen sich lohnt. Alle Natur, alles Wachstum, aller Friede, alles Gedeihen und Schöne in der Welt beruht auf Geduld, braucht Zeit, braucht Stille, braucht Vertrauen, braucht den Glauben an langfristige Dinge und Prozesse von viel längerer Dauer als ein einzelnes Leben dauert, Glauben an Zusammenhänge und Dinge, die keiner Einsicht eines Einzelnen zugänglich sind. »Geduld« sage ich, und könnte ebenso gut sagen Glauben, Gottvertrauen, Weisheit, Kindlichkeit, Einfalt.
Wie seltsam lange braucht man, um sich selbst ein klein wenig zu kennen – wie viel länger, um Ja zu sich zu sagen und in einem überegoistischen Sinne mit sich einverstanden zu sein! Wie muß man doch immer wieder an sich herum machen, mit sich kämpfen, Knoten lösen, Knoten durchhauen, neue Knoten knüpfen! Ist man damit einmal zu Ende, ist einmal die volle Einsicht, die volle Harmonie, das volle fertige Lächeln und Jasagen da, ist dies Ziel einmal erreicht: dann lächelt man und stirbt, das ist der Tod, das ist die Erfüllung des Diesmaligen, der willige Eintritt ins Gestaltlose, um daraus wiedergeboren zu werden. So weit vermag ich diesen Faden zu denken. Das Nichtmehrgeborenwerden, das echte Nirwana, die Seligkeit des Erreichthabens, ist mir in ihrem vollen, echten Sinn (nicht in dem einer bloßen Müdigkeit und Sehnsucht nach Rast) noch

niemals ganz erfaßbar und vorstellbar geworden. Siddhartha wird, wenn er stirbt, nicht Nirwana wollen, sondern neuen Umlauf, neue Gestaltung, Wiedergeburt.
Ach, zehn und mehr Tagebücher sollte ich führen. Drei, vier habe ich schon begonnen. Eines heißt »Tagebuch eines Wüstlings«[1], eines »Urwald der Kindheit«[2], eines »Traumbuch«[3]. Dazu müßte ein Malertagebuch kommen, ein Musiktagebuch, eines über den alten Kampf zwischen Lebenstrieb und Todessehnsucht, Tagebuch des Selbstmörders, vielleicht auch ein Tagebuch der Besinnungen, des Suchens nach Maßstäben: Anwendung des persönlich Gedachten auf Allgemeines, auf Natur, auf Politik, auf Geschichte. Und dann noch drei oder vier andre Bücher müßte ich führen können, um eine Weile den Versuch der Polyphonie und Bipolarität zu machen, um die Rundheit und Allseitigkeit der Seele irgendwie zu dokumentieren. Es geht nicht, schon das Kleinste ist zuviel, schon das Simpelste zu kompliziert, die Hand müßte zwanzig Finger und der Tag hundert Stunden haben. O indische Götter mit zehn und zwanzig Armen! Wie wahr seid ihr!
Und mit allen diesen zehn Tagebüchern wäre nur erst notiert, nur erst geschrieben! Noch nicht geschlafen und geträumt, noch nicht gemalt und musiziert, noch nicht Freundschaft, Liebe, Hunger, Geschlecht, Lebensfülle gelebt – nein, der Tag müßte tausend Stunden haben!

Man kann ja natürlich Maß halten, man kann Technik üben, beim Möglichen bleiben – aber jedes versuchte Maß ist gar so nah bei jenem Maß, mit dem die Schullehrer den Goethe messen – und hat es denn einen Sinn, sich um Mögliches zu bemühen? Schon das kleinste Kunstwerkchen, eine Bleistiftskizze von sechs Strichen und ein Gedichtvers von vier Zeilen versucht frech und blind das Unmögliche, geht aufs Ganze, will das Chaos in die Nußschale schöpfen!

---

1 »Aus dem Tagebuch eines Entgleisten« in »Materialien zu H. H.'s ›Der Steppenwolf‹«. Frankfurt a. Main, 1972, S. 199ff.

2 Vorstufe des Märchens »Kindheit des Zauberers« und des »Kurzgefaßten Lebenslaufs«.

3 Traumtagebücher hat Hesse seit 1917 geführt.

Das ist das Leid des Künstlers. Ein Werk gestalten, geduldig, fleißig, liebevoll, ein Gedicht, ein Bild, einen Roman – und daneben rollt die Welt, wird stündlich reicher, voller, vielfältiger – und man soll nun an seinem dünnen Faden bleiben, sein Werk weiter spinnen, diesen einen, einzigen, armen Faden, soll täglich und stündlich die Flut von Träumen, Ansichten, Einfällen unterdrücken oder einschmelzen, um weiter an der einen dünnen Melodie zu dichten, in der man doch kein Tausendstel des Gewollten einfängt! Furchtbar ist dieser Zwang zum Gestalten, furchtbar und herrlich, und wird von Mal zu Mal, von Versuch zu Versuch, von Werk zu Werk schwerer, verhängnisvoller, entsagungsreicher, wütender und glühender. Und dann das Ergebnis! Ich meine nicht den »Erfolg«, das Urteil der Schreiber, den Beifall des Bürgers, den Brief des Backfischs – diese Mißverständnisse sind komisch und lassen sich ertragen – sondern das tatsächliche Ergebnis, das »Werk« selbst, so wie es schließlich vor dem Künstler liegt und ihn ansieht – so klein, so spöttisch, so gar nichts! Es soll Künstler geben, die ihre fertigen Werke lieben – wie ist das möglich?!

Wenn man die Dichtung als Bekenntnis auffaßt – und nur so kann ich sie zur Zeit auffassen –, dann zeigt sich die Kunst als ein langer, vielfältiger, gewundener Weg, dessen Ziel es wäre, die Persönlichkeit, das Künstler-Ich so vollkommen, so verästelt, so bis in alle Spaltungen hinein auszusprechen, so vollkommen auszusprechen, daß dies Ich am Ende gleichsam abgewickelt und erledigt, daß es ausgetobt und ausgebrannt wäre. Dann könnte das Höhere folgen, das Überpersönliche und Überzeitliche, die Kunst wäre überwunden, der Künstler wäre reif, ein Heiliger zu werden. Die Funktion der Kunst, soweit sie die Person des Künstlers selbst angeht, wäre dann genau dasselbe wie die Funktion der Beichte, oder der Psychoanalyse. Diesen Sinn hatten alle späteren Schriften Nietzsches, die Bekenntnisbücher Strindbergs, die Aufzeichnungen Flauberts.
Das Ende und Ziel des Künstlers wäre dann nicht die Kunst oder das Werk, sondern die Selbstaufhebung, die Preisgabe und Opferung des beschränkten, in Komplexen und Leiden gefangenen Ich zu Gunsten der Seelenstille und Heiligkeit, das Ziel wäre die Entwicklung zum überpersönlichen Ich, zum Heili-

gen, der auf die Welt und Zeit nicht mehr persönlich reagiert, sondern in dessen Seelenzustand das Chaos der Welt zu Sinn und Musik wird, in dessen Atem Gott ein und aus geht. Es ist nur die Frage, ob dieser Weg vom Künstler zum Heiligen, vom Bekennen und Beichten zum Ruhen in Gott wirklich ein Weg ist, ob er möglich ist, ob man ihn gehen, ob er zum Ziel führen kann. Ich weiß es nicht, und ich zweifle sehr daran, obwohl ich selber eben diesen Weg gehe, gehen muß! So wie ein Mensch sich in einer Psychoanalyse verlieren kann, indem er von der Wichtigkeit und Bedeutsamkeit aller Äußerungen seines Unbewußten fasziniert wird, so kann der bekennende Künstler, indem er Stoß um Stoß sich selber auswirft, sich selber ausspricht, sich selber rastlos abwickelt und ausspeit, gerade immer tiefer in die Zusammenhänge seines beschränkten Ich hineingeraten, sich immer tiefer in die eigenen Probleme, die eigenen Leiden, die eigenen Komplexe verwickeln, und dies führt genau in die entgegengesetzte Richtung, macht den Künstler genau zum Gegenteil des Heiligen. (Nebenbei gesagt: ich verstehe unter dem »Heiligen« etwas zum Teil anderes als die christliche Terminologie, ich meine mit ihm nicht den Gerechten, sondern vor allem den Frommen, den mit Gott Einverstandenen, der alles, was seine Sinne ihm zutragen, als gottgewollt, also notwendig, also gut aufzunehmen vermag, der stets fähig ist, zwei Gegensätze als Einheit zu sehen, zu jedem Standpunkt den polar entgegengesetzten als gleichberechtigt anzuerkennen.)

Der Haken liegt darin, daß wahrscheinlich das Bekenntnis des Künstlers, einerlei welchen Sinn er ihm bewußt unterlege, niemals reine Beichte ist! Die reine Beichte ist einfach das Ausbrechen gärender Säfte, ist Entledigung, Entäußerung, Lüftung. Das künstlerische Bekenntnis dagegen neigt stets und unfehlbar nach der Selbstrechtfertigung. Die Beichte wird vom Künstler überschätzt, er wendet ihr eine Liebe und Sorgfalt zu wie nichts anderem in der Welt, und je aufrichtiger, je sorgfältiger und vollständiger, je rücksichtsloser das Bekenntnis ist, desto mehr ist es in Gefahr, wieder ganz Kunst, ganz Werk, ganz Selbstzweck zu werden. Der Künstler neigt stets dazu, in seinem Bekenntnis aufzugehen, seine ganze Aufgabe und Leistung in seine Beichte zu verlegen, und damit immer im Zauberkreis der eigenen, persönlichen Angelegenheiten rundum zu irren. Denn der Künstler ist ohnehin ein Mensch, der die Bedeutung seines Werkes übertreiben muß, weil er seine ganze Lebensleistung, damit seine ganze Selbstrechtfertigung aus dem Leben weg in sein Werk verlegt hat. Man vergleiche die Konfessionen eines Heiligen mit denen eines Literaten, so wird sofort der Unterschied klar: Augustinus und Rousseau. Der eine gibt sich selbst preis, weil er sich Gott anheim gegeben hat: der andre rechtfertigt sich. Vom gleichen Antrieb ausgehend, enden sie an genau entgegengesetzten Polen: der eine beim Heiligen, der andre beim Dichter: der eine überwindet seine Person und wird ein großer Mensch, der andre bleibt in seinen Komplexen gefangen und kommt über den interessanten Menschen nicht hinaus. Für mein Gefühl steht Nietzsche in der Mitte zwischen jenen beiden, während Strindberg ganz nahe bei Rousseau steht.

Da wäre freilich der alte, klare, einfache Weg auch für mich, den Künstler, der bessere: der sofortige und rücksichtslose Verzicht auf das empirische Ich, die Imitatio Jesu. Warum ich diesen einfachen Weg nicht gehe, warum er mir verschlossen ist (sei es nun für immer oder nur für jetzt), weiß ich noch nicht. Mein Leben könnte dadurch nicht schwerer, nicht heikler, nicht schmerzlicher und problematischer werden als es jetzt ist – und doch ist jener Weg mir nicht offen, oder noch nicht. Und doch sehe ich: es ist der einzige, der zum Heiligen führt, und der ist nun einmal das stärkste und lockendste Vorbild für mich. Wäre ich in einer anständigen religiösen Tradition aufgewachsen, etwa als Katholik, so wäre ich wahrscheinlich zeitlebens dabei geblieben. So aber gehört es zu meiner Herkunft und Bestimmung, daß ich aus einer zwar intensiv religiösen, aber durchaus protestantisch-sektiererischen Tradition herkomme. Und das ist ja nicht zufällig – ich habe das gewollt, ich habe mir selbst diese Herkunft, diese Konfession, diese Belastung mit Sektierer- und Reformationsgeist ausgewählt oder eingebrockt, und wie in der Stunde meiner Geburt Saturn und Mars, Jupiter und Mond gestanden sind, und nichts anders sein konnte und durfte, so stand auch der fromme pietistische Vater und der protestantische Taufstein für mich bereit. Es war mir nicht bestimmt, es lag nicht in meinem Plan, die Bequemlichkeiten und

Genüsse einer haltbaren, einer guten, schönen und gesunden Religion zu den Stützen meines Lebens zählen zu dürfen: es war mir notwendig, in einer aufrührerischen, überhitzten, in einer unglücklichen, kurzfristigen, sich selber zerstörenden Religion aufzuwachsen, die ich mir mit dem ersten Erwachen des Denkens selber zerstören mußte. Ja, ich habe das gewollt, ich habe mir das aufgeladen, wie meinen Körper, mein Vaterland, meine Sprache, meine Fehler und Begabungen.

Meine Beschäftigung mit Indien, die nun schon bald zwanzig Jahre alt ist, scheint mir nun an einem neuen Entwicklungspunkt angelangt zu sein. Bisher galt mein Lesen, Suchen und Mitfühlen fast ausschließlich dem philosophischen, dem rein geistigen, dem vedantischen und buddhistischen Indertum, die Upanischaden und die Reden Buddhas standen im Mittelpunkt dieser Welt. Erst jetzt nähere ich mich mehr dem eigentlich religiösen Indien der Götter, des Vishnu und Indra, Brahma, Krishna etc. etc. Und jetzt erscheint der ganze Buddhismus mir mehr und mehr als eine Art indischer Reformation, genau entsprechend der christlichen. Buddha, obgleich der viel Tiefere, scheint mir jetzt sehr wohl mit Luther vergleichbar (natürlich nur in seinem Verhältnis zum Alten, zum Priestertum und Brahmanismus). Und der Verlauf der großen buddhistischen Welle scheint mir sehr ähnlich dem Verlauf der Reformation in Europa. Es beginnt beidemal mit einer Vergeistigung und Verinnerlichung, es wird das Gewissen des Einzelnen zur wichtigsten Instanz, es wird mit äußerlichem Kult, mit Käuflichkeit der Gnade, mit Zauber und Opferkult aufgeräumt, die Priesterkaste verliert an Einfluß, das Denken und Gewissen des Einzelnen wehrt sich gegen alte Autoritäten. Inzwischen aber reformiert und erneuert sich das angegriffene und erschütterte Alte in sich selbst, und während die neue Lehre ziemlich rasch abgebraucht wird und als Kirche und Volksreligion wieder degeneriert, zeigt sich die alte, naive Religion als die ausdauerndere und steht mit neuen Kräften da. Wie nach wenigen Jahrhunderten die protestantische Kirche verkommt, als Kult verarmt und verknöchert, so sinkt ähnlich der Buddhismus wieder zurück vor dem Auffluten neuer Kulte und Seelenwelten aus dem alten Götterreich. Der abgeschaffte Vishnu und

Indra kehrt wieder, Götter um Götter werden geboren, verwandeln sich, bereichern sich, werden verehrt, werden in aufblühenden riesigen Kunstwerken gefeiert, und die buddhistisch-reine, stille, gute, heilige Lehre, die eine Zeitlang die Erlösung der Welt und das Ende aller Priesterherrschaft bedeutet hatte, wird allmählich zu einer stillen, geduldeten Sekte, deren Fortbestehen niemand aufregt, an deren Lehre und Kult aber das Herz des Volkes keinen Teil mehr hat. Beidemale, in Indien und in Europa, ist die götterlose, scheinbar so viel reinere, geistigere, protestantische Religion nicht als Religion zeugungsfähig geblieben, sie wird zu Philosophie, zu Wissenschaft, zu Dialektik. Allerdings hat bis heute die katholische Kirche, wenn sie auch sichtlich die Reformation siegreich überdauert, nicht entfernt die schöpferische Kraft gezeigt wie der Brahmanismus.
Was die katholische Kirche vor den reformierten, was der Götterkult vor dem Buddhismus voraus hat, ist nicht etwa bloß die Ästhetik, die Anschaulichkeit und reiche Form des Kultus. Es ist vor allem die Elastizität und Plastizität des Gedankens und die unendlich größere Anpassungsfähigkeit. Der reformierte, puritanische Glaube fordert eine Hingabe des Selbst, deren wenige fähig sind, und auch die wenigen nicht immer, nur in seltneren gehobenen Stunden. Das Opfer meiner Selbst, meiner Triebe und Wünsche kann ich nur selten und nur unvollkommen bringen; das Opfer der Gaben, der Anbetungen, der Bekränzungen, der Tänze und Kniebeugen aber kann ich jederzeit leisten, und in der rechten Stunde werden auch diese scheinbar äußerlichen, rohen und mechanischen Opfer innerlich eins sein mit der Darbringung meiner Selbst. Der katholische Gottesdienst ist zu jeder Stunde möglich, der katholische Priester braucht nur das Meßgewand anzuziehen, um sofort Priester zu sein – der lutherische Gottesdienst widerspricht sich selbst und entbehrt der Weihe, und der protestantische Priester muß in langen, mühsamen Predigten beweisen, daß er Priester sei, und niemand glaubt es ihm. Und so erzieht denn auch jede reformatorisch gefärbte Religion zu einem bösen Kultus der Minderwertigkeitsgefühle.

[ca. 17. 2. 1921]

Heut Nacht hatte ich einen ungewöhnlichen Traum, insofern ungewöhnlich, als ich meines Wissens bisher noch nie einen tiefen Absturz geträumt habe, ohne am Ende des Sturzes zu erwachen. Und diesmal erwachte ich nicht, wenigstens nicht ganz. Es war so: Ich fuhr, mit einer ganzen großen Gesellschaft, in einem Wagen mit Pferden auf einer Landstraße. Wir kommen an eine Stelle, wo die Straße große Kurven macht, und plötzlich sehe ich, daß unsre Pferde, statt der Kurve nach, gradeaus laufen und senkrecht in den Abgrund stürzen. Im Augenblick waren wir auch schon fallend in der Luft, alle wurden still und bleich, man wartete in furchtbarster Spannung auf den Moment, wo wir unten aufschlagen würden. Das Fallen durch die Luft dauerte lange, dann sagte einer von uns: »Jetzt!«, und wir schlugen auf und ich verlor das Bewußtsein. Ich hatte das Gefühl, ich würde am Leben bleiben, aber natürlich nicht unverletzt, und wartete mit banger Spannung darauf, wie mir beim Wiedererwachen aus der Ohnmacht zu Mute sein werde. Ich erwachte dann auch, ganz langsam und allmählich, und hatte zunehmend ein häßliches Gefühl von Kranksein und Lähmung.

Heute nach langer Zeit kam wieder einmal ein Mensch zu mir. Ich hatte nach Tisch, um mich warm zu laufen und um Holz zu sparen, meinen üblichen Winterspaziergang gemacht, war im leise fallenden Schnee gegen zwei Stunden unterwegs gewesen und kam wieder nach Hause, zündete Feuer im Kamin an und dachte: da sitze ich nun wieder einmal und könnte ebenso gut in Berlin oder Amerika oder längst tot sein, mein Tun und Leben ist für niemand nütze, verläuft einsam in sich selber, ohne Frucht. Da klopfte es, ich kam etwas unwirsch heraus, eine fremde Dame stand draußen, fragte nach mir, kam herein, nannte keinen Namen, setzte sich vor den Kamin und begann sofort zu erzählen. Sie hatte das Bedürfnis zu beichten, wußte von mir, weil sie Demian gelesen hatte. Sie erzählte die Geschichte ihrer Ehe, sie war eben ihrem Mann davongelaufen, vieles war mir geläufig, andres neu und seltsam. Gegen drei Stunden saß sie und erzählte, oft sehr mühsam und stöhnend, ich sagte fast gar nichts, hörte nur zu und sprach am Schluß

freundlich und behutsam zu ihr, wie Leidende es brauchen. Dann ging sie wieder, sichtlich erleichtert, und so kann ich mir nun einbilden, daß mein Nachmittag doch nicht ins Leere gefallen ist und irgend eine Frucht trägt.
Aber es gibt nichts Schwereres, als irgendwie Beichtvater oder Seelsorger zu sein. Es kommen je und je Menschen mit solchen Bedürfnissen zu mir, aber für mich ist es häufig nicht bloß schwierig, sondern bringt mich geradezu zurück und schadet mir. Im Grunde kann ich, wenn ein armer Mensch mir seine Geschichte erzählt hat, eigentlich nichts andres sagen als: »Ja, das ist traurig, so traurig ist das Leben oft, ich weiß es, es ist mir auch so gegangen. Suche es zu tragen, und wenn alles nimmer hilft, dann trinke eine Flasche Wein, und wenn auch das nichts hilft, dann wisse, daß es die Möglichkeit gibt, sich eine Kugel in den Kopf zu schießen.« Statt dessen versuche ich, meine Trostgründe und Lebensweisheiten aufzuführen, und wenn ich auch wirklich einige Wahrheiten weiß, so sind sie doch alle im Augenblick, wo man sie laut ausspricht und sie als Medizin gegen einen tatsächlichen, aktuellen Schmerz verzapft, ein wenig theoretisch und leer, und plötzlich kommt man sich vor wie ein Pfarrer, der mit gewohnten Sprüchen seine Leute tröstet und dabei das elende Gefühl hat, etwas Handwerksmäßiges zu tun.

Das vergangene Jahr, 1920, ist wohl das unproduktivste in meinem Leben gewesen, und damit das traurigste, obwohl es nicht das Jahr der schwersten Erschütterungen war. Jetzt, in diesem neuen Jahr 1921, geht es im selben Stil weiter. Es ist schon seltsam, wie recht in diesen Dingen die Astrologie hat, wenigstens wenn sie von einem Menschen wie Englert[1] geübt wird. Ich habe astrologisch schwere Oppositionen, die noch lange dauern werden, und die sich in meinem Leben als schwere Hemmungen und Depressionen äußern. Oft fällt es mir lächerlich schwer, das Leben weiterzuführen und nicht wegzuwerfen, so leer und fruchtlos ist dies Leben geworden.

---

1 Josef Englert (1874-1957), Ingenieur, Freund Hesses, der »Armenier« und »Sterndeuter« sowie »Jup der Magier« in »Klingsors letzter Sommer«, erstellte auch Hesses Horoskop, vgl. »Gesammelte Briefe«, Bd. 1, (1895-1921), S. 573ff.

Vor zwei Jahren war mein letzter Höhepunkt. Das Jahr 1919 bis zum September war das vollste, üppigste, fleißigste und glühendste meines Lebens. Im Januar schrieb ich »Kinderseele« zu Ende und im selben Monat innerhalb drei Tagen und Nächten den »Zarathustra«, gleich darauf den Akt »Heimkehr«, dabei war mein Leben sehr gehetzt, meine Frau im Irrenhaus, im April erfolgte die Trennung von meiner Frau und Familie, der Wegzug von Bern, alles voll Sorgen und Schwierigkeiten innen und außen, aber kaum war ich im Tessin, so fing ich »Klein und Wagner« an, und kaum war der fertig, schrieb ich den »Klingsor«, und daneben malte ich Tag für Tag, viele hundert Studienblätter voll, zeichnete, hatte regen Verkehr mit vielen Menschen, hatte zwei Liebschaften, saß manche Nacht im Grotto beim Wein – an allen Enden zugleich brannte meine Kerze. Und jetzt lebe ich, seit fast anderthalb Jahren schon, wie eine Schnecke, langsam und sparsam, arbeite zwar viel (mechanisch: Korrespondenz, Studien, Lektüre, Buchrezensionen etc.), aber nichts Produktives, die Flamme ist ganz tief geschraubt. Komischerweise sind gerade in diesem toten Jahr 1920 eine ganze Reihe von Publikationen von mir erschienen, man gratuliert mir oder schüttelt den Kopf zu solcher Fruchtbarkeit, aber alles liegt weiter zurück, in Wirklichkeit habe ich in diesem ganzen Jahr außer wenigen kleinen Aufsätzen und dem steckengebliebenen ersten Teil des »Siddhartha« nichts produziert.

Heute ist wieder ein aggressiver Haßbrief gekommen, von einem Arzt und dilettantischen Dichter in München, der mir die Eröffnung eines literarischen Feldzuges gegen mich mitteilt und mich in der üblichen Weise angreift. So deutlich die direkten Motive des Mannes sichtbar sind – er hat sich vor einem Jahr bei einem Aufenthalt in Lugano an mich anzubiedern versucht und ist von mir abgewiesen worden –, so sehe ich doch, daß die Mentalität, aus der solche Briefe stammen, mich noch als Rätsel beschäftigt, denn ein Rest von Ärger oder Mißstimmung über diese ziemlich rüden Briefe ist bei mir doch da. Sie alle nehmen an, daß es mir darum zu tun sei, Einfluß zu haben und Ruhm zu ernten, ein »Führer« zu sein etc., und ich sehe nun auch, daß dieser Irrtum zum Teil von einer mißverständlichen Auffassung meiner Tätigkeit bei »Vivos voco«[1] herrührt. Aber ganz ist mir das Rätsel doch noch nicht gelöst, und da ich über diese Briefe zwar lachen kann, sie aber gelegentlich doch immer noch als lästig empfinde, muß auch bei mir noch ein Fehler und Irrtum da sein. Bin ich denn wirklich von der ganzen Welt, in der diese Menschen leben, von dem ganzen Lärm und Wettbewerb der Literatur, Politik, Presse etc. etc. so weit weg, daß die Sprache dieser Welt mir gar nimmer verständlich ist? Das kann kaum sein. Wenn ich mit jener Welt auch nichts mehr gemein habe, ich habe doch lang genug ihre Luft geatmet, um sie zu kennen. Ich sollte über alles, was aus jener Welt kommt, die Achsel zucken und lächeln können, und es nach einer Minute schon vergessen haben. Warum ist das nicht so? Ist da ein Fehler bei mir, ein Komplex, eine falsche Einstellung, oder ist es nur die Erbsünde, die Ur-Trauer, an die jene Angriffe mir rühren, etwa so wie man beim Anblick von großem Elend, von scheußlichen Krankheiten, von jammervollen rußigen Fabrikstädten vom Gefühl ergriffen wird, das Leben sei doch nichts wert und es wäre besser, es gäbe keines? Ich habe über das nachgedacht, was jene Leute, jene Briefschreiber von mir halten, und weiß, daß ich vom Ehrgeiz eines »Führers« völlig frei bin, nicht aber vom Ehrgeiz oder der Eitelkeit des Künstlers. Und möglicherweise sitzt dort der Haken, vielleicht bin ich nur darum mit einem Rest meines Wesens empfindlich gegen jene Angriffe, weil es mich enttäuscht, daß ich trotz meiner intensiven Bemühungen, mein Wesen und meine Stellung zur Welt auszudrücken und in Worten zu gestalten, doch so gründlich mißverstanden werden kann.

Den Buddhisten ist das Disputieren über Nirwana verboten. Ob Nirwana Erlöschen oder Einssein mit Gott sei, ob es negativ oder positiv, Seligkeit oder nur Ruhe bedeute, darüber zu sprechen, hat Buddha abgelehnt und verboten. Ich glaube auch, daß der Streit hierüber unnütz ist. Nirwana ist, wie ich es verstehe, das Zurückkehren des Einzelnen zum ungeteilten Ganzen, der erlösende Schritt hinter das prinzipium indivi-

---

1 1919 hatte Hesse gemeinsam mit Prof. Richard Woltereck die literarisch-politische Monatsschrift »Vivos voco« gegründet, als deren Herausgeber Hesse bis 1922 zeichnete.

duationis zurück, also, religiös ausgedrückt, Rückkehr der Einzelseele zur Allseele, zu Gott. Eine andere Frage ist es, ob man diese Rückkehr begehren und suchen soll oder nicht, ob man es auf dem Wege Buddhas tun soll oder nicht. Wenn Gott mich in die Welt hinaus wirft und als Einzelnen existieren läßt, ist es dann meine Aufgabe, möglichst rasch und leicht wieder zurück ins All zu kommen – oder soll ich nicht vielmehr Gottes Willen gerade dadurch erfüllen, daß ich mich treiben lasse (in »Klein und Wagner« nannte ich es »sich fallen lassen«), daß ich seine Lust, sich immer wieder in Einzelwesen zu spalten und auszuleben, mit ihm büße? Hier schmeckt mir die reine Vernünftigkeit der Buddhalehre heute nicht mehr so vollkommen, und gerade was ich in der Jugend an ihr bewunderte, wird mir jetzt zum Mangel: diese Vernünftigkeit und Gottlosigkeit, diese unheimliche Exaktheit und dieser Mangel an Theologie, an Gott, an Ergebung. Es scheint mir auch oft, daß wirklich Christus um einen Schritt weiter sei als Buddha, gerade dadurch, daß er die Frage der Wiedergeburten (an welche er sicher glaubte) und das Nirwana ganz aus dem Spiele ließ. Garbe[1] sagt, es gebe sechs Systeme der indischen Philosophie, und alle sechs beruhen auf einem Irrtum, nämlich auf dem Glauben an eine Seelenwanderung. Also das, was einige tausend Jahre hindurch die weisesten Männer gedacht und geglaubt haben, erklärt der Herr Professor mit stillem Lächeln für eine Dummheit. Nun, ich las trotzdem weiter, da ich Garbe und sein stets etwas nörglerisches Wesen schon kannte, und da stand es also: in einer kurzen Darstellung der Samkhya-Lehre, die ich vor zehn Jahren auch schon einmal gelesen hatte, finde ich den mechanischen Vorgang des Nirwana genau beschrieben, und sofort schien es mir höchst wahrscheinlich (wie auch Garbe vermutet), daß Buddha tatsächlich diese Lehre gekannt hat. Das Samkhya erkennt zwei Prinzipien, zwei Dinge ohne Anfang und Ende: die Materie und die Seelen. Ein höchst feiner Apparat in uns Menschen, den wir leicht irrtümlich für die Seele selbst halten (es ist das Nervensystem) vermittelt zwischen beiden. Einzig an der Materie geschieht Veränderung, alles Geschehen spielt sich lediglich an ihr ab, die Seele selbst

1 Richard von Garbe (1857-1927), Sanskritist.

bleibt stets sich gleich. Ich kann nun Freud und Leid überwinden und hinter mich bringen, indem ich das »Unterscheiden« lerne, d. h. indem ich einsehe, daß alles Geschehen meine Seele gar nichts angeht, daß ich jenen Apparat in mir mit meinem wahren Selbst verwechsele. Erkenne ich das und handle ich danach, so werde ich nicht wiedergeboren, denn mit der Abkehr der Seele vom Sinnlichen tritt Bewußtlosigkeit ein, meine Seele existiert zwar ewig weiter, aber ohne Bewußtsein, ich fühle also nichts mehr, und der Kontakt zwischen mir und der Materie (also auch zwischen mir und den Möglichkeiten der Wiedergeburt) ist ausgeschaltet.
Das Nachdenken über diese einfach formulierte, in Wahrheit höchst raffinierte Psychologie, verbunden mit gelegentlicher Meditation, tat mir in diesen Tagen merkwürdig wohl. Ich schrieb in diesen Tagen das Gedicht »Einmal, Herz, wirst du ruhn –«.[1]

Einmal, Herz, wirst du ruhn,
Einmal den letzten Tod gestorben sein,
Zur Stille gehst du ein,
Den traumlos tiefen Schlaf zu tun.
Oft winkt er dir aus goldnem Dunkel her,
Oft sehnst du ihn heran,
Den fernen Hafen, wenn dein Kahn,
Von Sturm zu Sturm gehetzt, treibt auf dem Meer.
Noch aber wiegt dein Blut
Auf roter Welle dich durch Tat und Traum,
Noch brennst du, Herz, in Lebensdrang und Glut.
Hoch aus dem Weltenbaum
Lockt Frucht und Schlange dich mit süßem Zwang
Zu Wunsch und Hunger, Schuld und Lust,
Spielt hundertstimmiger Gesang
Sein holdes Regenbogenspiel durch deine Brust.
Dich ladet Liebesspiel,

1 Dieses Gedicht, später von Hesse mit »Media in vita« überschrieben, hatte ursprünglich den Titel »Sansara« (= die sich ewig wiederholende Erneuerung des Daseins mit allen seinen Leiden), es entstand am 15. 2. 1921.

Urwald der Lust, zum Krampf der Wonne ein,
Dort trunkner Gast, dort Tier und Gott zu sein,
Erregt, erschlafft, hinzuckend ohne Ziel.
Dich zieht die Kunst, die stille Zauberin,
In ihren Kreis mit seliger Magie,
Malt Farbenschleier über Tod und Jammer hin,
Macht Qual zu Lust, Chaos zu Harmonie.
Geist lockt zu höchstem Spiel empor,
Den Sternen gegenüber stellt
Er dich, macht dich zum Mittelpunkt der Welt
Und ordnet rund um dich das All im Chor;
Vom Tier und Urschlamm bis zu dir herauf
Weist er der Herkunft ahnenreiche Spur,
Macht dich zum Ziel und Endpunkt der Natur.
Dann tut er dunkle Tore auf,
Er deutet Götter, deutet Geist und Trieb,
Zeigt, wie aus ihm sich Sinnenwelt entfaltet,
Wie das Unendliche sich immer neu gestaltet,
Und macht die Welt, die er zu Spiel zerschäumt,
Dir erst von neuem lieb,
Da du es bist, der sie und Gott und All erträumt.

Auch nach den düstern Gängen hin,
Wo Blut und Trieb das Schaurige vollziehn,
Auch dahin offen steht der Pfad,
Wo Rausch aus Angst, wo Mord aus Liebe blüht,
Verbrechen dampft und Wahnsinn glüht,
Kein Grenzstein scheidet zwischen Traum und Tat.
All diese vielen Wege magst du gehn,
All diese Spiele magst du spielen noch,
Und jedem folgt, so wirst du sehn,
Ein neuer Weg, verführerischer noch.
Wie hübsch ist Gut und Geld!
Wie hübsch ist: Gut und Geld verachten!
Wie schön: entsagend wegsehn von der Welt,
Wie schön: nach ihren Reizen brünstig trachten!
Zum Gott hinauf, zum Tier zurück,
Und überall zuckt flüchtig auf ein Glück.
Geh hier, geh dort, sei Mensch, sei Tier, sei Baum!

Unendlich ist der Welt buntfarbiger Traum,
Unendlich steht dir offen Tor um Tor,
Aus jedem braust des Lebens voller Chor,
Aus jedem lockt, aus jedem ruft
Ein flüchtig Glück, ein flüchtig holder Duft.
Entsagung, Tugend übe, wenn dich Angst erfaßt!
Steig auf den höchsten Turm, wirf dich herab!
Doch wisse: überall bist du nur Gast,
Gast bei der Lust, beim Leid, Gast auch im Grab –
Es speit dich neu, noch eh du ausgeruht,
Hinaus in der Geburten ewige Flut.

Doch von den tausend Wegen einer ist,
Zu finden schwer, zu ahnen leicht,
Der aller Welten Kreis mit einem Schritt ermißt,
Der nicht mehr täuscht, der letztes Ziel erreicht.
Erkenntnis blüht auf diesem Pfade dir:
Dein innerstes Ich, das nie ein Tod zerstört,
Gehört nur dir,
Gehört der Welt nicht, die auf Namen hört.
Irrweg war deine lange Pilgerschaft,
Irrweg in namenlosen Irrtums Haft,
Und immer war der Wunderpfad dir nah,
Wie konntest du so lang verblendet gehn,
Wie konnte solcher Zauber dir geschehn,
Daß diesen Pfad dein Auge niemals sah?!
Nun endet Zaubers Macht,
Du bist erwacht,
Hörst fern die Chöre brausen
Im Tal des Irrens und der Sinnen,
Und ruhig wendest du vom Außen
Dich weg, und zu dir selbst, nach innen.
Dann wirst du ruhn.
Wirst letzten Tod gestorben sein,
Zur Stille gehst du ein,
Den traumlos tiefen Schlaf zu tun.

Alle heroischen Forderungen und Tugenden sind Verdrängungen. Ich darf mich nicht ärgern über böse Briefe von Patrioten und Reaktionären – in der Tat repräsentiere ich für sie den Teufel, das absolut Unerlaubte, das Eingehen auf Chaos und Hölle. »Tugenden« sind übrigens, ebenso wie Talente, eine Art von gefährlichen, wenn auch jeweils nützlichen Hypertrophien, etwa wie gezüchtete Gänselebern von abnormer Größe. Da ich kein Talent, auch keine Tugend in mir hochziehen kann, ohne die dazu erforderliche Seelenenergie andern Trieben wegzunehmen, bedeutet jede hochgetriebene Tugend eine Spezialisierung auf Kosten unterdrückter und notleidender Lebensrichtungen, ebenso wie man den Intellekt auf Kosten der Sinnlichkeit, oder das Gefühl auf Kosten des Verstandes ins Kraut schießen lassen kann.

Ich weiß wirklich nicht zu sagen, ob ich, mit meinem Versuch zu Freiheit und Eingehen auf das Chaos, nicht eine ebenso große Gefahr, ein ebenso großer Schädling bin wie die Patrioten und Rückwärtsler. Ich verlange von mir Zurückgehen hinter die Gegensatzpaare, Annehmen des Chaos. Dies ist dasselbe, was die Psychoanalyse verlangt, woher ich es ja zum Teil auch habe: Wir sollen, wenigstens für ein einziges Mal, alle Werturteile weglassen und uns selber ansehen, so wie wir sind, oder wie die Äußerungen des Unbewußten uns zeigen, ohne Moral, ohne Edelmut und all den schönen Schein, in unsren nackten Trieben und Wünschen, unsern Ängsten und Beschwerden. Und erst von da aus, von diesem Nullpunkt aus sollen wir wieder versuchen, fürs praktische Leben Werttafeln aufzustellen, Ja und Nein, Gut und Böse zu trennen, Gebote und Verbote aufzustellen. Wenn nun einer diesen Weg geht, wenn er das Chaos in sich annimmt, sich auf die Urtriebe einläßt, der Moral den Laufpaß gibt, so ist durchaus nicht gesagt, daß er nun über kurz oder lang eine bessere, wahrere, höhere Moral oder Lebensordnung finden werde! Er kann ebenso gut, sogar weit wahrscheinlicher, den Grundtrieben ohne Hemmung verfallen und sich völlig gehen lassen, er kann wahnsinnig und Verbrecher werden. Ich weiß selber noch nicht recht, woher ich den stillen Glauben habe, daß es trotzdem nicht so gehen werde, wenn ein Mensch in meinem Sinn jenen Weg ins Chaos geht – vielleicht ist es nur ein Rest von Verdrängung und Moral in mir, daß ich das glaube, so wie ich in den Märchen »Der schwere Weg« und »Iris« diesen Vorgang dargestellt habe.

Dort ist das Eingehen auf das Unbewußte einfach als ein Sich-einlassen mit fremden Mächten aufgefaßt, das an sich besser ist als das bloße Wegsehen von ihnen, und es bleibt noch ganz unklar, ob das Unbewußte den Pilger nicht einschlucken und verschlingen werde.

Angeregt sind diese Einfälle durch Dr. Jung's neues Buch[1] über die psychologischen Typen, ein überaus schönes Werk.

[ca. März 1921]

In Fischer's[2] sehr schönem Werk über chinesische Landschaftsmalerei lese ich eben, daß in China, seit etwa dem 5. Jahrhundert, die Malerei keineswegs hauptsächlich als Handwerk und von Handwerkern betrieben wurde, sondern als feinste Liebhaberei und Krönung persönlicher Kultur von Dichtern, Staatsmännern, Kaisern etc. Wie schön ist das, und wie gut paßt mir das in mein Leben und Fühlen! Die Liebe zur Natur, die Ehrfurcht vor ihr, und der Trieb, sie mit dem persönlich-differenzierten, geistigen Leben des Einzelnen tätig zu verbinden, das ist so naheliegend, so selbstverständlich, daß es nur in einer Zeit und Kultur wie der unsern fremd und fast seltsam wirken kann! Beinahe empfinde ich wieder etwas vom Wandertrieb meiner frühern Jahre, von der Sehnsucht nach dem leibhaftigen Osten, besonders nach China. Aber ich weiß, daß das Spiel ist. Wir können und dürfen nicht Chinesen werden, wollen es im Innersten auch gar nicht. Wir dürfen Ideal und höchstes Bild des Lebens nicht in China und nicht in irgendeiner Vergangenheit suchen, sonst sind wir verloren und hängen an einem Fetisch. Wir müssen China, oder das, was es uns bedeutet, in uns selber finden und pflegen.

Wunderbar ist die Erzählung vom Tode des berühmtesten chinesischen Malers, des Wu Tao Tse: er malt, in Gegenwart von Zuschauern und Freunden, an eine Wand ein Landschaftsbild,

---

1 C. G. Jung, ›Psychologische Typen‹, Rascher Verlag, Zürich 1921.

2 Otto Fischer, ›Chinesische Landschaftsmalerei‹, Kurt Wolff Verlag, München 1921. Beide Bücher rezensiert Hesse in der »Vossischen Zeitung«, Berlin, vom 28. 8. 1921.

dann geht er magisch in sein gemaltes Bild hinein, verschwindet darin in einer gemalten Höhle und ist weg, mit ihm ist auch sein Bild verschwunden.

Ein seltsames Erlebnis: Vor einigen Wochen, mitten im Studium indischer Sachen, notierte ich mir allerlei indische Literatur, die ich gern lesen möchte. Eines Tages fiel mir ein, mich dieser Bücher wegen an einen alten Herrn in Basel zu wenden, einen der Leiter der Basler Mission[1], dessen Tochter mir gut bekannt ist. Ich schrieb ihm, bat ihn um weitere Literatur-Angaben und um leihweise Überlassung von Büchern. Es dauerte eine Weile. Als seine sehr freundliche Antwort kam, die auf all meine Wünsche einging, war ich grade auf der Reise in Zürich, dankte nur flüchtig und beschloß, nach der Heimkehr ihm zu schreiben. Nun brachte ich aber aus Zürich neue Gedanken und Arbeiten mit, die meine Zeit und Leselust für die nächste Zeit sehr einschränken werden. Darum konnte ich mich nach der Rückkehr nicht gleich zur Antwort nach Basel entschließen, sondern wartete immer wieder einen Tag, ziemlich lange, bis ich endlich schrieb. Und kaum hatte ich geschrieben, so las ich in der Zeitung, daß jener Herr, an den mein Brief ging, soeben gestorben war.[2]

Gestern war ich wieder einmal bei Hugo Ball.[3] Er und seine Frau sind bewundernswert tapfere Leute, sie leben in einer Armut und Primitivität, die geradezu klassisch ist, ohne je mit einem Wort zu klagen. Es ist ein Jammer, daß dieser Ball, der Autor der »Kritik der deutschen Intelligenz«, ein so enorm geistiger, wertvoller, bedeutender Mann, vielleicht bald seine große Arbeit wieder weglegen und in einer Fabrik oder einem Bureau sein Brot verdienen gehen muß. Er tut es ohne Klage, aber wir Freunde müssen es so lang wie möglich verhindern. Ich habe ja wohl einige Freunde, die ich im Notfall um ein paar Franken für einen Hungernden bitten kann, aber niemand, den

---

1 Missionsinspektor Johannes Frohnmeyer (1850-1921) und seine Tochter, die Schriftstellerin Ida Frohnmeyer (1882-1968).

2 Johannes Frohnmeyer starb am 16. 3. 1921.

3 Vermutlich im September 1921.

ich bitten könnte, Ball für eine Weile über Wasser zu halten. Es ist auch recht schwer, eine Form dafür zu finden; ich muß froh sein, wenn er wenigstens von mir, dem Kollegen und Nachbarn, das Wenige annimmt, was ich ihm anbieten kann. Er schreibt jetzt ein Buch über die Heiligen der alten Kirche, namentlich die ägyptisch-thebaischen Heiligen wie Antonius, Simon, Stilita etc.[1] Seit Englert nimmer hier ist, war ich ganz ohne geistigen Umgang und finde nun erst an Ball und seiner Frau wieder einen.

Sehr merkwürdig berührt mich das neue große Werk von Mauthner, die »Geschichte des Atheismus«[2], deren erste zwei Bände ich daliegen habe. Während da drüben Hugo Ball eine Art Apologie des katholisch-christlichen Dogmas ausarbeitet, schreibt am Bodensee der alte Mauthner am letzten Band seines »Atheismus«, der im Grunde eine Geschichte und auch eine Verherrlichung der europäischen Freidenkerei ist. Da Mauthner übrigens alles vom Standpunkt dessen aus betrachtet, was er Sprachkritik nennt, könnte man von seinem großen Werk wohl in seiner eigenen Ausdrucksweise etwa sagen: »Dies Werk handelt von einer Sache, die nicht existiert und nie existiert hat. Atheismus ist lediglich die Negation einer Sache, welche niemals ein substanzielles, stets bloß ein verbales Dasein hatte.« Mauthner ist übrigens schon der denkbar angenehmste Freidenker, einer der wenigen von dieser Zunft, der nicht bloß gescheit ist und auf Logik hält, sondern den ein natürlich-vornehmer Sinn auch vor den Geschmacklosigkeiten der meisten Antireligiösen bewahrt.

[ca. April 1921]

Gestern überraschte mich der Besuch meiner Schwägerin, welche eben bei meiner Frau in Ascona gewesen war. Es zeigte sich,

---

1 Hugo Ball, »Byzantinisches Christentum«, Duncker & Humblot, München u. Leipzig, 1923.

2 Fritz Mauthner, »Der Atheismus u. seine Geschichte im Abendland«, 3 Bde., Deutsche Verlags-Anstalt, Stuttgart u. Berlin. 1920/24. Hesse rezensierte dieses Werk in seiner Zeitschrift »Vivos voco« im Oktober 1921.

daß die von mir vermutete, von meiner Frau zuweilen behauptete Einigkeit der Geschwister mir gegenüber gar nicht besteht, die Schwägerin war in den Hauptfragen wegen der Kinder vollkommen meiner Meinung.[1] Zugleich brachte er die schlechte Nachricht, daß meine Frau, die eben zwei unserer Buben in Ferien bei sich hat, durch die Pflege des einen, der krank war, überanstrengt sei und keinen guten Eindruck mache, sondern gefährdet scheine, auch seien die Buben ziemlich unartig und gehorchen ihr gar nicht.

Infolge dieser Nachrichten, die mich wie alle ähnlichen sehr beunruhigten, hatte ich heut Nacht einen bösen Traum: ich kam, um meine Frau zu besuchen, an einen phantastischen Ort, wo mich Olaf Gulbransson empfing. Ich merkte bald, daß er gegen mich die Partei meiner Frau nahm. Als wir zu ihr kamen, trat sie mir grotesk und feierlich entgegen, sprach theatralische Worte und war stark verrückt. Ich lehnte es ab, auf ihren hysterischen Ton einzugehen, und beschwor sie, sie möge sich zusammennehmen, es handle sich um die Kinder, sie sei in Gefahr, wieder krank zu werden, und müsse sich alle Mühe geben, bei Vernunft zu bleiben. Es war umsonst. Das Peinlichste war, daß Olaf Gulbransson ständig ihr half, mich auch mit Gewalt (er ist ja Athlet) von ihr wegzog und dafür war, daß man meine Frau ihren Intuitionen ruhig folgen lassen müsse.

Der Traum zeigt mir wieder tief, wie uneins ich im Innern bin und wie die Einstellung und das Verhalten gegen meine Frau bei mir zwischen zwei Polen schwankt. Im Traum ist die Figur Olafs deutlich als die des starken, aber gutmütigen, primitiven Riesen, einer Urkraft, die die Dinge nicht nach rationellen, sondern nach naiv-intuitiven Gesichtspunkten ansieht. Der ganze Traum zeigt klarer und intensiver, als ich es im Wachen auszudrücken wüßte, den Zwiespalt zwischen meinen vernünftigen Erwägungen und einer heimlichen Hochachtung vor der Primitivität und Stärke des kranken, aber natürlichen, ungehemmten Empfindens bei meiner Frau. Daß dieser Zwiespalt möglich ist, daß ich ihr gegenüber nicht hemmungslos die Rolle des Klügeren spielen kann, kommt daher, daß ich in mir selbst seit

---

1 Hesse war der Meinung, es sei für die Kinder besser, in Pflege bei Freunden zu sein als bei seiner gemütskranken Frau.

langem das Intuitive und rein Empfindungsmäßige zu Gunsten logisch-rationeller Einstellung vernachlässigt habe.

[ca. Mai/Juni 1921]

In letzter Zeit kamen wieder einige Bestätigungen, nicht für meine Person, sondern dafür, daß mein Tun und Leben nicht ohne Bezug aufs Ganze, und daß etwas wie eine neue Strömung, eine neue Lehre, eine neue Lebensmöglichkeit in der Welt sei, zu deren Verkündern, oder Suchern, oder wenigstens zu deren Experimenten ich gehöre. Die Zeitschriften der Jüngsten in Deutschland bringen allmählich lange Artikel über meine Dostojewski-Aufsätze und meine Zarathustra-Broschüre, namentlich aber über Demian.
Das Interessanteste war das mit dem Schriftsteller Oskar A. H. Schmitz.[1] Er war mir von früher her aus einigen Büchern bekannt als ein geistvoller, eleganter, weltmännischer, doch nicht tiefer, auch nicht poetisch bedeutender Autor, er schrieb witzige und angenehme Artikel über Reisen, Moden, Gesellschaftskritisches etc., immerhin über dem Durchschnitt. Neulich wurde ich an diesen Schmitz, von dem ich seit Jahren nichts mehr gelesen hatte, wieder erinnert durch Dr. Jung[2], der mir schrieb, das neue Buch von Schmitz, das »Dionysische Geheimnis«[3] enthalte »beträchtliche Sachen«. Ich kannte das Buch nicht, wußte auch gar nichts von ihm, schrieb aber nun sofort an den Verleger, er möge es mir schicken. Es kam eine Karte vom Verlag, daß das Buch unterwegs sei. Inzwischen traf von Schmitz selbst, der in Meran ist, ein Briefchen bei mir ein, in dem er sagt, er halte mich, seit Demian, für einen der »Kirchenväter der neuen Lehre«, und ob ich sein Buch gelesen habe, er habe seinen Verleger gebeten, es mir zu senden. Das hatte der Verleger also verbummelt, denn es war schon ein Vierteljahr her, aber durch Jungs Hinweis war die Sache also nun in Gang. Weiter schrieb Schmitz, er habe gehört, es gäbe Aufsätze von mir über Dostojewski, und ich möchte ihm sie doch zum Lesen

1 Oskar A. H. Schmitz (1873-1931).

2 C. G. Jung, mit dem Hesse damals psychotherapeutische Gespräche führte.

3 Hesse rezensierte das 1921 im Georg Müller Verlag, München, erschienene Buch im Juni 1921 in der Nr. 14 der Zeitschrift »Wissen und Leben«.

senden. Das konnte ich gleich tun, sein Buch aber war noch nicht da, so daß ich ihm nur eine Karte schrieb, daß ich es lesen werde. Inzwischen nun ist sein Buch »Dionysisches Geheimnis« angekommen. Ich habe es soeben gelesen, mit höchster Verwunderung, denn es spiegelt, von einer ganz fremden Seite und Persönlichkeit her, fast genau dieselben inneren Erlebnisse, die ich selber in den letzten Jahren hatte und die mein Leben und mein Schreiben so sehr verändert haben. Das Buch ist übrigens im Stil keineswegs neu, enttäuschte mich sogar auf den ersten Seiten durch die altmodische Harmlosigkeit des Ausdrucks, es ist genau so geschrieben wie die früheren Werke von Schmitz – also nicht wie bei mir eine Erneuerung und Änderung des Ausdrucks. Ich las und war bald gefesselt und erstaunt durch das Problem: ein Geistiger, gewohnt frei und allein in edler abseitiger Genügsamkeit zu leben, erlebt den Krieg und wird an die allgemeine Dienstpflicht (die ich oft für die größte Barbarei Europas erklärt habe) erinnert, was auf ihn wirkt wie ein rotes Tuch. Er leidet schwer an der »Kasernenphobie«, bald in Angst vor der Sklaverei, bald in Empörung und Auflehnung. Allmählich wird sein Leiden zur Neurose. Die Selbsterkenntnis und die Heilung dieser Kriegs-Neurose (ich habe sie selbst ganz ähnlich erlebt!) bildet den Inhalt des höchst interessanten Buches. Drei Faktoren bringen die Entwicklung des Helden zustande: das Erlebnis des Krieges, die Neurose selbst, die ihn darauf aufmerksam macht, wie schlecht er in die Welt paßt! – dann das Erwachen des Individuums, die aufdämmernde Selbsterkenntnis: ich bin ja Gott, ich bin ja Atman, mir kann ja nichts geschehen – und zuletzt das bewußte Studium des Buddhismus samt buddhistischen Übungen, wobei Schmitz aber einen europäischen, dionysischen Buddhismus erfindet. Und auch hier wieder etwas höchst Seltsames: was der Held des Schmitz'schen Buches als sein »dionysisches Geheimnis« erlebt, genau das wollte ich, wenn auch in völlig andrer Art und Form, in meinem »Siddhartha« darstellen, dessen erster Teil seit bald einem Jahr fertig ist und seit Wochen in Berlin bei Fischer liegt[1], und dessen Fortsetzung mir nicht ge-

1 Der erste Teil des Siddhartha-Manuskripts wurde im Juli 1921 von der »Neuen Rundschau« vorabgedruckt. Vgl. S. 11-37.

lang, weil ich eigentlich darin etwas schildern wollte, das ich zwar kannte und ahnte, sogar wußte, aber noch selbst nicht recht innerlich besaß. Eben das nun hat dieser Schmitz in seinem Buch beschrieben! Es ist für mich eins der magischen kleinen Erlebnisse, deren ich so viele hatte. Außerdem aber bedeutet es mir: das, was mich seit Jahren beschäftigt, was mich plagt und oft krank macht, was meine Gedanken und Bücher erfüllt, was ich im »Siddhartha« darstellen wollte – eben das gärt und spielt auch in andern, ganz Ähnliches, ja genau Gleiches haben auch andre erlebt, und ihnen wie mir wurde zum Weg der Heilung und Entwicklung nächst den asiatischen Lehren (Buddha, Vedanta und Lao-Tse) die Psychoanalyse, welche wir nicht als eine Heilmethode ansehen, sondern als wesentliches Element der »neuen Lehre«, der Entwicklung eines neuen Stadiums der Menschheit, in der wir stehen.

Dieser Tage traf ich unvermutet den Dr. H.[1] an, diesen guten klugen Juden, der einst der Arzt meiner Frau war. Zu meiner Verwunderung erzählte er, er sei einmal in Dornach gewesen, um sich die Sache Dr. Steiner[2] anzusehen. Ich hätte nicht gedacht, daß so etwas ihn interessiere. Er sagte, von den Vorträgen habe er nicht viel verstanden, dagegen habe der Geist des Ganzen ihm imponiert, auch habe er einen starken Eindruck von den allegorischen Gemälden in der Halle gehabt. (Er ist, in unsrem Sinne, ohne Kunstgeschmack, da ganz Verstandesmensch und unproduktiv.) Nun wollte er meine Meinung über Steiner wissen. Ich sagte, daß ich seinen Einfluß für groß halte, und daß er vielen viel wert sei, jedoch widerspreche seine ganze Persönlichkeit (Vortragsreisen, angestrengte Propaganda, finanzielle Gründungen, Kultus seiner Person etc. etc.) durchaus und grundsätzlich dem, was alle Religionen der Welt als den Typus des Heiligen und Vollkommenen bezeichnen. Steiner sei das Gegenteil eines Heiligen, er sei ein genialer Streber. H.

1 Dr. Hirschfeld, der Mia Hesse 1918/19 im Sanatorium Küsnacht behandelt hatte.

2 Dr. Rudolf Steiner (1861-1925), der Begründer der »Anthroposophie«, hatte 1914 in Dornach bei Basel das »Goetheanium«, eine theologische »Hochschule für Geisteswissenschaften«, erbaut.

meinte, ich könnte mich da doch täuschen, vielleicht bringe Steiner ein gewaltiges Opfer dadurch, daß er sich mit Vorträgen, Reisen etc. so für die Sache hingebe, oft sei er furchtbar erschöpft und halte sich kaum mehr aufrecht. Ich sagte ihm, daß gerade dies Sichtotarbeiten ein Zeichen streberischer Geschäftigkeit sei, niemals ein Zeichen des Heiligen. Weiterhin sprachen wir von Psychoanalyse, H. meinte, er habe noch nie einen Analysierten getroffen, der nicht in ziemlich sklavischer Abhängigkeit von seinem Analytiker geblieben sei, und das spreche gegen die Analyse. Ich sagte ihm nun, daß genau dieselbe Abhängigkeit von der suggestiven Persönlichkeit bei fast allen Anhängern Steiners bestehe, deren viele alte Damen und Hysterische sind, ihm auf allen Vortragsreisen nachreisen etc., also genau ebenso sklavisch und pathologisch von ihm abhängen wie manche Analysanden vom Arzt.

Schlimm steht es allmählich mit meiner Verachtung vor dem, worin ich eigentlich leben sollte und woran zu glauben ich eigentlich notwendig hätte, mit meiner wachsenden Überzeugung von der vollkommenen Wertlosigkeit, Verdorbenheit und Verkommenheit der deutschen Geistigkeit und Literatur (vielleicht sogar der europäischen). Die Wissenschaft ist entweder Geldgeschäft oder Spielerei (woran schon Kant und Hegel und die ganze deutsche Philosophie stark beteiligt sind, welche alle es ablehnen, ihre denkerischen Ergebnisse ins Leben zu übertragen.) Die Literatur ist Unterhaltung, Spiel, Scharlatanerie, das Ganze eine Börse des Geschäfts und der Eitelkeit. Die Unterschiede zwischen guter und schlechter Literatur, die ich früher sehr ernst nahm, fallen mir mehr und mehr dahin, und zwischen Ernst Zahn und Thomas Mann, zwischen Ganghofer und Hermann Hesse ist kein nennenswerter Unterschied mehr, auch das Bessere und Beste unserer Zeit ist Schwindel. Überall mangelt die Basis einer Moral und Heiligkeit, eines wahrhaft ernsten Strebens um überpersönliche Werte. Jeder arbeitet, strebt, denkt und politisiert für sich, für seine Person, seinen Ruhm, oder für eine Partei. Statt dessen müßte die Arbeit und die geistige Anstrengung und Erhebung aller gemeinsam in einen Strom münden, der nur der Menschheit gehört, und worin Leistung oder Irrtum des einzelnen alsbald anonym wird, etwa so wie es in den frühen Jahrhunderten der Kirche, bei Kirchenvätern etc. war. Erst dann wieder wird man in Deutschland Worte schreiben, welche vom Schreibenden und vom Lesenden wahrhaft und ernsthaft geglaubt werden, von welchen Freude, Überzeugung, Wahrheit ausgeht, für welche sich sterben läßt. Ich sprach dieser Tage, aus meinem großen Jammer und Degout heraus, auch mit Hugo Ball darüber, er bestätigte mich in allem.

Besuch aus Indien

Unreif gebrochene Früchte nützen uns nichts. Mehr als die Hälfte meines Lebens war ich mit indischen und chinesischen Studien beschäftigt – oder, um nicht in den Ruf des Gelehrten zu kommen, war ich gewohnt, den Duft indischer und chinesischer Dichtung und Frömmigkeit zu atmen. Aber als ich vor elf Jahren eine Reise nach Indien machte, da sah ich wohl die Palmen und Tempel stehen, roch den Weihrauch und das Sandelholz, aß die herben Mango und die zarten Bananen; aber zwischen alledem und mir war noch ein Schleier, und mitten in Kandy unter den Buddhapriestern hatte ich nach dem wahren Indien, nach Indiens Geist, nach einer lebendigen Berührung mit ihm das ungestillte Heimweh wie vorher in Europa. Indiens Geist gehörte noch nicht mir, ich hatte noch nicht gefunden, ich suchte noch. Darum floh ich damals auch Europa, denn meine Reise war eine Flucht. Ich floh es und haßte es beinahe, in seiner grellen Geschmacklosigkeit, seinem lärmigen Jahrmarktbetrieb, seiner hastigen Unruhe, seiner rohen, tölpelhaften Genußsucht.

Mein Weg nach Indien und China ging nicht auf Schiffen und Eisenbahnen, ich mußte die magischen Brücken alle selber finden. Ich mußte auch aufhören, dort die Erlösung von Europa zu suchen, ich mußte aufhören, Europa im Herzen zu befeinden, ich mußte das wahre Europa und den wahren Osten mir im Herzen und Geist zu eigen machen, und das dauerte wieder Jahre um Jahre, Jahre des Leidens, Jahre der Unruhe, Jahre des Krieges, Jahre der Verzweiflung.

Dann kam die Zeit, es ist noch nicht sehr lange her, da hatte ich keine Sehnsucht nach dem Palmenstrand von Ceylon und den Tempelstraßen von Benares mehr und wünschte mir nicht mehr, ein Buddhist oder Taoist zu sein und einen Heiligen und Magier zum Lehrer zu haben. Dies alles war unwichtig geworden, und auch der große Unterschied zwischen dem verehrten Osten und dem kranken, leidenden Westen, zwischen Asien und Europa, war mir nicht mehr eben wichtig. Ich legte keinen Wert mehr auf das Eindringen in möglichst viele östliche Weisheiten und Kulte, ich sah, daß tausend heutige Verehrer des

Laotse weniger von Tao wußten als Goethe, der das Wort Tao nie gehört hat. Ich wußte, daß es, in Europa wie in Asien, eine unterirdische, zeitlose Welt der Werte und des Geistes gab, die nicht durch die Erfindung der Lokomotive und nicht durch Bismarck umgebracht worden war, und daß es gut und richtig war, in dieser zeitlosen Welt, in diesem Frieden einer geistigen Welt zu leben, an der Europa und Asien, Veden und Bibel, Buddha und Goethe gleichen Teil hatten. Hier begann meine Schule der Magie, und sie dauert noch an; hier gibt es kein Ende des Lernens. Aber mit der Indiensucht und der Europaflucht war ich fertig, und jetzt erst klang mir Buddha und das Dhammapaddam und das Tao-teh-king rein und heimatlich und hatte keine Rätsel mehr.

Nun war diese Frucht reif geworden, und nun fiel sie vom Baum meines Lebens. Ich verschweige den Anlaß und die Namen; ich erzähle nicht, wie alles zustande kam, wie es geschah, daß ich aus meinem Eremitenleben einmal wieder für Tage in die Welt hinein gespült wurde, wie plötzlich neue Menschen, neue Beziehungen meinen Weg kreuzten. Ich erzähle nur die indische Episode daraus.

Kürzlich, an einem schönen, etwas verschleierten Abend, erschien bei mir in meinem Dorf ein schöner bräunlicher Mann, ein gelehrter Hindu aus Bengalen, ein Schüler und Freund von Tagore. Er erschien und sagte gleich unter der Tür meines Zimmers: »Oh, das ist ganz wie in Indien«, und fühlte sich sogleich daheim. Er sprach englisch und französisch und hatte außerdem noch eine Dolmetscherin mitgebracht. Er hatte eine Vorlesung von mir gehört, hatte sich alles genau übersetzen lassen und kam nun, um mir zu sagen, daß er erstaunt und erfreut sei, in Europa einen Mann zu finden, dem das östliche Denken nicht bloß durch gelehrtes Studium intellektuell bekannt, sondern im Herzen vertraut und heimisch sei. Ich sagte ihm, es gebe mehr solcher Europäer, als er wisse; ich erzählte ihm von einigen Freunden, ich erzählte ihm von jenem unsichtbaren, unmodernen, weder nationalisierten noch militarisierten Europa des Geistes, erzählte ihm, daß auch Goethe (von dem er meinte, daß er das Indertum abgelehnt habe) ein Gläubiger und Mitverkünder jener anonymen westöstlichen Lehre sei.

Schön und freundlich lächelte der Inder, schnell wurden wir Freunde, schnell schlossen wir uns auf und gaben uns einer dem andern zu erkennen. Seit langem hatte ich diesen Genuß nicht mehr gekostet. Es gibt einen Menschen, einen Europäer zwar, aber einen, der beinah sein ganzes Leben in Japan verbracht hat und auch jetzt wieder dort lebt, mit dem war ich in ähnlicher Weise verbunden, mit dem stand ich auf demselben gemeinsamen Boden eines magischen Verstehens, eines Verstehens auch ohne Worte, durch Zeichen, durch Lächeln, durch Schweigen. Nun erlebte ich dasselbe mit diesem Mann aus Bengalen; vom ersten Augenblick an waren wir einverstanden, teilten einander nur Dinge mit, zu denen der andre lächeln und nicken konnte. Er war sogleich in die offene Balkontüre getreten. »Auch dies erinnert mich an Indien«, sagte er, »diese schönen Bäume, diese Stille, dieses Konzert der Zikaden, diese blaue Dämmerung im Gebirge. Im Himalaja haben wir buddhistische Klöster, die liegen in unendlicher Stille, in unendlichem Frieden solchen Bergen, solchen Dämmerungen gegenüber, dorthin sollten Sie kommen, lieber Herr, Sie sollten für einige Monate oder Jahre zu mir nach Bengalen kommen.«

Ich dankte ihm für die Einladung und erinnerte ihn daran, daß ja er selbst den indischen Frieden auch in meinem Zimmer, auch auf meinem Balkon gefunden habe und daß dies mir genüge. Ich zeigte ihm über dem Berge jenseits des dunkelnden Wiesentals den aufsteigenden ersten Stern.

Da legte mein Gast seine flachen Hände ineinander, sammelte sich einen Augenblick mit geschlossenen Augen und sprach dann ein bengalisches Lied, ein Gedicht, in dem eine kleine Lampe, von einer liebenden Mutter im Stübchen angezündet, mit dem Stern am Himmel spricht. Lange hatte ich keine indischen Laute mehr gehört; sie haben für mich einen Zauber mehr als für andre, denn sie sind mir (ohne daß ich die Sprachen doch verstünde) von der frühesten Kindheit an vertraut. Das Geheimnis aller ostasiatischen Wort- und Tonkunst sprang auch hier mir sofort wieder verblüffend entgegen, wie ich es einst in indischen Gedichten, in chinesischer Musik, in chinesischen Theatern empfunden hatte: die strenge, kultisch festgeprägte, komplizierte, ja fast kapriziöse Rhythmik. Ich bat meinen Freund, mir auch ein Lied zu singen, und er sang zwei

Volkslieder, den Takt mit leisem Fingerschnalzen angebend. Die Melodien waren für unser Ohr unbedeutend, unscharf, verwehend, aber auch in diesen Liedern herrschte eine Gespanntheit und Schärfe, eine straffe, saubere Akzentuiertheit und Rhythmik, eine Zucht und ein Sinn für Struktur, den unsre Dichtung, wenigstens die neuere, in keiner europäischen Sprache kennt.

Der Stern war aufgegangen, und andre kamen. Wir standen Stunden auf dem kleinen Balkon, sprachen von Upanishaden, sprachen von China und Japan; mein Gast, ein Gelehrter, gab mir einen Überblick über die Geschichte Indiens, jene Geschichte, die nicht aus Kriegen, Verträgen und fürstlichen Heiraten besteht, sondern aus Liedern, Gebeten, Philosophien, Jogamethoden, Religionen, Tempelbauten. Und ich erzählte ihm vom unsichtbaren Europa, vom Mittelalter, von Goethe und von all dem, worauf es beruhte, daß meine Tessiner Klause ihn an Indien und den Himalaja erinnern konnte.

Als wir endlich, schon zum Abschied, ins Zimmer zurücktraten, nahm er eine kleine indische Bronzefigur in die Hand, die ich besitze, einen flötenspielenden Krischna, und begann von den Göttern zu sprechen, von Indra, von Krischna, von Rudra-Shiwa, und von ihrer Verwandlung und Durchdringung, ihrem ewigen Auf- und Untergang. Dann ging er, lächelnd, freundlich, verlor sich in die Nacht, und ich wußte einen Augenblick nicht mehr, ob er ›wirklich‹ gewesen sei.

Aber er kam wieder, wir haben uns, bei mir und bei ihm, seither manchmal gesehen und manche Stunden miteinander gesprochen, und wenn er nun wieder geht, so wird jeder von uns eine Bestätigung, einen Trost und einen Antrieb aus diesen Stunden mitnehmen. Wir sind Freunde geworden.

Einst, als er meine Aquarelle betrachtete, bat ich ihn, sich eines davon auszusuchen. Er wählte eines, in dessen Mitte eine Brücke über ein Gewässer führt, daneben stehen hohe Bäume, und er sagte: »Dies Bild wähle ich mir, weil Sie gleich mir die Bäume kennen und lieben und weil diese Brücke mir ein Sinnbild ist für die Brücke zwischen Ost und West, die in unseren Tagen neu entsteht.«

(1922)

Erzählungen, Legenden, Gedichte

Legende vom indischen König

Es war im alten Indien der Götterzeit, noch Jahrhunderte vor dem Erscheinen Gotama Buddhas, des Erhabenen, da wurde einstmals ein neuer König von den Brahmanen geweiht. Dieser junge König genoß die Freundschaft und Belehrung zweier Weiser, welche ihn lehrten, sich durch Fasten zu heiligen, die dem Blut innewohnenden Stürme seinem Willen zu unterwerfen und sein Denken zum Verständnis des All-Einen vorzubereiten.

Es war nämlich zu jener Zeit unter den Brahmanen ein eifriges Streiten über die Eigenschaften und Befugnisse der Götter, über das Verhältnis des einen Gottes zum andern und über das Verhältnis eines jeden zum All-Einen. Manche Denker hatten begonnen, das Dasein jeglicher Gottheiten zu leugnen, indem sie die Namen der verschiedenen Götter nur als Namen der wahrnehmbaren Teile des unsichtbaren Einen gelten lassen wollten. Andere bestritten diese Auffassung heftig, sie beharrten bei den alten Gottheiten, ihren Namen und Bildern, und sie wollten gerade das All-Eine nicht als etwas Wesenhaftes, sondern nur als einen Namen für die Gesamtheit aller Götter erklärt wissen. Ebenso wurden die in den Hymnen enthaltenen heiligen Worte von den einen als erschaffen und wandelbar, von den anderen als ur-wesenhaft, ja als das allein Unwandelbare aufgefaßt. Hier sowohl wie auf allen andern Gebieten der heiligen Erkenntnis äußerte sich das Streben nach der letzten Wahrheit in einem Zweifeln und Streiten darüber, was Geist selbst und was nur Name sei, obwohl Einzelne auch diese Unterscheidung noch verwarfen und Geist und Wort, Wesen und Gleichnis für untrennbare Einheiten ansahen. Beinahe zwei Jahrtausende später haben sich die edelsten Geister des abendländischen Mittelalters über beinahe dieselben Punkte gestritten. Und hier wie dort gab es neben den ernsten Denkern und selbstlosen Kämpfern eine Menge von fetten Pfaffen, die ohne Geist und ohne Hingabe einfach sich dafür einsetzten, daß keine Schwächung des Ansehens von Opfer und Priesterschaft eintrete, daß Freiheit des Denkens und Freiheit in der Auffassung der Götter nur ja nicht dazu führen möge, die Macht und das Einkommen der Priester zu vermindern. Sie sogen das Volk nicht wenig aus: wem ein Sohn oder eine Kuh krank wurde, der bekam für Tage und Wochen die Pfaffen ins Haus und konnte sich an den Opfergaben verbluten.

Auch jene beiden Brahmanen, deren besonderen Unterricht der nach Erkenntnis dürstende König genoß, waren untereinander uneins über die letzte Wahrheit. Da sie alle beide im Rufe außerordentlicher Weisheit standen, betrübte es den König oftmals, ihre Uneinigkeit anzusehen, und häufig dachte er bei sich: ›Wenn diese zwei Weisesten über die Wahrheit nicht einig werden können, wie soll da ich, der ich wenig gelehrt bin, jemals ein Wissender werden können? Wohl zweifle ich nicht, daß es nur eine einzige und unteilbare Wahrheit geben kann: doch scheint es mir selbst für Brahmanen unmöglich, sie mit Sicherheit zu erkennen.‹

Seine beiden Lehrmeister aber, wenn er sie hierüber befragte, sagten ihm nur: ›Viele sind der Wege, doch nur ein Ziel. Faste, töte die Leidenschaften in deinem Herzen, rezitiere die heiligen Strophen und denke über sie nach.‹

Der König tat willig, wie ihm gesagt war und machte große Fortschritte im Wissen, ohne doch an das Ziel zu dringen und die letzte Wahrheit zu schauen. Indem er die Leidenschaften des Blutes überwand, alles tierische Begehren und Behagen verabscheute und von Essen und Trinken nur das Notwendigste – täglich eine Banane und einige Reiskörner – zu sich nahm, reinigte er sich an Leib und Geist und vermochte allen Eifer und alle Kraft und Sehnsucht seiner Seele einzig auf das letzte Ziel zu richten. Heilige Worte, deren Silben ihm früher leer und öde getönt hatten, erschlossen ihm nun die Blüte ihres Zaubers und beglückten ihn mit innigem Trost, und in den Kampfspielen und Übungen des Verstandes erwarb er Preis um Preis. Den Schlüssel aber zum letzten Geheimnis und zum Rätsel alles Seins, den fand er nicht und blieb darüber betrübt.

Da beschloß er, sich durch eine große Übung zu kasteien. Er verschloß sich volle vierzig Tage in sein innerstes Gemach, aß keinen Bissen und schlief ohne Decke noch Kissen nackt auf dem bloßen Estrich. Sein hagerer Leib atmete Reinheit, sein schmales Gesicht glänzte von innen her, seine Augen beschämten die der Brahmanen durch ihr strahlendes Licht. Und am

Ende dieser vierzig Tage lud er alle Brahmanen ein, in der Halle des Tempels ihren Verstand im Lösen schwieriger Fragen zu üben, und für die Gewinner der Preise standen weiße Kühe mit goldenem Stirnschmuck als Ehrengeschenke bereit.
Die Priester und Weisen kamen, ließen sich nieder und eröffneten alsbald die Schlacht der Gedanken und Worte. Sie bewiesen Glied für Glied die genaue Übereinstimmung der sinnlichen und der geistigen Welt, schärften ihren Sinn im Erklären von heiligen Strophen und redeten über das Brahma und den Atman. Sie verglichen das hundertarmige Urwesen mit dem Wind, mit dem Feuer, mit dem Wasser, mit dem im Wasser aufgelösten Salz, mit der Vereinigung von Mann und Weib. Sie ersannen Vergleiche und Bilder für das Brahma, das Götter erschafft, welche größer sind als Brahma selbst, und unterschieden das schaffende Brahma von jenem, welches das Geschaffene in sich schließt, sie versuchten, es mit sich selbst zu vergleichen. Sie disputierten glänzend darüber, ob der Atman älter sei als sein Name, ob sein Name gleich seinem Wesen oder nur eine Schöpfung desselben sei.
Immer wieder hub der König an und versuchte die Weisen mit neuen Fragestellungen. Allein je mehr die Brahmanen Antwort und Erklärung gaben, desto mehr fühlte der König sich unter ihnen allen einsam und verlassen. Und je mehr er fragte und den Antwortenden zunickte und den Geistvollsten Geschenke geben ließ, desto brennender erfüllte ihn die Sehnsucht nach der Wahrheit selbst. Diese wurde, wie er wohl erkannte, von allen Reden und Untersuchungen nur umkreist, nie berührt, und in den innersten Kreis drang keiner. Und indem er ihnen seine Fragen aufgab und seine Ehrengaben verteilte, kam er sich vor wie ein Kind, das mit andern Kindern einem Spiele hingegeben ist, einem hübschen Kinderspiel, über das die Männer lächeln.
Da versank inmitten der großen Versammlung der König mehr und mehr in sich selbst, verschloß alle seine Sinne und richtete seinen glühenden Willen auf die Wahrheit, von der er wußte, daß sie an jedwedem Wesen teilhabe und in jedem schlummere, also auch in ihm, dem König. Und da er rein und schlackenlos in seinem Innern war, fand er mehr und mehr in sich selbst Sättigung und Helle, und je tiefer er in sich versank, desto lichter ward es vor ihm, gleichwie wenn einer in einer Höhle wandert

und sich immer mehr, mit jedem Schritt, dem strahlenden Ausgang nähert.

Indessen redeten und stritten die Brahmanen noch lange Zeit unter sich weiter und achteten des stumm und taub gewordenen Königs nicht. Sie erhitzten sich, ihre Stimmen wurden laut und heftig, und mancher mißgönnte dem andern die Kuh, die er zum Geschenk bekommen hatte.

Bis endlich einer von ihnen den Versunkenen bemerkte. Er verstummte und deutete mit ausgestrecktem Finger auf ihn, und sein Nachbar verstummte und tat desgleichen, und dessen Nachbar wieder, und während am Ende der Halle noch einige Gruppen lärmten und redeten, war der übrige Saal totenstill geworden: und endlich waren sie alle verstummt, saßen ohne Rede und sahen den König an. Dieser saß aufrecht mit bewegungslosen Mienen, sein Blick war im Unendlichen, und sein Antlitz strahlte hell und kühl wie ein Gestirn. Und alle Brahmanen neigten sich vor dem Verklärten und erkannten, daß sie da nur Kinderspiel getrieben hatten, während hier in dieser königlichen Gestalt Gott selbst, der Inbegriff aller Götter, eingekehrt sei.

Der König aber, dessen Sinne in die Einheit verschmolzen und nach innen gerichtet waren, schaute die Wahrheit selbst, die unteilbare, als reines Licht, das ihn mit süßer Gewißheit durchdrang, so wie der Sonnenstrahl einen Edelstein durchdringt, daß er selbst Licht und Sonne wird und Geschöpf und Schöpfer in sich vereint. Und da er erwachte und um sich schaute, lachten seine Augen, und seine Stirn leuchtete wie ein Stern. Er legte sein Gewand von sich, verließ den Tempel, verließ die Stadt und sein Königreich, und ging nackt in die Wälder, in denen er für immer verschwand.

(1907)

Freunde

Der niedere Kneipsaal war voll Rauch, Biergeruch, Staub und Getöse. Ein paar Füchse fuchtelten mit Schlägern gegeneinander und hieben flüchtige Wirbel in den dicken Tabaksrauch; ein schwer Betrunkener saß auf dem Fußboden und lallte ein sinnloses Lied; einige ältere Semester knobelten am Ende der Tafel. Hans Calwer winkte seinem Freunde Erwin Mühletal und ging zur Tür.

»He, schon fort?« rief einer der Spieler herüber.

Hans nickte nur und ging, Mühletal folgte. Sie stiegen die alte, steile Holzstiege hinab und verließen das schon still werdende Haus. Kalte Winternachtluft und blaues Sternenlicht empfing sie auf dem leeren, weiten Marktplatz. Aufatmend und den eben zugeknöpften Mantel wieder öffnend, schlug Hans den Weg nach seiner Wohnung ein. Der Freund folgte ein Stück weit schweigend, er pflegte Calwer fast jeden Abend nach Hause zu begleiten. Bei der zweiten Gasse aber blieb er stehen.

»Ja«, sagte er, »dann Gutnacht. Ich geh ins Bett.«

»Gutnacht«, sagte Hans unfreundlich kurz und ging weiter. Doch kehrte er nach wenigen Schritten wieder um und rief den Freund an.

»Erwin!«

»Ja?«

»Du, ich geh noch mit dir.«

»Auch recht. Ich geh aber ins Bett, ich schlafe schon halb.«

Hans kehrte um und nahm Erwins Arm. Er führte ihn aber nicht nach Hause, sondern zum Fluß hinab, über die alte Brücke und in die lange Platanenallee, und Erwin ging ohne Widerspruch mit. »Also was ist los?« fragte er endlich. »Ich bin wirklich müde.«

»So? Ich auch, aber anders.«

»Na?«

»Kurz und gut, das war meine letzte Mittwochskneipe.«

»Du bist verrückt.«

»Nein, du bist's, wenn dir der Betrieb noch Spaß macht. Lieder brüllen, sich auf Kommando vollsaufen, idiotische Reden anhören und sich von zwanzig Simpeln angrinsen und auf die

Schulter klopfen lassen, das mach ich nicht mehr mit. Eingetreten bin ich seinerzeit, wie jeder, im Rausch. Aber hinaus gehe ich vernünftig und aus guten Gründen. Und zwar gleich morgen.«

»Ja aber –«

»Es ist beschlossen, und damit fertig. Du bist der einzige, der es schon vorher erfährt; du bist auch der einzige, den es etwas angeht. Ich wollte dich nicht um Rat bitten.«

»Dann nicht. Also du trittst aus. Ganz ohne Skandal geht es ja nicht.«

»Vielleicht doch.«

»Vielleicht. Nun, das ist deine Sache. Es wundert mich ja eigentlich nicht besonders, geschimpft hast du immer, und es geht ja auch bei uns soso zu. Nur, weißt du, anderwärts ist es kein Haar besser. Oder willst du in ein Korps, mit deinem bißchen Wechsel?«

»Nein. Meinst du, ich springe heut aus und morgen irgendwo anders wieder ein? Dann könnte ich ja gleich bleiben, nicht? Korps oder Burschenschaft oder Landsmannschaft, das ist eins wie das andere. Ich will mein eigener Herr sein und nimmer der Hanswurst von drei Dutzend Bundesbrüdern. Das ist alles.«

»Ja, das ist alles. Ich müßte dir ja eigentlich abraten, aber bei dir gewöhnt man sich das ab. Wenn es dir nach drei Wochen leid tut –«

»Du mußt wirklich Schlaf haben. Dann geh also in dein Bett und verzeih, daß ich deine kostbare Zeit mit solchen Dummheiten in Anspruch nahm. Gutnacht, ich geh noch spazieren.«

Erwin lief ihm erschrocken und etwas ärgerlich nach. »Es ist wahrhaftig schwer, mit dir zu reden. Wenn ich doch nichts dazu sagen darf, warum teilst du mir dann sowas mit?«

»Ach, ich dachte, es würde dich vielleicht interessieren.«

»Herrgott, Hans, jetzt sei vernünftig! Was soll die Reizerei zwischen uns?«

»Du hast mich eben nicht verstanden.«

»Ach schon wieder! Jetzt sei doch gescheit! Du sagst sechs Worte, und kaum geb ich Antwort, so hab ich dich nicht verstanden! Jetzt sag deutlich, was hast du eigentlich gewollt?«

»Dir mitteilen, daß ich morgen aus der Verbindung austrete.«

»Und weiter?«

»Das weitere ist wohl mehr deine Sache.«
Erwin begann zu begreifen.
»Ach so?« sagte er mit erzwungener Ruhe. »Du trittst morgen aus, nachdem du dir's lange genug überlegt hast, und nun meinst du, ich soll Hals über Kopf nachrennen. Aber weißt du, die sogenannte Tyrannei in der Verbindung drückt mich nicht so heftig, und es sind Leute dabei, die sind mir einstweilen gut genug. Die Freundschaft in Ehren, aber dein Pudel mag ich doch nicht sein.«
»Nun ja. Wie gesagt, es tut mir leid, daß ich dich bemüht hab. Grüß Gott.«
Er ging langsam davon, mit einem nervösen, künstlich leichten Schritt, den Erwin gut kannte. Er sah ihm nach, anfangs mit der Absicht, ihn zurückzurufen, von Augenblick zu Augenblick ward das aber schwerer. Da ging er fort!
»Geh nur! Geh nur!« grollte er halblaut und sah Hans nach, bis er im Dunkel und bläulichen Schneenachtlicht verschwunden war. Da kehrte er um und ging langsam die ganze Allee zurück, die Brückentreppe hinauf und seiner Wohnung zu. Schon tat ihm alles leid, und sein Herz schlug unbeirrt dem alten Freunde nach. Aber er dachte zugleich an die letzten Wochen, wie Hans immer schwerer zu befriedigen, immer stolzer und herrischer geworden war. Und jetzt wollte er ihn durch zwei Worte zu einem wichtigen Schritt bestimmen, wie er als Schulknabe ihn ohne weiteres und ungefragt zum Handlanger bei seinen Streichen angestellt hatte. Nein, das war doch zu viel. Er hatte recht, daß er Hans laufen ließ, es war vielleicht sein Heil. Ihm schien jetzt, während ihrer ganzen Freundschaft sei er immer der Geduldete, Mitgenommene, Untergebene gewesen; auch die Bundesbrüder hatten ihn oft genug damit aufgezogen.
Sein Schritt wurde schneller, ein unechtes Triumphgefühl trieb ihn an, er kam sich mutig und entschlossen vor. Schnell schloß er das Tor auf, stieg die Treppe hinauf und trat in sein Stübchen, wo er ohne Licht zu Bett ging. Zum Fenster sah der Stiftskirchenturm in einem blauen Sternenkranz hinein, im Ofen glomm müde eine verspätete Glut. Erwin konnte nicht schlafen.
Zornig suchte er eine Erinnerung um die andere hervor, die ihm in seine trotzige Stimmung paßte. Er stellte einen Anwalt in sich auf, der ihm recht geben und Hans verurteilen mußte, und

der Anwalt hatte vielen Stoff gesammelt. Zuweilen war der Anwalt unfein in seinen Mitteln, er brachte sogar Spitznamen und Scheltworte ins Gefecht, die die Bundesbrüder gelegentlich auf Hans gemünzt hatten, und wiederholte die Argumente früherer empörter Stunden, deren Erwin sich nachher stets geschämt hatte. Er schämte sich auch jetzt ein wenig und fiel dem Anwalt gelegentlich ins Wort, wenn er gehässig wurde. Aber was hatte es schließlich für einen Sinn, jetzt noch Schonung zu üben und die Worte zu wägen? Bitter und grimmig schuf er das Bild seiner Freundschaft um, bis es nichts mehr darstellte als eine Vergewaltigung, die Hans sich an ihm hatte zuschulden kommen lassen.

Er wunderte sich über die Menge von Erinnerungen, die ihm zu Hilfe kamen. Da waren Tage, an denen er mit Sorgen und ernsten Gedanken zu Hans gekommen war, und der hatte ihn gar nicht ernstgenommen, hatte ihm Wein vorgesetzt oder ihn auf einen Ball mitgeschleppt. Andere Male, wenn er recht vergnügt und voller genußsüchtiger Pläne war, hatte Hans mit einem Blick und ein paar Worten ihn dahin gebracht, daß er sich selber seiner Lustigkeit schämte. Einmal hatte Hans sogar geradezu beleidigend über das Mädchen gesprochen, in das Erwin damals verliebt war. Ja, und schließlich war es seinerzeit nur auf Hansens Zureden und Hans zuliebe geschehen, als er in die Verbindung eintrat. Eigentlich hätte es ihm bei der Burschenschaft besser gefallen.

Erwin fand keine Ruhe. Er mußte immer mehr Verborgenes ans Licht ziehen, bis auf sagenhaft ferne, vergessene Abenteuer früher Schuljahre zurück. Immer und immer war er der Gutmütige, Geduldige, Dumme gewesen, und sooft es ein Zerwürfnis gegeben hatte, war immer er zuerst gekommen und hatte um Verzeihung gebeten oder Vergessen geheuchelt. Nun ja, er war eben einmal ein guter Kerl. Aber wozu das alles? Was war denn schließlich an diesem Hans Calwer, daß man ihm nachlaufen mußte? Ja, ein bißchen Witz und eine gewisse Sicherheit im Auftreten, das hatte er wohl, und er konnte geistreich sein, entschieden. Aber auf der andern Seite war er recht eingebildet, spielte den Interessanten, sah auf alle Leute herunter, vergaß Verabredungen und Versprechungen und wurde selber wütend, wenn man ihm einmal nicht wörtlich Wort hielt. Nun, das

mochte hingehen, Hans war eben immer etwas nervös, aber dieser Stolz, diese Sicherheit, diese immer souveräne, verächtlich tuende, unbefriedigte Hochnäsigkeit, die war unverzeihlich.
Von den alten, törichten Erinnerungen war eine besonders hartnäckig. Sie waren damals beide dreizehn oder vierzehn Jahre alt und hatten bisher jeden Sommer von einem Baum, der Erwins Nachbarn gehörte, Frühpflaumen gestohlen. Auch diesmal hatte Erwin den Baum beobachtet und von Zeit zu Zeit untersucht, und nun war er eines Abends glücklich und geheimnisvoll zu Hans gekommen und hatte gesagt: »Du, sie sind reif.« »Was denn?« hatte Hans gefragt und ein Gesicht gemacht, als verstehe er nichts und denke an ganz anderes. Und dann, als Erwin ihn erstaunt und lachend an die Pflaumen erinnerte, hatte ihn Hans ganz fremd und mitleidig angesehen und gesagt: »Pflaumen? Ach, du meinst, ich solle Pflaumen stehlen? Nein, danke.«
Ah, der Großhans! Wie er sich immer interessant machte! So war es mit den Pflaumen gewesen, und genau so ging es mit dem Turnen, mit dem Deklamieren, mit den Mädchen, mit dem Radfahren. Was gestern noch selbstverständlich gewesen war, wurde heute mit einem Achselzucken und einem Blick des Nichtmehrkennens abgetan. Gerade wie jetzt wieder mit dem Ausspringen aus der Verbindung! Erwin hatte damals zur Burschenschaft gewollt, aber nein, Hans wollte das nun gerade nicht, und Erwin hatte nachgegeben. Und jetzt war mit keinem Wort mehr davon die Rede, daß es damals einzig und allein Hans gewesen war, der sich für die Verbindung entschied. Freilich hatte er Hans manchmal recht geben müssen, wenn er sich über das Verbindungsleben lustig machte oder darüber klagte. Aber darum ging man doch nicht hin und brach sein Wort und sprang wieder aus, einfach aus Langeweile. Er jedenfalls würde es nicht tun und Hans zuliebe erst recht nicht.
Die Stunden klangen vom Kirchturm durch die Nachtkühle, die Glut im Ofen war erloschen. Erwin beruhigte sich langsam, die Erinnerungen wurden wirr und verloren sich, die Argumente und Anklagen waren erschöpft, der strenge Anwalt verstummt, und doch konnte er nicht einschlafen. Er war ärgerlich. Warum nur? Erwin hätte nur sein Herz zu fragen brauchen. Das war unermüdlicher als alles andere und schlug, ob der Kopf zürnte und anklagte oder müde schwieg, unbeirrt

und traurig nach dem Freund, der im blassen Schneelicht unter den Platanen weggegangen war.
Indessen ging Hans in den Anlagen flußabwärts, von Allee zu Allee. Sein unruhiger Schritt wurde im längeren Gehen gleichmäßig, da und dort blieb er stehen und sah aufmerksam in den dunklen Fluß und auf die dunkle, eingeschlafene Stadt. Er dachte nimmer an Erwin. Er überlegte, was morgen zu tun sei, was er sagen und wie er sich halten müsse. Es war unangenehm, seinen Austritt aus der Verbindung zu erklären, denn seine Gründe dafür waren derart, daß er sie nicht aussprechen und sich nicht auf Antworten und Zureden einlassen konnte. Er sah keinen anderen Weg, als auf alle Rechtfertigung zu verzichten und die Wölfe hinter sich her heulen zu lassen. Nur keine Auseinandersetzung, nur keine Erklärungen über Dinge, die ihn allein angingen, und mit Leuten, die ihn doch nicht verstanden. Er überlegte Wort für Wort das, was er sagen wollte. Zwar wußte er wohl, daß er morgen doch anders sprechen würde, aber je gründlicher er die Situation im voraus erschöpfte, desto ruhiger würde er bleiben. Und darauf kam alles an: ruhig zu bleiben, ein paar Mißverständnisse einzustecken, ein paar Vorwürfe zu überhören, vor allem aber Diskussionen abzulehnen, nicht den Unverstandenen, nicht den Leidenden, auch nicht den Ankläger oder Besserwisser oder Reformator zu spielen.
Hans suchte sich die Gesichter des Seniors und der anderen vorzustellen, besonders die ihm unsympathischen, von denen er fürchtete, sie könnten ihn reizen und aus der Ruhe bringen. Er sah sie erstaunt und unwillig werden, sah sie die Mienen des Richters, des beleidigten Freundes, des wohlwollenden Zusprechers annehmen und sah sie kalt werden, abweisen, nicht begreifen, beinahe hassen.
Schließlich lächelte er, als hätte er das alles schon hinter sich. Er dachte mit verwunderter und neugieriger Erinnerung an die Zeit seines Eintritts in die Verbindung, an das ganze merkwürdige erste Semester. Er war eigentlich ziemlich kühl hergekommen, wenn auch mit vielen Hoffnungen. Aber dann geriet er in jenen sonderbaren Rausch, der acht Tage dauerte, wo er von älteren Studenten liebenswürdig behandelt, aufmerksam ins Gespräch gezogen wurde. Man fand ihn aufgeweckt und geistreich und sagte ihm das, man rühmte seine geselligen Gaben, an denen

er immer gezweifelt hatte, man fand ihn originell. Und in diesem Rausch ließ er sich täuschen. Ihm schien, er käme aus der Fremde und Einsamkeit zu seinesgleichen, an einen Ort und zu Menschen, wo er sich zugehörig fühlen könne, ja er sei überhaupt nicht so zum Sonderling bestimmt, wie er vorher geglaubt hatte. Ihm schien die oft vermißte Geselligkeit, das oft bitter entbehrte Aufgehen in einer Gemeinschaft hier nahe, möglich, erreichbar, ja selbstverständlich. Das hielt eine Weile an. Er fühlte sich wohl und gerettet, er war dankbar und offen gegen alle, drückte allen die Hand, fand alle lieb, lernte die Kneipsitten mit humoristischem Vergnügen und konnte bei manchen philosophisch-stumpfsinnigen Liedern ganz gerührt mitsingen.
Sehr lange dauerte es allerdings nicht. Er merkte bald, wie wenige den Stumpfsinn fühlten, wie stereotyp die Witzreden und wie konventionell die nachlässig-herzlichen Umgangsformen der Brüderschaft waren. Er konnte bald nicht mehr mit wirklichem Ernst von der Würde und Heiligkeit der Verbindung, ihres Namens, ihrer Farben, ihrer Fahne, ihrer Waffen reden hören, und sah mit neugieriger Grausamkeit das Gebaren alter Philister an, die bei einem Besuch in der Universitätsstadt bei ihren jungen Bundesbrüdern vorsprachen, mit Bier gefüllt wurden und mit verjährten Gesten in die junge Lustigkeit einstimmten, die noch die gleiche war wie zu ihren Zeiten. Er sah und hörte, wie seine Kameraden vom Studium, vom wissenschaftlichen Betrieb, vom künftigen Amt oder Beruf redeten und dachten. Er beobachtete, was sie lasen, wie sie die Lehrer beurteilten; gelegentlich kam ihm auch ihr Urteil über ihn selbst zu Ohren. Da sah er, es war alles wie früher und wie überall, und er paßte in diese Gemeinschaft so wenig wie in eine andere.
Von da bis heute hatte es gedauert, bis sein Entschluß reif geworden war. Ohne Erwin wäre es schneller gegangen. Der hatte ihn noch gehalten, teils durch seine alte herzliche Art, teils durch ein Verantwortungsgefühl, da jener ihm in die Verbindung gefolgt war. Es würde sich zeigen, wie Erwin sich nun hielt. Wenn ihm dort drüben wohler war, hatte Hans kein Recht, ihn wieder mit sich in ein anderes Leben zu ziehen. Er war reizbar und unfreundlich gewesen, auch heute wieder; aber warum ließ Erwin sich alles gefallen?
Erwin war kein Durchschnittsmensch, aber er war unsicher

und schwach. Hans erinnerte sich ihrer Freundschaft bis in die ersten Jahre zurück, da Erwin ihn nach längeren schüchternen Bemühungen erobert hatte. Seither war alles von Hans ausgegangen: Spiele, Streiche, Moden, Sport, Lektüre. Erwin war den sonderbarsten Einfällen und rücksichtslosesten Gedanken seines Freundes mit Bewunderung und Verständnis gefolgt, er hatte ihn eigentlich nie allein gelassen. Aber selber hatte er wohl wenig getan und gedacht, meinte Hans. Er hatte ihn fast immer verstanden, ihn immer bewundert, er war auf alles eingegangen. Aber sie hatten nicht ein gemeinsames, aus zwei einzelnen Leben zusammengewachsenes Leben miteinander geführt, sondern Erwin hatte eben seines Freundes Leben mitgelebt. Das fiel Hans jetzt ein, und der Gedanke erschreckte ihn, daß er selbst in dieser jahrelangen Freundschaft gar nicht, wie er immer geglaubt hatte, der Durchschauende und Wissende gewesen war. Im Gegenteil, Erwin kannte ihn besser als sonst irgendein Mensch, aber er kannte Erwin kaum. Der war immer nur sein Spiegel, sein Nachahmer gewesen. Vielleicht hatte er in all den Stunden, in denen er nicht mit Hans zusammen war, ein ganz anderes eigenes Leben geführt. Wie gut hatte er sich mit manchen Schulkameraden und jetzt mit manchen Bundesbrüdern gestellt, zu denen Hans nie in ein Verhältnis, nicht einmal in das der Abneigung gekommen war! Es war traurig. Hatte er also wirklich gar keinen Freund gehabt, kein fremdes Leben mitbesessen? Er hatte einen Begleiter gehabt, einen Zuhörer, Jasager, Handlanger, mehr nicht.
Erwins letztes Wort an diesem ärgerlichen Abend fiel ihm ein: »Dein Pudel mag ich nicht sein.« Also hatte Erwin selber gefühlt, wie ihr Verhältnis war; er hatte sich zeitweilig zum Pudel hergegeben, weil er Hans bewunderte und gern hatte. Und gewiß hatte er das schon früher gefühlt und sich zuzeiten dagegen empört, es ihm aber verheimlicht. Er hatte ein zweites, eigenes, ganz anderes Leben geführt, an dem der Freund nicht teilhatte, von dem er nichts wußte, in das er nicht hineinpaßte.
In unwilliger Betrübnis suchte sich Hans von diesen Gedanken abzuwenden, die seinem Stolz weh taten und ihn arm machten. Er brauchte jetzt Besonnenheit und Kraft für anderes, um Erwin wollte er sich nicht kümmern. Und doch fühlte er erst jetzt, daß für ihn beim Austritt aus seiner Verbindung eigentlich nur

die Frage und Sorge noch wesentlich war, ob Erwin mitkäme oder ihn im Stich ließe. Das andere war ja nur noch ein Abschluß, ein letzter formaler Schritt, innerlich längst abgetan. Ein Wagnis und eine Kraftprobe wurde es nur durch Erwin. Wenn dieser bei den andern blieb und auf ihn verzichtete, dann hatte Hans die Schlacht verloren, dann war sein Wesen und Leben wirklich weniger wert als das der anderen, dann konnte er nimmer hoffen, jemals einen anderen Menschen an sich zu fesseln und festzuhalten. Und wenn es so war, dann kam eine böse Zeit für ihn, viel böser als alles Bisherige.
Wieder ergriff ihn, wie schon manchesmal, ein hilfloser, kläglicher Zorn über all den Schwindel in der Welt und über sich selber, daß er ihm immer wieder trotz allem Besserwissen vertraut hatte. So war es auch mit der Universität und vor allem mit dem Studentenwesen. Die Universität war eine veraltete, schlecht organisierte Schule; sie gewährte dem Schüler eine scheinbar fast grenzenlose Freiheit, um ihn nachher durch ein mechanisch-formelhaftes Prüfungswesen wieder desto gründlicher einzufangen, ohne doch gegen Ungerechtigkeiten von der wohlwollenden Protektion bis zur Bestechung eine Sicherheit zu geben. Nun, das plagte ihn wenig. Aber das Studentenleben, die Abstufung der Gesellschaften nach Herkunft und Geld, die komische Uniformierung, das fahnenweihmäßige, an bürgerliche Männergesangvereine erinnernde Redenhalten, zu-Fahnen-und-Farben-Schwören, die schäbig und sinnlos gewordene Romantik mit Altheidelberg und Burschenfreiheit, während man zugleich der Bügelfalte huldigte, das alles existierte nicht nur fort, er war sogar selber in die lächerliche Falle gegangen!
Hans mußte an einen Studenten denken, der mehrmals in einer Vorlesung über orientalische Religionswissenschaft sein Banknachbar gewesen war. Der trug einen dicken, urgroßväterlichen Lodenmantel, schwere Bauernstiefel, geflickte Hosen und ein derbes, gestricktes Halstuch und war vermutlich ein theologiestudierender Bauernsohn. Dieser hatte für die ihm unbekannten, einer andern Welt zugehörigen, eleganten Kollegen mit Mützen und Bändern, feinen Überziehern und Galoschen, goldenen Zwickern und strohdünnen Modespazierstöckchen immer ein ganz feines, gutes, beinah anerkennendes und doch überlegenes Lächeln. Seine etwas komische Figur hatte für

Hans öfters etwas Rührendes, manchmal auch Imponierendes gehabt. Nun dachte er, dieser Unscheinbare stehe ihm doch viel näher als alle bisherigen Kameraden, und er beneidete ihn ein wenig um die zufriedene Ruhe, mit der er seine Absonderung und seine groben Rohrstiefel trug. Da war einer, der gleich ihm ganz allein stand und der doch Frieden zu haben schien und der offenbar das beschämende Bedürfnis, den andern wenigstens äußerlich gleich zu sein, gar nicht kannte.

Hans Calwer quittierte aufatmend das kleine vom Vereinsdiener gebrachte Paketlein, das einen lakonischen letzten Brief des Schriftführers und sein Kommersbuch nebst einigen in der Kneipe liegengebliebenen Kleinigkeiten seines Besitzes enthielt. Der Diener war sehr steif und wollte anfangs nicht einmal ein Trinkgeld annehmen, es war ihm gewiß eigens verboten worden. Als Hans ihm aber einen Taler hinbot, nahm er ihn doch, dankte lebhaft und sagte wohlwollend:
»Das hätten Sie aber nicht tun sollen, Herr Calwer.«
»Was denn?« fragte Hans. »Den Taler hergeben?«
»Nein, austreten hätten Sie nicht sollen. Das ist immer bös, wissen Sie. Na, ich wünsch gute Zeit, Herr Calwer.«
Hans war froh, diese peinliche Sache hinter sich zu haben.
Von seinen drei Mützen hatte er schon gestern zwei verschenkt und die dritte als Andenken in seinen Reisekorb gelegt, dazu ein Band und ein paar Photographien von Bundesbrüdern. Nun legte er das mit einem dreifarbigen Schild geschmückte Kommersbuch an denselben Ort, schloß den Korb zu und wunderte sich, wie schnell man das alles loswerden konnte. Der Auftritt im Konvent war ja ein bißchen aufregend und ehrenrührig gewesen, aber jetzt war alles schön erledigt.
Er schaute nach der Tür. Darunter hatte er am meisten gelitten, daß ihm zu allen Tageszeiten bummelnde Bundesbrüder in die Wohnung gelaufen kamen, seine Bilder anschauten und kritisierten, den Tisch und Boden voll Zigarrenasche warfen und ihm seine Zeit und Ruhe stahlen, ohne irgend etwas dafür mitzubringen und ohne seine Andeutungen, daß er arbeiten und allein sein wolle, ernst zu nehmen. Einer hatte sogar eines Morgens, während Hans nicht da war, sich an seinem Tisch niedergelassen und in der Schublade ein Manuskript gefunden. Es war

seine erste größere Arbeit und hatte den etwas eitlen Titel »Paraphrasen über das Gesetz von der Erhaltung der Kraft«, und Hans hatte sich nachher förmlich verteidigen und herauslügen müssen, um den Verdacht unheimlichen Strebertums von sich zu wälzen. Jetzt hatte er Ruhe und brauchte nimmer zu lügen. Er schämte sich jener widerwärtigen Augenblicke, da er atemlos hinter verschlossener Türe stand und sich still hielt, während ein Kamerad draußen klopfte, oder da er lachend und seine Verwunderung verbergend, zuhörte, wie über eine ihm wichtige Frage im Kneipjargon gewitzelt wurde. Das war vorüber. Jetzt wollte er seine Freiheit und Ruhe wie ein Schwelger genießen und ungestört an den Paraphrasen arbeiten. Auch ein Klavier wollte er wieder mieten. Er hatte im ersten Monat eins gehabt, es aber zurückgegeben, weil es Besuche anzog und weil einer seiner Bundesbrüder fast alle Tage gekommen war und Walzer gespielt hatte. Nun hoffte er wieder manchen guten, stillen Abend zu erleben, mit Lampenschein, Zigarettenduft, lieben Büchern und guter Musik. Auch üben wollte er wieder, um die verlorenen Monate einzubringen.
Da fiel ihm noch eine versäumte Pflicht ein. Der Professor für orientalische Sprachen, den er als Alten Herrn und Mitbegründer der Verbindung kennengelernt hatte und dessen Haus er oft besuchte, wußte noch nichts von seinem Austritt. Er ging noch am gleichen Tage hin.
Das einfache, vorstädtisch still gelegene Häuschen empfing ihn mit der wohlbekannten wohligen Sauberkeit, mit den kleinen, behaglichen Zimmern voller Bücher und alter Bilder und dem Duft von wohnlich stillem, doch gastfreiem Leben feiner, gütiger Menschen.
Der Professor empfing ihn im Studierzimmer, einem durch Ausbrechen einer Wand gewonnenen, großen Raum mit unzähligen Büchern. »Guten Tag, Herr Calwer. Was führt Sie her? Ich empfange Sie hier, weil ich die Arbeit nicht lange unterbrechen kann. Aber da Sie zu ungewohnter Zeit kommen, haben Sie wohl auch einen besonderen Grund, nicht?«
»Allerdings. Erlauben Sie mir ein paar Worte, da ich nun doch leider schon gestört habe.«
Er nahm auf die Einladung des Professors Platz und erzählte seine Sache.

»Ich weiß nicht, wie Sie es auffassen, Herr Professor, und ob Sie meine Gründe gelten lassen. Zu ändern ist nichts mehr daran, ich bin ausgetreten.«

Der schlanke, magere Gelehrte lächelte.

»Lieber Herr, was soll ich dazu sagen? Wenn Sie getan haben, was Sie tun mußten, ist ja alles in Ordnung. Über das Verbindungsleben denke ich allerdings anders als Sie. Mir scheint es gut und wünschenswert, daß die Studentenfreiheit sich in diesen Gesellschaften selber Gesetze gibt und, meinetwegen im Spiel, eine Art von Organisation oder Staat schafft, dem der Einzelne sich unterordnet. Und gerade für etwas einsiedlerische, nicht sehr gesellige Naturen halte ich das für wertvoll. Was später jeder, und oft unter peinlichen Opfern, lernen muß, an das kann er hier sich unter bequemeren Formen gewöhnen: mit anderen zusammenzuleben, einer Gemeinschaft anzugehören, anderen zu dienen und sich doch selbständig zu halten. Das muß wohl jeder einmal lernen, und eine gesellschaftliche Vorschule erleichtert das nach meiner Erfahrung wesentlich. Ich hoffe, Sie finden andere Wege dahin und bauen sich nicht vorzeitig in eine gelehrten- oder künstlerhafte Einsamkeit hinein. Wo die nötig ist, kommt sie von selber, man muß sie nicht rufen. Zunächst sehe ich in Ihrem Entschluß nur die Notwehr und Reaktion eines empfindlichen Menschen auf die Enttäuschung, die jedes gesellschaftliche Leben einmal bringt. Mir scheint, Sie sind ein wenig Neurastheniker, da ist es doppelt begreiflich. Eine weitere Kritik steht mir nicht zu.«

Es gab eine Pause, Hans sah verlegen und unbefriedigt aus. Da schaute der Mann ihn aus den etwas müden grauen Augen gütig an.

»Daß Ihr Entschluß«, sagte er lächelnd, »mein Urteil über Sie wesentlich ändern oder meine Achtung mindern könnte, haben Sie doch nicht geglaubt? – Also gut, soweit haben Sie mich doch gekannt.«

Hans erhob sich und dankte herzlich. Dann errötete er leicht und sagte: »Noch eine Frage, Herr Professor! Es ist das, was mich hauptsächlich hergeführt hat. Muß ich meinen Verkehr in Ihrem Haus nun einstellen oder einschränken? Ich bin darüber nicht im klaren und hoffe, daß Sie die Frage nicht falsch deuten, nicht etwa als Bitte. Ich möchte nur einen Wink haben.«

Der Professor gab ihm die Hand.
»Also ich winke, aber nicht hinaus. Kommen Sie nur wie bisher. Die Montagabende freilich nicht; sie sind zwar ›offen‹, aber es kommen doch regelmäßig Bundesbrüder her. Genügt das?«
»Ja, danke vielmals. Ich bin so froh, daß Sie mir nicht zürnen. Adieu, Herr Professor.«
Hans ging hinaus, die Treppe hinab und durch den dünn und zart beschneiten Garten auf die Straße. Er hatte eigentlich nichts anderes erwartet, und doch war er dankbar für diese Freundlichkeit. Wenn dies Haus ihm nimmer offengestanden wäre, hätte ihn nichts mehr an die Stadt gefesselt, die er doch nicht verlassen konnte. Der Professor und seine Frau, für die Hans eine fast verliebte Verehrung hatte, schienen ihm vom ersten Besuch an seiner Art verwandt. Er glaubte zu wissen, daß diese beiden zu den Menschen gehörten, die alles schwernehmen und eigentlich unglücklich sein müßten. Und doch sah er, daß sie es nicht waren, obwohl der Frau ihre Kinderlosigkeit sichtlich leid tat. Ihm wollte es so scheinen, als hätten diese Leute etwas erreicht, was zu erreichen vielleicht auch ihm nicht verwehrt war: einen Sieg über sich und die Welt und damit eine zarte, seelenvolle Wärme des Lebens, wie man sie bei Kranken findet, die nur noch körperlich krank sind und ihrer gefährdeten Seele über alles Leid hinaus ein geläutertes, schönes Leben gewonnen haben. Das Leiden, das andere hinabzieht, hat sie gut gemacht.
Mit Befriedigung dachte Hans daran, daß es jetzt die Zeit zum Dämmerschoppen in der Krone war und daß er nicht hingehen mußte. Er ging nach Hause, schob ein paar Schaufeln voll Kohlen in den Ofen, ging leise summend auf und ab und sah dem frühen Dunkelwerden zu. Ihm war wohl, und er meinte eine gute Zeit vor sich zu sehen, ein bescheiden fleißiges Arbeiten, schönen Zielen entgegen, und die ganze genügsame Zufriedenheit eines Gelehrtenlebens, dem das persönliche Dasein beinahe unbemerkt hinrinnt, da Leidenschaft und Kampf und Unruhe des Herzens sich ungeteilt auf dem unirdischen Boden der Spekulation umtreiben und verbluten können. Da er nun einmal kein Student war, wollte er desto mehr ein Studierender sein, nicht um ein Examen und irgendein Amt zu erarbeiten, sondern um seine Kraft und Sehnsucht an großen Gegenständen zu messen und zu steigern.

Er brach die Melodie ab, zündete die Lampe an und setzte sich, die Fäuste an den Ohren, über einen stark gelesenen, mit Bleistiftstrichen und Verweisen gefüllten Band Schopenhauer. Er begann bei dem schon doppelt angestrichenen Satz: »Dieses eigentümliche Genügen an Worten trägt mehr als irgend etwas bei zur Perpetuierung der Irrtümer. Denn gestützt auf die von seinen Vorgängern überkommenen Worte und Phrasen geht jeder getrost an Dunkelheiten oder Problemen vorbei, wodurch diese sich unbeachtet Jahrhunderte hindurch von Buch zu Buch fortpflanzen und der denkende Kopf, zumal in der Jugend, in Zweifel gerät, ob etwa nur er unfähig ist, das zu verstehen, oder ob hier wirklich nicht Verständliches vorliege.«

Hans war, wie die meisten höher begabten Menschen, scheinbar vergeßlich. Ein neuer Zustand, ein neuer Gedankenkreis konnte ihn zeitweilig so erfüllen und mitnehmen, daß er darüber Naheliegendes, eben noch gegenwärtig und lebendig Gewesenes, völlig vergaß. Das dauerte jeweils so lange, bis er das Neue ganz erfaßt und zu eigen genommen hatte. Dann war nicht nur seine peinlich gepflegte Erinnerung an den gesamten Zusammenhang seines Lebens wieder da, sondern es drängten sich ihm Erinnerungsbilder von großer Deutlichkeit in oft lästiger Fülle auf. In diesen Zeiten litt er die bittere Pein aller Selbstbeobachter, die nicht schöpferische Künstler sind.
Für den Augenblick hatte er Erwin ganz vergessen. Er brauchte ihn jetzt nicht, er fühlte sich in der wiedererworbenen Freiheit und Stille befriedigt und dachte weder voraus noch zurück, sondern stillte sein seit Monaten zum wahren Hunger gewordenes Verlangen nach Einsamkeit, Lektüre und Arbeit und fühlte die Zeit des Lärmens und der vielen Kameraden beinahe spurlos hinter sich versunken.
Erwin ging es anders. Er hatte eine Begegnung mit Hans vermieden und die Nachricht von seinem Austritt und die ärgerlichen, zum Teil auch bedauernden Bemerkungen der Bundesbrüder mit trotzigem Gleichmut angehört. Als Intimus des Ausreißers war er in den ersten Tagen manchen Anspielungen ausgesetzt, die seinen Ärger steigerten und seine Abwendung von Hans bestärkten. Denn er wollte diesmal durchaus nicht nachgeben. Doch konnte sein Wille nicht hindern, daß jedes

unbillige und gehässige Wort über den Ausgeschiedenen ihm weh tat. Da er aber nicht gesonnen war, unnötig um den Undankbaren zu leiden, vermied er aus Instinkt Alleinsein und Nachdenken, war den ganzen Tag mit Kameraden zusammen und redete und trank sich in eine törichte Lustigkeit hinein. Und eben dadurch überwand er die Sache nicht und wurde den lästigen Freund im Herzen nicht los. Vielmehr folgte dem künstlichen Rausch eine tiefe Beschämung und Niedergeschlagenheit. Zu der Trauer um den verlorenen Freund kam die Selbstanklage und reuige Erkenntnis seiner Feigheit und seiner unredlichen Versuche, ihn zu vergessen.

Eines Tages, zehn Tage nach Hansens Austritt aus der Verbindung, nahm Erwin an einem Straßenbummel teil. Es war ein sonniger Wintervormittag mit hellblauem Himmel und frischer, trockener Luft. Auf den Gassen der alten, engen Stadt leuchteten die farbigen Mützen der bummelnden Studenten in fröhlicher Pracht, flotte Reiter im Wichs trabten mit hellem Getön über den harten, trockenen Winterboden.

Erwin war mit einem Dutzend Kameraden unterwegs, alle in prahlend ziegelroten Mützen. Sie flanierten langsam durch die paar Hauptstraßen, begrüßten andersfarbige Bekannte mit großer Beflissenheit und Würde, nahmen demütige Grüße von Dienern, Wirten und Geschäftsleuten nachlässig-stolz entgegen, betrachteten Schaufenster, hielten stehend an belebten Straßenecken Rast und unterhielten sich laut und ungezwungen über vorübergehende Frauen und Mädchen, Professoren, Reiter und Pferde.

Als sie eben vor einer Buchhandlung Stand gefaßt hatten und ausgehängte Bilder, Bücher und Plakate flüchtig betrachteten, ging die Ladentür auf, und Hans Calwer trat heraus. Alle zwölf oder fünfzehn Rotmützen wandten sich verächtlich ab oder bemühten sich, mit starren Gesichtern und überhoch gezogenen Brauen Nichterkennung, Abweisung, Verachtung, vollständige Ignorierung, ja Vernichtung auszudrükken.

Erwin, der beinahe mit Hans zusammengeprallt wäre, wurde dunkelrot und wandte sich scheu mit fliehender Gebärde dem Schaufenster zu. Hans ging mit unbewegtem Gesicht und ohne künstliche Eile vorüber; er hatte Erwin nicht bemerkt und fühlte sich vor den andern keineswegs befangen. Im Weitergehen freute er sich darüber, daß der Anblick der allzu bekannten Mützen und Gesichter ihn kaum erregt hatte, und dachte mit Erstaunen daran, daß er noch vor zwei Wochen zu diesen gehört habe.

Erwin gelang es nicht, seine Bewegung und Verlegenheit zu verbergen.

»Mußt dich nicht aufregen!« sagte sein Leibbursch gutmütig. Ein anderer schimpfte: »So ein hochnäsiger Kerl! Kaum daß er ausgewichen ist! Am liebsten hätt ich ihn gehauen.«

»Dummes Zeug«, beruhigte der Senior. »Er hat sich eigentlich sehr tadellos benommen. N'en parlons plus.«

Noch eine Straße weit ging Erwin mit, dann machte er sich mit kurzer Entschuldigung los und lief nach Hause. Er hatte bisher gar nicht daran gedacht, daß er ja Hans jeden Augenblick auf der Straße begegnen konnte, und wirklich hatte er ihn in diesen zehn Tagen nie gesehen. Er wußte nicht, ob Hans ihn bemerkt und erkannt habe, aber er hatte über diese lächerlich unwürdige Situation kein gutes Gewissen. Es war auch zu dumm; da ging zwei Schritte von ihm sein Herzensfreund vorbei, und er durfte ihm nicht einmal guten Morgen sagen. In den ersten trotzigen Tagen hatte er sogar seinem Leibburschen das Versprechen gegeben, keinen »inoffiziellen Verkehr« mit Hans Calwer zu pflegen. Er begriff das jetzt selbst nicht mehr und hätte sich nichts daraus gemacht, dies Wort zu brechen.

Aber Hans hatte gar nicht ausgesehen wie einer, der um einen verlorenen Schulfreund trauert. Sein Gesicht und sein Gang waren frisch und ruhig gewesen. Er sah dieses Gesicht so deutlich: die gescheiten, kühlen Augen, den schmalen, etwas hochmütigen Mund, die festen, rasierten Wangen und die helle, zu große Stirn. Es war der alte Kopf, wie in jenen ersten Schulknabenzeiten, als er ihn so sehr bewunderte und kaum zu hoffen wagte, daß dieser feine, sichere, still leidenschaftliche Knabe einmal sein Freund werden könnte. Nun war er's gewesen, und Erwin hatte ihn im Stich gelassen.

Da Erwin seinem Schmerz um den Bruch mit Hans Gewalt angetan und sich selber mit einem lustigen Gebaren betrogen hatte, fand die Selbstanklage ihn nun vollkommen schuldig. Er vergaß, daß Hans es ihm oft schwer genug gemacht hatte, sein Freund zu bleiben, daß er selber früher schon oft an Hansens Freundschaft gezweifelt hatte, daß Hans ihn längst hätte aufsuchen oder ihm schreiben können; er vergaß auch, daß er wirklich gewünscht hatte, das ungleiche Verhältnis zu brechen, daß er nimmer der Pudel hatte sein mögen. Er vergaß alles und sah nur noch seinen Verlust und seine Schuld. Und während er verzweifelt an seinem kleinen, unbequemen Schreibtisch saß, brachen ihm unvermutet reichliche Tränen aus den Augen und fielen auf seine Hand, auf die gelben Handschuhe und die rote Mütze.

Richtig betrachtet, war es Hans gewesen, der ihn einst Schritt für Schritt aus dem Kinderland ins Reich der Erkenntnis und der Verantwortung mit sich gezogen hatte. Nun aber wollte es Erwin scheinen, als habe ihn erst seit diesem Verlust die erste, ungebrochene Lebensfreude verlassen. Er dachte an alle Torheiten und Versäumnisse seiner Studentenzeit und kam sich befleckt und gefallen vor. Und so sehr er im Schmerz der schwachen Stunde übertrieb, indem er das alles in unklare Beziehung zu Hans brachte, es war doch eine gewisse Wahrheit darin. Denn Hans war, ohne es zu wollen und ganz zu wissen, sein Gewissen gewesen.

So fiel für Erwin wirklicher Schmerz und wirkliche Schuld mit seiner ersten Anwandlung von Heimweh nach der Kinderzeit zusammen, die fast alle jungen Leute gelegentlich befällt und je nach den Umständen alle Formen vom einfachen Katzenjammer bis zum echten, töricht sinnvollen Jugend-Weltschmerz annehmen kann. Das unbewehrte, widerstandslose Gemüt des Jungen beklagte in dieser Stunde den Freund, seine Verschuldung, seinen Leichtsinn, das verlorene Kinderparadies, alles miteinander, und es fehlte an einem wachen, kühlen Verstand, der ihm gesagt hätte, aller Übel Wurzel sei in seinem eigenen, weichen, leicht vertrauenden, allzu haltlosen Wesen zu suchen. Eben darum dauerte die Anwandlung auch nicht lange. Tränen und Verzweiflung machten ihn müde; er ging früh zu Bett und tat einen langen, festen Schlaf. Und als in der animalisch-wohligen, ausgeschlafenen Stimmung des neuen Tages sich die Erinnerung an das Gestrige erheben und neue Schatten um sich verbreiten wollte, da war Erwin Mühletal schon wieder Kind genug, sich bei Kameraden und einem Likörfrühstück in der Konditorei Trost zu suchen. Von frischen Gesichtern umgeben und von lustigen Gesprächen, im Glanz der Farben, von einem hübschen und schlagfertigen Mädchen wortreich bedient, lehnte er wehmütig-froh im bequemen Stuhl, führte kleine Brötchen zum Munde und mischte sich aus verschiedenen Likörflaschen ein sonderbares Getränk zusammen, das zwar nicht eigentlich gut schmeckte, aber ihm und den anderen doch viel Vergnügen machte und im Kopf statt der Gedanken einen leichten, schwimmenden, behaglichen Nebel verbreitete. Auch die Bundesbrüder fanden, Mühletal sei heut ein feiner Kerl.

Nachmittags war ein Kolleg, in dem Erwin ein wenig schlummerte, dann machte die Reitstunde ihn wieder ganz munter, so daß er in den Roten Ochsen ging, um der neuen Kellnerin den Hof zu machen. Und da er dort kein Glück hatte, vielmehr die Begehrte von einem Rudel von Einjährigen in Anspruch genommen fand, beendete er den Tag schließlich zufrieden im Café.

So trieb er es eine gute Weile, ganz wie ein Kranker, der in klaren Stunden sein Übel genau erkennt, es aber durch Vergessen und Aufsuchen angenehmer Reize vor sich selbst verbirgt. Er kann lachen, reden, tanzen, trinken, arbeiten, lesen, aber ein dumpfes, selten bis zur Oberfläche des Bewußtseins herauf dringendes Gefühl wird er nicht los, und für Augenblicke kommt ihm deutlich die Erinnerung daran zurück, daß der Tod in seinem Leibe sitzt und im geheimen arbeitet und wächst.

Er ging spazieren, ritt, focht, kneipte und ging ins Theater, ein gesunder, schneidiger Bursch. Aber er war nicht mit sich einig und trug ein Übel in sich verborgen, von dem er wußte, daß es auch in seinen guten Stunden da war und an ihm fraß. Auf der Straße bangte er oft plötzlich vor der Möglichkeit, Hans zu begegnen. Und nachts, wenn er ermüdet schlief, ging seine unruhige Seele Erinnerungswege und wußte wieder genau, daß die Freundschaft mit Hans ihr bester Besitz gewesen war und daß es nichts half, das zu leugnen und zu vergessen.

Einmal machte ein Kamerad in Erwins Gegenwart die anderen lachend darauf aufmerksam, daß dieser so viele Ausdrücke brauche, die von Hans stammten. Erwin sagte nichts, konnte aber nicht mitlachen und ging bald weg. Also jetzt noch war er von Hans abhängig und konnte nicht verleugnen, daß er ihm angehörte und ganze Teile seines Lebens ihm verdankte.

In den Vorlesungen des Orientalisten war Hans Calwer seither jenem bäurisch aussehenden Zuhörer regelmäßig begegnet und hatte häufig neben ihm gesessen. Er hatte ihn aufmerksam betrachtet, und seine ganze Art gefiel ihm trotz dem hilflosen Äußeren mehr und mehr. Er hatte gesehen, daß jener die Vorträge sauber und mühelos stenographierte, und ihn um diese Kunst beneidet, die er aus Abneigung nie hatte lernen mögen.

Einst saß er wieder in seiner Nähe und beobachtete, ohne den Vortrag außer acht zu lassen, den fleißigen Mann. Mit Befriedigung sah er in dessen Gesicht das Aufmerken und Verstehen ausgedrückt und in leisen Bewegungen lebend. Er sah ihn einigemal nicken, einmal lächeln, und während er dies lebendige Gesicht beobachtete, empfand er nicht nur Achtung, sondern Bewunderung und Zuneigung. Er beschloß, den Studenten kennenzulernen. Als die Vorlesung zu Ende war und die Zuhörer den kleinen Raum verließen, folgte Hans dem Lodenmantel aus der Ferne, um zu sehen, wo er wohne. Zu seinem Erstaunen machte der Unbekannte aber in keiner der alten Gassen halt, wo die meisten wohlfeilen Mietzimmer zu finden waren, sondern ging auf einen neueren, weit angelegten Stadtteil zu, wo Gärten, Privathäuser und Villen lagen und nur wohlhabende Leute wohnten. Nun wurde Hans neugierig und folgte in kleinerer Entfernung. Der im Lodenmantel schritt weiter und weiter, schließlich an den äußersten Villen und letzten Gartentoren vorbei, wo die bis dahin stattliche und gepflegte Straße in einen Feldweg verlief, der über einige kleine Bodenwellen, vermutlich Ackerland, hinweg in eine wenig besuchte, Hans völlig unbekannte Gegend hinaus führte.

Noch eine Viertelstunde oder länger ging Hans hinterher, dem Vorausschreitenden immer näher kommend. Nun hatte er ihn beinahe erreicht, jener hörte seine Schritte und wandte sich um. Er sah Hans fragend an, mit einem ruhigen Blick aus klaren, offenen, braunen Augen. Hans zog den Hut und sagte guten Tag. Der andere grüßte wieder, und beide blieben stehen.

»Sie gehen spazieren?« fragte Hans schließlich.

»Ich gehe heim.«

»Ja, wo wohnen Sie denn? Gibt es hier draußen noch Häuser?«

»Hier nicht, aber eine halbe Stunde weiter. Da liegt ein Dorf, Blaubachhausen, und da wohne ich. Aber Sie sind ja wohl hier schon lange bekannt?«

»Nein, ich bin zum erstenmal hier draußen«, sagte Hans. »Darf ich ein Stück mitgehen? Mein Name ist Calwer.«
»Ja, es freut mich. Ich heiße Heinrich Wirth. Aus dem Buddha-Kolleg her kenne ich Sie ja schon länger.«
Sie gingen nebeneinander weiter, und unwillkürlich richtete Hans seinen Schritt nach dem festeren seines Nachbarn. Nach einigem Schweigen sagte Wirth: »Sie haben früher immer so eine rote Kappe aufgehabt.«
Hans lachte: »Ja«, sagte er. »Aber das ist jetzt vorbei. Es war ein Mißverständnis, hat aber doch anderthalb Semester gedauert. Und winters bei der Kälte ist ein Hut auch besser.«
Wirth sah ihn an und nickte. Fast verlegen sagte er dann: »Es ist komisch, aber denken Sie, das freut mich.«
»Warum denn?«
»O, es hat keinen besonderen Grund. Ich hatte aber manchmal ein Gefühl, daß Sie nicht da hineinpassen.«
»Haben Sie mich denn beobachtet?«
»Nicht gerade. Aber man sieht einander doch. Im Anfang genierte es mich eigentlich, wenn Sie neben mir saßen. Ich dachte: das ist auch so ein Tadelloser, den man nicht anschauen darf, ohne daß er wild wird. Es gibt ja solche, nicht?«
»Ja, es gibt solche. O ja.«
»Also. Und dann sah ich, ich hatte Ihnen unrecht getan. Ich merkte ja, daß Sie wirklich zum Hören und Lernen herkamen.«
»Nun, das tun die andern doch wohl auch.«
»Meinen Sie? Ich glaube, nicht viele. Die meisten wollen eben einmal ein Examen machen, weiter nichts.«
»Dazu muß man doch aber auch lernen.«
»Auch, ja, aber nicht viel. Aber man muß dagewesen sein, die Vorlesung belegt haben und so weiter. Was man in einem Kolleg über Buddha lernen kann, kommt im Examen nicht vor.«
»Allerdings. Aber – erlauben Sie – zu einer Art von Erbauung sind eigentlich die Hochschulen auch wieder nicht da. Das Unwissenschaftliche, religiös Wertvolle an Buddha zum Beispiel kann man in einem Reclambändchen haben.«
»Das wohl. Das meine ich auch nicht. Ich bin übrigens nicht eine Art Buddhist, wie Sie vielleicht meinen, wenn ich die Inder auch gerne habe. – Sagen Sie, kennen Sie Schopenhauer?«

»Ja, ich glaube.«
»Also. Dann kann ich Ihnen das schnell erklären: Ich bin einmal beinah Buddhist gewesen, so wie ich's damals verstand. Und dabei hat Schopenhauer mir geholfen.«
»Ganz verstehe ich das nicht.«
»Nun, die Inder sehen das Heil im Erkennen, nicht wahr? Auch ihre Ethik ist nichts als eine Ermahnung zur Erkenntnis. Das hat mich angelockt. Aber nun saß ich da und wußte nicht, war das Erkennen überhaupt nicht der Weg zum Richtigen, oder hatte nur ich noch nicht genug erkannt. Und das wäre natürlich immer weiter gegangen und hätte mich kaputt gemacht. Da fing ich denn noch einmal mit Schopenhauer an, und dessen letzte Weisheit ist schließlich doch die, daß die Tätigkeit des Erkennens nicht die höchste ist, also auch nicht allein zum Ziele führen kann.«
»Zu welchem Ziel?«
»Ja, das ist viel gefragt.«
»Nun ja, ein andermal davon. Aber mir ist nicht recht klar, warum das Ihnen geholfen hat. Wie konnten Sie denn wissen, ob Schopenhauer recht hat oder die indische Lehre? Eins steht gegen das andere. Es war also einfach Ihre Wahl.«
»Doch nicht. Die Inder haben es im Erkennen ja weit gebracht, aber sie hatten keine Erkenntnistheorie. Die hat erst Kant gebracht, und wir können es nimmer ohne sie machen.«
»Das ist richtig.«
»Gut. Und Schopenhauer geht ja ganz von Kant aus. Ich mußte also zu ihm Vertrauen haben, gerade wie ein Luftschiffer zu Zeppelin mehr Vertrauen hat als zum Schneider von Ulm, einfach weil seither reale Fortschritte gemacht worden sind. Also stand die Waage doch nicht ganz gleich, sehen Sie. Aber die Hauptsache lag freilich anderswo. Es stand meinetwegen eine Wahrheit gegen die andere. Aber die eine konnte ich nur mit dem Verstand fassen, für den war sie fehlerlos. Die andere aber fand in mir Resonanz, ich konnte sie durch und durch fassen, nicht nur mit dem Kopf.«
»Ja, ich begreife. Darüber soll man auch nicht streiten. Und seither sind Sie also mit Schopenhauer zufrieden?«
Heinrich Wirth blieb stehen.
»Mensch, Mensch!« rief er lebhaft, doch lächelnd. »Mit Scho-

penhauer zufrieden! Was soll nun das bedeuten? Man ist einem Wegweiser dankbar, der einem viele Umwege gespart hat, aber man fragt doch den nächsten wieder. Ja, wenn man mit einem Philosophen zufrieden sein könnte! Dann wäre man ja am Ende.«

»Aber nicht am Ziel?«

»Nein, wahrhaftig nicht.«

Sie sahen einander an und hatten Freude aneinander. Sie nahmen das philosophische Gespräch nicht wieder auf, da sie beide fühlten, es sei dem andern nicht um Worte zu tun und sie müßten sich erst besser kennen, um weiter von solchen Dingen zu sprechen. Hans war es zumute, als hätte er unversehens einen Freund gefunden, doch wußte er nicht, ob der andere ihn ebenso ernst nahm, er hatte sogar ein mißtrauisches Gefühl, als sei Wirth trotz seiner sorglosen Offenheit viel zu sicher und fest, um sich leicht hinzugeben.

Es war das erstemal, daß er vor einem beinahe Gleichaltrigen eine solche Achtung hatte und sich als den Nehmenden fühlte, ohne sich darüber zu empören.

Hinter schwarzen, mit Schnee befleckten Ackerfurchen stiegen jetzt zwischen kahlen Obstbäumen helle Giebel eines Weilers auf. Dreschertakt und ein Kuhgebrüll tönte durch die Stille der leeren Felder herüber.

»Blaubachhausen«, sagte Wirth und deutete auf das Dörfchen. Hans wollte Abschied nehmen und umkehren. Er nahm an, sein Bekannter wohne ärmlich und möge das nicht zeigen, oder das Dorf sei vielleicht seine Heimat und er hause dort bei Vater und Mutter.

»Nun sind Sie gleich zu Hause«, sagte er, »und ich will nun auch umkehren und sehen, daß ich zum Mittagessen komme.«

»Tun Sie das nicht«, meinte Wirth freundlich. »Kommen Sie vollends mit und sehen Sie, wo ich wohne und daß ich kein Landstreicher bin, sondern eine ganz stattliche Bude habe. Essen können Sie im Dorf auch haben, und wenn Sie mit Milch zufrieden sind, können Sie mein Gast sein.«

Es war so unbefangen angeboten, daß er gerne annahm. Sie stiegen jetzt einen Hohlweg zwischen Dornengestrüpp zum Dorf hinab. Beim ersten Haus war ein Brunnentrog, ein Knabe stand davor und wartete, bis seine Kuh genug getrunken habe. Das

Tier wandte den Kopf mit den schönen, großen Augen nach den Herankommenden um, und der Knabe lief hinüber und gab Wirth die Hand. Sonst war die Gasse winterlich leer und still. Es war Hans wunderlich, aus den Straßen und Hörsälen der Stadt unvermutet in diesen Dorfwinkel zu treten, und er wunderte sich auch über seinen Begleiter, der hier und dort lebte und heimisch schien und der den stillen, weiten Weg zur Stadt tagtäglich ein- oder mehrmals ging.
»Sie haben weit in die Stadt«, sagte er.
»Eine Stunde. Wenn man dran gewöhnt ist, kommt es einem viel weniger vor.«
»Und Sie leben wohl ganz einsam da draußen?«
»Nein, gar nicht. Ich wohne bei Bauersleuten und kenne das halbe Dorf.«
»Ich meine, Sie werden wenig Besuch da haben – Studenten, Freunde –«
»Diesen Winter sind Sie der erste, der mich besucht. Aber im Sommersemester kam öfter einer heraus, ein Theolog. Er wollte Plato mit mir lesen, und wir haben auch angefangen und es drei, vier Wochen getrieben. Dann blieb er allmählich aus. Der Weg war ihm doch zu weit, er hatte ja auch in der Stadt noch Freunde, da verleidete es ihm. Für den Winter ist er jetzt in Göttingen.«
Er sprach ruhig, fast gleichgültig, und Hans hatte den Eindruck, diesem Einsiedler könne Gesellschaft, Freundschaft, Bruch der Freundschaft wenig mehr anhaben.
»Sind Sie nicht auch Theolog?« fragte er.
»Nein. Ich bin als Philolog eingetragen. Ich höre, außer dem indischen Kolleg, griechische Kulturgeschichte und Althochdeutsch. Nächstes Jahr, hoffe ich, gibt es ein Sanskrit-Seminar, da will ich teilnehmen. Sonst arbeite ich privatim und bin drei Nachmittage in der Woche auf der Bibliothek.«
Sie waren vor Wirths Wohnung angekommen. Das Bauernhaus lag still und sauber mit weißem Verputz und rotgemaltem Fachwerk, von der Straße durch einen Obstgarten getrennt. Hühner liefen umher, jenseits des Hofes wurde auf einer großen Tenne Korn gedroschen. Wirth ging seinem Besucher voran ins Haus und die schmale Treppe hinauf, die nach Heu und getrocknetem Obst roch. Oben öffnete er in der halben Finsternis des fenster-

losen Flurs eine Tür und machte den Gast auf die altväterisch hohe Schwelle aufmerksam, damit er nicht falle.
»Kommen Sie herein«, sagte Wirth, »hier ist meine Wohnung.«
Der Raum war, trotz seiner bäuerlichen Einfachheit, weit größer und behaglicher als Hansens Stadtzimmer. Es war eine sehr große Stube mit zwei breiten Fenstern. In einer ziemlich dunklen Ecke stand ein Bett und ein kleiner Waschtisch mit einem ungeheuren, grau und blauen Wasserkrug aus Steingut. Nahe bei den Fenstern und von beiden her beleuchtet, stand ein sehr großer Schreibtisch aus Tannenholz, mit Büchern und Heften bedeckt, eine schlichte Holzstabelle dabei. Die eine, äußere Wand ward ganz von drei hohen, bis oben gefüllten Bücherständern eingenommen, an der Wand gegenüber stand ein gewaltiger braungelber Kachelofen, der reichlich geheizt war. Sonst war nur noch ein Kleiderschrank da und ein zweiter, kleiner Tisch. Auf diesem stand ein irdener Hafen voll Milch, daneben lag ein Holzteller mit einem Brotlaib. Wirth brachte einen zweiten Schemel herbei und bat Hans zu sitzen. »Wenn Sie mit mir halten wollen«, meinte er einladend, »so essen wir gleich. Die kalte Luft macht Hunger. Sonst bringe ich Sie ins Wirtshaus, ganz wie Sie wollen.«
Hans zog es vor, dazubleiben. Er bekam einen blau- und weißgestreiften Napf ohne Henkel, einen Teller und ein Messer. Wirth schenkte ihm Milch ein und schnitt ihm ein Stück Brot vom Laib, danach versorgte er sich selber. Er schnitt sein Brot in lange Streifen, die er in die Milch tauchte. Da er sah, daß seinem Besuch diese Art zu essen ungewohnt war, lief er nochmals hinaus und kam mit einem Löffel, den er ihm hinlegte.
Sie aßen schweigend, Hans nicht ohne Befangenheit. Als er fertig war und nichts mehr nehmen wollte, ging Wirth an den Schrank, brachte eine prächtige Birne und bot sie an: »Da hab ich noch etwas für Sie, damit Sie mir nicht hungrig bleiben. Nehmen Sie nur, ich habe noch einen ganzen Korb voll. Sie sind von meiner Mutter, die schickt mir alle Augenblicke so was Gutes.«
Calwer kam nicht aus der Verwunderung. Er war überzeugt gewesen, der Mann sei ein armer Schlucker und Stipendientheolog, nun hatte er erfahren, daß er lauter brotlose Künste treibe, und sah außerdem an dem stattlichen Bücherschatz, daß er nicht

arm sein könne. Denn es war nicht eine ererbte oder aus zufälligen Geschenken entstandene Verlegenheitsbibliothek, die man mit sich schleppt und beibehält, ohne sie zu brauchen, sondern eine Sammlung guter, zum Teil ganz neuer Bücher in einfachen, anständigen Einbänden, alles offenbar in wenigen Jahren erworben. Der eine Ständer enthielt Dichter aller Völker und Zeiten bis zu Hebbel und sogar Ibsen, nebst den antiken Autoren. Alles andere war Wissenschaft, aus verschiedenen Gebieten, ein Fach voll ungebundener Sachen enthielt vieles von Tolstoi, eine Masse Broschüren und Reclambändchen.

»Wieviel Bücher Sie haben!« rief Hans bewundernd. »Auch einen Shakespeare. Und Emerson. Und da ist Rhodes ›Psyche‹! Das ist ein Schatz.«

»Nun ja. Wenn Sachen dabei sind, die Sie lesen möchten und nicht selber haben, dann nehmen Sie nur mit! Es wäre ja schöner, wenn man ohne Bücher leben könnte, aber man kann es doch nicht.«

Nach einer Stunde brach Hans auf. Wirth hatte ihm geraten, einen anderen, schöneren Weg nach der Stadt zurückzugehen und begleitete ihn nun eine kleine Strecke, damit er nicht irrgehe. Als sie auf die untere Dorfstraße kamen, schien Hans die Umgebung bekannt, als sei er schon einmal hier gewesen. Und als sie an einem modernen Wirtshaus mit einem großen Kastaniengarten vorübergingen, fiel jener Tag ihm plötzlich wieder ein. Es war in seiner ersten Zeit gewesen, gleich nach seinem Eintritt in die Verbindung, sie waren in Landauern herausgefahren und hatten hier im Garten gesessen, alles fidel und schon angetrunken, in einer lärmigen Fröhlichkeit. Er schämte sich. Damals war vielleicht jener Theolog, der nachher untreu wurde, bei Wirth gewesen, und sie hatten Plato gelesen.

Beim Abschied wurde er zum Wiederkommen aufgefordert, was er gerne versprach. Erst nachher fiel ihm ein, daß er seine Adresse nicht angegeben habe. Doch war er ja sicher, seinen neuen Bekannten im indischen Kolleg wieder zu treffen. Während des ganzen Heimwegs machte er sich neugierige Gedanken über ihn. Seine plumpe Kleidung, sein Wohnen da draußen bei Bauern, sein Mittagsmahl von Brot und Milch, seine Mutter, die ihm Birnen schickte, das alles paßte gut zusammen, aber es paßte nicht zu den vielen Büchern und nicht zu Wirths Re-

den. Gewiß war er auch älter als er aussah und hatte schon manches erlebt und erfahren. Seine einfache, unbefangen freie Art zu sprechen, Bekanntschaft zu machen, sich im Gespräch herzugeben und doch in Reserve zu bleiben, war im Gegensatz zu seiner sonstigen Erscheinung beinahe weltmännisch. Unvergeßlich aber war sein Blick, der ruhige, klare, sichere Blick aus schönen, warmen, braunen Augen.
Auch was er über Schopenhauer und die indische Philosophie gesagt hatte, war zwar nicht neu, aber es klang ganz und gar erlebt, nicht wie gelesen oder auswendig gelernt. In Hansens Erinnerung klang noch mit unbestimmt erregendem, mahnendem Ton wie das Nachsummen einer tiefen Saite das Wort, das jener von seinem »Ziel« gesagt hatte.
Was war das für ein Ziel? Vielleicht dasselbe, das ihm selber noch so dunkel und doch als Ahnung schon da war, während jener es schon erkannt hatte und mit Bewußtsein verfolgte? Aber Hans meinte zu wissen, daß jeder Mensch sein eigenes Ziel habe, jeder ein anderes und daß scheinbare Übereinstimmungen hier nur Täuschungen sein könnten. Immerhin war es möglich, daß zwei Menschen große Wegstrecken gemeinsam gingen und Freunde waren. Und er fühlte, daß er dieses Menschen Freundschaft begehrte, daß er zum erstenmal bereit war, sich einem andern unterzuordnen und hinzugeben, eine fremde Überlegenheit willig und dankbar gelten zu lassen.
Etwas müde und durchfroren kam er in die Stadt zurück, als es schon dämmerte. Er ging nach Hause und ließ sich Tee machen; da erzählte ihm seine Wirtin, es sei zweimal ein Student dagewesen und habe nach ihm gefragt. Das zweitemal habe er sich Hansens Zimmer öffnen lassen und dort länger als eine Stunde auf ihn gewartet. Hinterlassen habe er nichts. Die Frau wußte seinen Namen nicht, beschrieb ihn aber so, daß Hans wußte, es sei Erwin gewesen.
Tags darauf begegnete er ihm am Eingang der Aula. Erwin sah blaß und übernächtigt aus. Er war in Couleur und in Gesellschaft von Bundesbrüdern, und als er Hans erkannte, wandte er das Gesicht und sah geflissentlich von ihm weg.
Hans überlegte sich, ob er ihn besuchen solle, kam aber zu keinem Entschluß. Er kannte Erwins Schwäche und Bestimmbarkeit wohl und zweifelte nicht daran, daß es nur auf ihn ankäme,

um ihn wieder unter seinen Einfluß zu bringen. Doch wußte er selbst nicht, ob das für sie beide gut wäre. Daß Erwin ihn allmählich vergäße und im Umgang mit so vielen anderen selbständiger würde, war vielleicht doch die beste Lösung. Es tat ihm leid, keinen Freund mehr zu haben, und es war ihm sonderbar peinlich, daran zu denken, daß ein ihm fremd Gewordener ihn so gut kennen und so viele Erinnerungen mit ihm gemeinsam haben solle. Aber lieber das, als ein so einseitiges Verhältnis gewaltsam weiterführen! Er gestand sich, daß es ihm ein wenig wohl tat, die Verantwortung für den allzu unselbständigen Freund los zu sein.

Dabei vergaß er, daß er noch vor vierzehn Tagen ganz anders gedacht hatte. Damals kam es ihm wie eine beschämende Niederlage vor, wenn Erwin das Bleiben in der Verbindung seiner Freundschaft vorzog, jetzt ließ ihn das kühl. Das beruhte zwar zum Teil einfach auf seiner augenblicklichen Zufriedenheit mit dem Leben, die ihn ruhig machte, weit mehr aber noch und mehr als er selbst wußte, auf seiner jungen Bewunderung für Heinrich Wirth und auf seiner Hoffnung, an ihm einen neuen, ganz anders geliebten Freund zu bekommen. Erwin war ein Spielkamerad gewesen, der andere aber konnte ein wirklicher Teilnehmer an seinem Denken und Leben, ein Ratgeber, Führer und Weggefährte sein.

Indessen war es Erwin nicht wohl. Seine Kameraden mußten sein ungleiches, erregtes Wesen bemerken, und einige fühlten heraus, daß Hans die Ursache war. Das ließ man ihn gelegentlich merken, und einer, ein grober Patron, machte sich den Spaß, Erwins Freundschaft mit Hans eine »Liebschaft« zu nennen und ihn zu fragen, ob er sich jetzt, da Hans Gott sei Dank weg sei, nicht endlich in ein Weib verlieben wolle, wie es unter gesunden Jungen Sitte sei. Die rasende Wut, in die Erwin darüber geriet, hätte beinah zu einer blutigen Rauferei geführt. Er stürzte sich auf den Spötter, den man ihm mit Gewalt entreißen mußte, und die älteren Kameraden fanden kein Mittel, ihn zu beruhigen, als daß sie den Ungezogenen zwangen, Erwin um Verzeihung zu bitten. Da die Verzeihung so erzwungen war und so wenig von Herzen kam wie die Bitte darum, blieb der Riß klaffen, und Erwin hatte nicht nur einen Feind, den er täglich sehen mußte,

sondern fühlte sich auch von den anderen mit einem gewissen Mitleid behandelt, das ihm alle Unbefangenheit nahm. Nun spielte er den Forschen nicht mehr nur sich selber, sondern ebensosehr den anderen vor, und es gelang ihm schlecht.
Am Tag jener Beleidigung hatte er die beiden Fehlgänge zu Hans getan. Nun nahm er ihm übel, daß er nicht zu finden gewesen war und sah mit einer traurigen Genugtuung den Augenblick verpaßt, in welchem Beleidigung und frischer Zorn ihm einen kühnen und befreienden Schritt erleichtert hätten. Er ließ jetzt alles wieder gehen wie es mochte, und es ging schlecht genug. Unter den Augen der Kameraden hielt er sich mit Gewalt aufrecht, indem er sich auf dem Hauboden und in der Reitschule besondere Mühe gab. Weiter reichte seine Kraft nicht, und da er sich bei den Kameraden beobachtet oder geschont fühlte und es doch zu Hause, bei der Arbeit oder auf einsamen Spaziergängen nicht lange aushielt, gewöhnte er sich daran, zu beliebigen Tagesstunden die Cafés und Trinkstuben aufzusuchen, da ein paar Gläser Bier, dort einen Schoppen Wein, hier ein Glas Likör zu nehmen, so daß er nahezu den größten Teil seiner Zeit in einer wüsten Betäubung umherlief. Richtig betrunken sah man ihn nie, aber auch selten vollkommen nüchtern, und in kürzester Zeit hatte er einige von den bekannten Trinkergewohnheiten und Gebärden angenommen, die gelegentlich so komisch drollig, auf die Dauer aber traurig und scheußlich sind. Ein in Freude oder Zorn getrunkener Rausch kann befreiend, lustig, liebenswürdig sein, während der halbwache Dusel des Wirtshausbruders, der sein Leben auf eine bequeme, langsame, träge Weise zerstört, stets ein Jammer und Ekel ist.
Eine heilsame Unterbrechung brachten die Weihnachtsferien. Erwin reiste nach Hause und blieb, da er sich krank fühlte, noch eine Woche länger, ließ sich von der Mutter und Schwester pflegen und erfreute sie, die anfangs über sein verändertes Wesen erschrocken waren, durch eine fast knabenhaft hervorbrechende Zärtlichkeit, die einer Reue über seine Dummheiten und einem Zufluchtbedürfnis seines unbeständigen Gemüts entsprach.
Er hatte einigermaßen damit gerechnet, Hans Calwer würde die Feiertage ebenfalls im Heimatstädtchen zubringen und es werde sich hier eine Versöhnung oder doch eine Aussprache ergeben. Dann sah er sich enttäuscht. Calwer, dessen Eltern nicht

mehr lebten, hatte die Ferien zu einer Reise benutzt. Erwin in seiner krankhaften Unselbständigkeit ließ es dabei bewenden und begann nach der Rückkehr zur Universität das alte Leben. Es war ihm in nüchternen Stunden ganz klar, daß sein Zustand unhaltbar sei, und er war eigentlich längst entschlossen, die rote Mütze abzulegen und sich zu Hans zu bekennen. Doch ließ er sich, in seinem Zustand von Selbstbedauern und Schwäche, immer wieder treiben und erwartete von außen, was er nur in sich selber finden konnte. Dazu kam noch eine neue Torheit, die ihn bald gefährlich festhielt.

Nach der Art verbummelnder Studenten, denen es sowohl an richtiger Arbeit wie an rechten Freunden fehlte, suchte er seine Zerstreuung immer mehr außerhalb seiner Gesellschaft und fand in geringen Kneipen, deren Besuch ihm eigentlich verboten war, den Umgang armer Teufel, entgleister Studenten und Sumpfhühner. Bei diesen Leuten gab es, neben gänzlichem Stumpfsinn, auch manche begabte und originelle Köpfe, die im Dunkel liederlicher Trinkstuben ein melancholisch-revolutionäres Geniewesen trieben und den Eindruck bedeutender Originalität machen konnten, da sie nichts anderes taten als ihrem sinnlosen Leben einen erklügelten Sinn unterzulegen. Hier blühten boshafter Witz, frappierend kecke Redensarten und ein unverhüllter Zynismus.

Als Erwin in einer kleinen, schäbigen Vorstadtkneipe zum erstenmal einige dieser Leute kennenlernte – es war bald nach Weihnachten –, ging er mit Begier auf dies Unwesen ein. Er fand den Ton hier weit geistreicher als den Komment seiner Verbindung, und dabei merkte er doch, daß er hier als Mitglied einer angesehenen, farbentragenden Verbindung, trotz allen darüber gemachten Witzen, einen gewissen Respekt genoß.

Natürlich wurde er gleich beim erstenmal geschröpft. Man fand ihn »verhältnismäßig genießbar«, wenn auch einen »noch sehr jungen Hund«, und man tat ihm die Ehre an, ihn die Zeche für die kleine Tafelrunde bezahlen zu lassen.

Das alles war am Ende nicht schlimm und hätte ihn kaum länger als einige Abende gefesselt. Aber man nahm ihn, sobald er sich als guter Kerl und gelegentlicher Spendierer erwiesen hatte, in ein merkwürdiges Café »Zum blauen Husaren« mit, wo man ihm unerhörte Genüsse in Aussicht gestellt hatte. Mit diesen Herrlichkeiten sah es nun zwar nicht allzu glänzend aus; die Bude war dunkel und schmierig, ein elendes, lichtscheues Loch mit einem alten Billard und schlechten Weinen, und die gefälligen Kellnerinnen waren nicht halb so verführerisch, als der arme Mühletal sich gedacht hatte. Immerhin atmete er hier eine diabolisch verdorbene Luft und genoß das mäßige und doch für Harmlose anziehende Vergnügen, mit schlechtem Gewissen an einem verpönten Ort zu weilen.

Und dann lernte er bei seinem zweiten Besuch im »Blauen Husaren« auch die Tochter der Wirtin kennen. Sie hieß Fräulein Elvira und führte das Regiment im Hause. Eine Art von bedauerlicher, gewissenloser Schönheit verlieh ihr Macht über die jungen Männer, die wie Fliegen auf den Leim gingen und über die sie unbedingt herrschte. Wenn ihr einer gefiel, setzte sie sich ihm auf den Schoß und küßte ihn, und wenn er arm war, gewährte sie ihm freie Zeche. War sie aber nicht bei Laune, so durfte auch der sonst Wohlgelittene sich keinen Scherz und keine Liebkosung erlauben. Wer ihr nicht paßte, den schickte sie fort und verbot ihm ganz oder zeitweise das Haus. Schwerbetrunkene ließ sie nicht herein, auch nicht, wenn es Freunde waren. Anfänger, die noch den Eindruck schüchterner Unschuld machten, behandelte sie mütterlich; sie duldete nicht, daß ein solcher sich betrank oder von den anderen um Geld gebracht oder gehänselt wurde. Zuzeiten war ihr wieder alles verleidet, dann war sie den ganzen Tag unsichtbar oder saß unnahbar in einem Polstersessel und las Romane, wobei niemand sie stören durfte. Ihre Mutter fügte sich in alle ihre Launen und war froh, wenn es ohne Stürme abging.

Als Erwin Mühletal sie zum ersten Male sah, saß Fräulein Elvira in ihrem gepolsterten Schmollsessel, hatte einen schlecht gebundenen Jahrgang einer illustrierten Zeitschrift vor sich liegen, in dem sie unaufmerksam und nervös blätterte und schenkte den Gästen und ihrem Treiben keinen Blick. Ihre nur scheinbar nachlässige Frisur ließ das gepflegte, schöne geschmeidige Haar weit über die Schläfen in das blasse, bewegliche und launische Gesicht hängen, schmale Lider mit langen Wimpern bedeckten die Augen. Ihre unbeschäftigte linke Hand lag auf dem Rücken einer großen, grauen Katze, die aus grünen, schrägen Augen schläfrig starrte.

Erst als Erwin mit seinen Begleitern längst mit Wein bedient und mit einem Würfelspiel beschäftigt waren, hob das Fräulein die Lider und betrachtete die neuen Gäste. Sie sah namentlich den Neuling an, und Erwin wurde verlegen unter ihrem unverhüllten, prüfenden Blick. Doch zog sie sich bald wieder hinter den Folianten zurück.
Aber als Erwin nach einer Stunde unbefriedigt aufstand, um zu gehen, erhob sie sich, zeigte ihre schlanke, biegsame Gestalt und nickte ihm, als er zum Abschied grüßte, fast unmerklich lächelnd und einladend zu.
Er ging verwirrt davon und konnte ihren zärtlichen, ironischen, versprechenden Blick und ihre feine, damenhafte Figur nicht vergessen. Er hatte nicht mehr den unbeirrt unschuldigen Blick, dem nur das fehlerlos Gesunde gefällt, und war doch unerfahren genug, das Gespielte für echt zu nehmen und in dem katzenhaften Fräulein zwar keinen Engel, aber dafür ein anziehend dämonisches Weib zu sehen.
Von da an suchte er, so oft er abends sich unkontrolliert seiner Gesellschaft entziehen konnte, den »Blauen Husaren« auf, um je nach der Laune Elviras ein paar aufregend glückliche Stunden oder Demütigung und Ärger zu haben. Sein Freiheitsverlangen, dem er seine einzige Freundschaft geopfert hatte und das auch die Gesetze und Pflichten seiner studentischen Vereinigung auf die Dauer lästig fand, unterwarf sich jetzt ohne Widerstand den Einfällen und Stimmungen eines koketten und herrschsüchtigen Mädchens, das dazu noch in einer widerwärtigen Höhle heimisch war und kein Geheimnis daraus machte, daß es zwar durchaus nicht jeden Beliebigen, aber doch mehrere, sei es nacheinander oder nebeneinander, lieben könne.
So ging Erwin den Weg, den schon mancher Besucher des »Blauen Husaren« gegangen war. Einmal forderte das Fräulein Elvira ihn auf, sie mit Champagner zu traktieren, ein andermal schickte sie ihn heim, da er Schlaf brauche; einmal war sie zwei, drei Tage unsichtbar, ein andermal bewirtete sie ihn mit guten Sachen und lieh ihm Geld.
Zwischenein empörten sich sein Herz und Verstand und schufen ihm verzweifelte Tage mit oft wiederholten Selbstanklagen und mit Entschlüssen, von denen er wußte, sie würden nicht zur Tat werden.

Eines Abends, nachdem er Elvira ungnädig gefunden hatte und unglücklich durch die Gassen strich, kam er an Hansens Wohnung vorbei und sah Licht in dessen Fenster. Er blieb stehen und sah mit Heimweh und Scham hinauf. Hans saß oben am Klavier und spielte aus dem Tristan; die Musik drang in die ruhige, dunkle Gasse heraus und hallte in ihr wider, und Erwin ging auf und ab und hörte zu, wohl eine Viertelstunde lang. Nachher, als das Klavier verstummt war, fehlte nicht viel, so wäre er hinaufgegangen. Da erlosch das Licht im Fenster, und bald darauf sah er seinen Freund, wie er in Begleitung eines großen, unfein gekleideten jungen Menschen das Haus verließ. Erwin wußte, daß Hans nicht jedem Beliebigen Tristan vorspielte.
Also hatte er schon wieder einen Freund gefunden!

In der Wohnung des Studiosus Wirth in Blaubachhausen saß Hans am braunen Kachelofen, indes Wirth in der geräumigen, niederen Stube auf und ab ging.
»Nun denn«, sagte Wirth, »das ist bald erzählt. Ich bin ein Bauernsohn, wie Sie wohl schon gemerkt haben. Aber allerdings war mein Vater ein besonderer Bauer. Er hat einer bei uns verbreiteten Sekte angehört und sein ganzes Leben, soweit ich davon weiß, damit hingebracht, den Weg zu Gott und zu einem richtigen Leben zu suchen. Er war wohlhabend, fast reich und besorgte seine große Wirtschaft gut genug, daß sie trotz seiner Gutmütigkeit und Wohltätigkeit eher zu- als abnahm. Das war ihm aber nicht die Hauptsache. Viel wichtiger war ihm das, was er das geistliche Leben nannte. Das nahm ihn beinahe ganz in Anspruch. Er ging zwar regelmäßig in die Kirche, war aber mit dieser nicht einverstanden, sondern fand seine Erbauung bei Sektenbrüdern in Laienpredigt und Bibelauslegung. In seiner Stube hatte er eine ganze Reihe Bücher: kommentierte Bibeln, Betrachtungen über die Evangelien, eine Kirchengeschichte, eine Weltgeschichte und eine Menge erbaulicher, zum Teil mystischer Literatur. Böhme und Eckart kannte er nicht, aber die deutsche Theologie, einige Pietisten des XVII. Jahrhunderts, namentlich Arnold, und dann noch einiges von Swedenborg.
Es war beinah ergreifend, wie er mit ein paar Glaubensbrüdern sich einen Weg durch die Bibel suchte, immer einem geahnten Licht nachspürend und immer im Gestrüpp irrgehend, und wie

er mit zunehmendem Alter immer besser spürte, daß zwar sein Ziel das richtige, sein Weg aber der falsche sei. Er fühlte, daß es ohne methodisches Studieren nicht gehe, und da ich schon früh auf seine Sache einging, setzte er auf mich seine Hoffnung und dachte, wenn er mich studieren ließe, müßten andächtiges Suchen und wirkliche Wissenschaft zusammen doch zu einem Ziel führen. Es tat ihm leid um seinen Hof, und der Mutter noch mehr, aber er brachte das Opfer doch und schickte mich in städtische Schulen, obwohl ich als einziger Sohn den Hof hätte übernehmen müssen. Schließlich starb er, noch ehe ich Student war, und es war ihm vielleicht besser, als wenn er es erlebt hätte, daß ich weder ein Reformator und Schriftausleger, noch auch nur ein richtiger Christ in seinem Sinn wurde. In einem etwas anderen Sinn bin ich es ja, aber er hätte das kaum verstanden.
Nach seinem Tod wurde der Hof verkauft. Die Mutter machte vorher noch Versuche, mich wieder zum Bauer zu überreden, aber ich war schon entschieden, und so gab sie sich ungern darein. Sie zog zu mir in die Stadt, hielt es aber kaum ein Jahr lang aus. Seither lebt sie daheim in unserem Dorf bei Verwandten, und ich besuche sie jedes Jahr für ein paar Wochen. Ihr Schmerz ist jetzt, daß ich kein Brotstudium treibe und daß sie keine Aussicht hat, mich bald als Pfarrer oder Doktor oder Professor zu sehen. Aber sie weiß noch vom Vater her, daß denen, die der Geist treibt, nicht mit Bitten und nicht mit Gründen zu helfen ist. Sooft ich ihr davon erzähle, daß ich den Leuten hier bei der Ernte oder beim Mosten oder Dreschen geholfen habe, wird sie nachdenklich und stellt sich mit Seufzen vor, wie schön es wäre, wenn ich das als Herr auf unserem Hof täte, statt so bei fremden Leuten ein ungewisses Leben zu führen.«
Er lächelte und blieb stehen. Dann seufzte er leicht und sagte: »Ja, es ist sonderbar. Und schließlich weiß ich nicht einmal, ob ich nicht doch einmal als Bauer sterbe. Vielleicht kommt es doch noch so, daß ich eines Tages ein Stück Land kaufe und das Pflügen wieder lerne. Wenn einmal ein Beruf sein muß und wenn man nicht gerade ein Ausnahmemensch ist, gibt es doch am Ende nichts Besseres als das Feld bestellen.«
»Warum denn?« rief Hans.
»Warum? Weil der Bauer sein Brot selber sät und erntet und der einzige Mensch ist, der direkt von seiner Hände Arbeit leben

kann, ohne Tag für Tag seine Arbeit in Geld und das Geld wieder auf Umwegen in Nahrung und Kleidung zu verwandeln. Und auch darum, weil seine Arbeit immer einen Sinn hat. Was der Bauer tut, das ist fast alles notwendig. Was andere Leute tun, ist selten notwendig, und die meisten könnten gerade so gut etwas anderes treiben. Ohne Frucht und Brot kann niemand leben. Aber ohne die meisten Handwerke, Fabriken, auch ohne Wissenschaft und Bücher, könnte man ganz gut leben, viele wenigstens.«

»Ja nun. Aber schließlich läuft der Bauer, wenn ihm was fehlt, zum Arzt, und die Bäuerin, wenn sie einen Trost haben muß, zum Pfarrer.«

»Manche schon, aber nicht alle. Jedenfalls brauchen sie den Tröster mehr als den Arzt. Ein gesunder Bauernschlag kennt nur ganz wenige Krankheiten, und für die gibt es Hausmittel, und schließlich stirbt man eben. Aber den Pfarrer oder statt seiner einen andern Ratgeber, das brauchen die meisten. Darum will ich auch nicht wieder Bauer werden, ehe ich nicht Rat geben kann, mindestens mir selber.«

»Das ist also Ihr Ziel?«

»Ja. Haben Sie ein anderes? Dem Unverständlichen gewachsen sein, den Tröster in sich selber haben, das ist alles. Dem einen hilft Erkennen, dem andern Glauben und mancher braucht beides, und den meisten hilft beides nicht viel. Mein Vater hat es auf seine Art probiert und ist fehlgegangen, wenigstens hat er eine vollkommene Ruhe nie erreicht.«

»Ich glaube, die erreicht niemand.«

»O doch. Denken Sie an Buddha! Und dann an Jesus. Was die erreicht haben, meine ich, dazu sind sie auf so menschlichen Wegen gekommen, daß man denken sollte, es müsse jedem möglich sein. Und ich glaube, es haben schon sehr viele Menschen das erreicht, ohne daß man davon weiß.«

»Glauben Sie wirklich?«

»Gewiß. Die Christen haben Heilige und Selige. Und die Buddhisten haben ja auch viele Buddhas, die für ihre Person die Buddhaschaft, die Vollendung und vollkommene Erlösung, gewonnen haben. Sie stehen darin dem großen Buddha ganz gleich, nur hat er das weitere getan, daß er seinen Erlösungsweg der Welt mitgeteilt hat. Ebenso hat Jesus seine Seligkeit und innere Vollendung nicht für sich behalten, sondern seine Lehre gegeben und ihr sein Leben zum Opfer gebracht. Wenn er der vollkommenste Mensch war, so wußte er auch, was er damit tat, und er wie jeder von den großen Lehrern, hat ausdrücklich das Mögliche gelehrt, nicht das Unmögliche.«

»Nun ja. Ich habe darüber wenig nachgedacht. Man kann ja dem Leben diesen oder jenen Sinn beilegen, um sich zu trösten. Aber es ist doch eine Selbsttäuschung.«

»Lieber Herr Calwer, damit kommen wir nicht weit. Selbsttäuschung ist ein Wort, Sie können stattdessen Mythus, Religion, Ahnung, Weltanschauung sagen. Was ist denn wirklich? Sie, ich, das Haus, das Dorf. Warum? Diese Rätsel sind unlösbar, selbstverständlich, aber sind sie denn so wichtig? Wir fühlen uns selbst, wir stoßen mit dem Körper an andere Körper und mit dem Verstand an Rätsel. Es gilt nicht, die Wand wegzuschaffen, sondern die Tür zu finden. Der Zweifel an der Realität der Dinge ist ein Zustand; man kann in ihm verharren, aber man tut es nicht, wenn man denkt. Denn Denken ist kein Verharren, sondern Bewegung. Und für uns kommt es nicht darauf an, das als unlösbar Erkannte zu lösen.«

»Ja, wenn wir aber doch einmal die Welt nicht erklären können, wozu dann noch denken?«

»Wozu? Um zu tun, was möglich ist. Wenn jeder sich so bescheiden wollte, dann hätten wir keinen Kopernikus und keinen Newton, auch keinen Plato und Kant. Es ist Ihnen ja auch nicht ernst damit.«

»Allerdings, so nicht. Ich meine nur, von allen Theorien sind die über die Ethik am gefährlichsten.«

»Ja. Aber ich sprach nicht von Theorien, sondern von Menschen, deren Leben eine Problemlösung, also eine Erlösung bedeutet. Aber wir sind noch zu weit auseinander; wir müssen uns erst besser kennen, dann findet sich schon ein Boden, auf dem wir uns richtig verstehen.«

»Ja, das hoffe ich. Wir sind wirklich weit auseinander, das heißt, Sie sind mir weit voraus. Sie fangen schon an zu bauen, und ich bin noch am Einreißen und Platzschaffen. Ich habe noch nichts gelernt als mißtrauisch sein und analysieren und weiß noch nicht, ob ich je etwas anderes können werde.«

»Wer weiß? Sie haben mir gestern vorgespielt und aus ein paar

Proben und Stücken mir eine Vorstellung von einem Kunstwerk gegeben, so daß ich wirklich etwas davon hatte. Das ist nicht mehr Analyse. – Aber kommen Sie jetzt, wir wollen noch hinausgehen, eh es dunkel wird.«

Sie traten miteinander aus dem Hause in den kalten, sonnenlosen Januarnachmittag und suchten auf rauh gefrorenen Feldwegen einen Hügel auf, wo fein verästelte Birken standen und eine Aussicht auf zwei Bachtäler, die nahe Stadt und entfernte Dörfer und Höhen sich auftat.

Als die beiden wieder ins Sprechen kamen, war es über persönliche Angelegenheiten. Hans erzählte von seinen Eltern, von seiner burschikosen Zeit, von seinen bisherigen Studien. Sie stellten fest, daß Wirth beinahe vier Jahre älter war als Hans. Dieser ging neben Wirth her mit dem beinahe ängstlichen Gefühl, daß dieser Mensch ihm zum Freund bestimmt und daß es doch noch nicht und vielleicht noch lange nicht Zeit sei, davon zu reden. Er empfand, daß sein Bekannter ihm im Wesen unähnlich sei und daß eine Freundschaft mit ihm nicht auf Annäherung und Vermischung, sondern nur darauf beruhen könne, daß jeder im Bewußtsein seiner eigenen Art dem andern in Freiheit sich näherte und Rechte zugestand.

Und dabei fühlte Hans sich seiner selbst weniger sicher als jemals. Seit dem Erwachen seines Bewußtseins war er sich als ein nicht zur Menge gehörender, von allen andern genau unterschiedener sehr deutlich geprägter Mensch erschienen; es war ihm auch immer lästig gewesen, sich so jung zu wissen. Statt dessen kam er sich jetzt, Wirth gegenüber, unfertig und wirklich jung vor. Er merkte nun auch wohl, daß seine Überlegenheit über Erwin Mühletal und andere Kameraden ihm eine falsche Sicherheit verliehen hatte und von ihm mißbraucht worden war. Diesem Heinrich Wirth gegenüber genügte es nicht, ein wenig geistreich und dialektisch geschickt zu sein. Hier mußte er sich selbst ernster nehmen, bescheidener sein, seine Hoffnungen nicht wie Erfüllungen hinstellen. Diese Freundschaft würde denn auch kein Spiel und Luxus mehr sein, sondern ein Zusammenfassen und beständiges Messen seiner Kraft und seines Wertes am anderen. Wirth war ein Mensch, dem alle Probleme im Denken und Leben schließlich zu ethischen Aufgaben wurden, und Hans empfand nicht ohne Pein-

lichkeit, daß das eine ganz andere Rüstung war als sein geistiger Habitus, der allzuviel Schöngeisterei an sich hatte.
Wirth machte sich weniger Gedanken. Er spürte wohl, daß Hans ein Bedürfnis nach Freundschaft habe und hieß ihn im Herzen willkommen. Aber Hans war nicht der erste, der sich ihm so näherte, und er machte sich im voraus darauf gefaßt, eines Tages auch ihn wieder abfallen zu sehen. Vielleicht war Calwer auch einer von den vielen, die »sich für seine Ziele interessierten«, und Interesse war nicht das, was Wirth brauchte, sondern lebendiges Mitleben, Opfer, Hingabe. Was er sonst von niemand beanspruchte, würde er von einem Freund verlangen müssen. Doch zog ihn immerhin eine absichtslose, sanft zwingende Neigung zu Hans. Der hatte etwas, was Wirth fehlte und darum doppelt hoch schätzte, ein angeborenes Verhältnis zum Schönen, keinem Zwecke Dienenden, zur Kunst. Die Kunst war das einzige Gebiet des höheren Lebens, dem er mit Bedauern fremd geblieben war und von dem er doch ahnte, es berge Erlösung. Darum sah er in Hans nicht einen Schüler, der ihm einiges ablernen und dann weitergehen würde, sondern fühlte die Möglichkeit und Hoffnung, selbst von ihm zu lernen und einen Wegweiser an ihm zu haben.
Gedankenvoll nahmen sie voneinander Abschied, ohne einen herzlichen Ton zu finden. Sie waren sich allzu schnell nahe gekommen und empfanden beide ein instinktives Widerstreben vor der Hingabe und dem Augenblick vollkommener Offenheit, ohne den keine Bekanntschaft zur Freundschaft wird.
Nach hundert Schritten wendete Hans sich um und sah dem anderen nach, in der halben Hoffnung, auch er möchte zurückschauen. Aber dieser ging mit gleichmäßigem Schritt davon, seinem Dorf und der frühen Abenddämmerung entgegen, und sah ganz aus wie ein bewährter Mann, der seinen harten Weg allein so sicher geht wie zu zweien und sich von Neigungen und Wünschen nicht leicht beirren läßt.
»Er geht wie in einer Rüstung«, dachte Hans und spürte ein brennendes Verlangen, diesen wohl Bewehrten dennoch heimlich zu treffen und durch einen unbewachten Spalt zu verwunden. Und er beschloß zu warten und zu schweigen, bis auch dieser Zielbewußte einmal schwach und menschlich und liebebedürftig wäre. Seine Hoffnung und sein Verlangen und Leiden

war, ohne daß er es wußte oder daran dachte, beinahe genau von derselben Art wie vor langer Zeit, in Knabenzeiten, die Werbung und sehnliche Geduld, mit der ihn damals Erwin verfolgt hatte. An ihn dachte Hans heute nicht und überhaupt nicht mehr viel. Er wußte nicht, daß einer um ihn und durch seine Schuld litt und in der Irre ging.

Erwin war noch immer in das Fräulein Elvira verliebt oder glaubte es zu sein. Trotzdem lag er seinem Lasterleben mit einer gewissen Vorsicht ob und hatte neuerdings wieder häufig Stunden der Abrechnung und der guten Vorsätze. Sein eigentliches Wesen, so sehr es im Augenblick betäubt und hilflos lag, wehrte sich heimlich gegen die unsäuberliche Umgebung mit einem moralischen Übelbefinden. Die launenhafte Elvira erleichterte ihm das, indem sie sich meistens spröd und bissig zeigte und zwei, drei andern Stammgästen vor ihm den Vorzug gab.
In manchen Augenblicken meinte Erwin, das alles schon hinter sich zu haben und den Rückweg zu Selbstachtung und Behagen zu wissen. Es brauchte ja nur einen kräftigen Entschluß, eine kurze Zeit standhafter Enthaltung, vielleicht eine Beichte. Allein das alles kam keineswegs von selber, und der noch gar zu knabenhafte Entgleiste mußte zu seinem Schrecken erfahren, daß begonnene üble Gewohnheiten sich nicht wechseln lassen wie ein Hemd und daß das Kind sich erst schmerzlich verbrannt haben muß, ehe es das Feuer kennt und meidet. Er glaubte allerdings verbrannt genug zu sein und Elend genug gekostet zu haben, aber darin täuschte er sich sehr. Es waren ihm noch Bitternisse vorbehalten, die er sich nicht vorgestellt hatte.
Eines Tages besuchte ihn, als er noch im Bett lag, sein Leibbursch, ein flotter und eleganter Student, den er anfangs gerngehabt hatte. In der letzten Zeit war aber sein Verhältnis zur ganzen Gesellschaft so gespannt und künstlich geworden, daß ein persönlicher Verkehr auch mit einzelnen kaum mehr bestanden hatte. Darum erweckte ihm der unerwartete Besuch Unbehagen und Mißtrauen.
»Servus, Leibbursch«, rief er, künstlich gähnend, und setzte sich im Bett aufrecht.
»Wie geht's denn, Kleiner? Noch im Bett?«
»Ja, ich steh gleich auf. Ist denn heut Hauboden?«

»Das mußt du selber wissen.«

»Na ja.«

»Nun hör mal zu, Kleiner! Mir scheint, es gibt einige Sachen, die du zu meinem Erstaunen nicht selber weißt. Da muß ich mal ein bißchen revidieren.«

»Gerade jetzt?«

»Es wird am besten sein. Ich hätte dir's schon dieser Tage gesagt, aber du bist ja nie zu Haus. Und im ›Goldenen Stern‹ möchte ich dich doch nicht aufsuchen.«

»Im ›Goldenen Stern‹? Wieso?«

»Junge, mach keine unnötigen Sprünge! Du bist zweimal im ›Goldenen Stern‹ gesehen worden, und du weißt, daß dir das Lokal verboten ist.«

»Ich war nie in Couleur dort.«

»Das will ich hoffen! Du sollst aber überhaupt nicht hingehen, und auch nicht in den ›Walfisch‹. Und du sollst auch nicht mit stud. med. Häseler verkehren, den kein anständiger Mensch mehr ansieht, und auch nicht mit dem stud. phil. Meyer, der vor drei Semestern bei den Rhenanen wegen Falschspiels gewimmelt worden ist und bei zwei Forderungen gekniffen hat.«

»Herrgott, das konnte ich ja nicht wissen.«

»Desto besser, wenn du's nicht gewußt hast. Die Tatsache, daß du den Umgang dieser Herren dem mit deinen Bundesbrüdern vorziehst, wird für uns dadurch ein bißchen weniger beschämend.«

»Du weißt ganz gut, warum ich mich von den Kameraden ferngehalten habe.«

»Ja, die Geschichte mit Calwer –«

»Und die Art, wie ich bei euch beleidigt worden bin –«

»Bitte, das war einer, zugegeben ein Grobian, und er hat Abbitte getan.«

»Ja, was soll ich denn tun? Dann trete ich eben aus.«

»Das ist schnell gesagt. Aber wenn du ein anständiger Kerl bist, tust du das nicht. Du mußt nicht vergessen, daß du nicht Calwer bist. Bei dem lag der Fall anders. Sein Austritt war uns ja peinlich, aber – alle Achtung – der Mensch war einwandfrei. Bei dir steht es ein wenig anders.«

»So? Bin ich nicht einwandfrei?«

»Nein, Kleiner, es tut mir leid. Übrigens laß jetzt das Heftigwerden womöglich, mir zulieb. Mein Besuch ist nicht offiziell, wie du vielleicht meinst, ich kam ganz freundschaftlich. Also sei gescheit! – Siehst du, wenn du jetzt bei uns austreten wolltest, wäre es nicht sehr fein von dir, denn du hast Dummheiten gemacht und solltest das zuerst wieder in Ordnung bringen. Dazu gehört nicht viel. Ein paar Wochen tadellose Haltung, weiter nichts. Dann vergehen dir auch die unnützen Gedanken. Schau, es ist schon vielen so gegangen wie dir, deine kleinen Exzesse sind ja noch harmlos, und es sind viel bösere Sachen schon wieder in Ordnung gebracht worden. – Und dann, um auch das zu sagen, könnte es für dich peinlich werden, wenn du jetzt austreten wolltest.»

»Warum?«

»Begreifst du nicht? Man könnte dir dann zuvorkommen.«

»Du meinst, mich hinausschmeißen? Weil ich ein paarmal im ›Goldenen Stern‹ war?«

»Ja, es wäre ja eigentlich kein Grund. Aber weißt du, im Notfall würde man es vielleicht doch tun. Es wäre schroff, auch ungerecht, aber du könntest nichts dagegen tun. Und dann wärst du fertig. Es mag ja Spaß machen, gelegentlich mit so ein paar defekten Existenzen einen Schoppen zu trinken, aber auf sie angewiesen sein – nein, das wäre schlimm, auch für robustere Naturen als deine.«

»Aber was soll ich denn tun?«

»Gar nichts, als den Verkehr dort abbrechen. Du brauchst auch kein Verhör zu fürchten. Ich werde sagen, du habest eingesehen, daß dein Verhalten in letzter Zeit zu wünschen übrig ließ, und mir versprochen, es sofort und gründlich gutzumachen. Dann ist alles erledigt.«

»Wenn ich aber doch nicht zu euch passe und mich bei euch nicht wohl fühle?«

»Das ist deine Sache. Ich weiß nur, es ist schon vielen so gegangen und sie sind es vollkommen wieder losgeworden. So wird's dir auch gehen. Und wenn es schließlich nicht anders geht, kannst du immer noch austreten. Aber jetzt nicht, unter keinen Umständen.«

»Das sehe ich ein. Ich bin dir auch dankbar, daß du mir helfen willst, wirklich. Also ich werde nimmer in den ›Stern‹ gehen und mir Mühe geben, euch zufriedenzustellen. Genügt das?«

»Meinetwegen. Nur mußt du, bitte, daran denken, daß ich – – ich wollte sagen, ich habe die dumme Sache jetzt quasi auf mich genommen, damit dir eine offizielle Mahnung erspart bleibt. Natürlich kann ich das nur einmal tun, das siehst du ja ein. Wenn du je wieder –«

»Selbstverständlich. Du hast jetzt schon mehr getan, als du tun mußtest.«

»Nun gut. Jetzt nimm dich eben ein wenig zusammen: zeig dich häufiger bei uns, auch wenn nichts Offizielles los ist, geh öfter mit ins Café und zum Bummeln und gib dir auf dem Hauboden Mühe. Dann ist ja alles gut.«

Das war freilich Erwins Ansicht nicht. Er fand, es sei alles schlimmer geworden, und hatte weder die Hoffnung noch die Absicht, eine befriedigende Laufbahn als Couleurstudent zu vollenden. Er nahm sich vor, nur noch so lange in der Verbindung zu bleiben, bis er mit Anstand und Ehren freiwillig gehen könnte, etwa bis zum Schluß des Semesters.

Erwin vermied denn auch, ohne sie zu vermissen, jene verbotenen Kneipen und ihre Stammgäste von nun an vollkommen. Allerdings mit Ausnahme des »Blauen Husaren«. Den suchte er schon nach wenigen Tagen wieder auf, wenn auch mit der halben Absicht, es einen Abschiedsbesuch sein zu lassen. Da hatte er aber nicht mit Elvira gerechnet. Die merkte sofort, wie es um ihn stand, und war an jenem Tage so lieb und zugänglich, daß er gleich am folgenden wiederkam. Da lockte sie ihm das Geheimnis seiner Sorgen ohne Mühe ab. Sie riet ihm sehr dringend, ja in seiner Verbindung zu bleiben, sonst möge sie ihn gar nimmer sehen.

So stahl er sich mit Diebesgefühlen immer wieder in das schlimme Haus und geriet so tief wie je unter die Gewalt des Mädchens. Und kaum war sie seiner wieder ganz sicher, da waren auch alle Launen wieder da. Darauf machte er in Zorn und wirklicher Erbitterung ihr eine heftige Szene, jedoch mit üblem Erfolg. Sie ließ ihn toben und brachte still ein kleines, unsauberes Büchlein zum Vorschein, in dem waren seine Zechschulden und die gelegentlich erhaltenen baren Darlehen, an die er längst nimmer gedacht und deren früher von ihm angebotene Rückzahlung sie damals lachend abgelehnt hatte, Summe auf Summe gebucht und machten einen ganz erstaunlich hohen Betrag aus.

Es war oft an vergnügten Abenden Champagner und teurer Wein getrunken worden, ohne daß er ihn ausdrücklich bestellt hätte, und die Zechbrüder hatten fleißig mitgehalten und ihn einschenken lassen. Auch diese Flaschen und Bouteillen standen alle wohlgezählt hier in dem kleinen Büchlein und blickten ihn treulos grinsend an. Die ganze Summe war viel zu groß, als daß er sie, wenn auch allmählich, aus seinem monatlichen Gelde hätte abzahlen können, und außerdem waren das leider nicht seine einzigen Schulden.

»Stimmt das oder nicht?« fragte Fräulein Elvira mit stiller Majestät. Sie war ganz darauf gefaßt, daß er protestieren werde, und hätte äußerstenfalls einen guten Teil wieder gestrichen. Allein Erwin protestierte nicht.

»Ja, es wird schon so sein«, sagte er ergeben und kleinmütig. »Verzeih, ich hatte daran im Augenblick gar nicht gedacht. Natürlich will ich es so bald wie möglich bezahlen. Kannst du noch ein wenig warten?«

Dieser Erfolg übertraf ihre Erwartungen so sehr, daß sie gerührt wurde und ihn mütterlich streichelte.

»Siehst du«, sagte sie mild, »es ist nicht bös gemeint. Ich wollte dich nur daran erinnern, daß ich nicht bloß Schimpfworte bei dir zugute habe. Wenn du brav bist, dann bleibt das Büchlein ruhig, wo es ist, ich brauche das Geld nicht, und wenn es mir einfällt, werf ich's ins Feuer. Aber wenn du nimmer zufrieden bist und mich aufregst, dann könnte es passieren, daß ich einmal über deine Rechnung mit den Herren von deiner Verbindung rede.«

Erwin wurde blaß und starrte sie an.

»Na«, lachte sie, »du mußt keine Angst haben.«

Das kam zu spät. Er hatte Angst, er wußte nun, daß er im Garn war und seine Tage von der Gnade einer Spekulantin fristete.

»Ja, ja«, sagte er und lächelte blöde. Und dann ging er demütig und traurig fort. Sein bisheriges Elend, das sah er jetzt wohl, war eine Kinderei gewesen und seine Verzweiflung lächerlich. Nun wußte er plötzlich, wohin ein bißchen Leichtsinn und Torheit führen kann, und sah die Umgebung, in die er mit ebensoviel Harmlosigkeit wie bösem Gewissen geraten war, auf einmal in unbarmherzig grellem Licht.

Jetzt mußte etwas geschehen. Mit der Schlinge um den Hals herumlaufen konnte er nicht. Und alles Unsäuberliche und

Verfehlte dieser paar Monate, das gestern noch einen Schein von Liebenswürdigkeit und Unverbindlichkeit getragen hatte, umgab ihn jetzt unversehens scheußlich und übermächtig, wie der Sumpf einen umgibt, in den man nach ein paar tastenden Schritten plötzlich bis zum Halse einsinkt.
Früher hatte Erwin, wie jeder junge Mensch von einigem Leichtsinn, gelegentlich in Katerstunden den Gedanken vor sich spielen lassen, daß man ja, wenn alle Freude zu Ende wäre, einen Revolver nehmen und ein Ende machen könne. Jetzt, wo die Not da war, war auch dieser schlechte Trost verflogen und tauchte nicht einmal als Möglichkeit mehr auf. Es galt jetzt nicht, eine letzte Feigheit zu begehen, sondern eine schlimme, ärgerliche Reihe von dummen Streichen mit aller Verantwortung auf sich zu nehmen und womöglich abzubüßen. Er war aus einem traumhaften, verantwortungslosen, unbegreiflichen Dämmerzustand erwacht und dachte keinen Augenblick daran, wieder einzuschlafen.
Die Nacht verbrachte er mit Pläneschmieden. Allein so notwendig es war, nach Hilfe zu suchen, noch mächtiger trieb es ihn dazu, immer wieder und immer noch einmal mit Verwunderung und Grausen das Unbegreifliche zu betrachten. War er denn in ein paar Wochen ein ganz anderer Mensch geworden? War er blind gewesen? Er spürte ein Grausen darüber, aber er wußte, es war ein nachträglicher Schrecken, die Gefahr war vorbei. Nur mußte um jeden Preis diese Geldschuld sofort abgetan werden, alles andere würde von selber kommen.
Am Morgen war sein Plan fertig.
Er ging zu seinem Leibburschen, den er beim Rasieren antraf. Der erschrak über sein Aussehen und fürchtete, es sei ein Unglück im Gang. Erwin bat ihn, er möchte ihn für einen oder zwei Tage entschuldigen, da er sofort verreisen müsse.
»Ist dir jemand gestorben?« fragte der andere teilnehmend, und Erwin nahm in der Eile die so angebotene Notlüge willig an. »Ja«, sagte er rasch. »Aber ich kann jetzt keine Auskunft geben. Spätestens übermorgen bin ich wieder da. Sei so gut und entschuldige mich in der Fechtstunde! Später erzähl ich dir dann. Also danke schön und adieu!«
Er lief fort und zur Eisenbahn. Nachmittags kam er im Heimatstädtchen an und ging schnell, auf Umwegen das Haus seiner

Mutter vermeidend, in die Schreibstube seines Schwagers. Der war Teilhaber an einer kleinen Fabrik und der einzige Mensch, an den sich Erwin zur Zeit um Geld wenden konnte.
Der Schwager war nicht wenig überrascht, ihn da zu sehen, und wurde ziemlich kühl, als er sofort erklärte, er sei in eine Geldverlegenheit gekommen. Dann setzten sie sich beide in einem Nebenzimmer einander gegenüber, und Erwin sah dem Mann seiner Schwester, für den er nie viel Interesse gehabt hatte, mit Verlegenheit in das bescheidene, solide Gesicht. Aber einmal mußte er sich doch weh tun und büßen, also tat er es lieber gleich jetzt, und nach einigem Atemholen gab er sich preis und legte dem erstaunten Kaufmann eine vollkommene Beichte ab. Sie dauerte, mit kurzen Zwischenfragen, eine gute Stunde.
Darauf folgte eine peinliche Pause. Schließlich fragte der Schwager: »Und was tust du, wenn ich dir das Geld nicht geben kann?«
Erwin hatte sich in seiner Beichte so weit hergegeben, daß er der Grenze nahe war und seine Offenheit schon fast bereute. Nun hätte er am liebsten gesagt: »Das geht dich nichts an.« Aber er hielt an sich und schluckte es hinunter. Schließlich sagte er zögernd: »Es gibt nur einen Weg. Wenn du nicht willst oder kannst, muß ich zu meiner Mutter gehen und ihr alles sagen. Du weißt, wie weh ihr das tun wird. Es wird ihr auch schwerfallen, das Geld gleich aufzubringen, obwohl sie es sicher tun wird. Ich könnte vielleicht auch zu einem Geldverleiher gehen, aber vorher wollte ich doch zu Haus anfragen.« Der Schwager stand auf und nickte ein paarmal nachdenklich.
»Ja«, sagte er zögernd, »ich gebe dir natürlich das Geld, zum gewöhnlichen Zinsfuß. Du kannst nachher im Büro den Schein unterschreiben. Ich kann dir keine Ratschläge geben, nicht wahr? Es tut mir leid, daß es dir so gegangen ist. Trinkst du nachher den Tee bei uns?«
Erwin dankte ihm verlegen, nahm aber die Einladung nicht an. Er wollte noch vor Abend wieder reisen. Das schien auch dem Schwager das Klügste zu sein.
»Ja, wie du meinst«, sagte er. »Den Wechsel kannst du dann gleich mitnehmen.«

Die philosophischen »Paraphrasen über das Gesetz von der Erhaltung der Kraft« waren zwar den ursprünglichen Gedanken nach ausgeführt worden, machten aber ihrem Autor kein rechtes Vergnügen mehr. Hans Calwer stand schon stark unter dem Einfluß des bäurischen Denkers Wirth, dessen Art, Probleme anzufassen, allerdings zwar einseitiger, aber weit zielsicherer und folgerichtiger war als die seine. Er hatte daran gedacht, sein Manuskript ihm vorzulesen, hatte aber sofort wieder auf dieses Vorhaben verzichtet, denn er glaubte genau zu wissen, daß jener seine Arbeit schöngeistig und unnütz finden würde. Und allmählich kam sie ihm selber so vor. Er fand, sie sei zu sehr auf das Interessante gerichtet, fast feuilletonmäßig und im Stil zu selbstgefällig. Vernichten mochte er die sorgfältig geschriebenen Blätter nicht, die er soeben nochmals gelesen hatte, aber er rollte sie zusammen, verschnürte sie und legte sie in die Ecke eines Schrankes, um sie nicht so bald wiederzusehen.
Es war Abend. Die Lektüre und die peinliche Selbstkritik hatten ihn erregt und schließlich traurig gemacht. Denn er sah wohl, daß er noch nicht dazu reif sei, etwas wirklich Wertvolles zu leisten, und doch plagte ihn der Trieb, sich heimlich auszusprechen und seinen Meditationen und Einfällen eine abschließende, sorgfältige Form zu geben. So hatte er als Schüler Gedichte und Aufsätze gemacht und ein-, zweimal im Jahr alles wieder durchgesehen und vernichtet, während doch sein Verlangen, etwas Bleibenderes zu leisten, immer sehnlicher wurde. Er warf seine ausgerauchte Zigarette in den Ofen, stand eine Weile am Fenster und ließ die Winterluft herein und ging schließlich ans Klavier. Eine Weile tastete er phantasierend. Dann nahm er nach kurzem Überlegen die dreiundzwanzigste Sonate von Beethoven vor und spielte sie mit wachsender Sorgfalt und Innigkeit durch.
Als er fertig war und noch geneigt auf dem Klavierstuhl saß, klopfte es an der Tür. Er stand auf und öffnete. Erwin Mühletal kam herein.
»Du, Erwin?« rief Hans erstaunt und etwas befangen.
»Ja, darf ich?«
»Natürlich. Komm herein!«
Er streckte ihm die Hand entgegen.
Sie setzten sich beide an den Tisch, bei Lampenlicht, und nun

sah Hans das bekannte Gesicht verändert und merkwürdig älter geworden. »Wie geht's dir?« fragte er, um einen Anfang zu finden. Erwin sah ihn an und lächelte.
»Nun, es geht so. Ich weiß ja nicht, ob mein Besuch dir lieb ist, aber ich wollte es einmal versuchen. Ich wollte dir ein wenig erzählen und dich vielleicht auch um einen Dienst bitten.«
Hans hörte der wohlbekannten Stimme zu und war darüber verwundert, wie wohl sie ihm tat und wieviel verlorenes, kaum mehr vermißtes Behagen sie ihm brachte. Er bot ihm nochmals, über den Tisch hinweg, die Hand.
»Es ist lieb von dir«, sagte er herzlich. »Wir haben uns so lange nicht gesehen. Eigentlich hätte ich vielleicht zu dir kommen sollen, ich hatte dir weh getan. Nun, jetzt bist du da. Nimm dir eine Zigarette.«
»Danke. Es ist behaglich bei dir. Ein Klavier hast du ja auch wieder. Und noch die gleichen guten Zigaretten. – Bist du mir bös gewesen?«
»Ach bös! Weiß Gott, wie das gegangen ist. Die dumme Verbindung – ja so, verzeih!«
»Nur zu. Ich bleibe wohl auch nicht mehr lang.«
»Meinst du? Aber doch nicht meinetwegen? Natürlich, du hast ja durch mich gewiß viel Unangenehmes gehabt. Nicht?«
»Das auch, aber das ist schon lange vorbei. Wenn du Zeit hast, erzähl ich dir meine res gestae.«
»Sei so gut. Und schone mich nur nicht.«
»O, du kommst fast gar nicht darin vor, wenn ich auch die ganze Zeit an dich gedacht habe. Ich hätte damals mit dir austreten sollen. Du warst ja in jenen Tagen etwas kurz angebunden, und ich war trotzig und wollte nicht so durch dick und dünn mitgehen. Na, das weißt du schon. Es ist mir seither nicht gutgegangen, und ich war selber schuld daran.«
Er fing nun zu erzählen an, und Hans bekam zu seinem Erstaunen und Schrecken zu hören, wie es seinem Freund gegangen war, während er wenig an ihn gedacht und sich gut ohne ihn beholfen hatte.
»Ich weiß nicht recht, wie das kam«, hörte er ihn sagen. »Eigentlich sind ja solche Sachen gar nichts für mich. Aber ich war eben damals nie ganz bei mir. Ich lief immerfort in einem leichten Dusel herum und ließ es gehen, wie es mochte. Und jetzt

kommt das Hauptkapitel. Es spielt im Café zum ›Blauen Husaren‹, von dessen Existenz du wohl nichts gewußt hast.«
Und nun kam die Geschichte mit dem Fräulein Elvira. Die erschien Hans so traurig und doch so lächerlich, daß Erwin über sein Gesicht lachen mußte.
»Und was jetzt?« fragte Hans zum Schluß. »Natürlich brauchst du Geld. Aber woher nehmen? Meines steht ja zur Verfügung, aber es reicht nicht.«
»Danke schön, das Geld ist schon da«, sagte Erwin fröhlich und berichtete auch noch das, worauf Hans seinen Schwager einen anständigen Kerl nannte.
»Aber womit kann ich dir helfen?« fragte er dann. »Du sprachst doch von so etwas.«
»Jawohl. Du kannst mir einen großen Dienst tun. Nämlich, wenn du morgen früh dorthin gehen und mir die dumme Rechnung einlösen wolltest.«
»Hm, ja, natürlich kann ich das besorgen. Ich frage mich nur, ob du das nicht selber tun solltest. Es wäre doch ein kleiner Triumph für dich und ein tadelloser Abgang.«
»Das wohl, Hans. Aber ich meine, ich verzichte darauf. Es ist nicht Feigheit, dessen bin ich ziemlich sicher, sondern einfach Widerwillen, daß ich die Bude und die ganze Gasse nicht mehr sehen mag. Und dann dachte ich, wenn du hingehst, siehst du das Milieu auch einmal, als Illustration zu meinem Bericht, und wir haben dann eine gemeinsame Erinnerung an diese Zeit und an den ›Blauen Husaren‹.«
Das leuchtete Hans ein, und er nahm den Auftrag nun mit ziemlicher Neugierde an. Als Erwin die Scheine und Goldstücke herauszog und auf den Tisch zählte, rief Hans lachend: »Herrgott, ist das ein Haufen Geld!« Und er fügte ernsthaft hinzu: »Weißt du, eigentlich ist es eine Schande und Dummheit, das alles zu zahlen. Die Elvira hat dir ja sicher das Dreifache angekreidet und ist froh und macht ein gutes Geschäft, wenn sie die Hälfte vom Ganzen kriegt. So ein Sündengeld! Das geht nicht. Ich kann ja für alle Fälle einen Schutzmann mitnehmen.« Aber davon wollte Erwin durchaus nichts wissen.
»Du magst ganz recht haben«, sagte er ruhig, »und übrigens hab ich mir's auch schon überlegt. Aber ich mag nicht. Sie soll ihr Geld haben, und wenn sie es vollständig und mit Zinsen

kriegt, habe ich auch meine ganze Freiheit wieder. Und wenn das jetzt auch gründlich vorbei ist, ich war doch eine Zeitlang in sie verliebt.«

»Ach, Einbildung!« zürnte Hans.

»Meinetwegen. Ich war's doch. Und ich will, daß sie mich für einen Dummkopf und anständigen Kerl hält, aber nicht für ihresgleichen.«

»Nun denn«, gab Hans zu, »eine Donquichotterie ist freilich immer das Nobelste. Es ist dumm von dir, aber fein. Also besorge ich's morgen. Ich gebe dir dann Bericht.«

Sie trennten sich vergnügt, und Hans war froh, etwas für den Freund tun und damit einen kleinen Teil seiner Schuld abtragen zu können. Er ging am nächsten Morgen in den »Blauen Husaren«, wo ihn Elvira erst nach längerem Wartenlassen und mit großem Mißtrauen empfing. Einen unsicheren Versuch, sie über die Unlauterkeit ihres Manövers zur Rede zu stellen, gab er ihrer großartigen Miene gegenüber sofort wieder auf und begnügte sich damit, ihr das Sündengeld zu übergeben und eine Quittung dafür zu verlangen, die er denn auch bekam und der Sicherheit wegen auch noch von Elviras Mutter unterschreiben ließ. Mit diesem Dokument ging er zu Erwin, der es ihm aufatmend und lachend abnahm.

»Darf ich jetzt noch etwas fragen?« fing dieser dann befangen an.

»Ja, was denn?«

»Wer ist denn der Student, der manchmal abends bei dir war und dem du aus dem Tristan vorgespielt hast?«

Hans war verlegen und gerührt, wie er sah, daß Erwin sich so um sein Leben bekümmerte und sogar vor seinem Fenster gelauscht hatte.

»Der heißt Heinrich Wirth«, sagte er langsam, »vielleicht lernst du ihn auch noch kennen.«

»Habt ihr Freundschaft geschlossen?«

»Ein wenig, ja. Ich kannte ihn vom Kolleg her. Das ist ein bedeutender Mensch.«

»So? Nun, ich sehe ihn vielleicht einmal bei dir. Oder stört's dich?«

»Was denkst du! Ich freu mich, daß du wieder zu mir kommst.«

Ganz im stillen störte es ihn aber doch ein wenig. Ein leiser Ton der Eifersucht war in Erwins Frage gewesen, der gefiel ihm nicht, denn er hatte nicht im Sinn, Erwin Einfluß auf sein Verhältnis zu Wirth einzuräumen. Doch sprach er das nicht aus, und seine Freude über die Versöhnung war echt genug, um fürs erste keine Sorgen in ihm aufkommen zu lassen.
Es kam nun eine ruhige Zeit, zumal für Erwin, der mit dem Glücksgefühl eines Genesenen umherging und nun auch seine Kameraden und ihre Ansprüche an ihn milder und gerechter betrachtete. Er glaubte zu wissen, daß sein erneuter Umgang mit Calwer seinen Bundesbrüdern nicht verborgen geblieben sei, und freute sich, daß man ihn nicht darüber zur Rede stellte. Desto lieber gab er sich Mühe, seine Pflichten zu erfüllen. Er fehlte bei keiner Zusammenkunft, schloß sich seinem Leibburschen wieder freundlich an, machte die Exkneipen der älteren Semester mit, und da er das alles nimmer verdrossen und gelangweilt tat, sondern mit Laune und gutem Willen, fand man ihn bald hinlänglich gebessert und kam ihm mit neuer Freundlichkeit entgegen. Dabei wurde ihm wohl; er fand Gleichgewicht und Humor wieder, und es dauerte nicht lange, so war die Gesellschaft mit ihm und er mit sich selbst ganz zufrieden. Sein Austritt schien ihm durchaus keine Notwendigkeit mehr zu sein, jedenfalls hatte er es damit nicht mehr eilig.
Auch Hans befand sich dabei wohl. Erwin besuchte ihn zwei-, dreimal in der Woche, und wenn er selbständiger geworden war und keine Miene machte, sich wieder in die alte Abhängigkeit zu begeben, so blieb dafür Hans selber freier und empfand das lockerer gewordene Verhältnis nur angenehm.
Gegen Ende des Semesters kam Erwin einmal zu ihm und begann von seinem Verbindungsleben zu sprechen. Er meinte, jetzt sei der Augenblick, um entweder auszutreten, was er nun in allen Ehren tun könnte, oder aber aus freiem Entschluß Couleurstudent zu bleiben, da er jetzt zum Burschen vorrücken werde.
Und als ihm Hans lächelnd erklärte, er finde, die Farben stünden ihm gut, und er rate ihm, sie weiter zu tragen, rief er lebhaft: »Du hast recht! Sieh, wenn du ein Wort gesagt hättest, wär ich sofort ausgesprungen; du bist mir immer noch lieber als der ganze Rummel dort. Aber Spaß macht es mir doch, und da ich

jetzt die Fuchsenzeit ausgehalten habe, wäre es dumm, wegzugehen, wo das eigentlich Lustige erst anfängt. Also wenn du mir's nicht übel nimmst, bleib ich dabei.«

So war zwar die alte Unzertrennlichkeit dahin, aber es gab auch keine Mißverständnisse, Händel und Stürme mehr; das leidenschaftliche Verhältnis von ehemals war friedlich, behaglich und ein wenig oberflächlicher geworden. Man ließ einander gelten, sprach nicht mehr alles zusammen durch, gönnte einander Ruhe und fühlte beim Zusammensein doch, daß man zueinander gehöre.

Erwin hatte sich freilich anfangs etwas mehr versprochen, doch gab ihm die muntere Geselligkeit in der Verbindung Ersatz für manches Vermißte, und ein unbewußter Stolz in ihm empfand sein allmähliches Freiwerden von Hansens Einfluß als einen Fortschritt. Und Hans war mit diesem Zustand um so mehr zufrieden, da ihm Heinrich Wirth mehr und mehr zu schaffen machte.

Kurz vor Semesterschluß traf eines Abends Erwin in Hansens Wohnung mit Wirth zusammen. Er betrachtete den Mann, auf den er eifersüchtig war, mit Aufmerksamkeit, und obwohl ihm jener freundlich entgegenkam, gefiel er ihm nicht sonderlich. Es störte ihn schon das Äußere des bäurischen Weisen, der ihm mit seiner unjugendlichen Würde und mit seinem vegetarischen Lebenswandel wenig imponierte, was Hans nicht ohne Ärger wahrnahm. Er versuchte sogar, den Fremdling ein wenig aufzuziehen und redete mit übertriebenem Interesse von studentischen Dingen. Und da Wirth ihn geduldig anhörte und ihn sogar durch Fragen ermunterte, ging er auf anderes über und fing an, über Abstinenz und Vegetarismus zu sprechen.

»Was haben Sie nun eigentlich für Vorteile von diesem Asketenleben?« fragte er. »Andere trinken und essen gut und haben doch keine Beschwerden.«

Wirth lachte gutmütig. »Nun ja, dann trinken Sie eben weiter! Die Beschwerden werden später schon kommen. Aber es hätte auch jetzt schon Vorteile für Sie, wenn Sie anders leben würden.«

»Welche zum Beispiel? Sie meinen, daß ich viel Geld sparen könnte? Daran liegt mir wenig.«

»Warum auch? Aber ich denke an anderes. Ich lebe zum Beispiel seit drei Jahren auf meine Art, die Sie asketisch nennen,

und habe kaum ein Bedürfnis nach Frauen. Früher habe ich darunter viel gelitten, und es geht wohl allen Studenten so. Was sie durch Reiten und Fechten an Gesundheit und Widerstandskraft gewinnen, geben sie auf der Kneipe wieder aus, und das finde ich schade.«
Erwin war etwas verlegen geworden und verzichtete auf eine Fortsetzung des Disputes. Er sagte nur noch: »Man könnte meinen, wir seien lauter Krüppel. Ich halte nicht viel von einer Gesundheit, an die man immerfort denken muß. Junge Leute sollten doch etwas vertragen können.«
Hans machte dem Gespräch ein Ende, indem er das Klavier öffnete.
»Was soll ich spielen?« fragte er Wirth.
»O, ich verstehe ja nichts von Musik, leider. Aber wenn Sie so gut sein wollen, möchte ich sehr gern noch einmal die Sonate von neulich hören.«
Hans nickte und schlug einen Band Beethoven auf. Während er spielte und wie er im Spielen zuweilen umschaute und Wirths Blick suchte, konnte Erwin wohl bemerken, daß er für diesen allein spiele und mit seiner Musik um ihn werbe. Er sah es, und er beneidete den Bauernlümmel darum. Aber als das Spiel zu Ende und wieder ein Gespräch im Gang war, zeigte er sich höflich und bescheiden. Er sah, daß dieser Mann Macht über seinen Freund gewonnen habe, und er sah auch, daß Hans bei einer Wahl ihn selber, nicht den andern preisgeben würde. Auf diese Wahl wollte er es nicht ankommen lassen.
Ihm schien der Einfluß, den Wirth auf Hans ausübte, nicht gut. Ihm schien, er ziehe seinen Freund noch mehr auf die andere Seite hinüber, zu der er schon zuviel neigte, in ein Grüblertum und Sonderlingswesen, das ihm halb lächerlich, halb unheimlich war. Früher hatte Hans wohl etwas vom Schwärmer und Denker gehabt, doch war er dabei immer ein frischer, eleganter Kerl gewesen, dem alles Lächerliche unmöglich war. Nun aber, fand Erwin, verführte ihn dieser Wirth und ging darauf aus, ihn mehr und mehr zu einem Stubenhocker und Problemwälzer zu machen.
Wirth blieb ganz harmlos, während Hans die Stimmung fühlte und auf Erwin ärgerlich wurde. Er ließ es ihn auch merken und fiel im Gespräch mit ihm in den alten überlegenen Ton, den Er-

win jetzt nicht mehr ertrug, so daß er frühzeitig Abschied nahm und gereizt fortging.

»Warum waren Sie denn so ruppig mit Ihrem Freund?« sagte Wirth nachher tadelnd. »Er hat mir gut gefallen.«

»Wirklich? Ich fand ihn heut unausstehlich. Was braucht er Sie so dumm aufzuziehen!«

»Das war doch nicht schlimm. Ich kann schon einen Spaß vertragen. Wenn es mich geärgert hätte, wäre ja ich der Dumme gewesen.«

»Es galt auch gar nicht Ihnen, es galt mir. Er meint, ich dürfe mit niemand Umgang haben als mit ihm. Dabei läuft er den ganzen Tag mit zwanzig Bundesbrüdern herum.«

»Aber Mann, Sie ärgern sich ja wirklich! Das sollten Sie verlernen, wenigstens Freunden gegenüber. Es war Ihrem Freund unangenehm, Sie nicht allein zu finden, und er hat uns das ein bißchen merken lassen. Aber sonst finde ich ihn nett und liebenswürdig; ich möchte ihn gern besser kennenlernen.«

»Nun lassen wir's gut sein. Ich begleite Sie noch ein Stück weit hinaus, wenn ich darf.«

Sie gingen in die dunkle Gasse hinab, durch die Stadt, die da und dort von Chorgesang widerhallte, und langsam ins freie Feld hinaus, wo die milde, sternlose Märznacht leise wehte. Von nördlichen Hügelabhängen schimmerte hie und da noch ein schmaler Streifen Schnee mit blassem Schein herüber. Die Luft ging weich und lässig durch das kahle Gesträuch, die Ferne lag schwarz in undurchdringlicher Nacht. Heinrich Wirth schritt wie immer ruhig und kräftig aus; Hans ging erregt neben ihm her, wechselte oft den Schritt, blieb manchmal stehen und sah in die bläuliche Nachtschwärze.

»Sie sind unruhig«, meinte Wirth. »Lassen Sie doch den kleinen Ärger fahren!«

»Es ist nicht deswegen.«

Wirth gab keine Antwort.

Eine kleine Weile gingen sie schweigend weiter. Ganz fern in einem Gehöft schlugen Hunde an. Im nächsten Gebüsch sang eine Amsel.

Wirth hob den Finger auf. »Hören Sie?«

Hans nickte nur und schritt schneller aus. Dann blieb er plötzlich stehen.

»Herr Wirth, wie denken Sie eigentlich über mich?«
»Das kann ich Ihnen nicht sagen.«
»Ich meine – wollen Sie nicht mein Freund sein?«
»Ich denke, das bin ich.«
»Noch nicht ganz. Ach, ich glaube, ich brauche Sie, ich brauche einen Führer und Kameraden. Können Sie das nicht verstehen?«
»Ich kann schon. Sie wollen etwas anderes als die anderen; Sie suchen sich einen Weg, und Sie denken, ich könnte vielleicht den rechten wissen. Aber den weiß ich nicht, und ich glaube, es muß jeder seinen eigenen finden. Wenn ich Ihnen dazu helfen kann, dann gut! Dann müssen Sie eben eine Strecke weit meinen Weg mitgehen. Es ist nicht Ihrer, und ich glaube, die Strecke wird nicht lang sein.«
»Wer weiß? Aber wie soll ich es anfangen, Ihren Weg zu gehen? Wohin führt er? Wie finde ich ihn?«
»Das ist einfach. Leben Sie, wie ich lebe, es wird Ihnen gut tun.«
»Wie denn?«
»Suchen Sie viel an der Luft zu sein, womöglich draußen zu arbeiten. Ich weiß Gelegenheit dazu. Weiter, essen Sie kein Fleisch, trinken Sie keinen Alkohol, auch nicht Kaffee und Tee, und rauchen Sie nicht mehr. Leben Sie von Brot, Milch und Früchten. Das ist der Anfang.«
»Ich soll also ganz Vegetarier werden? Und warum?«
»Damit Sie sich das ewige Fragen nach dem Warum abgewöhnen. Wenn man vernünftig lebt, wird sehr vieles selbstverständlich, was vorher problematisch aussah.«
»Meinen Sie? Es kann ja sein. Aber ich finde, die Praxis sollte das Ergebnis des Nachdenkens sein, nicht umgekehrt. Sobald ich einsehe, wozu dies Leben gut ist, kann ich es damit versuchen. Aber so ins Blaue hinein –«
»Ja, das ist Ihre Sache. Sie haben mich um Rat gefragt, und ich habe meinen Rat gegeben, den einzigen, den ich weiß. Sie wollten mit dem Denken anfangen und mit dem Leben aufhören, ich tue das Gegenteil. Das ist der Weg, von dem ich sprach.«
»Und wenn ich den nicht gehe, wollen Sie nicht mein Freund sein?«
»Es wird nicht gehen. Wir können ja trotzdem Gespräche füh-

ren und miteinander philosophieren, es ist eine angenehme Übung. Ich will Sie auch gar nicht bekehren. Aber wenn Sie mein Freund sein wollen, muß ich Sie ernst nehmen können.«

Sie gingen weiter. Hans war verwirrt und enttäuscht. Statt eines warmen Zuspruches, statt einer herzlichen Freundschaft wurde ihm eine Art von naturheilmäßigem Rezept geboten, das ihm nebensächlich und fast lächerlich vorkam. »Iß kein Fleisch mehr, so bin ich dein Freund.« Wenn er aber an seine früheren Unterhaltungen mit Wirth und an dessen ganzes Wesen dachte, dessen Ernst und Sicherheit ihn so mächtig angezogen hatte, konnte er ihn doch nicht für einen bloßen Apostel Tolstois oder des Vegetarismus halten.

Trotz seiner Ernüchterung begann er sich Wirths Vorschlag zu überlegen und dachte daran, wie verlassen er sein werde, wenn auch dieser einzige Mensch, der ihn anzog und von dem er sich Förderung versprach, ihn allein ließ.

Sie waren weit gegangen und standen schon vor den ersten Häusern von Blaubachhausen: da gab Hans seinem Freunde die Hand und sagte: »Ich will es mit Ihrem Rat versuchen.«

Hans begann sein neues Leben gleich am nächsten Morgen. Er tat es mehr, um sich Wirth willfährig zu zeigen als aus Überzeugung, und es fiel ihm weniger leicht als er gedacht hatte.

»Frau Ströhle«, sagte er morgens zu seiner Hausfrau, »ich trinke von jetzt an keinen Kaffee mehr. Bitte besorgen Sie mir jeden Tag einen Liter Milch.«

»Ja sind Sie denn krank?« fragte Frau Ströhle verwundert.

»Nicht gerade, aber Milch ist doch gesünder.«

Schweigend tat sie, was er wünschte; es gefiel ihr aber nicht. Bei ihrem Zimmerherrn war ein Sparren los, das sah sie wohl. Das viele Bücherlesen bei einem so jungen Studenten, das einsame Klavierspielen, der Austritt aus einer so stattlichen Gesellschaft, der Verkehr mit dem schäbig aussehenden Philologen und jetzt die Milchtrinkerei, das war nicht in Ordnung. Anfangs hatte sie sich ja gefreut, einen so stillen und bescheidenen Mietherrn zu haben, aber das ging zu weit, und sie hätte es lieber gesehen, wenn er wie die anderen zuweilen einen rechten Rausch heimgebracht und sich auf der Treppe schlafen gelegt hätte. Sie beobachtete ihn von jetzt an mit Mißtrauen, und was sie sah, freute

sie keineswegs. Sie bemerkte, daß er nicht mehr ins Gasthaus zum Essen ging, dafür täglich verschämte Pakete heimbrachte, und als sie nachschaute, fand sie eine Tischlade voll von Brotresten, Nüssen, Äpfeln, Orangen und gedörrten Pflaumen.
»O je!« rief sie bei dieser Entdeckung, und um ihre Achtung vor Hans Calwer war es geschehen. Der war entweder verrückt oder bekam keinen Wechsel mehr. Und als er einige Tage später mitteilte, er werde im nächsten Semester die Wohnung wechseln, zuckte sie die Achseln und sagte nur: »Wie Sie wollen, Herr Calwer.«
Inzwischen hatte Hans eine Bauernstube in Blaubachhausen, in Wirths nächster Nähe, gemietet, die er nach den Ferien beziehen wollte.
Das Milchtrinken und Obstessen focht ihn wenig an, doch kam er sich bei diesem Leben wie in einer aufgenötigten Rolle vor. Seine Zigaretten aber entbehrte er schmerzlich, und mindestens einmal im Tag kam eine Stunde, in der er trotz allem eine anzündete und mit schlechtem Gewissen beim offenen Fenster rauchte. Nach einigen Tagen schämte er sich aber dessen und verschenkte alle seine Zigaretten, eine große Schachtel voll, an einen Austräger, der ihm eine Zeitschrift gebracht hatte.
Während Hans so seine Tage hinbrachte und nicht allzu heiter war, ließ Erwin sich nimmer sehen. Er war von jenem Abend her verstimmt und wollte durchaus mit Wirth nicht wieder zusammentreffen. Dazu war, da schon in einer Woche die Ferien beginnen sollten, seine Zeit sehr ausgefüllt, denn er wurde jetzt als vielversprechender Jungbursch behandelt und bereitete sich darauf vor, aus dem Fuchsentum in die Reihe der Angesehenen und Tonangebenden zu treten.
So kam es, daß er Hans erst am letzten Tage vor der Abreise wieder besuchte. Er fand ihn am Packen und sah sogleich, daß er die Wohnung nicht behalten wollte, da das Klavier weggeschafft und die Bilder von den Wänden genommen waren.
»Willst du ausziehen?« rief er überrascht.
»Ja. Nimm Platz!«
»Hast du schon eine neue Bude? Ja? Wo denn?«
»Vor der Stadt draußen, für den Sommer.«
»So – und wo?«
»In Blaubachhausen.«

Erwin sprang auf. »Wirklich? Nein, du machst ja Spaß.«
Hans schüttelte den Kopf.
»Also im Ernst?«
»Ja doch.«
»Nach Blaubachhausen! Zu dem Wirth hinaus, gelt? Zu dem Kohlrabifresser. – Du, sei gescheit und tu das nicht.«
»Ich habe schon gemietet und werde hinausziehen. Was geht's dich an?«
»Aber Hans! Laß doch den seine Grillen allein fangen! Das mußt du noch einmal überlegen. Hast du mir eine Zigarette?«
»Nein, ich rauche nimmer.«
»Aha. Also darum! Und jetzt ziehst du zu dem Waldmenschen hinaus und wirst sein Jünger? Du bist bescheiden geworden, muß ich sagen.«
Hans hatte sich vor dem Augenblick gefürchtet, wo er Erwin seinen Entschluß würde mitteilen müssen. Jetzt half ihm der Zorn über die Verlegenheit weg.
»Danke für dein freundliches Urteil«, sagte er kühl, »ich konnte mir das ja denken. Übrigens bin ich nicht gewohnt, mir von dir Ratschläge geben zu lassen.«
Erwin wurde heftig. »Nein, leider nicht. Dann mach eben deine Dummheiten allein!«
»Mit Vergnügen.«
»Ich meine es im Ernst. Wenn du da draußen mit deinem schmierigen Heiligen lebst, darf ich mich nimmer in deiner Nähe sehen lassen.«
»Das ist ja auch nicht nötig. Geh du nur zu deinen Couleuraffen.«
Nun hatte Erwin genug. Er hätte Hans schlagen können, wenn er ihm nicht immer noch ein wenig leid getan hätte. Ohne Abschied lief er hinaus, schlug die Türe hinter sich zu und war fort. Hans rief ihn nicht zurück, obwohl seine Erregung schon nachließ.
Er hatte sich nun einmal hingegeben, um diesen eigensinnigen, stillen Wirth durch Unterwerfung zu erobern; nun hieß es aushalten und dabei bleiben. Im Herzen begriff er Erwin sehr wohl; diese Jüngerschaft war ihm selber fast lächerlich. Aber er wollte nun einmal diesen beschwerlichen Weg gehen; er wollte einmal seinen Willen gefangen geben und auf seine Freiheit ver-

zichten, einmal von unten auf dienen. Vielleicht war das der Weg, der ihm fehlte, vielleicht führte hier die schmale Brücke zur Erkenntnis und zur Zufriedenheit. Wie einst, als er im Rausch einer Gesellschaft beigetreten war, zu der er nicht paßte, so trieb ihn auch jetzt Schwäche und Unzufriedenheit, wieder einen Halt und eine Gemeinschaft zu suchen.

Übrigens war er überzeugt, Erwin würde nach einigem Schmollen schon wieder zu ihm kommen. Darin täuschte er sich freilich. Nach dem, was Erwin in der Zeit nach seinem Austritt seinetwegen durchgemacht hatte, hätte er ihn von neuem fester an sich fesseln müssen, um ihn für immer zu halten. Jener hatte sich von seiner Rückkehr zu Hans mehr versprochen. Und außerdem hatte er im »Blauen Husaren«, im Kontor seines Schwagers und namentlich bei seinen Bundesbrüdern seither einiges gelernt, was Hans nicht ahnte und was die frühere bedingungslose Herrschaft Hansens über ihn zu Fall gebracht hatte. Er war, trotz allen Burschentorheiten, in aller Stille zu einem Mann geworden, und ohne selbst darüber im klaren zu sein, hatte er damit Hansens frühere Überlegenheit überwunden und sehen gelernt, daß der bewunderte Freund mit all seinem Geist doch kein Held sei.

Kurz, Erwin nahm sich den neuen Bruch mit ihm nicht übermäßig zu Herzen. Leid tat es ihm wohl, und er fühlte sich nicht ganz ohne Schuld; im Grunde aber fand er, es geschehe Hans recht, und bald dachte er an diese Sache gar nicht mehr. Es kam jetzt anderes über ihn.

Als er, vom Stiftungsfest und den Nachfeiern angenehm ermüdet, nach Hause in die Osterferien gekommen war, hatte er in seiner neuen Burschenherrlichkeit auf die Mama und die Schwestern einen sehr guten Eindruck gemacht. Er war zufrieden, strahlend, liebenswürdig und launig, machte in einem feinen, neuen Sommeranzug Besuche, spielte mit der Mutter Domino und brachte den Schwestern Blumen mit, gewann die Herzen der Tanten durch kleine Dienste und befliß sich nach allen Seiten einer angenehmen Tadellosigkeit.

Das hatte seinen guten Grund. Erwin Mühletal hatte sich gleich am ersten Ferientage verliebt. Bei seinem Onkel war ein junges Mädchen, eine Freundin der Cousinen, zu Besuch. Die war hübsch, lebhaft, neckisch, spielte Tennis, sang, sprach von den

Berliner Theatern und ließ sich von dem jungen Studenten, obschon sie ihn recht gern sah, nicht im mindesten imponieren. Desto mehr gab er sich Mühe und erschöpfte sich in Liebenswürdigkeit und Diensteifer, bis die Stolze gnädig und schließlich weich wurde und er die schönen Ferien mit einer heimlichen Verlobung krönend abschließen konnte.
Von Hans war nie die Rede. Als Erwins Mutter einmal nach ihm fragte, meinte er kurz: »Der Calwer! Ach, der ist ja nicht gescheit. Das Neueste ist, daß er zu den Abstinenten geht und mit einem Sonderling zusammenlebt, der Buddhist oder Theosoph oder so etwas ist und sich die Haare nur alle Jahre einmal schneiden läßt.«

Das Sommersemester fing prächtig an. Die Anlagen blühten und erfüllten die ganze Stadt mit dem süßen Duft von Flieder und Jasmin; die Tage waren glänzend blau und die Nächte schon sommerlich mild. Farbige Studentenhaufen zogen prahlend durch die Straßen, ritten, kutschierten und führten die grünen Keilfüchse spazieren. In den Nächten scholl Gesang aus offenen Fenstern und Gärten.
Von diesem Freudenleben bekam Hans nur wenig zu sehen. Er war in Blaubachhausen eingezogen, ging jeden Morgen mit Heinrich Wirth in die Stadt zu einem Sanskritkolleg, tunkte mittags Brot in seine Milch, ging spazieren oder versuchte bei ländlichen Arbeiten mitzuhelfen und fiel jeden Abend todmüde in sein hartes Strohsackbett, ohne doch gut zu schlafen.
Sein Freund machte es ihm nicht leicht. Er glaubte an seinen Ernst immer noch nur halb und hatte sich vorgenommen, ihn eine rauhe Schule durchmachen zu lassen. Ohne je aus seiner heiteren Ruhe zu fallen und ohne je zu befehlen, zwang er ihn, in allem nach seiner eigenen Weise zu leben. Er las mit ihm in den Upanishads der Veden, trieb mit ihm Sanskrit, lehrte ihn eine Sense in die Hände nehmen und Gras schneiden. War Hans ermüdet oder ärgerlich, so zuckte er die Achseln und ließ ihn in Ruhe. Fing Hans räsonierend über dies Leben zu reden an, so lächelte er und schwieg, auch wenn Hans wütend und beleidigend wurde.
»Es tut mir leid«, sagte er einmal, »daß es dir so schwer fällt. Aber ehe du die Not des Lebens nicht am eigenen Leib erfahren

hast und begreifen lernst, was Unabhängigkeit von Lust und Reizen des äußeren Lebens bedeutet, kannst du nicht vorwärts kommen. Du gehst denselben Weg, den Buddha ging und den jeder gegangen ist, dem es mit der Erkenntnis ernst war. Die Askese selber ist wertlos und hat noch keinen Heiligen gemacht, aber als Vorstufe ist sie notwendig. Die alten Inder, deren Weisheit wir verehren und zu deren Büchern und Lehren jetzt Europa zurückkehren möchte, die haben vierzig und mehr Tage fasten können. Erst wenn die leiblichen Bedürfnisse ganz überwunden und nebensächlich geworden sind, kann ein ernstliches geistiges Leben anfangen. Du sollst kein indischer Büßer werden, aber du sollst den Gleichmut lernen, ohne den keine reine Betrachtung möglich ist.«

Nicht selten war Hans so erschöpft und verstimmt, daß es ihm unmöglich war, mit zur Arbeit zu gehen oder auch nur mit Heinrich zusammen zu sein. Dann ging er hinter seinem Hause über die Matten zu einem Weidehügel, wo ein paar breitästige Kiefern Schatten gaben, warf sich ins Gras und blieb lange Stunden so liegen. Er hörte die Geräusche der bäuerlichen Arbeiten herübertönen, das helle, scharfe Sensendengeln und das weiche Schneiden des Grases, hörte Hunde bellen und kleine Kinder schreien, zuweilen auch Studenten in Wagen durchs Dorf fahren und lärmend singen. Und er hörte geduldig und müde zu und beneidete sie alle, die Bauern, die Kinder, die Hunde, die Studenten. Er beneidete das Gras um sein stilles Wachsen und um seinen leichten Tod, die Vögel um ihr Schweben, den Wind um seinen lässigen Flug. Wie lebte das alles leicht und selbstverständlich dahin, als wäre das Leben ein Vergnügen!

Zuweilen suchte ihn ein wehmütig schöner Traum heim – das waren seine besten Tage. Dann dachte er an die Abende, die er früher im Haus des Professors zugebracht hatte, und an dessen schöne, stille Frau, deren Bild fein und sehnsuchtweckend in ihm wohnte, und dann wollte es ihm scheinen, in jenem Hause werde ein ernsthaftes, wahrhaftiges Leben gelebt, mit notwendigen, sinnvollen Opfern und Leiden, während er selber sich ohne Not künstliche Leiden und Opfer schaffe, um dem Sinn des Lebens näher zu kommen.

Diese Gedanken kamen und gingen mit dem Wind, traumartig und ungewollt. Sobald die Müdigkeit und Seelenstille nachließ, stand wieder Heinrich Wirth in der Mitte seiner Gedanken und hielt das ruhige, stumm befehlende Auge fragend auf ihn gerichtet. Er kam von diesem Manne nicht los, ob er es auch vielleicht zuzeiten schon wünschte.

Lange verhehlte er es vor sich selber, daß er anderes von Wirth erwartet habe und enttäuscht sei. Das spartanische Essen, die Feldarbeit, der Verzicht auf alle Bequemlichkeit tat ihm zwar weh, hätte ihn aber nicht sobald ernüchtert. Am meisten vermißte er die stillen Abendstunden beim Klavier, die langen, behaglichen Lesetage und die Dämmerstunden mit der Zigarette. Es schienen ihm Jahre vergangen, seit er zuletzt gute Musik gehört hatte, und manchmal hätte er alles darum gegeben, eine Stunde frisch und wohlgekleidet unter feinen Leuten zu sitzen. Wohl hätte er das leicht haben können, er brauchte nur in die Stadt und etwa zum Professor zu gehen. Aber er wollte und konnte nicht. Er wollte nicht von dem, worauf er feierlich verzichtet hatte, dennoch naschen. Außerdem war er beständig müde und lustlos, das ungewohnte Leben bekam ihm schlecht, wie jede Gewaltkur schlecht bekommt, wenn sie nicht aus eigenem Antrieb und innerer Notwendigkeit unternommen wird.

Am schwersten litt er darunter, daß sein Meister und Freund alle seine Anstrengungen mit stiller Ironie betrachtete. Er spottete nie, aber er sah zu und schwieg und schien wohl zu merken, daß Hans auf falschem Wege sei und sich unnütz abquäle.

Nach zwei heißen, sauren Monaten wurde der Zustand unerträglich. Hans hatte sich das Räsonieren abgewöhnt und schwieg verdrossen. An der Arbeit nahm er seit einigen Tagen nicht mehr teil, sondern lag, wenn er gegen Mittag vom Kolleg zurückkam, den Rest des Tages auf seiner Wiese, untätig und hoffnungslos. Da fand Wirth es an der Zeit, ein Ende zu machen.

Eines Morgens erschien er, der stets früh auf den Beinen war, bei Hans, der noch im Bett lag, setzte sich zu ihm und sah ihn mit seinem stillen Lächeln an.

»Nun, Hans?«

»Was ist? Schon Zeit ins Kolleg?«

»Nein, es ist kaum fünf Uhr. Ich wollte ein bißchen mit dir plaudern. Stört dich's?«

»Eigentlich ja, um diese Zeit. Ich habe wenig geschlafen. Was ist denn los?«

»Nichts. Laß uns ein wenig reden. Sag, bist du nun eigentlich zufrieden?«
»Nein, gar nicht.«
»Man sieht es. Ich glaube, für dich wäre es jetzt das Beste, du würdest dir in der Stadt eine nette Stube mieten, mit einem Klavier – –«
»Ach, laß die Scherze!«
»Ich weiß, es ist dir nicht zum Scherzen zumute. Mir auch nicht. Ich meine es ernst. – – Sieh, du hast meinen Weg gehen wollen, und ich muß sagen, du hast dir's sauer werden lassen. Es will aber nicht gehen, und ich denke, du solltest der Quälerei ein Ende machen, nicht? Du hast dich jetzt drein verbissen und deine Ehre drein gesetzt, nicht nachzulassen, aber es hat ja keinen Sinn mehr.«
»Ja, mir scheint es auch so. Es war eine Dummheit, die mich einen schönen Sommer gekostet hat. Und du hast zugesehen und deinen Spaß daran gehabt. O du Held! Und jetzt, wo es dir genug scheint und langweilig wird, winkst du gnädig ab und schickst mich wieder fort.«
»Nicht schimpfen, Hans! Es kommt dir vielleicht so vor, aber du weißt doch, die Sachen sind immer anders, als sie uns vorkommen. Ich habe mir zwar gedacht, es würde so gehen, aber meinen Spaß habe ich nicht daran gehabt. Ich meinte es gut und glaube, du hast doch dabei gelernt.«
»O ja, gelernt genug.«
»Vergiß nicht, daß es dein Wille war. Warum sollte ich dich nicht machen lassen, solange es nicht gefährlich schien? Aber jetzt ist's genug. Das Bisherige können wir beide noch verantworten, scheint mir.«
»Und was jetzt?«
»Das mußt du wissen. Ich hatte gehofft, du könntest vielleicht mein Leben zu deinem machen. Das ist nicht gegangen – was bei mir freiwillig war, ist für dich ein trauriger Zwang, bei dem du verkommst. Ich will nicht sagen, dein Wille habe nicht ausgereicht, obwohl ich an den freien Willen glaube. Du bist anders als ich, du bist schwächer, aber auch feiner, für dich sind Dinge Bedürfnis, die für mich Luxus sind. Wenn zum Beispiel deine Musik bloß Einbildung oder Getue gewesen wäre, würde sie dir jetzt nicht so fehlen.«

»Getue! Du denkst nett von mir.«
»Verzeih! Der Ausdruck war nicht so schlimm gemeint. Sagen wir statt dessen Selbsttäuschung. So war es mit deinen philosophischen Gedanken. Du warst mit dir unzufrieden, du hast deinen Freund, den guten Kerl, mißbraucht und tyrannisiert. Du hast es mit der roten Mütze probiert, dann mit Buddhastudien, schließlich mit mir. Aber das Opfer deiner selbst hast du nie ganz gebracht. Du hast dir Mühe gegeben, es zu tun, aber es ging nicht. Du hast dich selber noch zu lieb. Erlaube, daß ich alles sage! Du glaubtest, in einer großen Not zu sein, und warst bereit, alles dranzugeben, um deinen Frieden zu finden. Aber dich selbst hast du nicht drangeben können und kannst es vielleicht nie. Du hast versucht, das größte Opfer zu bringen, weil du mich dabei glücklich sahst. Du wolltest meinen Weg gehen und wußtest nicht, daß er nach Nirwana führt. Du wolltest dein persönliches Leben steigern und erhöhen, dazu konnte ich dir nicht helfen, weil es mein Ziel ist, kein persönliches Leben mehr zu haben und im Ganzen aufzugehen. Ich bin das Gegenteil von dir und kann dich nichts lehren. Denke, du seist in ein Kloster gegangen und enttäuscht worden.«
»Du hast recht, so ähnlich ist es.«
»Darum gehst du jetzt wieder hinaus und suchst dein Heil anderswo. Es war eben ein Umweg.«
»Und das Ziel?«
»Das Ziel ist Friede. Vielleicht bist du stark und Künstler genug – dann wirst du deine Ungenügsamkeit lieben lernen und Leben aus ihr schöpfen. Ich kann das nicht. Oder, wer weiß, kommst du doch noch einmal dahin, dich ganz zu opfern und wegzugeben, dann bist du wieder auf meinem Weg, ob du ihn nun Askese, Buddha, Jesus, Tolstoi oder sonstwie nennen wirst. Der steht dir immer wieder offen.«
»Ich danke dir, Heinrich, du meinst es gut. Sag mir nur noch: wie denkst du dir dein Leben weiter? Wohin führt schließlich dein Weg?«
»Ich hoffe, er führt zum Frieden. Ich hoffe, er führt dazu, daß ich einmal mich meines Bewußtseins freuen und doch unbekümmert in Gottes Hand ruhen kann wie ein Vogel und eine Pflanze. Wenn ich kann, werde ich einmal anderen von meinem Leben und Wissen mitteilen, sonst aber suche ich nichts, als daß

ich für mich den Tod und die Furcht überwinde. Das kann ich nur, wenn ich mein Leben nicht mehr als ein Einzelnes und Losgetrenntes fühle, erst dann wird jeder Augenblick meines Lebens seinen Sinn haben.«
»Das ist viel.«
»Das ist alles. Das ist das einzige, was ein Wünschen und ein Leben lohnt.«

Am Abend des nächsten Tages klopfte es an Erwins Tür. Er rief herein und dachte, es sei ein Bundesbruder, den er erwartete. Als er sich umwandte, stand Hans vor ihm. Er sah ihn verlegen und überrascht an. »Du?«
»Ja, verzeih! Ich will nicht stören. Wir sind das letztemal ohne Abschied auseinander gegangen.«
»Ja, ich weiß. Nun – –«
»Es tut mir leid, ich war schuld. Bist du mir noch böse?«
»Ach nein. Aber verzeih, ich erwarte Besuch...«
»Nur einen Augenblick! Ich reise morgen fort; ich bin etwas krank, und im nächsten Sommer komme ich jedenfalls nicht mehr hierher.«
»Schade. Was fehlt dir denn. Doch nichts Schlimmes?«
»Nein, Kleinigkeiten. Ich wollte nur hören, wie dir's geht. Gut, nicht?«
»O ja. Aber du weißt ja gar nicht –«
»Was?«
»Ich bin verlobt, schon seit dem Frühjahr. Es war bis jetzt noch nicht öffentlich, aber nächste Woche fahre ich nach Berlin zur Verlobungsfeier. Meine Braut ist nämlich Berlinerin.«
»Da gratuliere ich. Du bist doch ein Glückskerl! Jetzt wirst du dich auch heftig hinter deine Medizin setzen.«
»Es geht an. Aber vom nächsten Semester an wird geschuftet. Und was hast du im Sinn?«
»Vielleicht Leipzig. Aber gelt, ich störe dich?«
»Na, wenn du's nicht übel nimmst – ich erwarte einen Bundesbruder. Du begreifst, es wäre ja auch für dich peinlich – –«
»Ja so! Daran hatte ich gar nicht mehr gedacht. Nun, bis wir uns wiedersehen, sind diese Geschichten wohl vergessen. Leb wohl, Erwin!«
»Adieu, Hans, und nichts für ungut! Es war nett von dir, daß du

gekommen bist. Schreibst du mir einmal? – Danke. Und gute Reise!«

Hans ging die Treppe hinab. Er wollte dem Professor, mit dem er gestern eine lange Unterredung gehabt hatte, noch einen Abschiedsbesuch machen. Draußen sah er noch einmal an Erwins Fenster hinauf.

Im Weggehen dachte er an die fleißigen Bauern, an die Dorfkinder, an die Verbindung mit den ziegelroten Mützen, an Erwin und an alle die Glücklichen, denen die Tage leicht und unbedauert durch die Finger gleiten, und dann an Heinrich Wirth und an sich selber und an alle, denen das Leben zu schaffen macht und die er im Herzen als seine Freunde und Brüder begrüßte.

(1907/08)

Robert Aghion

Im Laufe des achtzehnten Jahrhunderts wuchs in Großbritannien eine neue Art von Christentum und christlicher Betätigung heran, die sich aus einer winzigen Wurzel ziemlich rasch zu einem großen exotischen Baume auswuchs und welche einem jeden heute unter dem Namen der evangelischen Heidenmission bekannt ist.

Für die von England ausgehende protestantische Missionsbewegung war äußerlich nicht wenig Grund und Anlaß vorhanden. Seit dem glorreichen Zeitalter der Entdekkungen hatte man allerwärts auf Erden entdeckt und erobert, und es war das wissenschaftliche Interesse an der Form entfernter Inseln und Gebirge ebenso wie das seefahrende und abenteuernde Heldentum überall einem modernen Geist gewichen, der sich in den entdeckten exotischen Gegenden nicht mehr für aufregende Taten und Erlebnisse, für seltsame Tiere und romantische Palmenwälder interessierte, sondern für Pfeffer und Zukker, für Seide und Felle, für Reis und Sago, kurz für die Dinge, mit denen der Welthandel Geld verdient. Darüber war man häufig etwas einseitig und hitzig geworden und hatte manche Regeln vergessen und verletzt, die im christlichen Europa Geltung hatten. Man hatte eine Menge von erschrockenen Eingeborenen da draußen wie Raubzeug verfolgt und niedergeknallt, und der gebildete christliche Europäer hatte sich in Amerika, Afrika und Indien benommen wie der in den Hühnerstall eingebrochene Marder. Es war, auch wenn man die Sache ohne besondere Empfindsamkeit betrachtete, recht scheußlich hergegangen und recht grob und säuisch geräubert worden, und zu den Regungen der Scham und Entrüstung im Heimatvolk gehörte auch die Missionsbewegung, fußend auf dem schönen Wunsche, es möchte den Heidenvölkern von Europa her doch auch etwas anderes, Besseres und Höheres mitgebracht werden als nur Schießpulver und Branntwein.

Es kam in der zweiten Hälfte des vorvorigen Jahrhunderts in England nicht allzuselten vor, daß wohlmeinende Privatleute sich dieses Missionsgedankens tätig annahmen und Mittel zu seiner Ausführung hergaben. Geordnete Gesellschaften und

Betriebe dieses Behufes aber, wie sie heute blühen, gab es zu jener Zeit noch nicht, sondern es versuchte eben ein jeder nach eigenem Vermögen und auf eigenem Wege die gute Sache zu fördern, und wer damals als Missionar in ferne Länder auszog, der fuhr nicht wie ein heutiger gleich einem wohladressierten Poststück durch die Meere und einer geregelten und organisierten Arbeit entgegen, sondern er reiste mit Gottvertrauen und ohne viel Anleitung geradenwegs in ein zweifelhaftes Abenteuer hinein.

In den neunziger Jahren entschloß sich ein Londoner Kaufherr, dessen Bruder in Indien reich geworden und dort ohne Kinder gestorben war, eine bedeutende Geldsumme für die Ausbreitung des Evangeliums in jenem Lande zu stiften. Ein Mitglied der mächtigen Ostindischen Kompagnie sowie mehrere Geistliche wurden als Ratgeber herbeigezogen und ein Plan ausgearbeitet, nach welchem zunächst drei oder vier junge Männer, mit einer hinlänglichen Ausrüstung und gutem Reisegeld versehen, als Missionare ausgesandt werden sollten.

Die Ankündigung dieses Unternehmens zog alsbald einen Schwarm von abenteuerlustiger Mannheit heran, erfolglose Schauspieler und entlassene Barbiergehilfen glaubten sich zu der verlockenden Reise berufen, und das fromme Kollegium hatte alle Mühe, über die Köpfe dieser Zudringlichen hinweg nach würdigen Männern zu fahnden. Unter der Hand suchte man vor allem junge Theologen zu gewinnen, doch war die englische Geistlichkeit durchweg keineswegs der Heimat müde oder auf anstrengende, ja gefährliche Unternehmungen erpicht; die Suche zog sich in die Länge, und der Stifter begann schon ungeduldig zu werden.

Da verlor sich die Kunde von seinen Absichten und Mißerfolgen endlich auch in ein Bauerndorf in der Gegend von Lancaster und in das dortige Pfarrhaus, dessen ehrwürdiger Herr seinen jungen Bruderssohn namens Robert Aghion als Amtsgehilfen bei sich in Kost und Wohnung hatte. Robert Aghion war der Sohn eines Schiffskapitäns und einer frommen fleißigen Schottin, er hatte den Vater früh verloren und kaum gekannt und war als ein Knabe von guten Gaben durch seinen Onkel auf Schulen geschickt und ordnungsgemäß auf den Beruf eines Geistlichen vorbereitet worden, dem er nunmehr so nahestand, als ein Kandidat mit guten Zeugnissen, aber ohne Vermögen, es eben konnte. Einstweilen stand er seinem Oheim und Wohltäter als Vikarius bei und hatte auf eine eigene Pfarre bei dessen Lebzeiten nicht zu rechnen. Da nun der Pfarrer Aghion noch ein rüstiger Mann war, sah des Neffen Zukunft nicht allzu glänzend aus. Als ein armer Jüngling, der nach aller Voraussicht nicht vor dem mittleren Mannesalter auf ein eigenes Amt und Einkommen zu rechnen hatte, war er für junge Mädchen kein begehrenswerter Mann, wenigstens nicht für ehrbare, und mit anderen als solchen war er nie zusammengetroffen.

Als Sohn einer herzlich frommen Mutter hatte er einen schlichten Christensinn und Glauben, welchen als Prediger zu bekennen ihm eine Freude war. Seine eigentlichen geistigen Vergnügungen aber fand er im Betrachten der Natur, wofür er ein feines Auge besaß. Als ein bescheidener frischer Junge mit tüchtigen Augen und Händen fand er Befriedigung im Sehen und Kennen, Sammeln und Untersuchen der natürlichen Dinge, die sich ihm darboten. Als Knabe hatte er Blumen gezüchtet und botanisiert, hatte dann eine Weile sich eifrig mit Steinen und Versteinerungen abgegeben, und neuerdings, zumal seit seinem Aufenthalt in der ländlichen Umgebung, war ihm die vielfarbige Insektenwelt vor allem andern lieb geworden. Das Allerliebste aber waren ihm die Schmetterlinge, deren glänzende Verwandlung aus dem Raupen- und Puppenstand ihn immer wieder innig entzückte und deren Zeichnung und Farbenschmelz ihm ein so reines Vergnügen bereiteten, wie es geringer befähigte Menschen nur in den Jahren der frühen Kindheit erleben können.

So war der junge Theologe beschaffen, der als erster auf die Kunde von jener Stiftung hin alsbald aufhorchte und ein Verlangen in seinem Innersten gleich einem Kompaßzeiger gegen Indien hinweisen fühlte. Seine Mutter war vor wenigen Jahren gestorben, ein Verlöbnis oder auch nur ein heimlicher Verspruch mit einem Mädchen bestand nicht. Er schrieb nach London, bekam ermunternde Antwort und das Reisegeld für die Fahrt nach der Hauptstadt zugestellt und fuhr gleich darauf mit einer kleinen Bücherkiste und einem Kleiderbündel getrost nach London, wobei es ihm nur leid tat, daß er seine Herbarien, Versteinerungen und Schmetterlingskästen nicht mitnehmen konnte.

Bänglich betrat in der düsteren brausenden Altstadt von London der Kandidat das hohe ernste Haus des frommen Kaufherrn, wo ihm im düsteren Korridor eine gewaltige Wandkarte der östlichen Erdhälfte und gleich im ersten Zimmer ein großes fleckiges Tigerfell das ersehnte Land vor Augen führte. Beklommen und verwirrt ließ er sich von dem vornehmen Diener in das Zimmer führen, wo ihn der Hausherr erwartete. Es empfing ihn ein großer, ernster, schön rasierter Herr mit eisblauen scharfen Augen und strengen alten Mienen, dem der schüchterne Bewerber jedoch nach wenigen Reden recht wohl gefiel, so daß er ihn zum Sitzen einlud und sein Examen mit Vertrauen und Wohlwollen zu Ende führte. Darauf ließ der Herr sich seine Zeugnisse übergeben und schellte den Diener herbei, der den Theologen stillschweigend hinwegführte und in ein Gastzimmer brachte, wo unverweilt ein zweiter Diener mit Tee, Wein, Schinken, Butter und Brot erschien. Mit diesem Imbiß ward der junge Mann allein gelassen und tat seinem Hunger und Durst Genüge. Dann blieb er beruhigt in dem blausamtenen Armstuhl sitzen, dachte über seine Lage nach und musterte mit müßigen Augen das Zimmer, wo er nach kurzem Umherschauen zwei weitere Entgegenkömmlinge aus dem fernen heißen Lande entdeckte, nämlich in einer Ecke neben dem Kamin einen ausgestopften rotbraunen Affen und über ihm aufgehängt an der blauen Seidentapete das gegerbte Fell einer riesig großen Schlange, deren augenloser Kopf blind und schlaff herabhing. Das waren Dinge, die er schätzte und die er sofort aus der Nähe zu betrachten und zu befühlen eilte. War ihm auch die Vorstellung der lebendigen Boa, die er durch das Zusammenbiegen der glänzend silbrigen Haut zu einem Rohre zu unterstützen versuchte, einigermaßen grauenvoll und zuwider, so ward doch seine Neugierde auf die geheimnisvolle Ferne durch ihren Anblick noch geschürt. Er dachte sich weder von Schlangen noch von Affen schrecken zu lassen und malte sich mit Wollust die fabelhaften Blumen, Bäume, Vögel und Schmetterlinge aus, die in solchen gesegneten Ländern gedeihen mußten.

Es ging indessen schon gegen Abend, und ein stummer Diener trug eine angezündete Lampe herein. Vor dem hohen Fenster stand neblige Dämmerung. Die Stille des vornehmen Hauses, das ferne schwache Wogen der großen Stadt, die Einsamkeit des hohen kühlen Zimmers, in dem er sich wie gefangen fühlte, der Mangel an jeder Beschäftigung und die Ungewißheit seiner romanhaften Lage verbanden sich mit der zunehmenden Dunkelheit der Londoner Herbstnacht und stimmten die Seele des jungen Menschen von der Höhe seiner Hoffnung immer weiter herab, bis er nach zwei Stunden, die er horchend und wartend in seinem Lehnstuhl hingebracht hatte, für heute jede Erwartung aufgab und sich kurzerhand müde in das vortreffliche Gastbett legte, wo er in kurzem einschlief.

Es weckte ihn, wie ihm schien, mitten in der Nacht, ein Diener mit der Nachricht, der junge Herr werde zum Abendessen erwartet und möge sich beeilen. Verschlafen kroch Aghion in seine Kleider und taumelte mit blöden Augen hinter dem Manne her durch Zimmer und Korridore und eine Treppe hinab bis in das große, grell von Kronleuchtern erhellte Speisezimmer, wo ihn die in Sammet gekleidete und von Schmuck funkelnde Hausfrau durch ein Augenglas betrachtete und der Herr ihn zwei Geistlichen vorstellte, die ihren jungen Bruder gleich während der Mahlzeit in eine scharfe Prüfung nahmen und vor allem sich über die Echtheit seiner christlichen Gesinnung zu unterrichten suchten. Der schlaftrunkene Apostel hatte Mühe, alle Fragen zu verstehen und gar zu beantworten; aber die Schüchternheit kleidete ihn gut, und die Männer, die an ganz andere Aspiranten gewöhnt waren, wurden ihm alle wohlgesinnt. Nach Tische wurden im Nebenzimmer Landkarten vorgelegt, und Aghion sah zum erstenmal die Gegend, der er Gottes Wort verkündigen sollte, auf der indischen Karte als einen gelben Fleck südlich von der Stadt Bombay liegen.

Am folgenden Tag wurde er zu einem ehrwürdigen alten Herrn gebracht, der des Kaufherrn oberster geistlicher Berater war. Dieser Greis fühlte sich sofort von dem harmlosen jungen Menschen angezogen. Er wußte Roberts Sinn und Wesen rasch zu erkennen, und da er wenig geistlichen Unternehmungsgeist in ihm wahrnahm, wollte der Junge ihm leid tun, und er stellte ihm die Gefahren der Seereise und die Schrecken der südlichen Zonen eindringlich vor Augen; denn es schien ihm sinnlos, daß ein junger Mensch sich da draußen opfere und zugrunde richte, wenn er nicht durch besondere Gaben und Neigungen zu einem solchen Dienst bestimmt schien. So legte er denn dem Kandidaten die Hand auf die Schulter, sah ihm mit eindringlicher Güte in die Augen und sagte: »Was Sie mir sagen, ist gut und mag richtig sein; aber ich kann noch immer nicht ganz verstehen, was Sie nun eigentlich nach Indien zieht. Seien Sie offen, lieber Freund, und sagen Sie mir ohne Hinterhalt: ist es irgendein weltlicher Wunsch und Drang, der Sie treibt, oder ist es lediglich der innige Wunsch, den armen Heiden unser liebes Evangelium zu bringen?« Auf diese Anrede wurde Robert Aghion so rot wie ein ertappter Schwindler. Er schlug die Augen nieder und schwieg eine Weile, dann aber bekannte er freimütig, mit jenem frommen Willen sei es ihm zwar völlig ernst, doch wäre er wohl nie auf den Gedanken gekommen, sich für Indien zu melden und überhaupt Missionar zu werden, wenn nicht ein Gelüst nach den herrlichen seltenen Pflanzen und Tieren der tropischen Länder, zumal nach deren Schmetterlingen, ihn dazu verlockt hätte. Der alte Mann sah wohl, daß der Jüngling ihm nun sein letztes Geheimnis preisgegeben und nichts mehr zu bekennen habe. Lächelnd nickte er ihm zu und sagte freundlich: »Nun, mit dieser Sünde müssen Sie selber fertigwerden. Sie sollen nach Indien fahren, lieber Junge!« Und alsbald ernst werdend, legte er ihm beide Hände aufs Haupt und segnete ihn feierlich mit den Worten des biblischen Segens.

Drei Wochen später reiste der junge Missionar, mit Kisten und Koffern wohl ausgerüstet, auf einem schönen Segelschiff als Passagier hinweg, sah sein Heimatland im grauen Meer versinken und lernte in der ersten Woche, noch ehe Spanien erreicht war, die Launen und Gefahren des Meeres kennen. In jenen Zeiten konnte ein Indienfahrer noch nicht so grün und unerprobt sein Ziel erreichen wie heute, wo man in Europa seinen bequemen Dampfer besteigt, sich auf dem Suezkanal um Afrika drückt und nach kurzer Zeit, verwundert und träg vom vielen Schlafen und Essen, die indische Küste erblickt. Damals mußten die Segelschiffe sich um das ungeheure Afrika herum monatelang quälen, von Stürmen gefährdet und von toten langen Windstillen gelähmt, und es galt zu schwitzen und zu frieren, zu hungern und des Schlafes zu entbehren, und wer die Reise siegreich vollendet hatte, der war nun längst kein unerprobter Neuling mehr, sondern hatte gelernt, sich einigermaßen auf den Beinen zu halten. So ging es auch dem Missionar.

Er war zwischen England und Indien hundertsechsundfünfzig Tage unterwegs und stieg in der Hafenstadt Bombay als ein gebräunter und gemagerter Seefahrer an Land.
Indessen hatte er seine Freude und Neugierde nicht verloren, obwohl sie stiller geworden war, und wie er schon auf der Reise jeden Strand mit Forschersinn betreten und jede fremde Palmeninsel mit ehrfürchtiger Neugierde betrachtet hatte, so betrat er das indische Land mit begierig offenen Augen und hielt seinen Einzug in der schönen leuchtenden Stadt mit ungebrochenem Mut.
Zunächst suchte und fand er das Haus, an das er empfohlen war; es lag in einer stillen vorstädtischen Gasse, von Kokospalmen überragt. Beim Eintreten streifte sein Blick den kleinen Vorgarten und fand, obwohl jetzt eben Wichtigeres zu tun und zu beachten war, gerade noch Zeit, einen dunkelbelaubten Strauch mit großen goldgelben Blüten zu bemerken, der von einer zierlichen Schar weißer Falter auf das fröhlichste umgaukelt wurde. Dies Bild noch im leicht geblendeten Auge, trat er über einige flache Stufen in den Schatten der breiten Veranda und durch die offenstehende Haustüre. Ein dienender Hindu in einem weißen Kleid mit nackten dunkelbraunen Beinen lief über den kühlen roten Ziegelboden herbei, machte eine ergebene Verbeugung und begann in singendem Tonfall hindostanische Worte zu näseln, merkte aber rasch, daß der Fremde ihn nicht verstehe und führte ihn mit neuen weichen Verbeugungen und schlangenhaften Gebärden der Ergebenheit und Einladung tiefer ins Haus und vor eine Türöffnung, die statt der Tür mit einer lose herabhängenden Bastmatte verschlossen war. Zur gleichen Zeit ward diese Matte von innen beiseite gezogen, und es erschien ein großer, hagerer, herrisch aussehender Mann in weißen Tropenkleidern und mit Strohsandalen an den nackten Füßen. Er richtete in einer unverständlichen indischen Sprache eine Reihe von Scheltworten an den Diener, der sich klein machte und der Wand entlang davonschlich, dann wandte er sich an Aghion und hieß ihn auf Englisch eintreten.
Der Missionar suchte zuerst seine unangemeldete Ankunft zu entschuldigen und den armen Diener zu rechtfertigen, der nichts verbrochen habe. Aber der andere winkte ungeduldig ab

und sagte: »Mit den Schlingeln von Dienern werden Sie ja bald umzugehen lernen. Treten Sie ein! Ich erwarte Sie.«
»Sie sind wohl Mister Bradley?« fragte der Ankömmling höflich, während doch bei diesem ersten Schritt in die exotische Wirtschaft und beim Anblick des Ratgebers, Lehrers und Mitarbeiters eine Fremdheit und Kälte in ihm aufstieg.
»Ich bin Bradley, gewiß, und Sie sind ja wohl Aghion. Also, Aghion, kommen Sie nun endlich herein! Haben Sie schon Mittagbrot gehabt?«
Der große knochige Mann nahm alsbald mit aller kurz angebundenen, herrischen Praxis eines bewährten Überseers und Handelsagenten den Lebenslauf seines Gastes in seine braunen, dunkelbehaarten Hände. Er ließ ihm eine Reismahlzeit mit Hammelfleisch und brennendem Curry bringen, er wies ihm ein Zimmer an, zeigte ihm das Haus, nahm ihm seine Briefe und Aufträge ab, beantwortete seine ersten neugierigen Fragen und gab ihm die ersten notwendigen indischen Lebensregeln. Er setzte die vier braunen Hindudiener in Bewegung, befahl und schnauzte in seiner kalten Zornigkeit durch das schallende Haus, ließ auch einen indischen Schneidermeister kommen, der sofort ein Dutzend landesüblicher Kleidungen für Aghion machen mußte. Dankbar und etwas eingeschüchtert nahm der Neuling alles hin, obwohl es seinem Sinne mehr entsprochen hätte, seinen Einzug in Indien stiller und friedlicher zu begehen, sich erst einmal ein bißchen heimisch zu machen und sich in einem freundlichen Gespräch seiner ersten Eindrücke und seiner vielen starken Reiseerinnerungen zu entladen. Indessen lernt man auf einer halbjährigen Seereise sich bescheiden und sich in viele Lagen finden, und als gegen Abend Mister Bradley wegging, um seiner kaufmännischen Arbeit in der Stadt nachzugehen, atmete der evangelische Jüngling fröhlich auf und dachte nun allein in stillem Behagen seine Ankunft zu feiern und das Land Indien zu begrüßen.
Feierlich verließ er sein luftiges Zimmer, das weder Tür noch Fenster, sondern nur leere geräumige Öffnungen in allen Wänden hatte, und ging ins Freie, einen großrandigen Hut mit langem Sonnenschleier auf dem blonden Kopf und einen tüchtigen Stock in der Hand. Beim ersten Schritt in den Garten blickte er mit einem tiefen Atemzug ringsum und sog mit wit-

ternden Sinnen die Lüfte und Düfte, Lichter und Farben des fremden, sagenhaften Landes, das er als ein bescheidener Mitarbeiter erobern helfen sollte und dem er sich willig hinzugeben gesonnen war.
Was er um sich sah und verspürte, gefiel ihm alles wohl und kam ihm wie eine tausendfältige strahlende Bestätigung vieler Träume und Ahnungen vor. Dichte hohe Gebüsche standen im heftigen Sonnenlicht und strotzten von großen, wunderlich starkfarbigen Blumen; auf säulenschlanken, glatten Stämmen ragten in erstaunlicher Höhe die stillen runden Wipfel der Kokospalmen, eine Fächerpalme stand hinter dem Hause und hielt ihr sonderbar strenges, gleichmäßiges Riesenrad von gewaltigen mannslangen Blättern steif in die Lüfte, am Rand des Weges aber nahm sein naturfreundliches Auge ein kleines lebendiges Wesen wahr, dem er sich vorsichtig näherte. Es war ein grünes Chamäleon mit einem dreieckigen Kopf und boshaften kleinen Augen. Er beugte sich darüber und fühlte sich wie ein Knabe beglückt.
Eine fremdartige Musik weckte ihn aus seiner andächtigen Versunkenheit. Aus der flüsternden Stille der tiefen grünen Baum- und Gartenwildnis brach der rhythmische Lärm metallener Trommeln und Pauken und schneidend helltöniger Blasinstrumente. Erstaunt lauschte der fromme Naturfreund hinüber und machte sich, da nichts zu sehen war, neugierig auf den Weg, die Art und Herkunft dieser barbarisch-festlichen Klänge auszukundschaften. Immer den Tönen folgend, verließ er den Garten, dessen Tor weit offen stand, und verfolgte den grasigen Fahrweg durch eine freundliche Landschaft von Hausgärten, Palmenpflanzungen und lachend hellgrünen Reisfeldern, bis er, um die hohe Ecke eines Gartens biegend, in eine dörflich anmutende Gasse von indischen Hütten gelangte. Die kleinen Häuschen waren aus Lehm oder auch nur aus Bambusgestänge erbaut, die Dächer mit trockenen Palmblättern gedeckt, in allen Türöffnungen standen und hockten braune Hindufamilien. Mit Neugierde sah er die Leute an und tat den ersten Blick in das dörfliche Leben des fremden Naturvolkes, und vom ersten Augenblick an gewann er die braunen Menschen lieb, deren schöne kindliche Augen wie in einer unbewußten und unerlösten Traurigkeit blickten. Schöne Frauen schauten aus mächti-

gen Flechten langen, tiefschwarzen Haares hervor, still und rehhaft; sie trugen mitten im Gesicht sowie an den Hand- und Fußgelenken silbernen Schmuck und Ringe an den Fußzehen. Kleine Kinder standen vollkommen nackt und trugen nichts am Leibe als an dünner Bastschnur ein seltsames Amulett aus Silber oder aus Horn.

Noch immer schallte die tolle Musik, nun ganz in der Nähe, und an der Ecke der nächsten Gasse hatte er gefunden, was er suchte. Da stand ein unheimlich sonderbares Gebäude von äußerst phantastischer Form und beängstigender Höhe, ein ungeheures Tor in der Mitte, und indem er daran empor staunte, fand er die ganze riesengroße Fläche des Bauwerks aus lauter steinernen Figuren von fabelhaften Tieren, Menschen und Göttern oder Teufeln zusammengesetzt, die sich zu Hunderten bis an die ferne schmale Spitze des Tempels hinantürmten, ein Wald und wildes Geflecht von Leibern, Gliedern und Köpfen. Dieser erschreckende Steinkoloß, ein großer Hindutempel, leuchtete heftig in den waagrechten Strahlen der späten Abendsonne und erzählte dem verblüfften Fremdling deutlich, daß diese tierhaft sanften, halbnackten Menschen eben doch keineswegs ein paradiesisches Naturvolk waren, sondern seit einigen tausend Jahren schon Gedanken und Götter, Künste und Religionen besaßen.

Die schallende Paukenmusik war soeben verstummt, und es kamen aus dem Tempel viele fromme Inder in weißen und farbigen Gewändern, voran und vornehm abgetrennt eine kleine feierliche Schar von Brahmanen, hochmütig in tausendjährig erstarrter Gelehrsamkeit und Würde. Sie schritten an dem weißen Manne so stolz vorüber wie Edelleute an einem Handwerksburschen, und weder sie noch die bescheideneren Gestalten, die ihnen folgten, sahen so aus, als hätten sie die geringste Neigung, sich von einem zugereisten Fremdling über göttliche und menschliche Dinge des Rechten belehren zu lassen.

Als der Schwarm verlaufen und der Ort stiller geworden war, näherte sich Robert Aghion dem Tempel und begann in verlegener Teilnahme das Figurenwerk der Fassade zu studieren, ließ jedoch bald mit Betrübnis und Schrecken davon wieder ab; denn die groteske Allegoriensprache dieser Bildwerke verwirrte und ängstigte ihn nicht minder als der Anblick einiger

Szenen von schamloser Obszönität, die er naiv mitten zwischen dem Göttergewimmel dargestellt fand.
Während er sich abwandte und nach einem Rückweg ausblickte, erloschen der Tempel und die Gassen plötzlich; ein kurzes zuckendes Farbenspiel lief über den Himmel, und rasch brach die Nacht herein. Das unheimlich schnelle Eindunkeln, obwohl er es längst kannte, überfiel den jungen Missionar mit einem leichten Schauder. Zugleich mit dem Anbruch der Dämmerung begann aus allen Bäumen und Gebüschen ringsum ein grelles Singen und Lärmen von Tausenden Insekten, und in der Ferne erhob sich das Wut- oder Klagegeschrei eines Tieres mit fremden wilden Tönen. Eilig suchte Aghion seinen Heimweg, fand ihn glücklich wieder und hatte die kleine Strecke Weges noch nicht völlig zurückgelegt, als schon das ganze Land in tiefer Nachtfinsternis und der hohe schwarze Himmel voll von Sternen stand.
Im Hause, wo er nachdenklich und zerstreut ankam und sich dem ersten erleuchteten Raume näherte, empfing ihn Mister Bradley mit den Worten: »So, da sind Sie. Sie sollten aber fürs erste so spät am Abend nicht mehr ausgehen, es ist nicht ohne Gefahr. Übrigens, können Sie gut mit dem Gewehr umgehen?«
»Mit dem Gewehr? Nein, das habe ich nicht gelernt.«
»Dann lernen Sie es bald ... Wo waren Sie denn heut abend?«
Aghion erzählte voll Eifer. Er fragte begierig, welcherlei Religion jener Tempel angehöre und welcherlei Götter- oder Götzendienst darin getrieben werde, was die vielen Figuren bedeuteten und was die seltsame Musik, ob die schönen stolzen Männer in weißen Kleidern Priester seien und wie denn ihre Götter hießen. Allein hier erlebte er die erste Enttäuschung. Von allem, was er da fragte, wollte sein Ratgeber gar nichts wissen. Er erklärte, daß kein Mensch sich in dem scheußlichen Wirrwarr und Unflat dieser Götzendienste auskenne, daß die Brahmanen eine heillose Bande von Ausbeutern und Faulenzern seien und daß überhaupt diese Inder alle zusammen ein schweinisches Pack von Bettlern und Unholden wären, mit denen ein anständiger Engländer lieber gar nichts zu tun habe.
»Aber«, meinte Aghion zaghaft, »meine Bestimmung ist es doch gerade, diese verirrten Menschen auf den rechten Weg zu

führen! Dazu muß ich sie kennen und lieben und alles von ihnen wissen ...«

»Sie werden bald mehr von ihnen wissen, als Ihnen lieb sein wird. Natürlich müssen Sie Hindostani und später vielleicht noch andere von diesen infamen Niggersprachen lernen. Aber mit der Liebe werden Sie nicht weit kommen.«

»Oh, die Leute sehen aber doch recht gutartig aus!«

»Finden Sie? Nun, Sie werden ja sehen. Von dem, was Sie mit den Hindus vorhaben, verstehe ich nichts und will nicht darüber urteilen. Unsere Aufgabe ist es, diesem gottlosen Pack langsam ein wenig Kultur und einen schwachen Begriff von Anständigkeit beizubringen; weiter werden wir vielleicht niemals kommen!«

»Unsere Moral, oder was Sie Anständigkeit heißen, ist aber die Moral Christi, mein Herr!«

»Sie meinen die Liebe. Ja, sagen Sie nur einmal einem Hindu, daß Sie ihn lieben. Dann wird er Sie heute anbetteln und Ihnen morgen das Hemd aus dem Schlafzimmer stehlen!«

»Ist das möglich?«

»Das ist sogar ganz sicher, lieber Herr. Sie haben es hier gewissermaßen mit Unmündigen zu tun, die noch keine Ahnung von Ehrlichkeit und Recht haben, nicht mit gutartigen englischen Schulkindern, sondern mit einem Volk von schlauen braunen Lausbuben, denen jede Schändlichkeit einen Hauptspaß macht. Sie werden noch an mich denken!«

Aghion verzichtete traurig auf ein weiteres Fragen und nahm sich vor, nun einmal vor allem fleißig und gehorsam alles zu lernen, was hier zu lernen wäre. Doch ob nun der strenge Bradley recht hatte oder nicht, schon seit dem Anblick des ungeheuern Tempels und der unnahbar stolzen Brahmanen war ihm sein Vorhaben und Amt in diesem Lande unendlich viel schwieriger erschienen, als er je zuvor gedacht hätte.

Am nächsten Morgen wurden die Kisten ins Haus gebracht, in denen der Missionar sein Eigentum aus der Heimat mit sich geführt hatte. Sorglich packte er aus, legte Hemden zu Hemden und Bücher zu Büchern und fand sich durch manche Gegenstände nachdenklich gestimmt. Es fiel ihm ein kleiner Kupferstich in schwarzem Rahmen in die Hände, dessen Glas unterwegs zerbrochen war und der ein Bildnis des Herrn Defoe, des

Verfassers von Robinson Crusoe, darstellte, und das alte, ihm von der frühen Kindheit an vertraute Gebetbuch seiner Mutter, alsdann aber als ermunternder Wegweiser in die Zukunft eine Landkarte von Indien, die ihm sein Oheim geschenkt, und zwei stählerne Netzbügel für den Schmetterlingsfang, die er sich selber noch in London hatte machen lassen. Einen von diesen legte er sogleich zum Gebrauch in den nächsten Tagen beiseite. Am Abend war seine Habe verteilt und verstaut, der kleine Kupferstich hing über seinem Bett, und das ganze Zimmer war in saubere Ordnung gebracht. Die Beine seines Tisches und seiner Bettstatt hatte er, wie es ihm empfohlen worden war, in kleine irdene Näpfe gestellt und die Näpfe mit Wasser gefüllt, zum Schutz gegen die Ameisen. Mister Bradley war den ganzen Tag in Geschäften abwesend, und es war dem jungen Manne sonderbar, vom ehrfürchtigen Diener durch Zeichen zu den Mahlzeiten gelockt und dabei bedient zu werden, ohne daß er ein einziges Wort mit ihm reden konnte.
In der Frühe des folgenden Tages begann Aghions Arbeit. Es erschien und wurde ihm von Bradley vorgestellt der schöne dunkeläugige Jüngling Vyardenya, der sein Lehrmeister in der Hindostani-Sprache werden sollte. Der lächelnde junge Inder sprach nicht übel Englisch und hatte die besten Manieren; nur schreckte er ängstlich zurück, als der arglose Engländer ihm freundlich die Hand zur Begrüßung entgegenstreckte, und vermied auch künftighin jede körperliche Berührung mit dem Weißen, die ihn verunreinigt haben würde, da er einer hohen Kaste angehörte. Er wollte sich auch niemals auf einen Stuhl setzen, den vor ihm ein Fremder benutzt hatte, sondern brachte jeden Tag zusammengerollt unterm Arm seine eigene hübsche Bastmatte mit, die er auf dem Ziegelboden ausbreitete und auf welcher er mit gekreuzten Beinen edel und aufrecht saß. Sein Schüler, mit dessen Eifer er zufrieden sein konnte, suchte auch diese Kunst von ihm zu lernen und kauerte während seiner Lektionen stets auf einer ähnlichen Matte am Boden, obwohl ihm dabei in der ersten Zeit alle Glieder weh taten, bis er daran gewöhnt wurde. Fleißig und geduldig lernte er Wort für Wort, mit den alltäglichen Begrüßungsformeln beginnend, die ihm der Jüngling unermüdet und lächelnd vorsprach, und stürzte sich jeden Tag mit neuem Mut in den Kampf mit den indischen

Girr- und Gaumenlauten, die ihm zu Anfang als ein unartikuliertes Röcheln erschienen waren und die er nun alle zu unterscheiden und nachzuahmen lernte.
So merkwürdig das Hindostani war und so rasch die Vormittagsstunden mit dem höflichen Sprachlehrer vergingen, so waren doch die Nachmittage und gar die Abende lang genug, um den strebsamen Herrn Aghion die Einsamkeit fühlen zu lassen, in der er lebte. Sein Wirt, zu dem er in einem unklaren Verhältnisse stand und der ihm halb als Gönner, halb als eine Art Vorgesetzter entgegentrat, war wenig zu Hause; er kam meistens gegen Mittag zu Fuß oder zu Pferde aus der Stadt zurück, präsidierte als Hausherr beim Essen, zu dem er manchmal einen englischen Schreiber mitbrachte, und legte sich dann zwei, drei Stunden zum Rauchen und Schlafen auf die Veranda, um gegen Abend nochmals für einige Stunden in sein Kontor oder Magazin zu gehen. Zuweilen mußte er für mehrere Tage verreisen, um Produkte einzukaufen, und sein neuer Hausgenosse hatte wenig dagegen, da er mit dem besten Willen sich dem rauhen und wortkargen Geschäftsmann nicht befreunden konnte. Auch gab es manches in der Lebensführung Mister Bradleys, was dem Missionar nicht gefallen konnte. Unter anderem kam es zuweilen vor, daß Bradley am Feierabend mit jenem Schreiber zusammen bis zur Trunkenheit eine Mischung von Wasser, Rum und Limonadensaft genoß; dazu hatte er in der ersten Zeit den jungen Geistlichen mehrmals eingeladen, aber stets von ihm eine sanfte Absage erhalten.
Bei diesen Umständen war Aghions tägliches Leben nicht gerade kurzweilig. Er hatte versucht, seine ersten schwachen Sprachkenntnisse anzuwenden, indem er an den langen öden Nachmittagen, wo das hölzerne Haus ringsum von der stechenden Hitze belagert lag, sich zur Dienerschaft in die Küche begab und sich mit den Leuten zu unterhalten suchte. Der mohammedanische Koch zwar gab ihm keine Antwort und war so hochmütig, daß er ihn gar nicht zu sehen schien, der Wasserträger aber und der Hausjunge, die beide stundenlang müßig auf ihren Matten hockten und Betel kauten, hatten nichts dagegen, sich an den angestrengten Sprechversuchen des Masters zu belustigen.
Eines Tages erschien aber Bradley in der Küchentür, als gerade

die beiden Schlingel sich über einige Irrtümer und Wortverwechslungen des Missionars vor Vergnügen auf die mageren Schenkel klatschten. Bradley sah der Lustbarkeit mit verbissenen Lippen zu, gab blitzschnell dem Boy eine Ohrfeige, dem Wasserträger einen Fußtritt und zog den erschrockenen Aghion stumm mit sich davon. In seinem Zimmer sagte er dann ärgerlich: »Wie oft muß ich Ihnen noch sagen, daß Sie sich nicht mit den Leuten einlassen sollen! Sie verderben mir die Burschen, selbstverständlich in der besten Absicht, und ohnehin geht es nicht an, daß ein Engländer sich vor diesen braunen Schelmen zum Hanswurst macht!« Er war wieder davongegangen, noch ehe der beleidigte Aghion sich rechtfertigen konnte.
Unter Menschen kam der vereinsamte Missionar nur am Sonntag, wo er regelmäßig zur Kirche ging, auch selbst einmal für den wenig arbeitsamen englischen Pfarrer die Predigt übernahm. Aber er, der daheim vor den Bauern und Wollwebern seiner Gegend mit Liebe gepredigt hatte, fand sich hier, vor einer kühlen Gemeinde von reichen Geschäftsleuten, müden, kränklichen Damen und lebenslustigen jungen Angestellten, fremd und ernüchtert.

Wenn er nun über dem Betrachten seiner Lage zuweilen recht betrübt wurde und sich erbarmenswert vorkam, so gab es einen Trost für sein Gemüt, der niemals versagte. Dann rüstete er sich zu einem Ausflug, hängte die Botanisierbüchse um und nahm das Netz zur Hand, das er mit einem langen schlanken Bambusstab versehen hatte. Gerade das, worüber die meisten anderen Engländer sich bitter zu beklagen pflegten, die glühende Sonnenhitze und das ganze indische Klima, war ihm lieb und schien ihm herrlich; denn er hielt sich an Leib und Seele frisch und ließ keine Erschlaffung aufkommen. Für seine Naturstudien und Liebhabereien vollends war dieses Land eine unermeßliche Weide, auf Schritt und Tritt hielten unbekannte Bäume, Blumen, Vögel, Insekten ihn auf, die er mit der Zeit alle namentlich kennenzulernen beschloß. Seltsame Eidechsen und Skorpione, riesengroße dicke Tausendfüßler und anderes Koboldzeug erschreckte ihn selten mehr, und seit er eine dicke Schlange in der Badekammer mutig mit dem hölzernen Eimer erschlagen hatte, fühlte er seine Bangnis vor unheimlicher Tiergefahr immer mehr dahinschwinden.

Als er zum erstenmal mit seinem Netz nach einem großen prächtigen Schmetterling schlug, als er ihn gefangen sah und mit vorsichtigen Fingern das stolze strahlende Tier an sich nahm, dessen breite Flügel alabastern glänzten und mit dem duftigsten Farbenflaum behaucht waren, da schlug ihm das Herz in einer unbändigen Freude, wie er sie nicht mehr empfunden hatte, seit er als Knabe seinen ersten Schwalbenschwanz erbeutet hatte. Fröhlich gewöhnte er sich an die Unbequemlichkeiten des Dschungels und verzagte nicht, wenn er im Urwald tief in versteckte Schlammgruben einbrach, von heulenden Affenherden verhöhnt und von wütenden Ameisenvölkern überfallen wurde. Nur einmal lag er zitternd und betend hinter einem ungeheuren Gummibaum auf den Knien, während in der Nähe wie ein Gewitter und Erdbeben ein Trupp von Elefanten durchs dichte Gehölz brach. Er gewöhnte sich daran, in seinem luftigen Schlafzimmer frühmorgens vom rasenden Affengebrüll aus dem nahen Walde geweckt zu werden und bei Nacht das heulende Schreien der Schakale zu hören. Seine Augen glänzten hell und wachsam aus dem gemagerten, braun und männlich gewordenen Gesicht.

Auch in der Stadt und noch lieber in den friedlichen gartenartigen Außendörfern sah er sich immer besser um, und die Hinduleute gefielen ihm desto mehr, je mehr er von ihnen sah. Störend und äußerst peinlich war ihm nur die Sitte der unteren Stände, ihre Frauen mit nacktem Oberkörper laufen zu lassen. Nackte Frauenhälse und -arme und Frauenbrüste auf der Gasse zu sehen, daran konnte der Missionar sich schwer gewöhnen, obgleich es häufig sehr hübsch aussah.

Nächst dieser Anstößigkeit machte nichts ihm so viel zu schaffen und zu denken wie die Rätsel, die ihm das geistige Leben dieser Menschen entgegenhielt. Wohin er blicken mochte, überall war Religion. In London konnte man gewiß am höchsten kirchlichen Feiertag nicht so viel Frömmigkeit wahrnehmen wie hier an jedem Werktag und in jeder Gasse; überall waren Tempel und Bilder, war Gebet und Opfer, waren Umzüge und Zeremonien, Büßer und Priester zu sehen. Aber wer wollte sich jemals in diesem wirren Knäuel von Religionen zurechtfinden? Da waren Brahmanen und Mohammedaner, Feueranbeter und Buddhisten, Diener des Schiwa und des Krischna,

Turbanträger und Gläubige mit glattrasierten Köpfen, Schlangenanbeter und Diener heiliger Schildkröten.
Wo war der Gott, dem alle diese Verirrten dienten? Wie sah er aus, und welcher Kultus von den vielen war der ältere, heiligere, reinere? Das wußte niemand, und namentlich den Indern selber war dies vollkommen einerlei; wer von dem Glauben seiner Väter nicht befriedigt war, der ging zu einem andern über oder zog als Büßer dahin, um eine neue Religion zu finden oder gar zu schaffen. Göttern und Geistern, deren Namen niemand wußte, wurden Speisen in kleinen Schalen geopfert, und alle diese hundert Gottesdienste, Tempel und Priesterschaften lebten vergnügt nebeneinander hin, ohne daß es den Anhängern des einen Glaubens einfiel, die anderen zu hassen oder totzuschlagen, wie es daheim in den Christenländern Sitte war. Vieles sogar sah sich hübsch und lieblich an, Flötenmusik und zarte Blumenopfer, und auf vielen frommen Gesichtern wohnte ein Friede und heiter stiller Glanz, den man in den Gesichtern der Engländer vergeblich suchte. Schön und heilig schien ihm auch das von den Hindus streng gehaltene Gebot, kein Tier zu töten, und er schämte sich zuweilen und suchte Rechtfertigung vor sich selbst, wenn er ohne Erbarmen einige schöne Schmetterlinge und Käfer umgebracht und auf Nadeln gespießt hatte. Andererseits waren unter diesen selben Völkern, denen jeder Wurm als Geschöpf Gottes heilig galt und die sich innig in Gebeten und Tempeldienst hingaben, Diebstahl und Lüge, falsches Zeugnis und Vertrauensbruch ganz alltägliche Dinge, über die keine Seele sich empörte oder nur wunderte. Je mehr es der wohlmeinende Glaubensbote bedachte, desto mehr schien ihm dieses Volk zum undurchdringlichen Rätsel zu werden, das jeder Logik und Theorie hohnsprach. Der Diener, mit dem er trotz Bradleys Verbot bald wieder Gespräche pflog und der soeben ein Herz und eine Seele mit ihm zu sein schien, stahl ihm eine Stunde später ein baumwollenes Hemd, und als er ihn mit liebreichem Ernst zur Rede stellte, leugnete er zuerst unter Schwüren, gab dann lächelnd alles zu, zeigte das Hemd her und sagte zutraulich, es habe ja schon ein kleines Loch, und so habe er gedacht, der Master werde es gewiß nimmer tragen mögen.
Ein anderes Mal setzte ihn der Wasserträger in Erstaunen. Dieser Mann erhielt seinen Lohn und sein Essen dafür, daß er täg-

lich die Küche und die Badekammer aus der nächsten Zisterne her mit Wasser versorgte. Er tat diese Arbeit stets am frühen Morgen und am Abend, den ganzen übrigen Tag saß er in der Küche oder in der Dienerhütte und kaute entweder Betel oder ein Stückchen Zuckerrohr. Einmal, da der andere Diener ausgegangen war, gab ihm Aghion ein Beinkleid zum Ausbürsten, das von einem Spaziergang her voll von Grassamen hing. Der Mann lachte nur und streckte die Hände auf den Rücken, und als der Missionar unwillig wurde und ihm streng befahl, sofort die kleine Arbeit zu tun, folgte er zwar endlich, tat die Verrichtung aber unter Murren und Tränen, setzte sich dann trostlos in die Küche und schalt und tobte eine Stunde lang wie ein Verzweifelter. Mit unendlicher Mühe und nach Überwindung vieler Mißverständnisse brachte Aghion an den Tag, daß er den Menschen schwer beleidigt habe durch den Befehl zu einer Arbeit, die nicht zu seinem Amte gehörte.

Alle diese kleinen Erfahrungen traten, sich allmählich verdichtend, wie zu einer Glaswand zusammen, die den Missionar von seiner Umgebung abtrennte und in eine immer peinlichere Einsamkeit verwies. Desto heftiger, ja mit einer gewissen verzweifelten Gier lag er seinen Sprachstudien ob, in denen er gute Fortschritte machte und die ihm, wie er sehnlichst hoffte, dies fremde Volk doch noch erschließen sollten. Immer häufiger konnte er es nun wagen, Eingeborene auf der Straße anzureden, er ging ohne Dolmetscher zum Schneider, zum Krämer, zum Schuhmacher. Manchmal gelang es ihm, mit einfachen Leuten ins Geplauder zu kommen, etwa indem er einem Handwerker sein Werk, einer Mutter ihren Säugling freundlich betrachtete und lobte, und aus Worten und Blicken dieser Heidenmenschen, namentlich aber aus ihrem guten, kindlichen, seligen Lachen, sprach ihn oft die Seele des fremden Volkes so klar und brüderlich an, daß für Augenblicke alle Schranken fielen und das Gefühl der Fremdheit sich verlor.

Schließlich meinte er entdeckt zu haben, daß Kinder und einfache Leute vom Lande ihm fast immer zugänglich seien, ja, daß alle Schwierigkeiten, alles Mißtrauen und alle Verderbnis der Städter nur von der Berührung mit den europäischen Schiffs- und Handelsleuten herkomme. Von da an wagte er sich, häufig zu Pferde, auf Ausflügen immer weiter ins Land hinein. Er trug

Kupfermünzen und manchmal auch Zuckerstücke für die Kinder in der Tasche, und wenn er weit drinnen im hügeligen Lande vor einer bäuerlichen Lehmhütte sein Pferd an eine Palme band und, unter das Schilfdach tretend, grüßte und um einen Trunk Wasser oder Kokosmilch bat, so ergab sich fast jedesmal eine harmlos freundliche Bekanntschaft und ein Geplauder, bei dem Männer, Weiber und Kinder, über seine noch mangelhafte Kenntnis der Sprache oft im fröhlichsten Erstaunen hellauf lachten, was er gar nicht ungerne sah.
Noch machte er keinerlei Versuche, den Leuten bei solchen Anlässen vom lieben Gott zu erzählen. Es schien ihm das nicht nur nicht eilig, sondern auch überaus heikel und fast unmöglich zu sein, da er für alle die geläufigen Ausdrücke des biblischen Glaubens durchaus keine indischen Worte finden konnte. Außerdem fühlte er kein Recht, sich zum Lehrer dieser Leute aufzuwerfen und sie zu wichtigen Änderungen in ihrem Leben aufzufordern, ehe er dieses Leben genau kannte und fähig war, mit den Hindus einigermaßen auf gleichem Fuße zu leben und zu reden.
Dadurch dehnten seine Studien sich weiter aus. Er suchte Leben, Arbeit und Erwerb der Eingeborenen kennenzulernen, er ließ sich Bäume und Früchte zeigen und benennen, Haustiere und Geräte; er erforschte nach und nach die Geheimnisse des nassen und des trockenen Reisbaues, der Gewinnung des Bastes und der Baumwolle, er betrachtete Hausbau und Töpferei, Strohflechten und Webearbeiten, worin er von der Heimat her Bescheid wußte. Er sah dem Pflügen schlammiger Reisfelder mit rosenroten fetten Wasserbüffeln zu, er lernte die Arbeit des gezähmten Elefanten kennen und sah zahme Affen für ihre Herren die Kokosnüsse von den Bäumen holen.
Auf einem seiner Ausflüge, in einem friedvollen Tal zwischen hohen grünen Hügeln, überraschte ihn einst ein wilder Gewitterregen, vor welchem er in der nächsten Hütte, die er erreichen konnte, einen Unterstand suchte. Er fand in dem engen Raum zwischen lehmbekleideten Bambuswänden eine kleine Familie versammelt, die den hereintretenden Fremdling mit scheuem Erstaunen begrüßte. Die Hausmutter hatte ihr graues Haar mit Henna feurigrot gefärbt und zeigte, da sie zum Empfang aufs freundlichste lächelte, einen Mund voll ebenso roter Zähne, die ihre Leidenschaft für das Betelkauen verrieten. Ihr Mann war

ein großer, ernst blickender Mensch mit langen, noch dunklen Haaren. Er erhob sich vom Boden und nahm eine königlich aufrechte Haltung an, tauschte Begrüßungsworte mit dem Gast und bot ihm alsbald eine frisch geöffnete Kokosnuß an, von deren süßlichem Saft der Engländer einen Schluck genoß. Ein kleiner Knabe, der bei seinem Eintritt still in die Ecke hinter der steinernen Feuerstelle geflohen war, blitzte von dort unter einem Wald von glänzend schwarzen Haaren hervor mit ängstlich neugierigen Augen; auf seiner dunkeln Brust schimmerte ein messingenes Amulett, das seinen einzigen Schmuck und seine einzige Kleidung bildete. Einige große Bananenbündel schwebten über der Türe zur Nachreife aufgehängt; in der ganzen Hütte, die all ihr Licht nur durch die offene Tür erhielt, war keine Armut, wohl aber die äußerste Einfachheit und eine hübsche, reinliche Ordnung zu bemerken.
Ein leises, aus allerfernsten Kindererinnerungen emporduftendes Heimatgefühl, das den Reisenden so leicht beim Anblick zufriedener Häuslichkeit übernimmt, ein leises Heimatgefühl, das er in dem Bungalow des Herrn Bradley niemals gespürt hatte, kam über den Missionar, und es schien ihm beinahe so, als sei seine Einkehr hier nicht nur die eines vom Regen überfallenen Wanderers, sondern als wehe ihm, der sich in trüben Lebenswirrsalen verlaufen, endlich einmal wieder Sinn und Frohmut eines richtigen, natürlichen, in sich begnügten Lebens entgegen. Auf dem dichten Schilfblätterdach der Hütte rauschte und trommelte leidenschaftlich der wilde Regen und hing vor der Tür dick und blank wie eine Glaswand.
Die Alten unterhielten sich mit ihrem ungewöhnlichen Gast, und als sie am Ende mit Höflichkeit die natürliche Frage stellten, was denn seine Ziele und Absichten in diesem Lande seien, kam er in Verlegenheit und begann von anderem zu reden. Wieder, wie schon oft, wollte es dem bescheidenen Aghion als eine ungeheuerliche Frechheit und Überhebung erscheinen, daß er als Abgesandter eines fernen Volkes hierhergekommen sei mit der Absicht, diesen Menschen ihren Gott und Glauben zu nehmen und einen anderen dafür aufzunötigen. Immer hatte er gedacht, diese Scheu würde sich verlieren, sobald er nur die Hindusprache besser beherrsche; aber heute ward ihm unzweifelhaft klar, daß dies eine Täuschung gewesen war und daß er, je besser er das

braune Volk verstand, desto weniger Recht und Lust in sich verspürte, herrisch in das Leben dieses Volkes einzugreifen.

Der Regen ließ nach, und das mit der fetten roten Erde durchsetzte Wasser in der hügeligen Gasse lief davon, Sonnenstrahlen drangen zwischen den naß glänzenden Palmenstämmen hervor und spiegelten sich grell und blendend in den blanken Riesenblättern der Pisangbäume. Der Missionar bedankte sich bei seinen Wirten und machte Miene sich zu verabschieden, da fiel ein Schatten auf den Boden, und der kleine Raum verfinsterte sich. Schnell wandte er sich um und sah durch die Tür eine Gestalt lautlos auf nackten Sohlen hereintreten, eine junge Frau oder ein Mädchen, die bei seinem unerwarteten Anblick erschrak und zu dem Knaben hinter die Feuerstatt floh.

»Sag dem Herrn guten Tag!« rief ihr der Vater zu, und sie trat schüchtern zwei Schritte vor, kreuzte die Hände vor der Brust und verneigte sich mehrmals. In ihrem dicken tiefschwarzen Haar schimmerten Regentropfen; der Engländer legte freundlich und befangen seine Hand darauf und sprach einen Gruß, und während er das weiche geschmeidige Haar lebendig in seinen Fingern fühlte, hob sie das Gesicht zu ihm auf und lächelte freundlich aus wunderschönen Augen. Um den Hals trug sie eine Korallenkette und am einen Fußgelenk einen schweren goldenen Ring, sonst nichts als das dicht unter den Brüsten gegürtete rotbraune Untergewand. So stand sie in ihrer Schönheit vor dem erstaunten Fremden; die Sonnenstrahlen spiegelten sich matt in ihrem Haar und auf ihren braunen blanken Schultern, blitzend funkelten die Zähne aus dem jungen Mund. Robert Aghion sah sie mit Entzücken an und suchte tief in ihre stillen sanften Augen zu blicken, wurde aber schnell verlegen; der feuchte Duft ihrer Haare und der Anblick ihrer nackten Schultern und Brüste verwirrte ihn, so daß er bald vor ihrem unschuldigen Blick die Augen niederschlug. Er griff in die Tasche und holte eine kleine stählerne Schere hervor, mit der er sich Nägel und Bart zu schneiden pflegte und die ihm auch beim Pflanzensammeln diente; die schenkte er dem schönen Mädchen und wußte wohl, daß dies eine recht kostbare Gabe sei. Sie nahm das Ding denn auch befangen und in beglücktem Erstaunen an sich, während die Eltern sich in Dankesworten erschöpften, und als er nun Abschied nahm und ging, da folgte sie ihm bis unter das

Vordach der Hütte, ergriff seine linke Hand und küßte sie. Die laue, zärtliche Berührung dieser blumenhaften Lippen rann dem Manne ins Blut, am liebsten hätte er sie auf den Mund geküßt. Statt dessen nahm er ihre beiden Hände in seine Rechte, sah ihr in die Augen und sagte: »Wie alt bist du?«

»Das weiß ich nicht«, gab sie zur Antwort.

»Und wie heißt du denn?«

»Naissa.«

»Leb wohl, Naissa, und vergiß mich nicht!«

»Naissa vergißt den Herrn nicht.«

Er ging von dannen und suchte den Heimweg, tief in Gedanken, und als er spät in der Dunkelheit ankam und in seine Kammer trat, bemerkte er erst jetzt, daß er heute keinen einzigen Schmetterling oder Käfer, nicht Blatt noch Blume von seinem Ausflug mitgebracht hatte. Seine Wohnung aber, das öde Junggesellenhaus mit den herumlungernden Dienern und dem kühlen mürrischen Herrn Bradley, war ihm noch nie so unheimlich und trostlos erschienen wie in dieser Abendstunde, da er bei seiner kleinen Öllampe am wackligen Tischlein saß und in der Bibel zu lesen versuchte.

In dieser Nacht, als er nach langer Gedankenunruhe und trotz der singenden Moskitos endlich den Schlaf gefunden hatte, wurde der Missionar von sonderbaren Träumen heimgesucht.

Er wandelte in einem dämmernden Palmenhain, wo gelbe Sonnenflecken auf dem rotbraunen Boden spielten. Papageien riefen aus der Höhe, Affen turnten tollkühn an den unendlich hohen Baumsäulen, kleine edelsteinblitzende Vögel leuchteten kostbar auf, Insekten jeder Art gaben durch Töne, Farben oder Bewegungen ihre Lebensfreude kund. Der Missionar spazierte dankbar und beglückt inmitten dieser Pracht; er rief einen seiltanzenden Affen an, und siehe, das flinke Tier kletterte gehorsam zur Erde und stellte sich wie ein Diener mit Gebärden der Ergebenheit vor Aghion auf. Dieser sah ein, daß er in diesem seligen Bezirk der Kreatur zu gebieten habe, und alsbald berief er die Vögel und Schmetterlinge um sich, und sie kamen in großen glänzenden Scharen, er winkte und taktierte mit den Händen, nickte mit dem Kopf, befahl mit Blicken und Zungenschnalzen, und gefügig ordneten sich alle die herrlichen Tiere in der goldenen Luft zu schönen schwebenden Reigen und Festzügen, pfiffen und summten, zirpten und rollten in feinen Chören, suchten und flohen, verfolgten und haschten einander, beschrieben feierliche Kreise und schalkhafte Spiralen in der Luft. Es war ein glänzendes herrliches Ballett und Konzert und ein wiedergefundenes Paradies, und der Träumer verweilte in dieser harmonischen Zauberwelt, die ihm gehorchte und zu eigen war, mit einer beinahe schmerzlichen Lust; denn in all dem Glück war doch schon ein leises Ahnen oder Wissen enthalten, ein Vorgeschmack von Unverdientheit und Vergänglichkeit, wie ihn ein frommer Missionar ohnehin bei jeder Sinnenlust auf der Zunge haben muß.

Dieser ängstliche Vorgeschmack trog dann auch nicht. Noch schwelgte der entzückte Naturfreund im Anblick einer Affenquadrille und liebkoste einen ungeheuren blauen Sammetfalter, der sich vertraulich auf seine linke Hand gesetzt hatte und sich wie ein Täubchen streicheln ließ, aber schon begannen Schatten der Angst und Auflösung in dem Zauberhain zu flattern und das Gemüt des Träumers zu umhüllen. Einzelne Vögel schrien plötzlich grell und angstvoll auf, unruhige Windstöße erbrausten in den hohen Wipfeln, das frohe warme Sonnenlicht wurde fahl und siech, die Vögel huschten nach allen Seiten davon, und die schönen großen Falter ließen sich in wehrlosem Schrecken vom Winde davonführen. Regentropfen klatschten erregt auf den Baumkronen, ein ferner leiser Donner rollte langsam austönend über das Himmelsgewölbe.

Da betrat Mister Bradley den Wald. Der letzte bunte Vogel war entflogen. Hünenhaft groß von Gestalt und finster wie der Geist eines erschlagenen Königs kam Bradley heran, spuckte verächtlich vor dem Missionar aus und begann ihm in verletzenden, höhnischen, feindseligen Worten vorzuwerfen, er sei ein Gauner und Tagedieb, der sich von seinem Londoner Patron für die Bekehrung der Heiden anstellen und bezahlen lasse, statt dessen aber nichts tue als müßig gehen, Käfer fangen und spazierenlaufen. Und Aghion mußte in Zerknirschung eingestehen, jener habe recht und er sei all dieser Versäumnisse schuldig.

Es erschien nun jener mächtige reiche Patron aus England, Aghions Brotgeber, sowie mehrere englische Geistliche, und diese zusammen mit Bradley trieben und hetzten den Missionar vor sich her durch Busch und Dorn, bis sie auf eine volkreiche

Straße und in jene Vorstadt von Bombay kamen, wo der turmhohe groteske Hindutempel stand. Hier flutete eine bunte Menschenmenge aus und ein, nackte Kulis und weißgekleidete stolze Brahmanen; dem Tempel gegenüber aber war eine christliche Kirche errichtet, und über ihrem Portal war Gottvater in Stein gebildet, in Wolken schwebend mit ernstem Vaterauge und fließendem Bart.

Der bedrängte Missionar schwang sich auf die Stufen des Gotteshauses, winkte mit den Armen und begann den Hinduleuten zu predigen. Mit lauter Stimme forderte er sie auf, herzuschauen und zu vergleichen, wie anders der wahre Gott beschaffen sei als ihre armen Fratzengötter mit den vielen Armen und Rüsseln. Mit ausgestrecktem Finger wies er auf das verschlungene Figurenwerk der indischen Tempelfassade, und dann wies er einladend auf das Gottesbild seiner Kirche. Aber wie sehr erschrak er da, als er seiner eigenen Gebärde folgend emporblickte; denn Gottvater hatte sich verändert, er hatte drei Köpfe und sechs Arme bekommen und hatte statt des etwas blöden und machtlosen Ernstes ein überlegen vergnügtes Lächeln in den Gesichtern, genau wie es die indischen Götterbilder nicht selten zeigten. Verzagend sah sich der Prediger nach Bradley, nach dem Patron und der Geistlichkeit um; sie waren aber alle verschwunden, er stand allein und kraftlos auf den Stufen der Kirche, und nun verließ ihn auch Gottvater selbst, denn er winkte mit seinen sechs Armen zu dem Tempel hinüber und lächelte den Hindugöttern mit göttlicher Heiterkeit zu.

Vollständig verlassen, geschändet und verloren stand Aghion auf seiner Kirchentreppe. Er schloß die Augen und blieb aufrecht stehen, jede Hoffnung war in seiner Seele erloschen, und er wartete mit verzweifelter Ruhe darauf, von den Heiden gesteinigt zu werden. Statt dessen aber fühlte er sich, nach einer furchtbaren Pause, von einer starken, doch sanften Hand beiseite geschoben, und als er die Augen aufriß, sah er den steinernen Gottvater groß und ehrwürdig die Stufen herabschreiten, während gegenüber die Götterfiguren des Tempels in ganzen Scharen von ihren Schauplätzen herabstiegen. Sie alle wurden von Gottvater begrüßt, der sodann in den Hindutempel eintrat und mit freundlicher Gebärde die Huldigung der weißgekleideten Brahmanen entgegennahm. Die Heidengötter aber mit ihren

Rüsseln, Ringellocken und Schlitzaugen besuchten einmütig die Kirche, fanden alles gut und hübsch und zogen viele Beter nach sich, und so entstand ein Umzug der Götter und Menschen zwischen Kirche und Tempel; Gong und Orgel tönten geschwisterlich ineinander, und stille dunkle Inder brachten auf nüchternen englisch-christlichen Altären Lotosblumen dar.
Mitten im festlichen Gedränge aber schritt mit den glatten, glänzend schwarzen Haaren und den großen kindlichen Augen die schöne Naissa. Sie kam zwischen vielen anderen Gläubigen vom Tempel herübergegangen, stieg die Stufen zur Kirche empor und blieb vor dem Missionar stehen. Sie sah ihm ernst und lieblich in die Augen, nickte ihm zu und bot ihm eine Lotosblüte hin. Er aber, in überwallendem Entzücken, beugte sich über ihr klares stilles Gesicht herab, küßte sie auf die Lippen und schloß sie in seine Arme.
Noch ehe er hatte sehen können, was Naissa dazu sagte, erwachte Aghion aus seinem Traum und fand sich müde und erschrocken in tiefer Dunkelheit auf seinem Lager hingestreckt. Eine schmerzliche Verwirrung aller Gefühle und Triebe quälte ihn bis zur Verzweiflung. Der Traum hatte ihm sein eigenes Selbst unverhüllt gezeigt, seine Schwäche und Verzagtheit, den Unglauben an seinen Beruf, seine Verliebtheit in die braune Heidin, seinen unchristlichen Haß gegen Bradley, sein schlechtes Gewissen dem englischen Brotgeber gegenüber.
Eine Weile lag er traurig und bis zu Tränen erregt im Dunkeln. Er versuchte zu beten und vermochte es nicht, er versuchte sich die Naissa als Teufelin vorzustellen und seine Neigung als verworfen zu erkennen und konnte auch das nicht. Am Ende erhob er sich, einer halbbewußten Regung folgend und noch von den Schatten und Schauern des Traumes umgeben; er verließ sein Zimmer und suchte Bradleys Stube auf, ebensosehr im triebhaften Bedürfnis nach Menschenanblick und Trost wie in der frommen Absicht, sich seiner Abneigung gegen diesen Mann zu schämen und durch Offenheit ihn zum Freunde zu machen.
Leise schlich er auf dünnen Bastsohlen die dunkle Veranda entlang bis zum Schlafzimmer Bradleys, dessen leichte Tür aus Bambusgestäbe nur bis zur halben Höhe der Türöffnung reichte und den hohen Raum schwach erleuchtet zeigte; denn jener pflegte, gleich vielen Europäern in Indien, die ganze Nacht hin-

durch ein kleines Öllicht zu brennen. Behutsam drückte Aghion die dünnen Türflügel nach innen und ging hinein.
Der kleine Öldocht schwelte in einem irdenen Schüsselchen am Boden des Gemachs und warf schwache ungeheure Schatten an den kahlen Wänden aufwärts. Ein brauner Nachtfalter umsurrte das Licht in kleinen Kreisen. Um die umfangreiche Bettstatt her war der große Moskitoschleier sorgfältig zusammengezogen. Der Missionar nahm die Lichtschale in die Hand, trat ans Bett und öffnete den Schleier eine Spanne weit. Eben wollte er des Schläfers Namen rufen, da sah er mit heftigem Erschrekken, daß Bradley nicht allein sei. Er lag, vom dünnen, seidenen Nachtkleide bedeckt, auf dem Rücken, und sein Gesicht mit dem emporgereckten Kinn sah um nichts zarter oder freundlicher aus als am Tage. Neben ihm aber lag nackt eine zweite Gestalt, eine Frau mit langen schwarzen Haaren. Sie lag auf der Seite und wendete dem Missionar das schlafende Gesicht zu, und er erkannte sie: es war das starke große Mädchen, das jede Woche die Wäsche abzuholen pflegte.
Ohne den Vorhang wieder zu schließen, floh Aghion hinaus und in sein Zimmer zurück. Er versuchte wieder zu schlafen, doch gelang es ihm nicht; das Erlebnis des Tages, der seltsame Traum und endlich der Anblick der nackten Schläferin hatten ihn gewaltig erregt. Zugleich war seine Abneigung gegen Bradley viel stärker geworden, ja er scheute sich vor dem Augenblick des Wiedersehens und der Begrüßung beim Frühstück. Am meisten aber quälte und bedrückte ihn die Frage, ob es nun seine Pflicht sei, dem Hausgenossen wegen seiner Lebensführung Vorwürfe zu machen und seine Besserung zu versuchen. Aghions ganze Natur war dagegen, aber sein Amt schien von ihm zu fordern, daß er seine Feigheit überwinde und dem Sünder unerschrocken ins Gewissen rede. Er zündete seine Lampe an und las, von den singenden Mücken umschwärmt und gepeinigt, stundenlang im Neuen Testament, ohne doch Sicherheit und Trost zu gewinnen. Beinahe hätte er ganz Indien fluchen mögen oder doch seiner Neugierde und Wanderlust, die ihn hierher und in diese Sackgasse geführt hatte. Nie war ihm die Zukunft so düster erschienen, und nie hatte er sich so wenig zum Bekenner und Märtyrer geschaffen gefühlt wie in dieser Nacht.
Zum Frühstück kam er mit unterhöhlten Augen und müden

Zügen, rührte unfroh mit dem Löffel im duftenden Tee und schälte in verdrossener Spielerei lange Zeit an einer Banane herum, bis Herr Bradley erschien. Dieser grüßte kurz und kühl wie sonst, setzte den Boy und den Wasserträger durch laute Befehle in Trab, suchte sich mit langwieriger Umsicht die goldenste Frucht aus dem Bananenbüschel und aß dann rasch und herrisch, während im sonnigen Hof der Diener sein Pferd vorführte.

»Ich hatte noch etwas mit Ihnen zu besprechen«, sagte der Missionar, als der andere eben aufbrechen wollte. Argwöhnisch blickte Bradley auf.

»So? Ich habe sehr wenig Zeit. Muß es gerade jetzt sein?«

»Ja, es ist besser. Ich fühle mich verpflichtet, Ihnen zu sagen, daß ich von dem unerlaubten Umgang weiß, den Sie mit einem Hinduweib haben. Sie können sich denken, wie peinlich es mir ist...«

»Peinlich!« rief Bradley aufspringend und brach in ein zorniges Gelächter aus. »Herr, Sie sind ein größerer Esel, als ich je gedacht hätte! Was Sie von mir halten, ist mir natürlich durchaus einerlei, daß Sie aber in meinem Hause herumschnüffeln und spionieren, finde ich niederträchtig. Machen wir die Sache kurz! Ich lasse Ihnen Zeit bis Sonntag. Bis dahin suchen Sie sich freundlichst eine neue Unterkunft in der Stadt; denn in diesem Haus werde ich Sie keinen Tag länger dulden!«

Aghion hatte eine barsche Abfertigung, nicht aber diese Antwort erwartet. Doch ließ er sich nicht einschüchtern.

»Es wird mir ein Vergnügen sein«, sagte er mit guter Haltung, »Sie von meiner lästigen Einquartierung zu befreien. Guten Morgen, Herr Bradley!«

Er ging weg, und Bradley sah ihm aufmerksam nach, halb betroffen, halb belustigt. Dann strich er sich den harten Schnurrbart, rümpfte die Lippen, pfiff seinem Hunde und stieg die Holztreppe zum Hof hinab, um in die Stadt zu reiten.

Beiden Männern war die kurze gewitterhafte Aussprache und Klärung der Lage willkommen. Aghion allerdings sah sich unerwartet vor Sorgen und Entschlüsse gestellt, die ihm bis vor einer Stunde noch in angenehmer Ferne geschwebt hatten. Aber je ernstlicher er seine Angelegenheiten bedachte und je deutlicher es ihm wurde, daß der Streit mit Bradley eine Nebensache, die Lösung seines ganzen verworrenen Zustandes aber nun eine unerbittliche Notwendigkeit geworden sei, desto klarer und wohler wurde ihm in den Gedanken. Das Leben in diesem Hause, das Brachliegen seiner Kräfte, alle die ungestillten Begierden und toten Stunden waren ihm zu einer Qual geworden, die seine einfältige Natur ohnehin nicht lange mehr ertragen hätte.

Es war noch früh am Morgen, und eine Ecke des Gartens, sein Lieblingsplatz, lag noch kühl im Schatten. Hier hingen die Zweige verwilderter Gebüsche über einen ganz kleinen, gemauerten Weiher nieder, der einst als Badestelle angelegt, aber verwahrlost und nun von einem Völkchen gelber Schildkröten bewohnt war. Hierher trug er seinen Bambusstuhl, legte sich nieder und sah den schweigsamen Tieren zu, welche träg und wohlig im lauen grünen Wasser schwammen und still aus klugen kleinen Augen blickten. Jenseits im Wirtschaftshof kauerte in seinem Winkel der unbeschäftigte Stalljunge und sang; sein eintöniges näselndes Lied klang wie Wellenspiel herüber und zerfloß in der warmen Luft, und unversehens überfiel nach der schlaflosen erregten Nacht den Liegenden die Müdigkeit, er schloß die Augen, ließ die Arme sinken und schlief ein.

Als ein Mückenstich ihn weckte, sah er mit Beschämung, daß er fast den ganzen Vormittag verschlafen hatte. Aber er fühlte sich nun frisch und ging ungesäumt daran, seine Gedanken und Wünsche zu ordnen und die Wirrnis seines Lebens sachte auseinander zu falten. Da wurde ihm unzweifelhaft klar, was unbewußt seit langem ihn gelähmt und seine Träume beängstigt hatte, daß nämlich seine Reise nach Indien zwar durchaus gut und klug gewesen war, daß aber zum Missionar ihm der richtige innere Beruf und Antrieb fehle. Er war bescheiden genug, darin eine Niederlage und einen betrübenden Mangel zu sehen; aber zur Verzweiflung war kein Grund vorhanden. Vielmehr schien ihm jetzt, da er entschlossen war, sich eine angemessenere Arbeit zu suchen, das reiche Indien erst recht eine gute Zuflucht und Heimat zu sein. Mochte es traurig sein, daß alle diese Eingeborenen sich falschen Göttern verschrieben hatten – sein Beruf war es nicht, das zu ändern. Sein Beruf war, dieses Land für sich zu erobern und für sich und andere das Beste daraus zu holen, indem er sein Auge, seine Kenntnis, seine zur Tat gewillte Jugend darbrachte und überall bereitstand, wo eine Arbeit für ihn sich böte.

Noch am Abend desselben Tages wurde er, nach einer kurzen Besprechung, von einem in Bombay wohnhaften Herrn Sturrock als Sekretär und Aufseher für eine benachbarte Kaffeepflanzung angestellt. Einen Brief an seine bisherigen Brotgeber, worin Aghion sein Tun erklärte und sich zum späteren Ersatz des Empfangenen verpflichtete, versprach Sturrock nach London zu besorgen. Als der neue Aufseher in seine Wohnung zurückkehrte, fand er Bradley in Hemdärmeln allein beim Abendessen sitzen. Er teilte ihm, noch ehe er neben ihm Platz nahm, das Geschehene mit. Bradley nickte mit vollem Munde, goß etwas Whisky in sein Trinkwasser und sagte fast freundlich: »Sitzen Sie, und bedienen Sie sich, der Fisch ist schon kalt. Nun sind wir ja eine Art von Kollegen. Na, ich wünsche Ihnen Gutes. Kaffee bauen ist leichter als Hindus bekehren, das ist gewiß, und möglicherweise ist es ebenso wertvoll. Ich hätte Ihnen nicht so viel Vernunft zugetraut, Aghion!«

Die Pflanzung, die er beziehen sollte, lag zwei Tagereisen weit landeinwärts, und übermorgen sollte Aghion in Begleitung einer Kulitruppe dorthin aufbrechen; so blieb ihm zum Besorgen seiner Angelegenheiten nur ein einziger Tag. Zu Bradleys Verwunderung erbat er sich für morgen ein Reitpferd, doch enthielt sich jener aller Fragen, und die beiden Männer saßen, nachdem sie die von tausend Insekten umflügelte Lampe hatten wegtragen lassen, in dem lauen, schwarzen indischen Abend einander gegenüber und fühlten sich einander näher als in all diesen vielen Monaten eines gezwungenen Zusammenlebens.

»Sagen Sie«, fing Aghion nach einem langen Schweigen an, »Sie haben sicher von Anfang an nicht an meine Missionspläne geglaubt?«

»O doch«, gab Bradley ruhig zurück. »Daß es Ihnen damit Ernst war, konnte ich ja sehen.«

»Aber Sie konnten gewiß auch sehen, wie wenig ich zu dem paßte, was ich hier tun und vorstellen sollte! Warum haben Sie mir das nie gesagt?«

»Ich war von niemand dazu angestellt. Ich liebe es nicht, wenn mir jemand in meine Sachen hineinredet; so tue ich das auch bei anderen nicht. Außerdem habe ich hier in Indien schon die verrücktesten Dinge unternehmen und gelingen sehen. Das Bekehren war Ihr Beruf, nicht meiner. Und jetzt haben Sie ganz von selber einige Ihrer Irrtümer eingesehen! So wird es Ihnen auch noch mit anderen gehen ...«

»Mit welchen zum Beispiel?«

»Zum Beispiel in dem, was Sie heut morgen mir an den Kopf geworfen haben.«

»O, wegen des Mädchens!«

»Gewiß. Sie sind ein Geistlicher gewesen; trotzdem werden Sie zugeben, daß ein gesunder Mann nicht jahrelang leben und arbeiten und gesund bleiben kann, ohne gelegentlich eine Frau bei sich zu haben. Mein Gott, darum brauchen Sie doch nicht rot zu werden! Nun sehen Sie: als Weißer in Indien, der sich nicht gleich eine Frau mit aus England herübergebracht hat, hat man wenig Auswahl. Es gibt keine englischen Mädchen hier. Die hier geboren werden, die schickt man schon als Kinder nach Europa heim. Es bleibt nur die Wahl zwischen den Matrosendirnen und den Hindufrauen, und die sind mir lieber. Was finden Sie daran schlimm?«

»O, hier verstehen wir uns nicht, Herr Bradley! Ich finde, wie es die Bibel und unsere Kirche vorschreibt, jede uneheliche Verbindung schlimm und unrecht!«

»Wenn man aber nichts anderes haben kann?«

»Warum sollte man nicht können? Wenn ein Mann ein Mädchen wirklich lieb hat, so soll er es heiraten.«

»Aber doch nicht ein Hindumädchen?«

»Warum nicht?«

»Aghion, Sie sind weitherziger als ich! Ich will mir lieber einen Finger abbeißen als eine Farbige heiraten, verstehen Sie? Und so werden Sie später auch einmal denken!«

»O bitte, das hoffe ich nicht. Da wir so weit sind, kann ich es Ihnen ja sagen: ich liebe ein Hindumädchen, und es ist meine Absicht, sie zu meiner Frau zu machen.«

Bradleys Gesicht wurde ernsthaft. »Tun Sie das nicht!« sagte er fast bittend.

»Doch, ich werde es tun«, fuhr Aghion begeistert fort. »Ich werde mich mit dem Mädchen verloben und sie dann so lange erziehen und unterrichten, bis sie die christliche Taufe erhalten kann; dann lassen wir uns in der englischen Kirche trauen.«

»Wie heißt sie denn?« fragte Bradley nachdenklich.
»Naissa.«
»Und ihr Vater?«
»Das weiß ich nicht.«
»Na, bis zur Taufe hat es ja noch Zeit; überlegen Sie sich das lieber noch einmal! Natürlich kann sich unsereiner in ein indisches Mädel verlieben, sie sind oft hübsch genug. Sie sollen auch treu sein und zahme Frauen abgeben. Aber ich kann sie doch immer nur wie eine Art Tierchen ansehen, wie lustige Ziegen oder schöne Rehe, nicht wie meinesgleichen.«
»Ist das nicht ein Vorurteil? Alle Menschen sind Brüder, und die Inder sind ein altes edles Volk.«
»Ja, das müssen Sie besser wissen, Aghion. Was mich betrifft, ich habe sehr viel Achtung vor Vorurteilen.«
Er stand auf, sagte gute Nacht und ging in sein Schlafzimmer, in dem er gestern die hübsche große Wäscheträgerin bei sich gehabt hatte. »Wie eine Art Tierchen«, hatte er gesagt, und Aghion lehnte sich nachträglich in Gedanken dagegen auf.
Früh am andern Tage, noch ehe Bradley zum Frühstück gekommen war, ließ Aghion das Reitpferd vorführen und ritt davon, während noch in den Baumwipfeln die Affen ihr Morgengeschrei verübten. Und noch stand die Sonne nicht hoch, als er schon in der Nähe jener Hütte, wo er die hübsche Naissa kennengelernt hatte, sein Tier anband und zu Fuß sich der Behausung näherte. Auf der Türschwelle saß nackt der kleine Sohn und spielte mit einer jungen Ziege, von der er sich lachend immer wieder vor die Brust stoßen ließ.
Eben als der Besucher vom Weg abbiegen wollte, um in die Hütte zu treten, stieg über den kauernden Jungen hinweg vom Innern der Hütte her ein junges Mädchen, das er sofort als Naissa erkannte. Sie trat auf die Gasse, einen hohen irdenen Wasserkrug leer in der losen Rechten tragend, und ging, ohne ihn zu beachten, vor Aghion her, der ihr mit Entzücken folgte. Bald hatte er sie eingeholt und rief ihr einen Gruß zu. Sie hob den Kopf, indem sie das Grußwort leise erwiderte, und sah aus den schönen braungoldenen Augen kühl auf den Mann, als kenne sie ihn nicht, und als er ihre Hand ergriff, zog sie sie erschrocken zurück und lief mit beschleunigten Schritten weiter. Er begleitete sie bis zu dem gemauerten Wasserbehälter, wo das

Wasser einer schwachen Quelle dünn und sparsam über moosig-alte Steine rann; er wollte ihr helfen, den Krug zu füllen und emporzuziehen, aber sie wehrte ihn schweigend ab und machte ein trotziges Gesicht. Er war über so viel Sprödigkeit erstaunt und enttäuscht, und jetzt suchte er aus seiner Tasche das Geschenk hervor, das er für sie mitgebracht hatte, und es tat ihm nun doch ein wenig weh, zu sehen, wie sie alsbald die Abwehr vergaß und nach dem Dinge griff, das er ihr anbot. Es war eine emaillierte kleine Dose mit hübschen Blumenbildchen darauf, und die innere Seite des runden Deckels bestand aus einem kleinen Spiegel. Er zeigte ihr, wie man ihn öffne, und gab ihr das Ding in die Hand.

»Für mich?« fragte sie mit Kinderaugen.

»Für dich!« sagte er, und während sie mit der Dose spielte, streichelte er ihren sammetweichen Arm und ihr langes schwarzes Haar.

Da sie ihm nun Dank sagte und mit unentschlossener Gebärde den vollen Wasserkrug ergriff, versuchte er, ihr etwas Liebes und Zärtliches zu sagen, was sie jedoch offenbar nur halb verstand, und indem er sich auf Worte besann und unbeholfen neben ihr stand, schien ihm plötzlich die Kluft zwischen ihm und ihr ungeheuer, und er dachte mit Trauer, wie wenig doch vorhanden sei, das ihn mit ihr verbinde, und wie lange, lange es dauern mochte, bis sie einmal seine Braut und seine Freundin sein, seine Sprache verstehen, sein Wesen begreifen, seine Gedanken teilen könnte.

Mittlerweile hatte sie langsam den Rückweg angetreten, und er ging neben ihr her, der Hütte entgegen. Der Knabe war mit der Ziege in einem atemlosen Jagdspiel begriffen; sein schwarzbrauner Rücken glänzte metallisch in der Sonne, und sein geblähter Reisbauch ließ die Beine zu dünn erscheinen. Mit einem Anflug von Befremdung dachte der Engländer daran, daß, wenn er Naissa heirate, dieses Naturkind sein Schwager sein würde. Um sich diesen Vorstellungen zu entziehen, sah er das Mädchen wieder an. Er betrachtete ihr entzückend feines, großäugiges Gesicht mit dem kühlen kindlichen Mund und mußte denken, ob es ihm wohl glücken werde, heute noch von diesen Lippen den ersten Kuß zu erhalten.

Aus diesem lieblichen Gedanken schreckte ihn eine Erschei-

nung, die plötzlich aus der Hütte trat und wie ein Spuk vor seinen ungläubigen Augen stand. Es erschien im Türrahmen, schritt über die Schwelle und stand vor ihm eine zweite Naissa, ein Spiegelbild der ersten, und das Spiegelbild lächelte ihm zu und grüßte ihn, griff in ihr Hüftentuch und zog etwas hervor, das sie triumphierend über ihrem Haupte schwang, das blank in der Sonne glitzerte und das er nach einer Weile denn auch erkannte. Es war die kleine Schere, die er kürzlich Naissa geschenkt hatte, und das Mädchen, dem er heute die Spiegeldose gegeben, in dessen schöne Augen er geblickt und dessen Arm er gestreichelt hatte, war gar nicht Naissa, sondern deren Schwester, und wie die beiden Mädchen nebeneinander standen, noch immer kaum voneinander zu unterscheiden, da kam sich der verliebte Aghion unsäglich betrogen und irregegangen vor. Zwei Rehe konnten einander nicht ähnlicher sein, und wenn man ihm in diesem Augenblick freigestellt hätte, eine von ihnen zu wählen und mit sich zu nehmen und für immer zu behalten, er hätte nicht gewußt, welche von beiden es war, die er liebte. Wohl konnte er allmählich erkennen, daß die wirkliche Naissa die ältere und ein wenig kleinere sei; aber seine Liebe, deren er vor Augenblicken noch so sicher zu sein gemeint hatte, war ebenso auseinandergebrochen und zu zwei Hälften zerfallen wie das Mädchenbild, das sich vor seinen Augen so unerwartet und unheimlich verdoppelt hatte.
Bradley erfuhr nichts von dieser Begebenheit, er stellte auch keine Fragen, als zu Mittag Aghion heimkehrte und schweigsam beim Essen saß. Und am nächsten Morgen, als Aghions Kulis anrückten und seine Kisten und Säcke aufpackten und wegtrugen und als der Abreisende dem Dableibenden noch einmal Dank sagte und die Hand hinbot, da faßte Bradley die Hand kräftig und sagte: »Gute Reise, mein Junge! Es wird später eine Zeit kommen, wo Sie vor Sehnsucht vergehen werden, statt der süßen Hinduschnauzen wieder einmal einen ehrlichen ledernen Engländerkopf zu sehen! Dann kommen Sie zu mir, und dann werden wir über alles Mögliche einig sein, worüber wir heute noch verschieden denken!«

(1912)

Der Dichter

Es wird erzählt, daß der chinesische Dichter Han Fook in seiner Jugend von einem wunderbaren Drang beseelt war, alles zu lernen und sich in allem zu vervollkommnen, was zur Dichtkunst irgend gehört. Er war damals, da er noch in seiner Heimat am Gelben Flusse lebte, auf seinen Wunsch und mit Hilfe seiner Eltern, die ihn zärtlich liebten, mit einem Fräulein aus gutem Hause verlobt worden, und die Hochzeit sollte nun bald auf einen glückverheißenden Tag festgesetzt werden. Han Fook war damals etwa zwanzig Jahre alt und ein hübscher Jüngling, bescheiden und von angenehmen Umgangsformen, in den Wissenschaften unterrichtet und trotz seiner Jugend schon durch manche vorzügliche Gedichte unter den Literaten seiner Heimat bekannt. Ohne gerade reich zu sein, hatte er doch ein auskömmliches Vermögen zu erwarten, das durch die Mitgift seiner Braut noch erhöht wurde, und da diese Braut außerdem sehr schön und tugendhaft war, schien an dem Glücke des Jünglings nichts mehr zu fehlen. Dennoch war er nicht ganz zufrieden, denn sein Herz war von dem Ehrgeiz erfüllt, ein vollkommener Dichter zu werden.

Da geschah es an einem Abend, da ein Lampenfest auf dem Flusse begangen wurde, daß Han Fook allein am jenseitigen Ufer des Flusses wandelte. Er lehnte sich an den Stamm eines Baumes, der sich über das Wasser neigte, und sah im Spiegel des Flusses tausend Lichter schwimmen und zittern, er sah auf den Booten und Flößen Männer und Frauen und junge Mädchen einander begrüßen und in festlichen Gewändern wie schöne Blumen glänzen, er hörte das schwache Gemurmel der beleuchteten Wasser, den Gesang der Sängerinnen, das Schwirren der Zither und die süßen Töne der Flötenbläser, und über dem allen sah er die bläuliche Nacht wie das Gewölbe eines Tempels schweben. Dem Jüngling schlug das Herz, da er als einsamer Zuschauer, seiner Laune folgend, all diese Schönheit betrachtete. Aber so sehr es ihn verlangte, hinüberzugehen und dabeizusein und in der Nähe seiner Braut und seiner Freunde das Fest zu genießen, so begehrte er dennoch weit sehnlicher, dies alles als ein feiner Zuschauer aufzunehmen und in einem ganz vollkommenen Gedicht widerzuspiegeln: die Bläue der Nacht und das Lichterspiel des Wassers sowohl wie die Lust der Festgäste und die Sehnsucht des stillen Zuschauers, der am Stamm des Baumes über dem Ufer lehnt. Er empfand, daß ihm bei allen Festen und aller Lust dieser Erde doch niemals ganz und gar wohl und heiter ums Herz sein könnte, daß er auch inmitten des Lebens ein Einsamer und gewissermaßen ein Zuschauer und Fremdling bleiben würde, und er empfand, daß seine Seele unter vielen anderen allein so beschaffen sei, daß er zugleich die Schönheit der Erde und das heimliche Verlangen des Fremdlings fühlen mußte. Darüber wurde er traurig und sann dieser Sache nach, und das Ziel seiner Gedanken war dieses, daß ihm ein wahres Glück und eine tiefe Sättigung nur dann zuteil werden könnte, wenn es ihm einmal gelänge, die Welt so vollkommen in Gedichten zu spiegeln, daß er in diesen Spiegelbildern die Welt selbst geläutert und verewigt besäße.

Kaum wußte Han Fook, ob er noch wache oder eingeschlummert sei, als er ein leises Geräusch vernahm und neben dem Baumstamm einen Unbekannten stehen sah, einen alten Mann in einem violetten Gewand und mit ehrwürdigen Mienen. Er richtete sich auf und begrüßte ihn mit dem Gruß, der den Greisen und Vornehmen zukommt; der Fremde aber lächelte und sprach einige Verse, in denen war alles, was der junge Mann soeben empfunden hatte, so vollkommen und schön und nach den Regeln der großen Dichter ausgedrückt, daß dem Jüngling vor Staunen das Herz stillstand.

»Oh, wer bist du«, rief er, indem er sich tief verneigte, »der du in meine Seele sehen kannst und schönere Verse sprichst, als ich je von allen meinen Lehrern vernommen habe?«

Der Fremde lächelte abermals mit dem Lächeln der Vollendeten und sagte: »Wenn du ein Dichter werden willst, so komm zu mir. Du findest meine Hütte bei der Quelle des großen Flusses in den nordwestlichen Bergen. Mein Name ist Meister des vollkommenen Wortes.«

Damit trat der alte Mann in den schmalen Schatten des Baumes und war alsbald verschwunden, und Han Fook, der ihn vergebens suchte und keine Spur von ihm mehr fand, glaubte nun fest, daß alles ein Traum der Müdigkeit gewesen sei. Er eilte zu den Booten hinüber und wohnte dem Feste bei, aber zwischen

Gespräch und Flötenklang vernahm er immerzu die geheimnisvolle Stimme des Fremden, und seine Seele schien mit jenem dahingegangen, denn er saß fremd und mit träumenden Augen unter den Fröhlichen, die ihn mit seiner Verliebtheit neckten.
Wenige Tage später wollte Han Fooks Vater seine Freunde und Verwandten berufen, um den Tag der Vermählung zu bestimmen. Da widersetzte sich der Bräutigam und sagte: »Verzeihe mir, wenn ich gegen den Gehorsam zu verstoßen scheine, den der Sohn dem Vater schuldet. Aber du weißt, wie sehr es mein Verlangen ist, in der Kunst der Dichter mich auszuzeichnen, und wenn auch einige meiner Freunde meine Gedichte loben, so weiß ich doch wohl, daß ich noch ein Anfänger und noch auf den ersten Stufen des Weges bin. Darum bitte ich dich, laß mich noch eine Weile in die Einsamkeit gehen und meinen Studien nachhängen, denn mir scheint, wenn ich erst eine Frau und ein Haus zu regieren habe, wird dies mich von jenen Dingen abhalten. Jetzt aber bin ich noch jung und ohne andere Pflichten und möchte noch eine Zeit allein für meine Dichtkunst leben, von der ich Freude und Ruhm erhoffe.«
Die Rede setzte den Vater in Erstaunen, und er sagte: »Diese Kunst muß dir wohl über alles lieb sein, da du ihretwegen sogar deine Hochzeit verschieben willst. Oder ist etwas zwischen dich und deine Braut gekommen, so sage es mir, daß ich dir helfen kann, sie zu versöhnen oder dir eine andere zu verschaffen.«
Der Sohn schwor aber, daß er seine Braut nicht weniger liebe als gestern und immer und daß nicht der Schatten eines Streites zwischen ihn und sie gefallen sei. Und zugleich erzählte er seinem Vater, daß ihm durch einen Traum am Tag des Lampenfestes ein Meister kundgeworden sei, dessen Schüler zu werden er sehnlicher wünsche als alles Glück der Welt.
»Wohl«, sprach der Vater, »so gebe ich dir ein Jahr. In dieser Zeit magst du deinem Traum nachgehen, der vielleicht von einem Gott zu dir gesandt worden ist.«
»Es mögen auch zwei Jahre werden«, sagte Han Fook zögernd, »wer will das wissen?«
Da ließ ihn der Vater gehen und war betrübt; der Jüngling aber schrieb seiner Braut einen Brief, verabschiedete sich und zog davon.

Als er sehr lange gewandert war, erreichte er die Quelle des Flusses und fand in großer Einsamkeit eine Bambushütte stehen, und vor der Hütte saß auf einer geflochtenen Matte der alte Mann, den er am Ufer bei dem Baumstamm gesehen hatte. Er saß und spielte die Laute, und als er den Gast sich mit Ehrfurcht nähern sah, erhob er sich nicht, noch grüßte er ihn, sondern lächelte nur und ließ die zarten Finger über die Saiten laufen, und eine zauberhafte Musik floß wie eine silberne Wolke durch das Tal, daß der Jüngling stand und sich verwunderte und in süßem Erstaunen alles andere vergaß, bis der Meister des vollkommenen Wortes seine kleine Laute beiseite legte und in die Hütte trat. Da folgte ihm Han Fook mit Ehrfurcht und blieb bei ihm als sein Diener und Schüler.

Ein Monat verging, da hatte er gelernt, alle Lieder, die er zuvor gedichtet hatte, zu verachten, und er tilgte sie aus seinem Gedächtnis. Und wieder nach Monaten tilgte er auch die Lieder, die er daheim von seinen Lehrern gelernt hatte, aus seinem Gedächtnis. Der Meister sprach kaum ein Wort mit ihm, er lehrte ihn schweigend die Kunst des Lautenspieles, bis das Wesen des Schülers ganz von Musik durchflossen war.

Einst machte Han Fook ein kleines Gedicht, worin er den Flug zweier Vögel am herbstlichen Himmel beschrieb und das ihm wohlgefiel. Er wagte nicht, es dem Meister zu zeigen, aber er sang es eines Abends abseits von der Hütte, und der Meister hörte es wohl. Er sagte jedoch kein Wort. Er spielte nur leise auf seiner Laute, und alsbald ward die Luft kühl und die Dämmerung beschleunigt, ein scharfer Wind erhob sich, obwohl es mitten im Sommer war, und über den grau gewordenen Himmel flogen zwei Reiher in mächtiger Wandersehnsucht, und alles dies war so viel schöner und vollkommener als des Schülers Verse, daß dieser traurig wurde und schwieg und sich wertlos fühlte. Und so tat der Alte jedesmal, und als ein Jahr vergangen war, da hatte Han Fook das Lautenspiel beinahe vollkommen erlernt, die Kunst der Dichtung aber sah er immer schwerer und erhabener stehen.

Als zwei Jahre vergangen waren, spürte der Jüngling ein heftiges Heimweh nach den Seinigen, nach der Heimat und nach seiner Braut, und er bat den Meister, ihn reisen zu lassen.

Der Meister lächelte und nickte. »Du bist frei«, sagte er, »und kannst gehen, wohin du willst. Du magst wiederkommen, du magst wegbleiben, ganz wie es dir gefällt.«
Da machte sich der Schüler auf die Reise und wanderte rastlos, bis er eines Morgens in der Dämmerung am heimatlichen Ufer stand und über die gewölbte Brücke nach seiner Vaterstadt hinübersah. Er schlich verstohlen in seines Vaters Garten und hörte durchs Fenster des Schlafzimmers seines Vaters Atem gehen, der noch schlief, und er stahl sich in den Baumgarten beim Hause seiner Braut und sah vom Wipfel eines Birnbaumes, den er erstieg, seine Braut in der Kammer stehen und ihre Haare kämmen. Und indem er dies alles, wie er es mit seinen Augen sah, mit dem Bilde verglich, das er in seinem Heimweh davon gemalt hatte, ward es ihm deutlich, daß er doch zum Dichter bestimmt sei, und er sah, daß in den Träumen der Dichter eine Schönheit und Anmut wohnt, die man in den Dingen der Wirklichkeit vergeblich sucht. Und er stieg von dem Baum herab und floh aus dem Garten und über die Brücke aus seiner Vaterstadt und kehrte in das hohe Tal im Gebirge zurück. Da saß wie einstmals der alte Meister vor seiner Hütte auf der bescheidenen Matte und schlug mit seinen Fingern die Laute, und statt der Begrüßung sprach er zwei Verse von den Beglückungen der Kunst, bei deren Tiefe und Wohllaut dem Jünger die Augen voll Tränen wurden.
Wieder blieb Han Fook bei dem Meister des vollkommenen Wortes, der ihn nun, da er die Laute beherrschte, auf der Zither unterrichtete, und die Monate schwanden hinweg wie Schnee im Westwind. Noch zweimal geschah es, daß ihn das Heimweh übermannte. Das eine Mal lief er heimlich in der Nacht davon, aber noch ehe er die letzte Krümmung des Tales erreicht hatte, lief der Nachtwind über die Zither, die in der Tür der Hütte hing, und die Töne flohen ihm nach und riefen ihn zurück, daß er nicht widerstehen konnte. Das andere Mal aber träumte ihm, er pflanze einen jungen Baum in seinen Garten, und sein Weib stünde dabei, und seine Kinder begössen den Baum mit Wein und Milch. Als er erwachte, schien der Mond in seine Kammer, und er erhob sich verstört und sah nebenan den Meister im Schlummer liegen und seinen greisen Bart sachte zittern; da überfiel ihn ein bitterer Haß gegen diesen Menschen, der, wie

ihm schien, sein Leben zerstört und ihn um seine Zukunft betrogen habe. Er wollte sich über ihn stürzen und ihn ermorden. Da schlug der Greis die Augen auf und begann alsbald mit einer feinen, traurigen Sanftmut zu lächeln, die den Schüler entwaffnete.

»Erinnere dich, Han Fook«, sagte der Alte leise, »du bist frei, zu tun, was dir beliebt. Du magst in deine Heimat gehen und Bäume pflanzen, du magst mich hassen und erschlagen, es ist wenig daran gelegen.«

»Ach, wie könnte ich dich hassen«, rief der Dichter in heftiger Bewegung. »Das ist, als ob ich den Himmel selbst hassen wollte.«

Und er blieb und lernte die Zither spielen, und danach die Flöte, und später begann er unter des Meisters Anweisung Gedichte zu machen, und er lernte langsam jene heimliche Kunst, scheinbar nur das Einfache und Schlichte zu sagen, damit aber in des Zuhörers Seele zu wühlen wie der Wind in einem Wasserspiegel. Er beschrieb das Kommen der Sonne, wie sie am Rand des Gebirges zögert, und das lautlose Huschen der Fische, wenn sie wie Schatten unter dem Wasser hinfliehen, oder das Wiegen einer jungen Weide im Frühlingswind, und wenn man es hörte, so war es nicht die Sonne und das Spiel der Fische und das Flüstern der Weide allein, sondern es schien der Himmel und die Welt jedesmal für einen Augenblick in vollkommener Musik zusammenzuklingen, und jeder Hörer dachte dabei mit Lust oder Schmerzen an das, was er liebte oder haßte, der Knabe ans Spiel, der Jüngling an die Geliebte und der Alte an den Tod.

Han Fook wußte nicht mehr, wie viele Jahre er bei dem Meister an der Quelle des großen Flusses verweilt habe; oft schien es ihm, als sei er erst gestern abend in dieses Tal getreten und vom Saitenspiel des Alten empfangen worden, oft auch war ihm, als seien hinter ihm alle Menschenalter und Zeiten hinabgefallen und wesenlos geworden.

Da erwachte er eines Morgens allein in der Hütte, und wo er auch suchte und rief, der Meister war verschwunden. Über Nacht schien plötzlich der Herbst gekommen, ein rauher Winter rüttelte an der alten Hütte, und über den Grat des Gebirges flogen große Scharen von Zugvögeln, obwohl es noch nicht ihre Zeit war.

Da nahm Han Fook die kleine Laute mit sich und stieg in das Land seiner Heimat hinab, und wo er zu den Menschen kam, begrüßten sie ihn mit dem Gruß, der den Alten und Vornehmen zukommt, und als er in seine Vaterstadt kam, da waren sein Vater und seine Braut und seine Verwandtschaft gestorben, und andere Menschen wohnten in ihren Häusern. Am Abend aber wurde das Lampenfest auf dem Flusse gefeiert, und der Dichter Han Fook stand jenseits auf dem dunkleren Ufer, an den Stamm eines alten Baumes gelehnt, und als er auf seiner kleinen Laute zu spielen begann, da seufzten die Frauen und blickten entzückt und beklommen in die Nacht, und die jungen Mädchen riefen nach dem Lautenspieler, den sie nirgends finden konnten, und riefen laut, daß noch keiner von ihnen jemals solche Töne einer Laute gehört habe. Han Fook aber lächelte. Er schaute in den Fluß, wo die Spiegelbilder der tausend Lampen schwammen; und wie er die Spiegelbilder nicht mehr von den wirklichen zu unterscheiden wußte, so fand er in seiner Seele keinen Unterschied zwischen diesem Fest und jenem ersten, da er hier als ein Jüngling gestanden war und die Worte des fremden Meisters vernommen hatte.

(1913)

Der Waldmensch

Im Anfang der ersten Zeitalter, noch ehe die junge Menschheit sich über die Erde verbreitet hatte, waren die Waldmenschen. Diese lebten eng und scheu in der Dämmerung der tropischen Urwälder, stets im Streit mit ihren Verwandten, den Affen, und über ihrem Tun und Sein stand als einzige Gottheit und einziges Gesetz: der Wald. Der Wald war Heimat, Schutzort, Wiege, Nest und Grab, und außerhalb des Waldes vermochte man sich kein Leben zu denken. Man vermied es, bis an seine Ränder vorzudringen, und wer je durch besondere Schicksale auf der Jagd oder Flucht dorthin verschlagen worden war, der erzählte zitternd und geängstigt von der weißen Leere draußen, wo man das furchtbare Nichts im tödlichen Sonnenbrande gleißen sähe.
Es lebte ein alter Waldmann, der war vor Jahrzehnten, durch wilde Tiere verfolgt, über den äußersten Rand des Waldes hinaus geflohen und alsbald blind geworden. Er war jetzt eine Art Priester und Heiliger und hieß mata dalam (der das Auge inwendig hat); er hatte das heilige Waldlied gedichtet, das bei großen Gewittern gesungen wurde, und auf ihn hörten die Waldleute. Daß er die Sonne mit Augen gesehen hatte, ohne daran zu sterben, das war sein Ruhm und sein Geheimnis.
Die Waldmenschen waren klein und braun und stark behaart, sie gingen vorgebückt und hatten scheue Wildaugen. Sie konnten wie Menschen und wie Affen gehen und fühlten sich hoch im Geäst des Waldes ebenso sicher wie am Boden. Häuser und Hütten kannten sie noch nicht, wohl aber mancherlei Waffen und Gerätschaften, auch Schmuck. Sie verstanden Bogen, Pfeile, Lanzen und Streitkolben aus harten Hölzern zu machen, Halsbänder aus Bast und mit getrockneten Beeren oder Nüssen behängt, auch trugen sie um den Hals oder im Haar ihre Kostbarkeiten: Eberzahn, Tigerkralle, Papageienfeder, Flußmuschel.
Mitten durch den unendlichen Wald floß der große Strom, die Waldmenschen wagten sein Ufer aber nur in dunkler Nacht zu betreten, und viele hatten ihn nie gesehen. Die Mutigeren schlichen zuweilen des Nachts aus dem Dickicht hervor, scheu und lauernd, dann sahen sie im schwachen Schimmer die Elefanten baden, blickten durch die überhängenden Baumwipfel und sa-

hen erschrocken im Netzwerk der vielarmigen Mangrovenbäume die glänzenden Sterne hängen. Die Sonne sahen sie niemals, und es galt schon für äußerst gefährlich, ihr Spiegelbild im Sommer zu erblicken.

Zu jenem Stamme der Waldleute, welchen der blinde mata dalam vorstand, gehörte auch der Jüngling Kubu, und er war der Führer und Vertreter der Jungen und Unzufriedenen. Es gab nämlich Unzufriedene, seit mata dalam älter und herrschsüchtiger geworden war. Bisher war es sein Vorrecht gewesen, daß er, der Blinde, von den andern mit Speise versorgt wurde, auch fragte man ihn um Rat und sang sein Waldlied. Allmählich aber führte er allerlei neue und lästige Bräuche ein, welche ihm, wie er sagte, von der Gottheit des Waldes im Traum waren geoffenbart worden. Ein paar Junge und Zweifler aber behaupteten, der Alte sei ein Betrüger und suche nur seinen eigenen Vorteil. Das Neueste, was mata dalam eingeführt hatte, war eine Neumondfeier, wobei er in der Mitte eines Kreises saß und die Rindentrommel schlug. Die anderen Waldleute aber mußten so lange im Kreise tanzen und das Lied golo elah dazu singen, bis sie todmüde waren und in die Knie sanken. Dann mußte ein jeder sich das linke Ohr mit einem Dorn durchbohren, und die jungen Weiber mußten zu dem Priester geführt werden, und er durchbohrte einer jeden das Ohr mit einem Dorn.

Dieser Sitte hatte sich Kubu samt einigen seiner Altersgenossen entzogen, und ihr Bestreben war, auch die jungen Mädchen zum Widerstand zu überreden. Einmal hatten sie Aussicht, zu siegen und die Macht des Priesters zu brechen. Der Alte nämlich hielt wieder Neumondfest und durchbohrte den Weibchen das linke Ohr. Eine kräftige Junge aber schrie dabei furchtbar und leistete Widerstand, und darüber passierte es dem Blinden, daß er ihr mit dem Dorn ins Auge stach, und das Auge lief aus. Jetzt schrie das Mädchen so verzweifelt, daß alle herbeiliefen, und als man sah was geschehen war, schwieg man betroffen und unwillig. Als aber die Jungen sich triumphierend darein mischten und als Kubu den Priester an der Schulter zu packen wagte, da stand der Alte vor seiner Trommel auf und sagte mit krähend höhnischer Stimme einen so grauenhaften Fluch, daß alle entsetzt zurückflohen und dem Jüngling selber das Herz vor Entsetzen gefror. Der alte Priester sagte Worte, deren genauen Sinn niemand verstehen konnte, deren Art und Ton aber wild und grausig an die gefürchteten heiligen Worte der Gottesdienste anklang. Und er verfluchte des Jünglings Augen, die er dem Geier zum Fraße zusprach, und verfluchte seine Eingeweide, von welchen er prophezeite, sie würden eines Tages im freien Felde in der Sonne rösten. Dann aber befahl der Priester, der im Augenblick mehr Macht hatte als jemals, das junge Mädchen nochmals zu sich und stieß ihr den Dorn auch ins zweite Auge, und jedermann sah es mit Entsetzen, und niemand wagte zu atmen.

»Du wirst draußen sterben«, hatte der Alte den Kubu verflucht, und seither mied man den Jüngling als einen Hoffnungslosen. »Draußen« – das hieß: außerhalb der Heimat, außerhalb des dämmernden Waldes! »Draußen«, das bedeutete Schrekken, Sonnenbrand und glühende, tödliche Leere.

Entsetzt war Kubu weit hinweg geflohen, und als er sah, daß jedermann vor ihm zurückwich, da verbarg er sich in einem hohlen Baumstamm und gab sich verloren. Tage und Nächte lag er, wechselnd zwischen Todesangst und Trotz, und ungewiß, ob nun die Leute seines Stammes kommen würden, ihn zu erschlagen, oder ob die Sonne selbst durch den Wald brechen, ihn belagern, erjagen und erlegen werde. Es kam aber weder Pfeil noch Lanze, weder Sonne noch Blitzstrahl, es kam nichts als eine tiefe Erschlaffung und die brüllende Stimme des Hungers.

Da stand Kubu wieder auf und kroch aus dem Baum, nüchtern und beinahe mit einem Gefühl von Enttäuschung.

»Es ist nichts mit dem Fluch des Priesters«, dachte er verwundert, und dann suchte er sich Speise, und als er gegessen hatte und wieder das Leben durch seine Glieder kreisen fühlte, da kam Stolz und Haß in seine Seele zurück. Jetzt *wollte* er nicht mehr zu den Seinen zurückkehren. Jetzt wollte er ein Einsamer und Ausgestoßener sein, einer, den man haßte und dem der Priester, das blinde Vieh, ohnmächtige Verfluchungen nachrief. Er wollte allein sein und allein bleiben, zuvor aber wollte er seine Rache nehmen.

Und er ging und sann. Er dachte über alles nach, was ihm jemals Zweifel erweckt hatte und als Trug erschienen war, und vor allem über die Trommel des Priesters und seine Feste, und je mehr er dachte und je länger er allein war, desto klarer konnte er sehen: ja, es war Trug, es war alles nur Trug und Lüge. Und da er schon so weit war, dachte er noch weiter und richtete sein wachsam gewordenes Mißtrauen vollends auf alles, was als wahr und heilig galt. Wie stand es zum Beispiel mit dem Waldgott und mit dem heiligen Waldlied? Oh, auch damit war es nichts, auch das war Schwindel! Und ein heimliches Entsetzen überwindend, stimmte er das Waldlied an, höhnisch mit verächtlicher Stimme und alle Worte verdrehend, und er rief dreimal den Namen der Waldgottheit, den außer dem Priester niemand bei Todesstrafe nennen durfte, und es blieb alles ruhig, und kein Sturm brach los, und kein Blitz zuckte nieder!

Manche Tage und Wochen irrte der Vereinsamte so umher, Falten über den Augen und mit stechendem Blick. Er ging auch, was noch niemand gewagt hatte, bei Vollmond an das Ufer des Stromes. Dort blickte er erst dem Spiegelbild des Mondes und dann dem Vollmond selber und allen Sternen lang und kühn in die Augen, und es geschah ihm kein Leid. Ganze Mondnächte saß er am Ufer, schwelgte im verbotenen Lichtrausch und pflegte seine Gedanken. Viele kühne und schreckliche Pläne stiegen in seiner Seele auf. Der Mond ist mein Freund, dachte er, und der Stern ist mein Freud, aber der alte Blinde ist mein Feind. Also ist das »Draußen« vielleicht besser als unser Drinnen, und vielleicht ist die ganze Heiligkeit des Waldes auch nur ein Gerede! Und er kam, um Generationen vor allen Menschen voraus, eines Nachts auf die verwegene und fabelhafte Idee, man könne ganz wohl einige Baumäste mit Bast zusammenbinden, sich darauf setzen und den Strom hinunterschwimmen. Seine Augen funkelten, und sein Herz schlug gewaltig. Aber es war nichts damit; der Strom war voll von Krokodilen.

Dann gab es also keinen anderen Weg in die Zukunft als den, den Wald an seinem Rande zu verlassen, falls es überhaupt ein Ende des Waldes gab, und sich alsdann der glühenden Leere, dem bösen »Draußen« anzuvertrauen. Jenes Ungeheuer, die Sonne, mußte aufgesucht und bestanden werden. Denn wer weiß? Am Ende war auch die uralte Lehre von der Furchtbarkeit der Sonne nur so eine Lüge!

Dieser Gedanke, der letzte in einer kühnen, fiebrig wilden Reihe, machte den Kubu erzittern. Das hatte in allen Weltaltern noch niemals ein Waldmensch gewagt, freiwillig den Wald zu verlassen und sich der schrecklichen Sonne auszusetzen. Und wieder ging er Tage um Tage, seinen Gedanken tragend. Und endlich faßte er Mut. Er schlich mit Zittern am hellen Mittag gegen den Fluß, näherte sich lauernd dem glitzernden Ufer und suchte mit bangen Augen das Bildnis der Sonne im Wasser. Der Glanz schmerzte heftig in den geblendeten Augen, er mußte sie rasch wieder schließen, aber nach einer Weile wagte er es wieder und dann nochmals, und es gelang. Es war möglich, es war zu ertragen, und es machte sogar froh und mutig. Kubu hatte Vertrauen zur Sonne gefaßt. Er liebte sie, auch wenn sie ihn töten sollte, und er haßte den alten, finsteren, faulen Wald, wo die Priester quäkten und wo er, der Junge und Mutige, verfemt und ausgestoßen worden war.

Jetzt war sein Entschluß reif geworden, und er pflückte die Tat wie eine süße Frucht. Mit einem neuen, zügigen Hammer aus Eisenholz, dem er einen ganz dünnen und leichten Stiel gegeben hatte, ging er in der nächsten Morgenfrühe dem mata dalam nach, fand seine Spur und fand ihn selbst, schlug ihm den Hammer auf den Kopf und sah seine Seele aus dem gekrümmten Maul entfliehen. Er legte ihm seine Waffe auf die Brust, damit man wisse, durch wen der Alte gestorben sei, und auf die glatte Fläche des Hammers hatte er mit einer Muschelscherbe mühsam eine Schilderung geritzt, einen Kreis mit mehreren geraden Strahlen: das Bildnis der Sonne.

Mutig trat er seine Wanderschaft nach dem fernen »Draußen« an und ging vom Morgen bis zur Nacht in gerader Richtung und schlief nachts im Gezweige und setzte in der Frühe sein Wandern fort, viele Tage lang, über Bäche und schwarze Sümpfe, und schließlich über ansteigendes Land und moosige Steinbänke, wie er sie nie gesehen hatte, und endlich steiler hinan, von Schluchten aufgehalten, ins Gebirge hinein, immer durch den ewigen Wald, so daß er am Ende zweifelhaft und traurig wurde und den Gedanken erwog, vielleicht möchte es doch den Geschöpfen des Waldes von einem Gott verboten sein, ihre Heimat zu verlassen.

Und da kam er eines Abends, nachdem er seit langem immerzu gestiegen und in immer höhere, trocknere, leichtere Lüfte gekommen war, unversehens an ein Ende. Der Wald hörte auf, aber mit ihm auch der Erdboden, es stürzte hier der Wald ins

Leere der Luft hinab, als wäre an dieser Stelle die Welt entzweigebrochen. Zu sehen war nichts als eine ferne schwache Röte und oben einige Sterne, denn die Nacht hatte schon begonnen. Kubu setzte sich an den Rand der Welt und band sich an den Schlingpflanzen fest, daß er nicht hinunterfalle. In Grauen und wilder Erregung verbrachte er kauernd die Nacht, ohne ein Auge zu schließen, und beim ersten Grauen der Frühe sprang er ungeduldig auf seine Füße und wartete, über das Leere gebeugt, auf den Tag.

Gelbe Streifen schönen Lichtes erglommen in der Ferne, und der Himmel schien in Erwartung zu zittern wie Kubu zitterte, der noch niemals das Werden des Tages im weiten Luftraum gesehen hatte. Und gelbe Lichtbündel flammten auf, und plötzlich sprang jenseits der ungeheuren Weltenschlucht die Sonne groß und rot in den Himmel. Sie sprang empor aus einem endlosen grauen Nichts, welches alsbald blauschwarz wurde: das Meer.

Und vor dem zitternden Waldmann lag entschleiert das »Draußen«. Vor seinen Füßen stürzte der Berg hinab bis in unkenntliche rauchende Tiefen, gegenüber sprang rosig und juwelenhaft ein Felsgebirge empor, zur Seite lag fern und riesig das dunkle Meer, und die Küste lief weiß und schaumig mit kleinen nickenden Bäumen darum her. Und über dies alles, über diese tausend neuen, fremden gewaltigen Formen zog die Sonne herauf und wälzte einen glühenden Strom von Licht über die Welt, die in lachenden Farben entbrannte.

Kubu vermochte nicht, der Sonne ins Gesicht zu sehen. Aber er sah ihr Licht in farbigen Fluten um die Berge und Felsen und Küsten und fernen blauen Inseln strömen, und er sank nieder und neigte sein Gesicht zur Erde vor den Göttern dieser strahlenden Welt. Ach, wer war er, Kubu?! Er war ein kleines schmutziges Tier, das sein ganzes dumpfes Leben im dämmerigen Sumpfloch des dicken Waldes hingebracht hatte, scheu und finster und niederträchtigen Winkelgottheiten untertan. Aber hier war die Welt, und ihr oberster Gott war die Sonne, und der lange schmähliche Traum seines Waldlebens lag dahinten und begann schon jetzt in seiner Seele zu erlöschen wie das fahle Bild des toten Priesters. Auf Händen und Füßen kletterte Kubu den steilen Abgrund hinab, dem Licht und dem Meer entgegen, und über seine Seele zitterte in flüchtigem Glücksrausch die traumhafte Ahnung einer hellen, von der Sonne regierten Erde, auf welcher helle, befreite Wesen im Lichte lebten und niemand untertan wären als der Sonne.

(1914)

Innen und Außen

Es war ein Mann mit Namen Friedrich, der beschäftigte sich mit geistigen Dingen und besaß vielerlei Kenntnisse. Doch war ihm nicht eine Kenntnis wie die andere und ein Gedanke wie der andere, sondern er liebte eine gewisse Art des Denkens, und die anderen verachtete und verabscheute er. Was er liebte und verehrte, das war die Logik, jene so vortreffliche Methode, und weiterhin überhaupt das, was er »Wissenschaft« nannte.
»Zweimal zwei ist vier«, pflegte er zu sagen, »daran glaube ich, und von dieser Wahrheit aus muß der Mensch das Denken betreiben.«
Daß es auch andere Arten des Denkens und der Erkenntnis gab, war ihm zwar nicht unbekannt, aber »Wissenschaft« war das nicht, und er hielt nichts davon. Er war, obwohl Freidenker, nicht unduldsam gegen die Religion. Dies beruhte auf einer schweigenden Übereinstimmung der Wissenschaftlichen. Ihre Wissenschaft hatte sich seit manchen Jahrhunderten nahezu mit allem befaßt, was auf der Erde vorhanden und wissenswert ist, mit Ausschluß eines einzigen Gegenstandes, der menschlichen Seele. Diese der Religion zu überlassen, und deren Spekulationen über die Seele zwar nicht ernst zu nehmen, doch aber gewähren zu lassen, war mit der Zeit so Sitte geworden. Gegen die Religion also verhielt auch Friedrich sich duldsam, tief verhaßt und zuwider aber war ihm alles, was er als Aberglaube erkannte. Mochten fremde, ungebildete und zurückgebliebene Völker sich damit befassen, mochte im fernen Altertum ein mystisches oder magisches Denken vorhanden gewesen sein – seit es eine Wissenschaft und Logik gab, hatte es keinen Sinn mehr, diese veralteten und zweifelhaften Werkzeuge zu gebrauchen.
So sagte er und so dachte er, und wenn ihm in seinem Umkreis Spuren von Aberglauben zu Gesicht kamen, wurde er ärgerlich und fühlte sich wie von etwas Feindseligem berührt.
Am meisten aber erboste es ihn, wenn er solche Spuren unter seinesgleichen antreffen mußte, unter gebildeten Männern, welchen die Grundsätze des wissenschaftlichen Denkens vertraut waren. Und nichts war ihm schmerzlicher und unerträglicher als jener lästerliche Gedanke, welchen er neuerdings zuweilen

auch unter Männern von hoher Bildung mußte aussprechen und erörtern hören, jener absurde Gedanke: daß das »wissenschaftliche Denken« möglicherweise keine höchste, keine zeitlose, ewige, vorbestimmte und unerschütterliche Denkart sei, sondern nur eine von vielen, eine zeitliche, vor Veränderung und vor Untergang nicht geschützte Art des Denkens. Dieser unehrerbietige, vernichtende, vergiftende Gedanke war da, das konnte auch Friedrich nicht leugnen, er war da und dort, angesichts der durch Krieg, Umsturz und Hunger in aller Welt entstandenen Not, wie eine Mahnung aufgetaucht, wie ein Geisterspruch, von weißer Hand an weiße Wand geschrieben.
Je mehr Friedrich darunter litt, daß dieser Gedanke vorhanden war und ihn so tief beunruhigen konnte, desto leidenschaftlicher befeindete er ihn und jene, welche er im Verdacht hatte, heimlich an ihn zu glauben. Denn offen und gerade heraus hatten sich aus dem Kreise der wahrhaft Gebildeten bis dahin nur ganz wenige zu dieser neuen Lehre bekannt, einer Lehre, welche, wenn sie sich verbreitete und Macht gewann, bestimmt schien, jede geistige Kultur auf Erden zu vernichten und das Chaos heraufzuführen. Nun, so weit war es noch nicht gekommen, und jene Vereinzelten, die sich offen zu jenem Gedanken bekannten, waren noch so wenige, daß man sie als Sonderlinge und schrullige Originale auffassen konnte. Ein Tropfen von dem Gift aber, eine Ausstrahlung jenes Gedankens, war bald da, bald dort wahrzunehmen. Unter den Leuten vom Volk und den Halbgebildeten war ohnehin eine Unzahl von neuen Lehren, Geheimlehren, Sekten und Jüngerschaften zu bemerken, davon war die Welt voll, überall waren Aberglaube, Mystik, Geisterkult und andre dunkle Mächte spürbar, welche zu bekämpfen not getan hätte, welche aber die Wissenschaft, wie aus einem Gefühl heimlicher Schwäche, einstweilen mit Schweigen gewähren ließ.
Eines Tages kam Friedrich in das Haus eines seiner Freunde, mit welchem er schon manche gemeinsamen Studien betrieben hatte. Jetzt hatte er diesen Freund eine längere Zeit nicht mehr gesehen, wie sich das ja so fügen kann. Während er die Treppe jenes Hauses emporstieg, suchte er sich zu erinnern, wann und wo er das letztemal mit diesem Freund zusammengewesen sei. Sosehr er sich aber sonst seines Gedächtnisses rühmen durfte, er konnte sich nicht mehr darauf besinnen. Unmerklich geriet

er darüber in eine gewisse Verstimmung und Ärgerlichkeit, aus der er sich, vor der Tür des Freundes stehend, gewaltsam emporreißen mußte.
Kaum aber hatte er Erwin, seinen Freund, begrüßt, so fiel ihm in dessen freundlichem Gesicht ein gewisses, wie schonendes Lächeln auf, das er früher nicht an ihm gekannt zu haben meinte. Und kaum hatte er dies Lächeln gesehen, das er trotz seiner Freundlichkeit sofort als irgendwie spöttisch oder feindlich empfand, so erinnerte er sich augenblicklich auch an das, wonach er soeben noch so ganz vergeblich in seinem Gedächtnis gesucht hatte, an sein letztes Zusammensein mit Erwin, vor längerer Zeit, und daß sie sich damals zwar ohne Streit, doch in innerer Uneinigkeit und Mißstimmung getrennt hatten, weil Erwin, wie ihm schien, seine damaligen Angriffe auf das Reich des Aberglaubens allzu wenig unterstützt hatte.
Es war seltsam. Wie hatte er das ganz vergessen können! Und nun wußte er auch, daß er nur darum so lange Zeit seinen Freund nicht mehr aufgesucht hatte, nur jener Verstimmung wegen, und daß er das selbst die ganze Zeit wohl gewußt habe, obwohl er vor sich selbst eine Menge anderer Gründe für das immer neue Verschieben dieses Besuches aufgezählt hatte.
Nun standen sie sich gegenüber, und es schien Friedrich, als habe die kleine Kluft und Spaltung von damals sich inzwischen unheimlich vergrößert. Zwischen ihm und Erwin fehlte, so schien ihm gefühlhaft, in diesem Augenblick irgendetwas, was sonst immer dagewesen war, eine Luft der Gemeinsamkeit, des unmittelbaren Verstehens, ja selbst der Zuneigung. Statt ihrer war Leere da, eine Kluft, eine Fremde. Sie begrüßten sich, sprachen von der Jahreszeit, von Bekannten, von ihrem Befinden – und, Gott weiß wie es kam, bei jedem Wort hatte Friedrich das beängstigende Gefühl, den andern nicht ganz zu verstehen, von ihm nicht richtig gekannt zu sein, seine Worte an ihm abgleiten zu sehen, keinen gemeinsamen Boden für ein richtiges Gespräch finden zu können. Auch trug Erwin immerzu jenes freundliche Lächeln im Gesicht, das Friedrich schon beinahe zu hassen begann.
In einer Pause des mühsamen Gesprächs blickte sich Friedrich in dem wohlbekannten Studierzimmer um und sah an der Wand, mit einer Stecknadel lose angeheftet, ein Blatt Papier

hängen. Der Anblick berührte ihn seltsam und weckte alte Erinnerungen, denn alsbald fiel ihm ein, daß dies einst in den Studentenjahren, vor langer Zeit, eine Gewohnheit Erwins gewesen war, von Zeit zu Zeit den Ausspruch eines Denkers oder den Vers eines Dichters in dieser Weise sich vor Augen und in Erinnerung zu halten. Er stand auf und trat an die Wand, um das Blatt zu lesen.
Da standen in Erwins hübscher Schrift die Worte: »Nichts ist außen, nichts ist innen, denn was außen ist, ist innen.«
Erbleichend blieb er einen Augenblick stehen. Da war es! Da stand er vor dem Gefürchteten! Zu einer andern Zeit hätte er dies Blatt gelten lassen, hätte es nachsichtig geduldet, als eine Laune, als eine harmlose und schließlich jedem erlaubte Liebhaberei, vielleicht als eine kleine, der Schonung bedürftige Sentimentalität. Jetzt aber war das anders. Er fühlte, diese Worte waren nicht um einer flüchtigen poetischen Stimmung willen aufgeschrieben, nicht einer Laune wegen war Erwin nach so vielen Jahren zu einer Gewohnheit der Jugend zurückgekehrt. Was hier stand, als Bekenntnis dessen, was seinen Freund zur Zeit beschäftigte, war Mystik! Erwin war abtrünnig.
Langsam wendete er sich ihm zu, dessen Lächeln wieder hell aufleuchtete.
»Erkläre mir dies!« forderte er ihn auf.
Erwin nickte voll Freundlichkeit.
»Hast du diesen Spruch nie gelesen?«
»Doch«, rief Friedrich, »natürlich kenne ich ihn. Es ist Mystik, es ist Gnostizismus. Vielleicht poetisch, aber – –. Nun, ich bitte dich, erkläre mir den Spruch, und warum er an deiner Wand hängt.«
»Gerne«, sagte Erwin. »Der Spruch ist eine erste Einführung in eine Erkenntnislehre, mit der ich zur Zeit beschäftigt bin und der ich schon viel Beglückung verdanke.«
Friedrich bezwang seinen Unmut. Er fragte: »Eine neue Erkenntnislehre? Gibt es das? Und wie nennt sie sich?«
»O«, sagte Erwin, »neu ist sie nur für mich. Sie ist schon sehr alt und ehrwürdig. Sie heißt Magie.«
Das Wort war gesprochen. Friedrich, von einem so offenen Bekenntnis nun doch tief überrascht und erschreckt, fühlte sich mit furchtbarem Schauder dem Urfeind in der Person seines Freun-

des gegenübergestellt, Auge in Auge. Er schwieg. Er wußte nicht, ob ihm der Zorn oder das Weinen näher stehe, das Gefühl unausfüllbaren Verlustes erfüllte ihn bitter. Lange schwieg er. Dann begann er, mit künstlichem Spott in der Stimme: »Du willst jetzt also ein Magier werden?«
»Ja«, sagte Erwin ohne Zögern.
»Eine Art Zauberlehrling, nicht?«
»Gewiß.«
Wieder schwieg Friedrich. Man hörte eine Uhr vom Nebenzimmer herüber ticken, so still war es.
Dann sagte er: »Du weißt, daß du damit jede Gemeinschaft mit der ernsten Wissenschaft preisgibst und damit auch jede Gemeinschaft mit mir?«
»Ich hoffe das nicht«, gab Erwin Antwort. »Doch wenn es durchaus so sein müßte – was bliebe mir da zu tun?«
Friedrich schrie, ausbrechend: »Was dir zu tun bleibt? Mit dieser Spielerei, mit diesem traurigen und unwürdigen Zauberglauben zu brechen, ganz und für immer brechen! Das bleibt dir zu tun, wenn du meine Achtung behalten willst.«
Erwin lächelte ein wenig, obwohl auch er nun nicht mehr heiter schien.
»Du sprichst so«, sagte er so leise, daß Friedrichs zornige Stimme noch während seiner stillen Worte im Zimmer nachzutönen schien – »du sprichst so, als ob das in meinem Wollen läge, als ob mir Wahl zustünde, Friedrich. Es ist nicht so. Mir steht keine Wahl zu. Nicht ich bin es, der Magie gewählt hat. Sie wählte mich.«
Friedrich seufzte tief auf: »Dann lebe wohl«, sagte er mühsam, und erhob sich, ohne dem andern die Hand zu bieten.
»Nicht so!« rief nun Erwin laut. »Nein, nicht so sollst du von mir fortgehen. Nimm an, einer von uns sei ein Sterbender – und so ist es! – und wir müßten Abschied nehmen.«
»Aber wer von uns, Erwin, ist dann der Sterbende?«
»Heute bin ich es wohl, Freund. Wer Neugeburt will, muß zum Sterben bereit sein.«
Nochmals trat Friedrich vor das Blatt und las den Spruch vom Innen und Außen.
»Gut denn«, sagte er schließlich. »Du hast recht, es nützt ja nichts, sich im Zorn zu trennen. Ich will tun wie du sagst, und

will annehmen, daß einer von uns ein Sterbender sei. Auch ich könnte ja der Sterbende sein. Ich will, ehe ich dich verlasse, eine letzte Bitte an dich tun.«

»Das ist mir lieb«, sagte Erwin. »Sprich, was kann ich dir zum Abschied Liebes erweisen?«

»Ich wiederhole meine erste Frage, das ist zugleich meine Bitte: erkläre mir diesen Spruch, so gut du kannst!«

Erwin besann sich kurze Zeit und sprach dann:

»Nichts ist außen, nichts ist innen. Der religiöse Sinn davon ist dir bekannt: Gott ist überall. Er ist im Geist, und ist auch in der Natur. Alles ist göttlich, weil Gott das All ist. Wir nannten das früher Pantheismus. Dann der philosophische Sinn: die Scheidung von außen und innen ist unserm Denken gewohnt, ist ihm aber nicht notwendig. Es gibt die Möglichkeit für unsern Geist, sich hinter die Grenze zurückzuziehen, die wir ihm gezogen haben, ins Jenseits. Jenseits der Gegensatzpaare, aus denen unsre Welt besteht, fangen neue, andere Erkenntnisse an. – Aber, lieber Freund, ich muß dir bekennen: seit mein Denken sich geändert hat, gibt es keine eindeutigen Worte und Sprüche mehr für mich, sondern jedes Wort hat zehnerlei, hunderterlei Sinn. Hier eben beginnt, was du fürchtest: Magie.«

Friedrich runzelte die Stirn und wollte ihn unterbrechen, aber Erwin sah ihn begütigend an und fuhr mit hellerer Stimme fort:

»Erlaube mir, daß ich dir ein Beispiel mitgebe! Nimm etwas von mir mit, irgendeinen Gegenstand, und beobachte ihn je und je ein wenig, so wird dir der Satz von Innen und Außen bald einen seiner vielen Sinne zeigen.«

Er blickte um sich, griff von einem Wandgesims eine kleine Figur aus Ton mit glasiger Oberfläche und gab sie Friedrich. Dazu sagte er:

»Nimm dies hier mit als meine Abschiedsgabe. Wenn dies Ding, das ich dir da in die Hand lege, aufhören wird, außer dir zu sein, und in dir sein wird, dann komme wieder zu mir! Bleibt es aber außer dir, immer so wie jetzt, dann soll auch der Abschied für immer gelten, den du von mir nimmst!«

Friedrich wollte noch vieles sagen, aber Erwin bot ihm die Hand, drückte sie und sagte Lebewohl mit einer Miene, welche kein Wort mehr zuließ.

Friedrich ging fort, die Treppe hinab (– wie ungeheuer lange war das her, seit er diese Treppe hinaufgestiegen war!), er ging über die Straßen und nach Hause, die kleine tönerne Figur in der Hand, ratlos und im Herzen unglücklich. Vor seinem Haus blieb er stehen, schüttelte einen Augenblick ingrimmig die Faust, in welcher er das Figürchen hielt, und fühlte große Lust, das lächerliche Ding auf dem Boden zu zerschmettern. Er tat es nicht, biß sich auf die Lippen und ging in seine Wohnung. Nie war er so erregt, so von widerstreitenden Gefühlen gepeinigt gewesen.

Er suchte nach einem Platz für das Geschenk seines Freundes und stellte die Figur auf den oberen Schaft eines Bücherbretts. Da blieb sie zunächst stehen.

Manchmal sah er sie im Lauf der Tage an, über sie und ihre Herkunft grübelnd, und grübelnd über den Sinn, den dies törichte Ding für ihn haben sollte. Es war eine kleine Menschen- oder Götter- oder Götzenfigur, mit zwei Gesichtern, wie sie der römische Gott Janus hatte, aus Ton ziemlich roh geformt und mit einer gebrannten, etwas rissig gewordenen Glasur bedeckt. Das kleine Bildnis sah grob und gering aus, es war ganz gewiß keine Arbeit aus Römer- oder Griechenhand, eher die eines zurückgebliebenen Naturvolkes in Afrika oder aus den Inseln der Südsee. Auf den beiden Gesichtern, die einander völlig gleich waren, lag ein dumpfes, träges, ein wenig grinsendes Lächeln – es war geradezu häßlich, wie der kleine Kobold immerzu sein albernes Lächeln vergeudete.

Friedrich konnte sich an diese Figur nicht gewöhnen. Sie war ihm durchaus zuwider und unangenehm, sie war ihm im Wege, sie störte ihn. Er nahm sie schon am nächsten Tage herab und stellte sie auf den Ofen, und eines anderen Tages stellte er sie auf einen Schrank. Immer wieder kam sie ihm vor Augen, als drängte sie sich vor, lächelte ihn kalt und stumpfsinnig an, machte sich wichtig, verlangte Beachtung. Nach zwei oder drei Wochen nahm er sie und stellte sie ins Vorzimmer, zwischen die Photographien aus Italien und die kleinen spielerischen Andenken, welche dort herumstanden und welche nie jemand betrachtete. Jetzt sah er den Götzen wenigstens nur noch in den Augenblicken, wenn er ausging oder heimkehrte, und ging dann rasch an ihm vorüber, ohne ihn jemals mehr näher anzusehen. Aber auch hier störte ihn das Ding noch, ohne daß er es sich

eingestand. Mit diesem Scherben, mit dieser zweigesichtigen Mißgeburt war Verdruß und Qual in sein Leben gekommen.
Eines Tages, nach Monaten, kehrte er von einer kurzen Reise heim – er unternahm jetzt von Zeit zu Zeit solche Ausflüge, als triebe etwas ihn rastlos um –, trat in sein Haus, ging durchs Vorzimmer, ward von der Magd empfangen, las Briefe, die auf ihn gewartet hatten. Aber er war unruhig und zerstreut, als habe er Wichtiges vergessen; kein Buch lockte ihn, auf keinem Stuhl fand er sich bequem. Er begann, sich zu untersuchen, bemühte sich zu erinnern – wie war das plötzlich entstanden? Hatte er etwas Wichtiges versäumt? Einen Ärger gehabt? Etwas Schädliches gegessen? Er riet und suchte, es fiel ihm ein, daß dies störende Gefühl ihn beim Eintritt in die Wohnung, im Vorzimmer, ergriffen hatte. Er lief hinüber, und unwillkürlich suchte sein erster Blick die Tonfigur.
Ein sonderbarer Schreck fuhr ihm über die Haut, als er den Götzen nicht mehr sah. Er war verschwunden. Er fehlte. War er auf seinen kleinen irdenen Beinen fortgegangen? Weggeflogen? Hatte ein Zauber ihn dorthin zurückgerufen, woher er gekommen war?
Friedrich raffte sich zusammen, lächelte, schüttelte verweisend den Kopf über seine Ängstlichkeit. Dann begann er ruhig zu suchen, durchs ganze Zimmer. Als er nichts fand, rief er die Magd. Sie kam, war verlegen und gestand sogleich, das Ding sei ihr beim Aufräumen aus der Hand gefallen.
»Wo ist es?«
Es war nicht mehr da. Es schien so fest, dies kleine Ding, sie hatte es ja oft in Händen gehabt, und doch war es in lauter kleine Stücke und Splitter zerbrochen, nicht mehr zu heilen; sie hatte die Trümmer dem Glaser gezeigt, der sie auslachte, und sie dann weggeworfen.
Friedrich entließ die Magd. Er lächelte. Er hatte nichts dagegen. Es war bei Gott nicht schade um den Götzen. Und nun war das Scheusal fort, nun würde er Ruhe haben. Hätte er das Ding damals gleich, am ersten Tage, in Stücke gehauen! Was hatte er in all dieser Zeit gelitten! Wie hatte dieser Götze ihn so träge, so fremdartig, so verschlagen, so böse, so teuflisch angelächelt! Nun, da er fort war, konnte er es sich ja gestehen: er hatte ihn gefürchtet, richtig und aufrichtig gefürchtet, diesen Tongott! War

er nicht Sinnbild und Zeichen für alles, was ihm, Friedrich, zuwider und unerträglich war, was er als schädlich, feindlich und bekämpfenswert von jeher erkannt hatte, für allen Aberglauben, alle Finsternis, allen Gewissens- und Geisteszwang? Stellte er nicht jene unheimliche Macht dar, welche man unterirdisch zuweilen wühlen fühlte, jenes ferne Erdbeben, jenen nahenden Untergang der Kultur, jenes heraufdrohende Chaos? Hatte ihm diese schnöde Figur nicht den besten Freund geraubt – nein, nicht bloß geraubt – zum Feind gemacht! – Nun, jetzt war das Ding weg. Fort. Zerschmissen. Erledigt. Es war gut so, es war viel besser, als wenn er selbst ihn zerschlagen hätte.
So dachte er, oder sagte, und ging wie sonst seinen Beschäftigungen nach.
Es war aber wie ein Fluch. Jetzt, wo er sich gerade einigermaßen an die lächerliche Figur gewöhnt hatte, wo ihr Anblick am gewohnten Platz auf dem Vorzimmertisch ihm so allmählich ein wenig vertraut und gleichgültig geworden war – jetzt begann ihr Fehlen ihn zu peinigen! Ja, sie fehlte ihm, so oft er durch jenen Raum ging, er sah dort nichts mehr als die leere Stelle, wo sie sonst gestanden hatte, und von dieser Stelle ging Leere aus und füllte das ganze Zimmer mit Fremdheit und Starre.
Schlimme Tage und schlimmere Nächte begannen für Friedrich. Durch das Vorzimmer konnte er nicht mehr gehen, ohne an den Götzen mit den zwei Gesichtern zu denken, ohne ihn zu vermissen, ohne seine Gedanken an ihn gebunden zu fühlen. Das wurde ihm zu einem quälenden Zwang. Und längst nicht nur in den Augenblicken, wo er durch jenes Zimmer ging, war er von diesem Zwang besessen, ach nein, so wie von jener Stelle auf dem leer gewordenen Tische Leere und Öde ausstrahlte, so strahlte dieser Gedankenzwang in seinem Innern aus, verdrängte langsam alles andere, fraß um sich und füllte auch hier alles mit Leere und Fremdheit.
Immer wieder stellte er sich jene Figur mit aller Deutlichkeit vor, schon um sich klarzumachen, wie unsinnig es sei, sich um ihren Verlust zu grämen. Er stellte sie sich vor in ihrer ganzen dummen Häßlichkeit und Barbarei, mit ihrem leeren oder auch listigen Lächeln, mit den beiden Gesichtern – ja, es geschah, daß er, wie im Zwang, mit verzerrtem Munde haßvoll jenes Lächeln nachzubilden suchte. Es verfolgte ihn die Frage, ob wirklich

beide Gesichter vollkommen einander gleich gewesen seien. Hatte nicht das eine, vielleicht nur durch eine kleine Rauhigkeit oder einen Sprung in der Glasur, einen etwas anderen Ausdruck gehabt? Etwas Fragendes? Etwas von der Sphinx? Und wie unheimlich oder doch seltsam war die Farbe jener Glasur gewesen! Grün, auch Blau, auch Grau, aber auch Rot war darin, eine Glasur, die er nun oft in anderen Gegenständen wiederfand, im Aufglänzen eines Fensters in der Sonne, im Spiegel eines feuchten Straßenpflasters.

An dieser Glasur sann er viel herum, auch des Nachts. Es fiel ihm auch auf, was für ein sonderbares, fremd und ungut klingendes, unvertrautes, fast böses Wort das war: »Glasur!« Er zerlegte das Wort, er spaltete es haßvoll auseinander, und einmal drehte er es auch um. Da hieß es »Rusalg«. Weiß der Teufel, woher dies Wort nun wieder seinen Klang nahm? Er kannte dies Wort »Rusalg«, ganz bestimmt, er kannte es, und zwar war es ein feindliches, ein ungutes, ein Wort mit häßlichen und störenden Nebenbedeutungen. Lange quälte er sich damit, endlich kam er darauf, daß Rusalg ihn an ein Buch erinnerte, das er vor Jahren auf einer Reise gekauft und gelesen hatte, und das ihn entsetzt, gequält und doch heimlich fasziniert, und das »Fürstin Russalka« geheißen hatte. Es war schon wie ein Fluch – alles, was mit der Figur, mit der Glasur, mit dem Blau, mit dem Grün, dem Lächeln zusammenhing, bedeutete Feindliches, stach, quälte, enthielt Gift! Und wie höchst eigentümlich hatte er damals gelächelt, Erwin, sein einstiger Freund, als er ihm den Götzen in die Hand gegeben hatte! Wie höchst eigentümlich, wie höchst bedeutsam, wie höchst feindlich!

Friedrich wehrte sich mannhaft und an vielen Tagen nicht ohne Erfolg gegen diese Zwangsläufigkeit seiner Gedanken. Er fühlte deutlich die Gefahr – er wollte nicht wahnsinnig werden! Nein, lieber sterben. Vernunft tat not. Leben tat nicht not. Und es fiel ihm ein, daß vielleicht eben dies Magie sei, daß Erwin ihn mit Hilfe dieser Figur irgendwie verzaubert habe, und daß er als Opfer, als Verteidiger der Vernunft und Wissenschaft gegen diese dunklen Mächte, falle. Aber – wenn dies so war, wenn er das auch nur als möglich denken konnte –, dann gab es ja Magie, dann gab es ja Zauber! Nein, lieber sterben!

Ein Arzt empfahl ihm Spaziergänge und Waschungen, auch

suchte er zuweilen am Abend Zerstreuung in einem Wirtshaus. Es half jedoch wenig. Er fluchte Erwin, er fluchte sich selbst.
Eines Nachts lag er, wie es ihm zu jener Zeit oft geschah, vorzeitig und ängstlich erwacht im Bett, ohne den Schlaf wiederfinden zu können. Er fühlte sich überaus unwohl und beängstigt. Er wollte nachdenken, er wollte Trost suchen, wollte sich selber irgendwelche Sätze zusprechen, gute Sätze, beruhigende, tröstliche, etwas von der aufrichtenden Ruhe und Klarheit wie der Satz »Zweimal zwei ist vier«. Es fiel ihm nichts ein, doch stammelte er, halb irr in seinem Zustand, Töne und Silben vor sich hin, allmählich bildeten sich Worte auf seinen Lippen, und mehrmals sagte er, ohne einen Sinn dabei zu empfinden, denselben kleinen Satz vor sich hin, der da irgendwie in ihm entstanden war. Er lallte ihn vor sich hin, wie um sich an ihm zu betäuben, um sich an ihm wie an einer Brüstung wieder zum verlorenen Schlaf hinüberzutasten, auf dem schmalen, schmalen Weg, neben dem der Abgrund lag.
Aber plötzlich, indem er etwas lauter sprach, drangen die gelallten Worte in sein Bewußtsein. Er kannte sie. Sie lauteten: »Ja, jetzt bist du in mir drin!« Und blitzschnell wußte er. Er wußte, was das bedeutete, daß es dem tönernen Götzen gelte, und daß er nun, in dieser grauen Nachtstunde, genau und pünktlich das erfüllt habe, was Erwin ihm an jenem unheimlichen Tage vorausgesagt hatte: daß jetzt diese Figur, die er damals verächtlich in den Fingern gehalten hatte, nicht mehr außer ihm, sondern in ihm innen war! »Denn was außen ist, ist innen.«
Mit einem Satz aufspringend, fühlte er sich von Eis und Feuer durchströmt. Die Welt drehte sich rund um ihn, wahnsinnig starrten die Planeten ihn an. Er riß Kleider an sich, machte Licht, verließ Bett und Haus und lief mitten in aller Nacht zum Hause Erwins. Da sah er Licht brennen hinterm wohlbekannten Studierzimmerfenster, die Haustür unverschlossen, alles schien ihn zu erwarten. Er stürzte die Treppe hinan. Er trat flackernd in Erwins Studierzimmer, stützte zitternde Hände auf seinen Tisch. Erwin saß bei der Lampe im milden Licht, nachdenkend, lächelnd.
Freundlich erhob sich Erwin. »Du bist gekommen. Das ist gut.«
»Hast du mich erwartet?« flüsterte Friedrich.

»Ich habe dich erwartet, wie du ja weißt, seit jener Stunde, wo du von hier fortgingst und meine kleine Gabe mit dir nahmst. Ist das geschehen, was ich damals sagte?«

Friedrich sagte mit leiser Stimme: »Es ist geschehen. Das Götzenbild ist jetzt in mir innen. Ich ertrage es nicht länger.«

»Kann ich dir helfen?« fragte Erwin.

»Ich weiß nicht. Tu, wie du willst. Sage mir mehr von deiner Magie! Sage mir, du, wie der Götze wieder aus mir herauskommen kann.«

Erwin legte seinem Freunde die Hand auf die Schulter. Er führte ihn zu einem Lehnstuhl, in den er ihn drückte.

Dann sprach er herzlich zu Friedrich, mit Lächeln und mit einer beinahe mütterlichen Stimme:

»Der Götze wird wieder aus dir herauskommen. Vertraue mir. Vertraue dir selbst. Du hast an ihn glauben gelernt. Jetzt lerne: ihn lieben! Er ist in dir innen, aber er ist noch tot, er ist noch ein Gespenst für dich. Erwecke ihn, sprich mit ihm, frage ihn! Er ist ja du selbst! Hasse ihn nicht mehr, fürchte ihn nicht, quäle ihn nicht – wie hast du diesen armen Götzen gequält, der doch du selber warst! Wie hast du dich selber gequält!«

»Ist dies der Weg zur Magie?« fragte Friedrich. Er saß tief in den Sessel versunken, wie gealtert, seine Stimme war sanft.

Erwin sprach: »Dies ist der Weg, und den schwersten Schritt hast du vielleicht schon getan. Du hast erlebt: Außen kann innen werden. Du bist jenseits der Gegensatzpaare gewesen. Es schien dir eine Hölle: lerne, Freund, daß sie Himmel ist! Denn es ist der Himmel, was dir bevorsteht. Siehe, das ist Magie: Außen und Innen vertauschen, nicht aus Zwang, nicht leidend, wie du es getan hast, sondern frei, wollend. Rufe Vergangenheit, rufe Zukunft herbei: beide sind in dir! Du bist bis heute der Sklave deines Innern gewesen. Lerne sein Herr sein. Dies ist Magie.«

(1919)

König Yu

Nicht häufig sind in der alten chinesischen Geschichte die Beispiele von Regenten und Staatsmännern, welche ihren Untergang dadurch fanden, daß sie unter den Einfluß eines Weibes und einer Verliebtheit gerieten. Eins dieser seltenen Beispiele, ein sehr merkwürdiges, ist das des Königs Yu von Dschou und seiner Frau Bau Si.

Das Land Dschou stieß im Westen an die Länder der mongolischen Barbaren, und seine Residenz Fong lag mitten in einem unsichern Gebiet, das von Zeit zu Zeit den Überfällen und Raubzügen jener Barbarenstämme ausgesetzt war. Darum mußte daran gedacht werden, den Grenzschutz möglichst zu verstärken und namentlich die Residenz besser zu schützen.

Von König Yu nun, der kein schlechter Staatsmann war und auf gute Ratgeber zu hören wußte, berichten uns die Geschichtsbücher, daß er es verstand, durch sinnreiche Einrichtungen die Nachteile seiner Grenze auszugleichen, daß aber alle diese sinnreichen und bewundernswerten Einrichtungen durch die Launen einer hübschen Frau wieder zunichte gemacht wurden.

Der König nämlich richtet mit Hilfe aller seiner Lehnsfürsten an der Westgrenze einen Grenzschutz ein, und dieser Grenzschutz hatte gleich allen politischen Gebilden eine doppelte Gestalt: eine moralische nämlich und eine mechanische. Die moralische Grundlage des Übereinkommens war der Schwur und die Zuverlässigkeit der Fürsten und ihrer Beamten, deren jeder sich verpflichtete, sofort auf den ersten Notruf hin mit seinen Soldaten der Residenz und dem König zu Hilfe zu eilen. Die Mechanik aber, deren der König sich bediente, bestand in einem wohlausgedachten System von Türmen, die er an seiner Westgrenze bauen ließ. Auf jedem dieser Türme sollte Tag und Nacht Wachdienst getan werden, und die Türme waren mit sehr starken Trommeln ausgerüstet. Geschah nun an irgendeiner Stelle der Grenze ein feindlicher Einbruch, so schlug der nächste Turm seine Trommel, und von Turm zu Turm flog das Trommelzeichen in kürzester Zeit durch das ganze Land.

Lange Zeit war König Yu mit dieser klugen und verdienstvollen Einrichtung beschäftigt, hatte Unterredungen mit seinen Für-

sten, hörte die Berichte der Baumeister, ordnete das Einexerzieren des Wachdienstes an. Nun hatte er aber eine Lieblingsfrau mit Namen Bau Si, eine schöne Frau, die es verstand, sich mehr Einfluß auf Herz und Sinn des Königs zu verschaffen, als für einen Herrscher und sein Reich gut ist. Bau Si verfolgte gleich ihrem Herrn die Arbeiten an der Grenze mit großer Neugier und Teilnahme, so wie zuweilen ein lebhaftes und kluges Mädchen den Spielen der Knaben mit Bewunderung und Eifer zusieht. Einer der Baumeister hatte ihr, um die Sache recht anschaulich zu machen, von dem Grenzschutz ein zierliches Modell aus Ton verfertigt, bemalt und gebrannt; da war die Grenze dargestellt und das System von Türmen, und in jedem der kleinen zierlichen Tontürme stand ein unendlich kleiner tönerner Wächter, und statt der Trommel war ein kleinwinziges Glöckchen eingehängt. Dieses hübsche Spielzeug machte der Königsfrau unendliches Vergnügen, und wenn sie zuweilen schlechter Laune war, so schlugen ihre Dienerinnen ihr meistens vor, »Barbarenüberfall« zu spielen. Dann stellten sie alle die Türmchen auf, zogen an den Zwergglöckchen und wurden dabei sehr vergnügt und ausgelassen.
Es war ein großer Tag in des Königs Leben, als endlich die Bauten fertig, die Trommeln aufgestellt und ihre Bediener eingedrillt waren und als nun nach vorheriger Verabredung an einem glückbringenden Kalendertag der neue Grenzschutz auf die Probe gestellt wurde. Der König, stolz auf seine Taten, war voll Spannung; die Hofbeamten standen zum Glückwunsch bereit, am meisten von allen aber war die schöne Frau Bau Si in Erwartung und Aufregung und konnte es kaum erwarten, bis alle vorbereitenden Zeremonien und Anrufungen vollendet waren.
Endlich war es soweit, und es sollte zum erstenmal im großen und wirklichen jenes Turm- und Trommelspiel gespielt werden, das der Königsfrau so oft Vergnügen bereitet hatte. Kaum konnte sie sich zurückhalten, selbst in das Spiel einzugreifen und Befehle zu geben, so groß war ihre freudige Erregung. Mit ernstem Gesicht gab ihr der König einen Wink, und sie beherrschte sich. Die Stunde war gekommen; es sollte nun im großen und mit wirklichen Türmen, mit wirklichen Trommeln und Menschen »Barbarenüberfall« gespielt werden, um zu sehen, wie alles sich bewährte. Der König gab das Zeichen, der er-

ste Hofbeamte übergab den Befehl dem Hauptmann der Reiterei, der Hauptmann ritt vor den ersten Wachturm und gab Befehl, die Trommel zu rühren. Gewaltig dröhnte der tiefe Trommelton, feierlich und tief beklemmend rührte der Klang an jedes Ohr. Bau Si war vor Erregung bleich geworden und fing zu zittern an. Gewaltig sang die große Kriegstrommel ihren rauhen Erdbebengesang, einen Gesang voll Mahnung und Drohung, voll von Zukünftigem, von Krieg und Not, von Angst und Untergang. Alle hörten ihn mit Ehrfurcht. Nun begann er zu verklingen, da hörte man vom nächsten Turm die Antwort, fern und schwach und rasch ersterbend, und dann hörte man nichts mehr, und nach einer kleinen Weile nahm das feierliche Schweigen ein Ende, man sprach wieder, man ging auf und ab und begann sich zu unterhalten.
Unterdessen lief der tiefe, drohende Trommelklang vom zweiten zum dritten und zehnten und dreißigsten Turm, und wo er hörbar wurde, mußte nach strengem Befehl jeder Soldat alsbald bewaffnet und mit gefülltem Brotbeutel am Treffpunkt antreten, mußte jeder Hauptmann und Oberst, ohne einen Augenblick zu verlieren, den Abmarsch rüsten und aufs äußerste beschleunigen, mußte gewisse vorbestimmte Befehle ins Innere des Landes senden. Überall wo der Trommelklang gehört worden war, wurden Arbeit und Mahlzeit, Spiel und Schlaf unterbrochen, wurde gepackt, wurde gesattelt, gesammelt, marschiert und geritten. In kürzester Frist waren aus allen Nachbarbezirken eilige Truppen unterwegs zur Residenz Fong.
In Fong, inmitten des Hofes, hatte die Ergriffenheit und Spannung, welche beim Ertönen der furchtbaren Trommel sich jedes Gemüts bemächtigt hatte, bald wieder nachgelassen. Angeregt und plaudernd bewegte man sich in den Gärten der Residenz, die ganze Stadt hatte Feiertag, und als nach weniger als drei Stunden schon von zwei Seiten her kleine und größere Kavalkaden sich näherten, und dann von Stunde zu Stunde neue eintrafen, was den ganzen Tag und die beiden folgenden Tage andauerte, ergriff den König, die Beamten und Offiziere eine immer wachsende Begeisterung. Der König wurde mit Ehrungen und Glückwünschen überhäuft, die Baumeister bekamen ein Gastmahl, und der Trommler von Turm 1, der

den ersten Trommelschlag getan hatte, wurde vom Volk bekränzt, in den Straßen umhergeführt und von jedermann beschenkt.
Völlig hingerissen und wie berauscht aber war jene Frau des Königs, Bau Si. Herrlicher als sie es sich je hatte vorzustellen vermögen, war ihr Türmchen-und-Glöckchen-Spiel Wirklichkeit geworden. Magisch war der Befehl, gehüllt in die weite Tonwelle des Trommelklangs, in das leere Land hinein entschwunden; und lebendig, lebensgroß, ungeheuer kam seine Wirkung aus den Fernen zurückgeströmt, aus dem herzbeklemmenden Geheul jener Trommel war ein Heer geworden, ein Heer von wohlbewaffneten Hunderten und Tausenden, die in stetigem Strom, in stetiger eiliger Bewegung vom Horizont her geritten und marschiert kamen: Bogenschützen, leichte und schwere Reiter, Lanzenträger erfüllten mit zunehmendem Getümmel allmählich allen Raum rund um die Stadt herum, wo sie empfangen und an ihre Standorte gewiesen, wo sie begrüßt und bewirtet wurden, wo sie sich lagerten, Zelte aufschlugen und Feuer anzündeten. Tag und Nacht dauerte es an, wie ein Märchenspuk kamen sie aus dem grauen Erdboden heraus, fern, winzig, in Staubwölkchen gehüllt, um zuletzt hier, dicht vor den Augen des Hofes und der entzückten Bau Si, in überwältigender Wirklichkeit aufgereiht zu stehen.
König Yu war sehr zufrieden, und besonders zufrieden war er mit dem Entzücken seiner Lieblingsfrau; sie strahlte vor Glück wie eine Blume und war ihm noch niemals so schön erschienen.
Feste haben keine Dauer. Auch dies große Fest verklang und wich dem Alltag; keine Wunder geschahen mehr, keine Märchenträume wurden erfüllt. Müßigen und launischen Menschen scheint dies unerträglich. Bau Si verlor einige Wochen nach dem Fest alle ihre gute Laune wieder. Das kleine Spiel mit den tönernen Türmchen und den an Bindfäden gezogenen Glöcklein war so fad geworden, seit sie das große Spiel gekostet hatte. O wie berauschend war das gewesen! Und da lag nun alles bereit, das beseligende Spiel zu wiederholen; da standen die Türme und hingen die Trommeln, da zogen die Soldaten auf Wache und saßen die Trommler in ihren Uniformen, alles wartend, alles auf den großen Befehl gespannt, und alles tot und unnütz, solange der Befehl nicht kam!

Bau Si verlor ihr Lachen, sie verlor ihre strahlende Laune; mißmutig sah der König sich seiner liebsten Gespielin, seines Abendtrostes beraubt. Er mußte seine Geschenke aufs höchste steigern, um nur ein Lächeln bei ihr erreichen zu können. Es wäre nun der Augenblick für ihn gewesen, die Lage zu erkennen und die kleine süße Zärtlichkeit seiner Pflicht zu opfern. Yu aber war schwach. Daß Bau Si wieder lache, schien ihm wichtiger als alles andre.
So erlag er ihrer Versuchung, langsam und unter Widerstand, aber er erlag. Bau Si brachte ihn so weit, daß er seiner Pflicht vergaß. Tausendmal wiederholten Bitten erliegend, erfüllte er ihr den einzigen großen Wunsch ihres Herzens; er willigte ein, der Grenzwache das Signal zu geben, als sei der Feind in Sicht. Alsbald erklang die tiefe, erregende Stimme der Kriegstrommel. Furchtbar schien sie diesmal dem König zu tönen, und auch Bau Si erschrak bei dem Klang. Dann aber wiederholte sich das ganze entzückende Spiel: es tauchten am Rand der Welt die kleinen Staubwolken auf, es kamen die Truppen geritten und marschiert, drei Tage lang, es verneigten sich die Feldherrn, es schlugen die Soldaten ihre Zelte auf. Bau Si war selig, ihr Lachen strahlte. König Yu aber hatte schwere Stunden. Er mußte bekennen, daß kein Feind ihn überfallen habe, daß alles ruhig sei. Er suchte zwar den falschen Alarm zu rechtfertigen, indem er ihn als eine heilsame Übung erklärte. Es wurde ihm nicht widersprochen, man verbeugte sich und nahm es hin. Aber es sprach sich unter den Offizieren herum, man sei auf einen treulosen Streich des Königs hereingefallen, nur seiner Buhlfrau zuliebe habe er die ganze Grenze alarmiert und sie alle in Bewegung gesetzt, alle die Tausende. Und die meisten Offiziere wurden unter sich einig, einem solchen Befehl künftig nicht mehr zu folgen. Inzwischen gab der König sich Mühe, den verstimmten Truppen durch reichliche Bewirtung die Laune zu heilen. So hatte Bau Si ihr Ziel erreicht.
Noch ehe sie aber von neuem in Launen verfallen und das gewissenlose Spiel abermals erneuern konnte, traf ihn und sie die Strafe. Die Barbaren im Westen, vielleicht zufällig, vielleicht auch weil die Kunde von jener Geschichte zu ihnen gedrungen war, kamen eines Tages plötzlich in großen Schwärmen über die Grenze geritten. Unverzüglich gaben die Türme ihr Zei-

chen, dringlich mahnte der tiefe Trommelklang und lief bis zur fernsten Grenze. Aber das vortreffliche Spielzeug, dessen Mechanik so sehr zu bewundern war, schien jetzt zerbrochen zu sein – wohl tönten die Trommeln, nichts aber tönte diesmal in den Herzen der Soldaten und Offiziere des Landes. Sie folgten der Trommel nicht, und vergebens spähte der König mit Bau Si nach allen Seiten; nirgends erhoben sich Staubwolken, nirgendher kamen die kleinen grauen Züge gekrochen, niemand kam ihm zu Hilfe.
Mit den wenigen Truppen, welche gerade vorhanden waren, eilte der König den Barbaren entgegen. Aber diese waren in großer Zahl; sie schlugen die Truppen, sie nahmen die Residenz Fong ein, sie zerstörten den Palast, zerstörten die Türme. König Yu verlor sein Reich und sein Leben, und nicht anders erging es seiner Lieblingsfrau Bau Si, von deren verderblichem Lachen noch heute die Geschichtsbücher erzählen.
Fong wurde zerstört, das Spiel war Ernst geworden. Es gab kein Trommelspiel mehr, und keinen König Yu, und keine lächelnde Frau Bau Si, Yus Nachfolger, König Ping, fand keinen andern Ausweg, als daß er Fong aufgab und die Residenz weit nach Osten verlegte; er mußte die künftige Sicherheit seiner Herrschaft durch Bündnisse mit Nachbarfürsten und durch Abtretung großer Landstrecken an diese erkaufen.

(1929)

Indischer Lebenslauf

Einer der von Vishnu, vielmehr dem als Rama menschgewordenen Teile von Vishnu, in einer seiner wilden Dämonenschlachten mit dem Sichelmondpfeil getöteten Dämonenfürsten war in Menschengestalt wieder in den Kreislauf der Gestaltungen eingetreten, hieß Ravana und lebte als kriegerischer Fürst an der großen Ganga. Dieser war Dasas Vater. Dasas Mutter starb früh, und kaum hatte deren Nachfolgerin, ein schönes und ehrgeiziges Weib, dem Fürsten einen Sohn geboren, so war ihr der kleine Dasa im Wege; statt seiner, des Erstgeborenen, dachte sie ihren eigenen Sohn Nala einst zum Herrscher weihen zu sehen, und so wußte sie Dasa seinem Vater zu entfremden und war gesonnen, ihn bei der ersten guten Gelegenheit aus dem Wege zu räumen. Einem von Ravanas Hofbrahmanen jedoch, Vasudeva dem Opferkundigen, blieb ihre Absicht nicht verborgen, und der Kluge verstand sie zu vereiteln. Ihm tat der Knabe leid, auch schien ihm der kleine Prinz von seiner Mutter eine Anlage zur Frömmigkeit und ein Gefühl für das Recht geerbt zu haben. Er hatte ein Auge auf Dasa, daß ihm nichts geschähe, und wartete nur auf eine Gelegenheit, ihn der Stiefmutter zu entziehen.
Es besaß nun der Rajah Ravana eine Herde dem Brahma geweihter Kühe, welche heilig gehalten und von deren Milch und Butter dem Gott häufige Opfer gebracht wurden. Ihnen waren im Lande die besten Weiden vorbehalten. Es kam eines Tages einer der Hirten dieser dem Brahma geweihten Kühe, um eine Fracht Butter abzuliefern und zu melden, daß in der Gegend, wo bisher die Herde geweidet, eine kommende Dürre sich anzeige, so daß sie, die Hirten, einig geworden seien, sie weiter fort gegen das Gebirge hin zu führen, wo es auch in der trockensten Zeit an Quellen und frischem Futter nicht mangeln werde. Diesen Hirten, den er seit langem kannte, zog der Brahmane ins Vertrauen, es war ein freundlicher und treuer Mensch, und als am nächsten Tage der kleine Dasa, Ravanas Sohn, verschwunden war und nicht mehr gefunden werden konnte, waren Vasudeva und der Hirte die einzigen, welche um das Geheimnis seines Verschwindens wußten. Der Knabe Dasa

aber war von dem Hirten mit in die Hügel genommen worden, dort trafen sie auf die langsam wandernde Herde, und Dasa schloß sich ihr und den Hirten gerne und freundlich an, wuchs als ein Hirtenknabe auf, half hüten und treiben, lernte melken, spielte mit den Kälbern und lag unter den Bäumen, trank süße Milch und hatte Kuhmist an den nackten Füßen. Ihm gefiel das wohl, er lernte die Hirten und Kühe und ihr Leben kennen, lernte den Wald kennen und seine Bäume und Früchte, liebte den Mango, die Waldfeige und den Varingabaum, fischte die süße Lotoswurzel aus grünen Waldteichen, trug an Festtagen einen Kranz aus den roten Blüten der Waldflamme, lernte vor den Tieren der Wildnis auf der Hut zu sein, den Tiger zu meiden, sich mit dem klugen Mungo und dem heiteren Igel zu befreunden, in dämmriger Schutzhütte die Regenzeiten zu überdauern; da spielten die Knaben Kinderspiele, sangen Verse oder flochten Körbe und Schilfmatten. Dasa vergaß seine vorige Heimat und sein voriges Leben nicht ganz, doch war es ihm bald ein Traum geworden.

Und eines Tages, die Herde hatte eine andere Gegend bezogen, ging Dasa in den Wald, denn er war willens, Honig zu suchen. Wunderbar lieb war ihm der Wald, seit er ihn kannte, und dieser hier schien überdies ein besonders schöner Wald zu sein, durch Laub und Geäst wie goldne Schlangen wand sich das Tageslicht, und wie die Laute sich, die Vogelrufe, das Wipfelgeflüster, die Stimmen der Affen, zu einem holden, sanft leuchtenden Geflecht verschlangen und kreuzten, dem des Lichtes im Gehölze ähnlich, so kamen, verbanden und trennten sich wieder die Gerüche, die Düfte von Blüten, Hölzern, Blättern, Wassern, Moosen, Tieren, Früchten, Erde und Moder, herbe und süße, wilde und innige, weckende und schläfernde, muntre und beklommene. Zuzeiten rauschte in unsichtbarer Waldschlucht ein Gewässer auf, zuzeiten tanzte über weißen Dolden ein grünsamtener Falter mit schwarzen und gelben Flecken, zuzeiten krachte ein Ast tief im blauschattigen Gehölz, und schwer sank Laub in Laub, oder es röhrte ein Wild im Finstern oder schalt eine zänkische Äffin mit den Ihren. Dasa vergaß die Honigsuche, und indem er einige bunt blitzende Zwergvögel belauschte, sah er zwischen hohen Farnen, welche wie ein dichter kleiner Wald im großen Walde standen, eine Spur sich verlieren,

etwas wie einen Weg, einen dünnen, winzigen Fußsteig, und indem er lautlos und vorsichtig eindrang und den Pfad verfolgte, entdeckte er unter einem vielstämmigen Baum eine kleine Hütte, eine Art von spitzem Zelt, aus Farnen gebaut und geflochten, und neben der Hütte an der Erde sitzend in aufrechter Haltung einen regungslosen Mann, der hatte die Hände zwischen den gekreuzten Füßen ruhen, und unter dem weißen Haar und der breiten Stirn schauten stille, blicklose Augen zur Erde gesenkt, offen, doch nach innen sehend. Dasa begriff, daß dies ein heiliger Mann und Yogin sei, es war nicht der erste, den er sah, sie waren ehrwürdige und von den Göttern bevorzugte Männer, es war gut, ihnen Gaben zu spenden und Ehrfurcht zu erweisen. Aber dieser hier, der vor seiner so schön und wohl verborgenen Farnhütte in aufrechter Haltung mit still hängenden Armen saß und der Versenkung pflegte, gefiel dem Knaben mehr und schien ihm seltsamer und ehrwürdiger als die, die er sonst gesehen hatte. Es umgab diesen Mann, der wie schwebend saß und entrückten Blickes doch alles zu sehen und zu wissen schien, eine Aura von Heiligkeit, ein Bannkreis der Würde, eine Woge und Flamme gesammelter Glut und Yoga-Kraft, welche der Knabe nicht zu durchschreiten oder mit einem Gruß oder Ruf zu durchbrechen gewagt hätte. Die Würde und Größe seiner Gestalt, das Licht von innen her, in welchem sein Antlitz strahlte, die Sammlung und eherne Unanfechtbarkeit in seinen Zügen sandten Wellen und Strahlen aus, in deren Mitte er thronte wie ein Mond, und die angehäufte Geisteskraft, der still gesammelte Wille in seiner Erscheinung spann einen solchen Zauberkreis um ihn, daß man wohl spürte: dieser Mann vermöchte mit einem bloßen Wunsch und Gedanken, ohne auch nur den Blick zu erheben, einen zu töten und wieder ins Leben zurückzurufen.
Regungsloser als ein Baum, der doch mit Laub und Zweigen atmend sich bewegt, regungslos wie ein steinernes Götterbild saß der Yogin an seinem Orte, und ebenso regungslos verharrte vom Augenblick an, in dem er ihn wahrgenommen, der Knabe, am Boden festgebannt, in Fesseln geschlagen und zauberisch angezogen von dem Bilde. Er stand und starrte den Meister an, sah einen Fleck Sonnenlicht auf seiner Schulter, einen Fleck Sonnenlicht auf einer seiner ruhenden Hände liegen,

sah die Lichtflecken langsam wandern und neue entstehen und begann im Stehen und Staunen zu begreifen, daß die Sonnenlichter nichts mit diesem Mann zu tun hätten, noch die Vogelgesänge und Affenstimmen aus dem Wald ringsum, noch die braune Waldbiene, die sich ins Gesicht des Versunkenen setzte, an seiner Haut roch, eine Strecke weit über die Wange kroch und sich wieder erhob und von dannen flog, noch das ganze vielfältige Leben des Waldes. Dies alles, spürte Dasa, alles, was die Augen sehen, die Ohren hören, was schön oder häßlich, was lieblich oder furchterregend ist, dies alles stand in keiner Beziehung zu dem heiligen Mann, Regen würde ihn nicht kälten noch verdrießen, Feuer ihn nicht brennen können, die ganze Welt um ihn her war ihm Oberfläche und bedeutungslos geworden. Es lief die Ahnung davon, daß in der Tat vielleicht die ganze Welt nur Spiel und Oberfläche, nur Windhauch und Wellengekräusel über unbekannten Tiefen sein könnte, nicht als Gedanke, sondern als körperlicher Schauer und leichter Schwindel über den zuschauenden Hirtenprinzen hin, als eine Empfindung von Grauen und Gefahr und zugleich von Angezogenwerden in sehnlicher Begierde. Denn, so fühlte er, der Yogin war durch die Oberfläche der Welt, durch die Oberflächenwelt hinabgesunken in den Grund des Seienden, ins Geheimnis aller Dinge, er hatte das Zaubernetz der Sinne, die Spiele des Lichtes, der Geräusche, der Farben, der Empfindungen durchbrochen und von sich gestreift und weilte festgewurzelt im Wesentlichen und Wandellosen. Der Knabe, obwohl einst von Brahmanen erzogen und mit manchem Strahl geistigen Lichtes beschenkt, verstand dieses nicht mit dem Verstande und hätte mit Worten nichts darüber zu sagen gewußt, aber er spürte es, wie man zur gesegneten Stunde die Nähe des Göttlichen spürt, er spürte es als Schauer der Ehrfurcht und der Bewunderung für diesen Mann, spürte es als Liebe zu ihm und als Sehnsucht nach einem Leben, wie dieser in der Versenkung Sitzende es zu leben schien. Und so stand Dasa, auf wunderliche Weise durch den Alten an seine Herkunft, an Fürsten- und Königtum erinnert und im Herzen berührt, am Rande der Farnwildnis, ließ die Vögel fliegen und die Bäume ihre sanftrauschenden Gespräche führen, ließ den Wald Wald und die ferne Herde Herde sein, ergab sich dem Zauber und blickte auf den meditierenden Einsiedler, eingefangen von der unbegreiflichen Stille und Unberührbarkeit seiner Gestalt, von der lichten Ruhe seines Antlitzes, von der Kraft und Sammlung seiner Haltung, der vollkommenen Hingabe seines Dienstes.

Nachher hätte er nicht sagen können, ob es zwei oder drei Stunden, oder ob es Tage waren, die er bei jener Hütte verbracht hatte. Als der Zauber ihn wieder entließ, als er sich lautlos den Pfad zwischen den Farnkräutern zurückschlich, den Weg aus dem Walde suchte und schließlich wieder bei den offenen Weidegründen und der Herde anlangte, tat er es, ohne zu wissen, was er tue, noch war seine Seele bezaubert, und er erwachte erst, als einer der Hirten ihn anrief. Dieser empfing ihn mit lauten Scheltworten wegen seines langen Fortbleibens, aber als Dasa ihn groß und verwundert anschaute, als verstehe er die Worte nicht, schwieg der Hirt alsbald, über den so ungewohnten, fremden Blick des Knaben und seine feierliche Haltung erstaunt. Nach einer Weile aber fragte er: »Wo bist du denn gewesen, Lieber? Hast du etwa einen Gott gesehen oder bist einem Dämon begegnet?«

»Ich war im Walde«, sagte Dasa, »es zog mich dorthin, ich wollte nach Honig suchen. Aber dann vergaß ich es, denn ich sah dort einen Mann, einen Einsiedler, der saß da und war in Nachdenken versunken oder in Gebet, und als ich ihn sah und wie sein Gesicht leuchtete, mußte ich stehenbleiben und ihn ansehen, eine lange Zeit. Ich möchte am Abend hingehen und ihm Gaben bringen, er ist ein heiliger Mann.«

»Tu es«, sagte der Hirt, »bring ihm Milch und süße Butter; man soll sie ehren und soll ihnen geben, den Heiligen.«

»Aber wie soll ich ihn anreden?«

»Du brauchst ihn nicht anzureden, Dasa, bücke dich nur vor ihm und stelle die Gaben vor ihm nieder, mehr ist nicht vonnöten.«

So tat er denn. Er brauchte eine Weile, bis er den Ort wiederfand. Der Platz vor der Hütte war leer, und in die Hütte selbst einzutreten, wagte er nicht, so stellte er seine Gaben vor dem Eingang der Hütte auf den Boden und entfernte sich.

Solange nun die Hirten mit den Kühen in der Nähe des Ortes

blieben, brachte er jeden Abend Spenden dorthin, und auch am Tage ging er einmal wieder hin, fand den Ehrwürdigen der Versenkung pflegen und widerstand auch dieses Mal der Verlokkung nicht, als beseligter Zuschauer einen Strahl von der Kraft und der Glückseligkeit des Heiligen zu empfangen. Und auch nachdem man die Gegend verlassen und Dasa die Herde auf neue Weidegründe zu treiben geholfen hatte, konnte er das Erlebnis im Walde noch lange Zeit nicht vergessen, und wie es die Art von Knaben ist, gab er zuweilen, wenn er allein war, sich dem Traume hin, sich selbst als einen Einsiedler und Yogakundigen zu sehen. Indessen begann mit der Zeit die Erinnerung und das Traumbild blasser zu werden, um so mehr, da Dasa nun rasch zu einem kräftigen Jüngling heranwuchs und sich den Spielen und Kämpfen mit seinesgleichen mit freudigem Eifer hingab. Doch blieb ein Schimmer und eine leise Ahnung in seiner Seele zurück, als könnte das Prinzentum und Fürstentum, das ihm verlorengegangen war, ihm einst ersetzt werden durch die Würde und Macht des Yogitums.
Eines Tages, da sie sich in der Nähe der Stadt befanden, brachte einer der Hirten von dort die Nachricht, daß daselbst ein gewaltiges Fest bevorstehe: der alte Fürst Ravana, von seiner einstigen Kraft verlassen und hinfällig geworden, hatte einen Tag festgesetzt, an welchem sein Sohn Nala seine Nachfolge antreten und zum Fürsten ausgerufen werden sollte. Dieses Fest wünschte Dasa zu besuchen, um die Stadt einmal zu sehen, an welche aus der Kindheit her kaum noch eine leise Spur von Erinnerung in seiner Seele lebte, um die Musik zu hören, den Festzug und die Wettkämpfe der Adligen anzuschauen und auch einmal jener unbekannten Welt der Stadtmenschen und der Großen ansichtig zu werden, die in den Sagen und Märchen so oft geschildert wurde und von der er, auch dies war nur eine Sage oder ein Märchen oder noch weniger, wußte, daß sie einst, in einer Vorzeit, auch seine eigene Welt gewesen sei. Es war den Hirten Befehl zugegangen, für die Opfer des Festtages eine Last Butter an den Hof zu liefern, und Dasa gehörte zu seiner Freude zu den dreien, welche der Oberhirt für diesen Auftrag bestimmte.
Um die Butter abzuliefern, trafen sie am Vorabend bei Hofe ein, und der Brahmane Vasudeva nahm sie ihnen ab, denn er war es, der dem Opferdienste vorstand, doch erkannte er den

Jüngling nicht. Mit großer Begierde nahmen alsdann die drei Hirten an dem Fest teil, sahen schon früh am Morgen unter des Brahmanen Leitung die Opfer beginnen und die goldglänzende Butter in Mengen von den Flammen gepackt und in himmelauflodernde Flamme verwandelt werden, hochauf ins Unendliche schlug das Geflacker und der fettgetränkte Rauch, den dreimal zehn Göttern angenehm. Sie sahen im Festzug die Elefanten mit vergoldeten Dächern über den Plattformen, auf welchen die Reiter saßen, sahen den blumengeschmückten Königswagen und den jungen Rajah Nala und hörten die gewaltig schallende Paukenmusik. Es war alles sehr großartig und prangend und auch ein wenig lächerlich, wenigstens erschien es dem jungen Dasa so; er war betäubt und entzückt, ja berauscht von dem Lärm, von den Wagen und geschmückten Pferden, von all der Pracht und prahlerischen Verschwendung, war sehr entzückt von den Tänzerinnen, die dem Fürstenwagen voraustanzten, mit Gliedern schlank und zäh wie Lotosstengel, war erstaunt über die Größe und Schönheit der Stadt, und betrachtete dennoch und trotz alledem, mitten in der Berauschung und Freude, alles ein wenig mit dem nüchternen Sinn des Hirten, der den Städter im Grunde verachtet. Daran, daß eigentlich er selbst der Erstgeborene war, daß hier vor seinen Augen sein Stiefbruder Nala, an welchen ihm keine Erinnerung geblieben war, gesalbt, geweiht und gefeiert werde, daß eigentlich er selbst, Dasa, an dessen Stelle im blumengeschmückten Wagen hätte fahren sollen, dachte er nicht. Dagegen mißfiel ihm allerdings dieser junge Nala durchaus, er schien ihm dumm und böse zu sein in seiner Verwöhntheit und unerträglich eitel in seiner geschwollenen Selbstanbetung, gern hätte er diesem den Fürsten spielenden Jüngling einen Streich gespielt und eine Lehre erteilt, doch war dazu keine Gelegenheit, und rasch vergaß er es wieder über dem vielen, was zu sehen, zu hören, zu lachen, zu genießen war. Die Stadtfrauen waren hübsch und hatten kecke, aufregende Blicke, Bewegungen und Redensarten, die drei Hirten bekamen manches Wort zu hören, das ihnen noch lang in den Ohren klang. Die Worte wurden zwar mit einem Beiklang von Spott gerufen, denn es geht dem Städter mit dem Hirten ebenso wie dem Hirten mit dem Städter: einer verachtet den andern; aber trotzdem gefielen die schönen, starken,

mit Milch und Käse genährten, das ganze Jahr fast immer unter freiem Himmel lebenden Jünglinge den Stadtfrauen sehr.
Als Dasa von diesem Fest zurückkehrte, war er ein Mann geworden, stellte den Mädchen nach und mußte manchen schweren Faust- und Ringkampf mit anderen Jünglingen bestehen. Da kamen sie wieder einmal in eine andere Gegend, eine Gegend mit flachen Weiden und manchen stehenden Wassern, die in Binsen und Bambus standen. Hier sah er ein Mädchen, Pravati mit Namen, und wurde von einer unsinnigen Liebe zu diesem schönen Weibe ergriffen. Sie war die Tochter eines Pächters, und Dasas Verliebtheit war so groß, daß er alles andere vergaß und hinwarf, um sie zu erlangen. Als die Hirten nach einiger Zeit die Gegend wieder verließen, hörte er nicht auf ihre Mahnungen und Ratschläge, sondern nahm Abschied von ihnen und vom Hirtenleben, das er so sehr geliebt hatte, wurde seßhaft und brachte es dazu, daß er Pravati zur Frau bekam. Er bestellte des Schwiegervaters Hirsefelder und Reisfelder, half in der Mühle und im Holz, baute seinem Weib eine Hütte aus Bambus und Lehm und hielt es darin verschlossen. Es muß eine gewaltige Macht sein, welche einen jungen Mann dazu bewegen kann, auf seine bisherigen Freuden und Kameraden und Gewohnheiten zu verzichten, sein Leben zu ändern und unter Fremden die nicht beneidenswerte Rolle des Schwiegersohnes zu übernehmen. So groß war die Schönheit Pravatis, so groß und verlockend war die Verheißung inniger Liebeslust, die von ihrem Gesicht und ihrer Gestalt ausstrahlte, daß Dasa für alles andre erblindete und sich diesem Weibe völlig hingab, und in der Tat empfand er in ihren Armen ein großes Glück. Von manchen Göttern und Heiligen erzählt man Geschichten, daß sie, von einer entzückenden Frau bezaubert, dieselbe tage-, monde- und jahrelang umarmt hielten und mit ihr verschmolzen blieben, ganz in Lust versunken, jeder anderen Verrichtung vergessend. So hätte auch Dasa sich sein Los und seine Liebe gewünscht. Indessen war ihm anderes beschieden, und sein Glück währte nicht lange. Es währte etwa ein Jahr, und auch diese Zeit war nicht von lauter Glück ausgefüllt, es blieb noch Raum für mancherlei, für lästige Ansprüche des Schwiegervaters, für Sticheleien von seiten der Schwäger, für Launen der jungen Frau. Sooft er aber zu ihr sich aufs Lager begab, war dies

alles vergessen und zu nichts geworden, so zauberhaft zog ihr Lächeln ihn an, so süß war es ihm, ihre schlanken Glieder zu streicheln, so mit tausend Blüten, Düften und Schatten blühte der Garten der Wollust an ihrem jungen Leibe.

Noch war das Glück kein ganzes Jahr alt geworden, da kam eines Tages Unruhe und Lärm in die Gegend. Es erschienen berittene Boten und meldeten den jungen Rajah an, es erschien mit Mannen, Pferden und Troß der junge Rajah selbst, Nala, um in der Gegend der Jagd obzuliegen, es wurden da und dort Zelte aufgeschlagen, man hörte Rosse schnauben und Hörner blasen. Dasa kümmerte sich nicht darum, er arbeitete im Felde, besorgte die Mühle und wich den Jägern und Hofleuten aus. Als er aber an einem dieser Tage in seine Hütte heimkehrte und sein Weib nicht darin fand, dem er jeden Ausgang in dieser Zeit aufs strengste verboten hatte, da spürte er einen Stich im Herzen und ahnte, daß sich Unglück über seinem Haupt ansammle. Er eilte zum Schwiegervater, auch da war Pravati nicht, und niemand wollte sie gesehen haben. Der bange Druck auf seinem Herzen wuchs. Er suchte den Kohlgarten, die Felder ab, er war einen Tag und zwei Tage zwischen seiner Hütte und der des Schwiegervaters unterwegs, lauerte im Acker, stieg in den Brunnen hinab, betete, rief ihren Namen, lockte, fluchte, suchte Fußspuren. Der jüngste seiner Schwäger, ein Knabe noch, verriet ihm endlich, Pravati sei beim Rajah, sie wohne in seinem Zelt, man habe sie auf seinem Pferd reiten sehen. Dasa umlauerte das Zeltlager Nalas, unsichtbar, er hatte die Schleuder bei sich, die er einst als Hirt gebraucht hatte. Sooft das Fürstenzelt, bei Tag oder Nacht, einen Augenblick unbewacht schien, pirschte er sich heran, aber jedesmal tauchten alsbald Wachen auf, und er mußte fliehen. Von einem Baume, in dessen Gezweig verborgen er auf das Lager niederblickte, sah er den Rajah, dessen Gesicht ihm schon von jenem Fest in der Stadt her bekannt und widerwärtig war, sah ihn zu Pferd steigen und ausreiten, und als er nach Stunden wiederkam, vom Pferd stieg und das Zelttuch zurückschlug, war es ein junges Weib, das Dasa im Zeltschatten sich bewegen und den Heimkehrenden begrüßen sah, und es fehlte wenig, so wäre er vom Baum gefallen, als er in diesem jungen Weibe Pravati, seine Frau, erkannte. Er hatte jetzt Gewißheit, und der Druck um sein Herz wurde stärker. War das Glück seiner Liebe mit Pravati groß gewesen, nicht minder groß, ja größer war nun das Leid, die Wut, das Gefühl von Verlust und Beleidigung. So ist es, wenn ein Mensch sein Liebesvermögen auf einen einzigen Gegenstand gesammelt hat; mit dessen Verlust stürzt ihm alles zusammen, und er steht arm zwischen Trümmern.

Einen Tag und eine Nacht irrte Dasa in den Gehölzen der Gegend umher, aus jeder kurzen Rast trieb den Ermüdeten das Elend seines Herzens wieder empor, er mußte laufen und sich rühren, es war ihm, als müsse er laufen und wandern bis an der Welt Ende und bis ans Ende seines Lebens, das seinen Wert und Glanz verloren hatte. Dennoch lief er nicht ins Weite und Unbekannte, sondern hielt sich immerzu in der Nähe seines Unglücks, umkreiste seine Hütte, die Mühle, die Äcker, das fürstliche Jagdzelt. Am Ende barg er sich wieder in den Bäumen überm Zelte, hockte und lauerte bitter und glühend wie ein hungerndes Raubtier im laubigen Versteck, bis der Augenblick kam, auf den er seine letzten Kräfte gespannt hielt, bis der Rajah vors Zelt trat. Da ließ er sich leise vom Ast gleiten, holte aus, schwang die Schleuder und traf mit dem Feldstein den Verhaßten in die Stirn, daß er hinstürzte und regungslos auf dem Rükken lag. Niemand schien zugegen; durch den Sturm von Wollust und Rachegenuß, der Dasas Sinne durchbrauste, drang einen Augenblick erschreckend und wunderlich eine tiefe Stille. Und noch ehe es um den Erschlagenen laut wurde und von Dienern zu wimmeln begann, war er im Gehölz und in der talwärts anschließenden Bambuswildnis verschwunden.

Während er vom Baum gesprungen war, während er im Rausch der Tat seine Schleuder gewirbelt und den Tod entsendet hatte, war ihm so gewesen, als lösche er auch sein eigenes Leben damit aus, als entließe er die letzte Kraft und werfe sich, mit dem tötenden Steine fliegend, selber in den Abgrund der Vernichtung, einverstanden mit dem Untergang, wenn nur der gehaßte Feind einen Augenblick vor ihm fiele. Nun aber, da der Tat jener unerwartete Augenblick der Stille antwortete, zog Lebensgier, von der er noch eben nichts gewußt, ihn vom offenen Abgrund zurück, nahm Urtrieb sich seiner Sinne und Glieder an, hieß ihn Wald und Bambusdickicht aufsuchen, befahl ihm zu fliehen und unsichtbar zu werden. Erst als er eine Zuflucht erreicht und der ersten Gefahr sich entzogen hatte, kam er zum Bewußtsein dessen, was mit ihm geschah. Indem er tief erschöpft zusammensank und um Atem rang, und indem in der Entkräftung der Tatrausch sich verlor und der Ernüchterung Raum gab, empfand er zuerst eine Enttäuschung und einen Widerwillen darüber, sich am Leben und entkommen zu sehen. Aber kaum hatte sein Atem sich beruhigt und der Schwindel der Erschöpfung sich gelegt, so wich dieses flaue und widrige Gefühl einem Trotz und Lebenswillen, und es kehrte nochmals die wilde Freude über seine Tat in sein Herz zurück.

Es wurde in Bälde lebendig in seiner Nähe, die Suche und Jagd nach dem Totschläger hatte begonnen, sie dauerte den ganzen Tag, und er entging ihr nur dadurch, daß er lautlos im Versteck verharrte, das der Tiger wegen niemand allzu tief durchwaten mochte. Er schlief ein weniges, lag wieder lauernd, kroch weiter, rastete aufs neue, war am dritten Tag nach der Tat schon jenseits der Hügelkette und wanderte unaufhaltsam weiter ins höhere Gebirg hinein.

Das heimatlose Leben führte ihn da- und dorthin, es machte ihn härter und gleichgültiger, auch klüger und resignierter, doch träumte er nachts immer wieder von Pravati und seinem einstmaligen Glück, oder was er nun so nannte, träumte viele Male auch von seiner Verfolgung und Flucht, schreckliche und herzbeklemmende Träume wie etwa diesen: daß er durch die Wälder fliehe, hinter sich mit Trommeln und Jagdhörnern die Verfolger, und daß er durch Wald und Sumpf, durch Dörnicht und über brechende morsche Brücken hinweg etwas trage, eine Last, einen Packen, etwas Eingewickeltes, Verhülltes, Unbekanntes, wovon er nur wußte, es sei kostbar und dürfe unter keinen Umständen aus den Händen gegeben werden, etwas Wertvolles und Gefährdetes, einen Schatz, etwas Gestohlenes vielleicht, gewickelt in ein Tuch, einen farbigen Stoff mit einem braunrot und blauen Muster, wie es das Festkleid Pravatis gehabt hatte – daß er also, mit diesem Packen, Raub oder Schatz beladen, unter Gefahren und Mühsalen fliehe und schleiche, unter tiefhängenden Ästen und überhängenden Felsen gebückt hindurch, an Schlangen vorbei und über schwindelnd schmale Stege über Flüssen voll von Krokodilen, daß er schließlich gehetzt und erschöpft stehenbleibe, daß er an den Knoten nestle, mit denen sein Packen verschnürt war, daß er sie einen um den andern löse und das Tuch entbreite, und daß der Schatz, den er nun herausnahm und in schaudernden Händen hielt, sein eigener Kopf sei.

Er lebte verborgen und auf Wanderung, die Menschen nicht eigentlich mehr fliehend, doch eher meidend. Und eines Tages führte die Wanderung ihn durch eine grasreiche Hügelgegend, die mutete ihn schön und heiter an und schien ihn zu begrüßen, als müsse er sie kennen: bald war es ein Wiesengrund, mit sanftwehender Grasblüte, bald war es eine Gruppe von Salweiden, die er erkannte und die ihn an die heitere und unschuldige Zeit gemahnte, da er von Liebe und Eifersucht, von Haß und Rache noch nichts gewußt hatte. Es war das Weideland, in dem er einst mit seinen Kameraden die Herde gehütet hatte, es war die heiterste Zeit seiner Jugend gewesen, aus fernen Tiefen der Unwiederbringlichkeit blickte sie zu ihm herüber. Eine süße Traurigkeit in seinem Herzen gab den Stimmen Antwort, die ihn hier begrüßten, dem fächelnden Wind im silbern wehenden Weidenbaume, dem frohen raschen Marschlied der kleinen Bäche, dem Gesang der Vögel und dem tiefen goldnen Brausen der Hummeln. Wie Zuflucht und Heimat klang und duftete es hier, noch nie hatte er, des schweifenden Hirtenlebens gewohnt, eine Gegend so als ihm zugehörig und heimatlich empfunden.

Von diesen Stimmen in seiner Seele begleitet und geführt, mit Gefühlen ähnlich denen eines Heimgekehrten, wandelte er durch das freundliche Land, seit schrecklichen Monaten zum erstenmal nicht als ein Fremdling, als ein Verfolgter, Flüchtiger und dem Tod Verschriebener, sondern bereiten Herzens, an nichts denkend, nichts begehrend, ganz der stillheitern Gegenwart und Nähe ergeben, empfangend, dankbar und ein wenig über sich selbst und über diesen neuen, ungewohnten, zum erstenmal und mit Entzücken erlebten Seelenzustand verwundert, über diese wunschlose Aufgeschlossenheit, diese Heiterkeit ohne Spannung, diese aufmerksame und dankbare Art betrachtenden Genießens. Es zog ihn über die grünen Weiden hin zum Wald, unter die Bäume, in die mit kleinen Sonnenflekken bestreute Dämmerung, und hier verstärkte sich jenes Gefühl von Wiederkehr und Heimat und führte ihn Wege, die seine Füße von selbst zu finden schienen, bis er durch eine Farnwildnis, einen dichten Kleinwald inmitten des großen Waldes, zu einer winzigen Hütte gelangte, und vor der Hütte an der Erde saß der regungslose Yogin, den er einst belauscht und dem er Milch gebracht hatte.

Wie erwachend blieb Dasa stehen. Hier war alles, wie es einst gewesen war, hier war keine Zeit vergangen, war nicht gemordet und gelitten worden; hier stand, so schien es, die Zeit und das Leben fest wie Kristall, gestillt und verewigt. Er betrachtete den Alten, und es kehrte in sein Herz jene Bewunderung, Liebe und Sehnsucht zurück, die er einst bei seinem ersten Anblick empfunden hatte. Er betrachtete die Hütte und dachte bei sich, daß es wohl nötig wäre, sie vor dem Anbruch der nächsten Regenzeit etwas auszubessern. Dann wagte er ein paar vorsichtige Schritte, trat ins Innere der Hütte und spähte, was sie enthalte; es war nicht viel, es war beinahe nichts: ein Lager aus Laub, eine Kürbisschale mit etwas Wasser darin und ein leerer Bastbeutel. Den Beutel nahm er und ging mit ihm davon, suchte im Walde nach Speise, brachte Früchte und süßes Baummark mit, dann ging er mit der Schale und füllte sie mit frischem Wasser. Nun war getan, was hier getan werden konnte. So wenig brauchte einer, um zu leben. Dasa kauerte sich auf die Erde und versank in Träumerei. Er war zufrieden mit diesem schweigenden Ruhen und Träumen im Walde, er war zufrieden mit sich selbst, mit der Stimme in seinem Innern, die ihn hierher geführt hatte, wo er schon als Jüngling einst etwas wie Friede, Glück und Heimat gespürt hatte.

So blieb er denn bei dem Schweigsamen. Er erneuerte dessen Laubstreu, suchte Speise für sie beide, besserte dann die alte Hütte aus und begann mit dem Bau einer zweiten, die er in geringer Entfernung für sich selber errichtete. Der Alte schien ihn zu dulden, doch war nicht eigentlich zu erkennen, ob er ihn überhaupt wahrgenommen habe. Wenn er aus seiner Versenkung aufstand, war es nur, um in die Hütte schlafen zu gehen, um einen Bissen zu essen oder einen kurzen Gang in den Wald zu tun. Dasa lebte neben dem Ehrwürdigen wie ein Diener in der Nähe eines Großen, oder eher noch wie ein kleines Haustier, ein zahmer Vogel oder etwa ein Mungo neben Menschen hinlebt, dienstbar und kaum bemerkt. Da er eine lange

Zeit flüchtig und verborgen gelebt hatte, unsicher, schlechten Gewissens und stets auf Verfolgung gefaßt, tat das ruhige Leben, die mühelose Arbeit und die Nachbarschaft eines Menschen, der seiner gar nicht zu achten schien, für eine Weile sehr wohl, er schlief ohne Angstträume und vergaß für halbe und ganze Tage das, was geschehen war. An die Zukunft dachte er nicht, und wenn eine Sehnsucht oder ein Wunsch ihn erfüllte, so war es der, hier zu bleiben und von dem Yogin in das Geheimnis eines einsiedlerischen Lebens aufgenommen und eingeweiht, selber ein Yogin und des Yogitums und seiner stolzen Unbekümmertheit teilhaftig zu werden. Er hatte begonnen, des öfteren die Haltung des Ehrwürdigen nachzuahmen, gleich ihm mit gekreuzten Beinen regungslos zu sitzen, gleich ihm in eine unbekannte und überwirkliche Welt zu blicken und für das, was ihn umgab, unempfindlich zu werden. Dabei war er meistens recht bald ermüdet, hatte steife Glieder und Schmerzen im Rücken bekommen, war von Mücken belästigt oder von wunderlichen Empfindungen auf der Haut, von Jukken und Reizungen überfallen worden, welche ihn zwangen, sich wieder zu rühren, sich zu kratzen und am Ende wieder aufzustehen. Einige Male aber hatte er auch anderes empfunden, nämlich ein Leerwerden, Leichtwerden und Schweben, wie es einem etwa in manchen Träumen gelingt, wo man die Erde nur je und je ganz leicht berührt und sich sanft von ihr abstößt, um wieder gleich einer Wollflocke zu schweben. In diesen Augenblicken war ihm eine Ahnung davon aufgegangen, wie es sein müßte, dauernd so zu schweben, wie da der eigene Leib und die eigene Seele ihre Schwere ablegen und im Atem eines größeren, reineren, sonnenhaften Lebens mitschwingen müßten, erhoben und aufgesogen von einem Jenseits, einem Zeitlosen und Unwandelbaren. Doch waren es Augenblicke und Ahnungen geblieben. Und er dachte, wenn er enttäuscht aus solchen Augenblicken ins Altgewohnte zurückfiel, er müßte es dahin bringen, daß der Meister sein Lehrer würde, daß er ihn in seine Übungen und geheimen Künste einführte und auch ihn zu einem Yogin machte. Doch wie sollte das geschehen? Es schien nicht so, als werde der Alte ihn jemals mit seinen Augen wahrnehmen, als könnten jemals zwischen ihnen Worte gewechselt werden. Der Alte schien, wie er jenseits von Tag und Stunde, von Wald und Hütte war, auch jenseits der Worte zu sein.

Und doch sprach er eines Tages ein Wort. Es kam jetzt eine Zeit, in welcher Dasa Nacht für Nacht wieder träumte, verwirrend süß oft und oft verwirrend gräßlich, entweder von seinem Weibe Pravati oder von den Schrecken des Flüchtlingslebens. Und bei Tage machte er keine Fortschritte, hielt das Sitzen und Sichüben nicht lange aus, mußte an Weiber und Liebe denken, trieb sich viel im Walde herum. Es mochte die Witterung daran schuld sein, es waren schwüle Tage mit heißen Windstößen. Und nun war wieder solch ein schlechter Tag, die Mücken schwirrten, Dasa hatte in der Nacht wieder einen schweren, Angst und Druck hinterlassenden Traum gehabt, dessen Inhalt er zwar nicht mehr wußte, der ihm nun im Wachen aber wie ein kläglicher und eigentlich unerlaubter und tief beschämender Rückfall in frühere Zustände und Lebensstufen erschien. Den ganzen Tag schlich und hockte er finster und unruhig um die Hütte herum, spielte mit dieser und jener Arbeit, setzte sich auch mehrmals zur Versenkungsübung nieder, aber dann überfiel ihn jedesmal sofort eine fiebrige Unrast, es zuckte ihm in den Gliedern, krabbelte ihm wie Ameisen in den Füßen, brannte ihn im Nacken, er hielt es kaum für Augenblicke aus und blickte scheu und beschämt zum Alten hinüber, der in vollkommener Stellung hockte und dessen Gesicht mit nach innen gewendeten Augen in unantastbar stiller Heiterkeit schwebte wie ein Blumenhaupt.

Als nun an diesem Tage der Yogin sich erhob und zu seiner Hütte wendete, trat ihm Dasa, der lange auf den Augenblick gelauert hatte, in den Weg, und mit dem Mut des Geängstigten sprach er ihn an: »Ehrwürdiger«, sprach er, »verzeih, daß ich in deine Ruhe eingedrungen bin. Ich suche Frieden, ich suche Ruhe, ich möchte leben wie du und werden wie du. Sieh, ich bin noch jung, aber ich habe schon viel Leid kosten müssen, grausam hat das Schicksal mit mir gespielt. Ich war zum Fürsten geboren und wurde zu den Hirten verstoßen, ich wurde ein Hirt, wuchs heran, froh und kräftig wie ein junges Rind, unschuldig im Herzen. Dann gingen mir die Augen für die Frauen auf, und als ich die Schönste zu Gesicht bekam, habe ich mein Leben in ihren Dienst gestellt, ich wäre gestorben, wenn ich sie nicht bekommen hätte. Ich verließ meine Gefährten, die Hirten, ich warb um Pravati, ich bekam sie, ich wurde Schwiegersohn und diente, hart mußte ich arbeiten, aber Pravati war mein und liebte mich, oder ich glaubte doch, sie liebe mich, jeden Abend kehrte ich in ihre Arme zurück, lag an ihrem Herzen. Sieh, da kommt der Rajah in die Gegend, derselbe, dessentwegen ich einst als Kind vertrieben worden war, der kam und hat mir Pravati weggenommen, ich mußte sie in seinen Armen sehen. Es war der größte Schmerz, den ich erfahren habe, er hat mich und mein Leben ganz verwandelt. Ich habe den Rajah erschlagen, ich habe getötet, und habe das Leben des Verbrechers und Verfolgten geführt, alles war hinter mir her, keine Stunde war ich meines Lebens sicher, bis ich hierher geriet. Ich bin ein törichter Mensch, Ehrwürdiger, ich bin ein Totschläger, vielleicht wird man mich noch fangen und vierteilen. Ich mag dieses schreckliche Leben nicht mehr ertragen, ich möchte seiner ledig werden.«

Der Yogin hatte dem Ausbruch ruhig mit niedergeschlagenen Augen zugehört. Jetzt schlug er sie auf und richtete seinen Blick auf Dasas Gesicht, einen hellen, durchdringenden, beinah unerträglich festen, gesammelten und lichten Blick, und während er Dasas Gesicht betrachtete und seiner hastigen Erzählung nachdachte, verzog sein Mund sich langsam zu einem Lächeln und zu einem Lachen, mit lautlosem Lachen schüttelte er den Kopf und sagte lachend: »Maya! Maya!«

Ganz verwirrt und beschämt blieb Dasa stehen, der andere erging sich vor dem Imbiß ein wenig auf dem schmalen Pfad in den Farnen, gemessen und taktfest wandelte er auf und nieder, nach einigen hundert Schritten kam er zurück und ging in seine Hütte, und sein Gesicht war wieder wie immer, anderswohin gekehrt als zur Welt der Erscheinungen. Was war doch dies für ein Lachen gewesen, das dem armen Dasa aus diesem allezeit gleich unbewegten Antlitz geantwortet hatte! Lange hatte er daran zu sinnen. War es wohlwollend oder höhnend gewesen, dieses schreckliche Lachen im Augenblick von Dasas verzweifeltem Geständnis und Flehen, tröstlich oder verurteilend, göttlich oder dämonisch? War es nur das zynische Meckern des Alters gewesen, das nichts mehr ernst zu nehmen vermag, oder die Belustigung des Weisen über fremde Torheit? War es eine Ablehnung, ein Abschied, ein Fortschicken? Oder wollte es ein

Rat sein, eine Aufforderung an Dasa, es ihm nachzutun und selber mitzulachen? Er konnte es nicht enträtseln. Noch spät in die Nacht hinein sann er diesem Gelächter nach, zu welchem sein Leben, sein Glück und Elend für diesen Alten geworden zu sein schien, seine Gedanken kauten an diesem Gelächter herum wie an einer harten Wurzel, die aber doch nach irgend etwas schmeckt und duftet. Und eben so kaute und sann und mühte er sich an diesem Wort, das der Alte so hell ausgerufen hatte, so heiter und unbegreiflich vergnügt hatte er es hervorgelacht: »Maya, Maya!« Was das Wort ungefähr meine, wußte er halb, halb ahnte er es, und auch die Art, wie der Lachende es ausgerufen hatte, schien einen Sinn erraten zu lassen. Maya, das war Dasas Leben, Dasas Jugend, Dasas süßes Glück und bitteres Elend, Maya war die schöne Pravati, Maya war die Liebe und ihre Lust, Maya das ganze Leben. Dasas Leben und aller Menschen Leben, alles war in dieses alten Yogin Augen Maya, war etwas wie eine Kinderei, ein Schauspiel, ein Theater, eine Einbildung, ein Nichts in bunter Haut, eine Seifenblase, war etwas, worüber man mit einem gewissen Entzücken lachen und was man zugleich verachten, keinesfalls aber ernst nehmen konnte.

War nun aber für den alten Yogin Dasas Leben mit jenem Gelächter und dem Wort Maya erledigt und abgetan, für Dasa selbst war es nicht so, und so sehr er wünschen mochte, selber ein lachender Yogin zu sein und in seinem eigenen Leben nichts als Maya zu erkennen, es war doch seit diesen unruhigen Tagen und Nächten alles wieder in ihm wach und lebendig, was er nach der Erschöpfung der Flüchtlingszeit eine Weile hier in seiner Zuflucht beinah vergessen zu haben schien. Äußerst gering erschien ihm die Hoffnung, daß er je die Yogakunst wirklich erlernen oder gar es dem Alten würde gleichtun können. Dann aber – was hatte dann sein Verweilen in diesem Wald noch für einen Sinn? Es war eine Zuflucht gewesen, er hatte hier ein wenig aufgeatmet und Kräfte gesammelt, war ein wenig zur Besinnung gekommen, auch dies war von Wert, es war schon viel. Und vielleicht war inzwischen draußen im Lande die Jagd nach dem Fürstenmörder aufgegeben worden, und er konnte ohne große Gefahr weiterwandern. Dies beschloß er zu tun, andern Tages wollte er aufbrechen, die Welt war groß, er konnte nicht

immer hier im Schlupfwinkel bleiben. Der Entschluß gab ihm eine gewisse Ruhe.
Er hatte in der ersten Morgenfrühe aufbrechen wollen, aber als er nach einem langen Schlaf erwachte, war die Sonne schon am Himmel und hatte der Yogin schon seine Versenkung begonnen, und ohne Abschied mochte Dasa nicht gehen, auch hatte er noch ein Anliegen an ihn. So wartete er Stunde um Stunde, bis der Mann sich erhob, die Glieder reckte und auf und ab zu gehen begann. Da stellte er sich ihm in den Weg, machte Verbeugungen und ließ nicht nach, bis der Yogameister seinen Blick fragend auf ihn richtete. »Meister«, sprach er demütig, »ich ziehe meines Weges weiter, ich werde deine Ruhe nicht mehr stören. Aber noch dies eine Mal erlaube mir, Hochehrwürdiger, eine Bitte. Als ich dir mein Leben erzählte, hast du gelacht und hast ›Maya‹ gerufen. Ich flehe dich an, laß mich etwas mehr über Maya wissen.«
Der Yogin wandte sich der Hütte zu, sein Blick befahl Dasa, ihm zu folgen. Der Alte griff nach der Wasserschale, reichte sie Dasa hin und hieß ihn seine Hände waschen. Gehorsam tat es Dasa. Dann goß der Meister den Wasserrest aus der Kürbisschale ins Farnkraut, hielt dem Jungen die leere Schüssel hin und befahl ihm, frisches Wasser zu holen. Dasa gehorchte und lief, und Abschiedsgefühle zuckten ihm im Herzen, da er zum letztenmal diesen kleinen Fußpfad zur Quelle ging, zum letztenmal die leichte Schale mit dem glatten, abgegriffenen Rande hinübertrug zu dem kleinen Wasserspiegel, in dem die Hirschzungen, die Wölbungen der Baumkronen und in versprengten lichten Punkten das süße Himmelsblau abgebildet standen, der nun beim Darüberbeugen zum letztenmal auch sein eigenes Gesicht in bräunlichem Dämmer abbildete. Er tauchte die Schale ins Wasser, gedankenvoll und langsam, er fühlte Unsicherheit und konnte nicht ins klare darüber kommen, warum er so Wunderliches empfinde, und warum es ihm, da er doch zu wandern entschlossen war, weh getan habe, daß der Alte ihn nicht eingeladen hatte, noch zu bleiben, vielleicht für immer zu bleiben.
Er kauerte am Rand der Quelle, nahm einen Schluck Wasser, erhob sich vorsichtig mit der Schale, um nichts zu verschütten, und wollte den kurzen Rückweg antreten, da wurde sein Ohr

von einem Ton erreicht, der ihn entzückte und entsetzte, von einer Stimme, die er in manchen seiner Träume gehört und an die er manche wache Stunde in bitterster Sehnsucht gedacht hatte.

Süß klang sie, süß, kindlich und verliebt lockte sie durch die Dämmerung des Waldes, daß ihm vor Schreck und Lust das Herz schauerte. Es war Pravatis, seiner Frau Stimme. »Dasa«, lockte sie. Ungläubig blickte er um sich, die Wasserschale noch in Händen, und siehe, zwischen den Stämmen tauchte sie auf, schlank und elastisch auf hohen Beinen, Pravati, die Geliebte, Unvergeßliche, Treulose. Er ließ die Schale fallen und lief ihr entgegen. Lächelnd und etwas verschämt stand sie vor ihm, aus den großen Rehaugen aufblickend, und nun aus der Nähe sah er auch, daß sie auf rotledernen Sandalen stand und sehr schöne und reiche Kleider am Leibe trug, einen Goldreifen am Arm und blitzende, farbige, kostbare Steine im schwarzen Haar. Er zuckte zurück. War sie denn noch immer eine Fürstendirne? Hatte er diesen Nala denn nicht erschlagen? Lief sie noch mit seinen Geschenken herum? Wie konnte sie, mit diesen Spangen und Steinen geschmückt, vor ihn treten und seinen Namen rufen?

Sie war aber schöner als je, und ehe er sie zur Rede stellen konnte, mußte er sie doch in die Arme nehmen, die Stirn in ihr Haar senken, ihr Gesicht zu sich empor biegen und ihren Mund küssen, und während er es tat, spürte er, daß alles zu ihm zurückgekehrt und wieder sein war, was er je besessen, das Glück, die Liebe, die Wollust, die Lebenslust, die Leidenschaft. Schon war er in all seinen Gedanken weit ab von diesem Walde und dem alten Einsiedler entfernt, schon war Wald, Einsiedelei, Meditation und Yoga zu nichts geworden und vergessen; auch an des Alten Wasserschale, die er ihm hätte bringen sollen, dachte er nicht mehr. Sie blieb bei der Quelle liegen, als er mit Pravati dem Rande des Waldes zustrebte. Und in aller Eile begann sie ihm zu erzählen, wie sie hierhergekommen und wie alles gegangen sei.

Erstaunlich war, was sie erzählte, erstaunlich, entzückend und märchenhaft, wie in ein Märchen lief Dasa in sein neues Leben hinein. Es war nicht nur Pravati wieder sein, es war nicht nur jener verhaßte Nala tot und die Verfolgung des Mörders längst eingestellt, es war außerdem Dasa, der zum Hirten gewordene einstige Fürstensohn, in der Stadt zum rechtmäßigen Erben und Fürsten erklärt worden, ein alter Hirt und ein alter Brahmane hatten die fast vergessene Geschichte von seiner Aussetzung wieder in Erinnerung und in aller Mund gebracht, und derselbe Mann, den man als den Mörder Nalas eine Weile überall gesucht hatte, um ihn zu foltern und umzubringen, wurde jetzt im ganzen Land noch viel eifriger gesucht, um zum Rajah eingesetzt zu werden und feierlich in die Stadt und den Palast seines Vaters einzuziehen. Es war wie ein Traum, und was dem Überraschten am besten gefiel, war der schöne Glücksfall, daß von allen den umherziehenden Sendboten gerade Pravati es gewesen war, die ihn gefunden und zuerst begrüßt hatte. Am Waldrande fand er Zelte stehen, es roch nach Rauch und Wildbret. Pravati wurde von ihrer Gefolgschaft laut begrüßt, und eine große Festlichkeit nahm alsbald ihren Anfang, als sie Dasa, ihren Gatten, zu erkennen gab. Ein Mann war da, der war Dasas Kamerad bei den Hirten gewesen, und er war es, der Pravati und das Gefolge hierher geführt hatte, an einen der Orte seines früheren Lebens. Der Mann lachte vor Vergnügen, als er Dasa erkannte, er lief auf ihn zu und hätte ihm wohl einen freundschaftlichen Schlag auf die Schulter gegeben oder ihn umarmt, aber jetzt war ja sein Kamerad ein Rajah geworden, mitten im Lauf hielt er wie gelähmt inne, schritt dann langsamer und ehrerbietig weiter und grüßte mit tiefer Verbeugung. Dasa hob ihn auf, umarmte ihn, nannte ihn zärtlich mit Namen und fragte, wie er ihn beschenken könne. Der Hirt wünschte sich ein Kuhkalb, und es wurden ihm deren drei zugesandt aus des Rajahs bester Zucht. Und es wurden dem neuen Fürsten immer neue Leute vorgeführt, Beamte, Oberjäger, Hofbrahmanen, er nahm ihre Begrüßungen entgegen, ein Mahl wurde aufgetragen, Musik von Trommeln, Zupfgeigen und Nasenflöten erscholl, und all diese Festlichkeit und Pracht erschien Dasa wie ein Traum; er konnte nicht richtig daran glauben, wirklich war für ihn vorerst nur Pravati, sein junges Weib, das er in seinen Armen hielt. In kleinen Tagereisen näherte sich der Zug der Stadt, Läufer waren vorausgeschickt und verbreiteten die frohe Botschaft, daß der junge Rajah aufgefunden und im Anzuge begriffen sei,

und als die Stadt sichtbar wurde, war sie schon voll vom Schall der Gongs und Trommeln, und es kam feierlich und weißgekleidet der Zug der Brahmanen ihm entgegen, an seiner Spitze der Nachfolger jenes Vasudeva, welcher einst, vor wohl zwanzig Jahren, Dasa zu den Hirten gesandt hatte und erst vor kurzem gestorben war. Sie begrüßten ihn, sangen Hymnen und hatten vor dem Palast, zu dem sie ihn führten, einige große Opferfeuer entzündet. Dasa wurde in sein Haus gebracht, neue Begrüßungen und Huldigungen, Segens- und Willkommenssprüche empfingen ihn auch hier. Draußen feierte die Stadt bis in die Nacht ein Freudenfest.
Von zwei Brahmanen jeden Tag unterrichtet, lernte er in kurzer Zeit, was an Wissenschaften unentbehrlich schien, wohnte den Opfern bei, sprach Recht und übte sich in den ritterlichen und kriegerischen Künsten. Der Brahmane Gopala führte ihn in die Politik ein; er erzählte ihm, wie es um ihn, um sein Haus und dessen Rechte, um die Ansprüche seiner künftigen Söhne stehe und was für Feinde er habe. Da war nun vor allem die Mutter Nalas zu nennen, sie, welche einstmals den Prinzen Dasa seiner Rechte beraubt und ihm nach dem Leben getrachtet hatte, und welche jetzt in Dasa auch noch den Mörder ihres Sohnes hassen mußte. Sie war geflohen, hatte sich in den Schutz des Nachbarfürsten Govinda begeben und lebte in dessen Palast, und dieser Govinda und sein Haus waren von jeher Feinde und gefährlich, sie waren schon mit Dasas Voreltern im Krieg gelegen und erhoben Anspruch auf gewisse Teile seines Gebietes. Dagegen war der Nachbar im Süden, der Fürst von Gaipali, mit Dasas Vater befreundet gewesen und hatte den umgekommenen Nala nie leiden mögen; ihn zu besuchen, zu beschenken und zur nächsten Jagd einzuladen, war eine wichtige Pflicht.
Frau Pravati war in ihren adligen Stand schon völlig hineingewachsen, sie verstand es, als Fürstin aufzutreten, und sah in ihren schönen Gewändern und mit ihrem Schmuck ganz wunderbar aus, als wäre sie von nicht minder hoher Geburt als ihr Herr und Gatte. In glücklicher Liebe lebten sie Jahr um Jahr, und ihr Glück gab ihnen einen gewissen Glanz und Schimmer wie solchen, welche von den Göttern bevorzugt werden, daß das Volk sie verehrte und liebte. Und als ihm, nachdem er sehr lange vergeblich darauf gewartet hatte, nun Pravati einen schö-

nen Sohn gebar, den er nach seinem eigenen Vater Ravana nannte, war sein Glück vollkommen, und was er besaß an Land und Macht, an Häusern und Ställen, Milchkammern, Rindvieh und Pferden, dem wurde in seinen Augen jetzt eine verdoppelte Bedeutung und Wichtigkeit, ein erhöhter Glanz und Wert zuteil: all dies Besitztum war schön und erfreulich gewesen, um Pravati zu umgeben, zu kleiden, zu schmücken und ihr zu huldigen, und war jetzt noch weit schöner, erfreulicher und wichtiger als Erbe und Zukunftsglück des Sohnes Ravana.

Hatte Pravati ihr Vergnügen hauptsächlich an Festen, Aufzügen, an Pracht und Üppigkeit in Kleidung, Schmuck und großer Dienerschaft, so waren Dasas bevorzugte Freuden die an seinem Garten, wo er seltene und kostbare Bäume und Blumen hatte pflanzen lassen, auch Papageien und andres buntes Gevögel angesiedelt hielt, das zu füttern und mit welchem sich zu unterhalten zu seinen täglichen Gewohnheiten gehörte. Daneben zog die Gelehrsamkeit ihn an, als dankbarer Schüler der Brahmanen lernte er viele Verse und Sprüche, Lese- und Schreibkunst, und hielt einen eigenen Schreiber, der die Zubereitung des Palmblattes zur Schreibrolle verstand und unter dessen zarten Händen eine kleine Bibliothek zu entstehen begann. Hier bei den Büchern, in einem kleinen kostbaren Raume mit Wänden aus edlem Holz, das ganz zu figurenreichen und zum Teil vergoldeten Bildwerken vom Leben der Götter ausgeschnitzt war, ließ er zuweilen eingeladene Brahmanen, die Auslese der Gelehrten und Denker unter den Priestern, miteinander über heilige Gegenstände disputieren, über die Weltschöpfung und die Maya des großen Vishnu, über die heiligen Veden, über die Kraft der Opfer und die noch größere Gewalt der Buße, durch welche ein sterblicher Mensch es dahin bringen konnte, daß die Götter aus Furcht vor ihm erzitterten. Jene Brahmanen, welche am besten geredet, disputiert und argumentiert hatten, erhielten stattliche Geschenke, mancher führte als Preis für eine siegreiche Disputation eine schöne Kuh hinweg, und es hatte zuweilen etwas zugleich Lächerliches und Rührendes, wenn die großen Gelehrten, welche noch eben die Sprüche der Veden aufgesagt und erläutert und sich in allen Himmeln und Weltmeeren ausgekannt hatten, stolz und gebläht mit ihren Eh-

rengaben abzogen oder ihretwegen etwa auch in eifersüchtigen Zank gerieten.
Überhaupt wollte dem Fürsten Dasa inmitten seiner Reichtümer, seines Glückes, seines Gartens, seiner Bücher zu manchen Zeiten alles und jedes, was zum Leben und Menschenwesen gehört, wunderlich und zweifelhaft erscheinen, rührend zugleich und lächerlich wie jene eitel-weisen Brahmanen, hell zugleich und finster, begehrenswert zugleich und verachtenswert. Weidete er seinen Blick an den Lotosblumen auf den Teichen seines Gartens, an den glänzenden Farbenspielen im Gefieder seiner Pfauen, Fasane und Nashornvögel, an den vergoldeten Schnitzereien des Palastes, so konnten diese Dinge ihm manchmal wie göttlich erscheinen, wie durchglüht von ewigem Leben, und andere Male, ja gleichzeitig empfand er in ihnen etwas Unwirkliches, Unzuverlässiges, Fragwürdiges, eine Neigung zu Vergänglichkeit und Auflösung, eine Bereitschaft zum Zurücksinken ins Ungestaltete, ins Chaos. So wie er selbst, der Fürst Dasa, ein Prinz gewesen, ein Hirte geworden, zum Mörder und Vogelfreien hinabgesunken und endlich wieder zum Fürsten emporgestiegen war, unbekannt durch welche Mächte geleitet und veranlaßt, ungewiß des Morgen und Übermorgen, so enthielt das Mayaspiel des Lebens überall zugleich das Hohe und das Gemeine, die Ewigkeit und den Tod, die Größe und das Lächerliche. Sogar sie, die Geliebte, sogar die schöne Pravati war ihm einige Male für Augenblicke entzaubert und lächerlich erschienen, hatte allzu viele Ringe um die Arme, allzuviel Stolz und Triumph in den Augen, allzuviel Bemühen um Würde in ihrem Gang gehabt.
Lieber noch als sein Garten und seine Bücher war ihm Ravana, sein Söhnchen, die Erfüllung seiner Liebe und seines Daseins, Ziel seiner Zärtlichkeit und Sorge, ein zartes schönes Kind, ein echter Prinz, rehäugig wie die Mutter und zur Nachdenklichkeit und Träumerei neigend wie der Vater. Manches Mal, wenn dieser den Kleinen im Garten lang vor einem der Zierbäume stehen oder ihn auf einem Teppich kauern sah, in die Betrachtung eines Steines, eines geschnitzten Spielzeuges oder einer Vogelfeder vertieft, mit etwas emporgezogenen Brauen und stillen, etwas abwesend starrenden Augen, dann schien ihm, daß dieser Sohn ihm sehr ähnlich sei. Wie sehr er ihn liebte, das

erkannte Dasa einst, als er ihn zum erstenmal für ungewisse Zeit verlassen mußte.
Es war eines Tages nämlich ein Eilbote aus jenen Gegenden eingetroffen, wo sein Land an das Land Govindas, des Nachbarn, stieß, und hatte gemeldet, daß Leute des Govinda dort eingebrochen seien, Vieh geraubt und auch eine Anzahl Menschen gefangen und mit hinweggeführt hätten. Unverzüglich hatte Dasa sich bereitgemacht, hatte den Obersten der Leibwache, einige Dutzend Pferde und Leute mitgenommen und sich an die Verfolgung der Räuber gemacht; und damals, als er im Augenblick vor dem Davonreiten sein Söhnchen auf die Arme genommen und geküßt hatte, war die Liebe in seinem Herzen wie ein feuriger Schmerz emporgelodert. Und aus diesem feurigen Schmerz, dessen Gewalt ihn überraschte und wie eine Mahnung aus dem Unbekannten her berührte, war auch während des langen Rittes eine Erkenntnis, ein Verständnis geworden. Im Reiten nämlich beschäftigte ihn das Nachsinnen darüber, aus welcher Ursache er denn zu Rosse sitze und so streng und eilig ins Land hineinsprenge; welche Macht es denn eigentlich sei, die ihn zu solcher Tat und Bemühung zwinge. Er hatte nachgedacht und hatte erkannt, daß es ihm im Grunde seines Herzens nicht wichtig sei und nicht eben weh tue, wenn irgendwo an der Grenze ihm Vieh und Menschen geraubt wurden, daß der Diebstahl und die Beleidigung seiner Fürstenrechte nicht hinreichen würden, ihn zu Zorn und Tat zu entflammen, und daß es ihm gemäßer gewesen wäre, die Nachricht vom Viehraub mit einem mitleidigen Lächeln abzutun. Damit jedoch, das wußte er, hätte er dem Boten, der mit seiner Botschaft bis zur Erschöpfung gerannt war, bitter Unrecht getan, und nicht weniger den Menschen, welche beraubt worden, und jene, welche gefangen, weggeführt und aus ihrer Heimat und ihrem friedlichen Leben in Fremde und Sklaverei verschleppt worden waren. Ja, auch allen seinen anderen Untertanen, welchen kein Haar gekrümmt worden war, hätte er mit einem Verzicht auf kriegerische Rache Unrecht getan, sie hätten es schwer ertragen und nicht begriffen, daß ihr Fürst sein Land nicht besser beschütze, so daß keiner von ihnen, sollte einmal auch ihm Gewalttat geschehen, auf Rache und Hilfe hätte zählen dürfen. Er sah ein, es sei seine Pflicht, diesen Racheritt zu

tun. Aber was ist Pflicht? Wie viele Pflichten gibt es, die wir oft und ohne jede Herzensregung verabsäumen! Woran lag es nun, daß diese Rachepflicht keine von den gleichgültigen war, daß er sie nicht verabsäumen konnte, daß er sie nicht nur lässig und mit halbem Herzen vollzog, sondern eifrig und mit Leidenschaft? Kaum war die Frage in ihm aufgestiegen, so hatte sein Herz schon Antwort gegeben, indem es nochmals von jenem Schmerz durchzuckt wurde wie beim Abschied von Ravana, dem Prinzen. Würde der Fürst, so erkannte er jetzt, sich Vieh und Leute rauben lassen, ohne Widerstand zu leisten, so würde Raub und Gewalttat von den Grenzen seines Landes her immer näherrücken, und zuletzt würde der Feind dicht vor ihm selbst stehen und würde ihn dort treffen, wo er des größten und bittersten Schmerzes fähig war: in seinem Sohne! Sie würden ihm den Sohn rauben, den Nachfolger, würden ihn rauben und töten, vielleicht unter Qualen, und dies wäre das Äußerste an Leid, was er je erfahren könnte, noch schlimmer, weit schlimmer als selbst Pravatis Tod. Und darum also ritt er so eifrig dahin und war ein so pflichttreuer Fürst. Er war es nicht aus Empfindlichkeit gegen Verlust an Vieh und Land, nicht aus Güte für seine Untertanen, nicht aus Ehrgeiz für seines Vaters Fürstennamen, er war es aus heftiger, schmerzlicher, unsinniger Liebe zu diesem Kinde, und aus heftiger, unsinniger Furcht vor dem Schmerz, den der Verlust dieses Kindes ihm bereiten würde.
So weit war er auf jenem Ritt mit seinen Einsichten gekommen. Übrigens war es ihm nicht gelungen, die Leute Govindas einzuholen und zu bestrafen, sie waren samt ihrem Raube entkommen, und um seinen festen Willen zu zeigen und seinen Mut zu beweisen, mußte er nun selbst über die Grenze brechen und dem Nachbarn ein Dorf beschädigen, einiges Vieh und einige Sklaven hinwegführen. Manche Tage war er ausgeblieben, auf dem siegreichen Heimritt aber hatte er sich wieder einem tiefen Nachdenken hingegeben und war sehr still und wie traurig nach Hause zurückgekehrt, denn im Nachdenken hatte er erkannt, wie fest und völlig ohne Hoffnung auf Entrinnen er mit seinem ganzen Wesen und Tun in einem tückischen Netz gefangen und eingeschnürt sei. Während seine Neigung zum Denken, sein Bedürfnis nach stiller Betrachtung und nach einem ratlosen und unschuldigen Leben beständig wuchs und

wuchs, wuchs von der andern Seite her, aus der Liebe zu Ravana und aus der Angst und Sorge um ihn, um sein Leben und seine Zukunft, ganz ebenso der Zwang zu Tat und Verstrikkung, aus der Zärtlichkeit wuchs Streit, aus der Liebe Krieg; schon hatte er, wenn auch nur um gerecht zu sein und zu strafen, eine Herde geraubt, ein Dorf in Todesangst gejagt und arme, unschuldige Menschen gewaltsam fortgeschleppt, und daraus würde natürlich wieder neue Rache und Gewalttat wachsen, und so immer weiter, bis sein ganzes Leben und sein ganzes Land nur noch Krieg und Gewalttat und Waffenlärm sein würde. Diese Einsicht oder Vision war es, die ihn bei jener Heimkehr so still gemacht und traurig hatte erscheinen lassen. Und in der Tat gab der feindselige Nachbar keine Ruhe. Er wiederholte seine Einfälle und Raubzüge. Dasa mußte zu Strafe und Gegenwehr ausziehen und mußte, wenn der Feind sich ihm entzog, es dulden, daß seine Soldaten und Jäger dem Nachbarn neue Schäden zufügten. In der Hauptstadt sah man mehr und mehr Berittene und Bewaffnete, in manchen Grenzdörfern lagen jetzt ständig Soldaten zur Bewachung, kriegerische Beratungen und Vorbereitungen machten die Tage unruhig. Dasa vermochte nicht einzusehen, welchen Sinn und Nutzen der ewige Kleinkrieg haben möge, es tat ihm leid um die Leiden der Betroffenen, um das Leben der Getöteten, es tat ihm leid um seinen Garten und seine Bücher, die er mehr und mehr versäumen mußte, um den Frieden seiner Tage und seines Herzens. Er sprach mit Gopala, dem Brahmanen, häufig darüber und einige Male auch mit seiner Gattin Pravati. Man müßte, so sagte er, dahin streben, daß einer der angesehenen Nachbarfürsten als Schiedsrichter angerufen werde und Frieden stifte, und er für sein Teil werde gern darein willigen, etwa durch Nachgiebigkeit und Abtrennung einiger Weiden und Dörfer den Frieden herbeiführen zu helfen. Er war enttäuscht und etwas unwillig, als er sah, daß weder der Brahmane noch Pravati davon etwas wissen wollte.

Mit Pravati führte der Meinungsstreit hierüber zu einer sehr heftigen Auseinandersetzung, ja zu einer Entzweiung. Eindringlich und beschwörend tat er ihr seine Gründe und Gedanken kund, sie aber empfand jedes Wort, als sei es nicht gegen den Krieg und das unnütze Morden, sondern einzig gegen ihre

Person gerichtet. Es sei, so belehrte sie ihn in einer glühenden und wortreichen Rede, es sei ja gerade des Feindes Absicht, Dasas Gutmütigkeit und Friedensliebe (um nicht zu sagen, seine Angst vor dem Krieg) zu seinem Vorteil auszunutzen, er werde ihn dazu bringen, Frieden um Frieden zu schließen, und jeden mit kleinen Abtretungen an Gebiet und Volk zu bezahlen, und am Ende werde er keineswegs etwa zufrieden sein, sondern werde, sobald Dasa genügend geschwächt sei, zum offenen Krieg übergehen und ihm auch das Letzte noch rauben. Es gehe hier nicht um Herden und Dörfer, um Vorteile und Nachteile, sondern ums Ganze, es gehe um Bestand oder Vernichtung. Und wenn Dasa nicht wisse, was er seiner Würde, seinem Sohn und seinem Weibe schuldig sei, so müsse eben sie es ihn lehren. Ihre Augen flammten, ihre Stimme bebte, er hatte sie seit langem nie mehr so schön und leidenschaftlich gesehen, aber er empfand nur Trauer.

Inzwischen gingen die Grenzüberfälle und Friedensbrüche weiter, erst die große Regenzeit setzte ihnen vorläufig ein Ende. An Dasas Hofe aber gab es jetzt zwei Parteien. Die eine, die Friedenspartei, war ganz klein, außer Dasa selbst gehörten ihr nur wenige von den älteren Brahmanen an, gelehrte und in ihre Meditationen versponnene Männer. Die Kriegspartei aber, Pravatis und Gopalas Partei, hatte die Mehrzahl der Priester und alle Offiziere auf ihrer Seite. Man rüstete eifrig und wußte, daß drüben der feindliche Nachbar dasselbe tat. Der Knabe Ravana wurde vom Oberjäger im Bogenschießen unterrichtet, und seine Mutter nahm ihn zu jeder Truppenschau mit.

Manchmal gedachte zu jener Zeit Dasa des Waldes, in dem er einst als armer Flüchtling eine Weile gelebt hatte, und des weißhaarigen Alten, der dort als Einsiedler der Versenkung lebte. Manchmal gedachte er seiner und fühlte das Verlangen, ihn aufzusuchen, ihn wiederzusehen und seinen Rat zu hören. Doch wußte er nicht, ob der Alte noch lebe, noch ob er ihn anhören und ihm Rat geben würde, und lebte er auch noch wirklich und gäbe ihm Rat, so würde doch alles seinen Gang gehen und nichts daran zu ändern sein. Versenkung und Weisheit waren gute, waren edle Dinge, aber es schien, sie gediehen nur abseits, am Rande des Lebens, und wer im Strom des Lebens schwamm und mit seinen Wellen kämpfte, dessen Taten und Leiden hatten nichts mit der Weisheit zu tun, sie ergaben sich, waren Verhängnis, mußten getan und erlitten sein. Auch die Götter lebten nicht in ewigem Frieden und ewiger Weisheit, auch sie kannten Gefahr und Furcht, Kampf und Schlacht, er wußte es aus vielen Erzählungen. So ergab sich Dasa, stritt nicht mehr mit Pravati, ritt zur Truppenschau, sah den Krieg kommen, spürte ihn in aufreibenden nächtlichen Träumen voraus, und indem seine Gestalt magerer und sein Gesicht dunkler wurde, sah er das Glück und die Lust seines Lebens hinabwelken und erblassen. Es blieb nur die Liebe zu seinem Knaben, sie wuchs mit der Sorge, wuchs mit den Rüstungen und Truppenübungen, sie war die rote brennende Blume in seinem verödenden Garten. Er wunderte sich darüber, wieviel an Leere und Freudlosigkeit man ertragen, wie sehr man sich an Sorge und Unlust gewöhnen könne, und wunderte sich auch darüber, wie brennend und beherrschend in einem scheinbar leidenschaftslos gewordenen Herzen solch eine ängstliche und sorgenvolle Liebe blühen könne. War sein Leben vielleicht sinnlos, so war es doch nicht ohne Kern und Mitte, es drehte sich um die Liebe zum Sohn. Seinetwegen erhob er sich des Morgens vom Lager und brachte seinen Tag mit Beschäftigungen und Mühewaltungen hin, deren Ziel der Krieg und deren jede ihm zuwider war. Seinetwegen leitete er die Beratungen der Führer mit Geduld und stemmte sich den Beschlüssen der Mehrheit nur so weit entgegen, daß man wenigstens abwartete und sich nicht völlig unbesonnen ins Abenteuer stürzte.

Wie seine Lebensfreude, sein Garten, seine Bücher ihm allmählich fremd und untreu geworden waren, oder er ihnen, so ward ihm fremd und untreu auch die, die so manche Jahre das Glück und die Lust seines Lebens gewesen war. Mit der Politik hatte es begonnen, und damals, als sie ihm jene leidenschaftliche Rede hielt, in der Pravati seine Scheu vor Versündigung und seine Liebe zum Frieden beinah offen als Feigheit verhöhnte und mit geröteten Wangen in glühenden Worten von Fürstenehre, Heldentum und erlittener Schmach redete, damals hatte er betroffen und mit einem Gefühl von Schwindel plötzlich gefühlt und gesehen, wie weit seine Frau sich von ihm entfernt habe oder er von ihr. Und seitdem war die Kluft zwischen ihnen größer geworden und wuchs noch immer, ohne daß eines von ihnen etwas tat, um es zu hindern. Vielmehr: es war Dasa, dem es zugestanden hätte, etwas dergleichen zu tun, denn die Kluft war eigentlich nur ihm sichtbar, und sie wurde in seiner Vorstellung immer mehr zur Kluft aller Klüfte, zum Weltabgrund zwischen Mann und Weib, zwischen Ja und Nein, zwischen Seele und Leib. Wenn er zurück sann, so glaubte er alles völlig klar zu sehen: wie Pravati einst, die zauberisch Schöne, ihn verliebt gemacht und mit ihm gespielt hatte, bis er sich von seinen Kameraden und Freunden, den Hirten, und von seinem bisher so heiteren Hirtenleben schied und ihretwegen in der Fremde und Dienstbarkeit lebte, Schwiegersohn im Hause unguter Leute, die seine Verliebtheit ausnutzten, um ihn für sie arbeiten zu lassen. Dann war jener Nala erschienen, und sein Unglück hatte begonnen. Nala hatte sich seines Weibes bemächtigt, der reiche schmucke Rajah mit seinen schönen Kleidern und Zelten, seinen Pferden und Dienern hatte die arme, keines Prunkes gewohnte Frau verführt, das konnte ihm ja wenig Mühe gekostet haben. Aber – hätte er sie wohl wirklich so rasch und leicht verführen können, wenn sie im Innersten treu und züchtig gewesen wäre? Nun, der Rajah hatte sie also verführt, oder eben genommen, und hatte ihm den häßlichsten Schmerz angetan, den er bis dahin erlebt hatte. Er aber, Dasa, hatte Rache genommen, erschlagen hatte er den Dieb seines Glücks, das war ein Augenblick hohen Triumphes gewesen. Doch hatte er, kaum war die Tat geschehen, die Flucht antreten müssen; Tage, Wochen und Monate hatte er im Busch und den Binsen gelebt, vogelfrei, keinem Menschen trauend. Und was hatte Pravati in jener Zeit getan? Es war zwischen ihnen niemals viel die Rede davon gewesen. Jedenfalls: ihm nachgeflohen war sie nicht, ihn gesucht und gefunden hatte sie erst dann, als er seiner Geburt wegen zum Fürsten ausgerufen worden war und sie seiner bedurfte, um den Thron zu besteigen und den Palast zu beziehen. Da war sie erschienen, aus dem Walde und der Nachbarschaft des ehrwürdigen Einsiedlers hatte sie ihn hinweggeholt, man hatte ihn mit schönen Kleidern geschmückt und zum Rajah gemacht, und es war alles eitel Glanz und Glück gewesen – aber in Wirklichkeit: was hatte er damals verlassen, und was dafür eingetauscht? Eingetauscht hatte er den Glanz und die Pflichten des Fürsten, Pflichten, die anfangs leicht gewesen und seither immer schwerer und schwerer geworden waren, eingetauscht hatte er den Wiedergewinn der schönen Gattin, die süßen Liebesstunden mit ihr, und dann den Sohn, die Liebe zu ihm und die zunehmende Sorge um sein bedrohtes Leben und Glück, so daß jetzt der Krieg vor den Toren stand. Dies war es, was Pravati ihm zugebracht hatte, als sie ihn damals im Wald bei der Quelle entdeckte. Was aber hatte er dafür verlassen und hingegeben? Verlassen hatte er den Frieden des Waldes, einer frommen Einsamkeit, hingegeben hatte er die Nachbarschaft und das Vorbild eines heiligen Yogin, hingegeben die Hoffnung auf seine Schülerschaft und Nachfolge, auf die tiefe, strahlende, unerschütterliche Seelenruhe des Weisen, die Befreiung aus den Kämpfen und Leidenschaften des Lebens. Verführt von Pravatis Schönheit, bestrickt vom Weib und angesteckt von ihrem Ehrgeiz, hatte er den Weg verlassen, auf welchem allein die Freiheit und der Friede gewonnen wird. So wollte seine Lebensgeschichte ihm heute erscheinen, und in der Tat ließ sie sich ganz leicht so deuten, es bedurfte nur weniger Vertuschungen und Weglassungen, um es so zu sehen. Weggelassen hatte er unter anderen den Umstand, daß er noch keineswegs jenes Einsiedlers Schüler, ja schon im Begriff gewesen war, ihn freiwillig wieder zu verlassen. So verschieben sich die Dinge leicht beim Blick nach rückwärts.

Ganz anders sah Pravati diese Dinge, obwohl sie weit weniger als ihr Gatte sich solchen Gedanken hingab. Über jenen Nala machte sie sich keine Gedanken. Dagegen war, wenn ihre Erinnerung sie nicht trog, sie allein es gewesen, welche Dasas Glück begründet und herbeigeführt, ihn wieder zum Rajah gemacht, ihn mit dem Sohn beschenkt, ihn mit Liebe und Glück überschüttet hatte, um ihn am Ende ihrer Größe nicht gewachsen, ihrer stolzen Pläne unwürdig zu finden. Denn ihr war es klar, daß der kommende Krieg zu nichts anderem führen konnte als zu Govindas Vernichtung und zur Verdoppelung ihrer Macht und ihres Besitzes. Statt sich dessen zu freuen und eifrigst daran mitzuarbeiten, sträubte sich aber Dasa, unfürstlich genug, wie ihr schien, gegen Krieg und Eroberung, und wäre am liebsten tatenlos bei seinen Blumen, Bäumen, Papageien und Büchern alt geworden. Da war Vishwamitra ein anderer Mann, der Oberbefehlshaber der Reiterei und nächst ihr selbst der glü-

hendste Parteigänger und Werber für den baldigen Krieg und Sieg. Jeder Vergleich zwischen den beiden mußte zu seinen Gunsten ausfallen.
Dasa sah es wohl, wie sehr sein Weib sich mit diesem Vishwamitra befreundet hatte, wie sehr sie ihn bewunderte und sich von ihm bewundern ließ, diesem heiteren und tapferen, vielleicht etwas oberflächlichen, vielleicht auch nicht allzu klugen Offizier mit dem kräftigen Lachen, den schönen starken Zähnen und dem gepflegten Barte. Er sah es mit Bitterkeit und zugleich mit Verachtung, mit einer höhnischen Gleichgültigkeit, die er sich selber vortäuschte. Er spionierte nicht und begehrte nicht zu wissen, ob die Freundschaft dieser beiden die Grenzen des Erlaubten und Anständigen innehalte oder nicht. Er sah dieser Verliebtheit Pravatis in den hübschen Reiter, dieser ihrer Gebärde, mit der sie ihm vor dem allzu wenig heldischen Gatten den Vorzug gab, mit derselben äußerlich gleichgültigen, innen aber bitteren Gelassenheit zu, mit welcher er sich gewöhnt hatte, alle Geschehnisse anzusehen. Ob dies nun eine Untreue und ein Verrat war, den die Gattin an ihm zu begehen entschlossen schien, oder nur ein Ausdruck ihrer Geringschätzung für Dasas Gesinnungen, es war einerlei, es war da und entwickelte sich und wuchs heran, wuchs ihm entgegen wie der Krieg und wie das Verhängnis, es gab dagegen kein Mittel und gab davor keine andere Haltung als die des Hinnehmens, des gelassenen Ertragens, das war nun einmal, statt des Angreifens und Eroberns, Dasas Art von Mannes- und von Heldentum.
Mochte nun Pravatis Bewunderung für den Reiterhauptmann oder die seine für sie, sich innerhalb des Gesitteten und Erlaubten halten oder nicht, in jedem Fall war Pravati, das verstand er, weniger schuldig als er selbst. Er, Dasa, der Denker und Zweifler, neigte zwar sehr dazu, die Schuld am Dahinschwinden seines Glückes bei ihr zu suchen oder sie doch mitverantwortlich dafür zu machen, daß er in all das hineingeraten und verstrickt worden war, in die Liebe, in den Ehrgeiz, in die Racheakte und Räubereien, ja er machte das Weib, die Liebe und die Wollust in seinen Gedanken verantwortlich für alles auf Erden, für den ganzen Tanz, die ganze Jagd der Leidenschaften und Begehrungen, des Ehebruchs, des Todes, des Mordes, des Krieges. Aber dabei wußte er sehr wohl, daß Pravati nicht schuldig und Ursa-

che, sondern selbst Opfer sei, daß sie weder ihre Schönheit noch seine Liebe zu ihr selbst gemacht und zu verantworten habe, daß sie nur ein Stäubchen im Sonnenstrahl, eine Welle im Strome war, und daß es allein seine Sache gewesen wäre, dem Weib und der Liebe, dem Glückshunger und Ehrgeiz sich zu entziehen und entweder ein zufriedener Hirt unter Hirten zu bleiben oder auf dem geheimen Wege des Yoga das Unzulängliche in sich zu überwinden. Er hatte es versäumt, er hatte versagt, er war zum Großen nicht berufen oder hatte seiner Berufung nicht Treue gehalten, und sein Weib war am Ende im Recht, wenn sie einen Feigling in ihm sah. Dafür hatte er von ihr diesen Sohn bekommen, diesen schönen, zarten Knaben, um den ihm so bange war und dessen Dasein doch immer noch seinem Leben Sinn und Wert verlieh, ja ein großes Glück war, ein schmerzendes und banges Glück zwar, aber doch eben ein Glück, sein Glück. Dies Glück nun bezahlte er mit dem Weh und der Bitterkeit in seinem Herzen, mit der Bereitschaft zu Krieg und Tod, mit dem Bewußtsein, einem Verhängnis entgegenzugehen. Drüben in seinem Lande saß der Rajah Govinda, beraten und angefacht von der Mutter jenes erschlagenen Nala, jenes Verführers unguten Angedenkens. Immer häufiger und frecher wurden Govindas Einbrüche und Herausforderungen; einzig ein Bündnis mit dem mächtigen Rajah von Gaipali hätte Dasa stark genug machen können, um Frieden und nachbarliche Verträge zu erzwingen. Aber dieser Rajah, obschon Dasa wohl gesinnt, war doch mit Govinda verwandt und hatte sich aufs höflichste jedem Versuche, ihn für ein solches Bündnis zu gewinnen, entzogen. Es gab kein Entweichen, keine Hoffnung auf Vernunft oder Menschlichkeit, das Verhängte kam näher und mußte erlitten werden. Beinahe sehnte nun Dasa selbst sich nach dem Krieg, nach dem Ausbruch der gesammelten Blitze und einer Beschleunigung der Geschehnisse, welchen ja doch nicht mehr vorzubeugen war. Er suchte nochmals den Fürsten von Gaipali auf, tauschte ergebnislose Artigkeiten mit ihm, drang im Rat auf Mäßigung und Geduld, aber er tat es längst ohne Hoffnung; im übrigen rüstete er. Der Meinungskampf im Rat ging jetzt einzig noch darum, ob man einen nächsten Einbruch des Feindes mit dem Einmarsch in dessen Land und mit dem Krieg beantworten oder den feindlichen Hauptangriff er-

warten solle, damit immerhin jener vor dem Volk und aller Welt der Schuldige und Friedensbrecher bleibe.
Der Feind, um solche Fragen nicht bekümmert, machte dem Erwägen, Beraten und Zögern ein Ende und schlug eines Tages zu. Er inszenierte einen größeren Raubüberfall, welcher Dasa samt dem Reiterhauptmann und seinen besten Leuten schleunigst an die Grenze lockte, und während sie unterwegs waren, fiel er mit seiner Hauptmacht ins Land und unmittelbar in Dasas Stadt, nahm die Tore und belagerte den Palast. Als Dasa es erfuhr und alsbald umkehrte, wußte er seine Frau und seinen Sohn im bedrohten Palast eingeschlossen, in den Gassen aber blutige Kämpfe im Gang, und das Herz zog sich ihm in grimmigem Weh zusammen, wenn er der Seinen dachte und der Gefahren, in denen sie schwebten. Nun war er kein widerwilliger und vorsichtiger Kriegsherr mehr, er flammte auf in Schmerz und Wut, jagte mit seinen Leuten in wilder Eile heimwärts, fand die Schlacht durch alle Straßen wogen, hieb sich zum Palast durch, stellte den Feind und kämpfte wie ein Rasender, bis er mit der Dämmerung des blutigen Tages erschöpft und mit mehreren Wunden zusammenbrach.
Als er wieder zum Bewußtsein erwachte, fand er sich als Gefangenen, die Schlacht war verloren, Stadt und Palast waren in den Händen der Feinde. Gebunden wurde er vor Govinda gebracht, der begrüßte ihn spöttisch und führte ihn in ein Gemach; es war jenes Gemach mit den geschnitzten und vergoldeten Wänden und den Schriftrollen. Hier saß auf einem der Teppiche aufrecht und mit versteinertem Gesicht sein Weib Pravati, bewaffnete Wachen hinter ihr, und im Schoße hatte sie den Knaben liegen; wie eine gebrochene Blume lag die zarte Gestalt, tot, das Gesicht grau, das Gewand von Blut durchtränkt. Die Frau wandte sich nicht, als ihr Gatte hereingeführt wurde, sie sah ihn nicht an, sie starrte ohne Ausdruck auf den kleinen Toten; sie erschien Dasa sonderbar verändert, erst nach einer Weile merkte er, daß ihr Haar, das er vor Tagen noch tiefschwarz gekannt hatte, überall grau schimmerte. Schon lange Zeit mochte sie so sitzen, den Knaben auf dem Schoß, erstarrt, das Gesicht eine Maske.
»Ravana!« rief Dasa, »Ravana, mein Kind, meine Blume!« Er kniete nieder, sein Gesicht sank auf das Haupt des Toten; wie

ein Betender kniete er vor der stummen Frau und dem Kinde, beide beklagend, beiden huldigend. Er roch den Blut- und Todesgeruch, vermischt mit dem Duft des Blumenöles, mit dem das Haar des Kindes gesalbt war. Mit erfrorenem Blick starrte Pravati auf sie beide hinab.
Es berührte ihn jemand an der Schulter, es war einer von Govindas Hauptleuten, der hieß ihn aufstehen und führte ihn hinweg. Er hatte kein Wort an Pravati gerichtet, sie keines an ihn. Gebunden legte man ihn auf einen Wagen und brachte ihn nach der Stadt Govindas in einen Kerker, seine Fesseln wurden zum Teil gelöst, ein Soldat brachte einen Wasserkrug und stellte ihn auf den Steinboden, man ließ ihn allein, schloß und verriegelte die Tür. Eine Wunde an seiner Schulter brannte wie Feuer. Er tastete nach dem Wasserkrug und benetzte sich Hände und Gesicht. Auch trinken hätte er mögen, doch unterließ er es; er würde dann, so dachte er, rascher sterben. Wie lange würde das noch dauern, wie lange! Er sehnte sich nach dem Tod, wie seine trockene Kehle sich nach Wasser sehnte. Erst mit dem Tode würde die Folter in seinem Herzen ein Ende nehmen, erst dann würde das Bild der Mutter mit dem toten Sohn in ihm erlöschen. Aber mitten in aller Qual erbarmte sich seiner die Müdigkeit und Schwäche, er sank hin und schlummerte ein.

Indem er aus diesem kurzen Schlummer wieder empordämmerte, wollte er betäubt sich die Augen reiben, konnte es aber nicht; seine Hände waren beide schon beschäftigt, sie hielten etwas fest, und da er sich ermunterte und die Augen aufriß, waren keine Kerkermauern um ihn her, sondern grünes Licht floß hell und kräftig über Blattwerk und Moos, er blinzelte lange, das Licht traf ihn wie ein lautloser, aber heftiger Schlag, ein Gruseln und zuckender Schrecken ging ihm durch Nacken und Rücken, nochmals blinzelte er, verzog wie greinend das Gesicht und riß die Augen weit auf. Er stand in einem Walde und hielt in beiden Händen eine mit Wasser gefüllte Schale, zu seinen Füßen spiegelte braun und grün das Becken einer Quelle, drüben wußte er hinter dem Farndickicht die Hütte stehen und den Yogin warten, der ihn nach Wasser geschickt hatte, jenen, der so wunderlich gelacht und den er gebeten hatte, ihn etwas über Maya wissen zu lassen. Er hatte weder eine Schlacht noch einen Sohn verloren, er war weder Fürst noch Vater gewesen; wohl aber hatte der Yogin seinen Wunsch erfüllt und ihn über Maya belehrt: Palast und Garten, Bücherei und Vogelzucht, Fürstensorgen und Vaterliebe, Krieg und Eifersucht, Liebe zu Pravati und heftiges Mißtrauen gegen sie, alles war Nichts – nein, nicht Nichts, es war Maya gewesen! Dasa stand erschüttert, es liefen ihm Tränen über die Wangen, in seinen Händen zitterte und schwankte die Schale, die er soeben für den Einsiedler gefüllt hatte, es floß Wasser über den Rand und über seine Füße. Ihm war, als habe man ihm ein Glied abgeschnitten, etwas aus seinem Kopfe entfernt, es war Leere in ihm, plötzlich waren ihm gelebte lange Jahre, gehütete Schätze, genossene Freuden, erlittene Schmerzen, erduldete Angst, bis zur Todesnähe gekostete Verzweiflung wieder weggenommen, ausgelöscht und zu nichts geworden – und dennoch nicht zu nichts! Denn die Erinnerung war da, die Bilder waren in ihm geblieben, noch sah er Pravati sitzen, groß und starr, mit dem plötzlich ergrauten Haar, im Schoß lag ihr der Sohn, als habe sie selbst ihn erdrückt, wie eine Beute lag er, und seine Glieder hingen welk über ihre Knie hinab. O wie rasch, wie rasch und schauerlich, wie grausam, wie gründlich war er über Maya belehrt worden! Alles war ihm verschoben worden, viele Jahre voll von Erlebnissen schrumpften in Augenblicke zusammen, geträumt war alles, was eben noch drangvolle Wirklichkeit schien, geträumt war vielleicht alles jenes andre, was früher geschehen war, die Geschichten vom Fürstensohn Dasa, seinem Hirtenleben, seiner Heirat, seiner Rache an Nala, seiner Zuflucht beim Einsiedler; Bilder waren sie, wie man sie an einer geschnitzten Palastwand bewundern mag, wo Blumen, Sterne, Vögel, Affen und Götter zwischen Laubwerk zu sehen waren. Und war das, was er gerade jetzt erlebte und vor Augen hatte, dies Erwachen aus dem Fürsten- und Kriegs- und Kerkertum, dies Stehen bei der Quelle, diese Wasserschüssel, aus der er eben ein wenig verschüttet hatte, samt den Gedanken, die er sich da machte – war alles dies denn nicht am Ende aus demselben Stoff, war es nicht Traum, Blendwerk, Maya? Und was er künftig je noch erleben und mit Augen sehen und mit Händen tasten würde, bis zu seinem einstigen Tode – war es aus anderem Stoff, von anderer Art? Spiel und Schein war es, Schaum und Traum, Maya war es, das ganze schöne und grausige, entzückende und verzweifelte Bilderspiel des Lebens, mit seinen brennenden Wonnen, seinen brennenden Schmerzen.

Dasa stand noch immer wie betäubt und gelähmt. Wieder schwankte in seinen Händen die Schale, und Wasser floß nieder, klatschte kühl auf seine Zehen und verrann. Was sollte er tun? Die Schale wieder füllen, sie zum Yogin zurücktragen, sich von ihm auslachen lassen für alles, was er im Traum erlitten hatte? Es war nicht verlockend. Er ließ die Schale sinken, goß sie aus und warf sie ins Moos. Er setzte sich ins Grüne und begann ernstlich nachzudenken. Er hatte genug und übergenug von dieser Träumerei, von diesem dämonischen Flechtwerk von Erlebnissen, Freuden und Leiden, die einem das Herz erdrückten und das Blut stocken machten und dann plötzlich Maya waren und einen als Narren zurückließen, er hatte genug von allem, er begehrte nicht Frau noch Kind mehr, noch Thron noch Sieg noch Rache, nicht Glück und nicht Klugheit, nicht Macht und nicht Tugend. Er begehrte nichts als Ruhe, nichts als ein Ende, er wünschte nichts anderes, als dieses ewig sich drehende Rad, diese endlose Bilderschau zum Stehen zu bringen und auszulöschen. Er wünschte sich selbst zur Ruhe zu bringen und auszulöschen, so wie er es damals gewünscht hatte, als er in jener letzten Schlacht sich in die Feinde stürzte, um sich schlug und wieder geschlagen ward, Wunden austeilte und empfing, bis er zusammenbrach. Aber was dann? Dann gab es die Pause einer Ohnmacht, oder eines Schlummers, oder eines Todes. Und gleich darauf war man wieder wach, mußte die Ströme des Lebens in sein Herz und die furchtbare, schöne, schauerliche Bilderflut von neuem in seine Augen einlassen, endlos, unentrinnbar, bis zur nächsten Ohnmacht, bis zum nächsten Tode. Der war, vielleicht, eine Pause, eine kurze, winzige Rast, ein Aufatmen, aber dann ging es weiter, und man war wieder eine der tausend Figuren im wilden, berauschten, verzweifelten Tanz des Lebens. Ach, es gab kein Auslöschen, es nahm kein Ende.

Unrast trieb ihn wieder auf die Füße. Wenn es schon in diesem verfluchten Ringeltanz kein Ausruhen gab, wenn schon sein einziger, sehnlicher Wunsch unerfüllbar war, nun, so konnte er ebensogut seine Wasserschale wieder füllen und sie diesem alten Manne bringen, der es ihm befohlen hatte, obwohl er ihm ja eigentlich nichts zu befehlen hatte. Es war ein Dienst, den man von ihm verlangt hatte, es war ein Auftrag, man konnte ihm gehorchen und ihn ausführen, es war besser als zu sitzen und sich Methoden der Selbsttötung auszudenken, es war ja überhaupt Gehorchen und Dienen weit leichter und besser, weit unschuldiger und bekömmlicher als Herrschen und Verantworten, so viel wußte er. Gut, Dasa, nimm also die Schale, fülle sie hübsch mit Wasser und trage sie zu deinem Herrn hinüber!

Als er zur Hütte kam, empfing ihn der Meister mit einem sonderbaren Blick, einem leicht fragenden, halb mitleidigen, halb belustigten Blick des Einverständnisses, einem Blick, wie ihn etwa ein älterer Knabe für einen jüngeren hat, den er aus einem anstrengenden und etwas beschämenden Abenteuer, einer ihm auferlegten Mutprobe, kommen sieht. Dieser Hirtenprinz, dieser ihm zugelaufene arme Kerl, kam zwar bloß von der Quelle, hatte Wasser geholt und war keine Viertelstunde fortgewesen; aber er kam immerhin auch aus einem Kerker, hatte ein Weib, einen Sohn und ein Fürstentum verloren, hatte ein Menschenleben absolviert und einen Blick auf das rollende Rad getan. Vermutlich war ja dieser junge Mensch schon früher einmal oder einige Male geweckt worden und hatte einen Mundvoll Wirklichkeit geatmet, sonst wäre er nicht hierher gekommen und so lange geblieben; jetzt aber schien er richtig geweckt worden zu sein und reif für den Antritt des langen Weges. Es würde manches Jahr brauchen, um diesem jungen Menschen auch nur Haltung und Atmen richtig beizubringen.

Nur mit diesem Blick, der eine Spur von wohlwollender Teilnahme und die Andeutung einer zwischen ihnen entstandenen Beziehung enthielt, der Beziehung zwischen Meister und Schüler – nur mit diesem Blick vollzog der Yogin die Aufnahme des Schülers. Dieser Blick vertrieb die nutzlosen Gedanken aus des Schülers Kopf und nahm ihn in Zucht und Dienst. Mehr ist von Dasas Leben nicht zu erzählen, das übrige vollzog sich jenseits der Bilder und Geschichten. Er hat den Wald nicht mehr verlassen.

(1937)

Chinesische Legende

Von Meng Hsiä wird berichtet:

Als ihm zu Ohren kam, daß neuerdings die jungen Künstler sich darin übten, auf dem Kopfe zu stehen, um eine neue Weise des Sehens zu erproben, unterzog *Meng Hsiä* sich sofort ebenfalls dieser Übung, und nachdem er es eine Weile damit probiert hatte, sagte er zu seinen Schülern: »Neu und schöner blickt die Welt mir ins Auge, wenn ich mich auf den Kopf stelle.« Dies sprach sich herum, und die Neuerer unter den jungen Künstlern rühmten sich dieser Bestätigung ihrer Versuche durch den alten Meister nicht wenig. Da dieser als recht wortkarg bekannt war und seine Jünger mehr durch sein bloßes Dasein und Beispiel erzog als durch Lehren, wurde jeder seiner Aussprüche beachtet und weiter verbreitet. Und nun wurde, bald nachdem jene Worte die Neuerer entzückt, viele Alte aber befremdet, ja erzürnt hatten, schon wieder ein Ausspruch von ihm bekannt. Er habe, so erzählte man, sich neuestens so geäußert: ›Wie gut, daß der Mensch zwei Beine hat! Das Stehen auf dem Kopf ist der Gesundheit nicht zuträglich, und wenn der auf dem Kopf Stehende sich wieder aufrichtet, dann blickt ihm, dem auf den Füßen Stehenden, die Welt doppelt so schön ins Auge.‹ An diesen Worten des Meisters nahmen sowohl die jungen Kopfsteher, die sich von ihm verraten oder verspottet fühlten, wie auch die Mandarine großen Anstoß. »Heute«, so sagten die Mandarine, »behauptet *Meng Hsiä* dies, und morgen das Gegenteil. Es kann aber doch unmöglich zwei Wahrheiten geben. Wer mag den unklug gewordenen Alten da noch ernst nehmen?« Dem Meister wurde hinterbracht, wie die Neuerer und wie die Mandarine über ihn redeten. Er lachte nur. Und da die Seinen ihn um eine Erklärung baten, sagte er: »Es gibt die Wirklichkeit, ihr Knaben, und an der ist nicht zu rütteln. Wahrheiten aber, nämlich in Worten ausgedrückte Meinungen über das Wirkliche, gibt es unzählige, und jede ist ebenso richtig wie sie falsch ist.« Zu weiteren Erklärungen konnten ihn die Schüler, so sehr sie sich bemühten, nicht bewegen.

(1959)

Glück

Solang du nach dem Glücke jagst,
Bist du nicht reif zum Glücklichsein,
Und wäre alles Liebste dein.

Solang du um Verlornes klagst
Und Ziele hast und rastlos bist,
Weißt du noch nicht, was Friede ist.

Erst wenn du jedem Wunsch entsagst,
Nicht Ziel mehr noch Begehren kennst,
Das Glück nicht mehr mit Namen nennst,

Dann reicht dir des Geschehens Flut
Nicht mehr ans Herz, und deine Seele ruht.

Weg nach innen

Wer den Weg nach innen fand,
Wer in glühndem Sichversenken
Je der Weisheit Kern geahnt,
Daß sein Sinn sich Gott und Welt
Nur als Bild und Gleichnis wähle:
Ihm wird jedes Tun und Denken
Zwiegespräch mit seiner eignen Seele,
Welche Welt und Gott enthält.

Spruch

So mußt du allen Dingen
Bruder und Schwester sein,
Daß sie dich ganz durchdringen,
Daß du nicht scheidest Mein und Dein.

Kein Stern, kein Laub soll fallen –
Du mußt mit ihm vergehn!
So wirst du auch mit allen
Allstündlich auferstehn.

Neues Erleben

Wieder seh ich Schleier sinken,
Und Vertrautestes wird fremd,
Neue Sternenräume winken,
Seele schreitet traumgehemmt.

Abermals in neuen Kreisen
Ordnet sich um mich die Welt.
Und ich seh mich eiteln Weisen
Als ein Kind hineingestellt.

Doch aus früheren Geburten
Zuckt enfernte Ahnung her:
Sterne sanken, Sterne wurden,
Und der Raum war niemals leer.

Seele beugt sich und erhebt sich,
Atmet in Unendlichkeit,
Aus zerrißnen Fäden webt sich
Neu und schöner Gottes Kleid.

Bhagavad Gita

Wieder lag ich schlaflos Stund um Stund,
Unbegriffenen Leids die Seele voll und wund.

Brand und Tod sah ich auf Erden lodern,
Tausende unschuldig leiden, sterben, modern.

Und ich schwor dem Kriege ab im Herzen
Als dem blinden Gott sinnloser Schmerzen.

Sieh, da klang mir in der Stunde trüber
Einsamkeit Erinnerung herüber,

Und es sprach zu mir den Friedensspruch
Ein uraltes indisches Götterbuch:

»Krieg und Friede, beide gelten gleich,
Denn kein Tod berührt des Geistes Reich.

Ob des Friedens Schale steigt, ob fällt,
Ungemindert bleibt das Weh der Welt.

Darum kämpfe du und lieg nicht stille;
Daß du Kräfte regst, ist Gottes Wille!

Doch ob dein Kampf zu tausend Siegen führt,
Das Herz der Welt schlägt weiter unberührt.«

Alle Tode

Alle Tode bin ich schon gestorben,
Alle Tode will ich wieder sterben,
Sterben den hölzernen Tod im Baum,
Sterben den steinernen Tod im Berg,
Irdenen Tod im Sand,
Blätternen Tod im knisternden Sommergras
Und den armen, blutigen Menschentod.

Blume will ich wieder geboren werden,
Baum und Gras will ich wieder geboren werden,
Fisch und Hirsch, Vogel und Schmetterling.
Und aus jeder Gestalt
Wird mich Sehnsucht reißen die Stufen
Zu dem letzten Leiden,
Zu den Leiden des Menschen hinan.

O zitternd gespannter Bogen,
Wenn der Sehnsucht rasende Faust
Beide Pole des Lebens
Zueinander zu biegen verlangt!
Oft noch und nochmals wieder
Wirst du mich jagen von Tod zu Geburt
Der Gestaltungen schmerzvolle Bahn,
Der Gestaltungen herrliche Bahn.

Besinnung

Göttlich ist und ewig der Geist.
Ihm entgegen, dessen wir Bild und Werkzeug sind,
Führt unser Weg; unsre innerste Sehnsucht ist:
Werden wie Er, leuchten in Seinem Licht.
Aber irden und sterblich sind wir geschaffen,
Träge lastet auf uns Kreaturen die Schwere.
Hold zwar und mütterlich warm umhegt uns Natur,
Säugt uns Erde, bettet uns Wiege und Grab;
Doch befriedet Natur uns nicht,
Ihren Mutterzauber durchstößt
Des unsterblichen Geistes Funke
Väterlich, macht zum Manne das Kind,
Löscht die Unschuld und weckt uns zu Kampf und Gewissen.

So zwischen Mutter und Vater,
So zwischen Leib und Geist
Zögert der Schöpfung gebrechlichstes Kind,
Zitternde Seele Mensch, des Leidens fähig
Wie kein andres Wesen, und fähig des Höchsten:
Gläubiger, hoffender Liebe.

Schwer ist sein Weg, Sünde und Tod seine Speise,
Oft verirrt er ins Finstre, oft wär ihm
Besser, niemals erschaffen zu sein.
Ewig aber strahlt über ihm seine Sehnsucht,
Seine Bestimmung: das Licht, der Geist.
Und wir fühlen: ihn, den Gefährdeten,
Liebt der Ewige mit besonderer Liebe.

Darum ist uns irrenden Brüdern
Liebe möglich noch in der Entzweiung,
Und nicht Richten und Haß,
Sondern geduldige Liebe,
Liebendes Dulden führt
Uns dem heiligen Ziele näher.

Stufen

Wie jede Blüte welkt und jede Jugend
Dem Alter weicht, blüht jede Lebensstufe,
Blüht jede Weisheit auch und jede Tugend
Zu ihrer Zeit und darf nicht ewig dauern.
Es muß das Herz bei jedem Lebensrufe
Bereit zum Abschied sein und Neubeginne,
Um sich in Tapferkeit und ohne Trauern
In andre, neue Bindungen zu geben.
Und jedem Anfang wohnt ein Zauber inne,
Der uns beschützt und der uns hilft, zu leben.

Wir sollen heiter Raum um Raum durchschreiten,
An keinem wie an einer Heimat hängen,
Der Weltgeist will nicht fesseln uns und engen,
Er will uns Stuf' um Stufe heben, weiten.
Kaum sind wir heimisch einem Lebenskreise
Und traulich eingewohnt, so droht Erschlaffen.
Nur wer bereit zu Aufbruch ist und Reise,
Mag lähmender Gewöhnung sich entraffen.

Es wird vielleicht auch noch die Todesstunde
Uns neuen Räumen jung entgegen senden,
Des Lebens Ruf an uns wird niemals enden ...
Wohlan denn, Herz, nimm Abschied und gesunde!

Uralte Buddha-Figur, in einer japanischen Waldschlucht verwitternd

Gesänftigt und gemagert, vieler Regen
Und vieler Fröste Opfer, grün von Moosen
Gehn deine milden Wangen, deine großen
Gesenkten Lider still dem Ziel entgegen,
Dem willigen Zerfalle, dem Entwerden
Im All, im ungestaltet Grenzenlosen.
Noch kündet die zerrinnende Gebärde
Vom Adel deiner königlichen Sendung
Und sucht doch schon in Feuchte, Schlamm und Erde,
Der Formen ledig, ihres Sinns Vollendung,
Wird morgen Wurzel sein und Laubes Säuseln,
Wird Wasser sein, zu spiegeln Himmels Reinheit,
Wird sich zu Efeu, Algen, Farnen kräuseln, –
Bild allen Wandels in der ewigen Einheit.

Der erhobene Finger

Meister Djü-dschi war, wie man uns berichtet,
Von stiller, sanfter Art und so bescheiden,
Daß er auf Wort und Lehre ganz verzichtet,
Denn Wort ist Schein, und jeden Schein zu meiden
War er gewissenhaft bedacht.
Wo manche Schüler, Mönche und Novizen
Vom Sinn der Welt, vom höchsten Gut
In edler Rede und in Geistesblitzen
Gern sich ergingen, hielt er schweigend Wacht,
Vor jedem Überschwange auf der Hut.
Und wenn sie ihm mit ihren Fragen kamen,
Den eitlen wie den ernsten, nach dem Sinn
Der alten Schriften, nach den Buddha-Namen,
Nach der Erleuchtung, nach der Welt Beginn
Und Untergang, verblieb er schweigend,
Nur leise mit dem Finger aufwärts zeigend.
Und dieses Fingers stumm-beredtes Zeigen
Ward immer inniger und mahnender: es sprach.
Es lehrte, lobte, strafte, wies so eigen
Ins Herz der Welt und Wahrheit, daß hernach
So mancher Jünger dieses Fingers sachte
Hebung verstand, erbebte und erwachte.

Junger Novize im Zen-Kloster

Ist auch alles Trug und Wahn
Und die Wahrheit stets unnennbar,
Dennoch blickt der Berg mich an
Zackig und genau erkennbar.

Hirsch und Rabe, rote Rose,
Meeresblau und bunte Welt:
Sammle dich – und sie zerfällt
Ins Gestalt- und Namenlose.

Sammle dich und kehre ein,
Lerne schauen, lerne lesen!
Sammle dich – und Welt wird Schein.
Sammle dich – und Schein wird Wesen.

Aufsätze, Betrachtungen und Buchbesprechungen

Aus Indien:

Architektur

Große und prächtige Bauten sieht man in der malayischen Welt eigentlich nirgends; die paar Fürsten sind ziemlich bescheiden, und die Bevölkerung hat nie das Bedürfnis gekannt, sich in Bauorgien an Tempeln und anderen Kultusbauten auszutoben. Die buddhistischen und Hindutempel sind ohne viel Variationen von Vorderindien übernommen, die Moscheen sind ohne Originalität, von der meist ganz stillosen modernen Prachtmoschee bis zur kleinen, idyllischen mohammedanischen Dorfkirche, deren Turm aus vier unbehauenen Baumstämmen besteht. Das Klima zerstört alles Menschenwerk hier sehr rasch, die Wohnungen sind nicht auf Stabilität und Dauer, sondern nur aus dem momentanen Bedürfnis nach Schatten, Kühle und Regenschutz angelegt.
Der ebene Boden der malayischen Länder ist großenteils sumpfig und gärt in Fieberluft; Schlangen und Raubtiere sind zu fürchten; so ist heute wie vor viel tausend Jahren der Pfahlbau hier der herrschende Häusertyp. Der Fußboden ruht auf eingerammten oder auch einfach lebendig abgesägten Baumstämmen anderthalb bis zweieinhalb Meter über der Erde, mit ihr verbunden durch eine oder zwei leichte Holztreppen, die zum Schutz gegen Schlangen und anderes Getier möglichst steil angelegt und manchmal mühsam zu ersteigen sind. Der Fußboden besteht häufig aus Brettern, meistens aber nur aus einer losen Lage von Stangen, ist übrigens in allen Häusern mit reinen, schönen Bastmatten belegt. Darüber ruht ein einfaches Giebeldach, dessen vordere Balken häufig wie beim niedersächsischen Bauernhaus kreuzweise überstehen, das Dachgerippe aus Bambusstäben ist mit Palmblättern dicht belegt, leicht kühl und sehr wasserdicht. Ich habe mehrmals im Urwald bei rasenden Tropenregen nachts unter einem solchen Blätterdach gelegen, ohne naß zu werden. Neuerdings sieht man, auch schon auf dem Lande, viele Hohlziegeldächer.
Das ist der Typ des hinterindischen Wohnhauses. An manchen Orten sind die Dächer nach chinesischer Art elegant geschweift

und mit Hörnerschmuck versehen. Eine auffallende malayische Eigenart ist das Gliedern des Hauses und Bewerten der Räume durch Niveauverschiebung, so daß vom Eingang her jeder Raum des Hauses um zwei, drei Handbreiten höher liegt als der vorhergehende.

In den Städten, soweit sie trockenen und gesunden Boden haben, fällt der Pfahlunterbau weg; hier bestimmt der chinesische Typ das Straßenbild, das malayische Fischer- und Bauernhaus ist in die Vorstädte verdrängt. Die Chinesenstraßen, alte wie neue, sind ohne Ausnahme zusammenhängende Reihen kleiner Häuser von zwei, seltener drei Stockwerken; das Erdgeschoß ist Werkstatt oder Laden, das Obergeschoß sieht, wenn die Fensterläden offenstehen, mit offenen, leicht vergitterten Räumen nach der Straße und gibt ihr eine feine Luftigkeit, die Bauten sind farbig verputzt, meist heftig waschblau, was im starken Licht der Tropen kühl und nobel aussieht. Die Vorderräume der Obergeschosse ruhen auf Pfeilern, und so entsteht auf beiden Seiten jeder Straßenflucht eine Kolonnade, fröhlich anzusehen und voll von Bildern des kleinen Lebens. Der reiche Chinese freilich hat sein Landhaus im Villenquartier, luxuriös und meist europäisch beeinflußt, darum her ein stiller, steifer, sonniger Garten, wo jede Pflanze erhöht und isoliert in einer Vase steht.

Die Europäer haben nun alle Städte ganz neu gestaltet und damit viel Hygiene und Bequemlichkeit, aber wenig Schönheit hereingebracht. Von allen Europäerbauten hier draußen sind einzig die Bungalows schön, die in den Villenvorstädten erquickend wohnlich und lieblich in der üppigen Parklandschaft stehen. Diese Bungalows sind darum schön, weil sie notgedrungen sich den Bedürfnissen des Klimas fügen und sich darum an den Urtyp des indischen Wohnhauses halten mußten. Alles andere, was die Weißen hier gebaut haben und bauen, wäre durchaus würdig, in einer deutschen Bahnhofstraße aus den achtziger Jahren zu stehen. Die Engländer tun Großes für ihre Kolonien, die Anlage vieler Geschäftsstraßen, Hafen, Villenviertel und Parkvorstädte samt Straßenbau, Bewässerung und Beleuchtung sind musterhaft und oft von glänzender Großzügigkeit, aber schöne Häuser (mit Ausnahme des Bungalowtyps) konnten auch sie nicht bauen. Und nun wütet falscher Marmor, Wellblech und Gewerbeschulrenaissance weiter und verseucht auch die Modernen und Wohlhabenden unter den einheimischen Bauherren. Japanische Zahnärzte und chinesische Wucherer bauen sich Häuser, die in die geschmacklosesten Straßen deutscher Mittelstädte passen würden. Entsprechend sind Brücken, Brunnen und Denkmäler. Das Übelste aber sind die Kirchen. Von einem feinen stillen Palmenwalde, von einer weitern hübschen Malayendorfgasse oder von einer tiefblauen, diskret uniformen Chinesenstraße aus auf eine Kirche zu blicken, die auf ödem Platz in entwurzelter und entgleister englischer Gotik das kulturelle Unvermögen des Westens predigt, das gehört weit mehr als Schmutz und Fieber zu den Peinlichkeiten einer indischen Reise; denn hier fühlt man sich im Innersten mitverantwortlich. Und diese Dinge sind alle, gleich einem deutschen Postgebäude, ebenso solide wie häßlich gemacht. Ein Malayenhaus, das gestern fertig wurde, wird in drei Monaten wetterfarben und angepaßt und völlig eingewachsen sein, als stände es fünfzig Jahre da; ein holländisches Residentenpalais aber, eine englische Kirche oder ein französisch-katholisches Schulhaus wird unser Auge nicht erfreuen können, ehe es seine schuldbeladene Existenz zu Ende gelebt und seine Bestandteile der Natur zurückgegeben hat.

Spaziergang in Kandy

Das berühmte Kandy liegt in einem bedrückend engen Tal an einem unglücklichen, künstlichen See und hat außer seinem alten Tempel und seinem freilich wunderbar schönen Baumwuchs keine Verdienste, wohl aber alle Laster und Mängel eines von allzu reichen Engländern systematisch verdorbenen Fremdenstädtchens. Dafür aber führen von Kandy weg nach allen Seiten die schönsten Spazierwege der Welt in eine wundervolle Landschaft hinaus. Leider sah ich dies alles trotz einem längeren Aufenthalt nur halb, die Regenzeit hatte sich verspätet, und Kandy lag beständig in einem tiefen Regengrau und Nebelbrei, wie ein Schwarzwaldtal im Spätherbst.
Im leise strömenden Regen schlenderte ich eines Nachmittags durch die ländliche Malabar Street und hatte mein Vergnügen

am Anblick der halbnackten singhalesischen Jugend. Ein atavistisches Behagen und Heimatgefühl, das ich zu meiner Enttäuschung der typisch-tropischen Landschaft gegenüber nie empfunden habe, empfand ich doch jedesmal beim Anblick unbekümmert primitiven Naturmenschentums; das gedeiht und vegetiert hier in Indien noch weit schöner und ernsthafter als etwa in Italien, wo wir sonst die ›Unschuld des Südens‹ suchen. Namentlich fehlt hier im Osten völlig die wahnsinnige Wichtigtuerei und Freude am brutalen Lärm, mit der in den mittelländischen Küstenstädten jeder Zeitungsjunge und Streichholzhausierer sich als schallenden Mittelpunkt der Welt kundgibt. Die Inder, Malayen und Chinesen füllen die unzähligen Straßen ihrer volkreichen Städte mit einem intensiven, bunten, starken Leben, das dennoch mit fast ameisenhafter Geräuschlosigkeit vor sich geht und damit unsere südeuropäischen Städte alle beschämt. Speziell die Singhalesen, so wenig sie sonst imponieren, gehen allesamt durch ihr einfaches, leichtes, wenig differenziertes Leben mit einer liebenswürdigen Sanftmut und einem stillen, rehartigen Anstand, die man im Westen nicht findet.

Vor jeder Hütte hing, schwebend zwischen Hauswand und Straßenbord, ein ganz kleines, naives Gärtchen, und in jedem blühten ein paar Rosen und ein Bäumchen mit Temple flowers, und vor jeder Schwelle trieben sich ein paar hübsche, schwarzbraune, langhaarige oder auch drollig rasierte Kinder herum, die Kleineren völlig nackt, aber auf der Brust mit Amuletten, an Fuß- und Handgelenken mit Silberspangen geschmückt. Sie sind, was mir als Kontrast zu den Malayen auffiel, ohne jede Scheu vor Fremden, kokettieren sogar sehr gerne und lernen den bettelnden Ruf nach Money als erste englische Vokabel, oft noch, ehe sie Singhalesisch können. Die Mädchen und ganz jungen Frauen sind oft wunderschön, und schöne Augen haben sie alle ohne Ausnahme.

Ein steil ins dicke, wirre Grün verschwindender Seitenweg zog mich an, ich stieg hinab durch eine betäubend pflanzenreiche Schlucht, die wie ein Treibhaus gärend duftete. Dazwischen lagen auf zahllosen, winzigen Terrassen schlammige Reisfelder, in deren Morast die nackten Arbeiter und die grauen Wasserbüffel pflügend wühlten.

Plötzlich, nach einem letzten Absturz des Pfades, stand ich überm Ufer des Mahawelli. Der schöne, vom Regen geschwollene Bergfluß strömte in raschem Fall am dunkeln Urgestein der engen Felsenufer hin, kleine wilde Steininseln und Klippen standen schwarz und blank, wie aus glatter Bronze im bräunlichen Wasserschaum.
An einer breiten Felsenbank legte eben eine floßartige Fähre an, ein alter, blinder Mann ward ans Land geführt und tastete mit geduldigem Gesicht und mit welken gelben Händen, von denen ihm das Regenwasser in die Kleider rann, empor nach dem steilen Ufersteig. Rasch betrat ich das kleine Floß und fuhr hinüber, durch die rötliche, felsige Uferlandschaft, und stieg jenseits über die Felsstufen einen Weg durch neue Buschfinsternis hinan, wieder an Hütten und Reisterrassen vorüber. Die Leute haben soeben geerntet und pflügen nun den Sumpf ungesäumt wieder um, um sofort wieder auszusäen, denn in diesem guten Klima und auf diesem Urbrei von Boden wächst jahraus, jahrein Ernte nach Ernte. Das enge Tal mit roter Erde und überquellend dichtem Wachstum strömte im rauschenden Regen einen Geruch von heißer Fruchtbarkeit aus, als koche überall der weiche Erdschlamm in geheimnisvoller Urzeugung.
Zwei Meilen weiter oben sollte ein buddhistischer Felsentempel stehen, der älteste und heiligste von Ceylon, und bald sah ich das Klösterchen und den kleinen Hausgarten der Priester über mir am steilen Bergabhang kleben. Nun kam der Tempel, davor der ausgehöhlte Felsenboden voll Regenwasser stehend, eine schäbige Vorhalle mit nackten Mauerbögen aus neuerer Zeit, alles verlassen, dunkel und grämlich. Ein Junge lief und holte mir einen Priester herbei, die erste Tür des Heiligtums ward erschlossen, zwei winzige Stümpfe von Wachskerzen in der Hand des Priesters flimmerten ängstlich und konnten die schwarzen, stillen Räume nicht erhellen, es schwamm nur der greise, schlichte Kopf des Priesters in einem dünnen, roten Lichtschimmer, der da und dort an den Wänden ein Stück uralter Malerei auferweckte. Ich wollte die Wände besehen, und wir leuchteten nun mit den beiden schwachen, rußenden Lichtlein Zoll für Zoll die Wand entlang und bis zum Boden hinab, als wäre die mächtige Freskenwand eine Briefmarkensammlung. In alten primitiven Konturen, schwach gelb und rot ge-

färbt, kamen unzählige schöne, liebliche, auch lustige Darstellungen aus der Buddhalegende zum Vorschein: Buddha, das Vaterhaus verlassend, Buddha unter dem Bo-Baume, Buddha mit den Jüngern Ananda und Kaundinya. Unwillkürlich fiel mir Assisi ein, wo in der großen, leerstehenden Oberkirche von San Francesco Giottos Franzlegenden die Wände bedecken. Es war genau derselbe Geist, nur war hier alles klein und zierlich, und in der Zeichnung der Bildchen war wohl Kultur und Leben, aber keine Persönlichkeit.

Aber nun schloß der alte Mann die innerste Tür auf. Hier war es völlig finster, im Hintergrund schloß sich die Felsenhöhle. Dort war etwas Ungeheuerliches zu ahnen, und da wir mit den Kerzen näher kamen, entstand aus Glanzlichtern und Schatten schwankend eine riesige Form, größer als der Kreis unserer schlechten Lichter, und allmählich erkannte ich mit einem Schauder das liegende Haupt eines kolossalen Buddha. Weiß und riesig glänzte das Gesicht des Bildes her und unser bißchen Licht ließ nur die Schultern und Arme noch erfühlen, das andere verlor sich in der Dunkelheit, und ich mußte viel hin und her gehen und den Priester bemühen und mit den zwei Kerzen Versuche machen, ehe ich dämmernd die ganze Figur zu sehen bekam. Der liegende Buddha, den ich erblickte, ist zweiundvierzig Fuß lang, er füllt die Höhlenwand mit seinem Riesenleib, auf seiner linken Schulter ruht der Fels, und wenn er aufstünde, fiele der Berg über uns zusammen.

Und auch hier fiel mir ungesucht ein ähnliches Erlebnis ein. Vor Jahren trat ich einst in eine kleine gotische Kapelle in einem elsässischen Dorf, das Tageslicht fiel schwach und farbig schräg durch gemalte und verstaubte Scheiben, und aufblickend sah ich mit heftigem Erschrecken über mir im halben Lichte einen riesengroßen, geschnitzten Christus schweben, am Kreuz, mit roten grimmigen Wunden und mit blutiger Stirn.

Wir sind weit gekommen, und es ist schön, daß wir, ein kleiner, winziger Teil der Menschheit, diese beiden nicht unbedingt mehr brauchen, den blutigen Kruzifixus nicht und nicht den glatten lächelnden Buddha. Wir wollen sie und andere Götter auch weiter überwinden und entbehren lernen. Aber schön wäre es, wenn einst unsere Kinder, die ohne Götter aufgewachsen sind, wieder den Mut und die Freudigkeit und den Schwung der Seele fänden, so klare, große, eindeutige Denkmäler und Symbole ihres Innern zu errichten.

In Kandy

Kandy soll der hübscheste Ort auf der schönen Insel Ceylon sein, und die Eisenbahnfahrt dahin von Colombo aus ist eine tolle Folge von Überraschungen und Schönheiten. Kandy selbst aber ist der Rest einer sehr alten Königs- und Priesterstadt, und neuerdings ist es dem Geld der Engländer gelungen, ein bequemes, sauberes, verdorbenes Hotel- und Fremdennest daraus zu machen. Trotzdem ist Kandy schön; denn mit allem Geld und allem Zement der Welt läßt sich das strotzende Wachstum dieser Landschaft nicht kaputtmachen. Da sieht man an grünen Hügelhängen den ganzen überschwenglichen Busch- und Baumwuchs noch viel überschwenglicher von Schlingpflanzen überwachsen, abenteuerlich großblumige Winden und Klematis blühen und duften in ganzen Kaskaden ins Tal herab, wo der künstliche See unheilbar an seinem grotesk unorganischen Zuschnitt leidet. Mutige Engländer gehen an diesem See spazieren, wo alte Frauen mit rostigen Schwertern den Rasen abmähen, und die englischen Spaziergänger fühlen sich nicht belästigt von dem unablässigen Zudrängen der Kutscher, Rikschakulis, Händler und Bettler, die sich kriechend und schamlos anbieten; denn die Engländer sind reich und sind geniale Kolonisatoren, und es macht ihnen ein Hauptvergnügen, dem Untergang der von ihnen erdrückten Völker zuzuschauen. Denn dieser Untergang geht überaus human, freundlich und fröhlich vor sich, es ist kein Totschlagen und nicht einmal ein Ausbeuten, sondern ein stilles, mildes Korrumpieren und moralisches Erledigen. Immerhin, dieser englische Betrieb hat Stil, und Deutsche oder Franzosen würden es viel schlimmer und viel dümmer machen, wie ja überhaupt der Engländer der einzige Europäer ist, der draußen unter den Naturvölkern nicht komisch wirkt. Ich ließ mich denn auch nicht abschrecken, sondern versuchte gleich am ersten Tag möglichst viel von Kandy zu sehen. Leicht ist dies nicht, wenn man offene Ohren und ein etwas zartes Gemüt hat; denn ein Spaziergang durch die Stadt bedeutet ein anstrengendes und empörendes Spießrutenlaufen zwischen den Hyänen der Fremdenindustrie, wie man es auch in Europa nur an den vom englischen Geld beglückten Fremdenplätzen erleben kann. Schließlich ist man froh, sich zu dem grinsenden Rikschakuli zu flüchten, der einem zwanzigmal mit seiner Wagendeichsel den Weg versperrt und den man zwanzigmal weggejagt hat; er hatte recht, er wußte genau, daß er und alle seine Kollegen jeden Versuch eines Neulings, in Kandy spazierenzugehen, stets mit der Flucht in einen Wagen enden lassen.

Nun, man kann sich an vieles gewöhnen. Ich hatte mich mit der Hitze von Singapore und Colombo, mit den Moskiten des Urwalds, mit indischen Mahlzeiten, mit Durchfall und Kolik abgefunden, so mußte es auch hier gehen. Ich lernte, an den schönsten kleinen Mädchen mit den traurigsten schwarzen Inderaugen vorbeizusehen, wenn sie bettelten, ich lernte die weißhaarigsten Urgroßväter, die wie Heilige aussahen, mit kalten Blicken zurückweisen, ich gewöhnte mich an ein treues Gefolge von käuflichen Menschen jeder Art, das ich durch feldherrnhafte Handbewegungen und grobe Zurufe in Schranken zu halten wußte. Ich lernte sogar, mich über Indien lustig zu machen, und ich schluckte die scheußliche Erfahrung, daß der seelenvolle, suchende Beterblick der meisten Inder gar nicht ein Ruf nach Göttern und Erlösung ist, sondern einfach ein Ruf nach Money.

Als ich aber beinahe so weit war, beging ich in meinem Übermut die Tollheit, eines Nachmittags mit einem Schmetterlingsnetz in der Hand auszugehen. Daß das die Neugierde und vielleicht den Spott der Straßenjugend provozieren würde, hatte ich im voraus bedacht – dagegen war ich von den sonst so gutmütigen Malayen her abgehärtet –, und wirklich riefen sämtliche Gassenbuben mit Gelächter mir etwas gurgelnd Singhalesisches nach. Ich fragte einen singhalesischen studierenden Jüngling, der mir mit Büchern unterm Arm begegnete, was der Ausruf bedeute; er lächelte höflich und sagte leise: *»Oh, master, they are telling that you are an Englishman who is trying to catch butterflies!«* Die Buben sahen freilich drein, als hätten sie weniger harmlose Sachen gerufen. Zufrieden ging ich weiter und war auch dadurch nicht zu überraschen, daß zahlreiche andere Jungen sich mir anschlossen, die mir gute Schmetterlingsplätze zeigen wollten, mich mit Eifer auf jede vorüberschwirrende Fliege aufmerksam machten und dabei jedesmal die Hand um einen Penny ausstreckten. Dies alles konnte mich kaum mehr stören, und als die Straße stiller wurde und ein naher, schmaler Waldweg Einsamkeit verhieß, schlug ich aufatmend mit einem Rest von Humor die letzten Peiniger in die Flucht und bog rasch in den rettenden Pfad ein.

So geht der Mensch verblendet seinen Weg und glaubt zu siegen, wo er der elend Geschlagene ist. Während ich stolz dahinschritt und mir einbildete, ich habe es wieder einmal sehr schlau gemacht, war schon das Verhängnis über mir und eine Angel nach mir ausgeworfen, die ich nicht ahnte und an der ich lange zu schlucken haben sollte. Die ganze Zeit her war dreißig Schritte hinter mir ein schöner stiller Mann oder Herr gegangen, mit krausem tiefschwarzem Haar, mit braunen traurigen Augen und einem schönen schwarzen Schnurrbart. Er hieß, wie ich später erfahren sollte, Victor Hughes, und es war mir vom Schicksal bestimmt, dieses Mannes Opfer zu werden.

Mit ehrerbietigem Gruße trat er zu mir heran, lächelte mit feiner Höflichkeit und erlaubte sich, mich in tadellosem Englisch darauf aufmerksam zu machen, daß dieser Weg in einen Steinbruch führe und daß hier auf keinerlei Ausbeute an Schmetterlingen zu hoffen sei. Dort drüben hingegen, mehr rechts, sei keine üble Gegend und dort südlich, auf der andern Talseite, sei einer der allerbesten Plätze. Ehe ich viel mehr als Ja und Nein und Dankeschön gesagt hatte, waren wir in einer Art von Konversation und persönlicher Verbindung; aus den klugen bekümmerten Augen des schönen Menschen sah mich ein altes, vornehmes, unterdrücktes Volkstum mit stillem Vorwurf an, aus seinen Worten und Gebärden sprach eine alte Kultur wohlgepflegter Höflichkeit und zarter buddhistischer Sanftmut. Ich begann alsbald diesen Mann mit einer Mischung von Mitleid und Hochachtung zu lieben. Als weißer Fremdling im Tropenhut war ich der Herr, der Master und Sahib, vor dem er als armer Eingeborener sich neigte; seine aristokratische Erscheinung aber, seine Orts- und Sachkenntnis und sein vortreffliches Englisch gaben ihm eine Überlegenheit, die ich alsbald empfand. Denn Victor Hughes verstand auch von Schmetterlingen unendlich viel mehr als ich; er nannte mit kollegialem Lächeln ganze Reihen von lateinischen Namen, die ich nie gehört hatte, zu denen ich aber gönnerhaft nickte, um meinen kindlichen Dilettantismus zu verbergen. Ich sagte auch ein paarmal zwischenhinein mit verlegen väterlichem Ton (dem Ton, den der Engländer dem Eingeborenen gegenüber eingeführt hat): »*Yes, yes, my dear man, I know all about Kandy-butterflies!*« Er sprach mit mir über indische Schmetterlinge, wie etwa der erfahrene Obergärtner eines Palmengartens mit einem fremden Besucher spricht, den er für einen Botaniker hält. Mein schlechtes Englisch, mit dem ich möglichst sparsam umging, ließ mich nicht zu Erklärungen kommen, so daß ich unversehens mich immer tiefer in die Lüge verstrickte und, fast ohne etwas zu sagen, mit stummem Spiel immer mehr die Rolle des Kenners und wissenschaftlichen Sammlers übernahm.

Als wir so weit miteinander waren, als ich Herrn Victor Hughes schweigend das Recht zuerkannt hatte, mich als eine Art von wenig höherstehendem Kollegen anzusehen und mir Interessen und Absichten zuzutrauen, die ich gar nicht hatte, da zauberte er, völlig überraschend, aus seinen Gewändern plötzlich eine hübsche kleine Holzkiste hervor, auf seinem edeln Gesicht erschien, meinen sofort emporgeschnellten Argwohn bestätigend, ein schmeichelndes Hausiererlächeln, er öffnete die Truhe mit einer einladenden Gebärde, und ich sah auf weißem Grunde eine wundernette, tadellos präparierte Sammlung von Schmetterlingen und Käfern ausgebreitet, die er mir für die Kleinigkeit von fünfzehn Rupien zum Kauf anbot.

Ich sah sofort den ganzen Umfang der Gefahr; aber ich war wehrlos. Es war mir unmöglich, diesem höflichen und beinahe gelehrten Singhalesen gegenüber plötzlich den Standpunkt zu wechseln, ja, die Enthüllung seiner Absichten, seiner heimlichen Bedürftigkeit steigerte beinahe meine Sympathie oder mindestens mein Mitleid für ihn, und doch hatte ich keinerlei Lust zu kaufen, ich war sogar genötigt, mit dem Rest meiner Reisekasse sehr sparsam umzugehen.

So stimmte ich denn meinen Ton um einen Schatten kühler und erklärte bedauernd, daß ich zwar ein Sammler, nicht aber ein Käufer von Schmetterlingen sei, daß überdies fertig präparierte Exemplare für mich ganz ohne Interesse seien.

Mr. Hughes begriff das vollständig.
Gewiß, solche Sammler wie ich kauften ja niemals aufgespannte Falter, er habe sich das gleich gedacht und mir nur eine kleine Probe zeigen wollen. Selbstverständlich würde ich nur frische Exemplare in Papiertüten kaufen, die er mir heute abend zu zeigen gedenke. Er wisse, daß ich im Queens Hotel wohne: ob ich dort um sechs Uhr zu finden sei? Das wisse ich nicht, antwortete ich kurz, und jetzt sei es mein Wunsch, meinen Spaziergang ungestört fortzusetzen. In bester Form zog er sich zurück, und wieder glaubte ich, entronnen zu sein und Ruhe zu haben.
Aber nun war Hughes zu meinem Schicksal geworden. Er stand am Abend in der Halle des Hotels, er begrüßte mich anspruchslos, und wir wechselten ein paar Worte übers Wetter, da zauberte er hinter einer Säule des Vestibüls hervor eine ganze Anzahl von Schachteln, Dosen und Kistchen, und ich sah mich im Augenblick von einer reichen, geschickt ausgebreiteten Schaustellung indischer Falter umgeben. Zuschauer kamen an den Tisch, Victor Hughes zeigte eine Reihe von englischen, amerikanischen, deutschen Anerkennungsschreiben und Bestellbriefen vor, und je mehr Publikum sich einfand, desto weniger mochte ich mich mit meinem übeln Englisch zur Schau stellen. Ich stand plötzlich auf, als falle mir etwas Wichtiges ein, ließ Hut und Mantel liegen und eilte zum Lift, mit dem ich in das dritte Stockwerk entfloh. Mit dieser Flucht hatte ich das Heft vollends aus der Hand gegeben. Von da an sah ich in Kandy nichts anderes mehr als meinen Herrn Hughes. Er stand an jeder Straßenecke, die ich zu Fuß passierte, er hob den Mantel auf, der mir vom Wagen glitt, er kannte meine Zimmernummer im Hotel und die Zeit meiner Ausgänge und Mahlzeiten. Wartete ich morgens mit dem Ausgehen bis acht Uhr, so stand er an der Treppe, verließ ich andern Tages das Haus schon um halb sieben, so war er auch da. Wenn ich sorglos in einem Kaufladen ausruhte und Ansichtskarten auswählte, erschien er lächelnd am Ladeneingang, eine kleine Kiste unterm Arm, und wenn ich draußen im Walde einen Fehlschlag mit dem Schmetterlingsnetz tat, so bog Hughes um die Ecke, deutete dem entkommenen Falter nach und nannte seinen lateinischen Namen. »Ich habe gute Exemplare davon, auch Weibchen; ich bringe sie um sieben Uhr ins Hotel!«

Nach einigen Tagen hatte er es erreicht, daß ich kein höfliches Wort mehr mit ihm sprach, ihm aber etwas für zehn Rupien abkaufte. Nun hatte ich mir das Recht erworben, ihn zu ignorieren, ihn anzuschnauzen, ihn mit barscher Gebärde von mir zu weisen. Er war aber immer da, war immer schön und höflich, blickte traurig aus braunen Augen, sprach mich freudig an und ließ ergeben die mageren braunen Hände sinken, wenn ich schalt, und immer trug er in der Tasche oder im Lendentuch verborgen ein Kästchen, eine Schachtel, eine Dose bei sich, früh und spät, und immer neue Sachen, bald einen riesigen Atlasfalter, bald ein ›lebendes Blatt‹, bald einen Goldkäfer oder Skorpion. Er trat aus dem Schatten eines Pfeilers hervor, wenn ich den Speisesaal verließ, er war verwandt mit dem Händler, bei dem ich Zahnpulver kaufte, und befreundet mit dem Wechsler, bei dem ich mein Geld wechselte. Er begegnete mir am See und beim Tempel, im Wald und auf der Gasse, er begrüßte mich frühmorgens nach dem Bade und stand spät abends, wenn ich vom Billardsaal herüberkam, müde und vorwurfsvoll im Vestibül, mit höflich geneigtem Kopf und stillen, wartenden Augen und mit irgendeinem verborgenen Schatz im Gewande. Ich gewöhnte mich daran, ihn von weitem im Gedränge der Straße zu erkennen und zu fliehen, ihn plötzlich nahen zu fühlen und meine Blicke zu versteinern, ich lernte auf Ausflügen jeden Seitenpfad mit Mißtrauen nach seiner Gestalt absuchen und das Hotel heimlich, wie ein Zechpreller, verlassen. Er erschien mir mehrmals im Traum, und ich wäre nicht erstaunt gewesen, ihn abends unter meiner Bettstatt verborgen zu finden …

Niemals kann ich mehr an Kandy denken, ohne ihn zu sehen, sein Bild ist mir stärker eingeprägt als alle Palmen und Bambusse, Tempel und Elefanten. Und als ich Ceylon längst verlassen hatte und seit vielen Tagen auf dem Wasser war, passierte es mir noch gelegentlich, daß ich morgens beim Gang von der Kabine aufs Deck mit einem Gefühl von Bangigkeit und Beschämung um mich blickte, ob nicht an einer Türe, hinter einem Pfeiler, in einem Korridor Victor Hughes auf mich lauere …

Tagebuchblatt aus Kandy

Es ist Abend; ich liege im Hotelzimmer. Seit einigen Tagen lebe ich von Rotwein und Opium, und mein Darm muß eine rasende Lebenskraft oder einen verzweifelten Todesmut besitzen, daß er trotz allem noch nicht Ruhe gibt. Zum Stehen und Gehen reicht heute abend der Mut und die Kraft nimmer recht, auch haben wir Regenzeit, und draußen liegt eine verregnete, tiefschwarze Nacht, obwohl es kaum erst Abend wurde. Ich muß irgendwie von der augenblicklichen Gegenwart abstrahieren; so will ich denn zu notieren versuchen, was ich vor zwei Stunden gesehen habe.

Es war etwa sechs Uhr und schon fast Nacht; der Regen floß; ich war vom Bett aufgestanden und ausgegangen, schwach vom Liegen und Fasten und betäubt von den Opiaten, mit denen ich gegen die Dysenterie ankämpfe. Ohne viel Überlegung bog ich in der Finsternis in den Tempelweg ein und stand nach einer Weile überm dunklen Wasser am Eingang des alten Heiligtums, in welchem der schöne, lichte Buddhismus zu einer wahren Rarität von Götzendienst gediehen ist, neben der auch der spanische Katholizismus noch geistig erscheint. Eine traumhaft dumpfe Musik scholl mir entgegen; hier und da knieten dunkle Beter tiefgebückt und murmelnd; ein süßer heftiger Blumenduft überfiel mich betäubend; durchs Tempeltor sah ich in düster-nächtliche Räume, in denen viele einzelne dünne Kerzen irrlichthaft und verwirrend brannten.

Ein Führer hatte sich meiner sofort bemächtigt und schob mich vorwärts; zwei Jünglinge in weißen Kleidern mit guten, sanftäugigen Singhalesengesichtern eilten herbei, jeder mit zwei brennenden Kerzchen in der Hand, um mich führen zu helfen. Vorausschreitend beleuchteten sie eifrig, im Gehen tiefgebückt, jede kleinste Stufe und jeden Pfeilervorsprung, an den ich stoßen konnte; und benommenen Sinnes stieg ich in das Abenteuer hinein wie in eine arabische Märchen- und Schatzhöhle.

Eine Messingschale ward mir vorgehalten und eine Eintrittsgabe für den Tempel gefordert, ich legte eine Rupie hinein und ging weiter, die Kerzenträger vor mir her. Weiße süßduftende Tempelblumen wurden mir geboten, ich nahm einige zu mir, gab dem Darbietenden Geld und legte die Blüten in verschiedenen Nischen und vor verschiedenen Bildern als Opfer nieder. Dem Führer folgend, während vor meinen Augen die Finsternis mit hundert kleinen goldenen Kerzenpunkten flammend tanzte, kam ich an kleinen steinernen Löwen und vielen Lotosblumenbildern, an geschnitzten und bemalten Säulen und Pfeilern vorbei und eine dunkle Treppe empor und stand vor einem großen gläsernen Schrein, der war an den Scheiben und Stäben voll von Schmutz und innen voll von Buddhabildern, von goldenen und messingenen, silbernen und elfenbeinernen, granitenen und hölzernen, alabasternen und edelsteingezierten, von Bildern aus dem nördlichen und südlichen Indien, aus Siam und aus Ceylon. In einem üppig ornamentierten Silberschrein aber saß still und unendlich apart ein schöner alter Buddha, der war aus einem einzigen riesigen Kristall geschnitten, und das Kerzenlicht, das ich dahinter hielt, schien farbig durch seinen gläsernen Leib; und von allen diesen vielen Bildern des Vollendeten war dies kristallene das einzige, das ich nicht vergesse und das den schlackenlosen Erlösten wahrhaft ausdrückt.

Hier und überall waren Priester, Tempeldiener und Handlanger in Menge da; Hände streckten sich mir entgegen, und feierliche messingene und silberne Schalen wurden mir allenthalben vorgehalten. Ich gab, um es kurz zu sagen, mehr als dreißig Trinkgelder. Doch tat ich dies, wie auch alle Fragen an die Priester, nur in einem unzulänglichen Traumzustand und Halbbewußtsein. Ich hatte keinerlei Achtung vor den miserablen Priestern, ich verachtete die Bilder und Schreine, das lächerliche Gold und Elfenbein, das Sandelholz und Silber, aber ich fühlte tief und mitleidend mit den guten, sanften indischen Völkern, die hier in Jahrhunderten eine herrlich reine Lehre zur Fratze gemacht und dafür einen Riesenbau von hilfloser Gläubigkeit, von töricht herzlichen Gebeten und Opfern, von rührend irrender Menschentorheit und Kindlichkeit errichtet haben. Den schwachen, blinden Rest der Buddhalehre, den sie in ihrer Einfalt verstehen konnten, den haben sie verehrt und gepflegt, geheiligt und geschmückt, dem haben sie Opfer gebracht und kostbare Bilder errichtet – was tun dagegen wir klugen und geistigen Leute aus dem Westen, die wir

dem Quell von Buddhas und von jeder Erkenntnis viel näher sind? –
Weiter ward ich an Altären und Säulen vorübergeschleppt. Da und dort glänzten Gold und Rubinen auf, mattes altes Silber in Menge, und neben dem phantastischen Reichtum dieser Tempelschätze war die Schäbigkeit der Diener und Priester, die Armut der Holzverschläge und Glaskästchen, die bettelhafte Dürftigkeit der Beleuchtung ganz wunderlich anzusehen. Priester zeigten die alten heiligen Bücher des Tempels vor, die in Silber reich gebunden sind und deren heilige Texte in Sanskrit und Pali sie vermutlich selber nicht mehr lesen können; und was sie selber gegen ein Trinkgeld auf Palmblätter schrieben, war kein schöner Spruch oder Name, sondern das Datum des Tages und der Ortsname; eine nüchterne, schäbige Quittung.
Schließlich ward mir der Altarschrein und das Behältnis gezeigt, worin der heilige Zahn Buddhas verwahrt wird. Wir haben das alles in Europa auch; ich gab meinen Obolus hin und ging weiter. Der Buddhismus von Ceylon ist hübsch, um ihn zu photographieren und Feuilletons darüber zu schreiben; darüber hinaus ist er nichts als eine von den vielen rührenden, qualvoll grotesken Formen, in denen hilfloses Menschenleid seine Not und seinen Mangel an Geist und Stärke ausdrückt.
Und nun zerrten sie mich unversehens in die Nacht hinaus; in der wolligen Dunkelheit strömte immerzu der heftige Regen, unter mir spiegelten die Kerzen der Jünglinge sich im heiligen Schildkrötenteich. Ach, es fehlt hier nicht an Heiligkeit und heiligen Dingen; aber jenem Buddha, der nicht aus Stein und Kristall und Alabaster war, dem war alles heilig, dem war alles Gott!
Man zog und schob mich, der ich in der Dunkelheit mich blind fühlte und willenlos mitlief, in Eile über einige Treppenstufen und über nasses Gras hinweg ins Freie, wo plötzlich als rotes Viereck in der Nacht die erleuchtete Türöffnung eines zweiten, kleineren Tempels vor uns stand. Ich trat ein, opferte Blumen, ward zu einer inneren Tür gedrängt und sah plötzlich erschrekkend nahe vor mir einen großen liegenden Buddha in der Wand, achtzehn Fuß lang, aus Granit und grell mit Rot und Gelb bemalt. Wunderlich, wie noch aus der glatten Leere all

dieser Figuren ihre herrliche Idee hervorstrahlt, die faltenlos heitere Glätte im Angesicht des Vollendeten.
Nun waren wir fertig; ich stand wieder im Regen und sollte noch den Führer, die Kerzenträger und den Priester des kleineren Tempels bezahlen, aber ich hatte all mein Geld weggegeben und sah nun, auf die Uhr blickend, mit Befremdung, daß diese ganze nächtliche Tempelreise nur zwanzig Minuten gedauert hatte. Rasch lief ich zum Hotel zurück, hinter mir im Regen die kleine Schar meiner Gläubiger vom Tempel. Ich erhob Geld an der Hotelkasse und teilte es aus; es verneigte sich vor seiner Macht der Priester, der Führer, der erste und der zweite Kerzenjüngling; und fröstelnd stieg ich die vielen Treppen zu meinem Zimmer hinauf.

Pedrotallagalla

Um in der Stille einen schönen und würdigen Abschied von Indien zu feiern, stieg ich an einem der letzten Tage vor der Abreise allein in einer kühlen Regenmorgenfrische auf den höchsten Berggipfel von Ceylon, den Pedrotallagalla. In englischen Fuß ausgedrückt, klingt seine Höhe sehr respektabel, in Wirklichkeit sind es wenig über zweieinhalbtausend Meter und die Besteigung ist ein Spaziergang.
Das kühle grüne Hochtal von Nurelia lag silbrig in einem leichten Morgenregen, typisch englisch-indisch mit seinen Wellblechdächern und seinen verschwenderisch großen Tennis- und Golfgründen, die Singhalesen lausten sich vor ihren Hütten oder saßen fröstelnd in wollene Kopftücher gewickelt, die schwarzwaldähnliche Landschaft lag leblos und verhüllt. Außer wenigen Vögeln sah ich lange Zeit kein Leben als in einer Gartenhecke ein feistes, giftig grünes Chamäleon, dessen boshafte Bewegungen beim Insektenfang ich lange beobachtete. Der Pfad begann in einer kleinen Schlucht emporzusteigen, die paar Dächer verschwanden, ein starker Bach brauste unter mir hin. Eng und steil stieg der Weg eine gute Stunde lang gleichmäßig bergauf, durch dürres Buschdickicht und lästige Mückenschwärme, nur selten ward an Wegbiegungen die Aussicht frei und zeigte immer dasselbe, hübsche, etwas langweilige Tal mit

dem See und den Hoteldächern. Der Regen hörte allmählich auf, der kühle Wind schlief ein, und hin und wieder kam für Minuten die Sonne heraus.

Ich hatte den Vorberg erstiegen, der Weg führte eben weiter über elastisches Moor und mehrere schöne Bergbäche. Hier stehen die Alpenrosen üppiger als daheim, in dreimal mannshohen starken Bäumen, und ein silbriges, pelzig weiß blühendes Kraut erinnerte sehr an Edelweiß; ich fand viele von unsern heimatlichen Waldblumen, aber alle seltsam vergrößert und gesteigert und alle von alpinem Charakter. Die Bäume aber kümmern sich hier um keine Baumgrenze und wachsen kräftig und laubreich bis in die letzten Höhen hinauf.

Ich näherte mich der letzten Bergstufe, der Weg begann rasch wieder zu steigen, bald war ich wieder von Wald umgeben, von einem sonderbar toten, verzauberten Wald, wo schlangenhaft gewundene Stämme und Äste mich blind mit langen, dicken, weißlichen Moosbärten anstarrten; ein nasser, bitterer Laub- und Nebelgeruch hing dazwischen.

Das war alles ganz schön, aber es war nicht eigentlich das, was ich mir heimlich ausgedacht hatte, und ich fürchtete schon, es möchte zu manchen indischen Enttäuschungen heute noch eine neue kommen. Indessen nahm der Wald ein Ende, ich trat warm und etwas atemlos auf ein graues ossianisches Heideland hinaus und sah den kahlen Gipfel mit einer kleinen Steinpyramide nahe vor mir. Ein harter, kalter Wind drang auf mich ein, ich nahm den Mantel um und stieg langsam die letzten hundert Schritte hinan.

Was ich da oben sah, war vielleicht nichts typisch Indisches, aber es war der größte und reinste Eindruck, den ich von ganz Ceylon mitnahm. Soeben hatte der Wind das ganze weite Tal von Nurelia klargefegt, ich sah tiefblau und riesig das ganze Hochgebirge von Ceylon in mächtigen Wällen aufgebaut, inmitten die schöne Pyramide des uralt-heiligen Adams-Pik. Daneben in unendlicher Ferne und Tiefe lag blau und glatt das Meer, dazwischen tausend Berge, weite Täler, schmale Schluchten, Ströme und Wasserfälle, mit unzählbaren Falten die ganze gebirgige Insel, auf der die alten Sagen das Paradies gefunden haben. Tief unter mir zogen und donnerten mächtige Wolkenzüge über einzelne Täler hin, hinter mir rauchte quirlender

Wolkennebel aus schwarzblauen Tiefen, über alles weg blies der kalte sausende Bergwind. Und Nähe und Weite stand in der feuchten Luft verklärt und tief gesättigt in föhnigem Farbenschmelz, als wäre dieses Land wirklich das Paradies, und als stiege eben jetzt von seinem blauen, umwölkten Berge groß und stark der erste Mensch in die Täler nieder.

Diese große Urlandschaft sprach stärker zu mir als alles, was ich sonst von Indien gesehen habe. Die Palmen und die Paradiesvögel, die Reisfelder und die Tempel der reichen Küstenstädte, die von Fruchtbarkeit dampfenden Täler der tropischen Niederungen, das alles, und selbst der Urwald, war schön und zauberhaft, aber es war mir immer fremd und merkwürdig, niemals ganz nah und ganz zu eigen. Erst hier oben in der kalten Luft und dem Wolkengebräu der rauhen Höhe wurde mir völlig klar, wie ganz unser Wesen und unsre nördliche Kultur in rauheren und ärmeren Ländern wurzeln. Wir kommen voll Sehnsucht nach dem Süden und Osten, von dunkler, dankbarer Heimatahnung getrieben, und wir finden hier das Paradies, die Fülle und reiche Üppigkeit aller natürlichen Gaben, wir finden die schlichten, einfachen, kindlichen Menschen des Paradieses. Aber wir selbst sind anders, wir sind hier fremd und ohne Bürgerrecht, wir haben längst das Paradies verloren, und das neue, das wir haben und bauen wollen, ist nicht am Äquator und an den warmen Meeren des Ostens zu finden, das liegt in uns und in unsrer eignen nordländischen Zukunft.

(1912)

Chinesisches

I

Was uns die Weisen des alten China zu sagen haben, mag mehr sein, als mancher von uns denkt; doch mag das Wesentliche wohl in wenigen Büchern Raum finden. Davon sind einige der wichtigsten, wohl die wichtigsten überhaupt, uns jetzt schon zugänglich gemacht.

Der berühmteste chinesische Weise war von altersher Confuzius, und insofern mit Recht, als er von allen Denkern den stärksten Einfluß auf Leben und Geschichte seines Landes gehabt hat. Ihn stellen wir uns denn auch im ganzen richtig vor, wenn wir ihn uns ganz »chinesisch« denken, das heißt formalistisch bis zur Pendanterie, aber wir tun den Chinesen Unrecht, wenn wir auf Grund dieses Urteils den chinesischen Geist überhaupt für steif und unphilosophisch-äußerlich halten, wogegen schon Confuzius selber genug Beweise enthielte. Daß es in China große Philosophen und Ethiker gegeben hat, deren Kenntnis für uns nicht weniger wertvoll ist als die der Griechen, Buddhas und Jesu, das ist noch immer wenig bekannt. Ist doch der größte Weise Chinas in der eigenen Heimat nie recht populär geworden und neben Confuzius, seinem etwas jüngeren Zeitgenossen, immer im Schatten geblieben. Ich rede von Lao-Tse, dessen Lehre in dem Buch Tao-te-king uns aufbewahrt worden ist. Seine Lehre vom Tao, dem Urprinzip alles Seins, könnte uns als philosophisches System gleichgültig bleiben oder höchstens interessierte Liebhaber anziehen, enthielte sie nicht eine so persönlich-kräftige, große und schöne Ethik, daß ihr letzter deutscher Bearbeiter, übrigens ein Theologieprofessor, den Lao-Tse direkt in Parallele mit Jesus stellt. Auf uns Ungelehrte nun wird freilich der Chinese einstweilen nicht so mächtige Wirkung üben können, da sein Werk für uns eine schwere, fremde Sprache redet, der nur mit Fleiß und echter Bemühung nahezukommen ist. Wer dazu Lust und Kraft hat, wird es nicht bereuen, wenn er den *Lao-Tse* in der eben erschienenen Übersetzung von *Julius Grill* (bei Mohr, Tübingen) studiert. Es handelt sich hier nicht um ein Kuriosum und eine

literarisch-ethnologische Rarität, sondern um eines der ernsthaftesten und tiefsten Bücher des Altertums überhaupt.
Den *Confuzius* machen uns die bei Diederichs in Jena deutsch erschienenen *»Gespräche«*, die ich schon einmal anzeigte, zugänglich. Von den späteren chinesischen Denkern ist einer der originellsten und dabei anschaulichsten nun auch, wenigstens in einer Auswahl, deutsch zu haben: *»Reden und Gleichnisse des Tschuang-Tse«*, deutsche Auswahl von *Martin Buber*, im Inselverlag, Leipzig. Tschuang-Tse ist dreihundert Jahre später als Lao-Tse, und Grill vergleicht sein Verhältnis zu jenem dem des Plato zu Sokrates. Es steht mir nicht an, weder über die chinesischen Bücher selbst noch über die Arbeit ihrer Übersetzer klug zu reden; ich wollte nur erzählen, daß diese merkwürdigen Bücher mir, der ich vom alten Orient nur die buddhistischen und dem Buddhismus verwandten Philosophien als Laie gekannt hatte, ganz neue Werte mitgeteilt haben. Ostasien hat, zwischen Buddha und Christus, eine nie zur Volksreligion gewordene Philosophie besessen, deren aktive, lebendig schöne Ethik der christlichen entschieden näher steht als der indisch-buddhistischen.
Ich habe mich manchmal darüber beklagt, daß wir von der Arbeit unserer akademischen Orientalisten so wenig Früchte zu sehen bekommen. Hier sind nun einige, und es ist nur zu wünschen, daß sie wirken und weiter wachsen. Ihre Kenntnis soll uns ja nicht auf fremde Wege führen, sondern eine frohe Bestätigung dessen bringen, was wir längst als unsern besten Besitz hochschätzten.

(1911)

II

Unsere Zeit hat, trotz aller sozialen Arbeit, doch noch immer stark individualistische Ideale, in der Kunst und Kunstbetrachtung vor allem. Reichlich zwei Jahrzehnte lang hat Europa, dem genialen Jakob Burckhardt folgend, für die italienische Renaissance und die prächtige Kraft ihrer Gewaltmenschen geschwärmt, und Europa, speziell Deutschland, hat den seltsamen Irrtum begangen, sogar auf dem Gebiete des Hand-

werkes und Kunstgewerbes einen heftigen Persönlichkeitskultus zu treiben.
Als Rückschlag auf diese Romantik erleben wir jetzt eine Wendung des ästhetischen und menschlichen Interesses zu Künsten und Völkern, deren Ideale durchaus überindividuelle waren oder sind. Vor allem hat Ostasien, weit über die ja längst vorhandene Freude an hübschen japanischen Erzeugnissen hinaus, bei uns eine erneute tiefe Teilnahme und ein eifriges Studium wachgerufen. Der chinesische Prophet Laotse, der Schwerverständliche, ist wiederholt übersetzt worden, und zwar in mehrere europäische Sprachen, darunter ganz neuerdings dreimal ins Deutsche. Eine sehr lesbare deutsche Ausgabe des Konfuzius ist erschienen, daneben haben seit Jahren die hübschen Japanbücher von Lofcadio Hearn gewirkt, und die ostasiatische alte Kunst ist in manchen wertvollen Monographien uns nähergebracht worden.
Im Osten selber, unter den Europäern Indiens und Chinas, werden zwar chinesische Kunstfertigkeit und Solidität hoch geschätzt, und wenige Weiße kehren nach Europa heim, ohne als beste Gabe aus dem Osten chinesische Gewebe und Stickereien, japanische und chinesische Holzarbeiten und Keramiken mitzubringen. Die Kaufleute draußen sprechen von den Japanern mit Abscheu, von den Chinesen mit einer gewissen, fast ängstlich-neidischen Achtung; große Erwerbsgebiete sind ganz in chinesischen Händen; auch in Handel und Schiffahrt sind sie als Konkurrenten europäischer Unternehmer gefürchtet, doch geachtet. Hingegen gilt in jenen Ländern, wo es keine europäischen Diener und Handarbeiter gibt, der Chinese trotz allem doch für einen Farbigen, für minderwertig und zurückgeblieben; man schätzt ihn wohl höher als etwa den Malaien oder Tamilinder, aber so richtig für voll wird er doch nur von wenigen Schwärmern oder tieferen Kennern genommen. Man kauft und schätzt seine Stickereien, man lobt die Exaktheit und Sauberkeit seiner manuellen Leistungen, man läßt seine hohe Intelligenz gelten. Aber die Europäer sind selten, denen beim Anblick einer Chinesenstraße die Bauart und farbige Abgestimmtheit des ganzen Bildes, die Nuancierung der Trachten, die Helligkeit und Intellektualität der Volksmenge nicht nur als ein hübscher exotischer Anblick imponiert, sondern als Pro-

dukt, als Ausdruck einer hohen, längst zu Instinkt und automatischer Tradition gewordenen Kultur zu denken gibt. Man lächelt über den chinesischen Kuli, der sich gleich den Indern, vermutlich aus guten hygienischen Gründen, mit Kokosöl einreibt; man erzählt viel von der Spielsucht der Chinesen aller Stände und munkelt je und je geheimnisvoll von einem Zuge tiefer, wilder Grausamkeit, der allen Chinesen im Grunde eigen sei. In der Wirklichkeit bekommt man von dieser Grausamkeit nie etwas zu sehen als seltene Polizeinachrichten oder Berichte aus älterer Zeit, meist aus Kriegs- oder Revolutionszeiten, und diese melden nichts Schlimmeres, als was uns auch aus europäischen Kriegen, selbst den allerneuesten, vertraut und geläufig ist. Das Opiumrauchen, an sich und als Volksgefahr gewiß nicht schlimmer als die Trunksucht in Europa, scheint im Rückgang begriffen, wird von europäischen Opiumhändlern unterstützt und von großen chinesischen Gesellschaften genauso bekämpft und überwacht wie bei uns die Trunksucht von den Abstinenzgesellschaften.

Worin die Chinesen, als Volk, hinter uns zurück sind, das sind zumeist äußere Vervollkommnungen der Zivilisation, das sind Maschinen und Kanonen und ähnliche Dinge, an denen man nicht Kulturen abmißt. Auch in diesen Dingen waren sie uns vor Jahrhunderten ziemlich voraus, sie haben auch solche Dinge wie Schießpulver und Papiergeld früher gehabt als wir. Auf diesen Gebieten sind sie von uns überholt worden und von uns abhängig geworden, nicht aber in der Wurzel ihrer Kultur, die zur Zeit zwar gefährdet, aber kaum lebensgefährlich angetastet scheint.

Diese Wurzel der chinesischen Kultur ist unseren aktuellen Kulturidealen so entgegengesetzt, daß wir uns freuen sollten, auf der anderen Hälfte der Erdkugel einen so festen und respektablen Gegenpol zu besitzen. Es wäre töricht, zu wünschen, die ganze Welt möchte mit der Zeit europäisch oder chinesisch kultiviert werden; wir sollten aber vor diesem fremden Geist lernen und den fernsten Osten ebenso zu unseren Lehrern rechnen, wie wir es seit Jahrhunderten mit dem westasiatischen Orient getan haben. Und wenn wir im Konfuzius lesen, der fünfhundert Jahre vor Christus gelebt hat, so sollen wir ihn nicht als ein verschollenes Kuriosum untergegangener

Zeiten betrachten, sondern daran denken, daß nicht nur seine Lehre dies große Reich durch zwei Jahrtausende erhalten und gestützt hat, sondern daß heute noch seine Nachkommen in China leben, seinen Namen tragen und von ihm mit Stolz wissen – woneben der älteste und kultivierteste europäische Adel kindlich jung erscheint. Lao-tse soll uns nicht das Neue Testament ersetzen, aber er soll uns zeigen, daß ähnliches auch unter anderem Himmel und früher schon gewachsen ist, und das soll unseren Glauben an die Internationalität der Kulturfähigkeit stärken. Und wenn wir aus der Geschichte einige chinesische Grausamkeiten hervorholen, deren es gewiß erhebliche gegeben hat, so sollen wir daneben auch jene Geschichten aus China stellen, die uns neben der Bibel und neben den Klassikern des Altertums als Vorbilder und fördernde Lehrer dienen können.

Ein chinesischer Kaiser der Tsin-Dynastie (um 230 v. Chr.) schlug eine Rebellion dadurch nieder, daß er den Anführer der Rebellen samt seiner und seiner Freunde Kinder töten ließ; seine eigene Mutter, die am Aufstand beteiligt war, schickte er in die Verbannung und ließ bei der Strafe des Zerhacktwerdens verbieten, ihn je wieder an seine Mutter zu mahnen. Das war nun gegen den chinesischen Geist gehandelt, um so mehr als die Kaisermutter keine gefährliche Frau und nur verführt worden war. Siebenundzwanzig Adelige meldeten sich nacheinander beim Kaiser, das furchtbare Verbot mißachtend, und ermahnten ihn, seiner Mutter zu gedenken und sie zurückzurufen. Und alle siebenundzwanzig ließen sich, einer nach dem anderen und jeder vom Schicksal seiner Vorgänger wissend, von dem wütenden Kaiser umbringen. Sie wurden zerhackt, und es schien nun Ruhe zu sein. Aber da nun der Adel schwieg, kam aus dem Nebenstaat ein Gelehrter hergewandert und ließ sich zum Kaiser führen, um ihn ebenfalls an seine Pflicht zu mahnen. Der Kaiser empfing ihn mit dem Schwert in der Hand, ließ ihn vor einen Kessel mit siedendem Wasser führen, in den er geworfen werden sollte, und fragte, ob er das Schicksal kenne, das jene Adeligen getroffen hätte und das auch ihn erwarte. Der Gelehrte nickte nur und lächelte und begann den Kaiser mit den Worten zu ermahnen: »Achtundzwanzig Sternbilder gibt es, ich will ihre Zahl erfüllen.«

Und neben den Märtyrern westlicher Religionen und Kulturgemeinschaften stehen würdig die chinesischen Gelehrten unter dem Kaiser Schi. Der Kaiser war von seinen Gelehrten wiederholt ermahnt worden, die überkommenen Regeln der Sitte und des Regierens nicht zu mißachten. Sein Kanzler Li-Si aber verteidigte ihn und riet ihm schließlich, die Macht der hergebrachten Vorschriften und Gesetze dadurch zu brechen, daß er alle gelehrten Bücher dieser Art im ganzen Land verbrennen lasse. Er ließ sich dazu überreden, und alsbald begann eine furchtbare Vernichtung aller Bücher im Lande, der wertvollsten und edelsten Dokumente altchinesischer Kultur. Den Gelehrten und Bücherbesitzern aber war bei schwerer Strafe befohlen, alle ihre Bücher binnen dreißig Tagen zu verbrennen oder den Beamten auszuliefern. Und obwohl jeder, der diesem Befehl zuwider handelte, sofort gefangengesetzt und verurteilt wurde, haben nicht weniger als vierhundertundsechzig Gelehrte Trotz geboten und sich einsperren lassen und sind lebendig begraben worden. (Chinesische Geschichte von Heinrich Hermann, Stuttgart 1912).
Unter den Geschichten, die unseren Kindern zu Vorbild und Erbauung in den Schulen erzählt werden, auch unter denen der Bibel, sind viele, die sich weder an Adel noch an Großartigkeit diesen und manchen ähnlichen Erzählungen aus der alten chinesischen Geschichte vergleichen lassen. Jener Gelehrte vor dem Schwert des Kaisers und vor dem Kessel mit siedendem Wasser ist mehr als Mucius Scävola; er opfert sich nicht nur für den Fortbestand des Vaterlandes, er ist bereit, für die Erfüllung einer idealen Pflicht zu sterben, im Widerstand gegen den Kaiser, der ihm heilige Vorschriften zu verletzen scheint. Er ist revolutionär aus Konservatismus, aus demselben Konservatismus, der uns westlichen Völkern unbegreiflich starr erscheint und der doch eines der größten Reiche und eine der wertvollsten Kulturen der Welt bis heute genährt und erhalten hat.

(1913)

III

Wir Abendländer haben, trotz Krieg und trotz Sowjet, noch immer stark individualistische Ideale, vor allem in der Kunst und Kunstbetrachtung. Jahrzehntelang haben wir, dem genialen Jakob Burckhardt folgend, für die italienische Renaissance und den wilden Unabhängigkeitssinn ihrer Gewaltmenschen geschwärmt, und speziell Deutschland hat den seltsamen Irrtum begangen, sogar auf dem Gebiete des Handwerks und Kunstgewerbes einen heftigen Persönlichkeitskultus zu treiben.

Als Rückschlag auf diese Welle erlebten wir dann eine Wendung des allgemeinen Interesses zu Künsten, Völkern und Kulturen, deren Ideale durchaus überindividuelle waren oder sind. Die Hinwendungen eines Teiles der intellektuellen Jugend zum Mittelalter und Katholizismus (Führer und Sprecher der Bewegung sind: Max Scheler, Hugo Ball, P. L. Landsberg) gehört zu den Zeichen dieser Änderung. Gleichzeitig erwachte ein allgemeines, bis in die Tagesmode hinein spürbares Interesse für Ostasien, seine Kunst und seine Weisheit. Der chinesische Philosoph Laotse, vorher zwei Jahrtausende hindurch in Europa unbekannt, wurde in den letzten 15 Jahren in alle Sprachen Europas übersetzt und sein Tao-te-king ein Modebuch. In Deutschland war es Richard Wilhelm, dessen Übersetzungen und Einführungen die klassische Literatur und Weisheit Chinas in einem bisher unbekannten Umfang eingeführt haben. Und während China politisch schwach und zerrissen ist und den westlichen Mächten beinahe nur noch als ein großes, reiches, höchst vorsichtig zu behandelndes Ausbeutungsgebiet erscheint, hält altchinesische Weisheit, altchinesische Kunst ihren Einzug nicht nur in die Museen und Bibliotheken des Abendlandes, sondern auch in die Herzen der geistigen Jugend. Auf die vom Krieg aufgewühlte studierende Jugend Deutschlands hat, nächst Dostojewski, in den letzten zehn Jahren gewiß kein anderer Geist so stark gewirkt wie Laotse. Daß diese Bewegung sich in einer ziemlich kleinen Minorität abspielt, nimmt ihr nichts von ihrer Bedeutung: die von ihr ergriffene Minorität ist gerade die, auf welche es ankommt: der begabteste, bewußteste, verantwortungsbereiteste Teil der studierenden Jugend.

Unseren modernen abendländischen Kulturidealen ist das chinesische so entgegengesetzt, daß wir uns freuen sollten, auf der anderen Hälfte der Erdkugel einen so festen und ehrwürdigen Gegenpol zu besitzen. Es wäre töricht, zu wünschen, die ganze Welt möchte mit der Zeit europäisch, oder sie möchte chinesisch kultiviert werden; wir sollten aber vor diesem fremden Geist jene Achtung haben, ohne welche man nichts lernen und in sich aufnehmen kann, und sollten den fernsten Osten mindestens ebenso zu unseren Lehrern rechnen, wie wir es (man denke nur an Goethe!) seit langem mit dem westasiatischen Orient getan haben. Und wenn wir in den überaus anregenden, von Klugheit funkelnden Gesprächen des Konfuzius lesen, so sollen wir sie nicht als ein verschollenes Kuriosum aus vergangenen Zeiten betrachten, sondern daran denken, daß nicht nur die Lehre des Konfuzius dies riesige Reich durch zwei Jahrtausende erhalten und gestützt hat, sondern daß heute noch die Nachkommen des Konfuzius in China leben, seinen Namen tragen und mit Stolz von ihm wissen – woneben auch der allerälteste und kultivierteste Adel Europas kindlich jung erscheint. Laotse soll uns nicht das Neue Testament ersetzen, aber er soll uns zeigen, daß ähnliches auch unter anderem Himmel und in noch früheren Zeiten gewachsen ist, und das soll unseren Glauben daran stärken, daß die Menschheit, sei sie noch so sehr in einander fremde und feindliche Rassen und Kulturen zerspalten, dennoch eine Einheit ist und gemeinsame Möglichkeiten, Ideale und Ziele hat.

Es herrscht bei uns, trotz jener jungen China-Begeisterung, noch immer in weitesten Kreisen die Meinung, die Seele des Chinesen sei der unseren doch eigentlich vollkommen fremd. Seine Tugenden, vor allem seine unermüdliche Geduld und sein stiller, zäher Fleiß seien eigentlich mehr passiver Natur, und seine Laster, vor allem die berühmte chinesische Grausamkeit, seien uns im Grunde weltenfern und völlig unverständlich. In Wahrheit sind das dumme Vorurteile. Der Chinese kann grausam sein, genau wie der Abendländer es auch sein kann, und er kann fromm und aufopfernd sein, genau wie auch der Europäer es gelegentlich sein kann.

(1913/1926)

Confucius deutsch

Im ersten Augenblick stehen wir befremdet und beinahe abgeschreckt, wenn wir hören, daß bei Eugen Diederichs in Jena die wichtigsten Dokumente chinesischer Kultur und Religion in zehn Bänden deutsch erscheinen sollen. Wer soll das lesen? Wer soll das verdauen? Müssen wir das nicht den Sinologen überlassen? Denn so froh wir ähnliche Erschließungen, namentlich die der indischen Altertümer, sonst begrüßen, so stehen wir doch eben gerade den Chinesen in vollkommener Fremdheit gegenüber. Wir empfinden alles, was von dort kommt, als fremd, anders, auf einem anderen Rhythmus, ja Lebensgesetz beruhend als unser Sein und Denken.

Der erste Band dieser großen Sammlung, der die Gespräche des Confucius bringt, hat mir diese Stimmung zum Teil bestätigt und bestärkt. Trotzdem zwingt die kluge Bewußtheit und offensichtliche Akkuratesse des Herausgebers dieser Riesenarbeit, des schwäbischen Theologen [Richard] Wilhelm in Tsingtau, zu Anerkennung und Dankbarkeit. Der Band Confucius beginnt mit einer ganz meisterlichen Einleitung des Übersetzers, deren Lektüre mehr als ein Genuß ist. Er bringt sodann die »Gespräche« des großen Chinesen in einer fast durchweg doppelten Übersetzung, einer nahezu wörtlichen und einer paraphrasierend sinngemäßen. Leicht ist die Lektüre nicht, und immer wieder hat man das Gefühl, eine fremde Luft zu atmen, welche von anderer Art und Zusammensetzung ist als die, die wir zum Leben brauchen. Dennoch bereue ich die mit diesen Gesprächen verbrachten Tage nicht. Berührt uns auch der chinesische Geist wie der Anblick von Erzeugnissen eines fremden Weltkörpers, so tut es doch wohl und ist eine treffliche Übung, einmal mehr als nur oberflächlich da hineinzuschauen. Denn das nötigt uns, unsere eigene individualistische Kultur auch einmal nicht als selbstverständlich, sondern im Vergleich mit ihrem Widerspiel zu betrachten. Und dabei bleibt es nicht, sondern es entsteht im Lesenden manchmal für Augenblicke die seltsam aufleuchtende Vorstellung der Möglichkeit einer Synthese beider Welten. Denn als innersten Kern im Wesen des großen Fremdlings Confucius erkennen wir dieselben Eigen-

schaften, die wir bei den großen Menschen der abendländischen Geschichte längst kennen. Wir empfinden Dinge als natürlich, die uns anfänglich wie groteske Verirrungen erschienen, und finden Dinge reizvoll, ja schön, die uns zuerst abschreckend trocken vorkamen. Und wir Individualisten beneiden diese chinesische Welt um die Sicherheit und Größe ihrer Pädagogik und Systematik, der wir nichts an die Seite zu stellen haben als unsre Kunst und unsere vielleicht größere Bescheidenheit vor der außermenschlichen Natur.
Ich beschließe meine laienhafte Empfehlung dieser östlichen Weisheit mit einigen ausgewählten Sprüchen aus den »Gesprächen«.

Verkanntsein und Kennen

Nicht kümmere ich mich, daß die Menschen mich nicht kennen. Ich kümmere mich, daß ich die Menschen nicht kenne.

Der Polarstern

Wer kraft seines Wesens herrscht, gleicht dem Nordstern. Der verweilt an seinem Ort und alle Sterne umkreisen ihn.

Stufen der Entwicklung des Meisters

Der Meister sprach: Ich war fünfzehn, und mein Wille stand aufs Lernen, mit dreißig stand ich fest, mit vierzig hatte ich keine Zweifel mehr, mit fünfzig war mir das Gesetz des Himmels kund, mit sechzig war mein Ohr aufgetan, mit siebzig konnte ich meines Herzens Wünschen folgen, ohne das Maß zu übertreten.

(1910)

Lao Tse

Vor einigen Monaten habe ich die deutsche Übersetzung der Gespräche des Confuzius mit Freude angezeigt. Nun erschien bei Mohr in Tübingen eine Übersetzung des *Lao-Tse* von Julius Grill. Der Tübinger Orientalist tritt damit nun auch außerhalb des Rahmens der alttestamentlichen Theologie bedeutend hervor und gibt eine von jenen dankenswerten Arbeiten, mit denen unsre Orientalisten leider so sparsam geworden sind. Er hat das *Buch vom höchsten Wesen und vom höchsten Gut*, das *Tao-Te-king* des Lao-Tse, vollständig nach einem der besten Texte übersetzt; es handelt sich also hier nicht um eine auswählende Bearbeitung oder um die Wiedergabe einer englischen Ausgabe, sondern um eine nach Möglichkeit treue Übertragung aus dem Chinesischen. Dadurch unterscheidet das Buch sich auch wesentlich von der poetischen Bearbeitung durch Ular, die vor einigen Jahren erschien.
Neben die Vorstellung gehalten, die der Durchschnittseuropäer von der chinesischen Philosophie hat, erscheint Lao-Tse oberflächlichem Betrachten beinahe unchinesisch in seiner Lebendigkeit. Der Übersetzer vergleicht ihn recht einleuchtend direkt mit Jesus, und jedenfalls ist unter den bekannteren Denkern des fernen Ostens wohl keiner, dessen ethische Ideale uns westlichen Ariern näher stünden und verwandter wären als die des Lao-Tse. Neben der weltabgewandten, oft spitzfindig grübelnden Philosophie Indiens, die bei uns in letzter Zeit so sehr wieder studiert wird, mutet diese chinesische Weisheit durchaus praktisch und einfach an, und vollends neben manchen entarteten Seitensprüngen abendländischer Denkakrobatik kann man den beschämenden Eindruck gewinnen, dieser uralte Chinese habe die elementaren Werte besser erkannt und habe größer und zweckmäßiger an der Entwicklung der Menschheit gearbeitet als so viele instinktverlassene Abendländer in ihrer anarchischen Spezialistenphilosophie.
Es scheint übrigens für diesen alten Chinesen in Europa ein beinahe begieriges Verständnis lebendig zu sein. Neben der Grillschen Übersetzung erschien nämlich dieser Tage eine zweite bei E. Diederichs in Jena. Sie ist von *Richard Wilhelm* in

Tsingtau und geht, gleich Grill, direkt auf die chinesischen Quellen zurück. Zwei wertvolle Aufsätze leiten das Buch ein. Über die philologische Genauigkeit der beiden Übersetzungen steht mir kein Urteil zu, beide sind gründliche und schöne Arbeiten. Mag die Grillsche Ausgabe mit ihrem reichen Kommentar die wissenschaftlich brauchbarere sein, so zeichnet sich dafür die von Wilhelm durch eine kräftigere, bestimmtere, persönlichere Sprache und damit denn auch durch eine leichtere Zugänglichkeit aus. Als Probe sei der letzte Abschnitt des Tao-Te-King in Wilhelms Verdeutschung hier mitgeteilt:

»Wahre Worte sind nicht schön,
Schöne Worte sind nicht wahr,
Tüchtigkeit überredet nicht,
Überredung ist nicht tüchtig.
Der Weise ist nicht gelehrt,
Der Gelehrte ist nicht weise.
Der Berufene häuft keinen Besitz auf.
Je mehr er für andere tut,
Desto mehr besitzt er.
Je mehr er anderen gibt,
Desto mehr hat er.
Des Himmels Sinn ist segnen, ohne zu schaden.
Der Berufenen Sinn ist wirken, ohne zu streiten.«

(1911)

Chinesische Volksmärchen

Richard Wilhelm in Tsingtau, der für das Verstehen chinesischen Geistes in Deutschland so viel getan hat, gibt soeben bei Diederichs in Jena einen Band *»Chinesische Volksmärchen«* heraus. Das Buch ist uns nicht nur seiner poetischen Werte wegen willkommen, sondern auch darum, weil die Mehrzahl dieser Märchen nicht aus gedruckten Quellen stammt, sondern nach mündlicher Tradition aufgeschrieben wurde. Diese Geschichten, Fabeln, Anekdoten, Sagen erzählt sich das Volk, sie gehören nicht jener geheimnisvollen, hinter zehn Mauern verzauberten »Literatur« an, die niemand lesen kann, sondern sind lebendig und gehen noch heut von Hand zu Hand, nicht als Kostbarkeit unter Gelehrten und Kennern, sondern als Besitz des Volkes.

Einige von diesen Märchen waren schon bekannt, und es ist nicht ohne Interesse, die verschiedenen deutschen Fassungen zu vergleichen. Zum Beispiel die Geschichte von Ying-Ning, dem lachenden Mädchen, steht auch in Bubers »Geister- und Liebesgeschichten« mit nicht unbedeutenden Abweichungen.

Je notwendiger eine gründliche Auseinandersetzung mit Ostasien uns erscheint, je aktueller schon rein politisch das Bedürfnis nach einem Verständnis des Ostens wird, desto wichtiger wird es, die Völker Ostasiens aus ihrem eigenen Denken und Wesen heraus kennenzulernen, und dazu ist kein anderer Weg als durch ihre Kunst und Dichtung. Hier spielen die Volksmärchen eine große Rolle, denn hier ist, nächst dem Theater, die wahre Quelle der geistigen Volksnahrung. Was ich aus diesen Märchen lese, stimmt nun durchaus überein mit dem Eindruck, den mir die Chinesen Singapores gemacht haben. Wir finden viel Naivität, Kindlichkeit und Spielerei, daneben eine große Feinfühligkeit im Ästhetischen, Betonung der poetischen Einzelheit, Freude am Detail überhaupt neben einer gewissen Gleichgültigkeit gegen den erzählerischen Aufbau (mit Ausnahme der Kunstmärchen), Geisterglaube und andere animistische Vorstellungen herrschen durchaus, selten siegt persönliche Überlegenheit über diese dämonischen Abhängigkeiten. Dafür aber steht der Gebundenheit und Primitivität solcher

Anschauungen ein Gebäude von moralisch-politischer Lebensbeherrschung gegenüber, eine Autorität der Sitte, eine Zucht der Höflichkeit, eine Heiligkeit der auf der Familie aufgebauten sozialen Autorität, die wir voll Hochachtung bewundern müssen.

Das schöne, gar nicht teure Buch ist gut gedruckt und mit 23 Reproduktionen chinesischer Holzsschnitte geschmückt. Es gibt kein europäisches Märchenbuch, dessen Bilder mit den Texten einen so starken, rassigen, charaktervollen Akkord bildeten.

(1914)

Chinesisch-deutsche Jahres- und Tageszeiten
Lieder und Gesänge, verdeutscht von Richard Wilhelm

Seit fünfzig Jahren oder etwas länger (schon Friedrich Rükkert begann damit) tauchten in Deutschland je und je Versuche auf, chinesische Lyrik zu übersetzen. Von den nennenswerten Übersetzern war aber kein einziger des Chinesischen selbst mächtig; sie nahmen englische und andere Übertragungen zu Hilfe. Jetzt gibt R. Wilhelm, ohne Zweifel derjenige Deutsche, der bisher am tiefsten in chinesisches Wesen eingedrungen ist, eine Auswahl von Nachdichtungen, welche auf genauer unmittelbarer Kenntnis der Originale beruhen. Daß es sich um Nachdichtungen, nicht um den Versuch »wörtlicher« Übersetzungen handelt, zeigt schon der an Goethe mahnende Titel des schönen Buches. Ein Aufsatz über chinesische Dichtung und kurze Auskünfte über die einzelnen Dichter zeigen sofort den gewiegten Kenner, die Übertragungen dagegen zeigen nichts von ängstlichem Bemühen, sich in fremde Formen einzuschleichen, sondern sie bedienen sich deutscher Strophengefüge, deutscher Reime, sogar des Dystichons mit behaglicher Freiheit. Richard Wilhelm hat häufig in den Kommentaren zu seinen wundervollen Übersetzungen chinesischer Denker eine tiefe Vertrautheit mit Goethe gezeigt, sie klingt auch in diesen Nachdichtungen häufig auf. Die Sprache, das Deutsch dieser Nachdichtungen ist nicht im höchsten Sinne schöpferisch und originell, Richard ist kein Dichter, wohl aber ruht diese Sprache auf einem tiefen, soliden Kulturgrund und bewegt sich innerhalb ihrer Skala mit entzückender Freiheit.

Bis heute ist Wesen und Sinn der chinesischen Lyrik dem Westen noch ebenso fremd wie Wesen und Sinn der chinesischen Malerei. Der Reichtum an Nüancen bei beschränktester Palette, die Virtuosität der Handschrift, der heilige Ehrgeiz, das Höchste mit dem Minimum an äußeren Mitteln zum Ausdruck zu bringen, das unendlich zarte Spiel der Andeutungen, Anklänge, Beziehungen, überhaupt diese fabelhafte Kunst des Andeutens, des Erratenlassens, des Sparens und Zurückhaltens, das alles ist dem heutigen Europäer fremd; zum Genuß

dieser Künste muß man erst Ohren, Augen und Fingerspitzen üben und sich an feinste Nüancen gewöhnen.
Dieser wunderbaren, reinen, zartfarbigen Welt kommen wir mit Hilfe dieser neuen Übertragungen um einen Schritt näher.

(1922)

»I Ging«. Das Buch der Wandlungen

Es gibt Bücher, die man nicht lesen kann, Bücher des Heiligen und der Weisheit, in deren Begleitung und Atmosphäre man jahrelang leben kann, ohne sie je so zu lesen wie man andere Bücher liest. Teile der Bibel gehören zu diesen Büchern, und das Tao-te-king. Aus diesen Büchern genügt ein Satz, um sich für lange zu füllen, für lange zu beschäftigen, für lange zu durchdringen. Diese Bücher hat man leicht erreichbar liegen oder trägt sie in der Tasche mit, wenn man in den Wald geht, und liest niemals halbe oder ganze Stunden lang darin, sondern nimmt nur jedesmal einen Spruch, eine Zeile heraus, um darüber zu meditieren, um neben all dem Kram des Tages, auch dem der übrigen Lektüre, immer wieder den Maßstab des Großen und Heiligen aufzurichten.
Daß nun zu diesen paar Büchern für mich ein neues gekommen ist, betrachte ich als ein Glück. Es ist, selbstverständlich, gleich den wenigen andern ein Buch von hohem Alter, es ist Jahrtausende alt, aber den Versuch einer deutschen Übersetzung gab es bisher nicht. Es heißt »I Ging«, das Buch der Wandlungen, und ist ein uraltes Weisheits- und Zauberbuch der Chinesen. Man kann es als Orakelbuch benutzen, um in schwierigen Lebenslagen Rat zu bekommen. Man kann es auch »nur« der Weisheit wegen lieben und benutzen. Es ist in diesem Buch, das ich niemals mehr als ahnungsweise und für Augenblicke werde verstehen können, ein System von Gleichnissen für die ganze Welt aufgebaut, welchem acht Eigenschaften oder Bilder zugrunde liegen, deren zwei erste der Himmel und die Erde, der Vater und die Mutter, das Starke und das Hingebende sind. Diese acht Eigenschaften sind je durch ein einfaches Zeichen ausgedrückt, sie treten in Kombinationen zueinander und ergeben dann 64 Möglichkeiten, auf diesen beruht das Orakel. Du fragst das Orakel, und bekommst etwa den Spruch: »Innere Wahrheit: Schweine und Fische. Hei! Fördernd ist es, das große Wasser zu durchqueren. Fördernd ist Beharrlichkeit.« Darüber kannst du nun meditieren, außerdem sind Kommentare vorhanden.
Dieses Buch der Wandlungen liegt seit einem halben Jahre in meinem Schlafzimmer, und nie habe ich auf einmal mehr als

eine Seite gelesen. Wenn man eine der Zeichen-Kombinationen anblickt, sich in Kian, das Schöpferische, in Sun, das Sanfte, vertieft, so ist das kein Lesen, und ist auch kein Denken, sondern es ist wie das Blicken in fließendes Wasser oder in ziehende Wolken. Dort steht alles geschrieben, was gedacht und was gelebt werden kann.

(1925)

Lü Bu We: »Frühling und Herbst«

Lü Bu We war keiner der großen chinesischen Denker, er steht bei den chinesischen Literaten in mäßigem Ruf, er war Minister und politischer Intrigant, vor bald zweitausend Jahren, und er hat sein großes Werk »Frühling und Herbst« nicht selber geschrieben, sondern hat es von Gelehrten, deren Mäzen er war, schreiben lassen. Uns braucht das nicht zu stören, und wir sind sehr dankbar dafür, daß Richard Wilhelm dies Werk ins Deutsche übersetzt hat. Die ganze Weisheit des klassischen China, deren echte Quellen zum großen Teil bei den Bücherverbrennungen verlorengingen, hat in diesem Sammelwerk Platz gefunden, und dazu eine Menge von Schilderungen und Anekdoten. Die Lektüre ist ein großer Genuß. Ich verbringe gute Stunden mit diesem weisen und liebenswerten Buch. Daß seine Weisheit zur Zeit der Welt verlorengegangen ist und nur noch in Büchern steht, stört mich ebensowenig, als daß diese Weisheit, mit den sehr unweisen, aber desto fanatischeren Lebenslehren unsrer Zeit (seien sie amerikanisch-bürgerlich oder russisch-bolschewikisch) in so völligem Widerspruch steht. Die Zeit vergeht, und die Weisheit bleibt. Sie wechselt ihre Formen und Riten, aber sie beruht zu allen Zeiten auf demselben Fundament: auf der Einordnung des Menschen in die Natur, in den kosmischen Rhythmus. Mögen unruhige Zeiten immer wieder die Emanzipierung des Menschen von diesen Ordnungen anstreben, stets führt diese Scheinbefreiung zur Sklaverei, wie ja auch der heutige, sehr emanzipierte Mensch ein willenloser Sklave des Geldes und der Maschine ist. Wie einer vom farbig bestrahlten Asphalt der Großstadt zum Walde zurückkehrt, oder von der flotten aufpeitschenden Musik der großen Säle zur Musik des Meeres, mit dem Gefühl von Dankbarkeit und Heimkehr, so kehre ich von allen kurzfristigen und spannenden Abenteuern des Lebens und des Geistes immer wieder zu diesen alten, unerschöpflichen Weisheiten zurück. Sie sind bei jeder Rückkehr nicht älter geworden, sie stehen ruhig und warten auf uns, und sie sind immer wieder neu und strahlend, wie es an jedem Tag die Sonne ist, während der Krieg von gestern, der Modetanz von gestern, das Auto von gestern heute schon so alt und verwelkt und komisch geworden sind.

(1929)

Erinnerung an Asien

Wenn ich mich jetzt, drei Jahre nach meiner malayischen Reise, an den Osten erinnere, so sehe ich die Einzelbilder jener Reise in ihrer Gegenständlichkeit leicht getrübt und verallgemeinert, es ist Colombo von Singapore, Ippoh von Kuala-Lumpur, der Batang Hari vom Moesi nicht mehr so scharf in umrissener Individualität abgetrennt und verschieden. Dafür treten einige große Zusammenhänge deutlicher hervor. Wenn man mich heute nach genauen sichtbaren Einzelheiten aus Palembang oder Penang oder Djambi fragt, so muß ich suchen und habe einige Mühe, Greifbares hervorzubringen; wenn man mich aber nach dem Wert und den Haupteindrücken meiner ganzen Reise fragt, so weiß ich besser und rascher Bescheid als damals gleich nach der Heimkehr.

Von den Wochen, die ich in Städten und Wäldern der Malakka-Halbinsel und Sumatras zugebracht habe, sind mir folgende Haupteindrücke als Erlebnisse geblieben, zusammengeschmolzen und kombiniert aus hundert kleinen gesehenen Einzelheiten. Der erste und vielleicht stärkste äußere Eindruck, das sind die Chinesen. Was ein Volk eigentlich bedeute, wie sich eine Vielzahl von Menschen durch Rasse, Glaube, seelische Verwandtschaft und Gleichheit der Lebensideale zu einem Körper zusammenballe, in dem der Einzelne nur bedingt und als Zelle mitlebt wie die einzelne Biene im Bienenstaat, das hatte ich noch nie wirklich erlebt. Ich hatte Franzosen von Engländern, Deutsche von Italienern, Bayern von Schwaben, Sachsen von Franken zu unterscheiden gewußt; schließlich aber doch nur von den Engländern den Eindruck einer in ihrer Eigenart gepflegten, auf Rasse und Geschichte stolzen Volksgemeinschaft bekommen, und daran war das niedere Volk unbeteiligt. Bei den Chinesen sah ich zum erstenmal die Einheit eines Volkswesens so absolut herrschen, daß alle Einzelerscheinungen darin ganz und gar untergehen. Äußerlich und malerisch kann man von Malayen, Hindus oder Negern denselben Eindruck haben, Farbe, Kostüm und Lebensführung uniformieren alle diese Massen zu höchst sichtbaren Einheiten. Aber bei den Chinesen war von allem Anfang an der Eindruck eines Kulturvolkes da, eines Volkes, das in langer Geschichte geworden und gebildet ist und im Bewußtsein der eigenen Kultur nicht nach rückwärts, sondern in eine tätige Zukunft blickt.

Etwas völlig anderes ist der Eindruck, den die Naturvölker machen. Zu ihnen rechne ich die Malayen, trotz ihres Handels, ihres Mohammedanismus und ihrer äußeren Zivilisationsfähigkeit durchaus mit. Den Chinesen gegenüber war mein Gefühl zwar stets eine tiefe Sympathie, aber gemischt mit einer Ahnung von Rivalität, von Gefahr; mir schien, das Volk von China müssen wir studieren wie einen gleichwertigen Mitbewerber, der uns je nachdem Freund oder Feind werden, jedenfalls aber uns unendlich nützen oder schaden kann. Nichts davon bei den primitiven Völkern. Auch sie erwarben sofort meine Liebe, aber es war die Liebe des Erwachsenen zu jüngeren, schwachen Geschwistern, zugleich auch erwachte das Schuldgefühl des Europäers, der an diesen Völkern bis heute nur Dieb, Eroberer und Ausbeuter geworden ist, noch nicht helfender und führender Bruder, mitleidiger Freund, helfender Führer. Daß aus diesen braunen gutartigen Völkern große Gefahren oder Gewinne für unsere Kultur zu erwarten seien, ist ohne jede Wahrscheinlichkeit. Daß aber die Seele Europas ihnen gegenüber voll von Schuld und ungebüßter Sünden starrt, läßt sich nicht leugnen. Die unterdrückten Völker der Tropenländer stehen unserer Zivilisation als Gläubiger mit älteren und gleichbegründeten Rechten gegenüber wie etwa die Arbeiterklasse in Europa. Wer im eigenen Automobil im Pelz an Arbeitern vorüberfährt, die müde und frierend nach Hause gehen, kann keine ernsteren Gewissensfragen an sich stellen als wer auf Ceylon oder Sumatra oder Java als Herr zwischen lautlos bedienenden Farbigen lebt.

Der dritte starke Eindruck meiner Reise war der Urwald. Ich kenne die neuesten Theorien über die Urheimat des Menschen nicht; für mich bleibt, zumindest symbolisch, der tropische Urwald die Heimat des Lebens, der einfache primitive Tiegel, in dem aus Sonne und nasser Erde lebendige Formen gebraut werden. Wir, die wir alle in Ländern leben, deren natürliche Produktionskräfte fast bis zur Grenze ausgebeutet, zumindest gekannt und gemessen sind, wir stehen mit unserem an Zahlen und Maße gewöhnten Denken inmitten des Urwaldes wie an der Wiege des Lebens, und ahnen dort mit Staunen, daß die Erde noch kein erkalteter Stern in späten schwachen Zuckungen ist, sondern noch zeugenden Urschlamm kennt. Eine Flußfahrt zwischen Krokodilen, Reihervölkern, Adlern und großen Katzen, oder ein Waldmorgen, wenn im gelb durchsonnten Geäst der filzigen Waldwildnis große Affenfamilien den Tag mit Gebrüll begrüßen, das ist für den an scharf begrenzte Felder, sorgsam gezogenen Wald und regulierte Revierjagd Gewöhnten ein wunderbares und mächtiges Erlebnis. Dazu der Geruch von Gefahr und das Gefühl von der Wertlosigkeit des Einzellebens, wenn man im feuchten dampfenden Dschungel nach Vögeln oder Schmetterlingen geht, Geheimnis und mögliche Gefahr auf allen Seiten, geiles Pflanzenwachstum und üppig brütendes Tierleben auf jedem Quadratfuß. Und die alte, selbstverständliche, in Europa doch tausendmal vergessene Herrschaft der Sonne! Das elementare Einbrechen der Nacht, die alles bis zum Grunde verwandelt, und das Aufglühen des raschen Morgens, der das Leben wiederbringt, das unendlich rasche und heftige Entstehen und Austoben der Regen und Gewitter, der warme, leicht animalische Geruch der nassen fruchtbaren Erde, dies alles ist für uns wie eine geheimnisvolle und lehrreiche Rückkehr an die Quellen unseres Lebens.

Schließlich aber ist doch ein menschlicher Eindruck der stärkste. Es ist der der religiösen Ordnung und Gebundenheit all dieser Millionen Seelen. Der ganze Osten atmet Religion, wie der Westen Vernunft und Technik atmet. Primitiv und jedem Zufall preisgegeben scheint das Seelenleben des Abendländers, verglichen mit der beschirmten, gepflegten, vertrauensvollen Religiosität des Asiaten, er sei Buddhist oder Mohammedaner oder was immer. Dieser Eindruck beherrscht alle anderen, denn hier zeigt der Vergleich eine Stärke des Ostens, eine Not und Schwäche des Abendlandes, und hier fühlen sich alle Zweifel, Sorgen und Hoffnungen unserer Seele bestärkt und bestätigt. Überall erkennen wir die Überlegenheit unserer Zivilisation und Technik, und überall sehen wir die religiösen Völker des Ostens doch ein Gut genießen, das uns fehlt und das wir eben darum höher stellen als alle jene Überlegenheiten. Es ist klar, daß kein Import aus Osten uns hier helfen kann, kein Zurückgehen auf Indien oder China, auch kein Zurückflüchten in ein irgendwie formuliertes Kirchenchristentum. Aber es ist ebenso klar, daß Rettung und Fortbestand der europäischen Kultur nur möglich ist durch das Wiederfinden seelischer Lebenskunst und seelischen Gemeinbesitzes. Ob Religion etwas sei, das überwunden und ersetzt werden könne, mag Frage bleiben. Daß Religion oder deren Ersatz das ist, was uns zutiefst fehlt, das ist mir nie so unerbittlich klar geworden wie unter den Völkern Asiens.

(1914)

Bhagavadgita

In dem äußerst interessanten Vorwort versucht Schroeder*, über die verschiedenen Auffassungen der Bhagavadgita durch hervorragende Forscher zu orientieren und eine plausible Lösung für jenen Zwiespalt zu finden, der in diesem herrlichen Liede zwischen vedisch-frommer und Samkhya-Philosophie herrscht, zwischen naivem Glauben und kritischem Atheismus. Es bestehen darüber bei den Philologen diverse Meinungen, während dem genießenden Laien der Streit um des Kaisers Bart zu gehen scheint. Denn daß in einem Epos, dessen Autor nicht Professor der Philosophie ist, Altes und Neues, Glaube und Modernismus, Aufklärung und Pietät sehr wohl nahe beisammenwohnen können, ist eigentlich nicht im mindesten wunderbar; es wäre weit wunderbarer, wenn das Gedicht eine ausgesprochen philosophische Lehrtendenz hätte. Die hat es nicht, wohl aber eine ethische, und eben die ist es, die seit Schlegel, Humboldt und Schopenhauer verehrt wurde. Naive Nachbarlichkeit, ja Verschmelzung verschiedener, oft direkt feindlicher Weltanschauungen ist nicht eine Ausnahme, sondern leider vielleicht die Regel; der Durchschnittseuropäer sähe drollig aus, wenn wir ihn auf das hin untersuchen wollten. Daß vollends bei einem indischen Dichter einige Philosophen zerstückelt und als Mosaik durcheinander gespielt werden, ist nicht im geringsten seltsam; heute noch vermag jeder gebildete Hindu in glänzender Rede Buddha und Kant, Christus und die Upanishaden zu einem solchen Mosaik zu verarbeiten. Das Wunderbare an der Bhagavadgita ist nicht, daß man zwei bis drei philosophische Systeme in ihr nebeneinander vertreten finden kann, sondern daß darüber hinweg eine ungelehrte, erlebte Weisheit sich als helfende Güte offenbart. Diese schöne Offenbarung, diese Lebensweisheit, diese zu Religion erblühte Philosophie ist es, die wir suchen und brauchen, und auf dem Wege zu ihr wollen wir jedem Führer dankbar sein.

(1912)

* Leopold von Schroeder »Des Erhabenen Sang« im Diederichs Verlag, Jena 1912.

Somadewa: ›Indische Märchen‹

Wenn man durch die Bazare einer ostasiatischen Stadt geht oder mit nachlesendem Auge den Figuren der Stickerei auf einem schönen Stück altindischer oder altchinesischer Seidenkunst zu folgen sucht, dann erliegt bald Auge und Gedanke einer seltsamen Suggestion von Reichtum und Unendlichkeit, von ewiger Wiederholung und ewiger Erneuerung der Formen, von fabelhafter Fülle und Unausschöpflichkeit. Drachenköpfe und Götterfiguren, vielarmige Gottheiten und stilisierte Tierkörper, feine Pflanzenformen und unheimliche polypenhafte Gebilde ergeben zusammen eine phantastisch schöne Ornamentik, in der das Wunderbarste selbstverständlich, das Grellste mild, das Entlegenste natürlich erscheint. Im Bewundern des Ganzen weiß der Europäer nicht recht, soll er das alles für die launenhaften Gebilde der hochbegabten, aber unerzognen Phantasie eines primitiven Volkes ansehen oder für den Ausdruck einer sehr hohen geistigen und seelischen Bildung, der wir als untergeordnete Wesen nur mit halben Verständnis gegenüberstehen.
Ähnlich geht es einem, wenn man in dem altindischen Märchenbuche liest, das ›Kathasaritsagara‹ oder ›Ozean der Märchenströme‹ heißt und von Somadewa etwa um die Mitte des elften Jahrhunderts aufgeschrieben worden ist. Es geht natürlich auf ältere Vorbilder zurück, und manche seiner Geschichten mag im ältesten Indien reiner und edler geklungen haben, aber gerade in der Buntheit seiner Mischungen und in seiner bald raffinierten, bald barbarischen Verbindung von Naivität und geistiger Höchstkultur ist es echt indisch.
Was diese Märchen von denen anderer Nationen sofort unterscheidet, ist die typische Färbung des indischen Geistes, seine uralte Neigung zu Frömmigkeit wie Gelehrsamkeit. Wie die Frömmigkeit der Inder zumeist im Verzichten und Entsagen besteht, so führt ihre Gelehrsamkeit ebenso vom Leben weg und in ein seltsam unwirkliches Land reiner Formalität. Beides kommt in den Märchen stark zum Ausdruck. Zugleich sehen wir die indische Ethik, die tief im indischen Denken wurzelnde Überzeugung vom Unwert der Erscheinungswelt, von der Möglichkeit einer Erlösung durch Abtötung und Kasteiung,

innig und grotesk verbunden mit einer fabelhaften Mythologie und einem abstrusen Dogmatismus. Die reinsten Gedanken der indischen Erlösungslehren kleiden sich in ernsthaft vorgetragene Göttergeschichten voll wilder und willkürlichster Symbolik; Naivstes und Tiefstes stehen dicht nebeneinander. Schon darum und weil dieses seltsame Nebeneinander noch heute für das Denken und Leben der nichtmohammedanischen Inder charakteristisch ist, scheint mir das Märchenbuch des Somadewa eine Quelle wertvoller Erkenntnisse. Indessen, ich bin kein Gelehrter, und was nützt mir ein Märchenbuch, dessen Lektüre mir nur kulturpsychologische Erkenntnisse bringt? Nein, von einem Märchenbuch verlange ich weit mehr, verlange ich höchste dichterische Werte, Visionen von echter Intensität, Situationen von tiefer innerer Wahrheit, Phantasien von beschwingter, schön spielender Anmut.
Nun, diese indischen Märchen geben auch dichterisch sehr viel. Schon die Sprache erfreut noch durch die Übersetzung hindurch mit vielen lieben Einzelheiten. Um einige Bilder zu nennen: Eine Nachricht ist für den einen von zwei Freunden erfreulich, für den anderen niederschmetternd, ›so wie sich über den Beginn der Regenzeit der Wasservogel erfreut und der Zugvogel betrübt‹. Oder echt morgenländisch über die Trennung zweier Liebenden: ›Das Wachs des Lebens schmilzt hin in dem Feuer der Trennung.‹ Oder es heißt von einem, dessen Aufgabe es ist, ein Gedicht möglichst vielen zur Kenntnis zu bringen: ›Er wird es allerwärts verbreiten, wie der Wind den Duft der Blumen.‹
Der alten Märchenfrage ›Wer ist die Schönste im ganzen Land?‹ begegnen wir in einer wundervoll verklärten Form. Ein Dämon lockt Hunderte ins Verderben, indem er sie fragt: ›Wer ist die Schönste in dieser Stadt?‹ Endlich aber findet er den Weisen, der ihm die Lösung gibt: ›Du Tor; jede ist schön für den, der sie liebt.‹ Der Einsiedler im Walde, der von Blättern lebt, der wandernde Büßer, der wißbegierige König, der schlaue Kaufmann und viele andere charakteristische Typen Indiens finden sich in guten Geschichten. Dazwischen groteske Bilder von überraschender Wirkung: etwa der Fisch auf dem Marktplatz, der beim Anblick einer vom Fürsten begangenen Torheit in ein lautes Gelächter ausbricht.

Dazwischen fällt eine im Grunde wenig indische Figur durch ihre wahrhaft alttestamentliche Großartigkeit auf. Das ist der Minister Sakatala, der vom König samt seinen hundert Söhnen in den Kerker geworfen wird. Sie erhalten alle zusammen täglich nur so viel zu essen, als ein einziger Mann zur Erhaltung seiner Kräfte braucht, da bittet der Minister seine Söhne, denjenigen unter ihnen auszuwählen, der sich stark genug fühlt, einmal Rache am König zu nehmen. Sie alle aber wählen den Vater, und so bekommt er, während die Söhne Hungers sterben, die tägliche Speise zu essen und erhält sich durch Jahre für die einstige Rache. Und wieder, als er nach Jahren frei und eine Rache möglich ist, da sucht er einen würdigen Gehilfen. Er wählt einen Brahmanen, den er ein Gras im dürren Boden tief mit der Wurzel ausgraben sieht, aus Rache dafür, daß eines seiner Blätter ihn in den Fuß gestochen hat. Und diesem Mann des zähen Zornes gelingt es, den König zu fällen.
Weiter finden wir, wie natürlich, eine Anzahl von Geschichten, die sich in vielen Märchen- und Anekdotenbüchern wiederfinden, bis weit nach Europa und ins Mittelalter hinein, bis zu Boccaccio. Daneben solche, die nur in Indien möglich sind, wie die altberühmte von der Taube, die an den Busen des guten Königs flüchtet und von ihm gegen den Habicht beschützt wird, mit Preisgabe seines eigenen Lebens, jenem Gegenstück zur Geschichte vom guten Hirten, das uns tief ins Herz des edelsten indischen Gedankens blicken läßt. Die Geschichten sind miteinander verbunden durch Rahmenerzählungen von einer Verschlungenheit ohnegleichen, wie eine asiatische Stickerei von einem uralt mythischen Ornamentgeschlinge.
Möge Deutschland, das bisher allen Völkern vorangegangen ist im neidlosen Anerkennen fremder Leistungen und im Gefühl für das übernational Menschheitliche in den Literaturen, möge es bald wieder an solchen Werken des Friedens und des Verständnisses weiterarbeiten! Nicht das einzelne Werk, wohl aber der Geist solcher Arbeiten im ganzen wird es sein, der die Menschheit langsam und geduldig fördert – vielleicht in ferner Traumzukunft einmal so weit, daß Kriege entbehrlich werden.

(1914)

Über Hermann Graf Keyserlings ›Reisetagebuch eines Philosophen‹

Seit bald einem Jahr hatte ich von Keyserlings ›Reisetagebuch eines Philosophen‹ sprechen hören, meist in überschwenglichem Ton, doch gelang es mir erst jetzt, das Buch in die Hände zu bekommen. Ich ging an die Lektüre mit großer Spannung und mit einem Beiklang von jenem leisen Furchtgefühl, mit dem wir den ersten Blick auf ein Werk werfen, das uns von Freunden überaus lebhaft gerühmt worden ist. Die ersten Seiten, der Entschluß zur Reise, die Fahrt nach Indien, die ersten Erlebnisse in Ceylon, die ersten in Südindien, stärkten zwar meine Erwartung und Spannung, zugleich aber auch jene leise Furcht, denn es war da beinahe zuviel Esprit, es war da eine beinahe beängstigende, beinahe allzu virtuose Einfühlungsfähigkeit in beliebige fremde Welten! Kaum ist Keyserling in Kandy, so lebt und atmet er im ceylonesischen Buddhismus wie ein alter Mönch, kennt und versteht ihn aus dem Grunde, lebt ihn genießerisch mit. Und kaum ist er auf dem Festland drüben und über Tutikorin hinaus, so lebt er ebenso heimisch und rasch eingefühlt im Hinduismus und sieht im ersten Augenblick schon ein, warum der Buddhismus, von dem er gestern noch entzückt war, doch eigentlich in Indien Fiasko gemacht habe. Und kurz darauf steht er mit derselben Grazie, derselben Gerechtigkeit, derselben fast schauspielerischen Einfühlung dem Islamismus gegenüber. Dazu kam die leichte Form, in der das Buch zum großen Teil geschrieben ist, und welche zwar von den meisten Lesern sehr bewundert, für den Autor aber leicht zu einer Gefahr wird. Dieser Philosoph plaudert an manchen Stellen harmlos und liebenswürdig auch von äußeren Eindrücken, von Reise- und Naturstimmungen, und diese Schilderungen sind zwar geistvoll und hübsch, aber sie sind oberflächlich, denn Keyserling ist ohne dichterische Begabung und sein sprachlicher Ausdruck wird schwach und feuilletonistisch, sobald er andres als Gedanken und intellektuelle Erlebnisse darzustellen versucht.

Nun, alle diese Einwände fielen mit der Zeit dahin. Sie sind im einzelnen alle richtig, dies Reisebuch im ganzen ist aber eine so außerordentliche Leistung, daß diese Schwächen darin nichts bedeuten. Als Ganzes ist dies Buch das bedeutendste, das in Deutschland seit Jahren erschienen ist. Keyserling ist, um die Hauptsache gleich zu sagen, zwar nicht der erste Europäer, wohl aber der erste europäische Gelehrte und Philosoph, der Indien wirklich verstanden hat. So schroff das klingt, und so weh es tut, im Andenken an verehrte Männer wie Oldenberg und Deussen das Wort auszusprechen, es ist dennoch so.

Das, was manche Künstler, und vor allem sehr viele sogenannte Okkultisten, längst von Indien wußten, was sie dort suchten und übten, das für uns Wesentliche am geistigen Indien, das war zu meiner Verwunderung nie von einem der vielen Professoren, die Indien bereisten, unbefangen betrachtet und studiert, ja überhaupt gesehen worden. Es wurde von den Professoren nicht gesehen, weil es ihnen verboten war. Denn jenes Indische, worauf es eigentlich ankam, das war Okkultismus, das war Magie, das war Mystik, es handelte von der Seele, es war nicht genügend mortifiziert und neutralisiert, um von europäischen, speziell deutschen Professoren irgend anerkannt oder auch nur ernstlich bemerkt werden zu dürfen. Bemerkt, studiert, gesucht und nachgeahmt wurde es lediglich von Okkultisten, von Schwärmern und Sektenstiftern, von Theosophen oder von sensationshungrigen Globetrottern. Dies Indien nun ist von Keyserling auch für die Wissenschaft entdeckt worden. Als erster unter all den europäischen Gelehrten hat er das Einfache, längst Bekannte gesehen und einfach ausgesprochen, daß der indische Weg zum Wissen nicht eine Wissenschaft ist, sondern eine psychische Technik, daß es sich um eine Änderung des Bewußtseinszustandes handelt und daß der auf indischem Wege Ausgebildete seine Erkenntnisse nicht errechnet und erstudiert, sondern die Wahrheiten mit dem inneren Auge sieht, mit dem inneren Ohr belauscht, und sie unmittelbar perzipiert, nicht erdenkt.

Das Erkennen und Anerkennen dieser einfachen Wahrheit durch einen einflußreichen und bedeutenden europäischen Denker wird große Folgen haben. Keyserling, dem die Verdrängungen und Scheuklappen der akademischen Zunftleute fehlen, ist darin mit allen Okkultisten einig, daß er Joga anerkennt und empfiehlt. Er bedauert, wie mit ihm mancher Suchende in Europa, unseren vollkommenen Mangel an Tradition und Methode in der Ausbildung der Konzentrationsfähigkeit, und er sieht mit sicherem Scharfblick, daß die einzige, für Nichtkatholiken leider nicht gangbare Methode ähnlicher Art, die das Europa der letzten Jahrhunderte hervorgebracht hat, die genialen Übungen des Ignatius von Loyola sind.

Von allem, was Keyserling über Indien sagt, wird dies am stärksten wirken, obwohl es eigentlich eine Selbstverständlichkeit ist. Es wird ungeheuer wirken, denn Joga ist gerade das, wonach Europa den wildesten Hunger hat.

So verdienstlich nun die Erkenntnis vom absoluten Wert des Jogatums und deren wirksame Formulierung in diesem Buche ist, so sehr sie für die Mehrzahl der Leser ein Hauptergebnis des Buches bleiben wird, sie ist weder neu noch gehört sie zum Tiefsten des Buches. Das Tiefste ist der Sinn für die indische Frömmigkeit, der Sinn für die Gläubigkeit des Hindu und für seine Götterwelten, der Sinn für jenes indische Frommsein, dem das Paradoxe jedes wahren Glaubens keinerlei Bedenken macht, dem jeder Gott, jeder Götze, jeder Mythos heilig ist, ohne daß er doch einen davon in unsrem Sinne je ernst nähme. Hier leistet Keyserling das Außerordentliche, daß er als Europäer und kritisch geschulter Denker die tiefe Naivität des Hindu erreicht und erlebt, die so nah verwandt mit der Skepsis aussieht und doch ihr völliges Gegenteil ist. Verständlich wird diese außerordentliche und wahrhaft begeisternde Fähigkeit Keyserlings nur aus einigen wenigen bekenntnishaften Stellen des Buches, wo er nebenher von sich, von seiner Herkunft und Jugend spricht. Da erfahren wir, wenn wir aufmerksam dieser außerordentlichen Seele folgen, daß sie sich selbst schon von Kindheit an als Proteus gefühlt hat, daß sie instinktiv sich jeder Versuchung zu verfrühter Kristallisation entzogen und immer wieder zum Ideal der unendlich polymorphen Plastizität zurückgeflüchtet ist. Ich scheue mich, das Bildnis dieser Seele aus ihren wenigen, zum Teil nur halb gewollten Bekenntnissen in groben Strichen zu rekonstruieren, aber diese vornehme, elastische, neugierige und proteische Seele ist es, die dem ganzen Werke Keyserlings seine Magie gibt.

Ein kurzes Wort sei auch noch über das ethische, das erzieherische Endresultat dieses bedeutenden Buches gesagt. Auch hier traf Keyserlings Formulierung mich auf parallelem Wege, auch

hier erlöste manches Wort von ihm durch beglückende Formulierung. Seit vier Jahren habe ich, in meiner anderen Welt, als Dichter, keinen anderen Gedanken, keinen anderen Glauben so stark und vielfach in mir bewegt und vielfältig auszudrücken gesucht wie den vom Gott im Ich und dem Ideal der Selbstverwirklichung. Nirgends bin ich in der letzten Formulierung mit Keyserling völlig und restlos einig, überall aber hat er mich im Wesentlichsten, Lebendigsten gestärkt, bestätigt, oft geführt, gestützt und durch ein zupackendes Wort gefördert.
Das ›Reisetagebuch‹ wird ohne Zweifel eine ungeheure Wirkung haben. Sie wird vielleicht neben der Bergsons die stärkste Wirkung eines Denkers im heutigen Europa sein.

(1920)

Aus Brahmanas und Upanishaden

Die Philosophie des Vedanta, des Veda-Endes, zeigt uns den vielgestaltigen indischen Geist wohl in seiner lebendigsten Blüte, zumindest steht uns Abendländern diese Philosophie besonders nahe. Wie erregend und beglückend das erste Kennenlernen vereinzelter ›Upanishaden‹ einst auf Humboldt und auf Schopenhauer gewirkt hat, ist bekannt. Der Herausgeber der vorliegenden Auswahl* warnt freilich vor Überschätzung. Er hat gewiß recht, wenn er die Upanishaden als weit entfernt vom Geist unsrer wissenschaftlichen Philosophie empfindet und sie mehr in die Nähe primitiver Opfersprüche und Zaubersegen stellt. Die Frage indessen, ob Weisheit nur mit den Mitteln der Professorenphilosophie erreichbar sei, und ob urtümliche Dichtung nicht etwa mehr sei als Literatur, möchte man ihm entgegenstellen.
Das Werk enthält im ersten Teil einige ›Brahmanas‹, Vorläufer der Upanishaden, als Proben des älteren, noch ganz im vedischen Ritual-Geist befangenen Denkens, dann eine schöne Auswahl von Upanishaden. Ihre zentrale Lehre ist die vom Atman, vom Selbst im Ich. Das Finden des Selbst und das Unterscheiden des (individuellen, egoistischen) Ich vom Selbst ist für uns der Inbegriff aller indischen Lehre, wie es auch der Lehre Buddhas zugrunde liegt.

(1921)

---

* Übertragen und eingeleitet von Alfred Hillebrandt, Eugen Diederichs Verlag, Jena 1921.

Die Reden Buddhas

I

Die geistige Welle aus Indien, die in Europa, speziell in Deutschland, seit hundert Jahren wirksam war, ist nun allgemein fühlbar und sichtbar geworden; man mag über Tagore und über Keyserling denken, wie man will, die Sehnsucht Europas nach der seelischen Kultur des alten Ostens ist eklatant geworden.

Psychologisch gesprochen: Europa beginnt an mancherlei Verfallserscheinungen zu spüren, daß die hochgetriebene Einseitigkeit seiner geistigen Kultur (sie äußert sich am deutlichsten etwa im wissenschaftlichen Spezialistentum) einer Korrektur bedarf, einer Auffrischung vom Gegenpole her. Die allgemeine Sehnsucht gilt nicht einer neuen Ethik oder einer neuen Denkweise, sondern einer Kultur jener seelischen Funktionen, welchen unsere intellektualistische Geistigkeit nicht gerecht geworden ist. Die allgemeine Sehnsucht gilt nicht so sehr Buddha oder Laotse als dem Jogitum. Wir haben erfahren, daß der Mensch seinen Intellekt bis zu erstaunlichen Leistungen kultivieren kann, ohne dadurch der eigenen Seele Herr zu werden ...

Zuweilen sind Neumanns Übersetzungen, ihrer Wörtlichkeit in den anscheinend endlosen Wiederholungen wegen, von deutschen Literaten bespöttelt worden. Manche fühlten sich durch diese geruhigen, endlos fließenden Betrachtungsreihen an Gebetsmühlen erinnert. Diese Kritik, so witzig sie sein mag, geht von einer Einstellung aus, welche der Sache nicht gerecht zu werden fähig ist. Buddhas Reden nämlich sind nicht Kompendien einer Lehre, sondern sie sind Beispiele von Meditationen, und das meditierende Denken eben ist es, was wir bei ihnen lernen können. Ob Meditation zu anderen wertvolleren Ergebnissen führen könne als wissenschaftliches Denken, ist eine müßige Frage. Zweck und Resultat der Meditation ist nicht ein Erkennen im Sinn unserer westlichen Geistigkeit, sondern ein Verschieben des Bewußtseinszustandes, eine Technik, deren höchstes Ziel eine reine Harmonie, ein gleichzeitiges und gleich-

mäßiges Zusammenarbeiten von logischem und intuitivem Denken ist. Über die Erreichbarkeit dieses idealen Zieles steht uns kein Urteil zu, wir sind in dieser Technik durchaus Kinder und Anfänger. Zum Eindringen in die Technik der Meditation aber gibt es keinen direkteren Weg als die Beschäftigung mit diesen Buddha-Reden. Es gibt zahlreiche nervöse deutsche Professoren, welche etwas wie eine buddhistische Überschwemmung, einen Untergang des geistigen Abendlandes befürchten. Das Abendland wird jedoch nicht untergehen, und Europa wird nie ein Reich des Buddhismus werden. Wer Buddhas Reden liest und durch sie Buddhist wird, der mag für sich einen Trost gefunden haben – statt des Weges, den uns Buddha vielleicht zeigen kann, hat er aber einen Notausgang gewählt.
Die Modedame, die neben dem bronzenen Buddha aus Ceylon oder Siam nun die drei Bände der Reden Buddhas legt, wird ebensowenig jenen Weg finden wie der Asket, der sich aus dem Elend eines öden Alltags zu dem Opium eines dogmatischen Buddhismus flüchtet. Wenn wir Abendländer erst etwas Meditation gelernt haben werden, wird sie uns ganz andere Resultate zeigen als den Indern. Sie wird uns nicht zum Opium werden, sondern zu einer vertieften Selbsterkenntnis, wie sie als erste und heiligste Forderung den Schülern der griechischen Weisen gestellt wurde.

II

So nutzlos es wäre, über die ›Religion der Zukunft‹ schon heute zu reden, so nützlich und wertvoll ist es, wenn die Suchenden von heute sich an den wenigen großen Idealen der Vergangenheit messen. Unweigerlich endet dies Messen mit furchtbarer Niederlage. Unsere Zeit und Kultur sieht sich, sobald sie sich mit Zeiten einer echten Religiosität vergleicht, kindlich arm und hilflos. Wir wissen viel, und unsere Sehnsucht ist echt, echt auch unsere Bereitschaft, unser Wissen für nichts zu achten und seelisch von vorn zu beginnen. Aber eben da fehlt uns jede Tradition, jede Technik, jede Erziehung. Unser Besitz an Wissen vom inneren Leben, an Herrschaft über die Triebe, an Mitteln zur Pflege der Seele ist ein Nichts.

Hier ist der Punkt, wo wir gewiß recht haben, von Helden ferner Zeiten zu lernen, von Jesus und den christlichen Heiligen, von den Chinesen, von Buddha. Noch die kleinste Ordensregel des bescheidensten Mönchsordens im Mittelalter kann uns, die wir hierin völlig hilflos sind, über Seelenzucht und Seelenpflege mehr lehren als alle Pädagogik unserer Zeit.

Für dies Gebiet nun sind die Reden Buddhas eine Quelle und Fundgrube von ganz unerhörter Fülle und Tiefe. Sobald wir aufhören, die Lehre Buddhas rein intellektuell zu betrachten und uns mit einer gewissen Sympathie für den uralten Einheitsgedanken des Ostens zu begnügen, sobald wir Buddha als Erscheinung, als Bild, als den Erwachten, den Vollendeten zu uns sprechen lassen, finden wir, fast unabhängig vom philosophischen Gehalt und dogmatischen Kern seiner Lehre, eines der großen Menschheitsvorbilder in ihm. Wer aufmerksam auch nur eine kleine Zahl der zahllosen ›Reden‹ Buddhas liest, dem tönt daraus bald eine Harmonie entgegen, eine Seelenstille, ein Lächeln und Drüberstehen, eine völlig unerschütterliche Festigkeit, aber auch unerschütterliche Güte, unendliche Duldung. Und über die Wege und Mittel, zu dieser heiligen Seelenstille zu gelangen, sind die Reden voll von Ratschlägen, von Vorschriften, von Winken.

Der Gedankeninhalt der Buddhalehre ist nur eine Hälfte des Werkes Buddhas, die andere Hälfte ist sein Leben, ist gelebtes Leben, geleistete Arbeit, getane Tat. Eine Zucht, eine seelische Selbstzucht allerhöchster Ordnung ist hier geleistet und ist hier gelehrt, von welcher jene Ahnungslosen keine Vorstellung haben, die über ›Quietismus‹ und ›indische Träumerei‹ und dergleichen bei Buddha reden, und ihm jene westliche Kardinaltugend, die Aktivität, absprechen. Vielmehr sehen wir Buddha an sich und seinen Jüngern eine Arbeit tun, eine Zucht üben, eine Zielstrebigkeit und Konsequenz betätigen, vor denen auch die echten Helden europäischer Tatkraft nur Ehrfurcht empfinden können. Über die ›Inhalte‹ jener neuen Religion oder Religiosität, die wir kommen fühlen oder doch ersehnen, werden wir schwerlich bei Buddha viel erfahren und lernen können, das ›Inhaltliche‹ seiner Lehre ist uns auf philosophischem Wege, sei es auch nur auf dem nicht ganz reinen Umweg über Schopenhauer, schon zugänglich geworden. Auch handelt es sich bei einer ›neuen Religion‹ ja gar nicht so sehr um Gedankeninhalte als um neue, lebendige Symbole für Uraltes. Die Religionen kommen gewissermaßen ohne uns, über unsere Köpfe hinweg. An uns ist es lediglich, die Bereitschaft zu pflegen, die ›Lampen‹ bereitzuhalten.

Ein Bestandteil dieser Bereitschaft wird die Fähigkeit zur Ehrfurcht sein. Bringen wir die Ehrfurcht, die dem Heiligen gebührt, auch Buddha entgegen, hören wir auch diese wahrhaft heilige Stimme dankbar an, so wüßte ich wahrlich nicht, was für ein Schaden daraus entstehen könnte. Die Warnungen vor dem gefährlichen ›Osten‹, die wir zur Zeit so häufig vernehmen, stammen alle von Lagern, die Partei sind, die ein Dogma, eine Sekte, ein Rezept zu hüten haben.

(1921/22)

Über mein Verhältnis zum geistigen Indien und China

Von frühster Kindheit an war ich von außen her mit indischem Wesen vertraut, mein Großvater, meine Mutter und mein Vater waren alle drei lange in Indien gewesen, sprachen indische Sprachen (Malayalam, Kanaresisch, Hindostani, mein Großvater auch Sanskrit), in unsrem Hause waren viele indische Sachen, Kleider, Gewebe, Bilder etc. Unbewußt sog ich so viel Indisches ein. Besonders erinnere ich mich an schöne, lebhafte Erzählungen meiner Mutter aus ihrer indischen Zeit. Meine Eltern und Großeltern waren als Missionare tätig gewesen, mein Großvater war Jahrzehnte in Indien. Doch waren sie alle drei nicht vom Schlage des Durchschnitts-Missionars, waren tief in Sprachen und Seele Indiens eingedrungen, das sie sehr liebten. Ich erinnere mich eines handschriftlichen Buches, das mein Vater besaß und in das er während seiner indischen Zeit vieles eingeschrieben hatte, vor allem erinnere ich mich, daß darin viele buddhistische Gebete standen, von meinem Vater übersetzt, teils in Deutsch, teils in Englisch, und daß er uns zuweilen mit sichtlichem Gefallen an der Frömmigkeit und Poesie dieser Gebete daraus vorlas.

Bei meinen Eltern und Großeltern war sehr viel Liebe für Indien und viel Bereitschaft zum Verständnis Indiens vorhanden, doch stand ihr Christentum im Wege, sie anerkannten Indien und seine Ideen sehr, aber stets mit dem Vorbehalt, daß doch eben die Lehre Jesu allein göttlich und endgültig sei, ebenso wie sie auch Goethe und andre weltliche Weise schätzten, aber stets mit jenem mir fatalen Vorbehalt.

Seit dem Verlassen des Vaterhauses hatte ich keine Berührungen mit Indischem, und jene Einflüsse blieben ganz unbewußt. Erst im Alter von etwa 27 Jahren, als ich begann, mich mit Schopenhauer zu beschäftigen, stieß ich wieder auf indische Gedanken, in den folgenden Jahren hatte ich häufig Begegnungen mit suchenden Menschen, meist von mehr oder weniger theosophischer Färbung, und fand mich auch durch sie mehr und mehr auf indische Quellen gewiesen, lernte eine Übersetzung der Bhagavad-Gita kennen und war von da an in indischen Ideen heimisch. Bald fand ich auch das Dhammapaddam, von Neumann übersetzt, und Oldenbergs Buddhabuch, später die Werke von Deußen.

Meine damalige Philosophie war die eines erfolgreichen, aber müden und übersättigten Lebens, ich faßte den ganzen Buddhismus als Resignation und Askese auf, als Flucht in Wunschlosigkeit, und blieb Jahre dabei stehen.

Eine Bereicherung und teilweise Korrektur erfuhr mein östliches Wissen und Denken durch die Chinesen, die ich durch die Übersetzungen von Richard Wilhelm allmählich kennen lernte. Von Lao Tse erfuhr ich schon etwas vorher durch meinen Vater, der ihn durch den Tübinger Professor Grill kennen gelernt hatte (Grill hat selbst eine Übersetzung des Tao Te King gemacht). Mein Vater, sein Leben lang ein frommer Christ, aber stets suchend und nie dogmatisch festgelegt, war die letzten Jahre seines Lebens intensiv mit Lao Tse beschäftigt, den er oft mit Jesus verglich. Ich selbst kam erst einige Jahre später zu Lao Tse, der mir nun für lange Zeit zur wichtigsten Offenbarung wurde.

Auch von anderer Seite her, aus den Folgerungen, die ich aus manchen Lehren der Psycho-Analyse zog, ergab sich mir mehr und mehr ein Ideal dessen, was ich Weisheit nannte, und das Wissen von einem bipolaren, nicht einseitigen, synthetischen Denken. Die einzelnen Stationen der Entwicklung könnte ich nicht in Kürze angeben. Obwohl meine Lebensschicksale an Schwere zunahmen und mir sehr großes Leid brachten, verlor sich aus meinem Denken doch mehr und mehr die Resignation, und für mich bezeichnete ich diese Wendung zuweilen als eine Wendung von Indien nach China, d. h. von dem asketischeren Denken Indiens zu dem bürgerlicheren, »bejahenderen« Chinas.

Die östlichen Bücher, die mir wichtig wurden, sind:
Die Bhagavad Gita / Buddhas Reden / Deussens Vedanta und Upanishaden / Oldenbergs Buddha / Das Tao Te King, von dem ich alle deutschen Ausgaben las / Gespräche des Konfuzius / Gleichnisse des Dschuang Dsi.

(1922)

Indisches

Religionen von protestantisch-puritanischem Charakter haben im ganzen, wie es scheint, eine geringere Plastizität und Anpassungsfähigkeit als die katholischen. So ist in ganz Indien der Buddhismus, nachdem er Jahrhunderte lang die alte Brahmanenreligion nahezu verdrängt und ersetzt hatte, seit langem wieder erloschen und fast völlig verschwunden, und der ›Hinduismus‹, das heißt die Volksreligion auf alter brahmanischer Grundlage, ist Siegerin geblieben. Eine Dogmatik des Hinduismus gibt es nicht, es wäre unmöglich, sie zu schreiben, denn diese Religion Indiens, des religiösesten Volkes der Welt, ist in der Tat von einer Plastizität, von einer Anpassungsfähigkeit, von einer Biegsamkeit und ewigen Produktivität, für welche es kein zweites Beispiel gibt. Es gibt ›Hinduisten‹, welche nur einen höchsten, geistigen Gott verehren, und solche, welche Mengen von Göttern und Götzen anbeten, Hinduisten, die an Geister und Zauber glauben und Gräber- und Dämonenkult treiben, und andere, deren Glaube voll von Anklängen an islamitische und christliche Ideen ist.
Diese Religion des Hinduismus ist kein System, beruht nicht auf bestimmten Vorstellungen, besitzt keinen dogmatischen Kanon und hat sich dennoch in den Jahrtausenden nicht verloren oder aufgelöst, sondern ist mit schöpferischer Wandlungsfähigkeit tausend neue Bindungen eingegangen, hat immer neue Formen gefunden, hat mit endloser Weitherzigkeit und Toleranz fremde Elemente aufgenommen. Gleich den Gesichtern und Gestalten vielarmiger indischer Götter hat diese Religion tausend Gesichter, primitive und raffinierte, kindliche und männliche, sanfte und grausame.
Glasenapp* gibt einen verblüffend reichen Überblick über Geschichte und Inhalte des Hinduismus, er versucht nicht, das Undefinierbare zu definieren, sondern erkennt, daß die geheime, von außen nicht sichtbare Einheit, welche diese Religion speist und zusammenhält, nichts anderes ist als die eigene

* Helmuth von Glasenapp, »Der Hinduismus«. Religion und Gesellschaft im heutigen Indien, Kurt Wolff Verlag, München 1922.

Struktur der indischen Seele, und daß Fundament und Kern des Hinduismus weder in irgendeinem der vielen Kulte, noch in den Veden, noch im Priesterstande liegen, sondern im indischen Leben, im praktischen, täglichen Leben der indischen Völker mit ihrer so scharf ausgeformten sozialen Gliederung, dem sogenannten Kastenwesen.

(1923)

Hinduismus

So wohlbekannt und fast populär bei uns der Buddhismus und die Anschauungen des sogenannten Vedanta sind, so wenig gekannt, so gemieden und gescheut bei Gelehrten wie Religiösen ist jene indische Hauptreligion, die man Hinduismus nennt. Es ist jene Religion, deren vielarmige und elefantenköpfige Götzen einst Goethe in einer Stunde schlechter Laune gegen sein eigenes tieferes Ahnen heftig abgelehnt hat. Diese Götter und Götzen kommen nun aber wieder, sie kamen schon seit zehn Jahren auf dem Wege der Kunst, denn plötzlich hatte das Abendland gemerkt, daß, was für Japan recht ist, für Indien billig sein muß, und es wurde auch die indische Kunst entdeckt. Und nun kommt die indische Götterwelt, mit ihren vielarmigen Götzen, mit ihren vielbrüstigen Göttinnen, mit ihren steinern und uralt lächelnden Gottheiten und Heiligen unaufhaltsam hereingebrochen, auf vielen Wegen, auf den Wegen des Okkultismus und der Sektiererei, auf den Wegen der Sammler und Kunst- und Raritätenliebhaber, auf den Wegen der Wissenschaft.

Das religiös genialste Volk der Erde haben wir bisher beinahe nur durch philosophische Brillen gesehen, wir kannten beinahe nur jene Systeme und Theorien des alten Indien, welche die religiösen Probleme intellektuell zu lösen suchen. Die eigentliche Religion des Volkes, den Hinduismus, diese genialste, an Plastizität beispiellose Religion beginnen wir erst allmählich in ihrer Größe und Wunderbarkeit zu ahnen.

Jenes Problem, das den Abendländer, wenn er sich auf Indisches einläßt, immer am meisten plagt und vor den Kopf stößt, daß nämlich für die Inder Gott zugleich transzendent und immanent sein könne, ist das eigentliche Herz der indischen Religion. Für den Inder, der sowohl im religiösen Gefühl wie im abstrakten Denken so merkwürdig genial ist, besteht jenes Problem gar nicht als solches, ihm ist von Anfang an ausgemacht und klar, daß alle menschliche Erkenntnis und Denkkunst lediglich der niedren Welt, der Menschenwelt, gerecht zu werden vermöge, daß wir dem Göttlichen dagegen einzig mit Hingabe, mit Verehrung, mit Meditation, mit Andacht entgegentreten dürfen. Und so beherbergt der Hinduismus, welcher heute wie vor dreitausend Jahren die herrschende Religion Indiens ist, friedlich in paradiesischer Buntheit die ungeheuersten Gegensätze, die widersprechendsten Formulierungen, die denkbar gegensätzlichsten Dogmen, Riten, Mythen und Kulte in sich, das Zarteste neben dem Rohesten, das Spirituellste neben dem massig Sinnlichen, das Gütigste neben dem Grausamen und Wilden.

Die Wahrheit, das Ewige, ist nicht in diesen Gestaltungen, auch nicht in den feinsten und edelsten, die Wahrheit ist hoch darüber. Und so mag der Brahmane Gottesgelehrtheit treiben, der Sinnliche den zeugungsfrohen Krishna lieben, der Einfältige die mit Kuhmist bestrichene Steinfratze anbeten – es ist vor Gott alles dasselbe, es ist eine nur scheinbare Mannigfaltigkeit, es sind nur scheinbare Gegensätze.

(1923)

Aus Indien und über Indien

Die Beschäftigung des deutschen Geistes mit dem indischen, seine tastende Annäherung an ihn, ist wenig mehr als hundert Jahre alt, hat in Schopenhauer ihren berühmtesten Ausdruck gefunden, in Neumanns Übersetzungen ihre liebevollste Leistung, in Deussen und Oldenberg ihre bekanntesten Gelehrten. Schließlich ist sie, in neuester Zeit, zur Mode geworden, welche rasch wieder vergehen und doch nicht ohne Sinn gewesen sein wird.

Ostasien, zumal Indien, übt heute auch auf wenig Gebildete eine gewaltige Anziehungskraft aus, es gehen da tiefe geistige Interessen mit jungenhafter Lust am Erotischen und lüsterner Sucht nach Sensationen wunderlich durcheinander.

Das eigentliche Wissen um Indien jedoch und die Literatur darüber beschränkte sich bis vor kurzem auf ganz enge Gebiete. Die indische bildende Kunst, die indischen großen Volksreligionen waren noch vor wenigen Jahren bei uns nahezu vollkommen unbekannt, während über das ›geistige‹ Indien, aber auch nur über vereinzelte Gebiete desselben, eine Menge von Literatur existierte. Schon seit hundert Jahren war besonders stark das Interesse für die Buddha-Lehre, und noch vor zwanzig Jahren war die Mehrzahl der Europäer der festen Meinung, die Völker Indiens seien alle Buddhisten, während in Wirklichkeit im eigentlichen Indien ja die Zahl der noch vorhandenen Buddhisten verschwindend klein ist. Erst neuestens haben Forschung und Literatur sich auch jenem andern Indien zugewandt, gegen welches einst Goethe sich so abweisend verhielt. Von der neueren Literatur aus und über Indien soll dieser Aufsatz nun eine Auswahl der wichtigsten Erscheinungen besprechen.

Für das buddhistische Indien sind Karl Neumanns Übersetzungen der Buddha-Texte, namentlich der ›mittleren Sammlung‹ der Reden Buddhas (Verlag Piper in München) noch immer die wichtigsten Bücher. Daneben war die Kenntnis und Übersetzung der übrigen großen religiösen Dokumente Indiens lang vernachlässigt, Deussens ›Sechzig Upanishads‹ waren jahrzehntelang das Einzige, was von diesen unerschöpflichen

Schätzen in deutscher Sprache erreichbar war. Dies ist nun anders geworden, und ebenso wie der Verlag Diederichs in Jena unser Wissen um das geistige China durch die Herausgabe der Wilhelmschen Übersetzungen plötzlich verzehnfacht hat, so hat er durch seine Büchersammlung ›Die Religion des alten Indien‹, welche Walter Otto leitet, uns neuestens die Lektüre und das Studium herrlicher Werke ermöglicht, welche bisher nur den Orientalisten zugänglich waren. Für mich das schönste unter diesen Ottoschen Büchern heißt ›Aus Brahmanas und Upanishaden‹ (übersetzt von A. Hillebrandt), das ist eine schöne Zusammenstellung und Übersetzung von ausgewählten indischen Texten aus der Blütezeit des älteren indischen Denkens, als dessen Erben wir Buddha ansehen. Die Bhagavad-Gita ist ebenfalls in dieser Sammlung erschienen, deutsch von Leopold von Schroeder (dessen Buch über Indien aus den achtziger Jahren noch heute hohen Wert hat). Der Welt des Buddhismus gehören die beiden Bändchen an: ›Thamma-Worte‹ (das alte ›Thammapada‹, eine Sammlung buddhistisch-asketischer Lieder und Sprüche aus der ältesten Zeit des Buddhismus, der Legende nach von Buddha selbst und seinen ersten Jüngern stammend) und ›Buddhas Wandel‹, das schöne, begeisterte Gedicht des Acvagosha. Ferner hat H. W. Schomerus in dieser Sammlung zwei Bände ›Texte zur Gottesmystik des Hinduismus‹ gebracht, die durch die Fülle und Großartigkeit ihres Inhalts für jeden Liebhaber der Beschäftigung mit indischem Geiste ein großes Erlebnis sein werden; hier sind namentlich aus der Welt des Shiva-Kultes Hymnen und Legenden mitgeteilt, deren Innigkeit, Tiefe und Ausdruckskraft den schönsten Upanishaden nahe kommt.

Diese Ottosche Bibliothek des religiösen Indien ist heute unentbehrlich für jeden, der sich, ohne selbst die alten indischen Sprachen zu beherrschen, dieser blühenden, erlösungsdürstenden, frommen Welt Altindiens nähern will. Wer sich diesen Büchern ergibt, läuft Gefahr, nicht mehr aus ihnen zurückzukehren, denn das neuere Europa hat nichts, was den von der Glut und Versenkung dieser wunderbar beseelten Frömmigkeit Ergriffenen noch fesseln könnte. Doch wird die Gefahr nicht viele verführen, denn das Eindringen in diese Welt fordert mehr Hingabe, als heutige Leser in der Regel aufbringen.

Wer außer diesen Texten auch noch eine systematische Einführung sucht, ein Buch über den Geist dieses alten Indien, dem wird die ›Indische Theosophie‹ von H. Gomperz (bei Diederichs) sehr willkommen sein und gute Dienste tun. Das sehr gewissenhaft und schön gearbeitete Werk, stellenweise etwas stark rationalistisch, sucht den ungeheueren Stoff, gewissermaßen die ganze Geschichte der indischen Erlösungssehnsucht, mit Hilfe reichlicher Zitate aus den alten Texten darzustellen, sucht außerdem mit echter Bemühung eine edle Mitte zwischen den beiden sonst üblichen Europäerstandpunkten dem indischen Wesen gegenüber, dem überkritischen und dem abergläubisch-enthusiastischen, und leistet für unsere Zeit sehr wertvolle Dienste.
In der sehr schönen Sammlung ›Meisterwerke orientalischer Literaturen‹ bei Georg Müller in München erschien, deutsch von H. Uhle, das Vetala-Pantschavinsati, die ›25 Erzählungen eines Dämons‹, ein schönes, bei uns bisher unbekanntes Stück aus der großen, alten Märchenliteratur Indiens. In derselben Sammlung erschien früher ein anderes klassisches, überaus liebenswertes indisches Erzählungswerk, das ›indische Papageienbuch‹.
Von einer ganz anderen Seite her wird Indien zu erfassen gesucht in einer Reihe großer, reich illustrierter Werke, die unter dem Namen ›Der indische Kulturkreis in Einzeldarstellungen‹ vom Folkwang-Verlag begonnen, vom Münchener Verlag Georg Müller übernommen und glänzend weitergeführt wurde. Die Absicht dieser schönen Quartbände mit ihren unzähligen Bildertafeln ist, uns die einzelnen Länder, Völker und Kulturgebiete der großen indischen Welt durch sachliche Darstellungen und reiches Bildermaterial vor Augen zu bringen, Land und Volksleben, Architektur, Kunst, Kult und Gewerbe. Da sind zum Beispiel zwei Bände, herausgegeben von K. Döhring, über Siam. Sie enthalten zunächst einen gediegenen Text, 60 Quartseiten Einführung in Land und Geschichte, dann bringt jeder Band gegen anderthalbhundert seitengroße Abbildungen: Landschafts-, Tier- und Menschenbilder, Bilder vom Reisbau und Elefantenfang, vom Königshof und vom Arbeitsleben des Volkes, von häuslichen und religiösen Bräuchen, von Festen, Architekturen, Theatern, von Hausgerät und Webereien, Kunst

und edlem Gewerbe. Diese beiden Bände sind mit nur je zwölf Mark auffallend billig. Ein andrer Band, ›Indien‹, von H. von Glasenapp (dessen gutes Werk über den Hinduismus im Verlag Kurt Wolff ebenfalls genannt sei), mit 248 Abbildungen in einem starken Bande, schildert das vorderindische Festland, das eigentliche alte Kulturindien, vom Himalaja bis nach Tuticorin hinunter, mit einer außerordentlichen Bilderpracht und geht im ausführlichen Text namentlich auch auf die Geschichte der glänzenden indischen Städte und die Architektur unter den großen Kaisern ein. Glasenapp, der selbst längere Zeit in Indien gelebt zu haben scheint, hat in die heutige deutsche Indologie einen neuen Zug hineingebracht, weg vom Abstrakten und mehr zur Anschauung und sichtbaren Wirklichkeit hin.
Eine kunstgeschichtliche Monographie in zwei großen Bänden, einem Text- und einem Bilderband (mit 230 Tafeln), ist W. Stutterheims Werk über ›Rama-Legenden und Rama-Reliefs in Indonesien‹. Aus der indischen Inselwelt, speziell aus Holländisch-Indien, sind da in wunderbaren Photographien Darstellungen nach Rama-Dichtungen gesammelt, zum Teil ganz wunderbare Reliefgruppen von höchster Vollendung. Rama ist wohl die meist besungene Götterfigur Indiens, eine Inkarnation des Wishnu, und es ist anzunehmen, daß in jedem indischen Volk, jedem indischen und malaiischen Dialekt und Kulturgebiet eine eigene Rama-Dichtung existiere oder existiert habe. Diesen Rama-Dichtungen nun ist Stutterheim im malaiischen Sprachgebiet nachgegangen und hat sich speziell die Erforschung der Rama-Darstellungen in der indonesischen Reliefplastik zur Aufgabe gemacht. Man sieht, es gibt in der indischen Kunstgeschichte schon eine sehr spezialisierte Arbeit. Stutterheim ist Holländer, und Holland besitzt, namentlich auf Java, einen sehr reichen Schatz an indischen Kunstwerken, dem es neuerdings gerecht zu werden beginnt, wie namentlich die umfangreiche Publikation über die Plastiken des Borobudur zeigt. Es ist erfreulich, zu sehen, daß der holländische Gelehrte den Verleger für seine Rama-Forschungen in Deutschland gefunden hat. Wäre es nur eine Gelehrtenangelegenheit, ein Aufspießen, Numerieren und Benennen von beliebigen Kuriositäten, so möchten so umfangreiche und teure Publikationen uns heute übertrieben scheinen. Aber es handelt sich nicht um Ku-

riositäten, sondern um ein echtes und edles Stück ostasiatischer Kunst. Daß sich die Europäer, speziell die Holländer, darum nun so sehr bemühen müssen, nachdem sie erst ihren eigenen Rembrandt haben verhungern lassen, und die malaiische Welt lange Zeit lediglich als ein Ausbeutungsobjekt kannten – daß jetzt so langsam die Buddhas und Ramas und anderen asiatischen Gestalten zu uns nach dem Westen herüberkommen und uns vor ihre ungeheuren Rätsel und Probleme stellen, gehört mit zur augenblicklichen Situation Europas.

(1925)

Sehnsucht nach Indien

Wer einmal nicht nur mit den Augen, etwa als Luxusreisender auf einem Touristendampfer, sondern mit der Seele in Indien gewesen ist, dem bleibt es ein Heimwehland, an welches jedes leiseste Zeichen ihn mahnend erinnert. Wieviel tausendmal, seit ich vor vierzehn Jahren in Indien war, haben Kleinigkeiten auf dem Umweg über die Sinne mich erinnert, mich gemahnt, mir Heimweh geweckt! Einmal war es die blecherne Palme im Ladenfenster eines Tabakhändlers, unter der ein rauchender Schwarzer stand, ein andermal war es der Geruch von Gewürzen, der Geschmack von Curry oder Ingwer, oder der Duft von Sandelholz, der indischste aller Gerüche. Aber auch jedes schwelende Holzfeuer im Freien, das seinen Rauch über die Erde wehen läßt, mahnt an Südasien, mahnt an die Küsten des Meeres und die Ufer der großen Urwaldströme, wo überall den ankommenden Fremden als erster Gruß der leis duftende Rauch dörflicher Feuer empfängt. Einmal war es der Mundwinkel eines alten Professors, der irgendwie Ähnlichkeit mit dem Maul eines Chamäleons hatte, und mir fiel jenes kleine, grüne Chamäleon wieder ein, mit dem ich einst hoch oben auf Ceylon, schon nah am Gipfel des Pedrotallagalla, ein merkwürdiges Gespräch über Tiere und Menschen, über Europa und Indien hatte, und von dem ich in einer Viertelstunde mehr gelernt habe, als ich vorher in zehn fleißigen Jahren hatte erwerben können.

Und erst kürzlich noch, auf einer Reise, in Nürnberg, im alten gotischen Nürnberg, das so verzaubert, traurig und phantastisch inmitten seiner Fabriken und seines Automobilgerassels steht und vielleicht morgen schon eingestürzt sein kann – in Nürnberg also, da lief ich durch die alte Stadt, und hundert und tausend hübsche, merkwürdige und ungewöhnliche Dinge schlüpften durchs Auge in mein inneres Bilderbuch, und zu diesen tausend Bildern gehörte auch das eines schönen festen, alten Hauses, einer Apotheke, welche den Namen ›Zur Kugel‹ trug, und in deren Schaufenster ich, unter andern entzückenden Dingen, ein neugeborenes Krokodil entdeckte, leider nicht lebend, sondern präpariert, mitsamt dem Ei, aus dem es gekrochen war. Oh, wie fiel da der Tag in Djambi auf Sumatra mir wieder ein, wo mir von einem Gastfreund sechs junge lebende Krokodile als Geschenk angeboten wurden, etwa fünf Wochen alt, herrliche phantastische Wesen, denen ich meinen Finger ins Maul stecken konnte, denn sie waren noch zahnlos und kauten an meinem Finger herum wie Säuglinge an ihrem Stück Veilchenwurzel! Und wieder fühlte ich das Heimweh, die alte, schöne und törichte Sehnsucht, noch einmal zu reisen, noch einmal von Europa weg und in die Tropen, unter die Palmen und zu den Affen zu kommen, in die Wärme der feuchten Urwälder und in die Dämmerung der goldenen Tempel.

Diesmal nun, nach der Heimkehr von der Nürnberger Reise und dem aus seinem hübschen Ei gekrochenen Krokodil, heimgekehrt in die angenehme Helligkeit meines Südens, finde ich mich durch andere Zeichen an Indien erinnert. Unter dem Gebirge von Büchern, das die Post während meiner Reisewochen in meine Wohnung getragen und mit dem sie mir meine Zimmer verbaut hat, finde ich einige Grüße aus Asien, und wenn es auch nur bedrucktes Papier ist, das mir diesmal den Dienst des Boten aus Osten leistet, ich nehme diese Sachen doch mit Ehrfurcht in die Hand.

Da sind zwei schöne Bücher mit Bildern, bei denen ich lange verweile. Das eine heißt ›Sunda‹, darin schildert Martin Borrmann, ein junger Dichter, eine Reise durch die Insel Sumatra. Sumatra! Ja, junger Mann, dort sind auch wir einst gewesen, haben am Batang Hari die Affen brüllen hören und am Moesi die Krokodile im Sand liegen sehen, und in einem Buch über Sumatra sind für unsereinen schon die Namen, mit den sanften malaiischen Endungen, eine erwünschte Musik. Borrmanns Buch, erschienen in der Frankfurter Sozietätsdruckerei, ist ein großer dicker Band auf herrlichem Papier, mit einer großen Zahl von farbigen Bildern geschmückt, ein hübsches und appetitmachendes Werk für Hand und Auge. Der junge Dichter ist durch Sumatra nicht bloß gereist, um Stimmungen zu empfinden und Gedichte zu machen, er hat viel gesehen und erfragt, und wenn man die Mühen des Tropenreisens kennt und die ewige Verführung des Ostens zum Nichtstun, dann bekommt man Respekt vor der Leistung dieser Reise. Man wird aber auch traurig, denn noch selten hat ein Gruß aus Indien mir so deutlich gezeigt, wie

rasch die Eroberung der primitiven Völker durch die Maschinenkultur vor sich geht. Das Sumatra von 1911, das ich gesehen habe, war von dem heutigen gar sehr verschieden, ebenso wie die Stimmung, in der ich damals reiste, tief verschieden war von der, in welcher dieser junge Deutsche von heute seine erste Weltfahrt unternahm. Das kluge, schöne Buch verdient aufmerksam gelesen zu werden, es bringt nicht bloß eine Menge sachlicher Feststellungen und Beobachtungen und erfreut überall durch die Aufrichtigkeit seiner Gesinnung, es gibt darüber hinaus auch einen Hauch von moderner Weltstimmung. Aber es handelt von einer untergehenden Welt. In Bälde wird es kein primitives Volk in Asien mehr geben, und keinen Malaien, der nicht den kleinen Amerikaner spielte, und keinen Urwald, durch den nicht in Zement gefaßte korrigierte Flüsse gingen. – Die hübschen farbigen Zeichnungen des Buches sind von Siegfried Sebba.
Das andere Indienbuch, das ich aus meinem Büchergebirge hervorzog, und bei dem ich zuweilen des Abends blätternd sitze, gehört zu der Buchreihe ›Der indische Kulturkreis‹ im Verlag Georg Müller (München) und handelt von Ceylon. Den Text hat F. M. Trautz geschrieben, und ich werde ihn später eineinmal lesen. Der schöne Quartband enthält 128 ganzseitige Abbildungen nach guten Photographien, und es ist eine Lust, in diesen vielen Bildern spazierenzugehen. Ein Teil der Bilder gehört zum alten eisernen Bestand der Ceyloner Fremdenindustrie, es sind Bilder, die seit Jahrzehnten jeder Reisende auf Ansichtskarten und in Albums überall zu kaufen bekommt. Doch sind zum Glück auch recht viele neue, originelle Bilder dabei. Ach, da fand ich den Schatten des Adamspik, und fand den Pedro wieder, die Heimat meines Chamäleons und fand den Mahawelli mit seinen badenden Elefanten, und die Heiligtümer von Kandy, auch verschiedene der dortigen Buddhas, nicht aber jenen kleinen aus Bergkristall, der dort auf einem Weihaltar steht und mir der unvergeßlichste geblieben ist. Auch der Riesenbambus von Peradeniya fehlte nicht, das schönste Stück Pflanzenwuchs, das ich auf Erden kenne. Einiges aber, was zum Schönsten auf Ceylon gehört, scheint sich auch heute noch den Apparaten der Fremden zu entziehen, so vor allem die heilige Dämmerung der Höhlentempel und der

darin schlafenden Buddha-Riesen, von denen der Besucher nur einen traumhaft unbestimmten Schimmer mitnehmen darf. Wer Indien liebt und gelegentlich Sehnsucht dahin hat, dem kann dies Ceylonbuch mit seinen Bildern ein lieber Kamerad und Tröster werden.

Auf Ceylon soll es noch einige Weddas geben, primitive Waldmenschen. Bald werden sie ausgestorben oder gegen Eintrittsgeld zu sehen sein. Es gibt keine Primitiven mehr. Es wird vielleicht einmal auch keinen Urwald mehr geben und keine Krokodile. Aber wenn es für moderne Menschen mit Feuerwaffen und Kaufmannsgeist ziemlich leicht ist, primitive Völker auszurotten und naive Heiligtümer zu zerstören – viel schwerer ist es, alte Kultur zu zerstören. Die hält, wenn auch entartet und krank, über die Jahrhunderte weg, man sieht das bei den Chinesen, und noch mehr bei den Indern des Nordens. Dort, in Bengalen, herrscht eine hohe Geistigkeit, vielfach europäisch infiziert oder auch durch alte Inzucht geschwächt, aber in Denken und Kunst noch heute produktiv und voll eines guten, friedlichen, auf Einheit gerichteten Geistes. Ein Zeugnis dieses Geistes fand ich, froh überrascht, ebenfalls in meinem großen Bücherberg vor. Es waren zwei dicke Bände aus Calcutta, und sie enthielten eine Menge von Heften der Calcuttaer ›Modern Review‹, einer ausgezeichneten Monatsschrift. Einer meiner indischen Freunde hat sie mir geschenkt. Ich finde in diesen Blättern, die von Ramananda Cyatterjee herausgegeben werden, zwar in der äußeren Aufmachung und Stoffansammlung Einflüsse des amerikanisch-europäischen Magazintyps, dahinter aber überall eine Gesinnung, Frische und Geistigkeit, dabei eine friedliche Internationalität, wie sie kaum eine europäische Monatsschrift hat. Seid gegrüßt, liebe indische Freunde drüben, ich blättere in euren Heften, sehe die Bilder von Tagores Malerbrüdern und, mir noch lieber, die Bilder eurer Maler Kalasala und Srimati Sukumari Debi, und glaube eure Stimmen aus der Ferne zu hören, eure singenden, lieben, ebenso feierlichen wie kindlichen Stimmen.

Nun aber ist es Zeit, mich loszumachen und das Indien-Heimweh abzuschütteln. Heimweh ist eine schöne Sache, und ich bin der Letzte, der sich darüber als über eine Sentimentalität lustig machen würde. Aber Gefühle und Phantasien haben das an sich, daß sie bis zu einer gewissen Steigerung an Macht und Schönheit und Wert gewinnen, darüber hinaus aber wieder flau und faul werden – dann ist es Zeit, andere Phantasien, andere Empfindungsreihen aufsteigen zu lassen aus der unerschöpflichen Schlucht unserer Seele. Weg dann mit dem Indien-Spiel, weg mit der Indien-Sehnsucht, sie wird ohnehin bald genug in irgendeiner Form wiederkehren.

(1925)

Die Sehnsucht unserer Zeit nach einer Weltanschauung

Dem innerhalb weniger Jahrzehnte vollkommen verwandelten und umgestalteten Bild der Erdoberfläche, den ungeheuren Veränderungen, welche jede Stadt, jede Landschaft der Welt seit der vollzogenen Industrialisierung aufweist, entspricht ein gleicher Umschwung in den Seelen und im Denken der Menschen. Die Jahre seit dem Ausbruch des Weltkrieges haben diese Entwicklung beschleunigt, so daß man ohne Übertreibung schon heute den Tod und Abbau jener Kultur feststellen kann, in welche wir Älteren einst als Kinder hinein erzogen wurden und die uns damals ewig und unzerstörbar erschien. Hat auch der Mensch selbst sich nicht verändert (er kann dies ebensowenig innerhalb zweier Generationen, wie irgendeine Tierart dies konnte), so haben doch die Ideale und Fiktionen, die Wunsch- und Traumbilder, die Mythologien und Theorien, unter deren Herrschaft unser geistiges Leben steht, sich in dieser Zeit ganz und gar verändert. Unersetzliches ist verlorengegangen und für immer zerstört, unerhört Neues wird an dessen Stelle geträumt.

Zerstört und verlorengegangen sind für den größeren Teil der zivilisierten Welt vor allem die beiden Fundamente aller Lebensordnung, Kultur und Sittlichkeit: die Religion und die Sitte. Das Letztere wird jeder ruhige Beobachter ohne weiteres zugeben. Es fehlt unserm Leben durchgehends an Sitte, an einer traditionell überkommenen, geheiligten, ungeschriebenen Übereinkunft über das, was zwischen Menschen schicklich und geziemend sei. Ist auch die Hauptursache dieses Verlustes im Rückgang der bisherigen Religionsformen, in der Zerstörung der Autorität der Kirchen zu suchen, so haben doch auch rein äußere Veränderungen im Leben daran großen Anteil, vor allem die Mechanisierung des Lebens und der menschlichen Arbeit durch die Technik. Der Fabrikarbeiter kann unmöglich die Sitte seiner bäuerlichen Vorfahren bewahren, darüber ist kein Wort zu verlieren.

Man braucht nur irgendeine kleinere Reise zu machen, um am lebendigen Beispiel den Verfall der Sitte beobachten zu können. Überall, wo die Industrialisierung noch in den Anfängen liegt, wo bäuerliche und kleinstädtische Tradition noch stärker sind als die modernen Verkehrs- und Arbeitsformen, da ist auch Einfluß und Machtgefühl der Kirchen noch ganz wesentlich stärker, und an allen diesen Orten treffen wir mehr oder minder unzerstört auch das noch an, was man einst Sitte nannte. In solchen ›rückständigen‹ Gegenden findet man noch Formen des Umgangs, des Grußes, der Unterhaltung, der gesellschaftlichen Stufung, der Feste, der Spiele, welche dem modernen Leben längst verlorengegangen sind. Als schwachen Ersatz für die verlorene Sitte hat der moderne Durchschnittsmensch die Mode. Sie gibt ihm, von Saison zu Saison wechselnd, die unentbehrlichsten Vorschriften für das gesellige Leben, wirft ihm die erforderlichen Modeausdrücke, Schlagworte, Tänze, Melodien zu – besser als nichts, doch immerhin lauter vergängliche Tageswerte. Kein Volksspiel mehr, sondern die modische Unterhaltung der Saison. Kein Volkslied mehr, sondern der Schlager des letzten Monats.

Was nun für den Durchschnittsmenschen die Sitte ist, die erfreuliche und bequeme Führung durch eine Tradition und Konvention, das ist für die tieferen menschlichen Bedürfnisse die Religion und Philosophie. Der Mensch hat nicht bloß das Bedürfnis, in Brauch und Sitte, in Kleidung und Unterhaltung, Sport und Konversation durch eine gültige, vorbildliche Form, durch irgendein Ideal – sei es auch bloß das Eintagsideal einer Mode – regiert und geführt zu werden. Er hat in den tieferen Schichten seines Wesens auch das Bedürfnis, seinem ganzen Tun und Treiben, seinem Dasein, seinem Leben und Sterbenmüssen einen Sinn gesetzt zu sehen, er verlangt danach, sein Tun und Streben nicht nur durch die augenblickliche Nützlichkeit geregelt, sondern auch durch eine höhere Sinngebung gerechtfertigt, durch ein hohes Ideal geheiligt und angespornt zu sehen. Dies religiöse oder metaphysische Bedürfnis, so alt und so wichtig wie das Bedürfnis nach Essen, nach Liebe, nach Obdach, wird in ruhigen, kulturell gesicherten Zeiten durch die Kirchen und durch Systeme führender Denker befriedigt. In Zeiten wie der heutigen zeigt sich sowohl den überkommenen religiösen Bekenntnissen wie auch den Gelehrten-Philosophien gegenüber eine allgemeine Ungeduld und Enttäuschung;

die Nachfrage nach neuen Formulierungen, neuer Sinngebung, neuen Symbolen, neuen Begründungen ist unendlich groß.
In diesem Zeichen steht das Geistesleben unserer Zeit: Schwächung der überkommenen Systeme, wildes Suchen nach neuen Deutungen des Menschenlebens, Aufblühen zahlloser gutbesuchter Sekten, Propheten, Gemeinschaftsgründer, feistes Gedeihen des tollsten Aberglaubens. Denn auch der ungeistige, oberflächliche, dem Denken abgeneigte Mensch noch hat jenes uralte Bedürfnis, einen Sinn seines Lebens zu kennen, und wenn er keinen mehr findet, verfällt die Sitte, und das Privatleben steht unter dem Zeichen wildgesteigerter Selbstsucht und gesteigerter Todesangst. Alle diese Zeichen der Zeit lassen sich für den, der sehen will, in jedem Sanatorium, in jedem Irrenhaus, im Material, das jeder Tag jedem Psychoanalytiker zuträgt, deutlich ablesen.
Aber unser Leben ist ein nie unterbrochenes Gewebe von Auf und Ab, Niedergang und Neubildung, Verfall und Auferstehung, und so stehen all den düsteren und kläglichen Zeichen eines Zerfalles unserer Kultur andere, hellere Zeichen gegenüber, die auf ein neues Erwachen des metaphysischen Bedürfnisses, auf die Bildung einer neuen Geistigkeit, auf ein leidenschaftliches Bemühen um eine neue Sinngebung für unser Leben deuten. Die moderne Dichtung ist voll dieser Zeichen, die moderne Kunst nicht minder. Namentlich aber macht sich das Bedürfnis nach einem Ersatz für die Werte der vergehenden Kultur, nach neuen Formen der Religiosität und Gemeinschaft heftig geltend. Daß es dabei an geschmacklosen und drolligen, auch an gefährlichen und schlechten Ersatzdarbietungen nicht mangelt, ist selbstverständlich. Es wimmelt von Sehern und Gründern, Scharlatane und Kurpfuscher werden mit Heiligen verwechselt, Eitelkeit und Habgier wirft sich auf dies neue, vielversprechende Gebiet – allein diese traurigen oder lächerlichen Nebenerscheinungen dürfen uns nicht täuschen. An sich ist dies Erwachen der Seele, dies wilde Aufflammen einer neuen Gottessehnsucht, dies durch Krieg und Not geschürte Fieber eine Erscheinung von wunderbarer Wucht und Glut, die wir nicht ernst genug nehmen können. Daß neben diesem gewaltigen, durch alle Völker gehenden Seelenstrom der Sehnsucht eine Menge von betriebsamen Unterneh-

mern lauert, die mit Religion Geschäfte machen, darf uns an der Größe, Würde und Wichtigkeit der Bewegung nicht irremachen. In tausend Formen und Abstufungen, vom naiven Geisterglauben bis zur echten philosophischen Spekulation, vom primitiv jahrmarkthaften Religionsersatz bis zur Ahnung wirklich neuer Lebensdeutung wogt der Riesenstrom über die Erde, umfaßt amerikanische Christian Science und englische Theosophie, Mazdaznan und Neu-Sufismus, Steinersche Anthroposophie und hundert ähnliche Bekenntnisse, führt den Grafen Keyserling um die Erde und zu seinen Darmstädter Versuchen, gesellt ihm einen so ernsthaften und wichtigen Mitarbeiter bei wie Richard Wilhelm, läßt daneben ein ganzes Heer von Geisterbeschwörern, Bauernfängern und Spaßmachern entstehen. Ich wage es nicht, die Grenze zwischen noch Diskutierbarem und schon völlig Groteskem zu ziehen. Aber neben den immerhin bezweifelbaren Stiftern moderner Geheim-Orden, Logen und Verbrüderungen, den unerschrockenen Seichtigkeiten amerikanischer Mode-Religionen, den Ahnungslosigkeiten unentwegter Spiritisten stehen andere, stehen hohe und höchste Erscheinungen, stehen wunderbare Leistungen, wie die Neumannsche Übersetzung der heiligen buddhistischen Texte und deren Verbreitung, Richard Wilhelms Übersetzungen der großen Chinesen, steht das große und herrliche Ereignis der plötzlichen Wiederkunft des Lao Tse, der, durch Jahrhunderte in Europa unbekannt, innerhalb dreier Jahrzehnte in zahllosen Übersetzungen fast in allen europäischen Sprachen erschienen ist und sich des europäischen Denkens bemächtigt hat. So wie im Wirrwarr und ärgerlichen Betrieb der so merkwürdigen deutschen Revolution einige reine, edle, unvergeßliche Gestalten stehen, wie Gustav Landauer und Rosa Luxemburg, ebenso stehen inmitten der wilden, trüben Flut moderner Religionsversuche eine Anzahl edler, reiner Erscheinungen, Theologen wie der Schweizer Pfarrer Ragaz, Gestalten wie der im Alter zum Katholizismus bekehrte Frederik van Eeden, Männer wie in Deutschland der ganz einzigartige Hugo Ball, einst Dramaturg und Hauptbegründer des Dadaismus, dann unerschrockener Kriegsgegner und Kritiker der deutschen Kriegsmentalität, dann Einsiedler und Verfasser des wunderbaren Buches ›Byzantinisches Christentum‹ und, um die Juden nicht zu vergessen, Martin Buber, der dem modernen Judentum vertiefte Ziele zeigt und uns die Frömmigkeit der Chassidim, eine der liebenswertesten Blüten im Garten der Religionen, in seinen Büchern wiedergeschenkt hat.

›Und nun‹, wird mancher Leser fragen, ›wohin führt das alles? Was wird das Ergebnis sein, das Endziel? Was haben wir für die Allgemeinheit davon zu erwarten? Hat eine von den neuen Sekten Aussicht darauf, eine neue Weltreligion zu werden? Wird einer der neuen Denker fähig sein, eine neue, großzügige Philosophie aufzustellen?‹

Aus manchen Kreisen wird diese Frage heute bejaht. Es herrscht bei manchen Anhängern der neuen Lehren, zumal bei der Jugend, eine frohe, siegesgewisse Jüngerstimmung, als sei unsere Epoche dazu bestimmt, den Heiland zu gebären, der Welt für eine neue Kulturperiode neue Gewißheiten, neuen Glauben, neue sittliche Orientierungen zu geben. Jener schwarzen Untergangsstimmung mancher älteren, enttäuschten Zeitkritiker entspricht als Gegenpol diese Jugendgläubigkeit der Neubekehrten. Und immerhin tönen diese jungen Stimmen angenehmer als jene verdrießlich-alten. Dennoch dürften diese Gläubigen im Irrtum sein. Es ziemt sich, dem Wollen unserer Zeit, diesem drangvollen Suchen, diesen zum Teil leidenschaftlich-blinden, zum Teil besonnen-kühnen Experimenten mit Ehrfurcht entgegenzukommen. Seien sie auch alle zum Scheitern verurteilt, so sind sie doch eine ernste Bemühung um höchste Ziele, und sollte sogar keine von ihnen diese Zeit überdauern, so erfüllen sie doch für ihre Tage eine unersetzliche Aufgabe. Sie helfen, alle diese Fiktionen, diese Religionsbildungen, diese neuen Glaubenslehren, sie helfen den Menschen leben, sie helfen ihm das schwere, fragwürdige Leben nicht nur ertragen, sondern hoch zu werten und zu heiligen, und wenn sie nichts wären als ein holdes Stimulans oder eine süße Betäubung, so wäre schon dies vielleicht gar nicht so wenig. Sie sind aber mehr, unendlich viel mehr. Sie sind die Schule, durch welche die geistige Elite dieser Zeit hindurchgehen muß. Denn zweierlei Aufgabe hat jede Geistigkeit und Kultur: den Vielen Sicherheit und Antrieb zu geben, sie zu trösten, ihrem Leben einen Sinn zu unterlegen – und dann die zweite, geheimnisvollere, nicht minder wichtige Aufgabe: den Wenigen, den großen Geistern von morgen und übermorgen, das Aufwachsen zu ermöglichen, ihren Anfängen Schutz und Pflege zu leihen, ihnen Luft zum Atmen zu geben.

Die Geistigkeit unserer Zeit ist von der, welche wir Älteren einst als Erbe antraten, unendlich verschieden. Sie ist turbulenter, wilder, traditionsärmer, sie ist schlechter geschult und hat wenig Methode – aber alles in allem ist gewiß diese heutige Geistigkeit, samt ihrem starken Hang zum Mystischen, um nichts schlechter als die besser erzogene, gelehrtere, an traditionellem Erbe reichere, sonst aber keineswegs stärkere Geistigkeit jener Zeit, in welcher der altgewordene Liberalismus und der junge Monismus die führenden Richtungen waren. Mir persönlich, so muß ich bekennen, ist sogar die Geistigkeit der heute führenden Strömungen, von Steiner bis zu Keyserling, noch um einige Grade zu rationell, zu wenig kühn, zu wenig bereit, ins Chaos, in die Unterwelt einzutreten und dort bei Fausts ›Müttern‹ die ersehnte Geheimlehre vom neuen Menschentum zu erlauschen. Keiner der heutigen Führer, so klug oder so begeistert sie seien, hat den Umfang und die Bedeutsamkeit Nietzsches, dessen wahre Erben zu werden wir noch nicht verstanden haben. Die tausend einander durchkreuzenden Stimmen und Wege unserer Zeit aber zeigen ein wertvolles Gemeinsames: eine gespannte Sehnsucht, einen aus Not geborenen Willen zur Hingabe. Und die sind Vorbedingungen alles Großen.

(1926)

Geist der Romantik*

Klassik und Romantik sind für uns Heutige, zumal für uns Deutsche, zu zwei polaren Begriffen geworden, zu Bezeichnungen für zwei ewige und stets wiederkehrende Typen des Menschentums, des Lebens, des Denkens, der Seele. Seit mehr als hundert Jahren hat im Kampf dieser beiden Typen und im Bemühen um ihr Verstehen und Formulieren sich ein unendlich großer, vielleicht der wertvollste Teil des deutschen Geisteslebens abgespielt. Noch neuestens ist über dies ewige und unerschöpfliche Thema unter dem Titel ›Deutsche Klassik und Romantik‹ von Fritz Strich ein überaus wertvolles Buch erschienen[1], welches, neben dem alten bewährten Werk über die ›Romantische Schule‹ von Haym[2], auch den Lesern dieser Bände empfohlen sei.

Wenn ich nun einen Weg suche, um diese beiden polar entgegengesetzten, polar einander bedingenden Typen ›Klassisch‹ und ›Romantisch‹ an irgendeinem neuen Gleichnis klar zu machen, so fällt mir, der ich viel mit östlichen Gedanken beschäftigt war, ein Bild aus der buddhistischen Welt ein. Mag dies ein Umweg sein, es hat den Vorteil, auf ein altes europäisches, speziell deutsches Thema von außen, aus einer ganz andern Welt her ein neues Licht zu werfen.

Wie bekannt, liegt einem Teil der alten östlichen Lehren und Religionen der uralte Gedanke der Einheit zu Grunde. Die Vielgestaltigkeit der Welt, das reiche bunte Spiel des Lebens mit seinen tausend Formen wird zurückgeführt auf das göttliche Eine, das dem Spiel zu Grunde liegt. Alle Gestalten der Erscheinungswelt werden empfunden nicht als an sich seiend und notwendig, sondern als Spiel, als ein flüchtiges Spiel von rasch vergänglichen Bildungen, die mit Gottes Atem aus- und einströmend das Ganze der Welt zu bilden scheinen, während

---

* Vorwort zu einer gleichnamigen von Hesse zusammengestellten Anthologie, die nicht erscheinen konnte.

1 Fritz Strich, »Deutsche Klassik und Romantik«, Meyer & Jessen, München 1922.

2 Rudolf Haym, »Romantische Schule«, Gaertner, Berlin 1876.

doch jede dieser Gestalten, Ich und Du, Freund und Feind, Tier und Mensch nur augenblickliche Erscheinungen, nur flüchtig inkarnierte Teile des uranfänglichen Einen sind und stets in dasselbe zurückkehren müssen.
Diesem Wissen um die Einheit, aus dem der Gläubige und Weise die Fähigkeit schöpft, das Leid der Welt als vergänglich und nichtig zu empfinden und sich, der Einheit zustrebend, davon zu lösen – ihm entspricht, als Gegenpol, der entgegengesetzte Gedanke: daß dennoch, und trotz aller jenseitigen Einheit, im Diesseits eben das Leben uns nur in abgegrenzten, fremd nebeneinander stehenden Gestaltungen wahrnehmbar wird. Trotz aller Einheit ist, sobald dieser andere Standpunkt eingenommen wird, eben doch der Mensch ein Mensch und kein Tier, ist der eine gut, der andre böse, ist die ganze verwirrte und bunte Wirklichkeit eben doch vorhanden.
Für asiatische Denker nun, welche Meister der Synthese sind, ist es ein gewohntes und bis zu hoher Vollendung gezüchtetes Geistesspiel, entgegengesetzte Betrachtungsweisen abwechselnd zu üben, beide bejahend, beiden zustimmend. Aus dieser Übung stammt das Bild, das ich hier gebrauchen will.
Man stelle sich vor: ein paar buddhistische Priester oder Gelehrte führen eine spirituelle Unterhaltung. Sie sitzen beisammen und sprechen, in vielerlei Bildern, davon, daß die sogenannte Wirklichkeit ein Trugbild ist, daß alles Wahrnehmbare nur Schein, alle Gestaltung nur Trug, alle Gegensätze nur kurzsichtige menschliche Einbildung sind, sie lösen die Welt, die sie umgibt und unter der sie leiden, vollkommen auf und festigen in sich den Gedanken jener jenseitigen Einheit, jenes ewigen göttlichen Lebens. Wenn sie das nun zur Genüge getan haben, so kann einer von ihnen, nach einigem Lächeln und Schweigen, den Spruch anstimmen: ›Die Weide ist grün, die Rose ist rot, der Rabe macht kra kra.‹
Dieser einfältige Satz bedeutet, jedem Beteiligten sofort verständlich, nichts anderes als: ›Nun ja, gewiß ist die Erscheinungswelt nur Trug, gewiß gibt es in Wahrheit keine Weide, keine Rose, keinen Raben, sondern nur das ewige göttliche Eine – aber außerdem ist für uns, die wir vergänglich sind und im Vergänglichen leben, dies Vergängliche auch Wirklichkeit, ist die Rose rot, macht der Rabe kra kra.‹

Jener Standpunkt nun, für welchen die Rose eine Rose, der Mann ein Mann, der Rabe ein Rabe ist, für welchen die Grenzen und Formen der Wirklichkeit feste und heilige Gegebenheiten sind, jener Standpunkt ist der klassische. Er anerkennt die Formen und Eigenschaften der Dinge, anerkennt die Erfahrung, er sucht und schafft Ordnung, Form, Gesetz.
Der andre Standpunkt dagegen, der an der Wirklichkeit nur den Schein, nur das Wandelbare sieht, für den der Unterschied zwischen Pflanze und Tier, zwischen Mann und Frau höchst zweifelhaft ist, der bereit ist, jeden Augenblick alle Formen sich auflösen und ineinander übergehen zu lassen, er entspricht dem romantischen Standpunkt.
Als Weltbetrachtung nun, als Philosophie, als Grundlage für die Einstellung der Seele ist jede dieser Betrachtungsarten so gut wie die andre, es läßt sich nichts dawider sagen. Die klassische Einstellung wird Grenze und Gesetz betonen, wird Tradition anerkennen und schaffen helfen, wird sich bemühen, den Augenblick auszuschöpfen und zu verewigen. Die romantische Einstellung wird die Gesetze und Formen verwischen, dafür den Urquell des Lebendigen verehren und Frömmigkeit an die Stelle der Kritik, Versenkung an die Stelle des Verstandes setzen, sie wird auf das Zeitlose zielen und von der Sehnsucht nach der Rückkehr ins Göttliche Eine erfüllt sein, ebenso wie der klassische Mensch von dem Willen, das Vergängliche zur Dauer zu erheben, erfüllt ist.
Insofern nun mögen beide Einstellungen einander völlig gleichwertig gegenüberstehen. Der Klassiker wird sein jeweiliges Tun und Werk zu möglichster Vollendung treiben, er wird tätig und ordnend in die Welt eingreifen, er wird jenes Göttliche als unerforschlich auf sich beruhen lassen, auf das Unmögliche verzichten und das jeweils Mögliche mit aller Kraft anstreben. Der Romantiker hingegen wird Traum und Kontemplation pflegen, wird sich um das Tägliche wenig kümmern, um statt dessen in der Hingabe an das Unendliche groß zu sein und die Seligkeit zu suchen.
Beider Einstellungen bedarf die Welt, jede wird die andre tausendfach ergänzen und korrigieren. Die Klassik wird zu Mumifizierung und Pedanterie neigen, wo sie schwach zu werden beginnt; umgekehrt wird die Romantik, wo der heilige Enthu-

siasmus sie verläßt, zu Verwahrlosung und trägem Sichtreibenlassen führen.

Sobald Klassik und Romantik einander jedoch nicht mehr als allgemeine Betrachtungsarten gegenüberstehen, sobald es sich zum Beispiel um das Gebiet der Kunst und Dichtung handelt, wird sich zeigen, daß der Romantiker gegen den Klassiker gewaltig im Nachteil ist. Denn um Kunstwerke zu bilden, bedarf es einer Anerkennung von Grenzen und Formen, es bedarf des Willens, dem Augenblicklichen Dauer zu verleihen. Der Verzicht auf diesen Willen, das Verneinen der Grenzen und Formen, macht es dem Romantiker im Grunde überhaupt unmöglich, schaffender Künstler zu sein. Er kann Kunst mit Genialität genießen, kann das Leben künstlerisch auffassen, kann seinen Traum mit Kunst nähren – aber auf Kosten des Unendlichen das Endliche zu betreuen, unter Hintanstellung des Traumes die Tat zu tun, das Werk zu schaffen, das widerspricht seinem eigenen Bekenntnis.

Insofern nun ist es kein Zufall, daß so überaus viele Werke unsrer romantischen Dichter entweder unvollendet geblieben sind oder nach prachtvollen Anfängen ins Leere verlaufen. Die romantische Dichtung kann und will ja gar nicht Ewigkeit anstreben, will nicht fest begrenzt und in der Begrenzung vollkommen sein, sie will das Gegenteil, sie will nur Durchgang sein zum Unendlichen, will nur Spiel und Traum sein, nicht Werk und Tat. Und damit wäre eigentlich aller romantischen Kunst von Anfang an das Todesurteil gesprochen.

Es kommt jetzt für uns, für uns Leser und Beurteiler der Romantik, der Augenblick, wo wir uns jener östlichen Denker erinnern müssen. Wir müssen uns klar machen, daß allerdings Romantik und Klassik Gegenpole sind, daß aber in der Wirklichkeit wir es niemals mit reinen Verkörperungen des einen oder andern Prinzips zu tun haben, sondern daß aller Programme und Weltanschauungen ungeachtet, die beiden Prinzipien sich tausendfach berühren, schneiden und vermischen. Es geschieht dem bewußtesten Klassiker je und je, daß er in einem seiner Werke von romantisch-unendlicher Sehnsucht verführt und seinem Vollendungsideal untreu gemacht wird, und es passiert dem verträumtesten Romantiker je und je, daß er an einem einzelnen Dichtwerk mit einer Liebe und einem Formwillen hängen bleibt, die er eigentlich gar nicht haben dürfte. Und so kommt es denn, daß wir romantische Dichtungen von sehr hohem Formwert besitzen, so kommt es auch, daß Romantik und Klassik einigemale in einer und derselben Dichterperson sich nahezu vereinigt zu haben scheinen, am stärksten in Hölderlin, und daß ein klassischer Dichter wie Goethe nicht selten sich auf eine wahrhaft romantische Weise äußert.

Ist nun der klassische Dichter dem romantischen von Anfang an überlegen, weil er besser diszipliniert und überhaupt für seine Zwecke bewußter geschult ist, so hat dafür, wenigstens in Deutschland, der Romantiker einen gewaltigen Vorzug: er kann Deutscher bleiben!

Der Deutsche ist, alles in allem, in seiner Natur romantisch veranlagt. Insofern bedeutet denn auch die deutsche Romantik eine Rückkehr zur Natur, zur Heimat, zum eigenen Wesen, und das ist es, was die deutsche Romantik so stark macht. Unsre Klassiker dagegen, an Zucht und künstlerischer Kultur weit überlegen, scheinen alle etwas an Natur verloren, scheinen ihr Plus an Form und Disziplin mit einem Opfer an Blut und an Natürlichkeit bezahlt zu haben, sie müssen sich alle ein wenig vergewaltigen und die Griechen spielen, die sie nicht sind. Mitten in der erhabensten und erfreulichsten deutschen Klassik spürt man oft plötzlich diese fatale Grenze, manchmal nur wie einen leisen Schatten von Zwang und Unnatur, manchmal direkt komisch und grotesk, wie denn auch in dem entzückenden Weimar das hereingepflanzte Stück Griechenland nicht immer gesund und natürlich wirkt.

Die Romantiker wandten sich von den Griechen entweder einfach ab, oder begannen plötzlich auch in ihnen nicht mehr Götter, sondern Menschen zu sehen, begannen ihre Kunst, ihre Religion, ihre Mythologie mit romantischen Augen anzusehen und Dinge bei ihnen zu entdecken, die man dort nie gesehen hatte. Vor allem aber entdeckten die Romantiker die Antipoden der Griechen, die Inder. Goethes, des sonst Allesverstehenden, Sträuben gegen das Indische ist höchst bedeutsam. Man kann nicht Inder und Grieche zugleich sein. Die Romantiker dagegen haben Indien instinktiv geliebt und mit genialem Verständnis bejaht, zu den großen Taten des romantischen Geistes gehört, aus einem fabelhaften Ahnungsvermögen für den indischen Geist heraus wie über Nacht entstanden, die Schaffung einer indischen Philologie. Friedrich Schlegel zauberte sie hervor, und heut noch gehört der Sohn eines berühmten Romantikers, Wilhelm Wackernagel, zu den Großen dieser Wissenschaft.

Aber nicht nur Indien wurde von der Romantik entdeckt. Es ist bedeutsam, daß ebenso Friedrich Schlegel wie Görres den Umweg über Indien gebraucht haben, um zu einem tieferen, neuen Verständnis des Mittelalters und des Katholizismus zu kommen. Es ist bis heute von der Geschichtsschreibung merkwürdig wenig beachtet worden, wie sehr in der deutschen Romantik noch einmal Deutschland sich dem Katholizismus verpflichtet, sich an Rom verblutet hat, und wie sehr gegenüber den gewaltigen Anregungen und Forderungen des romantischen Katholizismus Rom im Rückstand geblieben ist. Man könnte wohl sagen, daß zu den größten Sünden und Schwächen Roms die gehört, daß es im Grunde unfähig war, die gewaltige Geisteswelle der deutschen Romantik aufzunehmen und zu verewigen. Die Ausläufer der Romantik, vor allem Nietzsche, haben denn auch jeden Zusammenhang mit Rom wieder verloren und gehen durchaus protestantische, trotzig-einsame Wege.

Die große romantische Welle in Deutschland beginnt kurz vor dem Ende des achtzehnten Jahrhunderts und ist noch heute nicht völlig ausgeebbt, wenigstens ist noch Nietzsche durchaus ein Ausläufer der Romantik. Doch ist die eigentlich romantische Epoche mit dem Ende der vierziger Jahre abgeschlossen, wo die deutsche Romantik, auf der Seite der Reaktion stehend, den Anschluß an die Zeit verloren hat. Ausgewirkt aber hat sich der gewaltige Strom noch lange nicht, der mit der romantischen Bewegung über Deutschland hinging, und man kann wohl sagen, daß mit dem politischen und materiellen Aufblühen des jungen deutschen Reiches der geistige Niedergang begonnen hat, eine Abwendung vom Geist der Väter, und daß wir Heutigen allen Grund hätten, den verlorenen Faden, der damals abriß, wieder zu suchen. Denn die Romantik bedeutet für uns Deutsche nicht bloß eine vorübergehende Geniezeit in unsrer Geschichte, wo es von bedeutenden Geistern, namentlich Dichtern, geradezu wimmelte, sondern die Romantik war unser Weg zur eigenen Vergangenheit. Konnte der deutsche Geist bei den Griechen und in Weimar Zucht lernen und das edle Streben nach Vollendung sich selbst erkennen, sich selber wahrhaft begegnen konnte er nur im eigenen Volk und in der eigenen Geschichte. Das Gefühl für diese wichtige Rolle der Romantik ist nicht erstorben. Die Romantik, welche einst durch Heine entthront und verhöhnt und in den folgenden Jahrzehnten vom offiziellen Geist des damaligen Deutschland wahrhaft barbarisch mißkannt und verachtet wurde, ist gegen das Ende des neunzehnten Jahrhunderts mehr und mehr als Gestalt und als Problem wieder aufgetaucht, seit dreißig Jahren spielt sie in der Literaturgeschichte und in unsrem ganzen geistigen Leben eine ganz andere Rolle als in den dreißig Jahren vorher. Irgendwie ist das Gefühl vorhanden, daß der deutsche Weg zur Selbstfindung noch einmal am Zauberberg der Romantik vorüber führen müsse.

(1926)

Mein Glaube

Ich habe nicht nur in Aufsätzen gelegentlich Bekenntnis abgelegt, sondern ich habe auch einmal, vor etwas mehr als zehn Jahren, den Versuch gemacht, meinen Glauben in einem Buche niederzulegen. Das Buch heißt ›Siddhartha‹, und sein Glaubensinhalt ist von indischen Studenten und japanischen Priestern häufig geprüft und diskutiert worden, nicht aber von deren christlichen Kollegen.

Daß mein Glaube in diesem Buch einen indischen Namen und ein indisches Gesicht hat, ist kein Zufall. Ich habe in zwei Formen Religion erlebt, als Kind und Enkel frommer rechtschaffener Protestanten und als Leser indischer Offenbarungen, unter denen ich obenan die Upanishaden, die Bhagavadgita und die Reden des Buddha stelle. Und auch das war kein Zufall, daß ich, inmitten eines echten und lebendigen Christentums aufgewachsen, die ersten Regungen eigener Religiosität in indischer Gestalt erlebte. Mein Vater sowohl wie meine Mutter und deren Vater waren ihr Leben lang im Dienst der christlichen Mission in Indien gestanden, und obwohl erst in einem meiner Vettern und mir die Erkenntnis durchbrach, daß es nicht eine Rangordnung der Religionen gebe, so war doch schon in Vater, Mutter und Großvater nicht bloß eine reiche und ziemlich gründliche Kenntnis indischer Glaubensformen vorhanden, sondern auch eine nur halb eingestandene Sympathie für diese indischen Formen. Ich habe das geistige Indertum ganz ebenso von Kind auf eingeatmet und miterlebt wie das Christentum.

Dagegen lernte ich das Christentum in einer einmaligen, starren, in mein Leben einschneidenden Form kennen, in einer schwachen und vergänglichen Form, die schon heute überlebt und beinahe verschwunden ist. Ich lernte es kennen als pietistisch gefärbten Protestantismus, und das Erlebnis war tief und stark; denn das Leben meiner Voreltern und Eltern war ganz und gar vom Reich Gottes her bestimmt und stand in dessen Dienst. Daß Menschen ihr Leben als Lehen von Gott ansehen und es nicht in egoistischem Trieb, sondern als Dienst und Opfer vor Gott zu leben suchen, dies größte Erlebnis und Erbe meiner Kindheit hat mein Leben stark beeinflußt. Ich habe die

›Welt‹ und die Weltleute nie ganz ernst genommen, und tue es mit den Jahren immer weniger. Aber so groß und edel dies Christentum meiner Eltern als gelebtes Leben, als Dienst und Opfer, als Gemeinschaft und Aufgabe war – die konfessionellen und zum Teil sektiererischen Formen, in denen wir Kinder es kennenlernten, wurden mir schon sehr früh verdächtig und zum Teil ganz unausstehlich. Es wurden da manche Sprüche und Verse gesagt und gesungen, die schon den Dichter in mir beleidigten, und es blieb mir, als die erste Kindheit zu Ende war, keineswegs verborgen, wie sehr Menschen wie mein Vater und Großvater darunter litten und sich damit plagten, daß sie nicht wie die Katholiken ein festgelegtes Bekenntnis und Dogma hatten, nicht ein echtes, bewährtes Ritual, nicht eine echte, wirkliche Kirche.

Daß die sogenannte ›protestantische‹ Kirche nicht existierte, vielmehr in eine Menge kleiner Landeskirchen zerfiel, daß die Geschichte dieser Kirchen und ihrer Oberhäupter, der protestantischen Fürsten, um nichts edler war als die der geschmähten päpstlichen Kirche, daß sich ferner beinahe alles wirkliche Christentum, nahezu alle wirkliche Hingabe an das Reich Gottes nicht in diesen langweiligen Winkelkirchen vollzog, sondern in noch winkligeren, aber dafür durchglühten, aufgerüttelten Konventikeln von zweifelhafter und vergänglicher Form – dies alles war mir schon in ziemlich früher Jugend kein Geheimnis mehr, obwohl im Vaterhaus von der Landeskirche und ihren hergebrachten Formen nur mit Hochachtung gesprochen wurde (eine Hochachtung, die ich als nicht ganz echt empfand und früh beargwöhnte). Ich habe auch tatsächlich während meiner ganzen christlichen Jugend von der Kirche keinerlei religiöse Erlebnisse gehabt. Die häuslichen, persönlichen Andachten und Gebete, die Lebensführung meiner Eltern, ihre königliche Armut, ihre offene Hand für das Elend, ihre Brüderlichkeit gegen die Mitchristen, ihre Sorge um die Heiden, der ganze begeisterte Heroismus ihres Christenlebens empfing seine Speisung zwar aus der Bibellesung, nicht aber von der Kirche, und die sonntäglichen Gottesdienste, der Konfirmandenunterricht, die Kinderlehre brachten mir nichts an Erlebnis.

Im Vergleich nun mit diesem so eng eingeklemmten Christentum, mit diesen etwas süßlichen Versen, diesen meist so langweiligen Pfarrern und Predigten, war freilich die Welt der indischen Religion und Dichtung weit verlockender. Hier bedrängte mich keine Nähe, hier roch es weder nach nüchternen graugestrichenen Kanzeln noch nach pietistischen Bibelstunden, meine Phantasie hatte Raum, ich konnte die ersten Botschaften, die mich aus der indischen Welt erreichten, ohne Widerstände in mich einlassen, und sie haben lebenslang nachgewirkt.

Später hat meine persönliche Religion ihre Formen noch oft verändert, niemals plötzlich im Sinn einer Bekehrung, stets aber langsam im Sinn von Zuwachs und Entwicklung. Daß mein ›Siddhartha‹ nicht die Erkenntnis, sondern die Liebe obenan stellt, daß er das Dogma ablehnt und das Erlebnis der Einheit zum Mittelpunkt macht, mag man als ein Zurückneigen zum Christentum, ja als einen wahrhaft protestantischen Zug empfinden.

Später erst als die indische Geisteswelt wurde die chinesische mir bekannt, und es gab neue Entwicklungen; der klassische chinesische Tugendbegriff, der mir Kung Fu Tse und Sokrates als Brüder erscheinen ließ und die verborgene Weisheit des Lao Tse mit ihrer mystischen Dynamik haben mich stark beschäftigt. Es kam auch nochmals eine Welle christlicher Beeinflussung, durch den Umgang mit einigen Katholiken von hohem geistigen Rang, namentlich mit meinem Freunde Hugo Ball, dessen unerbittliche Kritik der Reformation ich anerkennen konnte, ohne doch Katholik zu werden. Ich sah damals auch ein wenig vom Betrieb und der Politik der Katholiken, und ich sah, wie ein Charakter von der Reinheit und Größe Hugo Balls von seiner Kirche und ihren geistigen und politischen Vertretern, je nach der Konjunktur, bald propagandistisch benutzt, bald fallengelassen und verleugnet wurde. Es war offenbar auch diese Kirche kein idealer Raum für Religion, es war offenbar auch hier Streben und Wichtigtun, Gezänk und roher Machtwille am Werk, es zog sich offenbar auch hier das christliche Leben gern ins Private und Verborgene zurück.

In meinem religiösen Leben spielt also das Christentum zwar nicht die einzige, aber doch eine beherrschende Rolle, mehr ein mystisches Christentum als ein kirchliches, und es lebt nicht ohne Konflikte, aber doch ohne Krieg neben einer mehr indisch-asiatisch gefärbten Gläubigkeit, deren einziges Dogma der Gedanke der Einheit ist. Ich habe nie ohne Religion gelebt, und könnte keinen Tag ohne sie leben, aber ich bin mein Leben lang ohne Kirche ausgekommen. Die konfessionell und politisch getrennten Sonderkirchen sind mir immer, und am meisten während des Weltkrieges, als Karikaturen des Nationalismus erschienen, und die Unfähigkeit der protestantischen Bekenntnisse zu einer überkonfessionellen Einheit schien mir immer ein anklagendes Symbol für die deutsche Unfähigkeit zur Einigkeit zu sein. In früheren Jahren blickte ich bei solchen Gedanken mit einiger Verehrung und einigem Neid zur römisch-katholischen Kirche hinüber, und meine Protestantensehnsucht nach fester Form, nach Tradition, nach Sichtbarwerdung des Geistes hilft mir auch heute noch, meine Verehrung für dies größte kulturelle Gebilde des Abendlandes aufrechtzuerhalten. Aber auch diese bewundernswerte katholische Kirche ist mir nur in der Distanz so verehrungswürdig, und sobald ich ihr nähertrete, riecht sie wie jede menschliche Gestaltung sehr nach Blut und Gewalt, nach Politik und Gemeinheit. Immerhin, gelegentlich beneide ich den Katholiken um die Möglichkeit, sein Gebet vor einem Altar zu sprechen statt in dem oft so engen Kämmerlein, und seine Beichte in das Loch eines Beichtstuhles hinein zu sagen, statt sie immer nur der Ironie der einsamen Selbstkritik auszusetzen.

(1931)

Ein Stückchen Theologie

Aus Gedanken und Notizen verschiedener Jahre schreibe ich heute einige Sätze auf, in denen ich zwei meiner Lieblingsvorstellungen miteinander in Beziehung bringe: die Vorstellung von den drei mir bekannten Stufen der Menschwerdung und die Vorstellung von zwei Grundtypen des Menschen. Die erste dieser beiden Vorstellungen ist mir wichtig, ja heilig, ich halte sie für Wahrheit schlechthin. Die zweite ist rein subjektiv und wird von mir, wie ich hoffe, nicht ernster genommen als sie verdient, tut mir aber je und je beim Beobachten des Lebens und der Geschichte gute Dienste. Der Weg der Menschwerdung beginnt mit der Unschuld (Paradies, Kindheit, verantwortungsloses Vorstadium). Von da führt er in die Schuld, in das Wissen um Gut und Böse, in die Forderungen der Kultur, der Moral, der Religionen, der Menschheitsideale. Bei jedem, der diese Stufe ernstlich und als differenziertes Individuum durchlebt, endet sie unweigerlich mit Verzweiflung, nämlich mit der Einsicht, daß es ein Verwirklichen der Tugend, ein völliges Gehorchen, ein sattsames Dienen nicht gibt, daß Gerechtigkeit unerreichbar, daß Gutsein unerfüllbar ist. Diese Verzweiflung führt nun entweder zum Untergang oder aber zu einem dritten Reich des Geistes, zum Erleben eines Zustandes jenseits von Moral und Gesetz, ein Vordringen zu Gnade und Erlöstsein, zu einer neuen, höheren Art von Verantwortungslosigkeit, oder kurz gesagt: zum Glauben. Einerlei welche Formen und Ausdrücke der Glaube annehme, sein Inhalt ist jedesmal derselbe: daß wir wohl nach dem Guten streben sollen, soweit wir vermögen, daß wir aber für die Unvollkommenheit der Welt und für unsere eigene nicht verantwortlich sind, daß wir uns selbst nicht regieren, sondern regiert werden, daß es über unsrem Erkennen einen Gott oder sonst ein ›Es‹ gibt, dessen Diener wir sind, dem wir uns überlassen dürfen.

Dies ist europäisch und beinahe christlich ausgedrückt. Der indische Brahmanismus (der, wenn man seine Gegenwelle, den Buddhismus, miteinrechnet, wohl das Höchste ist, was die Menschheit an Theologie geschaffen hat) hat andere Kategorien, die sich aber ganz gleich deuten lassen. Dort geht die Stufenfolge etwa so: der naive Mensch, beherrscht von Angst und Begierde, sehnt sich nach Erlösung. Mittel und Weg dazu ist Yoga, die Erziehung zur Beherrschung der Triebe. Einerlei ob Yoga als ganz materielle und mechanische Bußübung betrieben wird oder als höchster geistiger Sport – stets bedeutet es: Erziehung zur Verachtung der Schein- und Sinnenwelt, Besinnung auf den Geist, den Atman, der uns innewohnt und der eins ist mit dem Weltgeist. Yoga entspricht genau unserer zweiten Stufe, es ist Streben nach Erlösung durch Werke. Es wird vom Volke bewundert und überschätzt, der naive Mensch neigt immer dazu, im Büßer den Heiligen und Erlösten zu sehen. Yoga ist aber nur Stufe und endet mit Verzweiflung. Die Buddhalegende (und hundert andere) stellt dies in deutlichen Bildern dar. Erst indem Yoga der Gnade weicht, indem er als Zweckstreben, als Beflissenheit, als Gier und Hunger erkannt wird, indem der aus dem Traum des Scheinlebens Erwachende sich als ewig und unzerstörbar, als Geist vom Geiste, als Atman erkennt, wird er unbeteiligter Zuschauer des Lebens, kann er beliebig tun oder nichttun, genießen oder entbehren, ohne daß sein Ich mehr davon berührt wird. Sein Ich ist ganz zum Selbst geworden. Dies ›Erwachtsein‹ der Heiligen (gleichbedeutend mit dem ›Nirwana‹ Buddhas) entspricht unserer dritten Stufe. Es ist, wieder in etwas anderer Symbolik, eben derselbe Stufengang bei Lao Tse zu finden, dessen ›Weg‹ der Weg vom Gerechtigkeitsstreben zum Nichtmehrstreben von der Schuld und Moral zum Tao ist, und für mich hängen die wichtigsten geistigen Erlebnisse damit zusammen, daß ich allmählich und mit Jahren und Jahrzehnten der Pausen, im Wiederfinden derselben Deutung des Menschendaseins bei Indern, Chinesen und Christen die Ahnung eines Kernproblems bestätigt und überall in analogen Symbolen ausgedrückt fand. Daß mit dem Menschen etwas gemeint ist, daß Menschennot und Menschensuchen zu allen Zeiten auf der ganzen Erde eine Einheit sei, wurde mir durch nichts so sehr bestätigt wie durch diese Erlebnisse. Dabei ist es gleichgültig, ob wir, wie viele Heutige, den religiös philosophischen Ausdruck menschlichen Denkens und Erlebens als den einer veralteten, heute überwundenen Epoche betrachten. Was ich hier ›Theologie‹ nenne, ist meinetwegen zeitgebunden, ist meinetwegen Produkt eines

Stadiums der Menschheit, das einmal überwunden und vergangen sein wird. Auch die Kunst, auch die Sprache sind vielleicht Ausdrucksmittel, welche nur bestimmten Stufen der Menschengeschichte eigen sind, auch sie mögen überwindbar und ersetzbar sein. Auf jeder Stufe aber wird den Menschen, so scheint mir, im Streben nach Wahrheit nichts so wichtig und so tröstlich sein wie die Wahrnehmung, daß der Spaltung in Rassen, Farben, Sprachen und Kulturen eine Einheit zugrunde liegt, daß es nicht verschiedene Menschen und Geister gibt, sondern nur Eine Menschheit, nur Einen Geist. Nochmals skizziert: Der Weg führt aus der Unschuld in die Schuld, aus der Schuld in die Verzweiflung, aus der Verzweiflung entweder zum Untergang oder zur Erlösung: nämlich nicht wieder hinter Moral und Kultur zurück ins Kinderparadies, sondern über sie hinaus in das Lebenkönnen kraft eines Glaubens. Aus jedem Stadium kann natürlich auch wieder ein Rückschritt erfolgen. Selten zwar wird es dem wach Gewordenen gelingen, aus dem Reich, wo Gut und Böse gilt, wieder in die Unschuld zurückzuflüchten. Sehr häufig aber wird, wer schon das Erlebnis der Gnade und Erlösung kennt, wieder auf die zweite Stufe zurückfallen und wieder deren Gesetzen, der Angst, den nie erfüllbaren Forderungen anheimfallen.

Soweit kann ich die Stadien einer Menschwerdung, einer Entwicklungsgeschichte der Seele erkennen. Ich kenne sie aus der eigenen Erfahrung und kenne sie aus den Zeugnissen vieler anderer Seelen. Immer, zu allen Zeiten der Geschichte und in allen Religionen und Lebensformen, sind es dieselben typischen Erlebnisse, immer in derselben Stufung und Reihenfolge: Verlust der Unschuld, Bemühung um Gerechtigkeit unter dem Gesetz, daraus folgende Verzweiflung im vergeblichen Ringen um das Überwinden der Schuld durch Werke oder durch Erkenntnis und endlich Auftauchen aus der Hölle in eine veränderte Welt und in eine neue Art von Unschuld. Hundertmal hat die Menschheit sich diesen Entwicklungsgang in großartigen Sinnbildern vorgezeichnet: das uns geläufigste dieser Bilder ist der Weg vom paradiesischen Adam bis zum erlösten Christen.

Viele dieser sinnbildlichen Zeichnungen freilich zeigen uns auch noch weitere, höhere Stufen der Entwicklung: zum Mahatma, zum Gott, zum reinen Sein des Geistes, dem nichts von

Materie und nichts von Werdequal mehr anhängt. Alle Religionen kennen diese Wunschbilder, auch mir ist er oft als bestes Wunschbild erschienen: der Vollkommene, Schmerzlose, Makellose, Unsterbliche. Ob aber dies Wunschbild anders sei als holder Traum, ob es jemals Erfahrung und Wirklichkeit geworden sei, ob jemals wirklich ein Mensch Gott geworden sei, darüber weiß ich nichts. Von jenen Hauptstufen der Seelengeschichte aber weiß ich, und von ihnen weiß und wußte jeder, der sie erlebt hat; sie sind Wirklichkeiten. Möge es nun jene erträumten, noch höheren Stufen der Menschwerdung geben oder nicht: es sei uns willkommen, daß sie als Traum, als Wunschbild, als Dichtung, als ideales Ziel vorhanden sind. Wurden sie jemals von Menschen wirklich erlebt, so waren es Erlebnisse, über welche diese Menschen geschwiegen haben und die in ihrer Art nach dem, der sie nicht erlebt hat, unverständlich und unmitteilbar sind. In Heiligenlegenden aller Religionen finden sich Andeutungen solcher Erlebnisse, welche überzeugend klingen. In den Irrlehren kleiner Sektierer und falscher Propheten finden wir häufig Andeutungen solcher Erlebnisse, die alle Kennzeichen von Halluzination oder des bewußten Schwindels tragen.

Übrigens sind es keineswegs nur jene mystischen letzten Stufen und Erlebnismöglichkeiten der Seele, die sich dem Verständnis und der eindeutigen Mitteilbarkeit entziehen. Auch die früheren, auch die allerersten Schritte auf dem Weg der Seele sind verständlich und mitteilbar einzig für den, der sie an sich erlebt hat. Wer noch in der ersten Unschuld lebt, wird niemals die Bekenntnisse aus den Reichen der Schuld, der Verzweiflung, der Erlösung verstehen, sie werden ihm ebenso unsinnig klingen wie einem unbewanderten Leser die Mythologien fremder Völker. Dagegen erkennt jeder die typischen Seelenerlebnisse, die er selbst gehabt hat, unfehlbar und augenblicklich wieder, wo er sie in den Berichten anderer antrifft – auch da, wo er aus fremden und unvertrauten Theologien übersetzen muß. Jeder Christ, der wirklich etwas erlebt hat, erkennt dieselben Erfahrungen bei Paulus, Pascal, Luther, Ignatius unfehlbar wieder. Und jeder Christ, der noch ein Stück näher ans Zentrum des Glaubens gekommen und darum dem Bereich der bloß ›christlichen‹ Erlebnisse entwachsen ist, findet bei den Gläubigen anderer Religionen, nur in anderer Bildsprache, alle jene Grunderlebnisse der Seele mit allen Kennzeichen unfehlbar wieder.

Meine eigene, im Christlichen beginnende Seelengeschichte zu erzählen, aus ihr meine persönliche Art von Glauben systematisch zu entwickeln, wäre ein unmögliches Unternehmen; Ansätze dazu sind alle meine Bücher. Unter ihren Lesern finden sich manche, für welche diese Bücher einen ganz bestimmten Sinn und Wert haben: den nämlich, daß sie ihre eigenen wichtigsten Erlebnisse, Siege und Niederlagen in ihnen bestätigt und verdeutlicht finden. Groß ist ihre Zahl nicht, aber sehr groß ist überhaupt die Zahl der Menschen nicht, welche Seelenerlebnisse haben. Die Mehrzahl wird ja nie Mensch, sie bleibt im Urzustand, im kindlichen Diesseits der Konflikte und der Entwicklungen; die Mehrzahl lernt niemals vielleicht auch nur die ›zweite Stufe‹ kennen, sondern bleibt in der verantwortungslosen Tierwelt ihrer Triebe und Säuglingsträume stehen, und die Sage von einem Zustand jenseits ihrer Dämmerung, von einem Gut und Böse, von einer Verzweiflung an Gut und Böse, von einem Auftauchen aus der Not in Lichter der Gnade klingt ihnen lächerlich. Es mag tausend Arten geben, auf welche sich Individuation und Seelengeschichte des Menschen vollziehen kann. Der Weg dieser Geschichte aber und seine Stufenfolge ist stets derselbe. – Zu beobachten, wie dieser unweigerlich starre Weg auf so verschiedene Arten, von so verschiedenen Menschenarten erlebt, erkämpft, erlitten wird, ist wohl die beglückendste Leidenschaft des Historikers, des Psychologen und des Dichters. –

Unter den Versuchen unseres Verstandes, dies bunte Bilderbuch rational zu erfassen und systematisch einzuteilen, steht obenan der uralte Versuch, die Menschheit nach Typen einzuteilen und zu ordnen. Wenn auch ich, aus meiner Art und Erfahrung heraus, es nun versuche, zwei gegensätzliche Grundtypen von Menschen darzustellen und damit zwei grundsätzlich verschiedene Arten, wie der unveränderliche Menschheitsweg erlebt werden kann, so ist mir dabei bewußt, daß jedes Aufstellen von sogenannten Grundtypen des Menschen lediglich ein Spiel ist. Es gibt nicht eine beschränkte oder unbeschränkte Zahl von feststehenden Typen, in welche die Menschen eingeordnet werden könnten; nichts kann dem Philosophen verhängnisvoller werden als der Buchstabenglaube an irgendeine Typenlehre. Wohl aber gibt es – von den meisten Menschen unbewußt stets gehandhabt – die Typeneinteilung als Spiel, als Versuch, unsere Erfahrungsmasse zu bewältigen, als gebrechliches Mittel zum Ordnen unserer Erlebniswelt. Schon das kleine Kind unterscheidet vermutlich alle Menschen, die in seinen Gesichtskreis treten, nach Typen, deren Urbilder Vater, Mutter, Amme sind. Mir hat sich aus Erfahrung und Lektüre eine Einteilung der Menschen in zwei Haupttypen ergeben, ich nenne sie die Vernünftigen und die Frommen. Ohne weiteres ordnet sich mir nach diesem sehr groben Schema die Welt. Aber natürlich ordnet sie sich durch dies Hilfsmittel immer bloß für einen Augenblick, um dann sofort wieder zum undurchdringlichen Rätsel zu werden. Der Glaube ist mir längst abhanden gekommen, daß uns an Erkenntnis und an Einblick ins Chaos des Weltgeschehens mehr gegönnt sei als diese Scheinordnung eines glücklichen Augenblicks, als dieses je und je erlebbare kleine Glück: für eine Sekunde das Chaos sich als Kosmos vorzutäuschen.

Wenn ich in einem solchen glücklichen Moment mein Schema ›Vernunft oder Frommsein‹ auf die Weltgeschichte anwende, so besteht für mich in diesem Augenblick die Menschheit aus nur diesen beiden Typen. Von jeder historischen Gestalt glaube ich zu wissen, welchem Typus sie angehört, und auch von mir selbst glaube ich es dann genau zu wissen: nämlich, daß ich zur Art der Frommen gehöre, nicht zu der der Vernünftigen. Aber im nächsten Augenblick, wenn das hübsche Gedankenerlebnis vorüber ist, stürzt mir die herrlich geordnete Welt wieder zum sinnlosen Wirrwarr zusammen, und was ich eben noch so klar zu sehen glaubte, nämlich welchem meiner beiden Typen Buddha oder Paulus oder Cäsar oder Lenin angehörte, das weiß ich jetzt durchaus nicht mehr; und leider weiß ich auch über mich selbst durchaus nicht mehr Bescheid. Eben noch wußte ich genau, daß ich ein Frommer sei – und nun entdeckte ich Zug um Zug an mir die Merkmale des Vernunftmenschen und besonders deutlich die unangenehmsten Merkmale.

Es ist mit allem Wissen nicht anders. Wissen ist Tat. Wissen ist Erlebnis. Es beharrt nicht. Seine Dauer heißt Augenblick. – Ich versuche nun, unter Verzicht auf alle Systematik die beiden Typen ungefähr zu zeichnen, die mir das Schema zu meinen Gedankenspielen geben.

Der Vernünftige glaubt an nichts so sehr als an die menschliche Vernunft. Er hält sie nicht nur für eine hübsche Gabe, sondern für das schlechthin Höchste.
Der Vernünftige glaubt den ›Sinn‹ der Welt und seines Lebens in sich selber zu besitzen. Er überträgt den Anschein von Ordnung und Zweckgebundenheit, den ein vernünftig geordnetes Einzelleben hat, auf die Welt und Geschichte. Er glaubt darum an Fortschritt. Er sieht, daß die Menschen heute besser schießen und schneller reisen können als früher, und er will und darf nicht sehen, daß diesen Fortschritten tausend Rückschritte gegenüberstehen. Er glaubt, der Mensch von heute sei entwickelter und höher als Konfuzius, Sokrates oder Jesus, weil der Mensch von heute gewisse technische Fähigkeiten stärker ausgebildet hat. Der Vernünftige glaubt, daß die Erde dem Menschen zur Ausbeutung ausgeliefert sei. Sein gefürchtetster Feind ist der Tod, der Gedanke an die Vergänglichkeit seines Lebens und Tuns. An ihn zu denken, vermeidet er, und wo er dem Todesgedanken nicht entgehen kann, flüchtet er in die Aktivität und setzt dem Tode ein verdoppeltes Streben entgegen: nach Gütern, nach Erkenntnissen, nach Gesetzen, nach rationaler Beherrschung der Welt. Sein Unsterblichkeitsglaube ist der Glaube an den Fortschritt; als tätiges Glied in der ewigen Kette des Fortschritts glaubt er sich vor dem völligen Verschwinden bewahrt. Der Vernünftige neigt gelegentlich zu Haß und Eifer gegen die Frommen, die an seinen Fortschritt nicht glauben und der Verwirklichung seines rationalen Ideals im Wege stehen. Man denke an den Fanatismus der Revolutionäre, man erinnere sich an die Äußerungen heftigster Ungeduld gegen Andersgläubige bei allen fortschrittlichen, demokratisch-vernünftigen, sozialistischen Autoren. –
Der Vernünftige scheint im praktischen Leben seines Glaubens sicherer zu sein als der Fromme. Er fühlt sich im Namen der Göttin Vernunft berechtigt zum Befehlen und Organisieren, zur Vergewaltigung der Mitmenschen, denen er ja nur Gutes aufzuzwingen glaubt: Hygiene, Moral, Demokratie usw. ...
Der Vernünftige strebt nach Macht, sei es auch nur, um das

›Gute‹ durchzusetzen. Seine größte Gefahr liegt hier, im Streben nach Macht, in ihrem Mißbrauch, im Befehlenwollen, im Terror. Trotzki, dem es ganz unerträglich ist, einen Bauern prügeln zu sehen, läßt seiner Idee zuliebe ohne Skrupel Hunderttausende schlachten.

Der Vernünftige verliebt sich leicht in Systeme. Die Vernünftigen, da sie die Macht suchen und haben, können den Frommen nicht nur verachten oder hassen, sie können ihn auch verfolgen, ihm den Prozeß machen, ihn töten. Sie verantworten es, Macht zu haben und sie ›zum Guten‹ anzuwenden, und alle Mittel bis zu den Kanonen sind ihnen dazu recht. Der Vernünftige kann gelegentlich verzweifeln, wenn Natur und das, was er ›Dummheit‹ nennt, immer wieder so stark sind. – Er kann darunter, daß er verfolgen, strafen und töten muß, zu Zeiten schwer leiden.

Seine hohen Augenblicke sind die, da er trotz aller Widersprüche den Glauben in sich stark fühlt, daß im Grunde eben doch die Vernunft eins sei mit dem Geist, der die Welt schuf und regiert. Der Vernünftige rationalisiert die Welt und tut ihr Gewalt an. Er neigt stets zu grimmigem Ernst. Er ist Erzieher.

Der Vernünftige ist immer geneigt, seinen Instinkten zu mißtrauen.

Der Vernünftige fühlt sich der Natur und der Kunst gegenüber stets unsicher. Bald blickt er verächtlich auf sie herab, bald überschätzt er sie abergläubisch. Er ist es, der die Millionenpreise für alte Kunstwerke zahlt oder Reservate für Vögel, Raubtiere, Indianer einrichtet.

Der Grund des Glaubens und Lebensgefühls beim Frommen ist die Ehrfurcht. Sie äußert sich unter andrem in zwei Hauptmerkmalen: in einem starken Natursinn und in dem Glauben an eine überrationale Weltordnung. Der Fromme schätzt in der Vernunft zwar eine hübsche Gabe, sieht in ihr aber nicht ein zulängliches Mittel zur Erkenntnis oder gar zur Beherrschung der Welt.

Der Fromme glaubt, daß der Mensch ein dienender Teil der Erde sei. Der Fromme flüchtet, wenn das Grauen vor Tod und Vergänglichkeit ihn faßt, in den Glauben, daß der Schöpfer (oder die Natur) seine Zwecke auch mit diesen uns erschrekkenden Mitteln anstrebe und sieht nicht im Vergessen oder Bekämpfen des Todesgedankens eine Tugend, sondern in der schauernden, aber ehrfürchtigen Hingabe in einen höheren Willen.

An Fortschritt glaubt er nicht, da sein Vorbild nicht die Vernunft, sondern die Natur ist, und da er in der Natur keinen Fortschritt gewahren kann, sondern nur ein Sichausleben und Sichverwirklichen unendlicher Kräfte ohne erkennbares Endziel.

Der Fromme neigt gelegentlich zu Haß und Eifer gegen die Vernünftigen, die Bibel ist voll von krassen Beispielen ungebärdigen Eifers gegen den Unglauben und die weltlichen Ideale. Doch erlebt der Fromme in seltenen hohen Augenblicken auch den Blitz jenes geistigen Erlebnisses, das ihm den Glauben gibt, daß auch alle Fanatismen und Wildheiten der Vernünftigen, alle Kriege, alle Verfolgungen und Knechtungen im Namen hoher Ideale am Ende Gottes Zwecken dienen müssen.

Der Fromme strebt nicht nach Macht, er scheut davor zurück, andre zu zwingen. Er mag nicht befehlen. Dies ist seine größte Tugend. Dafür ist er häufig allzu lau in der Arbeit an wirklich erstrebenswerten Dingen, er neigt leicht zu Quietismus und Nabelbeschauung. Er begnügt sich oft gerne mit dem Hegen seiner Ideale, ohne sich für ihre Verwirklichung anzustrengen. Da Gott (oder die Natur) doch stärker ist als wir, mag er nicht eingreifen. Der Fromme verliebt sich leicht in Mythologien. Der Fromme kann hassen und verachten, er verfolgt und tötet aber nicht. Nie wird Sokrates oder Jesus der Verfolgende oder Tötende sein, stets der Leidende. Dagegen nimmt der Fromme, oft leichtsinnig, nicht minder große Verantwortungen auf sich. Er verantwortet nicht nur seine Lauheit im Verwirklichen guter Ideen, er verantwortet auch seinen eigenen Untergang und die Schuld, die der Feind durch seine Tötung auf sich nimmt.

Der Fromme mythologisiert die Welt und nimmt sie häufig darüber nicht ernst genug. Er neigt stets etwas zum Spielen. Er erzieht die Kinder nicht, sondern preist sie selig. Der Fromme ist stets geneigt, seinem Verstande zu mißtrauen.

Der Fromme fühlt sich der Natur und der Kunst gegenüber stets sicher und bei ihnen zu Hause, dafür ist er unsicher der Bildung und dem Wissen gegenüber. Bald verachtet er sie als dummes Zeug und tut ihnen unrecht, bald wieder überschätzt er sie abergläubisch. Bei einem äußersten Fall des Zusammenpralls: wenn etwa ein Frommer in die Vernunft-Maschine hinein gerät und entweder in einem Prozeß oder in einem Krieg, den er wider Willen, auf Befehl des Vernünftigen mitmacht, umkommt – in einem solchen Fall sind immer beide Parteien schuldig. Der Vernünftige ist daran schuld, daß es Todesstrafen, Gefängnisse, Kriege, Kanonen gibt. Der Fromme hat aber nichts dazu getan, dies alles unmöglich zu machen. Die beiden Prozesse der Weltgeschichte, in denen deutlicher und symbolkräftiger als sonst ein Frommer von den Vernünftigen getötet wurde; die Prozesse des Sokrates und des Heilands zeigen Momente von einer schauerlichen Zweideutigkeit. Hätten nicht die Athener und hätte nicht Pilatus ganz leicht die Gebärde finden können, mit der der Angeklagte ohne Verlust an Prestige zu entlassen war? Und hätte nicht Sokrates ebenso wie Jesus, statt mit einer gewissen heroischen Grausamkeit den Gegner schuldig werden lassen und sterbend über ihn zu triumphieren – hätten sie nicht mit wenig Aufwand die Tragödie verhindern können? Gewiß. Aber Tragödien sind nie zu verhindern, denn sie sind nicht Unglücksfälle, sondern Zusammenstöße gegensätzlicher Welten.

Wenn ich in den obigen Rubriken überall den ›Frommen‹ dem ›Vemünftigen‹ entgegenstellte, so möge der Leser sich stets der rein psychologischen Bedeutung dieser Benennungen bewußt sein. Natürlich haben scheinbar sehr oft gerade die ›Frommen‹ das Schwert geführt und die ›Vernünftigen‹ haben geblutet (etwa in der Inquisition). Aber ich verstehe natürlich nicht unter den Frommen die Priester und unter den Vernünftigen nicht die, die Freude am Denken haben. Wenn ein spanisches Ketzergericht einen ›Freidenker‹ verbrannte, so war der Inquisitor der Vernünftige, der Organisator, der Mächtige, sein Opfer aber war der Fromme.

Übrigens liegt es mir trotz gewisser Gewaltsamkeiten meines Schemas natürlich ferne, dem Frommen die Tüchtigkeit, dem Vernünftigen die Genialität abzusprechen. In beiden Lagern gedeiht Genie, gedeiht Idealismus, Heroismus, Opfersinn. Die ›Vernünftigen‹, Hegel, Marx, Lenin (am Ende sogar Trotzki)

halte ich alle für Genies. Andrerseits hat ein Frommer und Gewaltloser wie Tolstoi immerhin dem ›Verwirklichen‹ größte Opfer gebracht.
Überhaupt scheint es mir ein Kennzeichen des genialen Menschen zu sein, daß er zwar seinen Typus als besonders geglücktes Exemplar darstellt, zugleich aber ein geheimes Verlangen nach dem Gegenpol, eine stille Achtung für den gegensätzlichen Typ in sich trägt. Der Nur-Zahlenmensch ist nie genial, ebensowenig der Nur-Stimmungsmensch. Manche Ausnahmemenschen scheinen geradezu zwischen den beiden Grundtypen hin- und herzuschwanken und von tief gegensätzlichen Begabungen beherrscht zu sein, die sich gegenseitig nicht ersticken, sondern bestärken; zu den vielen Beispielen dafür gehören die frommen Mathematiker (Pascal).
Und so wie das fromme und das vernünftige Genie einander recht wohl kennen, einander heimlich lieben, einer vom andern angezogen werden, so ist auch das höchste geistige Erlebnis, dessen wir Menschen fähig sind, stets eine Versöhnung zwischen Vernunft und Ehrfurcht, ein Sich-als-Gleich-Erkennen der großen Gegensätze.

Schlußbetrachtung

Wenden wir nun zum Schluß die beiden Schemata aufeinander an: das Schema der drei Menschwerdungsstufen auf die beiden menschlichen Grundtypen, so werden wir zwar finden, daß die Bedeutung der drei Stufen für beide Typen die gleiche ist. Wir werden aber auch sehen, daß die Gefahren und Hoffnungen beider Typen auch hier verschieden sind. Es wird der Stand der Kindheit und natürlichen Unschuld bei beiden Typen sich ähnlich darstellen. Doch schon der erste Schritt der Menschwerdung, der Eintritt in das Reich von Gut und Böse, hat nicht für beide Typen das gleiche Gesicht. Der Fromme wird kindlicher sein, er wird mit weniger Ungeduld und mit mehr Widerstreben das Paradies verlassen und das Schuldigwerden erleben. Dafür aber wird er auf der nächsten Stufe, auf dem Weg von der Schuld zur Gnade, kräftigere Flügel haben. Er wird überhaupt der mittleren Stufe (Freud nennt sie ›Das Unbehagen der Kultur‹)

möglichst wenig gedenken und sich ihr möglichst entziehen. Durch sein wesentliches Sichfremdfühlen im Reich der Schuld und des Unbehagens wird ihm unter Umständen der Aufschwung zur nächsten erlösenden Stufe erleichtert. Es wird ihm aber auch gelegentlich das infantile Zurückfliehen ins Paradies, in die verantwortungslose Welt ohne Gut und Böse naheliegen und gelingen. Für den Vernünftigen hingegen ist die zweite Stufe, die Stufe der Schuld, die Stufe der Kultur, der Aktivität und Zivilisation, recht eigentlich die Heimat. Ihm hängt nicht lang und störend ein Rest von Kindheit nach, er arbeitet gern, er trägt gern Verantwortung, und er hat weder Heimweh nach der verlorenen Kindheit, noch begehrt er sehr heftig nach dem Befreitwerden von Gut und Böse, obwohl dies Erlebnis auch ihm ersehnbar und erreichbar ist. Leichter als der Fromme erliegt er dem Glauben, es werde sich mit den von Moral und Kultur gestellten Aufgaben schon fertig werden lassen; schwerer als der Fromme erreicht er den Zwischenzustand der Verzweiflung, das Scheitern seiner Anstrengungen, das Wertloswerden seiner Gerechtigkeit. Dafür wird er, wenn die Verzweiflung erst da ist, vielleicht weniger leicht als der Fromme jener Versuchung zur Flucht in die Vorwelt und Unverantwortlichkeit erliegen.

Auf der Stufe der Unschuld bekämpfen sich Fromm und Vernünftig so, wie Kinder von verschiedener Veranlagung sich bekämpfen.

Auf der zweiten Stufe bekämpfen sich, wissend geworden, die beiden Gegenpole mit der Heftigkeit, Leidenschaft und Tragik der Staatsaktionen.

Auf der dritten Stufe beginnen die Kämpfer einander zu erkennen, nicht mehr in ihrer Fremdheit, sondern in ihrem Aufeinanderangewiesensein. Sie beginnen einander zu lieben, sich nacheinander zu sehnen. Von hier führt der Weg in Möglichkeiten des Menschentums, deren Verwirklichung bisher von Menschenaugen noch nicht erblickt worden ist.

(1932)

Ein Mittler zwischen China und Europa

Die Biographie Richard Wilhelms* ist ein Buch, das keiner sich entgehen lassen sollte, der irgend Beziehungen zur Geisteswelt des Fernen Ostens hat. Darüber hinaus ist es die Lebensbeschreibung eines ganz ungewöhnlichen Zeitgenossen, eines genialen Mannes von merkwürdiger Begabung und Begnadung, von dessen Person, Leben und Werk Wirkungen ausgegangen sind, die in ihrer vollen Kraft und Vielfältigkeit erst eine kommende Generation wird erkennen können. Allgemein bekannt ist R. Wilhelm (1873 bis 1930) durch die Reihe seiner Übersetzungen und Erklärungen klassischer chinesischer Werke, von denen er einige, wie Lü Bu We, das I Ging und andere, als erster verdeutscht hat. Auch in meinem Leben und Denken haben diese Wilhelmschen Übertragungen und Deutungen eine wichtige Rolle gespielt, und wie mir, so hat er vielen von meiner und der folgenden Generation ein Tor aufgetan und eine Botschaft übermittelt, die in unserem Leben Epoche gemacht hat.

Das Buch beginnt mit einem Nachruf, einem congenial gezeichneten Charakterbild des großen Deutsch-Chinesen aus der Feder eines anderen Meisters, Walter F. Otto, der dem andern in jahrzehntelanger Freundschaft verbunden war, hat es geschrieben, es ist der schönste mir bekannte Freundesnachruf für einen bedeutenden Mann unserer Zeit. Wer diesen Nachruf liest und dazu das Bildnis Wilhelms betrachtet, das dem Buch mitgegeben wurde, hat eigentlich schon den Mann kennengelernt, alles Wesentliche ist da. Das Bildnis zeigt ein überaus liebes Gesicht, dessen Augen ebenso lächeln wie der Mund, ein sehr freundliches, konzentriertes, leise strahlendes Gesicht, und erst wenn man es eine Weile beobachtet hat, wird einem bewußt, daß dies freundliche Lächeln viel Asiatisches hat, daß es nicht nur das Wohlwollen und die Lebensfreude eines gesunden, wohltemperierten, wohlgeordneten Mannes ausdrückt, sondern auch in allen Nuancen zwischen Schelmerei und Spott

* »Richard Wilhelm. Der geistige Mittler zwischen China und Europa«. Herausgegeben von Salome Wilhelm, Eugen Diederichs Verlag, Düsseldorf-Köln, 1956.

spielt wie die Geschichten, Legenden und Anekdoten um die großen Weisen des alten China.

Was ich aus diesem Bildnis lese, entspricht genau dem, was ich in Wilhelms Person und Leben immer geliebt und verehrt habe. Meine Freunde und die Leser meiner Bücher wissen, wie sehr mir erst Indien, dann China zu einer geistigen Heimat oder doch Zuflucht geworden ist. Und wenn ich irgendwo auf besonders kräftige Ablehnung, auf instinktiven Haß oder prinzipielles Nichtverstehenwollen stoße, so gilt diese Ablehnung beinahe immer dem Einschlag von alt-asiatischem Geist, den man in meinen Erzählungen findet. Nun, diese instinktive Furcht vor dem Fremden, Nichteuropäischen in der indischen und chinesischen Lebens- und Denkart ist nach meinem Glauben dasselbe wie jeder Rassenwahn und Rassenhaß. Etwas Bekanntes, historisch und psychologisch Begreifliches, aber etwas Rückständiges, nicht mehr Lebenbringendes, etwas, das überwunden werden muß. Unterstützt wird die Rückständigkeit nicht nur durch den Forstschritts- und Technik-Enthusiasmus des Abendlandes, sondern auch durch den Anspruch des kirchlich-dogmatischen Christentums auf Alleingültigkeit. Wenn ich nun das Bild eines Zukunfteuropäers zeichnen sollte, der diese Kluft überbrückt und die erwünschte und auf die Dauer notwendige Synthese zwischen asiatischem und abendländischem Wesen nicht nur in Gedanken, sondern auch in Tat und Leben vollzogen hat, so würde dies ideale Menschenbild genau dem Bilde Richard Wilhelms gleichen.

Er war ein Vorläufer und ein Vorbild, ein Mensch der Harmonie, der Synthese zwischen Ost und West, zwischen Sammlung und Aktivität. Er hat in China, hat im jahrelangen intimen Umgang mit altchinesischer Weisheit und im persönlich-freundschaftlichen Austausch mit der Elite chinesischer Gelehrsamkeit weder sein Christentum noch sein schwäbisch-thüringisch geprägtes Deutschtum, hat weder Jesus noch Plato noch Goethe verloren und vergessen, noch seine gesunde, kraftvolle, abendländische Lust am Wirken und Bilden, er ist keinem europäischen Problem davongelaufen, hat sich keinem Anruf des aktuellen Lebens entzogen, ist weder einem denkerischen noch einem ästhetischen Quietismus erlegen, sondern hat, Stufe um Stufe, die Befreundung und Verschmelzung der beiden großen alten Ideale in sich vollzogen, hat China und Europa, Yang und Yin, Denken und Tun, Wirksamkeit und Beschaulichkeit in sich zur Versöhnung gebracht. Daher der Tonfall seiner schönen, sanft belehrenden Sprache, etwa im I Ging, aus dem man Goethe und Kung Fu Tse zugleich heraushört, daher der Zauber, den er auf so viele Menschen hohen Ranges in West und Ost geübt hat, daher das so weise wie freundliche, so wache wie schelmische Lächeln seines Gesichtes.

Die Stufen und Stationen, die Taten und Leiden dieses ungewöhnlichen Lebens, den langen, merkwürdigen Weg zu dieser Harmonie und Vollendung hat Frau Salome Wilhelm genau, schlicht und würdig aufgezeichnet. Sie war diesem Mann sichtlich schicksalhaft zubestimmt, Tochter des Christoph Blumhardt von Bad Boll, des vielleicht weltoffensten und kirchenfernsten Christen im damaligen Deutschland, zu dem der junge Theologe Wilhelm im Jahre 1897 als Vikar gekommen war. Sie ist ihrem Mann ein rührend treuer Kamerad und Helfer durch ein niemals bequemes, oft hart bedrängtes und von Stürmen gerütteltes Leben gewesen, hat an seiner Art von Tapferkeit und Duldsamkeit, von Tiefe und Heiterkeit teilgehabt. Diese Frau zur Seite zu haben, war in dem an Begünstigungen und Gnaden reichen Leben Wilhelms eine große Gnade mehr. Sie hat uns sein Leben, mit zahlreichen Brief- und Tagebuchstellen von seiner Hand, auf vorbildlich sachliche, unsentimentale Weise erzählt.

Es soll hier nicht nacherzählt werden.

Wie der Tübinger Theologiestudent zum wachen Zeitgenossen, zum Europäer, dann zum intimen Freund und Kenner Chinas wurde, was er in langen Chinajahren, besonders denen von 1914 bis 1918, dort an Herrlichem und an Rauhem erfahren hat, wie er sich die Sprache, die Kenntnis der alten Literatur, der Kunst, des Landes und schließlich die Köpfe und Herzen der besten Intelligenz Chinas eroberte, immer tätig, hilfreich, zugreifend, aber nie ungeduldig, groß im Leidenkönnen und Wartenkönnen wie im entschlossenen Handeln, wie er in China für die guten Geister des Westens, in Deutschland und Europa für das edle Erbe Chinas geworben hat, wie er schließlich in der Heimat durch ein jahrzehntelanges Übermaß an aufreibender Arbeit seine Kräfte bis zum Letzten verbrauchte, ohne doch bis zum

Sterben je das innere Gleichgewicht, die Geduld, die Heiterkeit des Wissenden zu verlieren, darüber lese man in dem großartigen Buch, das seine Frau ihm gewidmet hat.

(1956)

Blick nach dem Fernen Osten

Als ich vor fünfzig Jahren in Indien war, stand im ganzen Osten der weiße Mann noch als Herr den ›Eingeborenen‹ oder ›Farbigen‹ gegenüber. Es gab unter den Kolonisten und europäischen Kaufleuten manche, die sich für indische oder chinesische Architektur, für malayische Batik-Kunst, für Sprachen, Religionen und alte Bräuche jener Völker ein wenig interessierten, China-Porzellan oder javanische Wayangfiguren sammelten und ein offenes Auge für die Naturschönheiten jener Länder hatten; auf Java und Sumatra gab es auch unter den Kolonialbeamten einige, die in jungen Jahren für Multatuli[1] geschwärmt hatten. Aber auch ihnen war es nirgends möglich, die Schranke zu durchbrechen, die sie als Weiße und Herren von den Eingeborenen trennte. Ein kleiner Vorfall aus den Tagen meines Besuches auf Sumatra ist mir unvergeßlich geblieben.

Wir lebten ein paar Tage im Bungalow einer Handelsgesellschaft, die weit oben am Batang Hari eine Waldstrecke erworben hatte. Im Bungalow hausten wir Herren, vier Europäer. In ringsum verstreuten Schilfhütten hausten die malayischen Waldarbeiter, bei ihnen war auch unser chinesischer Koch untergekrochen. Eines Abends erschien bei uns der Aufseher der Arbeiter, ein schön und traurig aussehender Malaye, von dem man mir erzählt hatte, er sei von edler Herkunft, Sohn eines Häuptlings. Er begrüßte mich mit dem üblichen Zuruf: ›Tabeh tuan‹ (Gruß dir, Herr), den ich höflich mit Tabeh tuan beantwortete. Später, als der Aufseher wieder gegangen war, nahm mich der Manager der Firma beiseite und belehrte mich tadelnd, daß ich niemals einen Malayen mit tuan (Herr) anreden dürfe.

---

1 Der unter dem Decknamen Multatuli (lat: »viel hab' ich ertragen«) 1860 erschienene Anklageroman »Max Havelaar oder die Kaffeeversteigerungen der Niederländischen Handelsgesellschaft« des holländischen Dichters Eduard Donwes Dekker (1820-1887) gegen die koloniale Ausbeutung (Javas durch die Niederlande). Dieser »aggressivste Schlüsselroman der Weltliteratur« hat in Europa die Ära der sozialpolitisch engagierten Literatur eingeleitet.

Die beiden ›farbigen‹ Völker, von denen ich am meisten gelernt und vor denen ich den größten Respekt habe, sind die Inder und die Chinesen. Beide haben eine geistige und künstlerische Kultur geschaffen, die der unsern an Alter überlegen, an Gehalt und Schönheit gleichwertig ist.
Die Hochblüte des indischen Denkens fällt so ziemlich in die gleiche Zeit wie die des europäischen, in die Jahrhunderte etwa zwischen Homer und Sokrates. Damals wurden über Welt und Mensch in Indien wie in Griechenland die bisher höchsten Gedanken gedacht und zu großartigen Denk- und Glaubenssystemen entwickelt, die eine wesentliche Bereicherung später nicht erfahren haben, ihrer aber auch wohl nicht bedurften, denn sie stehen heute noch in voller Lebenskraft und helfen vielen Millionen Menschen das Leben bestehen. Der hohen Philosophie des alten Indien, die an Kühnheit der Spekulation wie an spitzfindiger Logik von keiner abendländischen übertroffen wird, steht eine überaus vielgestaltige, an Tiefe und an Humor reiche Mythologie gegenüber, eine volkstümliche Götter- und Dämonenwelt und Kosmologie von üppigster Bildkraft, die in der Dichtung wie in der Struktur, aber auch im Volksglauben blühend fortbesteht. Doch ist aus dieser farbig glühenden, tropisch wuchernden Welt auch die ehrwürdige Gestalt des großen durch Entsagung Überwindenden, des Buddha, hervorgegangen, und der Buddhismus erweist sich heute sowohl in seiner ursprünglichen indischen wie auch in der späteren chinesisch-japanischen Form des Zen nicht nur in seiner asiatischen Heimat, sondern auch im ganzen Westen, Amerika inbegriffen, als eine Religion von höchster Moral und starker Anziehungskraft. Seit etwa zweihundert Jahren ist das abendländische Denken häufig und kräftig vom indischen Geist berührt und beeinflußt worden, er hat auf dem Wege über Schopenhauer auch eine Elite der deutschen Intelligenz mit erzogen.
Wenn dieser indische Geist ein vorwiegend seelenhafter und frommer ist, so gilt das geistige Streben der chinesischen Denker vor allem dem praktischen Leben, dem Staat und der Familie. Wessen es bedarf, um gut und erfolgreich zum Wohl aller zu regieren, das ist das oberste Anliegen der meisten chinesischen Weisen, wie es ja auch das Anliegen Hesiods und Platons

war. Die Tugenden der Selbstbeherrschung, der Höflichkeit, der Geduld, des Gleichmuts werden ebenso wie in der abendländischen Stoa hoch bewertet. Es gibt aber daneben auch metaphysische und elementare Denker, obenan Lao Tse und sein poetischer Schüler Tschuang Tse, und nach dem Eindringen der Buddha-Lehre hat China langsam eine höchst originelle, äußerst wirksame Form des Buddhismus entwickelt, das Zen, das ebenso wie die indische Form der Lehre auch im heutigen Westen von spürbarem Einfluß ist. Daß der chinesischen Geistigkeit eine nicht minder hoch und fein entwickelte bildende Kunst zur Seite steht, ist jedem bekannt.
Die heutige Weltlage hat an der Oberfläche alles verändert. Es war mit der Befreiung von den weißen Herren nicht getan, ganz andere Gewalten bilden jetzt den Sturmwind über Asien. Die Chinesen, einst das friedlichste und an kriegs- und militärfeindlichen Bekundungen reichste Volk der Erde, sind heute die gefürchtetste und rücksichtsloseste Nation geworden. Sie haben das heilige Tibet, neben Indien das frömmste aller Völker, barbarisch überfallen und erobert, und sie bedrohen dauernd Indien und andere Nachbarländer. Wir können das nur konstatieren. Vergleicht man etwa das politische Frankreich oder England des 17. Jahrhunderts mit dem heutigen, so zeigt sich, daß der politische Aspekt einer Nation sich im Lauf weniger Jahrhunderte gewaltig verändern kann, ohne daß dies auch eine entsprechende Veränderung im Kern des Volkscharakters bedeuten müßte. Wir müssen wünschen, daß auch im chinesischen Volk über die Zeiten dieser Verstörung hinweg sich viele seiner wunderbaren Charakterzüge und Begabungen erhalten.

(1959)

Das chinesische Zen

I

Das chinesische Zen, jene ganz auf Praxis, auf Seelendisziplin gerichtete Form, die der aus Indien nach China gelangte Buddhismus dort angenommen hat, ist seinem Wesen nach, sehr im Gegensatz zum indischen, eigentlich der Literatur, der Spekulation, der Dogmatik und Scholastik durchaus abhold. Man könnte sagen, indischer und chinesischer Buddhismus verhalten sich zueinander wie Sanskrit zu Chinesisch. Dort eine Sprache der indogermanischen Art, Werkzeug eines differenzierenden, gelehrten, abstrakten Denkens, auch einer blühenden Scholastik, hier im Osten aber eine bildkräftige, lockere, auf die meisten der uns geläufigen grammatischen Feinheiten und Knifflichkeiten verzichtende Sprache, eine weitherzige, keineswegs eindeutige, deren Worte eher Bilder oder Gebärden als Worte in unsrem Sinne sind. Nun, trotzdem hat auch das Zen eine Art von Literatur entwickelt, und in diesem Jahr 1960 hat es sich ereignet, daß eins ihrer ehrwürdigsten Bücher (vielmehr vorerst nur ein Drittel des Ganzen) in einer Verdeutschung erschienen ist, die ihren Verfasser, Wilhelm Gundert, mehr als ein Dutzend Jahre gekostet hat. Das Buch ›Bi-Yaen-Lu, Meister Yüan-Wu's Niederschrift von der smaragdenen Felswand‹, ist zu Anfang des 12. Jahrhunderts entstanden und ist eine Sammlung von hundert Anekdoten und Aussprüchen bedeutender Zen-Meister samt auf sie gedichteten Hymnen und über sie verfaßten Erläuterungen. Von den 100 ›Beispielen‹ gibt Gunderts Übersetzung die ersten 33.

Dies höchst merkwürdige Werk ist etwas wie eine zen-buddhistische Summa, nicht aber im Sinn einer Dogmatik, sondern in dem eines geistlichen Übungsbuches. Anhand von Aussprüchen berühmter Lehrer und Patriarchen wird den Novizen und Mönchen vorgeführt, auf welche Art dieser oder jener ihrer Vorgänger das Ziel erreicht hat, nämlich die Erleuchtung, das Innewerden der Wirklichkeit, die nicht als etwas Statisches, sondern etwa wie das Zucken eines Funkens zwischen zwei Polen vorzustellen ist, dem Pol Sansara, der vollen bunten Erscheinungswelt, und dem Pol Nirwana, der absoluten Leerheit und Erlöstheit. In den meisten dieser Beispiele aus der Praxis der Meister stellt ein Schüler eine Frage, die der abendländische Leser nicht selten verstehen kann, während die Antwort des Lehrers uns vor lauter Rätsel stellt, übrigens des öftern nicht aus Worten, sondern aus einer Gebärde oder Handlung besteht, und gar nicht selten ist diese Handlung eine Ohrfeige oder ein Stockhieb. Diese Beispiele, um 1100 aus der Überlieferung mehrerer Jahrhunderte aufgezeichnet, sind noch heute, 800 Jahre später, ein klassisches Lehrmittel der Zen-Lehrer. Daß wir sie jetzt deutsch lesen können, ist schon viel, denn jedes Beispiel enthält die Anregung zu staunender Versenkung.

Es ist kein Buch, das man schlechthin ›lesen‹ könnte; man muß sich in seinem Dickicht Zoll um Zoll vortasten, oft wieder umkehren, und bei mancher Umkehr zeigt uns auf einmal der Text ein ganz anderes Gesicht. Es ist ein sehr fremdartiges, kompliziertes und schwer zugängliches Werk. Es ist eine Nuß mit drei- und vierfacher, recht harter Schale. Der normale, durchschnittliche Zeitgenosse wird nun vielleicht sagen, das alte Indien, das alte China, das Nirwana und das Zen seien erledigte Dinge, und der Rückgriff auf sie, also auch das Übersetzen und das Studieren dieses Werkes aus dem fernöstlichen Mittelalter sei unnütz, sei historische Schatzgräberei oder romantische Spielerei.

Darauf ließe sich zunächst antworten, daß ja das Zen noch heute in Japan ebenso existiert und praktiziert wird wie bei uns das Christentum, daß ferner die Lehre des Shakyamuni in ihren verschiedenen östlichen Ausformungen nicht nur Schopenhauer und seine Jünger fasziniert, sondern auch das intensive Interesse des heutigen Abendlandes gewonnen hat, daß die Vorträge und Bücher heutiger Zen-Buddhisten, obenan die von Suzuki, in Europa und Amerika größte Aufmerksamkeit finden, ja daß es leider schon so etwas wie eine Zen-Mode gibt.

2

*Josef Knecht an Carlo Ferromonte**

Freund, es ist doch hübsch und im Grunde tröstlich, wie alles, auch das scheinbar ganz und gar Vergangene, der Wiederkehr und neuen Lebens fähig ist. Vor kurzem erst hast du mir davon berichtet, daß neuerdings manche deiner Kollegen sich mit buddhistischer Lektüre beschäftigen, und zwar speziell mit der Literatur des Zen, sei es in der chinesischen oder der japanischen Form. Du neigst, wie es scheint, eher dazu, das für eine bloße Mode und müßige Spielerei zu halten; du selbst bist ja im Grunde entschlossen, dich nicht näher darauf einzulassen. Da du mich darum angehst, sage ich dir gern meine paar Gedanken über das Thema, denn die ›Mode‹ ist auch hier in Waldzell[1] zu spüren, so daß ich veranlaßt war, meine geringen Kenntnisse über die Materie durch Lektüre etwas aufzufrischen. Vor allem las ich in letzter Zeit wieder des öftern in jener ›Niederschrift von der smaragdenen Felswand‹, dem chinesischen Bi-Yän-Lu. Meine Liebe zum chinesischen Wesen kennst du längst. Sie hat zunächst mit Buddhismus und mit Zen nichts zu tun, sie galt und gilt dem alten, herrlichen China der Klassiker, das von Buddha noch nicht wußte. Das alte Liederbuch, das I Ging, die Schriften von und über Kung Fu Dsi und Lao Dsi bis Dschuang Dsi gehören ebenso wie Homer, Plato und Aristoteles zu meinen Erziehern, sie haben mich und haben meine Vorstellung vom guten, weisen, vollkommenen Menschen formen helfen. Wort und Begriff Tao war und ist mir teurer als Nirwana, und so geht es mir auch mit der chinesischen Malerei: die traditionelle, gepflegte, zur Kalligraphie neigende ist mir lieber als die heftigere, ungestümere, genialischer anmutende Kunst vieler Zen-Maler. Merkwürdig und ein klein wenig störend war mir manchmal auch, als einem Morgenlandfahrer und Gläubigen

* Fiktiver Brief der Hauptgestalt von Hesses Spätwerk »Das Glasperlenspiel«, Josef Knecht, an eine andere Figur des Romans, mit der Hesse seinem Neffen, dem Musikforscher Carlo Isenberg, ein Denkmal gesetzt hat.

1 Schule des Glasperlenspiels in der Pädagogischen Provinz Kastalien.

des Spruches ›Ex Oriente Lux‹, die Vorstellung, daß China seinen höchsten geistigen Besitz aus dem Westen, aus dem Abendland Indien, sollte empfangen haben. Nun, das sind kleine geschmäcklerische Launen, nicht ernster zu nehmen als jene flüchtigen Wünsche nach einem Stillstand der Historie, die man sich träumerischerweise gelegentlich erlaubt, etwa den Wunsch, es möchte auf die Ghirlandaio, Piero della Francesca und Lippi kein Michelangelo, auf Beethoven kein Wagner gefolgt, oder es möchte die Religion des Abendlandes im Zustand des Urchristentums verblieben sein.

Nun, auch China hat nicht bei den alten Kaisern, bei Kung Fu oder Lau Dan haltgemacht, es hat offenbar einige Jahrhunderte nach seiner ersten schönen Hochblüte wieder eines Lichtes bedurft. Und das Licht kam, es möge uns passen oder nicht, nicht von Morgen, sondern mit dem Patriarchen ›fern von Westen her‹, es kam die Buddhalehre von Indien herüber, und hat zunächst ihre Jünger mit indischer Dogmatik, indischer Spekulation und indischer Scholastik völlig bezaubert und bezwungen. Die ganze riesige Literatur der buddhistischen Schulen wurde übersetzt und kommentiert, in den Klöstern wuchsen gewaltige Bibliotheken an, das Licht aus Westen überstrahlte alle die alten einheimischen Sterne. So war oder schien es eine gute Weile, der Chinese war Asket und fromm geworden, der Drache war gezähmt. Aber eines Tages war, was er da an Fremdem und Betäubendem geschluckt hatte, verarbeitet; der Drache reckte sich und erwachte, und es begann das alte grimmige Spiel zwischen Sieger und Besiegtem, zwischen Vater und Sohn, zwischen dozierendem und spekulierendem Westen und gelassen flutendem Osten. Das Buddhawesen bekam ein neues, ein chinesisches Gesicht. So etwa sehe ich, durchaus als Laie, die Vorgeschichte des Zen.

Es wird dir aber, denke ich, mehr damit gedient sein, wenn ich dir ein paar ganz persönliche Eindrücke mitteile, die mir nach einigem Studieren der ›Niederschrift‹ des Bi-Yän-Lu mit besonderer Zähigkeit im Gedächtnis hängen geblieben sind. Ob ich dir empfehlen soll, dich selbst auf die Lektüre einzulassen, weiß ich nicht. Das Buch steckt voll von Entzückendem und auch Erschütterndem, aber die Kerne stecken in sehr dicken und harten Schalen, und für einen wie du, der schon sehr genau seine Ziele vor sich sieht, ist wohl das Leben schon zu kurz, als daß er Tage und Wochen an das Entziffern solcher Hieroglyphen wenden möchte. Bei mir steht es anders, ich bin noch nicht so exakt auf bestimmte Aufgaben konzentriert und schweife nach Repetentenart mit Appetit und gutem Gewissen in den unendlichen Weidegründen der Geschichte des Menschengeistes umher.

Wie du weißt, besteht der Kern der berühmten ›Niederschrift‹ in kurzen Anekdoten (im Buch heißen sie ›Beispiele‹), die teils Aussprüche, teils erzieherische Handlungen und Praktiken bekannter Zen-Meister der Vorzeit berichten. Die Aussprüche nun sind für unsereinen – und waren es schon für die Chinesen des elften Jahrhunderts – fast alle unverständlich, ihr Sinn ist nur mit Hilfe eingehender Kommentare mehr oder weniger erschließbar. Ich setze dir zwei beliebige Beispiele her:

Tsui-yän, zum Beschluß der sommerlichen Übungszeit, unterwies seine Hörer mit folgenden Worten:
Den ganzen Sommer über habe ich euch Brüdern zuliebe geredet und geredet. Seht her, ob Tsui-yän noch seine Augenbrauen hat!
Bau-fu sagte: Bei Leuten, die das Diebsgewerbe treiben, ist im Herzen alles hohl.
Tschang-tjing sagte: Gewachsen sind sie!
Yün-men sagte: Sperre!

oder dies:

Ein Mönch fragte Hsiang-lin: Was ist der Sinn davon, daß fern vom Westen her der Patriarch gekommen ist?
Hsiang-lin erwiderte: Vom langen Sitzen müde.

Du siehst, das ist eine Art von Hexen-Einmaleins. Man ahnt dahinter Anspielungen, Bedeutungen, ja Beschwörungen, es scheinen magische Formeln zu sein, sind es aber nicht, sondern Hinweise auf genaue Ziele, nur muß man den Schlüssel dazu haben, und ihn zu finden, genügen uns nicht einmal die Umschreibungen und Erklärungen der ›Niederschrift‹, wir brauchen dazu noch einen sinologisch und buddhologisch geschulten Führer.

Und doch sind auch einige wenige dieser überlieferten Meisterworte einfach und gehen einem ohne weiteres ein. Eines von ihnen, es ist gleich das erste Buch, hat mich wie eine Offenbarung getroffen; ich glaube nicht, daß ich es je vergessen werde. Ein Kaiser trifft mit dem Urpatriarchen Bodhidharma zusammen. Mit der Wichtigtuerei und Ahnungslosigkeit des Laien und Weltmanns fragt er ihn: ›Welches ist der höchste Sinn der heiligen Wahrheit?‹ Der Patriarch antwortete: ›Offene Weite – nichts von heilig.‹ Die nüchterne Größe dieser Antwort, Carlo, wehte mich an wie ein Hauch aus dem Weltraum, ich empfand ein Entzücken und zugleich Erschrecken wie in jenen seltenen Augenblicken der unmittelbaren Erkenntnis oder Erfahrung, die ich ›Erwachen‹ nenne und über die wir einst, in einer sehr ernsten Stunde, gesprochen haben. Das Erreichen dieses Erwachens, das nicht ergrübelte, sondern an Seele und Leib als Wirklichkeit erlebte Einswerden mit dem Ganzen, das Innewerden der Einheit ist ja das Ziel, nach dem alle Jünger des Zen streben.
Es gibt nun zu diesem Ziel so viele Wege, als es Menschen gibt, und so viele Führer, als es Zen-Meister gibt. Von den Schülern wie von den Meistern kann man sagen: es sind alle Typen und Spielarten des chinesischen Menschentums unter ihnen zu finden. Die Schülertypen werden in den Anekdoten meistens nicht so genau sichtbar wie die Charaktere der Meister, doch gelingt der große Wurf, so scheint mir, ähnlich wie in unsern Märchen eher den Unscheinbaren und Einfältigen als den Glänzenden und Wendigen. Unter den Meistern aber gibt es die Strengen wie die Sanften, die Wortmächtigen wie die Schweiger, die Bescheidenen wie die Würdebewußten, es gibt auch Zornige, Kämpferische, ja Gewalttätige. Einen Spruch von der Großartigkeit jener ›Offenen Weite‹ habe ich bisher nicht mehr entdeckt, dafür aber eine Anzahl von Erweckungen ohne Worte, Erweckungen durch eine Maulschelle, durch einen Stockhieb, durch einen Streich mit dem Yakschweif, durch das Anzünden und sofortige Wiederausblasen einer Kerze. Und dann gab es einen Meister, einen von den Schweigern, der auf die Fragen seiner Jünger nicht mit dem Munde Antwort gab, sondern mit dem Zeigefinger, den er mit so sprechender Gebärde zu heben wußte, daß die dafür empfänglichen und rei-

fen Schüler im Anblick des Fingers das Unaussprechliche erlebten. Es gibt da Geschichten, die beim ersten Lesen gar nichts hergeben wollen; sie klingen wie Geschwätz oder Gezänk in der Sprache irgendeiner völlig fremden Menschen- oder Tierart – und bei einem späteren Wiederbetrachten tun sie auf einmal Türen und Fenster zu allen Himmeln auf.
Da ich dir schon von meiner Art des ›Erwachens‹ gesprochen habe, lang ehe wir beide etwas von Zen gehört hatten, muß ich noch etwas erwähnen, was mir an den Erwachten des chinesischen Buddhismus auffällt und zu knacken gibt. Das Erlebnis selbst kenne ich ja, das Vom-Blitz-des-Innnewerdens-getroffen-Sein, es ist mir einige Male widerfahren. Es war ja auch bei uns im Abendland nichts Unbekanntes, alle Mystiker und unzählige ihrer großen und kleinen Schüler haben es erfahren, ich erinnere dich etwa an die erste Erleuchtung Jakob Böhmes. Aber bei diesen Chinesen scheint das Wachgewordensein lebenslang fortzudauern, zumindest bei den Meistern; sie scheinen den Blitz zur Sonne gemacht, den Augenblick festgenagelt zu haben. Da hat mein Verstehen eine Lücke: vorstellbar ist mir ein ewiges Erleuchtetbleiben, eine zur dauernden Daseinsform gewordene Ekstase nicht. Vermutlich bringe ich doch zuviel abendländische Haltung mit in die östliche Welt. Vorstellen kann ich mir nur, daß der einmal Erweckte einem zweiten, dritten, zehnten Erwecktwerden erreichbarer ist als andere Menschen, daß er zwar natürlicherweise immer wieder in Schlaf und Unbewußtsein zurücksinkt, nie aber so tief, daß nicht ein nächster Lichtblitz ihn wecken könnte.

Zum guten Schluß will ich dir noch eine merkwürdige und lehrreiche Geschichte aus dem Bi-Yän-Lu erzählen. Da war im zehnten Jahrhundert ein Meister namens Yün-men; es werden von ihm viele und erstaunliche Dinge berichtet. Sein Sitz war der ›Wolkentorberg‹, im Süden von China, in der Provinz Kwang-tung. Zu ihm kam einmal von weit her ein Suchender gepilgert, ein einfaches Männlein mit Namen Yüan. Er war schon lange unterwegs, hatte halb China durchpilgert und da und dort in Klöstern angeklopft, bis er hier am Wolkentorberg landete. Er wurde aufgenommen, und Yün-men stellte ihn als Famulus in seinen persönlichen Dienst. Offenbar spürte der große Menschenkenner in dem schlichten, jungen Pilger wertvolle Kräfte verborgen, von denen dieser selbst nichts wußte; denn er hat mit ihm, der nicht rasch im Verstehen war, unendlich lange Geduld gehabt. Ich höre dich fragen: ›Wie lange denn?‹ Ich antworte: ›Achtzehn Jahre.‹ Tag für Tag rief er ihn ein oder mehrere Male an: ›Aufwärter Yüan!‹ Jedesmal antwortete Yuan ergeben und gehorsam: ›Ja.‹ Und jedesmal stellte der Meister ihn zur Rede: ›Ja, sagst du. Aber was meinst du damit?‹ Betroffen und verlegen suchte der Aufwärter sich immer und immer wieder zu erklären und herauszureden, denn mit der Zeit merkte er instinktiv doch, daß mit dem Anruf und mit der barschen Kritik an seiner Antwort etwas gemeint sei. Er strengte sich, um sein ›Ja‹ zu rechtfertigen, oft mächtig an; vermutlich grübelte er schon die halben Tage daran herum, was er morgen dem Meister antworten solle. Die Frage des Gewaltigen, was er mit seinem ›Ja‹ meine, war eine Nuß, an der Yüan die Tage und Wochen und schließlich ganze achtzehn Jahre zu knacken hatte. Dann kam wieder ein Tag, scheinbar einer wie alle anderen, wieder hörte der Famulus sich vom Meister beim Namen rufen – aber diesmal hatte das ›Yüan‹ einen ganz anderen Klang. Es war sein Name, es war er, er selbst, er allein, der da angeredet, gestellt, befohlen, erwählt, berufen wurde! Wie aus Himmelsweiten der Blitz, wie aus Weltenweiten der Donner klang es ihm: ›Yüan!‹ Und siehe, der Bann war gebrochen, der Schleier gefallen, Yüan war hörend und sehend geworden, er erblickte die Welt in ihrer wahren Gestalt und sich inmitten, und das große Licht ging ihm auf. Diesmal rief er nicht ›Ja‹ zurück. Leise stammelte er: ›Ich habe begriffen.‹

Es ist eine wunderschöne Geschichte. Sie ist aber noch nicht zu Ende. Der Aufwärter Yüan war nicht nur zur Erleuchtung berufen, wenn er auch lange genug auf sie hatte warten müssen. Es war noch mehr mit ihm gemeint, das scheint er gespürt zu haben, und noch gewisser spürte es Meister Yün-men, denn er behielt ihn noch drei Jahre in seiner nächsten Nähe und hatte ein besonderes Auge auf ihn. Dann wurde der gewesene Aufwärter, reif zur Meisterschaft, entlassen, durchpilgerte auf dem Rückweg in seine Heimat abermals das halbe Reich, übernahm die Leitung eines Klosters und wirkte dort unter dem Namen Hsiang-lin vierzig Jahre lang. Manche erklärten ihn für den größten unter Yün-mens Schülern. Achtzig oder mehr Jahre alt, als er sein Ende nahe fühlte, begab er sich zum Fürsten Sung, dem Präfekten des Bezirks, der sein Verehrer und ein Gönner des Klosters war, um ihm zu danken und Abschied von ihm zu nehmen, denn, sagte er, er habe sich entschlossen, wieder auf Pilgerschaft zu gehen. Darüber spöttelte einer von den Beamten des Fürsten und meinte, der Herr Abt sei wohl altersblöde geworden; wie sollte er denn, uralt und hinfällig, noch auf Wanderung gehen können?

Der Fürst aber nahm den Meister in Schutz, enthielt sich eines Urteils, nahm höflich Abschied von ihm und begleitete ihn persönlich hinaus. Der Alte kehrte ins Kloster zurück, ließ alle seine Mönche zusammenrufen, setzte sich nieder und sagte zur schweigenden Versammlung: »Der alte Mönch hier – vierzig Jahre nun schlägt er zu Einem Blatt zusammen.« Und damit ging er schmerzlos und friedlich in die Verwandlung ein.

Addio, Carlo. Dein J. K.

(1960)

Nachwort

Die weltweit bekanntesten, beliebtesten und somit einflußreichsten deutschen Dichter des 20. Jahrhunderts sind Thomas Mann und Hermann Hesse. Bei allen Verschiedenheiten ist ihnen der exotische Geburtsort ihrer Mütter gemeinsam. Die Mutter von Thomas Mann ist in Brasilien, im mondänen Rio de Janeiro, diejenige Hermann Hesses in Indien, fast schon im Urwald der subtropischen Malabarküste zur Welt gekommen. Solche Prägungen bleiben nicht ohne Auswirkung, ob es sich nun früh, wie bei Hesse, oder spät erst, wie bei Thomas Mann (u.a. in seinem unvollendeten Felix Krull-Roman) niederschlägt. Beide haben sie ihre Mutter geliebt und von ihr die künstlerisch-sinnliche Komponente ihrer Veranlagung geerbt. Bei Hermann Hesse freilich kam noch hinzu, daß bereits seine Großeltern und auch sein Vater in Indien gelebt hatten, doch nicht als Kaufleute, sondern als Sendboten der Basler Mission, welche die Hindus, Moslems und Buddhisten gegen die Konkurrenz der anglikanischen, katholischen, methodistischen, wiedertäuferischen und sonstigen christlichen Fraktionen nun auch noch für die protestantische Variante der Heilslehre ihrer Kolonialherren zu erwärmen versuchten. Zwar war Hermann Hesses Vater bei der Geburt seines Sohnes schon seit fünf Jahren aus Indien zurück und vom Missionsdienst vor Ort aus Gesundheitsgründen freigestellt worden, doch setzte er diese Tätigkeit als Leiter des damals größten deutschen Missionsverlages auf publizistische Weise auch in der Heimat fort. So hatten seine Kinder reichlich Gelegenheit, mit den sogenannten Heiden, den Objekten dieses Bekehrungseifers, in Berührung zu kommen. Was Wunder, daß Hermann Hesse spätestens ab dem Zeitpunkt mit diesen Menschen zu sympathisieren begann, als auch ihm die Selbstbestimmung abgenommen werden sollte und ihn die Familientradition in die vorgegebene Laufbahn zu drängen begann. Deshalb mußte er sich zunächst wehren, selber zum Opfer eines Weltbildes zu werden, das seiner vielseitigen Veranlagung so starke Grenzen setzte, daß er sich darin gefangen vorkam »wie ein Vogel in einem zu engen Käfig«. »So groß und edel das Christentum meiner Eltern als Dienst und Opfer war«, erinnert Hesse sich 1930 in seinem Aufsatz »Mein

Glaube«, »die konfessionellen und zum Teil sektiererischen Formen, in denen wir Kinder es kennenlernten, waren mir schon sehr früh verdächtig und zum Teil ganz unausstehlich. Es wurden manche Sprüche und Verse gesagt und gesungen, die schon den Dichter in mir beleidigten.« Und ein Dichter, das war ihm seit seinem zwölften Lebensjahr klar, wollte er werden, nicht aber ungeprüft übernehmen, was für seine Eltern das Zweckmäßigste und Naheliegenste war, also die Familientradition fortzusetzen und gleichfalls ein missionierender Kirchenbeamter zu werden. Deshalb lief er im Alter von 14 Jahren schon nach wenigen Monaten aus dem Theologischen Seminar fort, wo die ihm vorbestimmte Laufbahn beginnen sollte. Diese Flucht war ein unerhörter und bisher einmaliger Vorgang in der Maulbronner Eliteschule, die schon vor ihm viele berühmte Männer der deutschen Geistesgeschichte, wie u. a. Johannes Kepler und Hölderlin, hervorgebracht hatte. Hesses Eltern waren so ratlos, daß sie ihren Sohn zunächst zu einem befreundeten Pfarrer in ein religiöses Erweckungs- und Heilungszentrum schickten, wo ihm der Teufel seines Eigensinns ausgetrieben werden sollte. Vergebens. Ein Selbstmordversuch beendete diesen Zähmungsversuch, worauf der Fünfzehnjährige in einer Heilanstalt für Schwachsinnige und Epileptische interniert wurde. Vier Monate blieb er dort, schrieb verzweifelte Briefe nach Hause, worin er mit dem christlichen Weltbild der Erbsünde abrechnete und dem daraus abgeleiteten pietistischen Erziehungsprinzip, jungen Menschen ihren Willen zu brechen. Schließlich mußte man den alles andere als Schwachsinnigen wieder auf freien Fuß setzen, schickte ihn in ein Gymnasium, das er ein Jahr später, sechzehnjährig, mit provisorischem Abschluß wieder verließ. Damit er den sogenannten Ernst des Lebens kennenlerne, hatte er daraufhin eine einjährige Schlosserlehre zu absolvieren. Dann endlich gab man es auf, seine literarischen Neigungen zu behindern und entließ ihn in eine Buchhändlerlehre in der Hoffnung, daß er dabei seinen Interessen nachkommen und als Kaufmann wenigstens seinen Lebensunterhalt bestreiten werde. Das Experiment glückte. Fünf Jahre lang arbeitete Hesse nun täglich zehn Stunden als Buchhandelsgehilfe in Tübingen und Basel, eignete sich dabei autodidaktisch einen beträchtlichen Teil der Weltliteratur an und

schrieb seine ersten eigenen Bücher: Gedichte, Erlebnisberichte, Traumtagebücher, Rezensionen und einen ersten Roman *Peter Camenzind*. Das Buch wurde ein solcher Erfolg, daß er den Brotberuf als Angestellter im Buchhandel aufgeben und nur noch vom Schreiben leben konnte.
Dieser dramatische Hindernislauf seiner Jugend ist deshalb erwähnenswert, weil er etwas von der Unterdrückung, dem pädagogischen Kolonialismus zeigt, der seine künftige Sympathie mit den Opfern jeder Bevormundung verständlich macht. Hesses lebenslanger Widerstand gegen die Vergewaltigung individueller Identität, sei sie nun religiös oder politisch, der seine Bücher durchzieht, die Bestärkung seiner Leser in dem, was sie von den Normen trennt, erklärt sich daraus, aber auch seine Neugier auf alle Kulturen mit größerer Toleranz und mehr Respekt vor der Vielfalt der Lebensformen. Um die Jahrhundertwende, in seinem Roman *Peter Camenzind*, hatte er der beginnenden Industrialisierung, dem Merkantilismus und der großspurigen Expansionspolitik des deutschen Kaiserreiches ein naturverbundeneres Lebensmodell entgegengesetzt. Das Buch war ein Aufbegehren gegen die Einäugigkeit des Fortschritts, gegen das Diktat maschineller Fremdbestimmung, gegen die Beschleunigung, Monotonisierung und Versklavung des Lebens durch Stechkarte und Stoppuhr. Die vielgerühmten Vorteile der Mechanisierung und der angebliche Gewinn an Zeit, den die Rationalisierungstechnologie brachte, waren Hesse deshalb nicht geheuer, weil ja der ganzen Betriebsamkeit und Beschleunigung kein Gewinn an Lebensqualität entsprach. Es sei, schrieb Hesse damals in einem Brief, »mit den Maschinen wie mit allem, die paar guten und freien Menschen werden gefördert, aber den Millionen Lumpen wird ihr Betrieb ebenfalls erleichtert«.[1] Für positive Naturelle sei dieser Fortschritt zwar durchaus ein Segen, doch mache ihn die Mehrheit der Spekulanten, die sich ja gleichfalls dieser Vorteile bedienen könnten, wieder hinfällig.
In seinem nächsten Roman *Unterm Rad* rechnete er ab mit dem autoritären Schulsystem seiner Zeit, mit der vormilitärischen Anpassungs- und Wettbewerbsdressur, bei der ein sensibler

---

1 Unveröffentlichter Brief Hesses vom 16. 11. 1907 an Jakob Schaffner.

und hochbegabter Schüler in den Tod getrieben wird. Dieses Buch ist heute in Japan das meistgelesene Werk von Hesse – in einem Land, das seine Kinder vom Vorschulalter an uniformiert und bis in das Berufsleben hinein einem unmenschlichen Selektionsprozeß ausliefert. – So ist es nicht verwunderlich, daß diese Geschichte eines Schülerselbstmords überall dort millionenfache Verbreitung findet, wo die Selbstmordrate von Schülern besonders hoch ist. Bei Hesse finden junge Menschen Verständnis für ihre Konflikte zwischen Anpassung und Selbstverwirklichung, weil er sie aus ganz ähnlichen Erfahrungen heraus bestärkt und ihnen Mut und Selbstvertrauen zu einem eigenen, nicht konformistischen Weg gibt.

Erst einmal mußte sich Hesse diese Probleme von der Seele schreiben, weil sie ihn in seiner Jugend fast umgebracht hatten, bevor er sich auf die Suche nach alternativen Kulturen und Weltbildern machen konnte, die humanere Existenzformen ermöglichten. Fast zehn Jahre lang bis zu seinem 30. Lebensjahr machten ihm die Darstellung und Rechtfertigung seiner Abweichungen von den traditionellen Erwartungen zu schaffen. Erst dann war er frei, sich Neuem zu öffnen. Daß er sich daraufhin ausgerechnet Indien zuwandte, jener Kultur, die seine Vorfahren zu christianisieren und europäisieren versucht hatten, ist nicht verwunderlich. Angeregt durch Arthur Schopenhauer, dem am stärksten von indischem Denken geprägten europäischen Philosophen, beginnt Hermann Hesse ab 1907 mit Yoga, Askese und Selbstkasteiung zu experimentieren. Er vertieft sich mit Herzklopfen, wie er sagt, in die esoterische Erkenntnisse der *Bhagavadgita* und die damals nur ins Lateinische übersetzten »frühlingshaften Gleichnisse« der Upanishaden und unternimmt daraufhin 1911 die weiteste Reise seines Lebens, nach Indonesien, wo er drei Monate lang die Völker studiert, an denen – wie er sagt – »der Europäer bis heute nur Dieb, Eroberer und Ausbeuter geworden ist«.[1]

Ein befreundeter Schweizer Maler, Hans Sturzenegger, der seinen Bruder in Singapur besuchen wollte, begleitete ihn auf dieser Reise, auf deren Rückweg Hesse auch Vorderindien und dort vor allem Kerala kennenzulernen hoffte, wo seine Mutter

1 »Erinnerungen an Asien«, S. 378.

geboren war, und dessen Sprache, das Malayam, sein Großvater Hermann Gundert einen Großteil seiner Lebensarbeit gewidmet hatte. Aber es kam anders. Wie vordem seinem konstitutionell zarten Vater, machte auch Hesse das tropische Klima und die ungewohnte Ernährung so sehr zu schaffen, daß er es in diesen Breitengraden nur zwölf Wochen lang aushielt. Die Reise führte über Penang, Kuala Lumpur und Singapur nach Djambi und in den Süden Sumatras. Auf dem Rückweg besuchte er das Hochland von Sri Lanka und die alte Königsstadt Kandy. Danach mußte er seine Expedition früher als beabsichtigt abbrechen, ohne den indischen Subkontinent betreten zu haben. Doch auch in der damals als »Hinterindien« bezeichneten Inselwelt fand er auf überwältigende Weise bestätigt, was er als Kind schon im Elternhaus an den zum Christentum bekehrten »Heiden« beobachtet hatte: »Die religiöse Ordnung und Gebundenheit all dieser Millionen Seelen. Der ganze Osten atmet Religion, wie der Westen Vernunft und Technik atmet.«[1] Primitiv und jedem Zufall preisgegeben schien ihm das Seelenleben des Abendländers, verglichen mit der beschirmten, vertrauensvollen Religiosität des Asiaten, er sei nun Buddhist, Hindu oder Moslem. »Was wir Nordeuropäer in unserer intellektualistischen und individualistischen Kultur nur selten, etwa beim Anhören einer Bachmusik, empfinden dürfen, das selbstvergessene Gefühl der Zugehörigkeit zu einer ideellen Gemeinschaft und des Kräfteschöpfens aus unversieglich magischer Quelle, das hat der Mohammedaner, der am fernsten Winkel der Welt abends seine Verbeugungen und Gebete verrichtet, und hat der Buddhist in der kühlen Vorhalle seines Tempels jeden Tag. Und wenn wir das, in einer höheren Form, nicht wieder gewinnen, dann werden wir Europäer bald kein Recht auf den Osten mehr haben.«[2]
Auf seiner Reise erlebte er Malayen, Singhalesen, Tamilen und Chinesen. Dabei wurde ihm die Verwandtschaft zwischen Buddhismus und lutheranischem Protestantismus, hinduistischer und katholischer Bilderfreudigkeit und die einzigartige Legie-

---

1 a. a. O., S. 379.
2 Hermann Hesse »Aus Indien«. Erweiterte Ausgabe, Frankfurt am Main 1980, S. 112f.

rung bewußt, zu welcher die Japaner den auf das Praktische gerichteten Konfuzianismus und den spirituelleren Taoismus unter dem Einfluß der indisch-chinesischen Buddhalehre zum Zen-Buddhismus verschmolzen haben, zu einer unverquälten, Weltliches wie Geistiges, Logik wie Intuition in weltoffener Harmonie verbindenden Lebenshaltung, die ihm auch bei der vorwiegend chinesischen Bevölkerung Singapurs so imponieren sollte. Nur die Chinesen machten ihm den Eindruck eines Kulturvolkes, »eines Volkes, das in langer Geschichte geworden und gebildet ist und im Bewußtsein der eigenen Kultur nicht nach rückwärts, sondern in eine tätige Zukunft blickt«. Indessen war es von diesem erfreulichen Augenschein bis zum wirklichen Verständnis der philosophischen und kulturgeschichtlichen Zusammenhänge für ihn noch ein weiter Weg. Gab es doch bis 1911 in Deutschland weder verläßliche Übersetzungen des *Gilgamesch*, der Veden, der Upanishaden, der *Bhagavadgita*, der *Reden Buddhas* noch der Schriften Lao Tses, die bei uns erst sieben Jahre später zu erscheinen begannen. Doch schon diese ersten, vor Ort erlebten Eindrücke und Beobachtungen genügten ihm, um bald darauf eine intensive Beschäftigung mit diesen Quellenwerken zu beginnen, deren Ergebnisse nach dem Leidensdruck des Ersten Weltkrieges in seine indische Dichtung *Siddhartha* mündeten. Hier sollte es ihm glücken, eine gemeinsame Formel für das zu finden, was Buddhismus, Hinduismus, Konfuzianismus, Taoismus und Christentum miteinander verbindet, in einer Dichtung, die er als sein Glaubensbekenntnis bezeichnete und von der Henry Miller sogar sagte, er halte Hesses *Siddhartha* »für eine wirksamere Medizin als das Neue Testament«.

Im Dezember 1911 nach Europa zurückgekehrt, fixierte der 35jährige seine Eindrücke zunächst in dem 1913 erschienenen Buch *Aus Indien*, dessen bemerkenswertester Bestandteil die Erzählung »Robert Aghion« ist, worin er sich erstmals auch literarisch mit dem problematischen Religionsverständnis seiner Familie auseinandersetzt. Ursprünglich trug diese Erzählung die konkretere Überschrift »Der Missionar«. Später hat er diesen Titel durch den Eigennamen der Hauptfigur Robert Aghion ersetzt, weil er wohl ahnte, wie allergisch sein damals noch lebender Vater und die ihm nahestehenden Kreise der Mission darauf reagieren würden.

Diese Geschichte schildert den Werdegang eines englischen Vikars, der als Missionar in die britische Kronkolonie Bombay geschickt wird und bald schon erkennen muß, daß die stolzen Brahmanen keineswegs jenes angeblich so ignorante Naturvolk waren, das darauf wartet, sich von den Europäern über die göttliche Ordnung belehren zu lassen. Wie Hesse selbst, erlebt Robert Aghion den indischen Alltag als so von Religiosität und frommer Symbolik durchdrungen wie nirgendwo in Europa und findet dabei eine Toleranz gegen Andersgläubige, die ihn beschämt. Im Gegensatz zu seinen Landsleuten – Kolonialherren, Händlern und Missionaren –, erlernt er die Sprache der Hindus, und in dem Maße, wie er dabei die von ihm zu »bekehrende« Kultur kennenlernt, scheint es ihm »eine ungeheure Frechheit und Überhebung, als Abgesandter eines fernen Volkes diesen Menschen ihren Gott und Glauben zu nehmen und einen anderen dafür aufzunötigen«.[1]

Robert Aghions Abkehr von seinem missionarischen Auftrag, sein Erlernen der hinduistischen Sprachen und die wachsende Wertschätzung dieser Menschen, mag eine Referenz an Hesses Großvater, Dr. Hermann Gundert (1814-1893), gewesen sein, der gleichfalls als Missionar an die Malabar-Küste ausgezogen war und 24 Jahre später zwar nicht als Hinduist, doch als hochkarätiger Indologe zurückkehrte, nachdem er die vielen Malayam-Dialekte durch seine Bibelübersetzung – wie Luther die deutschen Mundarten – zu einer Hochsprache verschmolzen hatte. Er verfaßte auch die ersten Wörterbücher, Grammatiken, Übersetzungen aus dem Sanskrit ins Malayam. Sie und besonders das »Lexikon der Malayam-Sprache«, an dem er 35 Jahre gearbeitet hat, sind Standardwerke geblieben bis auf den heutigen Tag. Dieser Großvater mütterlicherseits ist nach wie vor einer der bekanntesten Europäer an der Westküste Indiens. Denn er hat sein Gastland nicht ausgebeutet, sondern ihm etwas gebracht. Er hat dazu beigetragen, daß Kerala heute das höchstentwickelte Land Indiens mit den wenigsten Analphabeten ist. In der Akademie von Neu-Delhi erinnert eine Gedenktafel an ihn. Im August 2000 wurde im Zentrum der keralesischen Großstadt Talasseri, wo Hermann Gundert die längste Zeit an-

---

1 Vgl. S. 242.

sässig war, eine der Hauptstraßen nach ihm benannt und durch den Ministerpräsidenten des Landes eine Statue von ihm enthüllt. Internationale Hermann Gundert-Colloquien (1979 in Calicut, 1986 in Berlin und das letzte 1993 in Stuttgart) zeigen, wie lebendig die Erinnerung an diesen großen Sprachforscher bis in die aktuelle Gegenwart geblieben ist.

Zehn Jahre nach seiner Missionarserzählung »Robert Aghion« hat Hesse in der Buddha-Legende *Siddhartha* seinem Helden einen Gegenspieler zur Seite gesetzt: Es ist Siddharthas Freund Govinda, der sich nicht zu lösen vermag von der Autorität des Gotama. Obwohl auch Siddhartha den Buddha verehrt, muß er ihn doch an einem bestimmten Punkt seiner Entwicklung verlassen, um selber ein Gotama werden zu können, während Govinda immer ein Schüler, ein Höriger und Epigone bleibt. Vielleicht hat Hesse bei seinem Govinda an Hermann Gunderts 1877 erschienene Schrift »Gowinda der Elefantenführer. Ein Lebensbild aus Malabar« gedacht. Doch auch Hesses Govinda erreicht am Ende seines Weges jene Gelassenheit und Heiterkeit, wie er sie an seinem Großvater erlebt hat, trotz dessen Loyalität zu seinen Arbeitgebern in der Basler Mission. Daß Hermann Hesse selbst den risikoreicheren Weg Siddharthas gehen und als Künstler auf freiere Weise dieselbe Souveränität erreichen konnte, dafür hat er dem Großvater einiges zu verdanken. Denn dieser ist es gewesen, der, nachdem sein Enkel aus dem theologische Seminar in Maulbronn entlaufen war und verzweifelt und trotzig nach Hause zurückkehrte, dem damals Vierzehnjährigen – statt mit einer vernichtenden Strafrede, wie seine Eltern – in großer Gelassenheit mit den Worten empfing: »So, du bist's, Hermann. Ich habe gehört, du habest neulich ein Geniereisle gemacht!«[1]

Solch ein »Geniereisle«, ein Ausbruchsversuch aus europäischen Lebens- und Denkgewohnheiten und seiner Rolle als Familienvater, Hausbesitzer und Mitarbeiter im selbstgefälligen Kulturbetrieb des prahlerischen letzten deutschen Kaisers war auch Hesses Expedition nach Südostasien. Und seine Ahnung, daß die ganze abendländische Betriebsamkeit, die Überbewer-

---

1 Aus »Großväterliches« in Hermann Hesse, *Briefe an Freunde*. Rundbriefe 1946-1962. Frankfurt am Main 1977, S. 108.

tung der Sekunde, des Materiellen und Quantitativen nur Oberfläche und Selbsttäuschung sei, fand er dort bestätigt. Noch 1936, in einem Brief an Arthur Stoll, betont Hesse: »Nach der indischen Vorstellung, die ich immer geliebt habe, ist das ganze Reich der Zeit und Zahl, das Reich der Materie und Quantität, nur ›Maya‹, Oberfläche und Scheinbild. Das wirklich Seiende steht dahinter. Dorthin ziele ich.« Nach seiner Rückkehr 1912 schrieb er an Wilhelm Schäfer: »In Indien war es sehr schön, wenn ich die Kost dort vertragen hätte und mich nicht auf Rotwein und Opium hätte einschränken müssen, wäre ich noch lang geblieben. So gab ich Vorderindien preis«[1] ... »Ich war im Urwald in Hinterindien und Sumatra, habe mit den Affen malayisch gesprochen, Schmetterlinge gefangen und Krokodile belauscht. Es war wundervoll, und ich ginge am liebsten schon bald wieder hin, nur sind es leider 24 Tage Seereise.«[2] Die Mehrheit der Einheimischen erlebte Hesse mit Sympathie und Zorn auf die Kolonialmächte als »arme Reste einer alten Paradiesmenschheit, die vom Westen korrumpiert und gefressen wird, liebe gutartige und geschickte Naturvölker, denen unsere Kultur den Garaus macht. Wenn die Weißen hier das Klima besser vertrügen und ihre Kinder hier aufwachsen lassen könnten, gäbe es keine Inder mehr« (an Conrad Haußmann, Ende November 1911). In einem Aufsatz über indische Architektur bemerkt er 1911: Die Weißen hätten die Städte ganz neu gestaltet und damit Hygiene und Bequemlichkeit, aber wenig Schönheit importiert. »Von allen Europäerbauten sind einzig die Bungalows schön, weil sie sich notgedrungen den Bedürfnissen des Klimas fügen und sich damit an den Urtyp des indischen Wohnhauses halten mußten.« Alles andere, was sie hier gebaut hätten und bauen, wäre würdig, in einer deutschen Bahnhofstraße des 19. Jahrhunderts zu stehen. Falscher Marmor, Wellblech und Gewerbeschulrenaissance verseuche den Geschmack der einheimischen Bauherren. »Das Übelste aber sind die Kirchen ... die dort entwurzelt und in entgleister englischer Gotik das kulturelle Unvermögen des Westens predigen; das gehört, weit mehr als Schmutz und Fie-

---

1 Unveröffentlichter Brief vom Februar 1912 an Wilhelm Schäfer.

2 Unveröffentlichter Brief vom Juni 1912 an L. du Bois-Reymond.

ber zu den Peinlichkeiten einer indischen Reise; denn hier fühlt man sich im Innersten mitverantwortlich. Und diese Dinge sind alle, gleich einem deutschen Postgebäude, ebenso solide wie häßlich gemacht. Ein Malayenhaus, das gestern fertig wurde, wird in drei Monaten wetterfarben und angepaßt und völlig eingewachsen sein, als stünde es schon fünfzig Jahre da; ein holländisches Residentenpalais aber, eine englische Kirche, ein französisch-katholisches Schulhaus wird unser Auge nicht erfreuen können, ehe es seine schuldbeladene Existenz zu Ende gelebt und seine Bestandteile der Natur zurückgegeben hat.«[1]
Daß Europa den Naturvölkern gegenüber »voll von Schuld und ungebüßten Sünden starrt, läßt sich nicht leugnen«, betont er 1914 in seiner »Erinnerung an Asien«: »Die unterdrückten Völker der Tropenländer stehen unserer Zivilisation als Gläubiger mit älteren und gleichbegründeten Rechten gegenüber, wie etwa die Arbeiterklasse in Europa. Wer im eigenen Automobil und Pelz an Arbeitern vorüberfährt, die müde und frierend nach Hause gehen, kann keine ernsteren Gewissensfragen an sich stellen, als wer auf Ceylon, Sumatra oder Java als Herr zwischen lautlos bedienenden Farbigen lebt.« Die Menschen dort hätten es zwar im Gießen von Kanonen und Einrichten von Fabriken nicht weit gebracht, aber sie müßten es eines Tages zweifelsohne lernen und würden damit auch noch den Rest dessen verlieren, was sie den Industrienationen an Lebensqualität voraus hätten. Dies ist in etwa der Tenor von Hesse 1913 erschienenem Reisebericht *Aus Indien,* einem ganz subjektiven, doch in seiner Anschaulichkeit erstaunlich sachlichen Buch, das die Unterschiede der indonesischen und europäischen Lebensart auf eine nach wie vor charakteristische Weise darstellt.
Schon ein Jahr später, 1914, sollte sich der Aktivismus der europäischen Industrienationen im Ersten Weltkrieg entladen, dem Hesse journalistisch und zugleich praktisch mit dem Aufbau einer Zentrale für Kriegsgefangenenfürsorge eigene Positionen entgegenzuhalten sucht. Damit setzte er sich so vielen Angriffen aus, daß er darüber krank wurde und sich (übrigens

1 S. 341.

als erster namhafter deutscher Schriftsteller) einer Psychoanalyse unterziehen mußte.

1918, wenige Monate vor Beendigung des Völkermordens wurde im Münchner Piper Verlag die erste vollständige und zuverlässige Ausgabe der Reden Buddhas veröffentlicht[10], in der Übersetzung des drei Jahre zuvor im Alter von 50 Jahren verstorbenen Karl Eugen Neumann. Der äußere Erfolg dieses Menschheitsopus war allerdings gering. In den nächsten zehn Jahren konnten kaum 200 Exemplare davon verkauft werden. Aber das hatte wenig zu besagen, denn die langfristige Wirkung war mit dieser Übertragung gesichert. Der verheerenden Explosion abendländischer Hektik und Überaktivität, dem Bankrott der aggressiven Extrovertiertheit, setzte es eine Besonnenheit auf das entgegen, was den Menschen ausmacht und seine innere Entwicklung fördert. Hesse empfand diese Publikation als Wohltat. In fünf Zeitungen und Zeitschriften hat er mit ausführlichen Besprechungen dafür geworben und sich gegen Kritiker gewehrt, welche glaubten, die dem katholischen »Rosenkranz« ähnlichen Wiederholungen und meditativen Betrachtungsfolgen der Buddha-Reden als monotone Gebetsmühlen verspotten zu müssen: »Diese Kritik«, schreibt Hesse, »geht von einer Einstellung aus, welcher der Sache nicht gerecht zu werden fähig ist. Buddhas Reden sind nicht Kompendium einer Lehre, sondern sie sind Beispiele von Meditationen, und das meditierende Denken eben ist es, was wir bei ihnen lernen können... Zweck und Resultat der Meditation ist nicht ein Erkennen im Sinn unserer westlichen Geistigkeit, sondern ein Verschieben des Bewußtseinszustandes, eine Technik, deren höchstes Ziel reine Harmonie, ein gleichzeitiges und gleichmäßiges Zusammenarbeiten von logischen und intuitivem Denken ist... Sobald wir aufhören, die Lehre Buddhas rein intellektuell zu betrachten... finden wir fast unabhängig vom philosophischen Gehalt den dynamischen Kern seiner Lehre und eines der großen Menschheitsvorbilder in ihm. Wer aufmerksam auch nur eine kleine Zahl der zahllosen Reden Buddhas liest, dem tönt daraus bald eine Harmonie entgegen, eine

---

1 *Die Reden Gotamo Buddhas,* zum ersten Mal übersetzt von Karl Eugen Neumann, Piper Verlag, München 1918.

Seelenstille, ein Lächeln und Drüberstehen, eine völlig unerschütterliche Festigkeit, aber auch eine unbeirrbare Güte und unendliche Duldung. Und über die Wege und Mittel, zu dieser heiligen Seelenstille zu gelangen, sind diese Reden voll von Ratschlägen, Vorschriften und Winken.« Die buddhistische Meditation sei nichts Wissenschaftliches, sondern eine psychische Technik, die auf eine Änderung des Bewußtseinszustandes ziele. Der Gedankeninhalt der Buddhalehre, betont Hesse, sei nur die eine Hälfte seines Werkes, »die andere ist sein Leben, seine geleistete Arbeit«, eine seelische Selbstzucht, »von der jene Ahnungslosen keine Vorstellung haben, die über Quietismus, Träumerei und dergleichen bei Buddha reden und ihm die westliche Kardinaltugend der Aktivität absprechen. Die Warnungen vor dieser Gefahr, die wir so häufig vernehmen, stammen alle von Lagern, die Partei sind, die ein Dogma und ein Rezept zu hüten haben.«[1]

Erst jetzt, nach der Erschütterung durch den Ersten Weltkrieg und nachdem er das buddhistische Quellenwerk studiert hatte, setzte Hesses intensivste Beschäftigung mit Indien ein, mit seiner Kultur und den verschiedenen Metamorphosen indischer Religionsgeschichte. Nach seiner Malaysiareise hatte er zwar viel und mit Sympathie über Indonesien und Indiens Literatur geschrieben, Reiseberichte und Rezensionen von Übersetzungen aus den *Upanishaden*, den *Veden* der *Bhagavadgita*, über das *Papagaienbuch* und die *Somaweda*-Märchen.[2] Nun aber trat seine Beziehung zu Indien in eine neue Phase und wurde auch produktiv für das eigene poetische Werk. Das erste Ergebnis war die bereits erwähnte Erzählung *Siddhartha,* mit deren Niederschrift er im Dezember 1919 begann. Obwohl sein Protagonist den Vornamen Buddhas trägt, gibt es zwischen Hesses Siddhartha und dem historischen Buddha doch einige Unterschiede. Der historische Buddha, so viel wir heute, mehr als 2500 Jahre nachdem er gelebt hat, von ihm noch wissen können, soll als jung verheirateter Sohn des Präsidenten von Sakya Frau und Sohn verlassen haben. Aus Überdruß am Wohlleben und Luxus, aus Protest gegen die Ungerechtigkeit des Kasten-

1 »Die Reden Buddhas«, S. 392f.
2 Vgl. S. 382ff.

systems, die Korruption der Brahmanen, die Käuflichkeit der Gnade, den Zauber- und Opferkult hat er schließlich über den Weg der Askese und Meditation die Erleuchtung und damit zum Stillstand des ewigen Kreislaufs der Wiedergeburten gefunden.

Auch Hesses Siddhartha ist solch ein Ungenügsamer, der die eingefahrenen Spuren verläßt, um sich selbständig auf die Suche zu machen. Doch ist er eine moderne, von abendländischen Erfahrungen gespeiste Inkarnation des Buddha. Er ist kein Politiker, sondern der Sohn eines Brahmanen, ein Mitglied der Gelehrten- und Priesterkaste, wie der Theologensprößling Hesse selbst es war. Während aber der historische Buddha mit 29 Jahren fast alles hinter sich hat, Ehe und Familie, dem Irdischen entsagt und die menschliche Existenz als unabänderlichen Leidensweg empfindet, setzt der Erfahrungsprozeß von Hesses Siddhartha schon ein, nachdem er sein Elternhaus verlassen hat. Wie der historische Buddha erlernt er bei den Samanas Askese und Meditation und begegnet einem Guru, der die Überwindung der Welt, die Erlösung von Leiden und Tod nicht nur predigt, sondern auch verkörpert. Die Erkenntnis, daß dessen Weisheit nicht mit Worten vermittelt, sondern nur durch eigenständiges Erleben erlangt werden kann, unterscheidet Hesses Siddhartha von den Jüngern des Guru, die genau seine Gebote befolgen, ohne die Turbulenzen am eigenen Leib erfahren zu haben, aus welchen sie entstanden sind. Deshalb muß Hesses Siddhartha bei der Hetäre Kamala (das Sanskrit-Wort für ›begehren‹) und beim Kaufmann Kamaswami (das Sanskrit-Wort für ›besitzen‹) eine Entwicklung durchlaufen, die das Sansara (Weltleben) nicht meidet, sondern muß es bis zur Neige durchleben, nach der Devise: »Der kürzeste Weg durch die Welt der Schmerzen führt mitten durch den Schmerz hindurch« und: »Eh nicht das Äußerste erreicht ist, kehrt sich nichts ins Gegenteil«: ... »Sobald das Leid groß genug ist, geht es vorwärts«, heißt es in Hesses Märchen *Die Morgenlandfahrt*. Erst als sich der Kreislauf wiederholt und Siddhartha bei seinem eigenen Sohn erfahren muß, daß es aussichtslos ist, Irrwege durch Ratschläge ersparen zu wollen, ist der Höhe- und Wendepunkt seiner Entwicklung erreicht, und er wird seinerseits zum Buddha geläutert. Jeder muß sein eigener Lehrer sein und den Weg zu seinem unverwechselbaren Selbst allein entdecken. »Mein Weg nach Indien und China ging nicht auf Schiffen und Eisenbahnen, ich mußte die magischen Brücken alle selber finden ... Ich wußte, daß es in Europa wie in Asien eine unterirdische zeitlose Welt der Werte und des Geistes gab, die nicht durch die Erfindung der Lokomotive und nicht durch Bismarck umgebracht war und daß es richtig war, in dieser zeitlosen Welt, in diesem Frieden einer geistigen Welt zu leben, an der Europa und Asien, Veden und Bibel, Buddha und Goethe gleichen Teil hatten.«[1]

So hat Hesse es erlebt, und anders konnte er dieses alternative Weltbild für Europa nicht wiederbeleben. Die Reaktion seiner Zeitgenossen war zwiespältig, als das Buch im Oktober 1922 erschien. Man wollte nach dem verlorenen Krieg keine Introversion und Selbstkritik, sondern die Schmach der Niederlage verdrängen und das Verlorene zurückhaben. Nicht zufallig begann fast zum selben Zeitpunkt die nationalsozialistische Partei sich zu formieren und Hitler *Mein Kampf* zu schreiben.

Zwei Monate bevor die Buchausgabe von *Siddhartha* ausgeliefert wurde, ergab sich der Glücksfall, daß ein indischer Geschichts- und Literaturprofessor Hesse besuchte. Der damals 31jährige Kalidas Nag aus Kalkutta hatte gemeinsam mit Romain Rolland den Dichter im August 1922 auf einem Kongreß in Lugano den Schluß seines *Siddhartha* vorlesen hören. Und es war Liebe auf den ersten Blick. Denn während seines zweijährigen Aufenthaltes in Europa war dieser Gelehrte aus Bengalen bisher noch keinem Abendländer begegnet, der ihm so von innen heraus asiatisch zu denken und zu leben schien. Deshalb besuchte er den Dichter mehrfach in seiner Eremitage in Montagnola, rezitierte ihm Beispiele bengalischer Lyrik, Gedichte aus dem Sanskrit und sang ihm Lieder von Tagore vor, was Hesse für eine überzeugendere Bestätigung hielt als alle künftigen Pressereaktionen auf sein Buch. »Es war zum ersten Mal, daß mir der Ertrag mein vieljährigen Beschäftigung mit Asien von einem Asiaten bestätigt wurde«, erinnerte er sich in einem Aufsatz, den er bald nach dieser Begegnung schrieb.[1] Und Kalidas Nag notierte in sein Tagebuch: »ki sunda manus –

1 »Besuch aus Indien«, S. 149ff.

was für ein wunderbarer Mensch!« Für Hesse hinwiederum war Kalidas Nag, wie er 1923 schrieb, ein »Engel aus einer imaginären Heimat«, von dem er sich nicht nur intellektuell verstanden glaubte, sondern aus einem gemeinsamen Urgrund heraus. (Vermutlich war es auch das Stilistische, was den Inder in Hesses *Siddhartha* ansprach. Denn etwas von der meditativen Sprachmelodie der Reden Buddhas, ihr rhythmisch psalmodierender Tonfall ist in Hesses Dichtung bewußt aufgegriffen und berücksichtigt worden.) Aus dieser Begegnung wurde eine Freundschaft, und noch mehrere Jahre wechselten der Dichter und der indische Gelehrte Briefe miteinander. Martin Kämpchen hat diese Korrespondenz 1993 bei den Nachkommen von Kalidas Nag entdeckt, sie veröffentlicht und sowohl in Kalkutta als auch in Deutschland darüber berichtet.[1] Seine Forschungen haben darüber hinaus ergeben, daß kein anderer der großen deutschen Autoren seiner Generation, weder Thomas Mann, Kafka, Rilke noch Stefan Zweig, Briefe mit einer indischen Persönlichkeit von kulturellem Rang gewechselt habe. Die Anerkennung durch Kalidas Nag war also das erste und erfreulichste Echo, das die *Siddhartha*-Dichtung ihrem Verfasser brachte.

Ob Hesse glücklich gewesen wäre über die erst nach seinem Tod einsetzende weltweite Rezeption dieses Buches und seiner Verfilmung darf man bezweifeln. Für Millionen von zivilisationsüberdrüssigen Amerikanern und Europäern ist der *Siddhartha* seit dem Vietnamkrieg zur Bibel geworden. Zu Hunderttausenden kamen sie als Hippies, Tramper oder als sensationshungrige Globetrotter nach Indien, in der Hoffnung, die Botschaft dieses Buches auf touristische Weise nachvollziehen zu können. Vermutlich sind die meisten von ihnen ebenso ernüchtert zurückgekehrt wie Hesse damals von seiner Indonesienreise, enttäuscht darüber, von geschäftstüchtigen Gurus geprellt worden zu sein und von indischer Spiritualität nichts anderes als deren folkloristische Außenseite erlebt zu haben. Wie Hesse selbst, als er 1911 europamüde nach Malaysia floh, fanden sie dort zumeist nur den Reiz der Exotik. Denn

1 Martin Kämpchen, *Hermann Hesse and Kalidas Nag. A Friendship.* Max Mueller Bhavan/Gothe-Institut, Calcutta 1994.

vom indischen Geist, den sie eigentlich gesucht hatten, waren sie durch den Augenschein eher abgelenkt worden. »Ich mußte«, notiert Hesse 1923, »aufhören, in Indien die Erlösung von Europa zu suchen, ich mußte aufhören, Europa im Herzen zu befeinden, ich mußte die magischen Brücken finden, das wahre Europa und den wahren Osten mir im Herzen und Geist zu eigen machen und das dauerte Jahre um Jahre, Jahre des Leidens, der Unruhe, des Krieges, der Verzweiflung.«

Doch mit dem *Siddhartha* war Hesses Umgang mit Indien keineswegs erschöpft. In seinem Aufsatz »Sehnsucht nach Indien« von 1925 kam er ein weiteres Mal auf diese Thematik zu sprechen und empfahl sowohl Neuerscheinungen auf dem deutschen Buchmarkt, die sich mit indischer Kultur befassen, als auch die von Ramananda Cyatterjee herausgegebene Monatszeitschrift »Modern Review« aus Kalkutta, von deren Frische, Geistigkeit und friedlicher Internationalität die europäischen Zeitschriften, wie Hesse meinte, sich ein Stück abschneiden könnten. Er rühmt darin die Bilder der indischen Maler Kalasala und Srimati Sukumari Debi und bedauert einmal mehr, daß es in Asien bald kein primitives Volk und keinen Malayen mehr geben werde, »der nicht den kleinen Amerikaner spielte«, und keinen Urwaldfluß mehr, dessen Verlauf in absehbarer Zukunft nicht korrigiert und in Zement gefaßt sein werde.

Die Wirklichkeit hat diese Voraussage inzwischen längst eingeholt und manche der Beobachtungen Hesses sogar ins Gegenteil verkehrt, so zum Beispiel seine Feststellung von 1912, daß »hier im Osten die wahnsinnige Wichtigtuerei und Freude am brutalen Lärm« fehle und daß im Gegensatz zu den südeuropäischen Städten »das intensive, bunte und starke Leben in den Großstädten mit einer fast ameisenhaften Geräuschlosigkeit« vor sich gehe.[1] Seit der Motorisierung hat sich auch dies inzwischen grundlegend geändert. Die indischen Städte und Verkehrsadern haben heute einen Lärmpegel, der den der westlichen Länder bei weitem übertrifft. Dazu trägt der exzessive Gebrauch der Hupen bei, die sich geradezu zu einem Ausdrucksmittel der Verkehrsteilnehmer entwickelt haben …

In seinem pädagogischen Alterswerk *Das Glasperlenspiel*, das

1 Vgl. »Spaziergang in Kandy«, S. 342.

Hesse in den Jahren 1931 bis 1942 als eine Gegenwelt zur Diktatur des Nationalsozialismus konzipierte, finden wir eine weitere Referenz an indisches Denken, an die Vorstellung von Wiedergeburt und Seelenwanderung. Eine der Übungen, die man den Studenten der kastalischen Hochschule abverlangt, ist es, sich die Entwicklungen ihrer individuellen Anlagen unter den verschiedenen Konstellationen anderer Zeitalter vorzustellen. Da »ihrer jetzigen Existenz frühere vorangegangen sein könnten, in anderen Körpern, zu anderen Zeiten, unter anderen Bedingungen«. Deshalb mußten sie, als Übung der Imaginationskräfte, erfundene Lebensläufe verfassen, um »ihre eigene Person als Maske, als vergängliches Kleid einer Entelechie« kennenzulernen. Eine der drei von Hesses Romanheld Josef Knecht erdachten Wiedergeburtsphantasien ist der 40 Seiten umfassende »Indische Lebenslauf«, der im hinduistischen Indien spielt. Die Erzählung handelt vom Fürstensohn Dasa, der wie Hesses Romanheld Josef Knecht erkennen muß, daß er für die Politik und die Übernahme von Regierungsgeschäften ungeeignet ist, weil es ihm widerstrebt, auf die Gewaltanwendung seiner politischen Gegner gleichfalls mit Gewalt zu antworten. Diese indische Inkarnation Josef Knechts entstand 1936 und spiegelt so unmittelbar wie kein anderer der Lebensläufe seines Sympathieträgers Hesses eigene Situation, wie er damals – angefeindet von der Presse der Nationalsozialisten, ebenso wie von den Wortführern der Emigration – im Kreuzfeuer der Polemik unbeirrbar seinen Standpunkt einer überparteilichen Humanität aufrechtzuhalten versuchte.

Auch die dem Buddhismus entstammende Konzentrationsübung des Yoga spielt bei Hesse eine Rolle: zunächst 1907 in den Notizen eines Naturmenschen »In den Felsen«, dann im *Siddhartha* und programmatischer noch im *Glasperlenspiel*. Sie wird der abendländischen Reizüberflutung und Betriebsamkeit als eine Quelle der Regeneration entgegengesetzt. Die Kontemplation ist für Josef Knecht »der unmittelbare Weg ins Innere des Weltgeheimnisses, wo im Hin und Wider zwischen Ein- und Ausatmen, zwischen Himmel und Erde, zwischen Yin und Yang« sich der Ausgleich vollzieht... Je mehr wir von uns verlangen, desto mehr sind wir auf die Kraftquelle der Meditation angewiesen, auf die immer erneute Versöhnung von

Geist und Seele... Die wirklich großen Männer der Weltgeschichte haben alle entweder zu meditieren verstanden, oder doch unbewußt den Weg dorthin gekannt, wohin Meditation uns führt. Die anderen, auch die begabtesten und kräftigsten, sind alle am Ende gescheitert, weil ihre Aufgabe oder ihr ehrgeiziger Traum so von ihnen Besitz ergriff und sie zu Besessenen machte, daß sie die Fähigkeit verloren, sich immer wieder vom Aktuellen zu lösen und zu distanzieren.« Es gehe nicht darum, heißt es im *Glasperlenspiel,* unsere intellektuellen Aktivitäten »in ein seelisch-vegetatives Traumleben umzubiegen, sondern im Gegenteil, um geistiger Höchstleistung fähig zu sein. Wir sollen nicht aus der Vita activa in die vita contemplativa fliehen, noch umgekehrt, sondern zwischen beiden wechselnd unterwegs sein, in beiden zuhause sein, an beiden teilhaben.« Dies war in Hesses Augen auch das Geheimnis für die Erfolge Mahatma Gandhis, dem es gelang, die größtmögliche Aktivität mit scheinbarer Passivität, die politische Befreiung mit Gewaltlosigkeit zu erreichen. Deshalb war Gandhi für ihn »mehr als sämtliche amerikanischen Präsidenten des Jahrhunderts, samt allen Schöpfern und Vertretern des Kommunismus von Marx bis Stalin«. 1931 in einer Empfehlung von Gandhis Autobiographie schrieb Hesse: »Das Einzige und Herrliche an Gandhi ist nicht sein Wissen um fromme Geheimnisse oder eine besondere Gabe im Formulieren religiöser Begriffe, sondern die Tapferkeit und unbedingte Opferbereitschaft, mit der er seine Person in den Dienst der Wahrheit und des Guten stellt. Das Bezwingende an diesem Führer ist das, daß er seinem Ideal unbedingt und bis zu jedem Opfer die Treue hält, und daß er stets zuerst von sich selber, nicht von den anderen Gehorsam und Opfer verlangt. Es gibt unter den Politikern, Rednern, Predigern der heutigen Welt nicht manchen, welchen wir es zutrauen, daß sie im Notfall für ihre Sache leiden und sterben würden. Gandhi trauen wir es ohne weiteres zu, und er hat es viele Male schon durch die Tat bewiesen. Ein reiner Mensch, bereit für sein Ideal zu leiden und zu sterben, das ist immer und überall ein seltenes Kleinod«. Und ein Jahr später, kurz vor der Machtergreifung Hitlers, betont Hesse: »Man vergleiche Gandhis Person und sein Leben mit irgendeinem unserer Politiker und Propagandisten, um den Unterschied zwischen ehrgeizigem Führerspielen und echtem, vorbildlichem Führerleben zu spüren!« Und als Gandhi dann doch den Preis für diese Unbestechlichkeit bezahlen und sein Leben dafür lassen mußte, kommentierte der Dichter das so: »Der Tod von Gandhi war für mich kein Schrecken, er war die gewissermaßen legitime Antwort der Welt auf Gandhis Leben und Werk, so wie Golgatha die folgerichtige Antwort der Welt auf Jesus war.«[1]

Hermann Hesse ist dieses Schicksal erspart geblieben. Denn 1912 schon, gleich nach seiner Indonesienreise, hatte er Deutschland verlassen und von der Schweiz aus mäßigenden Einfluß auf sein kriegerisches Vaterland zu nehmen versucht. Damals noch bemühte er sich, den Krieg publizistisch zu bekämpfen. Zwanzig Jahre später, im Zweiten Weltkrieg, war er nach bitteren Enttäuschungen zu der Überzeugung gelangt, daß mit tagespolitisch-journalistischen Methoden des Widerstands kaum etwas auszurichten sei. Statt dessen unternahm er den Versuch, der Zerstörung etwas Aufbauendes entgegenzusetzen. Es war das jeden Totalitarismus ad absurdum führende *Glasperlenspiel*. Dort lesen wir über Indien: »Es ist wunderbar: dieses Volk, einsichtig und leidensfähig wie kaum ein andres, es hat mit Grauen und Scham dem grausamen Spiel der Weltgeschichte zugesehen, dem ewig sich drehenden Rad von Gier und Leiden, es hat die Hinfälligkeit des Geschaffenen gesehen und verstanden, die Gier und Teufelei des Menschen und zugleich seine tiefe Sehnsucht nach Reinheit und Harmonie, und hat für die ganze Schönheit und Tragik der Schöpfung diese herrlichen Gleichnisse gefunden ... vom gewaltigen Shiwa, der die verkommene Welt in Trümmer tanzt.«[2]

Hier wie auch in Hesse Briefen aus den Kriegsjahren ist es dieses hinduistische Symbol, das ihn vor der Verzweiflung bewahrt. »Wenn man genauer zusieht«, antwortet er 1939 bei Kriegsbeginn einem Leser, »ist die Welt nie viel anders gewesen und die alten Mythologien, namentlich die indische, haben das gewußt und wunderbar ausgedrückt, wie der lächelnde Vishnu im Schlaf eine Welt erschafft, eine schöne, strahlende Welt, wie diese Welt verfällt und erkrankt, zu Krieg und Hölle wird, und

1 In einem Brief vom 21. 5. 1958 an Pia Ludwig.
2 Hermann Hesse, *Das Glasperlenspiel*, Frankfurt am Main 1970, S. 348.

wie am Ende Shiwa sie zu Trümmern und Scherben tanzt, damit es wieder von vorn anfangen und der hold lächelnde Vishnu wieder eine strahlende, junge, unschuldige Welt erschaffen kann.« ... »Ich glaube«, schreibt er ein Jahr später, »daß Shiwa schon auf uns tanzt; ich glaube, daß fast alles kaputt gehen wird. Aber ich glaube nicht minder, daß es von vorn beginnen wird, daß alsbald Menschen wieder Opferfeuer anzünden und Heiligtümer bauen werden.«[1] Hitler also als Instrument des Shiwa im ewigen Kreislauf von Zerstörung und Wiederaufbau! Das macht diesen pathologischen Despoten zwar um keine Spur akzeptabler, aber die mehr als 50 Jahre Frieden in Deutschland und Europa, die bisher auf seinen Niedergang gefolgt sind, bestätigen dennoch das hinduistische Geschichtsbild.

Eine weitere indische Vorstellung, das Sanskritwort »tat twam asi« (das bist du) aus den *Upanishaden,* bestimmt Hesses gesamtes Werk seit dem *Siddhartha*. Dieses Wort ist für ihn der »Inbegriff aller Lebenskunst und Glückslehre«, ähnlich dem christlichen »Liebe deinen Nächsten wie dich selbst«. Denn »indisch aufgefaßt«, sagt Hesse, »im Sinn der ganzen vorbuddhistischen Philosophie, ist mein Nächster nicht nur ›ein Mensch wie ich‹, sondern er ist Ich, er ist mit mir eins, weil die Trennung zwischen ihm und mir, zwischen Du und Ich, nur Täuschung ist, nur ›Maya‹. Mit dieser Deutung ist auch der ethische Sinn der Nächstenliebe völlig ausgeschöpft. Denn wer erst eingesehen hat, daß die Welt eine Einheit ist, dem ist ohne weiteres klar, daß es sinnlos ist, wenn die einzelnen Teile und Glieder dieses Ganzen einander wehtun.«[2] ... »Ich verstehe unter Frömmigkeit nicht das Pflegen von feierlichen Gefühlen ... sondern vor allem die Pietät, die Achtung des Einzelnen vor dem Ganzen der Welt, vor der Natur und den Mitmenschen, das Gefühl des Einbezogenseins und Mitverantwortlichseins.«[3] Wer sich darum bemüht, »dem zeigt sich das Über-

---

1 Aus Briefen vom September 1939 an Kurt Fried vom 7. 2. 1940 (unveröffentlicht). In Hermann Hesse, *Gesammelte Briefe*. Dritter Band 1936-1938. Frankfurt am Main 1982, S. 131.

2 Aus einem Brief vom Ende April 1948 an W. S. In Hermann Hesse, *Ausgewählte Briefe*, Frankfurt am Main 1974, S. 254.

3 Aus einem Brief vom 7. Mai 1955 in Hermann Hesse, *Ausgewählte Briefe*, a. a. O., S. 144.

persönliche und Ganze hinter aller Vereinzelung, der darf sich einbezogen fühlen und vertrauen, dessen Einzelseele kann sich – indisch ausgedrückt – auf die Allseele verlassen.«

Daß sich Hesse trotz der Zumutungen der Zeitgeschichte im Lauf seines Lebens dieses Urvertrauen doch noch bewahren konnte, verdankt er auch der etwa 1910 einsetzenden Beschäftigung mit dem lebensbejahenden Weltbild des alten China. War für Buddha das irdische Leben nur »Maya«, Schein und Illusion, die es durch Abkehr vom Weltleben in einer langen Kette von Wiedergeburten zu überwinden galt, so fand Hesse das seinem Naturell entsprechendere, weniger resignative Lebensmodell in der klassischen Literatur Chinas, insbesondere in der bipolaren Denkweise von Konfuzius und Lao Tse. Hier schien ihm eine hohe Spiritualität und Ethik mit dem »Spiel und Reiz des sinnlichen und alltäglichen Lebens auf glücklichere Weise vereinbart«. In seinem Leitfaden durch die Literaturgeschichte »Eine Bibliothek der Weltliteratur«, den er 1928 anläßlich des hundertjährigen Bestehens des Reclam-Verlags schrieb, bemerkt er dazu: »Was jenen Indern gefehlt hatte, die Lebensnähe, die Harmonie einer edlen, zu den höchsten sittlichen Forderungen entschlossenen Geistigkeit mit dem Spiel und Reiz des sinnlichen und alltäglichen Lebens – das weite Hin und Her zwischen hoher Vergeistigung und naivem Lebensbehagen, das alles war hier in Fülle vorhanden. Wenn Indien in der Askese und im mönchischen Weltentsagen Hohes und Rührendes erreicht hatte, so hatte das alte China nicht minder Wunderbares erreicht in der Zucht einer Geistigkeit, für welche Natur und Geist, Religion und Alltag nicht feindliche, sondern freundliche Gegensätze bedeuten und beide zu ihrem Recht kommen. War die indisch-asketische Weisheit jugendlich-puritanisch, so war die Weisheit Chinas die eines erfahrenen, des Humors nicht unkundigen Mannes, den die Erfahrung nicht enttäuscht, den die Klugheit nicht frivol gemacht hat.« Hesse lernte sie kennen durch die Monographie seines Vaters über *Lao Tsze, ein vorchristlicher Wahrheitszeuge* (Basel 1914), vor allem aber dank der Übersetzungen Richard Wilhelms (1873-1930), des eigentlichen Begründers der deutschen Sinologie.

Zehn wichtige Quellenwerke der chinesischen Klassiker erschienen in der von Wilhelm begründeten Buchreihe »Religion und Philosophie Chinas« von 1910 bis 1930. Sie waren größtenteils erstmals von ihm aus der Ursprache übersetzt und dienten als Grundlage für die meisten Übertragungen in andere europäischen Sprachen, darunter die Schriften des Konfuzius, des Lao Tse, die Gleichnisse des Dschuang Dsi, die Lehren des Mong Dsi, das Buch der Sitte, *Li Gi* und vor allem das mehr als 3000 Jahre alte Orakelbuch *I Ging*, das zu den ältesten philosophischen Texten der Weltliteratur zählt und inzwischen in einer deutschen Gesamtauflage von 300 Tsd. Exemplaren verbreitet ist (in den USA sind es noch weit mehr). Hesse hat alle diese Werke gleich nach ihrem Erscheinen gelesen, sich in seinen Buchbesprechungen mit Nachdruck für sie eingesetzt und manches davon in seine Dichtungen verwoben. So findet sich z. B. am Ende des Glasperlenspiel-Kapitels »Studienjahre« ein Exkurs über das *I Ging,* seine Anwendung und Wirkung. In einem Brief vom Dezember 1929 an Hesse hob Richard Wilhelm die Bedeutung dieses Einsatzes auch für den Verleger seiner China-Bibliothek hervor: »Für Ihre Besprechung meiner Übersetzungen bin ich Ihnen aufrichtig dankbar: Eugen Diederichs ist nämlich, was die Vollendung der Serie anbelangt, recht mutlos geworden, und drückt mich von Buch zu Buch im Honorar immer mehr herunter. Da ist es dann ganz besonders erfreulich, wenn ich ihm solche Besprechungen unterbreiten kann. Sie haben mir also außer der geistigen Freundschaft, für die ich Ihnen vor allem dankbar bin, auch einen materiellen Dienst von großem Ausmaß geleistet.«
Wie Hesses Großvater Hermann Gundert 60 Jahre zuvor an die indische Malabar-Küste, war der ebenfalls in Stuttgart gebürtige Richard Wilhelm im Alter von 26 Jahren als Missionar nach China gekommen, um in der damals von Deutschland besetzen Hafensiedlung Tsingtau die »Heiden« zu christianisieren. Doch schon bald nach seiner Ankunft merkte er, »daß es gar keine Heiden gibt, denn eine Heide ist etwas, wofür man einen anders gearteten Menschen hält, damit man ihn entweder bekehren oder zur Hölle verdammen kann ... So hatte ich denn niemand getauft und bin dem Wesen des chinesischen Volkes

eben dadurch um so näher gekommen«, schrieb er rückblikkend. Statt dessen gründete er eine Schule, kümmerte sich um die medizinische Grundversorgung der einheimischen Bevölkerung, erarbeitete 1922 ein Deutsch-Englisch-Chinesisches Wörterbuch und erwirkte ein Jahr später bei seinem Arbeitgeber, dem Allgemeinen Evangelischen Missionsverein Berlin, von missionarischen Verpflichtungen entbunden zu werden, »um sich ganz dem Studium Chinas und der Chinesen widmen« zu können. So entstanden – unterbrochen von seinem Einsatz beim Roten Kreuz im Ersten Weltkrieg – nach und nach sein mehr als 3000 Seiten umfassendes Übersetzungswerk, bis ihn 1924 die politischen Verhältnisse nötigten, nach 25jähriger Tätigkeit nach Deutschland zurückzukehren, wo er noch zwei Monographien über Konfuzius und Lao Tse sowie eine Geschichte der chinesischen Literatur veröffentlichen und an der Universität Frankfurt am Main das erste deutsche China-Institut gründen konnte, bis er im Alter von 56 Jahren an einer Tropenkrankheit starb.

Hesse, der kurz vor der Niederschrift seines *Siddhartha* am 13.7.1919 in der »Neuen Zürcher Zeitung« betont hatte, »die Weisheit, die uns Not tut, steht bei Lao Tse, sie ins Europäische zu übersetzen, ist die einzige Aufgabe, die wir zur Zeit haben«, sah dies einmal mehr von Richard Wilhelm geleistet. Noch 26 Jahre nach dessen Tod würdigte er das Schaffen des Sinologen mit Worten, die auch auf sein eigenes Werk zutreffen: »Er war ein Vorläufer und Vorbild, ein Mensch der Harmonie, der Synthese zwischen Ost und West, zwischen Sammlung und Aktivität, er hat in China, in jahrzehntelangem intimen Umgang mit altchinesischer Weisheit und in persönlich-freundschaftlichem Austausch mit der Elite chinesischer Gelehrsamkeit weder sein Christentum, noch sein schwäbisch-thüringisch geprägtes Deutschtum, hat weder Jesus noch Plato, noch Goethe verloren und vergessen, noch seine gesunde, kraftvolle abendländische Lust am Wirken und Bilden. Er ist keinem europäischen Problem davongelaufen, hat sich keinem Anruf des aktuellen Lebens entzogen, ist weder einem denkerischen, noch einem ästhetischen Quietismus erlegen, sondern hat, Stufe um Stufe, die Befreundung und Verschmelzung der beiden großen, alten Ideale in sich vollzogen, hat China und Europa, hat Yang und Yin, Denken und Tun, Wirksamkeit und Beschaulichkeit in sich zur Versöhnung gebracht.«[1]

In vielen seiner Dichtungen hat Hesse dieses Denken amalgamiert, von den 1919 erschienenen *Märchen* bis hin zum *Glasperlenspiel.* Chinesische Literaturwissenschaftler wie Adrian Hsia und Ursula Chi habe diese Einflüsse in ihren Büchern[2] auf überzeugende Weise nachgewiesen.

Noch kaum untersucht dagegen ist Hesses letzte große Begegnung mit asiatischer Spiritualität, mit dem aus Indien über China nach Japan gewanderten Zen-Buddhismus, der sich in seinem Spätwerk und einigen seiner letzten Gedichte niedergeschlagen hat. Wieder war es ein evangelischer Missionar aus Stuttgart, auf den die Pionierarbeit zurückgeht: Hesses drei Jahre jüngerer Cousin Wilhelm Gundert (1880-1971), dem der zweite Teil des *Siddhartha* gewidmet ist. Von 1906 bis 1915 wirkte Gundert, sowohl für die Mission in Tokio als auch im Bezirk Miijata, wo er in enge Berührung mit dem im Volksleben verwurzelten japanischen Buddhismus kam. Nach sieben Jahren als Lehrer an den Hochschulen von Kumamoto und Mito schrieb er seine Dissertation über den »Shintoismus im No-Drama« (1925) und publizierte zwei Standardwerke über japanische Literatur- und Religionsgeschichte (1929 bzw. 1935). Bis 1936 Leiter des Japanisch-deutschen Kulturinstitutes in Tokio, kehrte er nach Deutschland zurück, um eine Professur für japanische Kultur und Sprache an der Universität Hamburg zu übernehmen. 1954, nach einer Begegnung mit dem bedeutenden Zen-Gelehrten Daisetzu Suzuki, nahm Gundert die Arbeit an seinem Hauptwerk, der bereits einige Jahre zuvor begonnenen Übersetzung und Erläuterung des *Bi Yaen Lu* wieder auf, dieser aus dem elften Jahrhundert stammenden »Bibel des Zen- Buddhismus«, die 1960 und 1967 zweibändig im Münchner Hanser-Verlag erschien. Es ist die älteste und originellste Sammlung von Anekdoten aus dem frühen chinesischen Zen-Buddhismus und seit dem von Richard Wilhelm

1 Vgl. S. 440f.

2 Adrian Hsia, *Hermann Hesse und China.* Darstellung, Materialien und Interpretation. Frankfurt am Main 1974. Ursula Chi, *Die Wahrheit Chinas und das Glasperlenspiel*, Frankfurt am Main 1976.

verdeutschten *I Ging* die größte Aneignung asiatischen Wissens durch den abendländischen Geist.
Hesse hat diese Arbeit mit großem Interesse und kritischem Zuspruch verfolgt. Bei jedem Besuch Wilhelm Gunderts in Montagnola mußte dieser ihm aus dem Manuskript vorlesen, und es kam dabei zu einem produktiveren Dialog, als Hesses Berichte es vermuten lassen. So zum Beispiel entschloß sich sein Vetter 1954, nachdem er Hesse den Beginn seiner Arbeit vorgelesen hatte, die bis dahin auf 32 Kapitel gediehene Übersetzung zu verwerfen und die Arbeit ganz neu und noch originalgetreuer zu konzipieren.[1] Dieses Beispiel zeigt einmal mehr, daß der Dichter keinem vagen Orientalismus oder einer Konstruktion des Ostens nach westlichen Vorstellungen huldigte, sondern gerade auch das Fremde in dessen Eigenart schätzte, als selbständige und fruchtbare Alternative zu den allzu dominanten Denkgewohnheiten des Westens. Schon ein Jahr vor Ausbruch des Ersten Weltkrieges hatte Hesse in der Wiener Zeitung »Die Zeit« betont, daß wir uns freuen sollten, »auf der anderen Hälfte der Erdkugel einen so festen und respektablen Gegenpol zu besitzen. Es wäre töricht, zu wünschen, die ganze Welt möchte mit der Zeit europäisch oder chinesisch kultiviert werden; wir sollten aber von diesem fremden Geist lernen und den fernsten Osten ebenso zu unseren Lehrern rechnen, wie wir es seit Jahrhunderten mit dem westasiatischen Orient getan haben. Und wenn wir Konfuzius lesen, der fünfhundert Jahre vor Christus gelebt hat, so sollen wir ihn nicht als ein verschollenes Kuriosum untergegangener Zeiten betrachten, sondern daran denken, daß seine Lehre dies große Reich durch zwei Jahrtausende erhalten und gestützt hat ... Lao Tse soll uns nicht das Neue Testament ersetzen, aber er soll uns zeigen, daß Ähnliches auch unter anderem Himmel und früher schon gewachsen ist, und das soll unseren Glauben an die Internationalität und Kulturfähigkeit stärken.«[2]
Solche Äußerungen waren der Grund für die vielen Anfein-

1 Irmgard Yu-Gundert, »Wilhelm Gundert. Mittler zwischen Ost und West« in: »Hermann Gundert – Dialog der Kulturen« Ulm 1993, S. 45-53.
2 H. Hesse, »Chinesen« in: »Die Zeit«, Wien, vom August 1913.

dungen, denen Hesse immer wieder besonders aus kirchenchristlichen Kreisen ausgesetzt war. Noch 1956 reagierte er darauf: »Wenn ich irgendwo auf besonders kräftige Ablehnung, auf instinktiven Haß oder prinzipielles Nichtverstehen stoße, so gilt diese Ablehnung beinahe immer dem Einschlag von alt-asiatischem Geist, den man in meinen Erzählungen findet. Nun, diese Furcht vor dem Fremden, Nicht-Europäischen und der indischen und chinesischen Lebens- und Denkart ist nach meinem Glauben dasselbe wie jeder Rassenwahn und Rassenhaß. Etwas Bekanntes, historisch und psychologisch Begreifliches, aber etwas Rückständiges, nicht mehr Lebenbringendes. Unterstützt wird diese Rückständigkeit nicht nur durch den Fortschritts- und Technik-Enthusiasmus des Abendlandes, sondern auch durch den Anspruch des kirchlich-dogmatischen Christentums auf Allgemeingültigkeit.«[1]
Das Positive der Kulturen zusammenzuführen und es in einer Lebenspraxis zu verbinden, die den Herausforderungen der Zukunft gerecht wird, war von jeher Hesses Anliegen. Es hat ihn in die Lage versetzt, ein Werk zu schaffen und ein Leben zu führen, das keine Trennung zwischen dem Artistischen und Sozialen, dem Ethischen und Ästhetischen zuließ. Seine Gefangenenfürsorge im Ersten Weltkrieg, seine Tätigkeit als Vermittler der Weltliteratur und der Werke seiner zeitgenössischen Kollegen mit etwa 3000 Buchbesprechungen, sein Einsatz für die Emigranten im Zweiten Weltkrieg, die Unterstützung von Bedürftigen aus den Einkünften seiner Malerei und nicht zuletzt mehr als 35 000 Antworten auf Leserbriefe legen Zeugnis davon ab. Er respektierte die Autonomie der Nationen und Religionen, denn er liebte die Vielfalt, das abwechslungsreiche Spektrum ihrer spirituellen Einheit. Einem Theologen in Weimar schrieb er im März 1952 dazu: »Ja, das indische, römische, jüdische Auge sind, Gott sei Dank, überaus verschieden. Die Nationen, Kulturen, Sprachen mögen alle Bäume sein, aber eine ist eine Linde, eine ein Ahorn, eine eine Fichte etc. Der Geist, sei er nun theologisch gekleidet oder anders, neigt immer ein wenig zu sehr zum Begriff, zur Verflachung, zur Typisierung, er ist mit ›Baum‹ zufrieden, während Leib und Seele mit

1 Vgl. S. 440.

›Baum‹ nichts anfangen können, sondern Linde, Eiche, Ahorn brauchen und lieben. Eben darum sind die Künstler vermutlich Gottes Herzen näher als die Denker. Wenn nun Gott sich im Inder und Chinesen anders ausdrückt als im Griechen, so ist das nicht ein Mangel, sondern ein Reichtum, und wenn man alle diese Erscheinungsformen des Göttlichen mit einem Begriff zusammenfassen will, entsteht keine Eiche und keine Kastanie, sondern bestenfalls ein ›Baum‹.« So unterschiedlich ihre Erscheinungsformen auch sind, die entscheidenden Inhalte der Weltreligionen waren für Hesse identisch. In immer neuen poetischen Gleichnissen hat er deshalb gestaltet, was er bei den unterschiedlichsten Kulturen in analogen Bildern und Symbolen ausgedrückt fand: »Der Inder sagt Atman. Der Chinese sagt Tao. Der Christ sagt Gnade.«[1]

Und merkwürdiges Paradox: Waren seine missionierenden Vorfahren, ja selbst noch Zeitgenossen wie Richard Wilhelm und Wilhelm Gundert ausgezogen, um Indien, China und Japan zu christianisieren, so sind sie nach ihren Eindrücken vor Ort zu Indologen, Sinologen und Japanologen geworden. Wie der Missionarszögling Hesse haben sie den Weg ihrer Vorläufer in umgekehrter Richtung fortgesetzt und ohne jede Gewalt, allein durch die Überzeugungskraft ihres Werkes und Beispiels das Lebensfördende der Kulturen Asiens nach Europa und bald darauf in die ganze westliche Welt gebracht. Heute, wo die asiatischen Länder durch ihre Anpassung an den Westen immer mehr an Identität verlieren, darf dies wohl als eine denkwürdige Leistung bezeichnet werden.

Frankfurt am Main, im Oktober 2001 *Volker Michels*

1 Aus Hermann Hesse, *Lektüre für Minuten.* Erstmals erschienen als Privatdruck, Bern 1952, S. 17.

Quellennachweise

Siddhartha. Eine indische Dichtung: Entstanden in Montagnola Dezember 1919-Mai 1922. Vorabdruck des ersten Teils im Juli 1921 in »Die Neue Rundschau«, Berlin. Die Erstausgabe des Buches erschien im Oktober 1922 im S. Fischer Verlag, Berlin.

Einkehr: Geschrieben 1918-1919. Erstdruck in der »National-Zeitung« Basel vom 24. 8. 1924. Erstmals in Buchform in H. Hesse, »Prosa aus dem Nachlaß«, herausgegeben von Ninon Hesse, Suhrkamp Verlag, Frankfurt am Main, 1965.

Aus Martins Tagebuch. Ein Fragment aus dem Jahr 1918: Erstdruck in »Sinclairs Notizbuch«, Rascher Verlag, Zürich, 1923. Erstmals in Buchform in H. Hesse, »Eigensinn«, herausgegeben von Siegfried Unseld, Suhrkamp Verlag, Frankfurt am Main, 1972.

Tagebuch 1920/21: In Auszügen erstmals in »Corona«, München/ Berlin/ Zürich vom Dezember 1932. Erstmals vollständig in »Eigensinn«, a. a. O.

Besuch aus Indien: Erstdruck in der »Neuen Zürcher Zeitung« vom 6. 11. 1922. Erstmals in Buchform in H. Hesse, »Bilderbuch«, S. Fischer Verlag, Berlin, 1926.

Legende vom indischen König: Erstdruck in »Die neue Rundschau«, Berlin vom September 1907. Erstmals in Buchform in H. Hesse, »Legenden«, Suhrkamp Verlag, Frankfurt am Main, 1975.

Freunde: Geschrieben 1907/08. Erstdruck in »Velhagen & Klasings Monatshefte«, Braunschweig vom Mai 1909. Einzelausgabe im Sommer 1957 als 75. Publikation der Oltener Bücherfreunde in 750 numerierten Exemplaren. Enthalten in H. Hesse, »Die Erzählungen«.

Robert Aghion: Geschrieben 1912. Ursprünglicher, gestrichener Titel: »Der Missionar«. Erstdruck in »Die Schweiz«, Zürich vom Januar 1913. Erstmals in Buchform in H. Hesse, »Aus Indien«, S. Fischer Verlag, Berlin 1913. Enthalten in H. Hesse, »Die Erzählungen«.

Der Dichter: Erstdruck u. d. T. »Der Weg zur Kunst« in »Der Tag«, Berlin vom 2. 4. 1913. Erstmals in Buchform in H. Hesse, »Märchen«, S. Fischer Verlag, Berlin 1913.

Der Waldmensch: Geschrieben 1914. Erstdruck u. d. T. »Kubu« in »Simplicissimus«, München vom 24. 4. 1917. Erstmals in Buchform in H. Hesse, »Fabulierbuch«, S. Fischer Verlag, Berlin 1935. Enthalten in H. Hesse, »Die Erzählungen«.

Innen und Außen: Geschrieben im Dezember 1919. Erstmals in »Der Bund«, Bern vom 14. 3. 1920. Erstmals in Buchform in H. Hesse, »Fabulierbuch«, a. a. O. Enthalten in H. Hesse, »Die Erzählungen«.

König Yu. Eine Geschichte aus dem alten China: Geschrieben 1929. Erstdruck u. d. T. »Wie König Yu unterging« in der »Kölnischen Zeitung« vom 22. 10. 1929. Erstmals in Buchform in H. Hesse, »Traumfährte«. Neue Erzählungen und Märchen, Fretz und Wasmuth Verlag, Zürich 1945. Enthalten in H. Hesse, »Die Märchen«.

Indischer Lebenslauf: Erstdruck im Juli 1937 in »Die neue Rundschau«, Berlin. Erstmals in Buchform in H. Hesse, »Das Glasperlenspiel«, Fretz & Wasmuth Verlag, Zürich 1943.

Chinesische Legende: Geschrieben 1959. Erstdruck in H. Hesse, »Die Kunst des Müßiggangs«. Kurze Prosa aus dem Nachlaß. Herausgegeben von Volker Michels, Suhrkamp Verlag, Frankfurt am Main, 1973.

Die Gedichte sind dem Band Hermann Hesse, »Die Gedichte«, Frankfurt am Main 1977, entnommen.

Architektur: Erstdruck in »Schweiz«, Zürich, 1912. Erstmals in Buchform in »Aus Indien«, S. Fischer Verlag, Berlin, 1913. Neu aufgenommen in »Bilderbuch«, Suhrkamp Verlag, Frankfurt am Main, 1958.

Spaziergang in Kandy: Erstdruck in »Aus Indien«, S. Fischer Verlag Berlin, 1913. Neu aufgenommen in »Bilderbuch«, a. a. O.

In Kandy: Erstdruck in »Schweiz«, Zürich 1912. Erstmals in Buchform in »Die Kunst des Müßiggangs«, a. a. O.

Tagebuchblatt aus Kandy: Erstdruck in »Westermanns Monatshefte«, Braunschweig vom September 1912. Erstmals in Buchform in »Aus Indien«, S. Fischer Verlag, Berlin 1913. Neu aufgenommen in »Bilderbuch«, a. a. O.

Pedrotallagalla: Erstdruck in »Westermanns Monatshefte«, Braunschweig vom September 1912. Erstmals in Buchform in »Aus Indien«, S. Fischer Verlag, Berlin 1913. Neu aufgenommen in »Bilderbuch«, a. a. O.

Chinesisches I: Erstdruck in »März«, München vom 17. 1. 1911. Erstmals in Buchform in H. Hesse, »Die Welt im Buch«. Bd. 2. Rezensionen und Aufsätze 1911-1916. Herausgegeben von Volker Michels, Suhrkamp Verlag, Frankfurt am Main 1998. *II:* Erstdruck u. d. T. »Chinesen« in »Die Zeit«, Wien vom 31. 7. 1913. Erstdruck in Buchform in H. Hesse, »Kleine Freuden«, a. a. O. *III:* Erstdruck der revidierten Fassung von 1913 in »Vossische Zeitung«, Berlin vom 18. 7. 1926. Erstmals in Buchform in H. Hesse, »Kleine Freuden«, a. a. O.

Confuzius deutsch: Erstdruck in »Münchner Zeitung« vom 6. 7. 1910. Erstmals in Buchform in H. Hesse, »Die Welt im Buch«. Bd. 1. Rezensionen und Aufsätze 1900-1910. Herausgegeben von Volker Michels. Suhrkamp Verlag, Frankfurt am Main, 1988.

Lao Tse: Erstdruck u. d. T. »Weisheit des Ostens« in »Münchner Zeitung« vom 24. 5. 1911. Erstmals in Buchform in H. Hesse, »Die Welt im Buch«. Bd. 2, a. a. O.

Chinesische Volksmärchen: Erstdruck in »März«, München vom 8. 8. 1914. Erstmals in Buchform in H. Hesse, »Eine Literaturgeschichte in Rezensionen und Aufsätzen«. Herausgegeben von Volker Michels. Suhrkamp Verlag, Frankfurt am Main 1970.

Chinesisch-deutsche Jahres- und Tageszeiten: Erstdruck in »National-Zeitung«, Basel vom 2. 5. 1922. Erstmals in Buchform in H. Hesse, »Die Welt im Buch«. Rezensionen und Aufsätze 1917-1926, Bd. 3. Herausgegeben von Volker Michels. Suhrkamp Verlag, Frankfurt am Main 2001.

I Ging. Das Buch der Wandlungen: Erstdruck in »Die Neue Rundschau«, Berlin vom September 1925. Erstmals in Buchform in H. Hesse, »Eine Literaturgeschichte in Rezensionen und Aufsätzen«, a. a. O.

Lü Bu We, »Frühling und Herbst«: Erstdruck in »Kölnische Zeitung« vom 15.6. 1929. Erstmals in Buchform in H. Hesse, »Eine Literaturgeschichte in Rezensionen und Aufsätzen«, a. a. O.

Erinnerung an Asien: Erstdruck im »März«, München vom August 1914. Erstmals in Buchform in »Eigensinn«, a. a. O.

Bhagavadgita: Erstdruck unter dem Titel »Indische Weisheit« in »Neue Zürcher Zeitung« vom 18. 12. 1912. Erstmals in Buchform in Bd. 2 der »Schriften zur Literatur«, herausgegeben von Volker Michels, Suhrkamp Verlag; Frankfurt am Main 1970.

Somadewa: »Indische Märchen«: Erstdruck in »Der Bund«, Bern vom 8. 11. 1914. Aufgenommen in Bd. 2 der »Schriften zur Literatur«, a. a. O.

Über Hermann Graf Keyserlings »Reisetagebuch eines Philosophen«: Erstdruck in »Vivos voco«, Leipzig vom November 1920. Erstmals in Buchform in Bd. 2 der »Schriften zur Literatur«, a. a. O.

Aus Brahmanas und Upanishaden: Erstdruck in »Wissen und Leben«, Zürich vom 14. September 1921. Erstmals in Buchform in Bd. 2 der »Schriften zur Literatur«, a. a. O.

Die Reden Buddhas: Erstdruck in »Neue Rundschau«, Berlin vom Oktober 1921 und »Neue Zürcher Zeitung« vom 16. 8. 1922. Erstmals in Buchform in Bd. 2 der »Schriften zur Literatur«, a. a. O.

Über mein Verhältnis zum geistigen Indien und China: Geschrieben 1922. Erstdruck in der von Volker Michels erweiterten Ausgabe »Aus Indien«, Suhrkamp Verlag, Frankfurt am Main 1980.

Indisches: Erstdruck in »National-Zeitung«, Basel vom 28. 1. 1923. Erstmals in Buchform in Bd. 2 der »Schriften zur Literatur«, a. a. O.

Hinduismus: Auszug aus einer Rezension über Helmuth von Glasenapps Buch »Der Hinduismus. Religion und Gesellschaft im heutigen Indien«. Erstdruck in »Die neue Rundschau«, Berlin vom Juli 1923. Erstmals in Buchform in Bd. 2 der »Schriften zur Literatur«, a. a. O.

Aus Indien und über Indien: Erstdruck in »Berliner Tageblatt« vom 24. 9. 1925. Erstmals in Buchform in H. Hesse, »Kleine Freuden«. Kurze Prosa aus dem Nachlaß. Herausgegeben von Volker Michels. Suhrkamp Verlag, Frankfurt am Main 1977.

Sehnsucht nach Indien: Erstdruck in »Berliner Tageblatt« vom 12. 12. 1925. Erstmals in Buchform in H. Hesse, »Kleine Freuden«, a. a. O.

Die Sehnsucht unserer Zeit nach einer Weltanschauung: Erstdruck in »Uhu«, Berlin vom November 1926. Erstmals vollständig in Buchform u. d. T. »Moderne Versuche zu neuen Sinngebungen« in H. Hesse, »Kleine Freuden«, a. a. O.

Geist der Romantik: Geschrieben 1926. Als Beitrag für eine von Hesse vorbereitete Romantiker-Anthologie gedacht, die aber nicht erschien. Erstmals in Buchform in H. Hesse, »Die Welt der Bücher«. Herausgegeben von Volker Michels. Suhrkamp Verlag, Frankfurt am Main 1977.

Mein Glaube: Erstdruck in »Dichterglaube. Stimmen religiösen Erlebens«. Braun, Berlin 1931. Erstmals in Buchform in Bd. 7 der »Gesammelten Schriften«, Suhrkamp Verlag, Frankfurt am Main 1957.

Ein Stückchen Theologie: Erstdruck in »Die Neue Rundschau«, Berlin vom Juni 1932. Erstmals in Buchform in Bd. 7 der »Gesammelten Schriften«, a. a. O.

Ein Mittler zwischen China und Europa: Besprechung des Buches »Richard Wilhelm – Mittler zwischen China und Europa«. Herausgegeben von Salome Wilhelm. Erstdruck in »Die Weltwoche«, Zürich vom 24. 4. 1956. Erstmals in Buchform in Adrian Hsia, »Hermann Hesse und China«„ Suhrkamp Verlag, Frankfurt am Main 1974.

Blick nach dem Fernen Osten: Erstdruck u. d. T. »Wir und die farbigen Völker« in »Die Weltwoche«, Zürich vom 30. 10. 1959. Erstmals in Buchform in Bd. 2 der »Schriften zur Literatur«, a. a. O.

Das chinesische Zen: Rezension des Buches von Bi-Yaen-Lu, »Meister Yuan-Wu's Niederschrift von der smaragdenen Felswand«. Text eines fiktiven Briefes »Josef Knecht an Carlo Ferromonte«, geschrieben 1960. Erstdruck in »Neue Zürcher Zeitung« vom 10. 2. 1961, enthalten in Privatdruck »ZEN«, 1961. Aufgenommen in »Mein Glaube«, herausgegeben von Siegfried Unseld, Suhrkamp Verlag, Frankfurt am Main, 1971.